第三卷
军事战争

法律、资源与时空建构

1644—1945年的中国

Law, Resources and Time-space Constructing: China in 1644—1945

增订本

张世明 著

SPM
南方传媒 | 广东人民出版社
·广州·

图书在版编目（CIP）数据

法律、资源与时空建构：1644—1945 年的中国/张世明著．—增订本．—广州：广东人民出版社，2022.3

ISBN 978－7－218－15402－2

Ⅰ．法…　Ⅱ．张…　Ⅲ．①中国历史—研究—1644－1945　Ⅳ．①K249.207 ②K250.7

中国版本图书馆 CIP 数据核字（2021）第 235737 号

FALÜ ZIYUAN YU SHIKONG JIANGOU：1644—1945 NIAN DE ZHONGGUO

法律、资源与时空建构：1644—1945 年的中国

张世明　著

出　版　人：肖风华

责任编辑：陈其伟　赵　璐
原版责任编辑：卢家明　柏　峰　林　冕　张贤明　陈其伟　喻春兰
装帧设计：书窗设计
责任技编：周星奎

出版发行：广东人民出版社
地　　　址：广东省广州市海珠区新港西路 204 号 2 号楼（邮政编码：510300）
电　　　话：（020）85716809（总编室）
传　　　真：（020）85716872
网　　　址：http：//www.gdpph.com
印　　　刷：广州市豪威彩色印务有限公司
开　　　本：787 毫米×1092 毫米　1/16
印　　　张：207.5　字　数：3100 千
版　　　次：2022 年 3 月第 1 版
印　　　次：2022 年 3 月第 1 次印刷
定　　　价：598.00 元（全五卷）

如发现印装质量问题，影响阅读，请与出版社（020－85716849）**联系调换**。

目　录

第一章 18世纪中国与西方军事文化的比较

第一节 问题意识：在总体史中的军事史

在众多的教科书、通俗读物乃至研究论著中，经常有这样一幅场景：在广东，英国人为了倾销鸦片烟，不惜远涉重洋来到大清帝国的家门口兴兵构衅。而此时的道光帝颟顸懵懂，从小生长在深宫，主掌国家后整天埋在奏章的海洋里，对外面的世界浑然无知。他向大臣打听过英国："究竟该国地方周围几许？所属国共有若干？其最为强大不受该国统属者共有若干？又英吉利至回疆各部有无旱路可通？平素有无往来？俄罗斯是否接壤？有无贸易相通？"这被作为反映天朝心态的令人发噱的中国近代"史景第一"。历史学家进而痛心疾首地评论说：一个国家首脑竟然对一个将要鲸吞他的国家的敌国一无所知！道光帝壅塞窝闭，不通外情，强敌打上门来却竟然莫知其方向！既不知己又不知彼，出语如稚子，盈廷惘惘，愦愦乃尔，这仗可怎么打？打了又焉得不败？

上述广泛流传的故事的最初版本估计应该始于魏源的《海国图志》。① 当代历史学家通过考证发现，比《海国图志》更为可信的遗留性史料是1842年5月1日道光帝谕旨。道光帝在此谕旨中问道："着奕经等人详细询以英吉利距内地水程，据称有七万里，其至内地，所经过者几国？""克食米尔距该国若干路程？是否有水路可通？该国向与英

---

① 魏源：《海国图志》卷五十三，"大西洋·欧罗巴洲"，上海书局光绪二十一年石印本，页六。

吉利有无往来？此次何以相从至浙？""其余来浙之孟加利、大小吕宋、双英（鹰）国人众，系带兵头目私相号召，抑由该国王招之使来？是否被其裹胁，抑或许以重利？""该女主（指维多利亚女王。——引者注）年甫二十二岁，何以推为一国之主？有无匹配？其夫何名何处人？在该国现居何职？"① 1842年5月15日，道光帝在给台湾总兵达洪阿的谕旨中又问道："究竟该国地方周围几许？所属国共有若干，其最为强大不受该国统属者共有若干？又英吉利至回疆各部有无旱路可通，平素有无往来？俄罗斯是否接壤，有无贸易相通？此次遣来各伪官，除噗鼎查系该国王所授，此外各伪职是否授自国王，抑即由带兵之人派调？"②

　　在鸦片战争之后，中国人都在思考近代中国在西方列强的入侵面前落后挨打的原因。这位年轻时曾经在天理教攻打紫禁城时擐甲执兵、用鸟枪进行还击的皇子不是没有胆略的，这位登基后力行节俭而穿打补丁衣服的皇帝不是不励精图治的。事实上，正如其自我总结的那样，道光帝的确旰食宵衣，三十年如一日，不敢自暇自逸。通过他的努力，西北地区张格尔的叛乱卒被底定。这不能不说在武功方面也有可圈可点之处。道光帝堪称一个生不逢时的悲剧性人物。因为他在位期间，内忧外患，飒沓鳞萃，而且他更是碰上了中国划时代巨变的鸦片战争，成了这场战争的头号当事人，中国近代史便是以他的年号——道光二十年为起点。由于鸦片战争导致的丧尊、丧权、丧地，在近代史的记述中，难免夸大了他颟顸虚骄的一面，有点漫画化。在道光帝的这两道半个月内接连发出的谕旨中，我们似乎可以看出，这种询问是很正常的信息搜集，所以实录馆等政府官员在编纂过程中毫不隐讳地将这两道谕旨节录入

　　①《清宣宗成皇帝实录》卷三百六十九，道光二十二年三月，台北华文书局股份有限公司1960—1970年版，第6595页。齐思和等整理：《筹办夷务始末》（道光朝）卷四十六，中华书局1964年版，第1752—1753页。

　　② 姚莹：《东溟奏稿》卷三，页四十六，《中复堂全集·东溟奏稿》，沈云龙主编：《近代中国史料丛刊续辑》第七十四辑，733，台北文海出版社1976年版，第124页。亦载王之春：《清朝柔远记》，赵春晨点校，中华书局1989年版，第215页。文字上略有不同的记载见吕思勉：《吕著中国近代史》，华东师范大学出版社1997年版，第34页；孙承泽等：《台湾关系文献集零》，沈云龙主编：《近代中国史料丛刊续编》第五十一辑，503，台北文海出版社1978年版，第84页。

史。但在当今历史学家的解释中，这便被涂上了几分荒唐与滑稽的色彩，传为笑谈，成为其暗昧至极的铁证。

无独有偶，与道光帝打听英吉利消息的情景可以形成有趣对比的是另外一个故事：

1959年3月17日，达赖在西藏叛乱失败后在亲友陪伴下出逃。这次星夜出奔引发谍报界一些最离谱的故事。美国中央情报局（Central Intelligence Agency, CIA）的"黄金眼"一直注视着西藏叛乱活动的发展情况和达赖的行为，将详细的逃脱路线交给达赖。3月19日，中情局的加尔各答站秘密电台了解到达赖出走的绝密情报。第二天，中央情报局局长阿伦·杜勒斯（Allen Welsh Dulles, 1893—1969）把中央情报局西藏问题专家约翰·格里尼（John Greaney）召到了中央情报局总部进行秘密汇报。让格里尼大吃一惊的是，堂堂中央情报局局长竟然不知道西藏在地球上的具体位置！他们两个站在一个大皮沙发前面看一幅挂在墙上的大地图，杜勒斯叼着一支烟问格里尼："嗯，先让我看看，西藏在什么地方？"杜勒斯随后猛地指向了东欧某处说："这就是西藏吧？"目瞪口呆的格里尼好半天才醒过神来说："长官，不是那，西藏在这里，在喜马拉雅山这边。"①

---

① 资料来源：http://www.newsweek.com/1999/04/18/when-heaven-shed-blood.html，访问时间：2010年11月6日。美国中央情报局局长阿伦·杜勒斯的哥哥约翰·福斯特·杜勒斯（John Foster Dulles, 1888—1959），从1953年到1959年在美国总统艾森豪威尔手下担任国务卿，是20世纪50年代世界上最风流倜傥的政治家和外交家，是当时美国少有的国际法权威之一，曾多次被美国政府任命去处理复杂难决的国际争端和国际法律诉讼案件。阿伦·杜勒斯在中央情报局局长的宝座上一待就是8年，成为美国任职时间最长的中央情报局局长，操纵驾驭着世界上最庞大的情报间谍机构，参与决策、执行美国许多重要的海外情报行动。美国中央情报局名声赫赫，几乎被世人视为神乎其神的机构。随着近年来一些档案的解密，美国暗中支持西藏叛乱的一些细节也浮出水面，显示出美国中央情报局的重重谍影。例如，1959年7月25日，国际法学家委员会向联合国做了一个报告。该报告称：中国共产党在西藏实行"文化上的种族灭绝政策"，试图毁灭西藏的民族和宗教信仰。其实，这一"真实的谎言"之所以能够出炉，就是中央情报局厚厚的美元大钞作用的结果。这是一个由来自50多个国家的法官、律师和法学家组成的组织，虽然号称是"一个非政府和非政治组织"，但它事实上是由美国情报机构（续下注）

历史不可以断章取义，更不可牵强附会。这是一种基本的操守。我们今天的大多数中国学者对于西方的了解也非常浮浅，郭书燕说的情况在学术著作中仍然俯拾皆是，根本没有资格嘲笑当时的道光帝。当时的许多知名学者都在自己的著作中留下了许多今天看来比较荒唐可笑的讹误。[①] 这都是可以理解的。其实，即便今天有些学者批评道光帝有点耳根子软的毛病，但道光帝的确是一个非常注重了解京城之外情形的皇帝。我们在本书第二卷就介绍了道光帝为了绥靖西域张格尔之乱召见徐松殷殷垂询的事例，[②] 在第四卷介绍了道光帝关注福建械斗在召见张集馨时的对话。[③] 据笔者阅读范围所及，许多著作中都有道光帝召见臣工时的絮絮对谈，甚至有些篇幅极大，估计这样的谈话记录在历史上都是空前的，仿佛让人身临其境。如果把道光帝的各种谈话记录集中起来编纂为一部书，只要耐心足够的话，现今存世的材料是足够的，并且非常有意思。这一系列的谈话综合起来考量，道光帝不仅不能给人一种颟顸的印象，相反的，浮现在人们眼前的是一个不耻下问、勤求舆情的正面形象。

史学是一种综合贯通之学。历史学和哲学在西方的发展路径特别相似。这两个学科在西方近代人文社会科学的学科体制建构中均是历史比较悠久的门类。17世纪是哲学的世纪，18世纪是历史的世纪。哲学在近代也曾经历过包罗万象的年代，出现了康德、黑格尔等诸位巨擘的庞大体系，但后来哲学也被其他学科所瓜分而沦落为莎士比亚著作中李尔

（续上注）在1949年创立的。从1958年到1964年，美国中央情报局至少向该委员会提供了65万美元的赠款。中央情报局局长阿伦·杜勒斯当年在面临突发事件时表现出对西藏的无知和刚愎自用，并没有成为中央情报局在西藏代号为"ST马戏团"（ST CIRCUS）秘密行动的致命伤。这在中央情报局纵横捭阖的诡谲行动中只是一个小插曲而已。参见骆威：《美国中央情报局插手西藏秘闻》，姚鸿主编：《中外之间》，上海辞书出版社2005年版，第195页。

① 例如，1822年，阮元主持纂修的《广东通志》把英吉利当成荷兰属国，把南北美洲与非洲混为一谈，把美国说成在非洲境内。就连被国人誉为"睁眼看世界的第一人"的林则徐到广东一段时间后，也还以为土耳其是美国的一部分。

② 参见本书第二卷第七章。

③ 参见本书第四卷第五章第六节。

王的地位，即只剩下一个乞丐的讨饭袋了。① 历史学也存在类似的发展
轨迹。昔日在人文社会科学处于"大宗"地位的历史学的许多领域均
被经济史、军事史、法律史等专门史所瓜分、侵蚀，于是当初"历史世
纪"（Age of History）时期的"历史不仅是一门特殊的学问，并且是其
他学问的一种独特求知模式与方法"的艾克顿（Lord Acton，1834—
1902）式的自信，转成追问："历史是否是一门独立的学科，有其独特
的历史方法为其他学科所不及？"② 台湾学者张玉法指出："各类科学都
在无限扩张其范围，尤其是社会科学的扩张，对史学的威胁极大，史学
家如不振作，史学将有被瓜分的可能，有价值的史学著作将为政治学
家、经济学家、社会学家、人类学家，甚至统计学家、心理学家所写的
历史，史学家将只是'东抄西凑'的人，而史学也就变成了杂烩。"③
这种局面无疑是造成前些年大陆学术界议论颇多的"历史无用论"和
"史学危机"的一个重要助因。应该看到，历史学科生存空间缩小的原
因显然与历史学研究自身存在的一些缺陷有关。首先，研究社会科学的
人常能由全体而观察部分……单单知道历史，而未读过社会科学各种书
籍的人，往往不识轻重，轻者说得详之又详，至于历史发展的因果关系
又舍而不谈，如斯著作不过历史之杂货摊而已。④ 其次，历史学家在援
引各种社会学理论或"模式"来从事历史研究的过程中往往一知半解
地袭取其他社会科学学说，与自己研究的材料作机械的结合，少见有机
的结合，缺乏独立研究与实事求是之精神。⑤ 正是由于这个原因，有学
者云，20世纪中"史学"与"社会科学"的关系，大概只能用"夸父

① 参见张世明：《经济法学理论演变研究》（第二次全面修订版），中国民主
法制出版社2009年版，第281页。
② 康乐、彭明辉主编：《史学方法与历史解释》，中国大百科全书出版社
2005年版，第72页。
③ 张玉法：《史学革命论》，张玉法：《历史学的新领域》，台北联经出版事
业公司1979年版，第155页。
④ 萨孟武：《中国社会政治史》第1册，自序，台北三民书局1975年版，第
6页。
⑤ 康乐、彭明辉主编：《史学方法与历史解释》，中国大百科全书出版社
2005年版，第191页。

逐日"这一成语方足以道尽其中原委。晚近此一趋势不止不见稍息，反愈形严重。① 史学在义无反顾地追求科学化的同时往往迷失自我，成为其他社会科学的附庸。为了弥补史学研究的这种偏颇，年鉴学派第一代学人倡导科际整合，这成为总体史路径本身的题中之义。而年鉴学派第二代学人更是直接提出"概念化史学"的口号。在中国古代，由于经学的笼罩，传统的中国史学家莫不努力于究事以显理、垂变以显静。② 理事无碍一向是中国学问的特征。③ 梁启超在《中国历史研究法》第一章"史的意义及其范围"中认为，治史者绝不能只知有局部之历史，而不知有全史，不能局限于一地或一时代，不能只知有史学而不知史学和其他学科，如人类学、语言学、政治学、宗教学、法律学、经济学等的关联。笔者在本书中之所以倡导新历史法学的研究路径，也旨在利用自身长期在这两个学科之间穿梭往来的个人学术阅历的积累，做一些积极的拓展。质言之，学科的划分不是一种天经地义的圣物，新历史法学不满足于沿流溯源，它更应该将"理"与"变"两者有机结合起来，打破学科的界限而确立自己的形象。

　　总体史其实就是一种通史。这不是时间延续意义上的通史，而是古今贯通、中西贯通、学科贯通意义上的会通历史。当然，这种会通不是生硬地以今论古，或以彼概此，也不是一种简单的化约主义（reductionism），而是要采取步步为营的推参阐述。历史研究不仅必须面对与其他社会科学的交汇问题，而且在目前的专史研究中也面临着综合的问题。新法律史、新政治史和新社会史的旨趣就是综合，将其他专门史的要素熔冶于一炉。法律史如此，政治史亦然。这在美国 20 世纪 70 年代以来就已经被揭橥得非常清晰了。军事史表现最为明显。我们必须另有新趋、逸出过去的框框才可能产生新的洞见，走出一条康庄大道。唯有

---

① 康乐、彭明辉主编：《史学方法与历史解释》，中国大百科全书出版社 2005 年版，第 41 页。

② 康乐、彭明辉主编：《史学方法与历史解释》，中国大百科全书出版社 2005 年版，第 313 页。

③ 康乐、彭明辉主编：《史学方法与历史解释》，中国大百科全书出版社 2005 年版，第 314 页。

如此，历史的深处及其复杂处，才能赖以抉出。① 我们在研究某一时代的历史事象时，一方面要照顾到该事象在其前后时代中的纵的线索，另一方面还考察它与其同时代一切有关的事象之间的各种可能的横的关系。本书希望在根究一个问题时能够拔毛连茹，将带着泥土的根须一并和盘托出，从活的现实社会中去获取生动的实像，而不是对问题进行条块分割的肢解。虽然我们可能格于环境的限制与自身的努力，但许多有高度成就的著作已经为我们砥砺学问示以轨则。学术固然在目前不得不分途发展，但我们都是在求"道"。在过去，治经济史和治法律史、军事史的学者往往各奔前程，道不同不相为谋。本书旨在通过历史诠释学研究"作为历史的军事"，而并非单纯研究"军事的历史"，力求在将这种自成町畦的专门之学做得非常专业的同时，将军事问题的研究与政治变革、经济资源和时空感知等问题交织起来，以期达到扪毛辨骨之效。

众所周知，现代战争已不单是动用陆海空三军实施武力作战，而且还包括国家为达到战争的目的所采取的各种手段，例如外交战、谋略战、谍报战、经济战、贸易战、财政战、生产战、补给战、科学战、技术战、精神战等。这种总体战的客观趋势迫使人们不可能单纯就军事而论军事，必须研究军事与政治、经济和文化等方方面面的问题，也必须在研究中动员十八般武艺进行一种"总体战"。只有真正做到学问门庭宽阔，才能改变军事史研究门前冷落鞍马稀的状况。相反，没有一定的器局，就军事史而论军事史，就可能钻入牛角，谈不到根本点上。从目前国外军事史研究的态势来看，这种综合性表现得越来越明显无疑，许多研究成果表达出来的气度令我国学人含羞生愧。美国学者小戴维·佐克（David Hartzler Zook，1930—1967）和罗宾·海厄姆（Robin Higham）在合著的《简明战争史》（*A Short History of Warfare*，New York：Twayne，1966）中曾指出："历代史学家的错误在于忽略了对战争的研究，而偏重人类经历中政治、经济、社会和文化等方面的研究。职业军人的错误在于仅仅论述范围狭窄的战术问题，供其他专业人员借鉴和学习。把战争

---

① 康乐、彭明辉主编：《史学方法与历史解释》，中国大百科全书出版社2005年版，第115页。

研究和社会研究分开是一种错误，这种错误在许多时代里已经导致种种可怕的后果。"① 美国芝加哥大学教授麦尼尔（William Hardy McNeill）的《竞逐富强：公元 1000 年以来的技术、军队和社会》(*The Pursuit of Power: Technology, Armed Force, and Society since A. D. 1000*)② 强调"军事—商业复合体"（military-commercial complex）的概念，和魏源在《海国图志》中所阐述的英国等西方列强"佐行贾以行兵""兵贾相资"③ 的观点颇为契合。按照其论述，"军事—商业复合体"作为欧洲封建社会中的"异化物"，最初出现在意大利的米兰、佛罗伦萨和威尼斯，以后向低地国家、法国和西班牙蔓延，数百年后基本覆盖了整个欧洲。"军事—商业复合体"社会管理性质是现代社会管理性质的最初源头之一。和笔者强调总体史的思路一样，麦尼尔的研究同样揭示了在西方崛起过程中政治、经济、军事互为动力源的不断相互支持的"社会回路"。在麦尼尔看来，西方的兴起，最关键的一点是在"富"与"强"之间寻找到了一个密不可分的联系。"市场化的资源调动缓慢地发展，逐渐证明它比指令能更有效地把人的努力融成一体。"④ 通过市场这只无形的手，为发展先进的武备提供了庞大的资金和技术力量，另一方面，军备提供的强大武力，以及战争的巨大消耗，又反过来保证和加速了资本主义的发展，两者之间形成相互加强的正反馈循环。因此，从这个意义上说，资本主义首先是从战争领域获得突破的，军备和战争是资本主义发展的主要机制。所以，他把自己的书界定为"试图弥合分隔军事史和经济史以及编史工作的鸿沟"⑤，是再恰当不过了。

---

① 佐克、海厄姆：《简明战争史》，中国人民解放军军事科学院外国军事研究部译，商务印书馆1982 年版，第 1 页。
② 该书的中文译本为：麦尼尔：《竞逐富强：西方军事的现代化历程》，倪大昕、杨润殷译，学林出版社1996 年版。
③ 魏源：《海国图志》中，卷三十七，大西洋欧罗巴洲各国总叙，陈华等点校注释，岳麓书社1998 年版，第 1092—1093 页。
④ 陈晓律：《从"无兵的文化"到"竞逐富强"》，雷海宗：《中国的兵》，中华书局2005 年版，第 178 页。
⑤ 陈晓律：《从"无兵的文化"到"竞逐富强"》，雷海宗：《中国的兵》，中华书局2005 年版，第 178 页。

英国历史学家迈克尔·罗伯茨（Michael Roberts）于1955年在题为《军事革命，1560—1660》（*The Military Revolution, 1560 - 1660*）的演讲中提出"军事革命"这一概念，认为尼德兰的莫里斯亲王（Maurice of Nassau，Prince of Orange，1567—1625）和瑞典国王古斯塔夫·阿道夫（Gustav II Adolf，亦作 Gustavus Adolphus、Gustavus the Great、Gustav Adolph the Great，1594—1632），受古罗马军事思想家的启发，采用以经过训练的毛瑟枪手排成横列互相齐射为基础的新战术，扩大了西欧军队的规模和战争的范围；这些战术上的变革，尽管从纯军事角度看并不是最重要的，但在制度和社会方面产生了广泛而深远的影响，堪称一场军事革命。① 罗伯茨的这一演讲把学术视野从火药革命扩展到军事领域的其他变化，本身也对于此后军事史的研究变革产生了推动作用。欧美史学界围绕军事革命这一主题进行了饶有趣味的广泛争论。与迈克尔·罗伯茨论述所围绕的1560—1660年这一历史时期不同，克利福德·罗杰斯（Clifford J. Rogers）关注将军事革命的时段延伸得更长，认为军事革命可以用起源于生物学的"间歇性平衡演化"（punctuated equilibrium evolution）理论加以概括，包括在不同时期相继间断发生的14世纪"步兵革命"（infantry revolution）、15世纪"火炮革命"（artillery revolution）、16世纪"堡垒工事革命"（fortifications revolution）、1580—1630年"击发武器"革命（fire weapons revolution）、1650—1715年欧洲军队人数的剧增（the increase in size of European armies）。② 如果我们了解西方军事史研究的这种趋势，便可以对吉登斯《民族—国家与暴力》的学术脉络、资源和语境幡然醒悟了。不可否认，国外关于军事革命的研究具有技术决定论的色彩，而克服这种研究的偏颇恰恰也成了吉登斯《民族—国家与暴力》所要努力达到的目标。

历史学家们从事历史研究的产出与投入比是较小的，他们必须埋首

① M. Roberts, The Military Revolution, 1560 - 1660, in C. J. Rogers ed., *The Military Revolution Debate: Readings on the Military Transformation of Early Modern Europe*, San Francisco: Westview Press, 1995, pp. 13 - 29.

② Clifford J. Rogers, The Military Revolutions of the Hundred Years War, *The Journal of Military History* 57 (1993), pp. 258 - 275.

于浩如烟海的史料之中而将思维的钻头挺进到历史岩层的深处。这在那些功利主义者看来是不经济的行为。历史学家靠冷板凳功夫研究出来的学问往往被历史无用论者所鄙夷。尤其在军事学中，许多人往往把借鉴历史经验与机械地搬用历史经验混为一谈，认为借鉴历史经验容易产生军事保守倾向，不利于开拓创新。食古不化的狭隘的经验主义固然不足为训，但数典忘祖的历史虚无主义则也是有害无益的。历史的长河从过去流经现在，淌向未来，就像列宁所说的那样："把任何一个社会现象看作处于发展中的现象时，在它中间随时都可以看见过去的遗迹、现在的基础和未来的萌芽。"① 中国古代历史上赵括因缺乏实际统率部队的能力而导致全军覆没的历史悲剧，使中国人对纸上谈兵讳莫如深。实际上，纸上谈兵是使人们从历史经验的总结中学习战争的一种重要方法，对弥补人们躬亲践履的直接经验的匮乏并非完全没有意义。我们认为，历史本质上是以未来的名义对当代提出的警告；从有形的历史向无形的历史即未来的历史过渡，正是历史沉思的必然运动。用英国军事理论家利德尔·哈特（Sir Basil Henry Liddell Hart，1895—1970）的话来说就是，"军事史研究的价值在于，它以过去的事实，透过现在的镜头，映射在将来的屏幕上"②。我们之所以集矢于18世纪中国与世界军事史的研究，并不是为了让历史四平八稳地追溯往昔，而是为了立足于我们故邦新命的伟大祖国在新的历史时期的社会现实，去展示风云变幻的未来。这是我们的命题旨意和研究职责之所在。

第二节　18世纪西方对中国军事的认知

　　法国历史年鉴学派第二代宗师费尔南·布罗代尔这样指出：观察和分析缓慢流逝的、有时几乎静止不动的历史，与社会学对现时的摄影相

---

① 《列宁全集》第1卷，中共中央马克思恩格斯列宁斯大林著作编译局编译，人民出版社1955年版，第159页。
② 王普丰主编：《现代军事学》，重庆出版社1990年版，第138页。

比，可以更加真实地显示社会的结构。更形象地说，社会学的调查尽管翔实可靠，但它们所反映的社会"层面"却像剃须刀那么薄。而历史学对总体形象的粗线条勾勒，却能展示社会发展的趋向。的确，厚重的历史要求我们不能荒唐地用短尺去丈量历史，必须以追求通观的态度去探索历史的远因近因。梁启超说过这样一段话："史之为状，如流水然，抽刀断之，不可得断，今日治史者，强分为古代、中世、近代，尤苦不能得正当标准。"① 史学家多以班固汉书发明断代史，为破坏历史之完整性，即为此意。因为历史研究绝不能单纯采取"铁路警察各管一段"的做法，否则分工领域的日趋板结将导致历史的腰斩，损伤历史的科学性。在有些人看来，我们这里以18世纪为时间界域研究中国与世界的军事史似乎也不免画地为牢的嫌疑。不可否认，18世纪在逝者如斯的历史长河中的确仅仅是弹指一挥间，但公元前3世纪的吕不韦网罗门客编著的《吕氏春秋》中《察今》一文告诉我们："有道之士，贵以近知远，以今知古，以所见知所不见。故审堂下之阴，而知日月之行、阴阳之变；见瓶水之冰，而知天下之寒、鱼鳖之藏也；尝一脟肉，而知一镬之味、一鼎之调。"② 另外，我们研究历史的方法从某种意义上可以说跟摄影技术的操作原理相同。摄影作为一种可视形象的创作，其反映客观景物真实性的现实主义并不意味着自然主义地见什么就拍什么，其摄影者没有摆弄摄影对象的自由的纪实性要求也并不否定其可以选择拍摄角度的权利。在摄影中，摄影构图的关键工序就是人们通常所说的取景。摄影者对照相机取景器内的画面进行仔细和有选择的观察，然后按下快门，把转瞬即逝的刹那间镜头留住。取景的不同导致拍摄出的照片大相异趣，所谓远景、全景、中景、近景、特写等，都是一种用框架去裁取生活形象的做法。与摄影的取景原理一样，历史研究作为一种对历史原貌的修复和再现，其研究者也可以通过对特定认知客体的不同取景选择而使之凸现出一幅幅不同的历史图像。有一位法国历史学家说过，

① 梁启超：《中国历史研究法》，人民出版社2005年版，第21页。
② 张晓虎主编：《名士文存》上册，华艺出版社1992年版，第113页。

近代人类的一项殊荣便是他们构想了万国史。根据我国史学界普遍流行的观点，16世纪以前"世界历史"实际上是真正的世界历史的前史，① 或者称之为世界的国别史，世界史和世界的国别史是两个不同内涵的范畴，而"唯有世界史才是真正的历史"②。这是因为，16世纪以前，民族、地区的孤立发展还是常态，而自此之后，不管人们是否乐意，世界力量开始在人们的身边聚合和凝固，并且把人们紧紧捆住，由此形成了整体性的世界历史。基于上述的理由，我们以18世纪作为研究取景的画框，把当时的中国军事史镶嵌在世界的空间范围，从而勾勒出一幅18世纪西方人对中国军事史认知的平面图画的轮廓，以求通古今之变，审视中国军事力量兴衰沉浮的轨迹。

中国在英文中称为China。18世纪法国思想家、经济学权威弗朗斯瓦·魁奈（François Quesnay，1694—1774）这样写道："欧洲人称这一帝国为China，这一名字的来源难以有确切的解释。中国人自己并不用此名；他们实则也没有一个固定的国名。"③ 魁奈之所以说中国没有固定的国名，是因为他对中国改朝换代的历史现象尚缺乏深入的了解。在当时，由于中西方文化交流尚未充分展开，西方人对中国的了解不能不大受限制，他们接收到的信息往往比较混乱，踵误承讹也在所难免。魁奈于1767年在巴黎出版了其颇负盛名的著作《中国的专制政体》（*Le despotisme de la Chine*）一书，该书往往被西方汉学家所征引，但其对18世纪中国清王朝的军事力量的记载就存在明显的讹误之处：

> 在中国，军职自成体制，与文职并行。军官分三等，与文官相同。军职列九级，组成规模庞大的军事机构。
>
> 中国军务，设一将军，其职能与欧洲的将军相若，将军之下，有各省级军官，相当于我们的中少将，省级军官属下的军官，即我

---

① 夏诚：《近代世界整体观》，成都出版社1990年版，第58页。

② 转引自Callot, Emile, *Ambiguïés et antinomies de l'histoire et de sa philosophie*, Paris：Marcel Riviere, 1962, p.121.

③ 忻剑飞：《世界的中国观：近二千年来世界对中国的认识史纲》，学林出版社1991年版，第3页。

们的校官，又领各级官佐，他们的军衔相当于上尉、中尉和少尉。

北京设五军都督府，各军都督各有名称，曰后卫、曰左先锋、曰右先锋、曰中军、曰前卫。各军都督府均以第一级军官任都督，而此五军都督府则隶于另一军务府之下，曰戎政府，为帝国最大的勋爵之一，戎政府的职权统领朝廷各级军职人员，为调节戎政府的特殊大权，副以文官一人，监察二人，参与军政。此外，当执行军机事宜时，戎政府受命于兵部，兵部乃管辖帝国的军务者。

军务行政与民事行政同，此处不再详述。

中国的布防城市和城堡，如不把长城的塔楼与碉堡计算在内，数达二千，各有专名，没有一城一镇不成兵卒的。根据杜阿尔特神父所述，帝国朝廷拥有军队七十六万名。军队中大部系骑兵，全军穿着整齐，给养充足，他们的武器是刀剑和火铳。每三月发饷。总之，军队待遇良佳，无需骗募强征；当兵实为上进之道，各人都想获得军籍，或借权势，或进礼品，以求引进。军役还有一个好处，就是一般都是在本州本府当兵服役。士兵甚守纪律，经常操练，但战术不佳。

中国的海军并不重要，付诸等闲。由于中国的海疆无足畏的邻邦，而对外贸易又很有限，故无需海军防卫或保护商航——这种护航负担甚大。但是他们间或有相当的海军力量，只是船舰的强度与构造都不是近代化的——确次于目前欧洲滨海国家的船舰。中国在海运方面并无进步。①

显而易见，魁奈的这段记载中正确与错误内容参半，作者在记叙 18 世纪中国军事力量时将明、清两朝军职制度相混。因为五军都督府和戎政府均系明制，然而斗转星移，当历史发展到 18 世纪时，中国的军事状况已发生了沧桑巨变，但由于中西方道里辽远，所以造成了西方对中国军事状况的信息滞后和讹传误解。当时西方人对于这一点也是了

---

① 黎国彬等选译：《十七、十八世纪的欧洲大陆诸国》，商务印书馆 1962 年版，第 99—100 页。亦可参考商务印书馆 1992 年出版的谈敏译本《中华帝国的专制制度》。

清军塘汛

解的，故而每一个来到中国的早期的西方使节和传教士都十分注意搜集中国的情报。

　　具有悠久历史的中国文化在人类生存的地球上堪称伟大的存在，它的熠熠光辉自邈远的年代就开始向外部世界辐射，向世人展示着其自我存在的价值。就军事思想方面而言，日本与中国一衣带水，属于儒家文化圈泽被的范围，故而近水楼台先得月，很早就接触到中国的军事文化。降及 18 世纪，日本人研习中国兵书的风气甚为兴盛，涌现了许多研究中国兵书的代表人物和上乘之作。例如，神田胜久（かんだかつひさ，1680—1760），字刁轩，号白龙子，又称江北隐士，为享保时代（1716—1735）兵书讲谈师神田派讲谈始祖，著有《孙子俚谚钞》（神田勝久「孙子俚谚钞」五卷、文金堂、正德 4 年①）。又如，德田邑兴（とくだゆうこう，1738—1804）②，萨摩人，号称孙欲轩利主宝武居士。因案得罪，被流放迁往大岛，在岛上幽居十年得以赦免，专攻《武经七书》，终于撰成《孙子事活钞》（「孙子事活钞」十三卷、安永 5 年

---

　①　正德 4 年为 1714 年。

　②　有些文献记载其名字的音读为ようこう，生卒年为 1738—1814 年。

至天明 7 年①著者寫本）等关于孙子兵法著作若干部，深得时人崇尚。②
较诸日本，西方与中国相距的迢迢征程何啻倍蓰，因此中国军事文化传
入西方与传入日本之间存在时差便是极为自然的事情。直到 18 世纪后
半叶，有人用西文翻印中国兵书的时候，《孙子兵法》等著作才开始在
欧洲真正流传开。用西文翻译中国兵书的第一人是法国神父钱德明
（Jean Joseph Marie Amiot，1718—1793），又名王若瑟。他于 1718 年 2
月 18 日生于法国土伦，于 1749 年 11 月 17 日启程来华，于次年 7 月 28
日抵澳门。1751 年，他奉乾隆帝之召进京，在北京居住四十三年。他
以惊人的毅力学习汉语和满语，对中国研究很深，知识渊博，著述宏
富，是 18 世纪著名的汉学家。他翻译的第一部中国兵书是《中国军事
艺术》（*Art militaire des Chinois*，有的译作《中国兵法考》），内容包括
翻译的《孙子十三篇》《吴子六篇》《司马法五篇》《六韬兵法选二篇》
和附录的阵图等。该书于 1772 年在巴黎出版，印刷和装订都很精美，
畅销一时，不久即告售罄，于 1782 年出版了第二版。为了适应社会的
需要，钱德明将这部兵法收入他的四开十六册的大论丛《中华杂纂》
（*Mémoires concernant l'histoire, les sciences, les arts, les mœurs et les usages
des Chinois, par les missionnaires de Pékin, 15 vol., Paris, 1776 – 1789*，
直译是"居住在北京的传教士著：《纪中国人的历史、科学、艺术、风
俗、习惯及其他》"）里。钱德明的《中国军事艺术》不仅开了用西文
翻译中国兵书的先河，而且为西方人认识中国军事文化打开了一扇
窗户。

18 世纪有两位思想家曾经谈论过中国的军事问题，一位是休谟
（David Hume，1711—1776），另一位是丹尼尔·笛福（Daniel Defoe，
1660—1731）。休谟是在分析中国政治时涉及中国军事的。他认为，中
国的政治是一种纯粹的君主专制的政体，但确切地说，又并非绝对如
此，因为它对最高的君主来说具有最高的权威性，但对下面的官员来说
又在一定程度上受制于法律。在休谟看来，由于中国周围除了鞑靼而

---

① 安永 5 年、天明 7 年分别为 1776 年、1787 年。
② 参见佐藤坚司：《孙子研究在日本》，高殿芳等译，军事科学出版社 1993
年版，第 102—117 页。

外，几乎没有邻国，而万里长城、巨大的人口优势又更捍卫了这个国家，所以军队训练常常被忽略，常常仅用民兵来做常备力量。而这显然不利于镇服国内的暴动，"剑总是在人民手中握着"（The sword, therefore, may properly be said to be always in the hands of the people）①，促使君主要求下属官员（包括各省长官）受制于一个总的法律，以造成君主政权的平静、平稳和民众集体的适度的自由这样双重的效果。② 我们看到，尽管休谟不像伏尔泰等人那样倾慕中国文化，其中国观表现了英国式的态度和思维方式，但他还不像笛福那样睥睨中国的一切事物。笛福即中国人所稔熟的《鲁滨孙漂流记》（Robinson Crusoe）的作者。1719 年 4 月 25 日，《鲁滨孙漂流记》出版。紧接着，笛福又于同年 8 月写出了第二卷《鲁滨孙历险记》（The Farther Adventures of Robinson Crusoe），于次年 8 月又出了一本《鲁滨孙感想录》（Serious Reflections of Robinson Crusoe）。《鲁滨孙漂流记》第一卷在我国有多种译本，但第二卷和《感想录》却为人们所忽视。事实上，有关中国的描写，恰恰都在第二卷中，而对中国文化的议论，又多在《感想录》中。笛福说，中国的长城"本用以御鞑靼，厥功甚伟，城跨大小之山，绵亘无穷，虽危崖仄径，均一一备御，余又窃笑其愚。果此危崖敌力能入，则其人已为飞将，虽城何益?"③ 他还夸口声称：长城若碰在英国陆军手里，十天便可破；而反过来，中国陆军十年也不能攻下欧洲一城。无怪乎连英国文学批评家都说："人们如果要重新抓到资产阶级在它年轻的、革命的、上升时期的旺盛而又自信的精神，那么最好的导引无过于笛福与《鲁滨孙漂流记》了。"④ 笛福对中国文化极尽刻薄凶狠的谩骂式批评之能事，成为不到一个世纪以后"欧洲文化中心论"的滥觞。

---

① David Hume, Of The Rise And Progress of The Arts And Sciences, 资料来源：http://www.infomotions.com/etexts/philosophy，访问时间：2010 年 12 月 1 日。

② 参见忻剑飞：《世界的中国观：近二千年来世界对中国的认识史纲》，学林出版社 1991 年版，第 181 页。

③ 达宇：《冒险小说·鲁滨孙漂流续记》，林译小说丛书第 11 编，商务印书馆 1914 年版，第 64 页。

④ 范存忠：《英国文学论文集》，外国文学出版社 1981 年版，第 17 页。

长城（亚历山大绘）

18世纪对中国来说确实具有不同寻常的意蕴。尽管天朝大国远离欧洲干戈俶扰的疆场，但这时西方战火的火花也溅落到清王朝的国门之前。1740年，奥地利国王查理六世死后无男嗣，其长女玛丽亚·特利莎（Maria Theresa，1717—1780）依据诏书继承王位。普鲁士、巴伐利亚、法国、西班牙等国联合反对，企图乘机瓜分哈布斯堡王朝的领地；英、俄、荷等国则支持奥地利。两方兵戎相见，爆发了奥地利王位继承战争。战争不仅在欧洲如火如荼，而且在北美和印度也狼烟四起。"乾隆执政以后，我国东南海疆形势变得严峻起来……以英、奥等国为一方，法国等国为另一方的奥地利王位继承战争，也波及中国海域。乾隆八年（1743）夏，英国兵船'百人队长'号又挟持一艘被截获的西班牙商船，闯入虎门要塞。新署两广总督策楞急忙檄谕东莞县令印光任前往查处，最后，英船被迫释放299名西班牙俘虏，让他们'由澳门伺便回国'。"① 是时，西方国家之间一旦交战之后便在海洋上抓住时机攻击、劫掠敌国的舰船，这是当时司空见惯的现象，无足为奇。英国兵船

---

① 马汝珩、马大正主编：《清代的边疆政策》，中国社会科学出版社1994年版，第231页。

在中国国门之前攻击西班牙商船并在中国虎门要塞横冲直撞，这表明正处于上升期的英国武装力量是何等张扬与狂妄，同时也表明西方国家已经频频叩关而来了。

大不列颠这个"日不落国家"的势力正如日中天。七年战争胜利后，英国人戈德史密斯（Oliver Goldsmith，1730—1774）对自己的同胞作了这样的描写："桀骜不驯的目光，举止高傲，我眼前走过了人类的统治者。"[①]

这恰是当时英国人形象的真实写照！继奥地利王位继承战之后的七年战争（Seven Years' War，1756—1763）是 18 世纪西方专制君主之间最重要的战争，这场战争的主要原因是英法之间的商业竞争，双方都力求在海外贸易和殖民帝国的发展方面取得优势，而最终以英国夺取海上霸权的胜利而告终。自此，英国在海上独步一时，将没有国境的海洋世界作为自己要征服的对象。史载，英国的克莱夫勋爵（Robert Clive，1st Baron Clive，1725—1774）在 1763 年七年战争结束后不久曾建议伦敦用武力征服中国，但老皮特（William Pitt，1st Earl of Chatham，1708—1778）否决了此项提议，理由是想让如此众多的人屈服的想法是不理智的。虽然诉诸武力的主张寝罢不议，但设法使中国市场向西方开放却是奉重商主义为圭臬的英国政府难以释怀的夙愿。这样，便有了1793 年马戛尔尼使华之行。

马戛尔尼使团要求与清政府建立外交与商业联系的目的未能达到，不过他们通过实地考察、与中国官员交谈等途径，搜集到大量有关中国军事要塞、国防设施、军队装备等方面的情报，对中国军事现状有了比较深入的了解。使团经过定海县城时看到，"城墙高三十呎，高过城内所有房子，整个城好似一所大的监狱。城墙上每四百码距离即有一方形石头碉楼。胸墙上有枪口，雉堞上有箭眼。除了城门口有几个破旧的熟铁炮而外，全城没有其他火力武器。城门是双层的。城门以内有一岗哨房，里面住着一些军队，四壁挂着弓箭、长矛和火绳枪，这就是他们使

---

① 阿兰·佩雷菲特：《停滞的帝国——两个世界的撞击》，王国卿等译，生活·读书·新知三联书店 1993 年版，第 15 页。

用的武器"①。直隶总督梁肯堂从保定专程至天津接待使团,中国军队曾列队欢迎使团的到来。该使团人员这样写道:"当时天气很热,有几个士兵的手里除了武器之外,还拿着扇子。在夏天,中国各阶层人士,不分男女,都拿扇子,列队兵士手里拿着扇子,是一个奇怪现象。东方某些国家里,军官在检阅军队的时候,可以把伞撑在头上。军官既然可以撑伞检阅军队,兵士手里拿扇子也就不足为奇了。"② 对于使团沿着白河航行前往北京的情况,该使团人员的记载是这样的:"船只经过的每一个兵站和比较大的城镇,两岸上都排列着军队向使节船只致敬,并鸣放三声礼炮。这种礼炮是一种钟形的小型炮,笔直地安装在地面上,四周用泥土或沙土填紧;将少许炸药装进去。这种炮只能作敬礼鸣放。兵士们在排队敬礼的时候,身上穿着整齐的制服,事毕之后即把衣服收在仓库里,等下次站队时再穿。平时他们就穿同老百姓同样的服装,经营各种行业或者耕种田地。这种办法在和平时期固然可以使他们有一些生产,但遇到战争,这种兵士就一定缺乏勇气。兵士的待遇比一般老百姓挣得多一些。被征入伍被认为是一种优异的选择,兵士从事其他行业比普通老百姓多许多便宜,因此,在中国招募军队不是一件难事。"③

　　与当年笛福一样,该使团成员也特别注意长城这一军事要塞,他们这样评论说:"看来,长城过去不是为抵抗炮轰的,因为它的胸墙不能抵抗普通炮弹的射击。但它的枪眼底面,同欧洲同样建筑相似,穿了为抵御旋转炮射击的许多小孔。这些小孔肯定不是后来搞出的,而是原来建筑的一部分。显而易见,当时它就是为抵御火器的射击的。我们在中国的野战武器中看到许多这种旋转炮。这些小孔正好抵御旋转炮的射击。长城胸墙虽然抵御不了大炮轰击,但抵御这种小型火器是不成问题

　　① 斯当东:《英使谒见乾隆纪实》,叶笃义译,商务印书馆1963年版,第216页。参见本书第四卷第六章托马斯·阿罗姆的绘画"枷号刑"。

　　② 斯当东:《英使谒见乾隆纪实》,叶笃义译,商务印书馆1963年版,第272页。

　　③ 斯当东:《英使谒见乾隆纪实》,叶笃义译,商务印书馆1963年版,第294页。

的，古北口的仪仗队中也摆出了这种小炮。这些炮摆在架子上，用转镶来回移转。从这些，中国人自称很早就发明火器，不是没有根据的。"① 尤其是时为使团成员的皇家炮兵中尉巴尔施（Henry William Parish）具有工程学与地理测绘知识，详细测量了古北口附近长城的胸墙、巡道与碉堡，绘制了长城的工程剖面图，其所撰长城建筑工程的观察报告成为了当时西方关于中国军事情报的第一手数据。② 令人惊奇的是，该使团还从清朝官员提供的资料对中国军队的总兵力进行了估算，认为：包括鞑靼兵在内，中国的正式拿饷的步兵是一百万，骑兵是八十万。该使团人员还记载说："骑兵大部分都是鞑靼人。鞑靼兵比汉人兵士待遇高。主要的军官也都是鞑靼人。所选的鞑靼兵都是体格强壮高大的人。一个汉人骑兵按中国历每月饷银三又十分之三两银子，中国两比欧洲两重一些，另十五份（每份重量不详）大米。一个鞑靼骑兵每月饷银七两，二十份大米。一个汉人步兵每月饷银一又十分之六两银子，十份大米。同样一个鞑靼步兵每月饷银二两，十份大米。皇帝供给所有兵士军械、各种军中装备和战服。除了规定的饷银外，遇有特殊事项，如结婚、生子等，皇帝还另有照例赏赐。父母之丧，兵士可以领一笔'抚恤金'；兵士自己身亡，这笔钱发给他的家庭。"③ "鞑靼人比汉人更适于当兵。鞑靼人的蛮勇的教育，粗野的举止，好动的性情，放肆的行动，比起恬静、驯顺、守规矩、明哲理、讲道德的汉人来，更适于作战和军事生活。鞑靼人的职业似乎天然应当是战士，犹之乎文人学士天然应当出自汉人。"④ 马戛尔尼使团根据出访中国的印象得出的最终结论是："清帝

---

① 斯当东：《英使谒见乾隆纪实》，叶笃义译，商务印书馆 1963 年版，第 352 页。

② Henry W. Parish, *Military and Statistical Observations upon Macao including the Islands near Landao, also Description of Great Wall at Cou-Pei-Keou, etc.*, *Original Manuscript, Papers, and Letters Relating to the Macartney Mission to China, 1792 – 1794, Charles William Wasan Collection on China and the Chinese*, Cornell University Library, vol. 9, no. 371. 转引自常修铭：《认识中国：马戛尔尼使节团的"科学调查"》，《中华文史论丛》2009 年第 3 期。

③ 斯当东：《英使谒见乾隆纪实》，叶笃义译，商务印书馆 1963 年版，第 507 页。

④ 斯当东：《英使谒见乾隆纪实》，叶笃义译，商务印书馆 1963 年版，第 507 页。

国犹如一艘破烂不堪的头等战舰，其之所以在过去 150 年中未曾沉没，仅仅是由于一班幸运的、能干而警觉的军官们的支撑，而它胜过其邻船的地方，仅在于其体积和外表。但是，一旦一个没有才干的人在甲板上指挥，那么纪律和安全便荡然无存了。"① 在马戛尔尼使团成员的记录中，西方国家那种自以为是的民族优越感已昭然可见。

18 世纪德国思想家、试验物理学奠基人、作家格奥尔格·克里斯托夫·利希滕贝格（Georg Christoph Lichtenberg，1742—1799）学识渊博，曾于 1770 年与 1774—1775 年间两度访问英国，并于 1793 年当选为英国皇家学会会员，是当时知名的亲英派（Anglophile）。从 1778 年开始，他就向《哥廷根袖珍历书》（*Göttinger Taschen Calender*）和《哥廷根自然与文学杂志》（*Göttingisches Magazin der Wissenschaften und Literatur*）供稿。《哥廷根袖珍历书》除了是日常生活中一个平常日历外，还包含对自然现象和新科学发现的短文，而且有与骗术和迷信进行斗争的散文。1796 年，利希滕贝格在《哥廷根袖珍历书》上发表了一篇以马戛尔尼使团人物为主角、内容虚实参半的启蒙思想小说。其中的主人公是马戛尔尼的管家沙普（Sharp）这样一位虚构的人物，此人回到欧洲后讲述其在华见闻：有一所中国人的军事学校专门传授如何忍受痛苦的技巧，平时的训练课程就是绝食或吃劣食，学生饿昏时便烧鹅毛熏醒，或者给他们些许马肉或被丢弃的肉勉强果腹。中国社会将不可避免的灾害转嫁到这些人身上，一旦某地发生饥荒，即将该地民众迁往军事禁食学校继续正常生活，而由军校生进驻灾区，一面绝食一面耕种，直至饥荒解除后，再将两者的角色互换回去。② 在启蒙精神指引下，利希滕贝格致力于教育老百姓运用逻辑、智慧和自己的感知。但是，在利希滕贝格的笔下，中国成为愚昧落后的象征，遭到冷嘲热讽。昔日被人称

---

① Cranmer-Byng, J. L. ed., *An Embassy to China: Being the Journal kept by Lord Macartney during his Embassy to the Emperor Ch'ien-lung, 1793 – 1794*. London: Longmans, Green & Co., 1962, p. 212

② Georg Christoph Lichtenberg, Von den Kriegs-und Fast-Schulen der Schinesen, neben einigen andern Neuigkeiten von daher, in: Adrian Hsia (Hg.), *Deutsche Denker über China*. Frankfurt/M.: Insel, 1985, S. 103 – 116.

羡的"中央王国（The Middle Kingdom）"在西方人眼里逐渐开始被呈现为"混乱王国"（The Muddle Kingdom）[1]、"世界上最黑暗的王国"（das dümmste Reich der Welt）[2]。

第三节 军事文化：18 世纪中国与西方的比较

一、王道与霸道

西方学者将中国重文轻武的传统归咎于儒家文化的浸润，将中国和平主义的民族特性与墨家的"非攻"学说以及孙子"不战而屈人之兵"的全胜战略思想联系起来考察。这本来无可非议，不过西方学者并没有对我国先秦诸子百家的军事思想得其三昧，故多系皮相之谈。我们认为，以孙子为代表的中国兵家在战争问题上的基本观点是"慎战""重战"而非"去战""不战"。尽管墨家所讲的"兼爱"在某些方面与耶稣所讲的"博爱"有相近之处，但墨家所提倡的"非攻"并不徒托空言，而是以防守抵御为其非攻的策略。在历史上，就和平问题而昌昌大言者所在多有，佛教即为其例，但佛教的和平是一种消极的理想，而墨家的学说却是积极的，是以战止战，冯友兰称墨子为中国的武圣人[3]可谓名副其实。至于儒家也是非常重视武备的。台湾学者魏汝霖研究中国古代军事思想史卓然有成，他认为兵家与儒家其法虽异，其源则同，其用虽异，其体则同。孔子的千古名言"臣闻有文事者，必有武备"，对于我国"兵可百年不用，不可一日无备"的传统思想的形成产生了深

---

① 参见 Richard Hornik, The Muddle Kingdom? Bursting China's Bubble, *Foreign Affairs*, Vol. 73, No. 3（May-Jun. , 1994）, pp. 28 – 42。

② 参见 Eun-Jeung Lee, *Anti-Europa: die Geschichte der Rezeption des Konfuzianismus und der konfuzianischen Gesellschaft seit der frühen Aufklärung; eine ideengeschichtliche Untersuchung unter besonderer Berücksichtigung der deutschen Entwicklung*, Münster: Verlag für wissenschaftliche Literatur, 2003, S. 178。

③ 冯友兰:《原儒墨补》,《三松堂全集》第 11 卷, 河南人民出版社 2000 年版, 第 336 页。此文原载《清华学报》第 10 卷第 4 期, 1945 年 10 月。

远的影响。孔子又曾谓："以不教民战，是谓弃之。"① 在儒家看来，教民的目的是为了执干戈以卫社稷，如果使没有经过训练的臣民仓促赴战，无异于借刀杀人，绝非仁政。如果我们拿18世纪清朝皇帝的思想与中国传统军事思想相对照就会发现两者之间何其相似乃尔！雍正帝饬谕八旗兵丁说："兵可百年不用，不可一日不备。……兵丁之武艺，亦未有不勤加训练而能有成者。"② 乾隆帝所撰《凯旋兵丁至京由驿各回本地营伍》一文中也说："古之三时务农，一时讲武，为制兵善策，其不及者，更役流民，使之战戍，皆所谓驱犬羊以饲虎豹，殊可笑耳。"③可见，中国历史上"万般皆下品，唯有读书高"的传统价值取向曾使无数科举士子为了学而优则仕熬坏了眼睛、趴弯了脊椎、泡钝了脑子，基于治弓需弓匠、治天下需天下匠的统治需要，最高统治者也不能不对知识分子格外礼遇有加，但忘战必危的无数前车之鉴又必然形成统治者整军经武的内驱力。

上兵在城墙外训练

---

① 语出《论语·子路》，杨伯峻译注：《论语译注》，中华书局1980年版，第144页。

② 《清世宗宪皇帝实录》卷一百一十四，雍正十年正月，台北华文书局股份有限公司1960—1970年版，第1713页。

③ 《清高宗纯皇帝实录》卷一千四百二十六，乾隆五十八年四月，台北华文书局股份有限公司1960—1970年版，第21201页。

在重视武备的同时，中华民族历来反对两种错误倾向：一是穷兵黩武，一是息兵偃武。这两种倾向各执一端，两者之失，厥咎惟均，俱为祸国殃民之道。古典文献批判这两种倾向的论述甚多。殆兵虽为凶器，但兵不可废；战虽为逆德，但不可忘战。兵不可玩，武不可黩。好战必亡，忘战必危，备战必胜。《司马法·仁本》就曾辩证地总结说："故国虽大，好战必亡。天下虽安，忘战必危。"① 中国古代"止戈为武"的军事文化传统在 18 世纪清朝皇帝的身上也是灼然可见的。康熙帝不止一次地谈到穷兵黩武的危害性，他说："夫兵者，凶器，圣人不得已而用之，譬之人身疮疡，方用针灸。若肌肤无恙而妄寻苦楚，可乎？治天下之道亦然。乱则声讨，治则抚绥，理之自然也。自古以来，好勤远略者，国家元气，罔不亏损。"② 有的学者认为，乾隆帝十全武功中，除了台湾之役可以说是必要的，其余九次完全是浪费，至于打缅甸、打安南、打回疆、打大小金川，都是穷兵黩武，好大喜功。我们认为，从思

康熙帝戎装像（清宫廷画家绘）

想上来说，尽管管仲富国强兵的思想被一些学者认为是军国主义，但管仲的军事思想的最终目的仍然是"至善不战"，而清末新式的知识分子力倡军国民教育也不是为了构筑军国主义思想体系。从整体上看，以儒

---

① 《司马法》卷上，仁本第一，《中国兵书集成》1，解放军出版社、辽沈书社 1987 年版，第 63 页。

② 《清圣祖仁皇帝实录》卷一百八十，康熙三十六年二月，台北华文书局股份有限公司 1960—1970 年版，第 2424 页。

家王道主义为核心的政治思想和以孙子为代表的兵家的反对穷兵黩武的战争观，始终为中国历代王朝奉行不替。乾隆帝在晚年自己说："（朕）自少年即深知穷兵黩武之戒，乃四十年之间，自甲戌（乾隆十九年。——引者注）始，十全武功，非用兵而何？幸而蒙天眷佑，得以戡定藏事，于民无一赋之加，于事有十全之美。则予之所以早作夜思、弊精劳神者，庶可以少追穷黩之讥也。"①

18世纪的欧洲跟我国春秋战国时期的局势十分相似，此时，"列强"这个起初非常模糊的幽灵已不知不觉地溜进了欧洲的政治思想之中，到18世纪后半叶就完全支配了它。为了追求霸权主义，欧洲列强之间征战不休，那些作为中世纪封建欧洲幸存者的小国，便自然成了实行绝对君主制的各大国垂涎欲滴的目标，而在扩张王朝权力的赛局上，人民和领土就像卒子一样被来回挪动。基于上述原因，台湾学者施治就曾经指出，中西军事思想最大之不同点，乃在于欧西各国系以霸道争雄，故其对外政策在侵略他国，其战略目标在灭亡人国，其战术在以力取胜，但中国则适与之相反，素以王道服众，故其政策乃在确保团结和谐，其战略则在以仁制其暴而全其国，其战术则在以智取胜。我们认为施治的上述观点虽然过于绝对化，但却是有一定道理的。在18世纪的欧洲，人们对武力的态度表现为霸道主义的倾向；而此时的中国，清朝统治者以统驭万国的天下共主自居，其对武力的态度受王道主义的影响，奉行义兵慎战的战争观，能够清醒地认识到仅仅临以兵威的局限性，主张用兵是为了息兵，作战是为了去战，反对轻启战端。当然，我们并不否认有限战争像国外学者所说的那样是18世纪西方战争的特点之一。日本学者浅野佑吾（あさのゆうご）说："在评论这一时代时，我们想引用意大利历史学家古列尔莫·费雷罗的一段话。他说：'有限战争是18世纪的一个伟大之处。它只有在贵族式的和高尚的文明之中才能得以存在。但由于法国革命，我们失去了这一美好的东西。'这些话反映了后人对历史的向往。当时的战争确实是极为温良恭俭让。若与

---

① 《乾隆御制文》三集，卷九，序，《清高宗（乾隆）御制诗文全集》第十册，中国人民大学出版社1993年版，第940页。亦载《钦定廓尔喀纪略》卷首三，天章三，季垣垣点校，中国藏学出版社2006年版，第39页。

19 世纪以后在列强仇恨驱使下爆发的残酷战争相比较，这个时代的战争表明人们仍保留了中世纪那种崇高的道义感。"① 浅野佑吾所引的古列尔莫·费雷罗（Guglielmo Ferrero，1871—1942）在其《和平与战争》（*Peace and War*，tr. B. Pritchard，London：Macmillan，1933）中的名言，将有限战争视为 18 世纪最美丽的花朵之一、只有在以崇高准则为基础的贵族文明中才能茂盛生长的一种温室植物。西方对有限战争的定义众说纷纭，然而有一点认识是一致的，即有限战争的特点是对促使冲突升级的压力进行严格控制。在西方学者看来，中国自古以来就崇尚与人们在 20 世纪所说的有限战争相类似的战争形式。但我们认为，中国崇尚的这种所谓"有限战争"是一种军事伦理思想，出于一种自觉的道德自律传统。它是出于对"争地以战，杀人盈野；争城以战，杀人盈城"② 的暴戾势力的厌恶而产生的人本主义思想，而西方 18 世纪有限战争的出现，主要是取决于当时的社会经济状况。因为当时西方战争的费用大大增加，空前庞大的军队需要衣、食、住和武器装备，没有一位君主希望或者敢于承担"三十年战争"（the Thirty Years' War）给经济和社会造成的破坏性后果。由此可见，中西方的有限战争既有共同之处，亦有各自的"殊相"。

二、谋略与技术

18 世纪中国的军事家、将领以及士兵都在读哪些军事著作呢？历史研究固有的时空间隔的特性使我们对许多如烟往事渺渺难寻，但 18 世纪中国空前绝后的考据学却可以引导我们钩稽斑驳支离的史料而跨过历史的门槛再睹其庐山真貌。据《清太祖高皇帝实录》《清太宗文皇帝实录》、罗振玉《史料丛刊》以及稻叶君山（いなばくんざん，1876—1940）《清朝全史》（稻葉君山「清朝全史」早稻田大学出版部、1914年）记载，开有清一代基业的努尔哈赤、皇太极父子，均极其喜欢阅读

---

① 浅野佑吾：《军事思想史入门——近代西方与中国》，赵志民、李苑译，解放军出版社 1988 年版，第 43—44 页。

② 语出《孟子·离娄上》，杨伯峻：《孟子译注》，中华书局 2008 年版，第175 页。

并深明《三国志传》。唯其如此，萧一山云："殆《三国演义》一类之小说，为清朝开国典谟之源泉也。"① 满族贵族入关后，为使满族官兵精通武略，八旗子弟从官至兵，几乎全军学习《三国演义》。顺治七年（1650），由大学士范文程等主持，满文《三国演义》的译事告竣，清政府在多尔衮的主持下为这部满文译本举行了隆重的颁行仪式，将

海兰察雕像

这部讲述斗智斗勇的军事小说推广到八旗子弟全军，以此为必修教科书，培养了一代代八旗军事人才，有力地指导了八旗将士的军事活动。史载："国朝满洲武将，不识汉文者，类多得力于此。"② 例如，嘉庆年间的八旗满洲将领额勒登保，最初跟从超勇公海兰察时，每有战事，摧锋陷阵，颇为超勇公赏识，认为他"将才可造"，即指示额勒登保尚"须略识古兵法"，于是郑重地以满文《三国演义》授之。额勒登保受益于《三国演义》指导，"卒为经略"，屡立战功。③ 据西安驻防八旗老人的口述史料，满洲驻防西安的八旗官员之中，几乎每人都持有一本《三国演义》，足见《三国演义》对八旗军队影响之深远。其次，18世纪中国军事家和将士读得较多的另一本书可能是《武经七书》。由于《武经七书》是清代武举考试的笔试科目，所以这种考试复习资料性质

① 参详萧一山：《清代通史》第1册，华东师范大学出版社2006年版，第59页。

② 魏源：《圣武记》卷十三，"武事余记"，韩锡铎、孙文良点校，中华书局1984年版，第513页。

③ 陈康祺：《郎潜纪闻二笔》卷十，陈康祺：《郎潜纪闻初笔二笔三笔》下，晋石点校，中华书局1984年版，第514页。亦可参见李桓等编纂：《国朝耆献类征选编》，沈云龙主编：《近代中国史料丛刊三编》第一辑，5—7，台北文海出版社1985年版，第1161页。

的书籍必然具有很大的社会需求量，其发行量在当时无疑会大大超过其他学术性军事著作。据我们所看到的材料，在 18 世纪，一些文人学士纷纷为《武经七书》做注解、汇解之类的工作，除了兵部、国子监等政府机构刻印"七书"之外，书肆也大量翻刻影印"七书"以倾销谋利，武生则解囊购买以为晋身之阶。此外，在昭梿《啸亭杂录》中还可以看到这样的史料：超勇王成衮札布"知兵法，有元臣木华黎所著兵法，王世收藏之，暇时拥一篇展诵，故用兵多合古法"①。按，成衮札布系策棱之子，曾于乾隆二十二年（1757）被清廷任命为定边将军，平定阿睦尔撒纳叛乱。可惜，昭梿在这里语焉不详，我们无法径窥这部木华黎兵书之概略。

此时西方这方面的情况如何，也值得我们探究。据记载，在 17、18 世纪，北美殖民地的军事思想仅处于萌芽。韦格利（Russell Frank Weigley，1930—2004）在《美国陆军史》（Russell Weigley, *History of the United States Army*, Bloomington：Indiana University Press，1984）一书中说："现代军官必须有充分的专业知识，必须有高度的共同责任感，使自己成为专业人员，就像医生和律师有自己的专业一样。但是在 18 世纪，还没有像样的战争理论或战争哲学，没有可以与其他专业活动相媲美的军事指挥专业，因此，也就不可能使军队真正职业化。"② 当时，北美殖民地流行的军事著作主要是几本小册子，如 17 世纪格劳秀斯的《论战争和和平的法律》，该书介绍了当时战争的权威性规则。进入 18 世纪，瓦特尔的《国际法》流行一时，该书规定了各国在和平和战争

①　昭梿：《啸亭杂录》，何英芳点校，中华书局 1980 年版，第 258 页。木华黎与博尔忽、博尔术、赤老温在成吉思汗时代被誉为"掇里班曲律"，犹言四杰也。成衮札布是成吉思汗二十二世孙，藏有木华黎《兵法》也是有可能的。参详赵智：《〈蒙古秘史〉军事思想初探》，中国人民政治协商会议内蒙古自治区委员会文史资料委员会：《蒙古族古代军事思想研究论文集》第 1 集，1989 年印行，第 219 页。《清鉴纲目》卷七亦言成衮札布"知兵法，掌大将军印几四十年，未尝戮一偏卒。时以比之曹彬"。印鸾章：《清鉴纲目》，邓球柏、钟楚楚标点，岳麓书社 1987 年版，第 336 页。

②　拉塞尔·韦格利：《美国陆军史》，丁志源等译，解放军出版社 1989 年版，第 22 页。

中均要遵守的某些公认的准则。此外，在北美殖民地除出版了上述书外，还有英国的军事手册和回忆录。米哈伊尔·库图佐夫（Михаил Илларионович Голенищев-Кутузов，1745—1813）是俄国历史上著名的军事统帅，于1745年生于彼得堡。他的一位本家亲戚伊·洛·库图佐夫海军上将撰写过许多有关海军作战艺术的著作，并翻译过保罗·戈斯特（Paul Hoste，1652—1700）① 著《海军作战艺术》（*Art des Armées navales ou traité des évolutions, qui contient des règles utiles aux officiers généraux, et particulières d'une armée navale; avec des exemples tirés de ce qui s'est passé de plus considérable sur la mer depuis cinquante ans 1697*）一书，俄国曾出过两版。米哈伊尔·库图佐夫在母亲去世后寄居这位亲戚家里，在其收藏有许多关于陆军、海军等书籍的藏书室里广泛浏览了大量军事书籍。后来，库图佐夫进入工程兵学校学习，其基本学科有枪炮学、筑城学和战术，使用的教材有《枪炮学原理》等。恩格斯对拿破仑评价很高，认为拿破仑在军事科学上有卓越的改革，称拿破仑为一代"军事巨人"。英国著名军事将领和军事作家詹姆斯·罗歇尔－康沃尔（James Marshall-Cornwall，1887—1985）所著《作为军事指挥官的拿破仑》（*Napoleon as Military Commander*，London：Batsford；Princeton，N. J.：Van Nostrand，1967）认为：拿破仑事实上无论在战略思想还是战术思想上都没有任何创新，因为倘若他果真有所建树，他的部队就不致屡次遭受惨重的损失，乃至最后一仗全军覆没，

库图佐夫像

---

① 吴春秋主编之《外国军事人物辞典》中有关保罗·戈斯特的词条不正确。参见吴春秋主编：《外国军事人物辞典》，世界知识出版社1996年版，第196页。

但拿破仑确实是驾驭战争的能手，而且是他这个行当里出类拔萃的匠师，尽管他还不能最经济地使用手边的工具和技术，但是他懂得如何最充分地发挥它们的效用。康沃尔考证说："尚无证据表明拿破仑在青年时代是否曾研究过萨克森的《沉思》，或分析过腓特烈大帝的战略战术。我们仅知道他 1788 年在奥松时读过一本 1787 年在斯特拉斯堡出版的《腓特烈二世》，但是该书对于腓特烈在 1740 年至 1763 年间所进行的战役只有一般性的描述，并未讨论其战术。另一方面，可以断言的是，拿破仑在战略战术方面的理论知识主要源于他对 18 世纪两位杰出的军事作家布塞和吉贝尔所作的缜密研究。"[1] 据我们所见到的资料表明，拿破仑曾读过亚历山大（Alexander Ⅲ of Macedon，Alexander the Great，前 356—前 323）、汉尼拔（Hannibal Barca，前 247—前 183 或前 182），和恺撒（Gaius Julius Caesar，前 102—前 44）等历史上伟大军事统帅的传记以及炮兵技术、战术等方面的书籍，并且做了许多摘记和笔记，其中有些完整无损地保存下来了。

从上述中西方 18 世纪军事人物的读书范围可以看出，重权谋是东方兵学的鲜明特点，而西方人相对而言更注重技术[2]。埃里克·伦德（Erik Lund）最近的研究也可以证实这一点。在 18 世纪，奥地利的军官主要通过在军官内部流传的手稿和备忘录讨论有关战争的技术和理论

---

①　资料来源：http://warstudy. com/history/gun_powder/napoleon/002. xml，访问时间：2010 年 1 月 12 日。

②　东方谋略学的研究在西方颇受重视。笔者在弗赖堡大学法律系经济法研究所访学期间，因为翻译我的老师布劳洛克（Uwe Blaurock）的论文，发现被布劳洛克教授誉为德国最好的法学院图书馆虽然藏书丰富，竟没有一本中文书，所以笔者便抽时间到弗赖堡大学东方学系图书馆查找新华社编辑的人名、地名译名手册，在那里发现受到胜雅律（Harro von Senger）教授影响而收藏的许多中国谋略学著作。胜雅律教授虽然是研究中国法律、国际私法与国际民事诉讼法出身，在前些年联合国关于中国人权问题的讨论中发挥了重要作用，但其对于《三十六计》的研究在国际上声名颇著。其著作《智谋》（*Strategeme: Lebens-und Überlebenslisten der Chinesen-die berühmten 36 Strategeme aus drei Jahrtausenden*，München：Scherz Verlag，2000）出版后在德国畅销一时，被翻译成 13 种文字，德国前总理科尔（Helmut Kohl）还特别写信加以推荐。该书中译本由袁志英、刘晓东等译，2006 年由上海人民出版社出版。

方面。① 当《孙子》这部充满军事哲理、谋略思想的兵书在东方问世后，西方的军事著作还停留于对战史的记述。相反，当西方人早已开始注意把科学技术发展中不断涌现出的新成果源源运用于军事时，东方军事家还停留于对孙子谋略思想的发挥。明乎此，我们就不难理解为何18 世纪的中国军事家、将士热衷于研读《三国演义》和《武经七书》这类东方谋略色彩极其鲜明的军事著作，而西方的军人却对筑城学、枪炮学这种中国人认为是"形而下"的具体技术性军事书籍颇为致力。②列宁说，没有不用谋的战争。台湾学者曹元中写的《军事谋略论》一书中说："谋略二字单独解释，虽有多方面的意义，但由古书中寻求其源出，谋字实寓有欺骗，略字乃计划事物之方策、方案、方法之谓。将谋略二字相连用者，汉代以前未之见载；而始于《三国志》。《三国志》魏书程昱郭嘉等传评：'才策谋略，世之奇士。'吴书陆逊传评：'予既奇逊之谋略，又叹权之识才，'为称赞军事人才之创用名词。考程昱、郭嘉与陆逊皆以奇计欺敌著名。故谋略谓将领作战之艺术，自属适宜。复照二字之支义：谋为欺骗；略为计划之方策、方案、方法。则予以连贯解释：谋略者，欺敌以方也。"③ 上述这种释义固然将"谋略"这一范畴的内涵和外延界定得过于狭窄，不过春秋时期《孙子》提出的"兵者，诡道也"的思想认识，的确从战争活力对抗中取胜的主观机制和对战争本质特性认识的角度，充分表明了中国古代军事理论重权谋的基本特征。战争对抗不仅是力量的对抗，而且是一种智慧的对抗，而主观智慧在指导战争过程中灵活变通、不拘泥成规、不恪守一格、见机而作等等，说明战争对抗中的主观机制有一种不守常的逻辑，这就是诡道逻辑。在战争对抗中因事设奇、谲敌制胜、变化若神，这是所谓"诡

---

① Erik A. Lund, *War for the Every Day: Generals, Knowledge, and Warfare in Early Modern Europe, 1680 – 1740*, Westport, Conn. : Greenwood Press, 1999, pp. 7 – 8, 49 – 50, 143 – 44.

② 参详恩格斯在为《美国新百科全书》所写的"炮兵"这一条目有关阐述，《马克思恩格斯全集》第 14 卷，中共中央马克思恩格斯列宁斯大林著作编译局编译，人民出版社 1964 年版，第 203—204 页。

③ 转引自李炳彦、孙兢：《军事谋略学》上，解放军出版社 1989 年版，第 2 页。

道"的一个方面的含义。另一方面，战争从总体上看毕竟有一定规律可循，但在实际的战争运动过程中，由于主观机制那种不守常的逻辑的存在，使战争运动过程较之于其他事物的运动过程，更少确定性而较多盖然性，即正如曹操在《孙子注》中所说的"兵无常形，以诡诈为道"①，所以"诡道"也反映了军事对抗过程中的本质特性，这是"诡道"的又一含义。中国古代正统兵学的《武经七书》基本上属于权谋类型，都是把战争作为"诡道"来认识的。这种重权谋的兵学特色显然与西方18世纪军事文化大相异趣。从宏观角度对西方军事理论加以审视，我们就不难发现其注重实用性技术的特征。"这种注重实用性技术的传统，使西方古代的军事理论显得格外呆板。可以认为，当社会生产力水平制约着军事技术发展的一段时间内，实用性技术的发展也就处于相对凝固状态。与西方古代民族对力的崇拜相适应，在实用性技术相对稳定的情况下，军事对抗就直接表现为力量的对抗。技术装备了力量，力量又细腻了技术。因此，西方古代军事对抗既是力量的对抗，又是技术的对抗。在社会生产力允许军事技术发展之前，西方古代的军事理论就一直处于这种相对静止的状态。"②直到18世纪，西方的军事理论仍偏重于以力量和技术为制胜机制。毋庸讳言，我们并不否认西方18世纪军事文化中具有

苏沃洛夫远征瑞士翻越阿尔卑斯山

---

① 万同林主编：《中国古代兵法大全》，国防工业出版社1994年版，第448页。

② 张俊波：《中西军事哲学比较研究》，军事科学出版社1993年版，第78页。

施谋用略的成分，但问题是谋略思维不是像中国兵学中那样具有至上性，只不过是力量和技术制胜的补充手段而已。苏联出任过华约部队参谋长兼苏军第一副总参谋长洛博夫（Владимир Николаевич Лобов）大将撰写的《战争史上的谋略》（Военная хитрость в истории войн, Воениздат, 1988）① 将18世纪俄国军事谋略的成就提得很高，认为俄军统帅的军事谋略首先与 А. В. 苏沃洛夫（Алекса́ндр Васи́льевич Суво́ров, 1729—1800）的名字密不可分。他以苏沃洛夫修改 М. А. 米洛拉多维奇（Милорадович Михаил Андреевич, 1771—1825）将军训令为例，证明苏沃洛夫对军事谋略的实质作了生动的表述。苏沃洛夫的原话是这样的："刺刀、速度、突然……敌人以为你在一百、二百俄里以外，而你要加快雄壮的步伐，迅速而突然地到来。敌人正在唱歌、散步，在空旷的田野等着你，而你就像从天而降，从陡峭的山中，从茂密的森林里奔袭敌人。狠打、紧逼、痛击，不给敌人喘息的机会。谁被吓住，谁就被战胜了一半。在恐怖面前要睁大眼睛，一个人显出为十个人的样子。要洞察一切，小心谨慎，目标坚定。"② 其实，稍微明眼的人都可以看出，苏沃洛夫这种被洛博夫极力推许的谋略与中国古代那种运筹帷幄之中而决胜千里之外、以柔克刚、以易演兵的诡道逻辑还是迥然不同的，仍然是以力量和技术为制胜的主要机制。

三、不同的轨迹

对于18世纪中国兵学的学术成就，学术界尚缺乏深入系统的研究。在前面，我们说过清代对武力的态度具有王道主义的倾向。尽管康熙帝以"王道"相标榜，认为《武经七书》"未必皆合于正"，并说什么

---

① 此书中译本的名称为《战争中的谋略》，吴广权等译，解放军出版社1992年版。估计系当时出于图书销售的考虑，故改为此名，加之版权著录不详，令人难以核对原书信息。

② 转引自 В. Н. 洛博夫：《战争中的谋略》，吴广权等译，解放军出版社1992年版，第12页。恩格斯把苏沃洛夫远征瑞士称为"到当时为止进行的一切阿尔卑斯山行军中最出色的一次"（《马克思恩格斯全集》第13卷，人民出版社1962年版，第258页）。苏沃洛夫本人说，在这次进军中，"俄国刺刀穿透了阿尔卑斯山"。

"仁者无敌，此是王道。与其用权谋诈伪无稽之言，不若行王道，则不战而敌兵自败矣。王道二字，即是极妙兵法"①，但《武经七书》由于系武科应试的必考科目，故武闱孙子学当时十分兴盛。在乾隆朝，孙子学为武闱服务的风气渐衰，而以考据见长的清中叶的孙子学则取得了非常可观的成绩。当时在孙星衍的周围集结了包括毕以珣、洪颐煊、吴人骥等在内的学者，形成了一个小小的孙子研究趣缘学术群体。受乾嘉考据学风的影响，他们不再盲目地怀疑、篡改《孙子》，而是从大量的古代典籍中广泛搜集关于孙子其人其书的记载，进行细致的考订。尤其是孙星衍，以孙子的后人自称，对这种研究工作怀有极高的热情。这一时期不少学者在坚实的史料基础上就《孙子兵法》展开了争鸣和讨论，各抒己见。其中，孙星衍、毕以珣等人对《孙子》兵学予以全面肯定；纪昀、汪绂等人则承认《孙子》为兵家用奇之最，但以其违背儒家的王道、仁义之说而极力贬斥；张九镡将《孙子》与《吴子》《司马法》等古兵书进行比较，认为《孙子》的最大特点即在于其摆脱了仁义的束缚，故而可以出奇无穷，并声称这是《孙子》成为古兵书之最的关键。清中期孙子考据学作品多以论文形式出现，前后共二十多篇刊印传世。毕以珣《孙子叙录》一文为其中佼佼者。该文长达万余字，是对历代孙子学零星文献的总汇，为后人提供了很大的方便。孙星衍称赞毕氏"所学或过于余"，这也许是出于自谦，但毕氏《孙子叙录》非率尔操觚之作殆无疑义。当然，孙星衍的《孙子十家注》更是传世佳作。② 学术界认为，这时期孙子兵

---

① 《清圣祖仁皇帝实录》卷二百四十三，康熙四十九年闰七月，台北华文书局股份有限公司1960—1970年版，第3249页。

② 参见本书第四卷第七章第一节。在20世纪，《孙子兵法》这部"兵学圣典"被许多外国学者翻译为多种文字，其中大多数外国学者均以孙星衍的《孙子十家注》作为译介的蓝本。例如，英国汉学家翟林奈（Lionel Giles，1875—1958）的权威译本（*Sun Tzu on the Art of War: The Oldest Military Treatise in the World*, London: Luzac & Co. , 1910）和被联合国教科文组织认可的美国海军陆战队退役准将格里菲思（Samuel B. Griffith，1906—1983）的译本（*Sun Tzu: The Art of War*, London: Oxford University Press，1963），即其证也。

学在文字校勘和训诂上的重大成就，"就其对孙子兵学在其发展的意义上说，并不亚于汉代的编订，宋代的'钦定'"①。

除清中期孙子学的成就之外，18世纪中国兵学的著作主要有以下两部：

（1）《灰画集》。该书是一部从历史地理角度论述经国用兵方略的辑录体兵书，二十卷，约六十万字，系李培于雍正四年至六年（1726—1728）所辑。李培在这本书中指出，天下大势犹人身，肩背手足要"相承而奉元首，以听命于心"②，其中京师为元首，玉门、辽阳、上谷、云朔是肩背，河渠是咽喉，伊洛、湘汉、江淮之间是腹心，齐鲁秦晋是左右手，闽蜀是两腋，交广滇粤是足。只有肩背厚实，咽喉畅通，腹心坚实，左右手、腋强硬，各部分相互配合，拱卫京师，听命于朝廷，这样才能形成坚强的全国防卫体系。

（2）《戊笈谈兵》。该书是清代以儒家思想为指导而编成的一部综合性兵书。作者汪绂（1692—1759）出身书香门第，喜读经、史、兵法、术数之类的典籍。康熙戊戌（1718）以后，他因家道衰落，在枫岭、浦城一带讲学授徒。除在学馆教授读书外，他还到军中与朋友弟子讲习兵法卒伍，本书即为此而作。该书的编排秩序乃取孟子"天时不如地利，地利不如人和"之意，以天时、地利、人和为纲，内容主要由天文占卜、军事地理、兵书评论、阵法阵图四部分组成。汪绂以用兵之法仁义为先为出发点，认为《司马法》在《武经七书》中以仁为本，最为纯正，应推为第一；而《吴子》尚近儒家思想，次于《司马法》；《孙子》擅长机变，又次之。至于《武经七书》中其他四书，汪绂认为各有所长，但"《六韬》伪而险，《李子》驳而肤，《尉缭》严以刻，《三略》尚矣"③。汪绂在《戊笈谈兵》中不仅详细记述了古代的阵名、

---

① 杨炳安、陈彭：《孙子兵学源流述略》，中华书局编辑部编：《文史》第27辑，中华书局1986年版，第305页。

② 许保林：《中国兵书通览》，解放军出版社1990年版，第320页。

③ 汪绂：《戊笈谈兵》卷之八，"黄尉李姜总论"，光绪二十年刻本，页五。亦可参见许保林：《中国兵书通览》，解放军出版社1990年版，第387页；姜国柱：《中国军事思想通史》5，清代卷，中国社会科学出版社2006年版，第263页。

阵图以及各种阵法的变化和运用，绘制了五十三幅反映阵间变化的阵图，而且还根据古代阵法创造了一些新阵法，如七军大衍阵、五叠连环阵、山战猿猱阵等。

年羹尧的《治平胜算全书》曾在过去被学者所重视，认为是理论与实战经验结合的一部有价值的兵书。但 1994 年出版的《中华文明史》第 9 卷在介绍清朝 1840 年以前军事著作时，却认为"署名年羹尧的《治平胜算全书》则完全是照抄前人的著述而成"①，将该书作为清代兵书乏善可陈的典型，对此略而不提。不过，《治平胜算全书》究竟是否抄录伪托之作，我们认为目前尚无确凿证据，有待进一步考证。

18 世纪对于中国古代军事学术如果说是斜阳西沉、暮色四起的话，那么此时西方的军事学术则可谓旭日初升、晨曦微露。正如以色列军事史专家阿扎·盖特（Azar Gat）所正确地指出，英国唯一可以吹嘘的在 18 世纪对于关于战争的启蒙话语具有实质性贡献的仅有一个军事思想家，其余由马尔波罗大公（John Churchill, 1ˢᵗ Duke of Marlborough, 1650—1722）的战术思想而黯然失色。这唯独的例外就是亨利·劳埃德（Henry Lloyd，约 1720—1783）。他曾在众多的军队服役，并有一个辉煌的间谍生涯。在 18 世纪 40 年代，他为萨克斯元帅侦探军事情报，制定了 1773 年法国入侵英国的计划。18 世纪中叶，亨利·劳埃德提出了"军事科学"这一概念，随后德国的比洛（Adam Heinrich Dietrich Freiherr von Bülow, 1757—1807）给军事科学下了定义，指出军事科学是研究战略和战术或关于社会利益和荣誉而利用国家的力量来巩固和捍卫社会的科学。近代资产阶级军事科学已经在 18 世纪欧洲逐步确定立起成熟的思想体系。在近代资产阶级军事科学的发展历程中，亨利·劳埃德厥功甚伟，著有《普鲁士国王与德国女皇及其盟国之间的最新战争史》（*The History of the Late War in Germany Between the King of Prussia and*

---

① 《中华文明史》编纂工作委员会编：《中华文明史》第 9 卷，河北教育出版社 1994 年版，第 139 页。

the Empress of Germany and Her Allies）①，被誉为"现代战争学之父"（the father of the principles of modern warfare）。劳埃德认为必须把战争分为两部分。第一部分是军事学术所利用的物质材料部分（军队、武器），这可以运用规则加以规定；另一部分是在无穷的千变万化的战争情况中对原则的正确而迅速的运用，这没有任何规则。在劳埃德看来，军事科学研究的只是军队准备战争的问题，而不是作战问题，因为后一问题不成其为科学，而是统帅天才的专长。

　　研究18世纪西方军事思想的发展，不能不对法国的萨克斯和吉贝尔的军事思想予以足够的观照，因为他们的思想潜移默化，为18世纪末法国大革命期间风行一时的拿破仑军事理论奠定了基础。莫里斯·德·萨克斯（Maurice comte de Saxe，1696—1750）被利德尔·哈特（Liddell Hart，1895—1970）颇为公允地称之为"军事预言家"。萨克斯的《沉思》（*Mes Rêveries sur l'art de la guerre*）一书大约写于1732年，

---

　　①　不知何故，我国军事学界大多将此书译为《1756年普鲁士国王与奥地利女王及其盟国之间在德国的战争史或劳埃德将军的军事政治回忆录》（例如，夏征难：《毛泽东与中外军事遗产》，大连出版社1997年版，第84页）或者《1756年德意志普鲁士国王与奥地利女王及其盟国之间的战争史序言或劳埃德将军的军事政治回忆录》（例如，中国大百科全书军事卷编审室编：《中国大百科全书·军事》，19世纪军事史分册，军事科学出版社1986年版，第244页），这估计是来自20世纪50年代译自俄文的习惯题名。巴塞尔·利德尔－哈特等《剑与笔——世界最伟大的军事名著文摘》（军事科学院外国军事研究部译，军事科学出版社1990年版）第152页译为"德国近代战史"。翻检该中译本的原著，题作 *The History of the Late War in Germany*，见 Sir Basil Henry Liddell Hart, Adrian Liddell Hart, *The Sword and the Pen: Selections from the World's Greatest Military Writings*, New York: Thomas Y. Crowell Company, 1976, p. 100。据笔者考察，亨利·劳埃德在1766出版该书时题作 *The History of the Late War in Germany Between the King of Prussia and the Empress of Germany and Her Allies*，在1781年出版第二版时加上标题"对于战争原理的反思"（*Reflections on the Principles of the Art of War*）。这本极具影响力的著作被翻译为德文（共出版五版）和法文（共出版三版）。参见 *Geschichte des siebenjährigen Krieges in Deutschland zwischen dem Könige von Preußen und der Kaiserin Königin mit ihren Alliirten: Welcher die Feldzüge von 1756 und 1757 enthält*, Berlin: Unger, 1794。近年来，亨利·劳埃德的主要著作已经由国外学者努力收集整理成帙。参见 Patrick J. Speelman, ed. *War, Society and Enlightenment: The Works of General Lloyd*, Leiden: Brill, 2005。此外，可以参阅 Patrick J. Speelman, *Henry Lloyd and the Military Enlightenment of Eighteenth-Century Europe*, Westport: Greenwood Press, 2002。

直到他死后七年才出版。萨克斯在书中高度评价战争中的士气因素，认为懂得如何使军队保持高昂的士气才是大将的真正特色。萨克斯的军事理论是符合 18 世纪的战争的。他反对接受会战，提出了一个可能性，即一个将军不需要别人强迫他，就能够终身战争。① 与萨克森一样，吉贝尔（Comte de Guibert，1743—1790）的军事思想也具有明显的前瞻性。因为他看出，17 世纪欧洲国家所维持的小型职业军是无法打大规模战争的。他在《战术概论》（*Essai général de tactique: Précédé d'un Discours sur l'état actuel de la politique et de la science militaire en Europe, avec le plan d'un ouvrage intitulé La France politique et militaire*，1775）中指出：欧洲的霸权必将落入具有雄才大略、并创建了一支国民军队的那个国家之手。这便导致了"全民皆兵"的思想，而这正是 20 年后法国革命所要付诸实施的。拿破仑时代的作战方法，吉贝尔早在半个世纪以前就已经设想过了。他说："作战艺术就在于技巧地展开自己的兵力，要使其免遭敌军突击的危险；在包围敌军时，不要使部队彼此脱节；在进行机动和对敌军侧翼实施突击时，不要暴露自己的侧翼。"② 这些话似乎恰好是为拿破仑而写的。

在 18 世纪俄国军事发展中，曾有两个互相对立的派别：一派主要是以在俄国任职的外国人和保守贵族为代表，他们竭力在俄国推行普鲁士军事体制；另一派则力求建立俄国自己的、具有民族特色的军事学术，以鲁缅采夫、苏沃洛夫为代表。鲁缅采夫（Пётр Александрович Румянцев Задунайский，1725—1796）的《思想》（*Мысли*，1777）一书对俄国军队的组织有很大的影响，大大促进了军队组织的改善。他认为，政治与军事有直接的联系，"给军事提供了规则"③。苏沃洛夫是俄

① 可以参阅 Marshal Maurice de Saxe，My Reveries Upon the Art of War，in *The Roots of Strategy*，Thomas R. Phillips，ed.，Harrisburg：Stackpole Books，1985，pp. 189–210。

② 转引自利德尔·哈特：《战略论》，中国人民解放军军事科学院译，战士出版社 1981 年版，第 139 页。

③ M. A. 米尔施泰因等：《论资产阶级军事科学》，程钟培、任泰等译，军事科学出版社 1985 年版，第 70 页。

国军事学术的奠基人之一，著有《制胜的科学》（*Наука побеждать*，1806）一书。该书包括两个部分：第一部分"分队对抗演习或演习前的训练"，阐述苏沃洛夫的军队训练方法，供长官用；第二部分"向士兵口授必需的知识"，内容为苏沃洛夫关于士兵的基本准则以及俄国军人勤务和道德方面的规约。恩格斯说："苏沃洛夫唯一的独创精神就是直接的进攻。"① 苏沃洛夫自己也说："军事学术之真谛是从敌人最要害的部位直接进攻敌人，而不应是采取间接的迂回的方式接敌。因为这样一来攻击本身就弄得复杂化了，只有直接的勇敢的进攻才能制胜。"② 据俄国军事理论家米赫涅维奇（Николай Петрович Михневич，1849—1927）说，苏沃洛夫曾讲过："俄文中没有与'防御'相当的字。"③ 而"退却"一词苏沃洛夫连听都不愿听。当奥地利将军梅拉斯戏称苏沃洛夫为"前进将军"时，苏沃洛夫回应说："前进！是我心爱的原则，但我也向后看，然而不是为了逃跑，而是为了进攻。"④ 显然，苏沃洛夫的进攻思想充分反映了沙皇政府扩张政策对军事的要求。

18世纪以来，随着数学、力学在西方迅速发展，在资产阶级军事家中，出现了一批"计算派"，普鲁士军事家比洛即是其中的代表人物。1799年，在法国资产阶级革命的影响下，他的名著《最新战法要旨》（*Neue Taktik der Neuern wie sie seyn sollte. Vom Verfasser des Geistes des neuen Kriegssystems. Erster Theil，welcher von der eigentlichen Taktik handelt. Zweiter Theil: Vorbereitung des Heeres zum Kriege oder zu Taktischen und strategischen Verrichtungen. Nebst einigen Grundlinien zur Beleuchtung von zwei Kritikern*，Berlin：Himburg，1805）完稿。在这部书中，他认为后方与交通线是军队的生命线，主张在进攻时应从自己的基地两端，向攻击

---

① 中国人民解放军军事科学院编：《马克思恩格斯军事文集》第2卷，战士出版社1982年版，第290页。

② 转引自M. A. 米尔施泰因等：《论资产阶级军事科学》，程钟培、任泰等译，军事科学出版社1985年版，第71页。

③ 吴春秋编著：《俄国军事史略（1547—1917）》，知识出版社1983年版，第101页。

④ 吴春秋编著：《俄国军事史略（1547—1917）》，知识出版社1983年版，第102页。

目标（敌人后方基地）画出两条直线，构成一个等腰三角形，基地为这个三角形的底边，底边所对的顶角称为作战角，这个角不小于 60°。进攻军队不得超过三天行程，只有建立起新的基地之后才能继续前进。与拿破仑不同，比洛认为进攻战的目标不应该选择敌人的军队，而选择敌人的后方和交通线。比洛把仓库比作人的心脏，心脏一坏，"集体人"——军队也就完了；把输送线比作人的肌肉，肌肉被切断，整个军事机构也就瘫痪了，军队也就完了。① 因此，比洛认为军队最致命的地方是侧翼和后方，在进攻战与防御战中，敌人的侧翼和后方都应该是作战对象。

我国军事界有位论者说："从 17 世纪中叶到 19 世纪中叶，在中国，是清代孙子学的第一和第二个发展阶段；在西方，则是近代兵理论的产生和形成时期。当克劳塞维茨和若米尼撰著《战争论》和《战争艺术概论》，建立起西方近代兵学理论体系之时，中国的孙子学却仍热衷于文献考据和字句注释。东西方兵学正是在这里明显拉开差距的。"② 《孙子》在中国兵学发展史上戞戞独造，形成了明朝茅元仪所说的"前孙子者，孙子不遗；后孙子者，不能遗孙子"③ 的局面。在清代，中国兵学不能说没有发展，但大多数兵书是辑录前人著述，陈陈相因，有创造性的并不多见。更应该注意的是，清代的兵书主要集中在清初和鸦片战争之后。清代兵书产生的第一个高峰期是由于明末清初革故鼎新之际战争频繁，第二个高峰期是由于鸦片战争之后外侮迭至，而 18 世纪的清代兵学则处于相对低谷阶段。与 18 世纪中国兵学的下行趋势不同，西方的兵学诚如恩格斯所说："整个中世纪在战术发展方面，也像在其他科学方面一样，是一个毫无收获的时代。"④ 但经过长期爬行，到 18 世

①　郑锋：《西方军事思想发展史》，国防大学出版社 1993 年版，第 124 页。

②　黄朴民编：《孙子探胜——第三届孙子兵法国际研讨会论文精选》，军事科学出版社 1992 年版，第 146 页。

③　茅元仪：《武备志》，孙子兵诀评，故宫珍本丛刊，353，海南出版社 2001 年版，第 27 页。亦可参见王厚卿主编：《中国军事思想论纲》，国防大学出版社 2000 年版，第 127 页。

④　《马克思恩格斯全集》第 14 卷，中共中央马克思恩格斯列宁斯大林著作编译局编译，人民出版社 1964 年版，第 26 页。

纪西方资本主义生产关系出现时，西方迎来了军事科学兴盛的日出，蓬勃向上。之所以出现这种不同的发展态势，有以下两方面原因：

第一，18世纪对中国而言是一个戮心的盛世。清朝统治大兴文字狱，以言治罪，论心定罪，采取杀、管、关、流、贬诸多办法，使士气民心受到前所未有的摧残，不敢妄议军国大事。康熙五十六年（1717），直隶总督赵弘燮向皇帝呈奏说："今因泽旺阿喇薄坦负恩犯顺，罪干天讨，理应剿灭。圣谟弘远，指示精详，实除暴安民之至计，岂臣下所能管窥蠡测者，不意有宣化县民胡正谊自名杖国老人，具呈献策。臣初因料理保定兵丁起程，继而赴口迎銮，昨日回署办理军政之后，将伊所呈之策细看，悉系狂悖之言，且其人已年老，似带疯狂之疾，策内之言无识荒秽。臣不敢遽呈御览，然臣受恩深重，又不敢不据实奏闻，应否将该犯从重责惩，发回原籍拘禁，抑或将伊原策封呈御览，并将该犯解部治罪，臣谨缮折具奏，仰祈圣裁批示遵行。"[①] 结果，康熙帝命令原策不必进呈，但胡正谊受到了处治。从这条史料中我们可以看出，策妄阿拉布坦当时与清朝的交战影响到了河北农村的普通民众，但既然"肉食者谋之，又何间焉"[②]，在天纵英明的皇帝乾纲独断之后，普通一个草民上烦天听，自然要咎无所辞了。换句话说，研究、讨论国家军事是统治者的专利，不容百姓置喙。

在清代，政府开方略馆，往往是在重大战争结束后，由皇帝下令组织专门编纂班子，搜集该战争中有关上谕档案、前线统帅奏折、地方官员报告等，先后编纂了《平定准噶尔方略》《台湾纪略》《安南纪略》《廓尔喀纪略》《平定两金川方略》等。其实，这些"方略"就是战略与战术史的资料汇编，目的是为以后的军事行动提供参考，我们可以将其视为军事书籍，但这些书籍庋藏于宫廷秘府，一般人无缘得见，对军事学的发展影响不大，故有赵翼利用在政府部门工作的机会阅读"方略"

① 中国第一历史档案馆编：《康熙朝汉文朱批奏折汇编》第8册（康熙五十六年十一月至康熙六十一年十二月止），"直隶总督赵弘燮奏报宣化县民胡正谊狂悖具呈献讨灭泽旺阿喇蒲坦之策折"，档案出版社1985年版，第1—3页。

② 《左传·庄公十年》，引自管曙光主编：《白话四书五经》下，长春出版社2007年版，第47页。

以后撰写《皇朝武功纪盛》这一清代军事史研究之举。由此可见，军事科学是与平民百姓绝缘的，平民百姓处于一种"边缘化"的状态。

尤其是清政府纂修《四库全书》时，许多兵书遭罹横加禁毁的厄运，这不能不说是清代军事科学益形萧条的重要原因。稽诸史料，我们可以看到明末清初充满反清思想或对清朝有不敬之语的兵书是当时禁毁的重点。例如，茅元仪的《武备志》是中国古代篇幅最大的一部综合性兵书，全书二百四十卷，汇集历代军事理论、战略战术、军用物资等方面的史料，被称为"军事学的百科全书"①，但他在明末长期随大学士孙承宗督师辽东，抵御后金，故其书中对女真族和后金政权多悖碍字句，故而此时在劫难逃。又如，明代沈应明《武经七书注解》经军机处奏准全毁，其理由是"本坊刻陋本，粗浅猥鄙，殊无可取。第十一卷济时策内，语皆狂悖，应请销毁"②。此外遭到禁毁的还有曹飞的《筹兵药言》、邹复的《历朝将传》、龚居中的《秘书兵衡》、吴若礼的《兵镜》、江杏的《戎政先知》、孙汝澄的《戎事类占》③、周钟的《古今将略》等，不一而足。邓廷罗的《兵镜备考》也差一点遭到禁毁，但后来清廷认为"外省签出各条，查俱系嘉靖以前事迹，且《明史》所载，尚无干碍，应请毋庸销毁"④，这才侥幸地虎口脱险，成为劫后余烬。据有人统计，明代兵书有一千零二十三部，一万零七百一十六卷，但《四库全书》仅收五种，五十五卷，只占明代兵书的千分之五，⑤ 其扼杀文化之祸之烈竟至于此！美国历史学家费正清在评价《四库全书》纂修时说："通过这样庞大的工程，清廷实际上进行了一次文字清查（文学上的'宗教裁判'）工作，其目的之一是取缔一切非议外来统治

---

① 白寿彝：《中国通史纲要》，上海人民出版社 1980 年版，第 330 页。

② 转引自杨炳安、陈彭：《孙子兵学源流述略》，中华书局编辑部编：《文史》第 27 辑，中华书局 1986 年版，第 303 页。

③ 参见雷梦辰：《清代各省禁书汇考》，书目文献出版社 1989 年版，第 96 页。

④ 姚觐元：《清代禁毁书目》，转引自单士元：《故宫札记》，紫禁城出版社 1990 年版，第 129 页。

⑤ 王兆春：《中国历代兵书》，商务印书馆 1996 年版，第 29 页。许保林：《中国兵书通览》，解放军出版社 2002 年版，第 74 页。

者的著作。……该禁的图书是研究军事或边务的著作以及有反夷狄之说的评议，而主要是那些颂扬明朝的作品。"① 但此时欧洲的文网之密显然比不上中国。当专制者制造政治恐怖致使人们噤声的时候，人们便普遍地患上了政治冷淡症，以学为隐，开始诠释故训，究索名物，难以产生出伟大的军事理论和杰出的军事思想。

第二，如前所述，中国兵学具有早熟性，把谋略作为战争活力对抗中制胜的主要机制，深受《易经》和老子哲学中以柔克刚、以弱胜强的谋略思想的影响，不像西方那样重视力量和技术。在漫长的封建社会中，东方的科学技术发展缓慢，以致日益落后于西方。这样，在两军对垒的战场上，人们难以看到从改进物质手段入手寻求制胜道路的亮光，注意力牢固地被囿于不改变现有手段来思考胜道的窠臼。老子那种以柔克刚、以弱胜强的哲学思想更为人们所奉行不渝，以谋制胜更加成为英雄们唯一的用武之地，从而使军事理论沿着以谋制胜的传统道路形成一个封闭式的循环怪圈。自宋明以后，《孙子兵法》已被视作兵学公理，孙子学采取了一种"我注六经"的态度，所以尽管兵书层出不穷，不乏宏论卓见者，但都不过是在原来的大树上增添叶子而已，是对旧有的军事理论体系的进一步完善，看不出大的突破。如果用经济学的边际效益理论来说，18世纪中国传统兵学理论的发展已经趋于边际效益的递减，必须输入新的变量因素才能打破固有结构而出现新的质变，已无产生内源变化的可能性。与此相比较，西方军事理论的基本特色是注重力量与技术，而军事技术无疑是一个不断发展变化的变量。因此，在18世纪，当军事技术被生产力水平允许不断发展变化后，其军事理论势必随之而产生变化，而产生于新技术条件的军事理论又会反过来进一步强化技术改进的观念，从而形成一个开放发展的循环，这便是18世纪西方军事理论呈螺旋式上升的根本原因。《中华文明史》第9卷中说《洴澼百金方》是乾隆年间关于汇辑评论历代战略防御的兵书，但《中国兵书通览》中却认为该书旧题惠麓酒民编，大概是明末清初一位隐士所作，乾隆五十三年（1788）榕城嘉鱼堂曾经雕版刊印。我们对《洴澼

---

① 费正清：《美国与中国》，张理京译，商务印书馆1987年版，第72页。

百金方》的成书年代不敢自必，姑且略以存疑，不过清人王芑孙在《洴澼百金方》序中说的一段话清楚地反映了 18 世纪中国兵学无重大突破的现状，他说："慨然念近世士大夫以科目进，其精力尽于时文，不知读书；其间有读书者，则又湛溺于训诂考订之间，高谭汉学，老死卷轴，与之言兵，断断必出于《素书》《黄石》《握奇》《太白阴经》，微文奥义，骇智惊愚。而论于古者窒于今，长于论者短于用。一旦临事，其为错愕周章，五色无主均也。"① 当 18 世纪西方军事理论的创造表现出一种不断探求"新大陆"的精神时，屹立于世界东方的中国军事理论却为复古主义的心智枷锁所羁轭着，步履蹒跚，老态龙钟。

第四节　大战略：18 世纪中国与西方
军事政策的重新审视

钮先钟在《战略思想与历史教训》中说："在 16、17、18 三个世纪当中，欧洲出了很多名将，也出了很多军事著作，但概括言之，却不曾产生第一流的战略思想家。所以在思想领域中只能有平凡的进步，而没有特殊的突破。及其末流，思想也就逐渐趋于硬化。于是到 18 世纪后期，突破的时机终于来到了。"② 他认为，有了 16、17、18 这三个世纪所累积的战略思想，拿破仑才能凭借此种思想遗产以建立功业，接着拿破仑本人的成就和遭遇又形成一个新的起点，而刺激新的战略思想的出现。

法国学者雷蒙·阿龙（Raymond Aron）说："战略思想是从每一个世纪，又或是从历史中的每一个时代，吸收它的灵感。"③ 18 世纪的德

---

① 惠麓酒民编：《洴澼百金方》卷首，道光丙午，榕城嘉鱼堂藏版，王芑孙序。相关研究可以参考谢国桢：《明末清初的学风》，人民出版社 1982 年版，第 44 页。
② 钮先钟：《战略思想与历史教训》，台北军事译粹出版社 1979 年版，第 46 页。
③ 转引自钮先钟：《战略研究与军事思想》，台北黎明文化事业公司 1982 年版，第 13 页。

国军事科学家比洛提出，战略是关于在视界和火炮射程以外进行军事行动的科学。[1] 他把空间距离作为划分战略与战术的标准。艾厄尔（Edward Mead Earle，1894—1954）于1943年编辑出版的《近现代战略制定者》（*Makers of Modern Strategy*，Princeton：Princeton University Press，1943）一书，从文艺复兴时期意大利的马基雅弗利讲到希特勒。他在该书引言中说，大约直到18世纪末叶，西方所谓的战略仍然是指将军们用以欺骗敌人赢得胜利的一整套战争谋略和诡计。甚至到19世纪前期，尽管经历震撼全欧洲的法国革命战争和拿破仑战争，西方所谓的战略仍然没有超出纯军事范畴，仍然属于"古典战略"。克劳塞维茨（Carl Philipp Gottlieb von Clausewitz，1780—1831）的《战争论》（*Vom Kriege, Hinterlassenes Werk des Generals Carl von Clausewitz*，Bd. 1 - 3，Hrsg. von Marie von Clausewitz，Berlin：Ferdinand Dümmler，1832—1834）尽管成书于19世纪初叶，但克氏作为18世纪末与19世纪初的跨世纪人物，时代显然是一位绝佳的文身师，在这位军事学斫轮巨匠身上以鬼斧神工的造化力留下深刻的历史烙印。在18世纪，欧洲各国的武装部队在素质、训练、装备等方面几乎完全相等，分不出什么高下，如同击剑选手所用的剑一样已经标准化，而决定战争胜负的关键乃取决于使用工具的技术。所以克劳塞维茨认为，过去的军事理论家都不曾了解兵力的维持（maintenance）与兵力的使用（use）是两件完全不同的事情，唯有后者才是战略的真正主题。不难看出，克氏所重视的是兵力的使用，即所谓"作战"（operation）。这种战略因此被人们称为"作战战略"（operation strategy）。克劳塞维茨对战略的定义是"为战争的目的而对战斗所作的使用"（die Lehre vom Gebrauch der einzelnen Gefechts zum Zweck des Krieges）[2]。利德尔·哈特既是大战略研究的先驱，又可以算是西方古典战略家的殿军，有人称其为20世纪的克劳塞维茨不是

---

① 参见 M. A. 米尔施泰因等：《论资产阶级军事科学》，程钟培、任泰等译，军事科学出版社1985年版，第30页。

② Hrsg. von Marie von Clausewitz, *Vom Kriege, Hinterlassenes Werk des Generals Carl von Clausewitz*, Bd. II, 1：Einteilung der Kriegskunst, Berlin, 1832. 资料来源：http://www.clausewitz.com/readings/VomKriege1832，访问时间：2010年7月3日。

没有原因的。利德尔·哈特对战略的定义是：战略乃“分配和应用军事工具以达到政策目的之艺术”（the art of distributing and applying military means to fulfil the ends of policy）①。然而，随着战争与社会的联系越来越密切，战略必须更多地考虑经济、心理、道义、政治和技术等非军事因素，所以利德尔·哈特又提出了“大战略”（Grand strategy）的概念。他在《战略论》（*Strategy*）一书中说：“战术，这就是战略在较低阶段中的运用。同样，战略，也就是大战略在较低阶段中的运用。实际上，大战略和指挥进行战争的军事政策，是完全吻合一致的。尽管如此，它们之间又有一些区别，那就是大战略同基本政策有其不同之处。基本政策，或称为国家政策，决定着军事政策的目的；而‘大战略’这一术语，则表示‘政策在执行中’。所谓‘大战略’或者称高级战略，其任务就在于调节和指导一个国家或几个国家的所有一切资源，以来达到战争的政治目的；而这个目的，正是由基本政策，即国家政策所决定的。”② 自利德尔·哈特提出“大战略”的概念之后，军事学术研究者们各陈己见，众说纷纭而不能定鼎于一尊。美国学者创造了“国家战略”（National Strategy）的概念，法国的薄富尔（André Beaufre, 1902—1975）将军则在《战略绪论》（*Introduction à la stratégie*, 1963）中主张“总体战略”（stratégie totale），如此等等均不无道理，但我们在这里倾向于美国国防大学战略研究所所长约翰·柯林斯在 1973 年出版的《大战略》（John M. Collins, *Grand Strategy: Principles and Practices*, Mariland: Naval Institute Press, 1973）一书中提出的观点，把构成国家战略的各种因素中与国家防务战略有直接关系的称为大战略。这也就是说，大战略系处于国家战略之下、军事战略之上的中间层次。利德尔·哈特提出“大战略”这一令人耳目一新的概念虽然是当代的事情，但正如利德尔·哈特自己所说，太阳底下没有哪一样东西会是全新的，“大战略的观念和实践又是古已有之。在人类历史中，无分中外，大战略都有

---

① B. H. Liddell Hart, *Strategy: The Indirect Approach*, London: Faber & Faber Limited, 1967, p. 335.

② 利德尔·哈特：《战略论》，中国人民解放军军事科学院译，战士出版社 1981 年版，第 439 页。

其极悠久的源流。虽然在过去，对于此种学问是缺乏理论的体系，但其基本观念和原则的存在，以及古人在这一方面曾有很多的经验，那都是无可否认的事实。从历史中去探求大战略的源流，不仅为一种颇有趣味的工作，而且也是一种极有意义的研究"①。

我们认为，战略从本质上来说就是一种"思想方法"（method of thought），其目的在于研判情势，确定优先，然后选择最有效的行动路线。孙子说："知彼知己，百战不殆；不知彼而知己，一胜一负；不知彼，不知己，每战必殆。"② 毛泽东作为中国当代军事战略家，曾说过这样一段著名的话："指挥员使用一切可能的和必要的侦察手段，将侦察得来的敌方情况的各种材料加以去粗取精、去伪存真、由此及彼、由表及里的思索，然后将自己方面的情况加上去，研究双方的对比和相互关系，因而构成判断，定下决心，作出计划，——这是军事家在作出每一个战略、战役或战斗的计划之前的一个整个的认识情况的过程。"③ 战略的精髓在于建力、造势、创机，其制定有共同的理则、程序和考量的因素。为了制定战略计划，不能不针对影响国家战略的主要因素——世局、敌情、国力——进行全面全程的研判，既宏观全面，又远瞻全程，遵循知、谋、定、行的战争指导规律，从而运筹帷幄，决胜千里。在18世纪，世界格局可以用美国学者斯塔夫里阿诺斯（L. S. Stavrianos）的一段话来加以概括："整个欧亚大陆这时为一只巨大的钳子所包围。其中一条钳臂由俄国的挺伸组成，俄国从陆上横越西伯利亚，挺进到太平洋；另一条钳臂由西欧的扩张构成，西欧绕过非洲，扩张到印度、东南亚和中国。"④ 中世纪时期，中欧和东欧的大部分地区人口稀少，所以欧洲各民族，尤其是日耳曼人，长期以来将殖民界线沿波罗的

---

① 中华学术院编辑：《战史论集》，台北中国文化大学出版部1983年版，第357页。

② 中国人民解放军军事科学院战争理论研究部《孙子》注释小组：《孙子兵法新注》，中华书局2008年版，第23页。

③ 《毛泽东军事文集》第1卷，军事科学出版社、中央文献出版社1993年版，第699—700页。

④ 斯塔夫里阿诺斯：《全球通史：1500年以后的世界》，吴象婴、梁赤民译，上海社会科学出版社1992年版，第121页。

海海岸、顺多瑙河向东推进。但是，随着中世纪的结束，这种内部的拓殖不再是一个处于支配地位的主题，它被海外殖民取而代之。西欧诸民族把精力集中于开辟和勘探新世界中的新的边远地区，而俄国则越过乌拉尔山奔向太平洋。俄国的彼得大帝于 1700 年 8 月 30 日对瑞典宣战，其战略目标是夺取通波罗的海的出海口，却于纳尔瓦初战失利。瑞典国王查理十二积极准备打进俄国本土，俄国从战略进攻转入战略防御。"1707 年 1 月，彼得一世在利沃夫附近召集军事会议，采纳了舍列梅季耶夫①元帅提出的下一阶段的战略计划，其基本精神是：俄军从波兰向俄国本土实施战略退却，诱敌深入，同时以零打碎敲（'小战'）的办法不断袭扰、消耗和疲惫敌人，以后在俄国境内视情况进行决战。"②所以，彼得一世决定避免决战，把敌人引入一个残破的国家中，并且依靠"冬将军"（General Winter）来消耗敌军战斗力。正如《彼得大帝传记》（Kazimierz Waliszewski，*Peter The Great*，New York：Haskell House Publishers，1969）中所说："沙皇是要使用所有的俄国来对付瑞典人，而时间、空间和寒冷、饥饿都是他的堡垒。"③ 结果，查理十二在波尔塔瓦战役（the Battle of Poltava；Полта́вская би́тва，1709 年）一败涂地。我们认为小戴维·佐克等的一段话是有一定道理的，其言曰："波尔塔瓦战役是一个不祥之兆，即蒙古化的俄国变成了一个欧洲军事强国，它在欧洲的军事列强中代替了引人注目的斯堪的纳维亚人。俄国'在东欧堑壕的外沿获得一个立足点'。不久，彼得推行一种严格的制度，建立一支强大的军队，这支军队成了'俄国还要入侵亚洲的一个不祥之兆'。彼得让欧洲人的效率同蒙古人的残忍相结合，结果便产生了俄国。"④ 18 世纪俄国在亚洲的扩张对墨守成规的亚洲国家来说已是潜

---

① Бори́с Петро́вич Шереме́тев，1652—1719。

② 吴春秋编著：《俄国军事史略（1547—1917）》，知识出版社 1983 年版，第63 页。

③ 富勒：《西洋世界军事史》第 2 卷，从西班牙无敌舰队失败到滑铁卢会战，钮先钟译，广西师范大学出版社 2004 年版，第 133 页。

④ 小戴维·佐克、罗宾·海厄姆：《简明战争史》，中国人民解放军军事科学院外国军事研究部译，商务印书馆 1982 年版，第 80 页。

在的威胁；它与已经侵入亚洲海域的西欧殖民主义者遥相呼应，对亚洲国家形成南北夹击之势。

从整个世界范围来看，18世纪的国际关系和国际战争几乎无一不受英法矛盾的影响，甚至受其支配。从1688年起英法两国开始为敌，此后的整个18世纪发生了四次较大的欧洲规模的战争，英法两国每次都是其中的主要角色。可以说，18世纪的标志在某种意义上就是英国和法国之间争夺殖民地霸权的斗争，这两个国家面对面地在全世界——在北美洲、非洲和印度——竞争逐鹿。在西班牙王位继承战（The War of the Spanish Succession，1701—1713）、奥地利王位继承战（The War of the Austrian Succession，1743—1748）、七年战争（1756—1763年）中，尽管交战双方的盟国阵营可谓"世事如棋局局新"，但具有战略慧眼的人们可以洞察到：法国企图以武力称霸的国威政策对英国造成的不安全感是昭然可见的，英国此时作为欧洲海上最强大的国家与法国势同水火乃理所必然。明乎此，我们对当时欧洲扑朔迷离的风云变幻的理解便可像庖丁解牛般批郤导窾，提一纲而众目张。在英法争夺世界霸权的战争中，法国18世纪的战略颇为后来的学者所诟议。学者们主要认为，由于法国将其人力、物力分散在陆上和海上两个方面，故而其战略计划很难实现。法国历史学皮埃尔·米盖尔（Pierre Miquel，1930—2007）指出：在七年战争中，"法国在大陆上使用重兵，而错误地忽视了海洋。英国轻而易举地取得了海上优势，将法国军舰一一击败。海外的法国人失去海军的支持，无法御敌。英国从容不迫地继续进行商战，它让东欧的豺狼互相厮杀，而他自己则有步骤地进攻法国的殖民地和商战"[1]。英国当时的战略主要是所谓的皮特计划（Pitt's plan）。威廉·皮特在整个七年战争中的作用堪称功高汗马，其战略计划可以概括为两个方面：首先是资助一个或几个欧洲大陆的盟国来反对自己的敌国，不把自己的主要力量用于欧洲大陆；其次是主要发挥自己海上力量的优势，利用本国舰队去袭击敌海岸，分散大陆敌国兵力，封锁并消灭敌舰队，护送、

---

[1]　皮埃尔·米盖尔：《法国史》，蔡鸿滨等译，商务印书馆1985年版，第249—250页。

支援本国军队去占领敌人的海外领地并与之建立和发展贸易关系。简单地说，皮特的战略是一个两面战略：一面转向欧洲大陆，调整均势；另一面则指向大海，加强其制海权。皮特这一战略计划既是对 1688 年英法之间战争开始以后政策的总结，也对今后英国战略计划发生了深远影响，在很长时期内一直奉行不替。著名的英国首相温斯顿·丘吉尔以饱蘸感情的笔墨这样写道：“皮特并没有把自己限制在战争舞台的某个角落。英国在世界各地积极发动进攻，使法国人不能集中力量，打乱了他们的作战计划，消耗了他们的力量。皮特曾经猛烈攻击卡特莱特的欧洲作战方案，而此时他认识到，如果像他在 40 年代所主张的那样，单纯在海上和殖民地进行战争，就不会取得彻底胜利。如果不在新大陆，东方和欧洲同时打败法国，她就会东山再起。在北美和欧洲，她都处于优势。在海上，她是个强手。在印度，如果欧洲人能够在莫卧尔帝国的废墟上建立起一个国家，那么它的旗帜上将是百合花，而不会是圣乔治的十字架。这场同法国的战争将是历史上的第一次世界性战争，这次战争的锦标将不仅是重定边界以及重新划分要塞和产糖的岛屿。”① 皮特的战略使英国国旗在各大洋上迎风招展，煊赫一时，而法国遭到了甚至比荷兰在 17 世纪、西班牙在 16 世纪所蒙受的更为耻辱、更为彻底的失败。西班牙和荷兰虽然当年威信扫地，但各自仍保有大量殖民地——西班牙殖民地在美洲和菲律宾群岛，荷兰殖民地在东印度群岛，可是法国则简直是身败名裂，不仅大失颜面，而且还被剥夺了其几乎所有的海外殖民地。俾斯麦后来评论说，美国和英国操同种语言这一事实，是近代外交中最重要的一个成分。两次世界大战的事态发展已支持了这个观点，而这一事实正源于皮特战略胜利的结果。此外，法国被逐出印度也是一个具有世界意义的历史事件，因为正是由于范围广阔、人口稠密的次大陆所提供的这块无与伦比的根据地，英国人才能在 19 世纪扩张到南亚其余地区，然后远远地扩张到东亚。

　　距七年战争结束十二年后，美国独立战争爆发。据拉塞尔·F. 韦

---

　　① 温斯顿·丘吉尔：《英语民族史》第 3 卷，薛力敏、林林译，南方出版社2004 年版，第 116 页。

格利分析，由于美国军事资源比较贫弱，革命战争中的美军战略不能不是一项建立在弱势上的战略。起初，当革命在列克星敦和康科德爆发为战争时，华盛顿或其他任何人指导美国的军事行动都无战略可言，而是听任事件本身的势头支配。后来，"尽管形势和政治的全部压力，华盛顿仍能坚持自己的谨慎的格言，同时军事传统或许恰恰使他成为美国革命的右翼战略家，然而他谨慎的消耗或蚕食战略保证了一场持久战争，而战争的持久本身又给革命事业造成如此众多的危险，以致在那时以及从那时起不得不提出了美国人是否能更迅速地找到一个有效的战略的问题"①。我们认为，18 世纪"骚扰战役"（Partisan campaign）这一术语近似于我们今天所谈的"游击战"②。与华盛顿战略思想极大程度上受当时传统战争原则影响的特征判然不同，纳撒内尔·格林（Nathanael Greene，1742—1786）在指挥南部美国军队过程中，不仅依靠敌后游击队帮助自己免于遭受灾难性的袭击，而且利用其存在向一项非传统战争的战略迈进。在这个战略中，他将传统的集中原则彻底颠倒过来。通过违反集中原则，格林诱使康华理也像他这样做，这样他就仍可以使英军在敌后游击队的袭扰和与自己部队的遭遇中处于更易受攻击的状态。格林式战略实质上是一种游击战战略，但后来以资源贫乏向资源丰富迅速崛起为特色的美国军事历史的进程中断了格林式战略在美国的进一步发展。亨德里克·房龙（Hendrik Willem van Loon，1882—1944）这样写道："根据一位诗人的描述，揭开列克星敦战役的枪声'震撼了全世界'，那当然有些夸张。中国人、日本人和俄国人（更不用说澳大利亚人和夏威夷人，他们刚被库克船长重新发现，而他们因他肇事而将他杀死）根本没有听到。但它越过大西洋，炸开了不满于现状的欧洲人的火药库，在法国引起了爆炸，震动了从西班牙到彼得堡的整个欧洲，将旧有的管理国

---

① 拉塞尔·F. 韦格利：《美国军事战略与政策史》，张孝林等译，解放军出版社 1986 年版，第 28 页。

② 参见 Russell F. Weigley, *The American Way of War: A History of United States Military Strategy and Policy*, Bloomington：Indiana University Press, 1977, p. 27。

家事务的代表及陈旧的外交政策埋葬在好几吨民主的砖块之下。"① 法国大革命开始后，法国和英国就像一头大象和一头鲸鱼，它们在各自的领域里都是庞然大物，因为英国靠扼制海上航路并不能独自打破法国在欧洲的霸权，而拿破仑虽在军事上独霸欧洲却也不能使英伦三岛的居民投降，所以双方都面临着重大的战略抉择，在炮火声中送走了 18 世纪。总而言之，世界格局正处于急遽的变革之中，一方面，世界正在成为一个日益不可分割的经济单位，第一次国际分工已大规模地完成。是时，南北美洲和东欧生产原料，非洲提供人力，亚洲提供各种奢侈商品，而西欧则在这些全球性活动中执其牛耳，并愈益倾全力于工业生产。另一方面，随着经济的发展，世界范围的政治革命正不断发展，17 世纪的英国革命为其肇始，18 世纪的美国革命和法国革命标志其进一步发展，而在 19 世纪则影响了整个欧洲，在 20 世纪更影响了整个世界。

　　由于中国在 18 世纪世界历史中的孤立状态，所以当皮特在伦敦克利夫兰街的办公室里策划东起印度西至美洲的全球性战略计划时，在紫禁城里威仪凛凛的中国皇帝对周边形势判断却缺乏全球大视野，对于西方殖民主义向外扩张的国际环境茫然无知，不能将思考国家战略环境的视野扩展到全球范畴。应该肯定，康、雍、乾三帝都是中国历史上有雄才大略的君主，都是具有"战略眼"的，但他们羁囚锢蔽于"中国世界秩序"而狃于世界大势，难以对世界格局高视遐瞩。有人指出，战争从来都是分两次进行的，第一次是在军事家的头脑中，第二次是在现实中。确乎其言！战无定势智为先，抱残守缺满盘输。一个国家的前途诚如一座"八阵图"一样困难艰险，只有凭借"诸葛亮"（战略家）的指导才能履险如夷。如果我们拿 18 世纪中国的战略方针与英国皮特的战略计划相比，那么历史发展的脉络便无所遁形，即中国在 19 世纪备受西方凌辱、国势日蹙、任人宰割的历史轮廓在 18 世纪就已经隐隐形成，就好像生物的属性在胚胎中就已形成一样。我们在这里从如下几方面分析清政府 18 世纪的战略方针。

---

　　① 亨德里克·房龙：《人类的故事》，刘缘子等译，生活·读书·新知三联书店 1988 年版，第 352 页。

一、以西北为战略重点

新疆"东捍长城，北蔽蒙古，南连卫藏，西倚葱岭，以为固居神州大陆之脊，势若高屋之建瓴。得之，则足以屏卫中国，巩我藩篱；不得，则关陇隘其封，河湟失其险，一举足而中原为之动摇"①。我们认为，从17世纪以来，准噶尔崛起西北，割据自雄，颇有问鼎中原之志，严重地威胁到清政府的统治。这对龙兴于白山黑水而入主中原的满洲贵族来说自然从内心深处感到栗栗危惧。此外，俄国当时虎视眈眈，也使清政府不无忧虑。正如美国著名战略理论家约翰·柯林斯所说："战略家们，不管属于哪一个学派，都发现以武力或武力威胁为基础的任何战略，几乎全都把注意力集中在地理环境上。"② 从军事学上看，准噶尔军在与清政府的对抗中处于内线作战的状态，其军队集结一起和在内线运动使其对战略正面宽广的清军同时构成若干进攻目标，使清军防不胜防。19世纪，左宗棠远征新疆时从地略与战略的关系总结不遗余力底定新疆的原因："顾祖禹于地学最称淹贯，其论方舆形势，视列朝建都之地为重轻。我朝定鼎燕都，蒙部环卫北方，百数十年无烽燧之警，不特前代所谓九边皆成腹地，即由科布多、乌里雅苏台以达张家口亦皆分屯列戍，斥堠遥通，而后畿甸晏然，盖祖宗朝削平准部，兼定回部，开新疆、立军府之所贻也。是故，重新疆者所以保蒙古，保蒙古者所以卫京师。西北臂指相联，形势完整，自无隙可乘。若新疆不固则蒙古不安，匪特陕甘山西各边时虞侵轶，防不胜防，即直北关山亦将无晏眠之日，而况今之与昔事势攸殊。俄人拓境日广，由西而东万余里，与我北境相连，仅中段有蒙部为之遮阂，徙薪宜远，曲突宜先，尤不可不豫为绸缪者也。"③ 有清一代，准噶尔问题与西藏问题息息相关，密不可分。

---

① 钟广生：《新疆志稿》卷一，新疆建置志序，台北成文书局1968年据民国19年铅印本影印版，第9页。

② 约翰·柯林斯：《大战略》，中国人民解放军军事科学院译，战士出版社1978年版，第317页。

③ 左宗棠：《左文襄公全集》，奏稿，卷五十，杨书霖编，沈云龙主编：《近代中国史料丛刊续编》第六十五辑，641—649，台北文海出版社1979年版，第2018页。

康熙末年准噶尔突袭西藏，其战略企图即在于与清政府争夺西藏这一战略制高点以威胁青海、四川、云南，从战略上对清政府构成包围之势，并且利用藏传佛教中心这一面旗帜影响喀尔喀蒙古地区。与此相对应，清廷在对待准噶尔问题上也是全盘通筹，将西藏问题纳入了自己对付准噶尔的战略视野之内。因西藏地势隆起，海拔极高，对其四周邻近地区皆有高屋建瓴之势，在军事上的战略地位极其重要，所以康熙帝曾这样说过："西藏屏蔽青海滇蜀，苟准夷盗据，将边无宁日。"① 康熙帝的这段话清楚地表明了清朝统治者对西藏重要军事战略地位的认识。我们认为，清廷对准噶尔的战争经历了战略防御、战略相持、战略反攻三个阶段。康熙二十九年（1690），噶尔丹举兵南犯，深入内蒙古的乌珠穆沁，在乌尔会河打败了清廷理藩院尚书阿喇尼率领的骑兵，逼近乌兰布通，距北京仅七百里。是时，北京震动，人心惊慌，"京师戒严，每牛录下枪手派至八名，几于倾国矣。城内外曲廨尽闭，米价至三两余"②。情况之严峻使我们今天抚卷读之犹不免惊心。噶尔丹在乌兰布通战役中之所以失败是由于其战术错误影响了其战略、政略上的成就。大凡准噶尔军队以骑兵见长，机动性强，而噶尔丹不用其长，作驼城为守，故而遭受清军炮兵火力沉重打击。雍正年间，准噶尔军队与清军处于战略相持阶段，双方时战时和，势均力敌。到乾隆年间，清军便转入战略反攻阶段。马楚坚《明清边政与治乱》说，清廷"逢准部自乾隆十年以后内乱日益严重，骁将纷纷离心率部内附，洞悉拨新疆入中国版图之时机及客观条件已成熟，乃积极理性决策，因时机以闪电、费边战略③之混

---

①　魏源：《圣武记》卷五，韩锡铎、孙文良点校，中华书局1984年版，第206页。

②　刘献廷：《广阳杂记》卷一，汪北平、夏志和点校，中华书局1957年版，第24页。

③　军事家、政治家克文图斯·费边·马克西姆斯（Quintus Fabius Maximus Verrucosus Cunctator，约前280—前203）在长达十七年之久的第二次布匿战争（the Second Punic War，前218—前201）中，采用拖延战略与强大的对手汉尼拔巧为周旋，尽量延长作战时间，缓进待机，使险象丛生的罗马得以转危为安。"费边战略"（Fabian strategy）因此流传于世。

合使用，使中国威权合理化施诸新疆"①。从清廷用兵西北的战略上来看，清廷北面绥服喀尔喀，西面招抚哈密、吐鲁番，平定西藏及青海，这样便剪去了准噶尔的羽翼，形成了战略大包围；最后乘其内乱之机，兴师命将，由西、北两路犁其庭而扫其穴，始克大功告成。其实，这种战略方法并非清代所独创，清廷实乃袭唐朝平定西突厥之故智。唐王朝当时也是先平东突厥，收服伊吾及高昌，挫败吐蕃、吐谷浑，然后待西突厥内乱，用其降人为先导，西、北两路进兵而大获全胜。两两相较，先后形势若合符节，出兵路线也大致相同。在历史上，北亚游牧民族受到中原农业民族压力之后，便往往向西北或北部方向移动以为避难所，"但至18世纪以后，俄人势力自西向东，蒙古以北西亚、中亚等广大陆地，也进入了斯拉夫民族的手中，它不再是游牧民族可以随时避难的空场，反而变成了新兴强敌由北南侵的基地。准噶尔既阻于满洲强大势力不能南下，而背后之敌又走在他的前边，处在此两大势力夹缝间，彻底破坏了以往攻守自如可进可退的有利环境，大的回旋活动完全受阻。因此当清军大举进剿时，只有全力负隅顽抗，不能再远避西北，以广阔空间换取复兴的机会。最后阿睦尔撒纳逃入俄境，也不过只身亡命，不再是举族西迁。当然，也就无法卷土重来。这种演变，注定了西北亚将不再有强大游牧民族政治集团产生"②。

二、以蒙古为长城

战略的理想是"长治久安"，战略家的责任是"深谋远虑"。学者认为，国防战略可以分为两种类型，一种为扩张型，一种为守土型。资本主义国家的国防从一开始，就是以扩大和保护商品生产为轴心进行建设的，因而其国防战略往往具有扩张性、掠夺性。与此相反，由于封建农业经济结构谋求的是内部的统一和稳定，缺乏对外发展的经济动力，因而以中国地主阶级为主体所进行的各类战争的军事战略也就不存在向外发展的动力了。"长城可以说是封建地主阶级战略思想的结晶。万里

---

① 马楚坚：《明清边政与治乱》，天津人民出版社1994年版，第396页。
② 罗运治：《清高宗统治政策的探讨》，台北里仁书局1983年版，第42页。

长城，既是对付外敌入侵的防御，也表现出军事战略的消极和保守性。"① 我们认为持上述观点的学者，把中国古代小农经济制度下的军事战略称之为"围城战略"是有一定道理的，这种军事战略与瑞士长期以来所恪守的"不要将你的篱笆向外推移得太远，不要卷入别人的事务中去"的策略极为相似。如果说，城堡意识或城堡精神在一定意义上维护了欧洲中世纪长期分裂的局面，那么长城意识、长城精神则已成为中华民族抵御外来侵略和保卫国家团结统一的象征。自古以来，历代政治家和军事家就对长城的利弊存在截然相反的意见。从西汉的晁错到明代的翁万达，都认为修长城是暂劳永逸的守边长计；而王莽的大将严尤则指斥秦始皇修长城是"无策"之举，唐太宗在登基第二年亦曾哂奚朝臣"请修古长城"的建议不识时务。康熙帝说过一句名言："昔秦兴土石之工，修筑长城，我朝施恩于喀尔喀，使之防备朔方，较长城更为坚固。"② 从这句话可以看出，康熙帝对修筑长城是不以为然的。康熙帝这句名言与孟子"天时不如地利，地利不如人和"的观点一脉相承，与顾祖禹"设险以得人为本，保险以智计为先，人胜险为上，险胜人为下，人与险均，才得中策。故金城汤池，不得其人以守之，曾不及培塿之丘、泛滥之水；得其人，即枯木朽株，皆可以为敌难"③ 的有关战略与地略关系的见解不谋而合。从心理学上分析，历代王朝统治者对前一个朝代的流弊往往因殷鉴不远而尤其怀有警戒心理，在心理上留下极大的阴影，所以后一个王朝往往对前一个王朝的流弊矫枉过正，出现政策、策略上截然不同的逆反现象。明代大修长城，而清兵采取迂回战略

---

① 盖天云：《封建农业经济对中国古代军事战略的影响》，《军事历史》1989年第 3 期。亦可以参阅 Andrew J. Nathan, Robert S. Ross, *The Great Wall and the Empty Fortress: China's Search for Security*, New York：W. W. Norton & Company, 1997。

② 《清圣祖仁皇帝实录》卷一百五十一，康熙三十年四月，台北华文书局股份有限公司 1960—1970 年版，第 2044 页。其实，康熙帝在是月丁酉所发上谕对这一思想的阐述更为详尽。《清圣祖仁皇帝实录》卷一百五十一，康熙三十年四月，台北华文书局股份有限公司 1960—1970 年版，第 2045 页。

③ 中国军事科学院古代兵法研究组编：《中国古代兵法选辑》，石家庄陆军学校 1984 年版，第 24 页。

时兵锋指向北京，视明朝守军为无物，因此清代鉴于明朝的失误而不甚依恃长城的防御功能。另一方面，清朝以少数民族入主中原，面对广大的汉族人口不能不以蒙古为联盟。有清一代，清王朝统治者通过联姻、封爵、优尊喇嘛教等一系列措施，对蒙古族极尽笼络之能事，故而"以蒙古为长城"可以说是清代的一项基本国策，俨然众志成城的气势。分析到这里，我们对清政府"以蒙古为长城"的战略方针的丰富内涵尚未完全揭橥无遗。我们对"以蒙古为长城"的战略方针不能陷于非此即彼的线性思维的窠臼而不能自拔，应该看到如下两方面：其一，清政府也并非完全否定长城的功用。清初，满族统治者对长期统治中原广大地区并无足够的信心，故而从顺治七年（1650）起，开始修筑明代的辽边堡，延长、加强以为清代的柳条边长城，此乃清廷作万一失败之后退守老家龙兴之地的准备。随着清朝统治的日益巩固，清廷始停止柳条边长城的工程。其二，定宜庄这样写道："可以说，终清一代，在满族以外的各民族中，受到控制最严密的，恰恰是对满族统治者效力最大的蒙古族，尤其是漠南蒙古诸部。"① 定宜庄的观点是很有道理的。不过，我们不同意有的学者认为清廷对蒙古实行"愚禁"政策的说法。我们认为，"南不封王，北不断亲"是清政府的国策。清廷对蒙古政策的确在笼络羁縻之中隐寓防范控制之意，但绝无愚禁与谋陷的祸心。因为清廷倚仗蒙人之处甚多，无论张帐为垒以对抗北方强俄，还是飙风快骑以镇压内地反侧，引弓骑马的蒙古人都是朝廷的重要兵源。所以清廷对蒙人既欲用之，奈何愚之，既欲赖之，奈何害之，其理彰彰甚明，不言而喻。事实上，清朝不仅禁止蒙人学习汉语，而且禁止满人学习汉语，其目的都是为了保持勇武质朴的风气，使战斗力不致下降。在当时，清廷为了实现其"以蒙古为长城"的战略方针，曾规定了蒙旗的会盟比丁之制等一系列制度。

---

① 定宜庄：《清代八旗驻防制度研究》，天津古籍出版社 1992 年版，第 73 页。

第二章　清政府军队建设的
得失与成败

　　军事史绝不等同于战争史。综观古今，人类所有的军事活动，大致上可分为两类，即军事力量的建设（包括军队建设，但不限于军队建设）和军事力量的使用（进行战争）。战争往往是军事力量建设水平的集中表现。毫无疑问，如果我们撰写战争史，那么战争将成为整个研究工作的主体，而军事力量的建设将完全服从并服务于对战争的研究。但是，军事史比之于战争史，是更大的概念，它们之间是整体与局部的关系。所以我们在研究军事史时不能仅局限于对"用兵一时"的关注，更主要的是要看到"养兵千日"过程中的历史经验教训。对于军事史的研究对象与性质，学术界尚聚讼纷纭。目前，西方欧美国家大多强调军事历史学内容上的多元性，但在整体上则认为军事史是历史学的一个分支学科，在进行学术讨论时，亦多采用历史学的思维方式和批判方式。例如美国就是通常按历史学的结构方式来分析和研究各断代、各地域的军事问题。在美国的军事院校，战史教材主要是采用带普遍意义的"模式战史"。与西方欧美国家不同，日本学界多将军事历史学称为"战史"，但其内容又并不只限于军事，还包括当时的国际环境、政治经济条件、科学技术水平、国民性格、地理因素等方面的内容。日本军事院校的讲义通常将战史的内容分作三大部分：第一部分，战争史（战争指导史），即为达到国家的政略、战略目的，在对立的国家或国家群之间的武力、非武力两方面抗争的历史。第二部分，作战史（战略战史），即为达到战争的目的，根据由最高统帅组织所下达的任务，担负重要的正面而实施作战的部队的行动的历史。第三部分，战斗战史（战术战史），即在作战各种场合为达到作战目的而行使战斗力的部队行动的历史。我们认为，军队建设史、战争史、军事技术史、军事学术史、军事思想史等内容都应该包括在军事史之中。军队建设是组建军队和提高战斗力等各工作的统称，它贯穿于军队形成、巩固、发展等整个军事活动的全过程，展示出一支军队的发展方向、规模和水平的轨迹。兵治为胜。传统的军事学术往往只重视军队在战时干什么，却忽视了军队平时怎么干，即只研究"用剑"的艺术而不考察"铸剑"的过程，不能将"建力"与"用力"二者有机地辩证统一起来。基于此，我们想对清政府在 18 世纪是如何建设与发展军事力量以及清朝军队在 18 世纪是如何因自身腐败因素而走向衰落等问题进行粗浅的探讨，利用结构分析的方法揭示清政府国家军事机器的运行机制及其老化、产生运行故障的原因，为当前我国军队的现代化建设提供历史的镜鉴。

第一节　18 世纪中外军事指挥中枢机构

台湾学者施治说，军制本身应该是一个有机体，必须对军制注入生命，给予活力，才能达成军事战略争取目标时的需求。所谓军制的生命与活力，看起来似乎很抽象，但实际上具体说来就是"指挥与参谋作为"。譬如军制是一辆汽车，那么指挥与参谋就是发动和推动这辆车子的电源与汽油。因为良好的军制必须配以卓越的指挥与参谋才能尽军事战略的全功，正如一辆汽车，没有电源就不能启动；没有汽油所转换的动能，车辆就无法行驶；电源发出的火花引发了汽化的汽油爆炸，如此的循环不已，才能推动该辆汽车遂行任务，到达目标。由此可知军制与指挥参谋作为关系之密切，前者为体，后者为用，二者相辅相成，缺一不可。[①] 军事指挥机构是军队的大脑中枢机构，其结构形式、运行方式

---

　　① 施治：《中外军制和指挥参谋体系的演进》，台北"中央文物供应社"1981 年版，第 5—6 页。据考证，"军制"一词首见《荀子·议兵》，包含了军人的职守、纪律和军队编制形式等内容。自南宋起，"兵制"一词盛行，与"军制"一词相通互用，用以指称征兵、练兵、用兵等章程规矩。清末以降，"兵制"一词逐渐演变为专指兵役制度，而"军制"一词则通常泛指军事制度。按照目（续下注）

直接影响着军队作战任务的遂行。

　　清代的军权由皇帝自己掌握。协助皇帝执掌军权的中枢机构主要由以下几部分组成：议政王大臣会议、军机处、兵部、太仆寺等。议政王大臣会议亦称"国议"，肇始于努尔哈赤时期。努尔哈赤当时规定旗主"每五日集朝一次，协议国政，军国大事均于此决之"[①]。起初，各旗军队属旗主私有，旗主世袭，他们的子孙后代永为本旗旗主。皇太极登上汗位后，改变了八旗贝勒共同执政的分权局面，但军队私有性质仍未改变，调动军队，仍必须各旗主同意，因此，皇太极当时不得不通过议政王大臣会议来商定军国大计。众所周知，军队之事，成于一败于二三，所以兵家历来强调统一指挥的重要性。经过数代皇帝的努力，八旗军队的军权终于由分权走向集权，军队的性质由私有变为国有。尽管这种军队国有制不过是皇权的加强，但对军制而言，已是一种根本性的改变。与此相适应，议政王大臣会议也自康熙朝开始逐步变质，成为参谋会议，至乾隆五十六年（1791）被撤销。

　　军机处的设立是 18 世纪清朝军事指挥体系变革的一件大事。不过，军机处究竟创设于何年，目前学术界尚多歧见，有雍正四年说、七年说、八年说和十年说。据我们所知，四年说最早是由台湾学者李宗侗教

（续上注）标要素，军事制度体系可分为掌兵制度、养兵制度、军伍之制和军法之制四个内容。所谓的掌兵制度是对掌管和运用军事力量的各项制度的统称，主要包括军事领导体制、作战指挥体制，其目标在于确定军事权力的归属以及权力的配置方式、运作规则、责任区分、权力承担者的条件等内容。养兵制度是直接作用于军事力量建设与发展的各项制度的统称，主要包括军事教育训练体制、武器装备生产管理体制、后勤保障体制等。军伍之制系军队组织、编制、编成单位制度的统称，主要是指军队组织编制体制。军法之制主要是保障军事活动的各项国防法规，包括军事法律、条例条令和其他各项规章制度。参见马正兵：《军事技术进步与军事制度变迁的关系研究》，国防科学技术大学研究生院硕士学位论文，2007 年，第 7 页。

　　① 金梁：《满洲秘档》，《太祖行军琐记》，存萃学社编：《清史论丛》第 3 集，附录，沈云龙主编：《近代中国史料丛刊续编》第六十四辑，632—634，台北文海出版社 1979 年版，第 146 页。对于此条史料，姚念慈认为，后金国建立伊始，官制简单，诸事丛集待理，绝对不会五日方集朝一次以协议国政，这里指的是司法审断会议，而非议政会议。参见姚念慈：《清初政治史探微》，辽宁民族出版社 2008 年版，第 76 页。

军机处值房

授于 1959 年在《办理军机处略考》一文中提出的观点。雍正七年六月初十日雍正帝上谕指出："两路军机，朕筹算者久矣。其军需一应事宜，交与怡亲王、大学士张廷玉、蒋廷锡密为办理。其西路办理事宜，则专于总督岳钟琪是任。王大臣等小心慎密，是以经理二年有余，而各省不知有出师运饷之事。"① 另外，雍正帝于雍正九年四月初八日在谕旨中又说："即以西陲用兵之事言之，北路军需交与怡贤亲王等办理，西路军需交与大将军岳钟琪办理，皆定议于雍正四年者。"② 李宗侗教授据此得出结论说，"这谕明说议定于雍正四年，再据雍正七年六月的上谕云（经理二年有余），这可以说是军需房成立的最始年月。至七年六月

---

① 《清世宗宪皇帝实录》卷八十二，雍正七年六月，台北华文书局股份有限公司 1960—1970 年版，第 1253 页。

② 《清世宗宪皇帝实录》卷一百零五，雍正九年四月，台北华文书局股份有限公司 1960—1970 年版，第 1579—1580 页。

始改为军机房，至十年三月更改为军机处"①。七年说的观点在目前影响最大，其依据有：第一，《清史稿·军机大臣年表》记载雍正七年即有军机大臣，该年表在雍正七年下注云"六月始设军机房"。第二，曾在乾隆中叶做过军机处章京近二十年的王昶所著《军机处题名记》一文记载："雍正七年，青海军兴，始设军机房。"② 刘子扬则认为，军机处设立于雍正八年（1730）。其理由为：持"雍正七年说"者，往往以雍正七年六月初十日雍正帝上谕中的一段话为依据，而以此段谕旨作为军机处设立的根据似乎欠妥，因为它所谈之事与后来军机处的成立似无必然联系，何况该谕旨中也是确说明交怡亲王等办理的，只是此二路的军需，而并不是命怡亲王等办理军机事务。在军机处档案中，有嘉庆初年形成的《汉军机处档案总册》一本，这是当时清查军机处档案时统计军机处汉文档案的总目。册内所记之档案，起自雍正八年八月，迄于乾隆六十年，并有"雍正自八年始设军机处"之说。另外，《枢垣纪略》《枢垣题名》诸书的序中，均有军机处为雍正八年始设的记载。光绪朝《钦定大清会典事例》卷一千零五十一所载乾隆四十八年上谕也声称雍正八年始设军机处。所以，刘子扬认为，"以《光绪会典事例》等的记载为依据，以军机处的档案记载作印证，判断军机处成立于雍正八年，当是比较可靠的"③。"雍正十年说"是依据雍正十年（1732）三月清廷颁铸"办理军机印信"④。自此军机房改称"办理军机处"这一事实而得出的结论，目前已为大多数学者所否定，几乎没有人再提了。

---

① 李宗侗：《办理军机处考略》，《幼师学报》第 1 卷第 2 期。此外，可以参考 Ho, Alfred Kuo-liang, The Grand Council in the Ch'ing Dynasty, *The Far Eastern Quarterly* 11, no. 2（1952）：167 – 182。

② 梁章钜、朱智：《枢垣纪略》卷之二十二，诗文三，何英芳点校，中华书局 1984 年版，第 269 页。或可参见张德泽：《清代国家机关考略》，学苑出版社 2001 年版，第 16 页。

③ 刘子扬：《清代的军机处》，《历史档案》1981 年第 2 期。

④ 《清世宗宪皇帝实录》卷一百一十六，雍正十年三月，台北华文书局股份有限公司 1960—1970 年版，第 1741 页。或可参见白新良：《清代中枢决策研究》，辽宁人民出版社 2002 年版，第 191 页。

在这里，我们想借用佛教中一句名言来表示我们对学术界关于军机处设立时间各生异见的现象的看法："随流始得妙，住岸却成迷。"① 因为新设一个机构往往具有随机性，不可能像我们今天用科学的管理学理论为指导，充分考虑各种权变因素而进行周密的组织结构设计，一次性使机构按计划规整地确立起来。它通常由开始下命令派主管人员，继增设办事职官，到颁发印信，在机构运作过程中不断完善发展，所以各种官私著作档案对军机处设立的时间产生了不同的记载。我们比较同意台湾学者傅宗懋的以下三点结论：（1）若以密办军需事务王大臣受命筹办军事准备为设置军机处之时间，则军机处系创设于雍正四年后期。因其初意在严守秘密，故无设置之明令，亦无确定之月日。（2）雍正七年六月，世宗首次公布密办军需事务王大臣之人选，论性质为揭露一先已既有之秘密事实，于军机处之建置并无影响，不得谓为设置军机处之时间。《清史稿》军机大臣年表载为始设时间，容有未当。（3）若以正式定名军机处为其设置之间，则以雍正十年三月庚申较为妥帖。因雍正十年三月始议定"办理军机印信"为军机处钤封印信，贮办理军机处。是为军机处之首见正式命名。以此为准，则《清朝通典》所载较为实切。而《清史稿·职官志》所载"雍正十年，用兵西北……始设军机房，后改军机处"，以十年为军机房始设之期则为大谬。② 军机处的特征可以概括为以下几方面：

其一，班子精干。军机处体制特殊，有官无吏，官皆兼职，无专员，无编制，无属吏，无衙门。军机处只设军机大臣和军机章京二职。军机大臣俗称"大军机"，又称"枢臣"，由满、汉大学士和各部院尚书、侍郎中等官内特简，或由军机章京升任。据《清史稿·军机大臣年表》的记载，初设军机处时军机大臣为三人，以后则加到四五人至八九人，最多到十一人。军机大臣固无等级差别，但由于各人资历、声望以

---

① 《五灯会元》卷十四兴元大浪和尚语。释普济辑：《五灯会元》，张恩富等编译，重庆出版社2008年版，第384页。或可参见蓝吉富主编：《禅宗全书》9，史传部，台北文殊出版社1988年版，第348页。

② 傅宗懋：《清代军机处组织及职掌之研究》，台北嘉新水泥公司文化基金会1967年版，第126页。

及皇帝宠信等方面的不同，名次却有前后之分。其为首者，往往是资历最高、声望最高、皇帝最为宠信的军机大臣，称为"首揆""领袖"等。军机处章京俗称"小军机"，又称"枢曹"。嘉庆四年（1799）确定员额三十二人，分满汉两班，每班八人，日值两班，设领班达拉密以便统率。章京的人选多来自内阁及各部院一般官员，亦系差遣职。由此可见军机处"领以亲重大臣，选庶官之敏慎者为满、汉章京"①，整个机构至多不过四十人。作为皇帝的机要秘书和高级顾问，他们都直接对皇帝负责，根据皇帝个人的意图办事。在忠于皇权的前提下，他们组成了一个精干的班子。

其二，办事迅速。军机处地近宫廷，便于宣召，并且有人昼夜值班，随时皆可应召。有关边疆军事情况的报告，各总督巡抚及将军直接送交军机处；皇帝诏谕如需迅速送至边关，军机处封缄严密，交兵部用驿递发出。其传递速度由军机章京写在纸函外面，日行三百里至八百里不等，称为"廷寄"。廷寄制度的建立进一步加强了中央和地方的联系，使皇帝的意志毫无阻滞而直达地方，减少了信息的流通环节和决策周期，保证了信息的畅通性和决策的时效性。据史料记载，用兵时期，"军报至辄递入，所述旨亦随撰随进"②。如军报至时，皇帝巡幸在途，则览报后于马上降旨。军机大臣面奉圣旨后，立即叫军机章京歇马撰缮。巡幸途中，由此营至彼营，有七八十里，半日方到，两营之间尚有尖营，以备皇帝小憩，满语称之为"乌墩"。负责起草谕旨的章京仓猝缮就，急飞驰至乌墩进奏，名曰赶乌墩。③ 军机处表现出的工作高效率于此可见一斑。

其三，保密严格。军机处设于接邻内廷的隆宗门里，不易受到外界的干扰，其位置、环境有利于保密。皇帝召见军机大臣时，太监都不得在侧。军机处办事的值庐防范森严，即使是高级的王公大臣，没有皇帝的特旨，不准进入。梁章钜记载当时的规制说："凡京外王大臣有奉特旨到军机处恭听谕旨、恭读朱笔及阅看各处奏折者，方得在军机堂帘内

① 吴振棫：《养吉斋丛录》，北京古籍出版社 1983 年版，第 41 页。
② 赵翼：《簷曝杂记》，李解民点校，中华书局 1982 年版，第 5 页。
③ 赵翼：《簷曝杂记》，李解民点校，中华书局 1982 年版，第 5 页。

拱立，事毕即出。其余部院内外大小官员，不得擅入。其帘前、窗外、阶下，均不许闲人窥视。满、汉章京之直房亦如之。"[1] 嘉庆五年（1800），清政府又规定：军机大臣只准在军机处承写当日所奉上谕，部院稿案不准在军机处办理（因军机大臣多兼部院事务），各部司员不准至军机处"回事"（找本衙门堂官请示事务）。自王以下文武满、汉大臣，都不准到军机处找军机大臣谈话，违者重处不赦。为了严格执行这些规定，还每天派都察院御史一人，到军机处旁边的内务府值房监视，军机大臣散值后，才准他们退值。为了防止泄露机密，军机处不许使用书吏办事，即使洒扫杂役人员，也选自内务府不识字的童子，称"小么儿"，至二十岁即更出。[2]

清代兵部设立于天聪五年（1631）。在军机处设立后，兵部只不过听军机处号令行事而已。清政府在人事制度上仿照明朝制度，文官归吏部，"武职隶兵部，八旗及营、卫官之选授，武选司掌之"[3]，但清政府又规定，除武科考选场合外，八旗部队由八旗都统衙门负责管理，所以兵部管不了八旗部队，只管绿营。绿营的兵册、编制、官职、管理、训练、武器装备等完全由兵部负责。兵部的内部机构，主要由武选、职方、车驾、武库四个清吏司及会同馆、捷报处组成。其中武选清吏司掌管武职官的品级与选补、升调之事；考查各地之险要，分别建置营汛；管理少数民族聚居的土司武职官的承袭封赠。职方清吏司掌管武职官的叙功、核过、赏罚、抚恤及军旅之简阅、考验等事，并管理关禁和海禁。车驾清吏司掌管全国马政及传递文书事务，负责分设驿、站、台、

---

① 梁章钜编、朱智增订：《枢垣纪略》卷十四，沈云龙主编：《近代中国史料丛刊》第十三辑，121，台北文海出版社1967年版，第458页。

② 昭梿：《啸亭杂录》卷七，中华书局1997年版，第212页。过去不少著作引述"至二十岁即更出"一语多有失检而造成以讹传讹。此并非《啸亭杂录》原文，亦不见诸该书卷二，而是在卷七"军机大臣"条中，其原文为："其下役，皆选内府中之童子，惟司洒扫，旧例及冠时即更易。今因循日久，有久隶其役而大臣喜其熟练者，仍姑留之。然犹呼为小么儿，盖沿旧名也。"夷考其意，后来实际上亦不乏年臻弱冠而仍旧服役者。

③ 赵尔巽等撰：《清史稿》卷一百一十，志八十五，选举五，中华书局1977年版，第3216页。

所、铺等，管理递送文书用的"勘合""火牌"的查验等事。武库清吏司掌管全国的兵籍、军器以及武举之事。

从历史上看，军事谋略运用的形式从个人的出谋献策趋向于集体、集团智谋的共同熔炼是一种必然的发展方向。智囊制度的初级形式表现为幕府等简单的咨询机构。但这种智慧的聚集仍然是以单个发挥作用，不仅谋划的形式是单干式的，而且所产生的智谋产品也带有小作坊式的烙印。由于战争中许多矛盾、难题往往需要协同解决，需要军事指挥人员的"外脑"以整体的智囊团形式帮助其作出决策，所以现代意义上的司令部在18世纪已经在欧洲的一些国家军队中得以确立。在西方军队建设史上，司令部是在漫长的参谋制度、传令制度、情报工作制度的基础上，由简单到复杂，逐渐形成和发展起来的。"大约在18世纪以前，欧洲各国军队也都是指挥员或少数传令人员、情报人员、参谋人员辅助指挥人员指挥和管理军队。进入18世纪以后，由于军队数量的增加，武器装备的发展，军队体制编制和作战方式的变化，军队指挥日益复杂，欧洲一些国家军队出现了'军务部门'，为军事统帅指挥、管理军队服务。"[1] 像清代军机处最初为"军需房"为临时性机构一样，普鲁士自17世纪产生而存在于18世纪的"后勤总监部"尽管被学者们认为是"参谋本部"最初的雏形，但它在当时设立时也不是一个永久机构，仅于每次战争发生之际，临时召集组成，故而后勤总监部实际上是"战时兵站总部"，履行作战保障职责。这个机构主要职责是组织一切工作事项、督造军用道路、选定营地与要塞位置等，下设有：（1）一位军务监，负责一切人员补充、被服、装备、给养与营舍等事宜，由一位少校级的军官协助之；（2）两位副官长；（3）一位粮秣监；（4）一位军法监，主管军法事宜；（5）一位运输监；（6）一位执行监，该员与其近属的警察人员负责警察事务。后勤总监部的参谋人员，按资历等级分为次长和一般参谋官。在当时的普鲁士，腓特烈大选侯本人就是最高统帅兼参谋长。腓特烈大帝1742年继位后，后勤总监部的组织机构进一步扩大，服务于该部的军官总计有二十五人，并增设了一个传令

---

① 郭其侨主编：《军队建设学》，国防大学出版社1989年版，第301页。

队，执行文书传送以及临时派遣等勤务。另外，"联络将校"的组织也已经出现了，专门有一批军官活跃于战阵之间，协助指挥官传命联络，并搜集资料。由于这批后勤总监的参谋们的工作性质颇与国王接近，故其后国王对他们的训练极为重视，每年以贵族学院毕业的名列前二十名的学生留任这种职务。不过，当时尚无真正的"参谋本部"名称，在普王身边亦尚无类似军事顾问的设置。需要指出的是，普鲁士当时还有一个与后勤总监部并列的机构叫副官局。在腓特烈一世统治期间，该局主要的职责仅是掌管有关军官的官籍记录。腓特烈大帝却将其范围扩充，使其与某一特殊时期应乎紧急情势而成立的指导监察体制发生了联系。在七年战争期间，由于战场辽阔分散，大兵团的指挥运用需要赋予各部队指挥官以某种决策的自由，所以腓特烈大帝常以其副官或随从军官，配属于各部队指挥官，担任联络任务。施治这样写道："腓特烈的军事组织呆板而缺乏弹性，导致其陆军指挥机构门户之见。在其继承人腓特烈威廉第二统治下的王朝，以一个人来治理的政府日益增多的国务，显然是过于庞大；于是'最高战争会议'应运而生，该会议在布隆斯维克（Brunswick）大公与穆伦道夫（Möllendorff）两位元帅指导之下，成为军事的最高权力机关。共有三个部门：一个主管动员、补给，也有关陆军的一般事务；一个主管被服与军械；一个负责伤患处理。此外副官局与后勤总监部，原则上也归其管辖。副官局由步兵出身的副官长主持，主管官籍、军队驻地与装备等事，以及有关法令规章等问题。后勤总监部在当时约有二十至二十四员军官，除原归其主管的要塞与营舍等职权以外，又于西元一千七百九十六年受命整备军用地图，为此任用了十三位陆地测量员，在波茨坦的皇家城堡开始工作。"[1] 随着历史的推移，副官局的权力不但凌驾于纯技术性的后勤总监部之上，而且超出于最高战争会议之上，发展成为普王的全权军事内阁。学者们认为，副官局与近代参谋本部有极为相似之处。据《苏联军事百科全书》

---

[1]　施治：《中外军制和指挥参谋体系的演进》，台北"中央文物供应社"1981 年版，第 249 页。

（*Советская военная энциклопедия*）记载，俄国于1711年设立了由军务总监领导的军务院。彼得一世为了加强对陆军的统一集中领导，多次调整统帅机构，于1718年设"陆军院"由缅希科夫（Александр Данилович Меншиков，1673—1729）首任院长，下设三个部，分别主管后勤、炮兵和筑城。战时野战部队设总司令，下设野战参谋机构，即未来俄军总参谋部的前身。总司令有独断专行之权，必要时可召集军事会议，听取下级意见。在叶卡特琳娜二世期间，俄国于1762—1763年间正式建立总参谋部，总参谋部的主要任务包括：准备未来战争各个战场的有关资料，培训军需军官，管理地图绘制工作等。

18世纪中西方军事指挥体系的中枢机构对比使我们可以看出，尽管中国在19世纪以后受西方军事指挥参谋体制影响很大，司令部、参谋部、后勤部等等都在很大程度上移植西方的军事体制，但西方在18世纪的军事指参体系并不见得比中国先进。因为中国是一个国土辽阔、中央集权历史悠久的国度，其官僚体制发达，所以中国18世纪的军机处制度之严、效率之高远甚于西方当时正趋于完善的军事指挥中枢机构。有人说，中国传统的参谋制度直到清朝末期也没有发展成为我们今天所说的具有现代意义的作为指挥中枢的司令机关。这种观点似乎认为中国传统的指参制度存在自身缺陷，不如西方发达。其实，中国在19世纪引进西方的军事指参体制是多种因素的合成作用，并非军机处本身组织运转不灵，否则清朝在18世纪能够在辽阔国土上进行各种地形的战争、指挥当时世界上最庞大的常备军，将是不可想象的。正如刘小力、张勇指出，西方18世纪"这一时期参谋机构，虽然有了一定的组织形式，但仅仅是初级的、尚未形成系统，也不是常设编制。其业务范围多限于后勤保障和一些技术与行政管理，司令部的职能还很不健全，作用也很有限，只能称之为'司令部的初级阶段'"[1]。1796年，拿破仑的参谋长亚历山大·贝蒂埃（Louis Alexandre Berthier，1753—1815）

---

① 刘小力、张勇：《浅探西方近代司令部的形成》，《军事历史》1995年第6期。

创立参谋处，这个机构被认为是世界上第一个有现代意义的司令部。贝蒂埃著有《阿尔卑斯总参谋部业务文献》（*Document sur le service de l'etat-major-general a l'armee des Alpes*）①，提出了参谋机构的设想，所以学术界认为贝蒂埃实际上是司令部勤务机构的奠基人，他制定的有关司令部勤务机构的原则，后来几乎被欧洲所有国家军队所采用。但我们必须看到，法军参谋部和参谋人员实际上并未能"参谋"军事要略，只是绝对服从而已。在18世纪欧洲君主制国家，襄理军机的大臣往往被史学家称为"高级秘书"，因为他们只能绝对地听命附属于国王而没有独立决策的余地，这种情形与18世纪中国的军机处"只供传述缮撰，而不能稍有赞画于其间"② 颇相类似。

第二节　18 世纪中外军队建设概况

一、建军思想

我国学术界有人指出："中国古代各族统治者为既节省财力，又保证军用，实现国防长固久安，提出并实行了一系列卓有成效的'平战结合'的国防政策。其中历时最久，作用最著者，一是兵民合一的兵役制度。无论是先秦的民军制，秦汉时期的征兵制，隋唐的府兵制，还是明朝的卫所兵制，大多是平时为农，战时为兵。成吉思汗的蒙古军队'上马则备战斗，下马则屯聚牧养'，满清八旗兵制之初也是'出则备战，

---

① Gunther Erich Rothenberg, *The Art of Warfare in the Age of Napoleon*, Bloomington：Indiana University Press, 1980, p. 209. Martin Van Creveld, *Command in War*, Cambridge：Harvard University Press, 1985, p. 69. 亦可参见 John Frederick Charles Fuller, *The Conduct of War, 1789 – 1961: A Study of the Impact of the French, Industrial, and Russian Revolutions on War and its Conduct*, New Brunswick：Rutgers University Press, 1961, p. 125. Hew Strachan, *European Armies and the Conduct of War*, London & New York：Routledge, 1988, p. 125。

② 赵翼：《簷曝杂记》卷一，"军机处"，李解民点校，中华书局1982年版，第3页。

入则务农'，同前述各代兵制情况也基本类似。这种兵民合一的兵役制度，不仅保证士兵不长期脱离生产，有利于减轻军费负担，而且有利于建立和保持强大的后备军，并能防止兵士养成走马斗鸡、游手好闲的风气，从一个侧面维护军队的战斗力。相反，宋代主要实行募兵制，满清入主中原后，八旗兵士专吃军饷，使国家负担加重，兵士素质也很差，严重损害了军队战斗力，削弱了国防根基。"① 民国时期的著名军事理论家蒋百里研究古今中外民族兴衰的历史，发现了"生活条件与战斗条件一致则强，相离则弱，相反则亡"② 的根本原则，并指出中国古代军制即包含于农制之中，所谓"寓兵于农"这种制度正是生活条件与战斗条件相一致的。由此可见，寓兵于农，一向为谈兵事者所推重。的确，由于中国先秦奴隶制的社会形态是属于东方家庭奴隶制类型的，较多地保存了古代的农村公社及其土地所有制形式——井田制，所以我国先秦奴隶制的军事制度既不同于古代希腊、罗马的民兵制、常备军制和军团制，也不同于古代埃及的军屯制和雇佣军制，它是一种具有中国特色的独特制度，其基本特点之一就是"兵农合一，军政合一"。自此以后，农战思想在中国古代根深蒂固，寓兵于农的主张在中国历史上赓续不绝。然而，我们必须看到，兵农合一制度实质上是社会经济尚未充分发展时期的产物。在战争规模不大、战斗人员不多、战争范围不广、战争强度不高的情况下，这种兵农合一制度无疑是合乎时宜的；但当军事技术发展变化后，复杂而激烈的军事战争便往往不能为兼治农事的士兵所胜任。正是这样，韩信将兵多多益善，而与戚继光强调精练士卒的做法大相径庭，就是由于时代愈古军队专业化程度愈低的缘故，所以极力在数量上争取优势。

　　清朝在18世纪对于建军的指导思想也曾产生过尖锐的争论。持兵农合一说的代表人物有孙嘉淦等，该派的主要论点是：唐行府兵，明行卫所，皆袭三代兵农合一之遗意，故明初养兵百万，不费一钱，卫所之

---

　　① 王中兴、刘立勤编著：《国防历史》上，军事科学出版社2003年版，第252页。

　　② 蒋方震：《国防论》，《民国丛书》第二编，31，上海书店出版社1990年版，第58页。

屯政亦修。若在额兵中，令能战者习武，老弱者屯田，习耕者居守，习战者出征，不但充裕兵食，亦可节省国家的经费。① 对此，持反对意见的人则声称："目不两视，耳不两听。手左右画则乖，足跂立则先疲。兵农两为，战则速败，而田野为芜莱，国何赖此哉？然古王者兵，未始不出于农，何也？古之时，征战之事固少，一旦战而用其众也，至于万人，则为多矣，日行三十里而舍，战阵必礼节焉。择素教之人而使进退止伐于疆场之交，不啻为揖让俯仰于庭户之内也。夫何为不可？后世不然，动以百万之师，决胜于呼吸之顷。屠灭之惨，川谷流膏血。军旅数动，则士长齿槁龉于营幕之中。当此之时，士卒知战斗而已。"② 康熙、雍正、乾隆诸帝都反对兵农合一，尤其是雍正帝在驳斥陆生楠兵农合一论时指出："外省分设驻防将军以及提镇，内外相维，训练甚备，无事则分处什伍，兵不扰民；有事则整旅出疆，兵以卫民，此万古之良法。……民间虽有正供以佐军糈，然所出仅百分中之一耳，其得养兵之利也多矣？"③ 最后，兵农分离论在这场争论中压倒了兵农合一论。日本学楢木野宣（ならきのしめす）在《清代的绿旗兵：以三藩之乱为中心》（「清代の緑旗兵：三藩の乱を中心として」『群馬大学紀要・人文科学編』第 2 号、1952 年、40—53 頁）中分析认为，兵农分离论获胜的原因有三方面：第一，自清初以来，明代中国兵制的主流卫所兵制采取兵农不分的方法受到尊重，所以有人主张沿用。而入关后的清王朝为了要压倒这一说法，所以坚持兵农分离的原则。第二，清朝当初之所以采用兵农分离的原则，乃是明中叶以降，卫所制逐渐废弛，军事机能丧失，留存已经不可能。第三，中国兵制的主流已变化为兵农分离的根本理由在于，清初社会经济发展变化使兵农合一的原则已经没有存在的

---

① 孙嘉淦：《汛兵授田疏》，贺长龄辑：《皇朝经世文编》卷七十二，兵政三，屯饷，沈云龙主编：《近代中国史料丛刊》第七十四辑，731，台北文海出版社1972 年版，第 2613—2615 页。

② 姚鼐：《议兵》，贺长龄辑：《皇朝经世文编》卷七十，兵政一，兵政上，沈云龙主编：《近代中国史料丛刊》第七十四辑，731，台北文海出版社 1972 年版，第 2545 页。

③ 《清世宗宪皇帝实录》卷八十三，雍正七年秋七月，台北华文书局股份有限公司 1960—1970 年版，第 1272—1273 页。

可能了。

在 18 世纪，西方专制君主也依靠职业军队作为他们实权的基础。欧洲大陆的国家一般都认为，如果没有常备军队，就会感到安全没有保障。不过在美国，究竟建立民兵为主的武装力量还是建立以正规的常备军为主的武装力量，也像 18 世纪中国关于兵农合一问题争论激烈一样，是当时各执己见的人们见仁见智的热点议题。北美殖民地许多人认为，常备军不但耗费国家的大量财富，而且还会对民主自由造成威胁。在英法七年战争中，华盛顿就看出了民兵的弊端。在北美独立战争爆发后，华盛顿鉴于大陆军实质上是从各州仓促征召的民兵，认为应该迅速建立一支正规军才能达到革命成功的目标。他说："依靠民兵犹如依靠朽木枯株。刚刚脱离家庭和平环境的人，不习惯枪林弹雨，军事技术也一无所知。他们面对的敌人都经过正规训练，行止听令，装备完善，知识与武器均占优势，因而缺乏自信心，往往心虚胆怯，以致风声鹤唳，草木皆兵。生活方式的突然改变（尤其是住宿），使许多人生病，更多的人焦躁不安，返回家园已成为无法抑制的愿望，这不仅造成可耻的临阵脱逃，而且使同样情绪影响其他部队。"[1] 针对正规军威胁民主的观点，他认为这在政治上是目光短浅的，因为"如果我们的自由不是用一支永久性的常备军，即战争中一直存在的军队去保卫，那么我们的自由即使不完全丧失，也会处于危险的境地"[2]。针对正规军费钱的观点，华盛顿认为：正规军不但不会超过民兵的开支，反而会更省。因为民兵缺乏训练，打仗会消耗更多的弹药，民兵的集中、遣返、训练的耗资也很大，而且战斗力也不可靠，如果打仗或丢失阵地，损失更难以计算。早在 1776 年 9 月华盛顿便指出："民兵的开支浩繁和他们的不可靠……议会愈是推迟建立常备军，到将来成立时困难将愈大，费用也愈多。"[3]

---

① 《华盛顿选集》，聂崇信、吕德本、熊希龄译，商务印书馆 1989 年版，第 87 页。

② 《华盛顿选集》，聂崇信、吕德本、熊希龄译，商务印书馆 1989 年版，第 82—83 页。

③ 《华盛顿选集》，聂崇信、吕德本、熊希龄译，商务印书馆 1989 年版，第 90 页。

美国建国以后，华盛顿认为，国防必须有正规军，但维持正规军无疑是经济上的沉重负担。为了解决既有强大国防力量又不致加重经济负担这对矛盾，华盛顿主张建立一支小规模的、可扩大的军队，在这支军队中，军官保留较大比例，一旦爆发战争，便可迅速扩编成一支相当可观的军队。此外，华盛顿强调必须把民兵看成是美国的安全屏障和战时可以依靠的第一支有效的力量，必须在全国实行民兵制度。与华盛顿不同，亚历山大·汉密尔顿（Alexander Hamilton，1757—1804）更看重职业军队的作用，更强调军队的职业化。他以为，只有职业军队才可使美国获得军事上的真正安全，而且职业正规军人数不能像华盛顿所主张的规模那么小，而要数量更多些。托马斯·杰斐逊（Thomas Jefferson，1743—1826）的建军思想与华盛顿、汉密尔顿均判然迥异。他认为常备军不仅要耗费国家大量钱财，造成财政上的沉重负担，而且"这样的军队无论受行政权还是受立法权的管辖，总会成为镇压的工具"，成为独裁暴政的支柱，所以他主张用"公民军队"，即管理有方且纪律严明的民兵作为国防的基本力量以取代常备军。[1]

二、兵役制度

《中国古代军制史》一书认为，我国古代交替辗转实行过的兵役制度主要有四种基本类型，即族兵制、征兵制、世兵制、募兵制。所谓族兵制，是指刚脱胎于原始社会尚未摆脱部落制影响的奴隶制国家，或尚处在部落行政组织与军事组织相结合阶段的王朝所实行的全族有兵役义务的适龄男丁皆当兵参战的制度。这是一种由原始社会末期居民自动组织为武装力量的军事习惯演变而来的军事习惯法。它被国家或王朝首领认可，并强迫其全族成员接受，具有强制为兵的性质。所谓征兵制，是指国家根据所制定的关于国民必须承担兵役义务的法律或具有法律效力的规范性文件，按照军队补充、扩编需要，强制征集丁壮服现役和预备役的制度。这种制度是在国家相对统一、专

---

[1] 希纳尔:《杰斐逊评传》，王丽华等译，中国社会科学出版社 1987 年版，第 185 页。

制集权政治制度比较健全、经济比较发达、人丁比较旺盛的条件下实行的。实行征兵制，国民兵役负担较为平均，从征者有退役还民的可能。所谓世兵制（或称军户制），是指国家强制部分国民固定服兵役，脱离民籍，另立军籍，成为兵役世家。在军者终身为兵，并且父死子继，兄终弟及，世代为兵；同时还要屯田积粮，以供军资。所谓募兵制，是指国家以出钱雇佣的形式募集兵员的制度，又称雇佣兵制。形式上，从役者自愿应募，役期以合同为据。但在我国封建社会经济条件下，应募者通常是失地或无业的流民，一经应募，往往终身为兵，唯不及子孙。① 我们认为，上述分类的最大不足在于划分标准不统一。在我们看来，从动员方式来看，中国古代兵役制度可以划分为征兵制和募兵制两种制度，有时以征兵为主、募兵为铺，有时以募兵为主、征兵为辅；从征调方式来看，可划分为义务兵制和世兵制两种，世兵制又可区分为军户制下的世兵制和部族兵制下的世兵制；从服役时间的长短来看，可划分为义务兵和职业兵两类，义务兵主要与义务兵制相联系，而职业兵则主要来自募兵制；从兵民关系上看出，可以分为兵民合一与兵民分离两种情况。张其昀这样写道："募兵制先于征兵制约一百年，征兵制为募兵制之扩充，此读史者所宜注意也。后世学者动言古者寓兵于农，井田废而兵农始分。按之史实，适得其反。东周以前全为贵族兵役制，战国以后始行国民兵役制，中间春秋之世则系转变时期，而儒、墨之思想即为其旋转之枢纽，与创化之重心。"② 对于上述这一段话，我们不以为然，但这段话提醒我们注意募兵制先于征兵制、征兵制为募兵制的扩充却实为精辟之见。在中国历史上，无论征兵制还是募兵制，都没有成为维持中央集权国家军队的决定性制度，一个朝代单行或并行何种兵役制度以及实行过程中的变化，都不是简单地呈现出线性发展的特征。

八旗兵制是满族特有的传统制度。最初，满族八旗是在本民族内部实行的族兵制。旗为部族的区分，亦为军事单位。以族统人，即以

---

①　刘展：《中国古代军制史》，军事科学出版社 1992 年版，第 20 页。

②　张其昀：《中国军事史略》，香港中华文化出版社事业委员会 1956 年版，第 2 页。

族统兵，凡族人男丁"人尽为兵，不啻举国皆兵焉"①，以军民结合、军政结合、耕战结合为其特点。八旗的起源是"牛录"。牛录是满语的音译，意为射野兽用的大披箭。当时，女真人行师出猎，不论人之多寡，皆以血缘和地缘为纽带，结队而行，十人中立一总领，称为牛录厄真。努尔哈赤在统一女真的过程中，把牛录加以改造、充实、强化，使之成为固定的战斗组织。1615 年，努尔哈赤规定，五牛录编为一甲喇，五甲喇编为一固山，共设八固山，每固山为一旗，这样便建立了正黄、正白、正红、正蓝、镶黄、镶白、镶红、镶蓝八旗。皇太极即位后，在保持八旗组织完整性与严密性的基础上，实行"三丁抽一"②，使八旗社会的兵役与战争稳定地结合起来。皇太极把后金的兵役制度与明朝相比较后指出："南朝（指明朝。——引者注）规矩，兵民为二，民有常业，兵有常粮；我国兵民为一，出则备战，入则务农，兼以收拾兵器。"③ 这种族兵制把经常性的生产、狩猎、训练结合在一起，与当时满族社会低下的生产力水平是相适应的。清朝统一全国后，八旗的军事职能加强，旗人但砺刀剑，无事于农亩，族兵制逐渐演变成为封建社会的世兵制。据我国学术界一些学者研究，族兵制基本上属于奴隶制社会的兵役制度，世兵制即军户制，在我国古代几起几落，反复出现，其实行的情况之一就是由族兵制过渡而来，"如北魏的鲜卑中军、镇戍兵，东魏、北齐的中外军，西魏、北周的府兵，元、清统一全国后的蒙古军、探马赤军、八旗兵，大体属于这种情况。原来的士兵及归附他们的士兵，包括其家属，被强制列入军户，世代为兵，成为固定的兵役对象；而新统治区域的广大居民则为

① 赵尔巽等撰：《清史稿》卷一百三十，志一百零五，兵一，中华书局 1977 年版，第 3859 页。亦可参考中国人民大学国家与法权历史教研室编：《中国国家与法权历史讲义》（初稿），第 1 分册，中国人民大学出版社 1963 年版，第 315 页。

② 《清太宗文皇帝实录》卷十七，天聪八年正月，台北华文书局股份有限公司 1960—1970 年版，第 302 页。

③ "中央研究院"历史语言研究所编：《明清史料》丙编第 1 册，《敕谕副将高鸿中稿》，台北维新书局股份有限公司 1972 年版，第 15 页。

民户，成为国家长期获取赋税、力役的对象"①。

18 世纪绿营的兵役制度主要有以下特点：

1. 终身制

绿营兵源在清初主要来自归附明军，以后则为招募。士兵一经入伍，即编入军籍，成为职业军人，终身不能更动。应募入伍虽然出于自愿，但入伍后却没有退伍的自由。兵籍由兵部掌握，裁撤和调动兵籍都必须经过兵部批准。绿营士兵年过五十、因体衰力弱不能从事战训任务时，则解除现役、撤销粮饷；如家中有子弟在营，则月给养老饷米三斗，如没有子弟在营，则月给守兵粮一份养老。因作战受伤或患病致残者不受年龄限制，按上述标准发给养老粮。

2. 土著制

一方面，绿营士兵一律募本地人充当，不得招募外来无籍人补额。因为土著士兵的家庭就在军营驻地附近，士兵倘若在本乡犯法，家室就有可能受牵累，而外来无籍贯的人入伍往往犯法为非却脱然逃遁，无所顾忌，成为招乱致祸的根源。所以，18 世纪绿营厉行以本地土著补额的制度，以靖乱源。另一方面，土著的兵跟地方相维系而驻地固定不移。在 18 世纪，绿营用将皆升转的制度以收兵权于中央，使将帅不得久典一地的兵政、地熟弊生，但如果兵随将转，那么将帅只不过是不得久居一地，而旧部兵权仍由其掌握，所以绿营不仅仅是"铁打的营盘流水的兵"，其兵士与营地均趋于固定，而流转的只是被铨选制度所操纵的将帅。当部队奉令调出本省作战遇有伤亡缺员时，缺额兵数由前方军营统帅就地以客籍补充可能导致兵为将有的弊病，所以清政府规定，在这种情况下，绿营兵员的补充仍由原调省份的军营照所缺的名数补足送到前方大营。

---

① 刘展主编：《中国古代军制史》，军事科学出版社 1992 年版，第 21 页。相关研究亦可参详如下资料：楢木野宣「清朝初期における兵制論」『東方学』第三十三辑、昭和 42 年 1 月。中山八郎「清初の兵制に関する若干の考察」『和田博士古稀記念東洋史論叢』和田博士還暦記念東洋史論叢編纂委員会、大日本雄弁会講談社、1951 年、451—467 頁。

3. 余丁制

18世纪，绿营兵的拔补基本上是按照这样的原则进行的：骑兵拔于步战兵，步战兵拔于守兵，守兵拔于余丁，无余丁，乃募于民。清制，绿营各营按额定人员数，清出火粮收养兵丁子弟，每名月给饷银五钱，称之为"余丁"。遇有征调时，余丁有随正兵服兵役的义务，担负杂役和部分运输工作，使军兴时得少募长夫。余丁年满十六岁后，如遇营中守兵出缺，可以经过考试合格后补为守兵。可见，余丁实际上是一种预备兵。由于余丁生长兵家，执锐披坚，见闻习惯，故而比从民间募来的易于训练。此外，绿营兵士粮饷过薄，他们的子弟有余丁的月饷可领，便可以得到一些贴补，有利于军心稳定。一般说来，在战争频繁时期，作战损耗极大，募兵补充仍为主要手段；不过当长期不作战时，自然损耗较少，而余丁数量往往超过淘汰、升级的守兵数量，缺少人多，余丁考补都甚为艰难，这样就遑论自民间招募了，所以乾隆帝说绿营兵家子弟只借父兄之力以入伍而几成世袭。从这种现象出发，我国学术界认为绿营兵实际上已由募兵制度变成了世兵制。在我们看来，从兵役制度来说，绿营实行的仍为募兵制，并非世兵制。

从本质上说，募兵制与雇佣兵制是相同的。但18世纪清朝的绿营募兵制管理体制严密，虽然士兵入伍后退伍的自由受限制，但平常的纪律约束还是比较符合人情的。西方18世纪的雇佣兵制虽然以契约为依据可以在合同期满后解除约束，但平常的管理颇多反人道主义因素。所谓雇佣兵，就是由雇佣兵军官指挥的职业武装集团，国王根据需要与这些军官订立合同，让他们承担某场战争任务。合同签订后，国王要支付给雇佣兵货币。因此，在西方，"士兵"（soldier）一词与"货币"（sold）一词很类似。一般来说，雇佣兵的领袖都是一些职业军人，手中只保留极少数的专门人员，以供招募和训练之用，这也是他们的核心干部，一旦他们接受了一次战争的合约之后，其一般兵员都是临时招募的，对于种族和宗教的界线一概不问，瑞士和意大利北部为主要的兵源供应地。从雇佣军的角度来讲，参军打仗是他们的生活手段，作战技能则是他们与国王讨价还价的商品，他们冒着生命危险与敌人厮杀并非出于他们的本意，因此他们当然也就缺乏积极作战的意识。雇佣军首领必须小心谨慎地使用他们的职业队伍。尤其是在出了大价钱作为投资的情况下，一个鲁莽的决定就有可能毁掉其队伍，而再要想恢复起来便需付出昂贵的代价，所以战争成了这些雇佣军首领"长袖善贾"的狡猾游戏。从雇主、雇佣军首领到普通的雇佣兵，无不念的是纯粹的生意经。从交战对方的角度考虑，俘虏这些雇佣兵后，不杀掉他们而向对方索取赎金则更为有利。所以，国外战史学家说："让著名的雇佣兵首领指挥战争，最后战争往往变成了一种单纯的战术演习或棋盘游戏。"① 许多学者认为，中国在 18 世纪时，由于绿营兵饷菲薄，所以稍有能力的人都不应募从军，而只有那些游惰之民在无以聊生的情况下才投充入伍；由于八旗子弟耽于享乐，有人逃避兵役而自残身体。不可否认，这种现象在芸芸众生组成的复杂社会里在所难免，但中国在 18 世纪人口膨胀，兵源雄厚，所以当时社会的主流是为能够补缺参军而走后门。因为清军士兵的收入虽然不高，但毕竟有一份固定的旱涝保收的"铁杆庄稼"，故而花钱托人补兵额的现象司空见惯，清军役政上并无多大困难。而当时的西方雇佣兵比起中国士兵来品流之低下是显而易见的。在 18 世纪，俄、普、奥国的军队士兵，大部分系农奴组成，普、英两国也利用大量外国人。各国军队尽量雇佣最低廉的劳动力去当兵，致使许多社会渣滓（即所谓"堕落的孩童"，the enfants perdus）② 成为职业雇佣兵。由于大多数臣民对战争的目的已经麻木不仁，招募士兵的唯一手段不可能是去点燃他们的热情和忠心，而是引起他们对钱财的欲望，所以国王们往往将军饷交给带兵的贵族军官，由贵族私人招募一团或一连兵，这样又有一些"兵贩子"四出招徕应募者，而且常有空额，检阅时由别人临时顶替。《美国陆军史》中这样写道："在欧洲，普通士兵确实是社会渣滓。流浪汉、庸人和罪犯，只有这类人才情愿为一点津贴去冒生命危

---

① 浅野佑吾：《军事思想史入门——近代西方与中国》，赵志民、李苑译，解放军出版社 1988 年版，第 31 页。

② Anthony Giddens, *The Nation-State and Violence: Volume Two of a Contemporary Critique of Historical Materialism*, Berkeley: University of California Press, 1985, p. 109.

险。实际上，即使是社会渣滓，往往也讨厌和躲避军事生活中的冒险行为和严格纪律。因此，募兵活动在很大程度上只得依赖某种强迫手段。而招募蠢材和罪犯入伍，又反转来需要极严格的军纪来训练他们。这样做的结果，又导致恶性循环，使军人生活更加索然无味，因而也就更加依赖强迫手段去招募社会上的不良分子。"① 以普鲁士为例，军官的来源，是强迫所有合于服役年龄的贵族都必须进入军校（Cadettenhauser）受训，并在结训后入部队服务。士兵的来源是强迫服役，或是用猎取奴隶的绑票方式。普鲁士当时到处袭击抓人终身服役，但由于逃亡，每年仍需补充20%的兵员。腓特烈一世为了组成巨人榴弹兵团，不惜派人到遥远的爱尔兰等各国去绑票。在欧洲任何地方，只要是特殊的长人就不会是安全的，甚至在意大利的迎神赛会中，表演的长人要用链条锁住。身材高大的妇女也会被他们抢去，以便与这些榴弹兵配合。② 普王大量雇佣外国人（包括敌对国家的人）当兵，外国人约占军队总数的一半，与本国人混编。为了维系这支部队，统治者不得不依靠野蛮的棍棒纪律。正如腓特烈二世所说，要使士兵害怕班长的军棍超过害怕敌人的子弹。在日常生活、行军、作战中，防范、监视这些雇佣兵的措施可谓天网恢恢；单个的士兵和没有军官带领的一些士兵的活动，会受到怀疑，被认为不可靠。行军宿营不选在大森林附近；在后方和侧面都用轻骑兵监视，避免夜间行军。征粮和洗澡等活动，也要由军官带领。在战场上把部队散开使用是一大忌，战术上只能采取横队线式战术以防士兵临阵脱逃。我们在清朝历史档案中可以看到，清军士兵军官的关系比18世纪西方军队的棍棒纪律下的官兵关系要融洽得多。

　　18世纪西方兵役制度明显呈现出由雇佣兵制向征兵制发展的趋势。为了解决正规军的兵员来源问题，彼得一世从1699年起恢复了17世纪后半期试行过的强制当兵制度，1705年进而在俄罗斯人聚居的省份实行单一的征兵制。这是俄国兵役制度的一个重大改变。征兵对象主要是

---

① 拉塞尔·韦格利：《美国陆军史》，丁志源等译，解放军出版社1989年版，第21页。

② 富勒：《西洋世界军事史》第2卷，钮先钟译，中国人民解放军军事科学院1981年内部发行，第177页。

农民及其他"纳税人"，而贵族不属于征兵范围，僧侣免服兵役，有钱人可以雇人当兵。由此可见，兵役的重担完全压在农民及其他下层群众头上，是一种不平等的兵役制度。到 18 世纪后半期，俄国正规军仍然实行单一的征兵制，但从 1795 年起，将士兵终身服现役的规定改为服役二十五年，军官则从 1762 年起就实行志愿服役的制度，废除了 1736 年关于贵族服役期为二十五年的规定。在美国独立战争中，那些用民主主义和清教主义思想武装起来的殖民地民兵，孕育着未来国民军队的萌芽。与过去雇佣兵性质的

18 世纪西方军队的行军情景

职业军队相比，这些民兵的战斗技能确实较差，但在作战勇敢方面却远远超过了职业军队。到法国大革命时期，"战争已不再是为了征服他人和扩大地盘；战争的动机不同以往了，战争突然又成了民众的事情，其目的是在共和基础上的普遍自由。革命的思想犹如燎原大火从法国蔓延开来，法国士兵和将军们是其使者……鼓舞军队向前冲杀的不再是军官的命令和督战，而是革命烈火、志愿兵的斗志、军号的呼唤、马赛曲胜利的旋律"[1]。民族主义的张扬从下面这封 1793 年一位青年士兵给母亲的信中灼然可见："当祖国召唤我们去保卫她时，我们应该冲到她跟前，就像我会冲向一顿美餐一样。我们的生命和才能并不属于我们。所有一切都属于国家，属于祖国。"[2] 在与第一次反法同盟军的战斗中，法国

---

① 威廉·冯·施拉姆：《克劳塞维茨传》，王庆余译，商务印书馆 1984 年版，第 48 页。

② 伯尔拿·约瑟夫：《民族论》，刘君木译，上海民智书局 1930 年版，第 147 页。关于法国大革命期间志愿兵的情况可以参详勒诺特尔：《法国历史轶闻》第 2 卷，王鹏、陈祚敏译，北京出版社 1985 年版，第 61—66 页。

革命政府迫切需要组建新的大批军队，乃于 1792 年 2 月招收志愿兵，实行募兵制：凡十八岁以上四十岁以下，未婚及无子者，得以志愿入军籍。人民执干戈以卫社稷，踊跃应征。1793 年 8 月，法国正式颁行征兵制，规定法国男子皆有服兵役的义务，在十八岁至二十五岁的男子中，以抽签方法征集，并禁止替代。此后，欧洲各国也相继幡然改革而实行征兵制，一直到现在也相循未改。毛德（Frederic Natusch Maude）上校在评论法国的征兵制时说，在任何国家的法典中，再没有哪一种法律比这个不太著名的法国法案，对于人类的前途具有更大的影响。① 从中西方兵役制度的比较中可以看出，西方在 18 世纪末叶法国大革命期间实行征兵制，并且这种征兵制在民族主义支配下与我国汉、唐等朝代实行的封建社会征兵制具有内涵的不同，而清政府的兵役制度却因八旗、绿营正规军的日趋腐败而不得不向将必亲选、兵必自募的勇营军制下的募兵过渡。

三、组织编制与总兵力

我国古代军事家都深切认识这样的两难问题：兵寡则国卫不足，兵多则难胜其养。建立军队既是为了准备未来无法避免的战争，也是为了防止未来可以防止的战争。不仅进行战争需要军队，而且避免战争也需要军队。军队既是进行战争的暴力工具，也是维持一定范围内和平稳定的威慑力量。但是，正如孙子所说，兵非贵益多。② 一个国家必须保持适度的兵力，否则军队患有虚胖症之后就会对政府财政造成沉重的压力，最后不得不采取消肿措施。此外，为了准备战争、遂行战争和赢得战争的胜利，为了发展、储备、组织一个国家实际的与潜在的各项军事力量，就必须对武装力量进行合理的编组。

台湾学者李震认为，元、清皆部族兵制，其形态亦略似于春秋时代

---

① 参见富勒：《战争指导》，李磊、尚玉卿译，广西人民出版社 2008 年版，第 14 页。

② 《武经七书》此句为"兵非贵益多"。其实应为"兵非益多也"，可以参见中国人民解放军军事科学院战争理论研究部《孙子》注释小组：《孙子兵法新注》，中华书局 2008 年版，第 73 页。

的"王族军""公族军"，此乃氏族形态下所发展出来的、大体相似的军制。他又说："满清民族，亦多以渔猎为生，其猎户施以组织，勒以纪律，加之以良好之领导，即成为优秀之野战军。"[1] 我们认为，统治者为了巩固自己的统治、加强军事力量，往往在一般部队中抽调精兵强将组建各种精锐之师。这些精锐之师形成之后，为了适应新的战争形势需要，统治者有可能优中选优，另组更加精锐的部队。另外，从一般部队抽调出来而组成的精锐之师经过一段历史时期不能保持战斗力而出现退化现象之后，统治者也有可能另组新的精锐之师。台湾学者认为，"满洲军入侵明朝发展甚速，既不深悉中国禁卫兵制度，亦无暇于禁卫制之设立。仅就盛京之规模，移于燕京而已。盖其满、蒙、汉完整的八旗兵于崇德七年（壬午，明崇祯十五年，1642 年），方建立完成，而至顺治元年（甲申，崇祯十七年，1644 年），清军即乘明亡之顷，得吴三桂之向导，驱走李自成，遂入主中原，奠都北京。及中原大定，其禁卫兵制方告建立"[2]。在 18 世纪，清政府从八旗各佐领中抽调人员所组成的禁卫军队主要有：

1. 亲军营

八旗满洲、蒙古每佐领下设亲军两人，由领侍卫内大臣编统领，定额一千七百七十人，下设亲军校七十七人，署亲军校七十七人，分别按旗管辖，主要任务是在侍卫处的统一安排下配合侍卫保卫皇帝，保护皇宫。

2. 前锋营

满洲、蒙古八旗每佐领下设前锋两人，共一千七百七十人，以镶黄、正白、镶白、正蓝为左翼前锋，以正黄、正红、镶红、镶蓝为右翼前锋。由前锋统领两人、前锋参领三人、委署前锋参领四人、前锋侍卫两人、委署前锋侍卫四人、空衔花翎三人、前锋校九十六人、空衔前锋校八人、委补蓝翎长八人，按翼按旗分别统领。前锋营是满蒙八旗最精

---

[1]　李震：《中国军事教育史》，台北"中央文物供应社"1983 年版，第 19 页。

[2]　李震：《中国军事教育史》，台北"中央文物供应社"1983 年版，第 494 页。

锐的部队，战时为先锋，平时为皇帝的前哨警卫。

3. 护军营

由满洲、蒙古八旗每佐领中选护军十七人组成，兵力共一万五千人，各旗自编为营。上三旗官兵守护紫禁城内，下五旗官兵守护紫禁城外，每营的组织系统为：护军统领一人，其下设护军参领（满洲每旗十人，蒙古每旗四人），再下设护军校（满蒙每佐领一人）。

4. 圆明园护军营

雍正二年（1724），清廷在圆明园周围建营房八所，选在京八旗官军前往驻扎，另立为营，称圆明园八旗护军营。又设圆明园内务府三旗护军营，二者合称圆明园八旗内务府三旗护军营，简称圆明园护军营。其任务是保护皇帝驻园以及往来途中的安全。其中八旗护军营有五千七百余人，内务府三旗护军营有三百余人。

5. 步军营

由八旗步兵营和绿营的马步兵联合组成，由步军统领（全称是提督九门步军巡捕五营统领）率领。八旗步兵营由满洲、蒙古每佐领下步军领催两人、步兵十八人，汉军每佐领下领催一人、步兵十二人组成，共两万一千余人，由翼尉、帮办翼尉各两人，协尉、副尉各二十六人，步兵校三百三十六人，委署步兵校七十二人分别按翼按旗统领。绿营组成的巡捕五营，分为南、北、中、左、右五营，其中马兵五千零八十人，战兵、守兵各三千人，共一万一千零八十人，由左翼总兵管南、左两营，右翼总兵管北、右两营，副将管中营，称提督中军。步军营共有三万余官兵，主要负责京师的卫戍、警备、治安工作。八旗步军防守内城，按八旗方位分汛驻守，并抽调部分官兵专任缉捕事宜；巡捕五营马步兵防守外城及京郊地方，分二十三汛驻守。

6. 骁骑营

由满洲、蒙古八旗每佐领下马甲二十人、汉军八旗每佐领下马甲四十二人组成，共计两万八千余人，分别由各旗的都统、副都统、参领、副参领、佐领、骁骑校等率领，京营八旗的骁骑营是满洲、蒙古、汉军各自为营，此外，汉军骁骑营还兼辖枪营、炮营及护炮的藤牌营。

7. 火器营

建立于康熙三十年（1691），由满、蒙八旗每佐领下选择善习火器的鸟枪护军六人、炮甲一人组成，其中有鸟枪护军一千二百余人，炮甲八百八十人，再加上备补鸟枪护军的养育兵一千六百五十人，共计七千八百人。在城内的为内火器营，分枪、炮两营，在城外的为外火器营，专习鸟枪。火器营由掌印总统大臣一人、总统大臣若干人统领。内、外火器营各有翼长一人、署翼长营总一人、营总三人、鸟枪护军参领四人、副鸟枪护军参领八人、署鸟枪护军参领十六人。其主要任务是翊卫京师，皇帝出巡备扈从。

8. 健锐营

乾隆十三年（1748），清政府为了攻打大小金川而简兵练旅，命于香山之麓构筑石碉，从前锋营中选拔壮健锐卒，演练云梯攻碉之技，组建健锐云梯营。乾隆帝仿皇太极松山、杏山之役回沈修实胜寺之举，在香山南麓的万安山下建实胜寺，并在御制碑文中这样写道："去岁夏，视师金川者久而弗告其功，且苦酋之恃其碉也，则创为以碉攻碉之说，将筑碉焉。朕谓攻碉已下策，今乃命攻碉者而为之筑碉，是所谓借寇兵而资盗粮者，全无策矣，为之懑然。因忆敬观列朝实录，开国之初，我旗人蹑云梯、肉搏而登城者不可屈数，以此攻碉，何碉弗克？今之人犹昔之人也，则命于西山之麓，设为石碉也，而简饮飞之士以习之。未逾月，得精其技者二千人，更命大学士忠勇公傅恒为经略，统之以行，且厚集诸路之师……大功以成。"[1] 此碑刻于乾隆十四年，阐明了健锐营组建的缘由。健锐营由掌印总统大臣一人、总统大臣若干人统领，分为左、右两翼，各设翼长一人、署翼长前锋参领一人、前锋参领四人、副前锋参领八人、署前锋参领十六人、前锋校五十人。健锐营除演习云梯外，还练习马射、步射、鸟枪、驰马及水操等，其主要任务是守卫静宜园，护卫皇帝出巡等。

学者们往往都认为，清朝入主中原后，八旗的集兵方式和战斗组织

---

[1] 《清朝文献通考》卷一百八十一，兵考三，《万有文库》第二集，十通第十种，商务印书馆 1936 年版，第考 6421 页。亦载于敏中等编纂：《日下旧闻考》卷一百二，郊坰西十二，北京古籍出版社 1981 年版，第 1690 页；《高宗诗文十全集》卷二，彭元瑞编，中华书局 1985 年版，第 13 页。

健锐营演武厅

健锐营演武厅侧影

由单一形式向多样化发展，出现了许多应运而生的特殊军营，这些军营一般从各佐领中抽调一定的人数重新编制，包括亲军营、前锋营、护军营、圆明园护军营、步军营、骁骑营、火器营、健锐营等。然而，这些特殊军营与原先的八旗制度究竟是怎样的关系，学者们均没有加以论述。我们发现，北京这些所谓特殊军营的兵数恰好在十万人左右，等于除了八旗驻防以外的八旗禁旅的总数。也就是说，除了这些"特殊军营"外，住在北京的其他旗人都不是军人，而是平民。换言之，清朝入关后，八旗制度发生了一个为目前学者们所忽视的，或者说没有弄清楚的重大变革，即军民分离，八旗禁旅采取了营的建制，与绿营相仿，逐步趋于正规化。当然，这并不意味着营制与原先的八旗制度截然分离而毫无关系。因为步军、前锋、护军、亲军各营都是由各旗合组而成。尽管骁骑营仍然分旗设营，由各八旗都统统辖，而步军、前锋、护军、亲军各营均由皇帝派专职军官统率各营官兵。八旗禁旅的营制的特点是：不是先定出营内各级组织的统一编制，然后再按编制补人，而是根据大致所需兵力，按八旗佐领数平均分配名额，由各佐领各出兵员若干人，然后在不打乱各旗人员的原则下编组为营。由此可见，这种营制的确立意味着与传统八旗制度的某种程度上的背离，意味着一场军事体制的变革，意味着皇权对军队的控制加强。这种营制不是我国目前大多数学者所谓的"特殊军营"，它是一种普遍的制度。组成后的营，才是国家的军队，由皇帝任命官将统领、指挥，八旗都统在原则上无权管理指挥各营。

尽管骁骑营归各八旗都统统辖，但这是其兼军政两种领导职能于一身而已，骁骑营的军人与他们所属的旗的一般民众是有所区分的。韩国学者任桂淳说：在18世纪，"京旗里有一支最大的由都统直接指挥的部队——'骁骑营'。骁骑营的士兵经常被挑出去派往全国各地。因此，当时骁骑营实际上起着旗兵总部的作用。一旦八旗军散布到全国各地，驻防地位稳固之后，骁骑营的作用逐渐削弱了。最后，它的主要职能便集中表现在军队的调防问题上了。然而，可以这样说，在八旗军存在的整个过程中，骁骑营始终保持了八旗军大本营的地位。当然，它的另一个作用，就是在清政府和八旗军之间建立一条纽带，以联结全国的八旗军"[1]。我们认为，任女士的分析是相当深邃的，但她将骁骑营与八旗混为一谈，这两者表面上是二而一的，实质上是一而二的。八旗仅仅是

---

① 任桂淳：《清朝八旗驻防兴衰史》，生活·读书·新知三联书店1993年版，第48页。

健锐营演武厅远景（张世明摄）

各营兵源的储备、补充机构，这对骁骑营亦不例外。各营在 18 世纪才是八旗禁旅的编制。

郑天挺说，清代八旗兵分亲军、骁骑、前锋、护军、步军五种。郑天挺还列表给我们介绍八旗兵的兵别和营别。我们从郑天挺的列表可以看出，亲军所属之营为上三旗亲军营，前锋所属之营为前锋营、健锐营，护军所属之营为护军营、火器营，马甲所属之营为骁骑营、汉军藤牌营及枪营，步军所属之营为步军营。兵种与营别存在对应关系。由此可见，我们必须看到 18 世纪八旗禁旅的编制与入关前旗主领兵、按旗为战斗编组的体制有了明显区别。

绿营制度脱胎于明代镇戍制度。清朝入关后便吸收了明代镇戍制度的精髓，在内地十八省建立了绿营制度。罗尔纲《绿营兵志》中有这样一段话：

在将领名称方面，绿营也是采取明代镇戍制度。先是明初兵事俱寄于都指挥使司（简称都司），各省都司分掌一方的兵政，各率其卫所以隶于五军都督府而听于兵部。在对外或对内的战事中，政府照例派都督府官或公、侯、伯出为总兵官，事竣还任。明初外患最频的是北边，派出边地镇戍的总兵官渐渐地变成固定，接着在内地要害也派总兵官镇守，以任一方的军务。在总兵官之下，通常又设有副总兵（亦称副将）、参将、游击将军、守备、千总、把总等名目。自总兵官以至游击将军，例于公、侯、伯都督、指挥等官内推举充任，他们是从中央派出的，官爵较重，职权较重，所以都司不但成为总兵官的下属，且降居于游击将军之下，其在镇戎将官中的地位，仅居于守一城一堡之任的守备之上而已。兹将明代镇戎与绿营的将领名目列出对照如下：

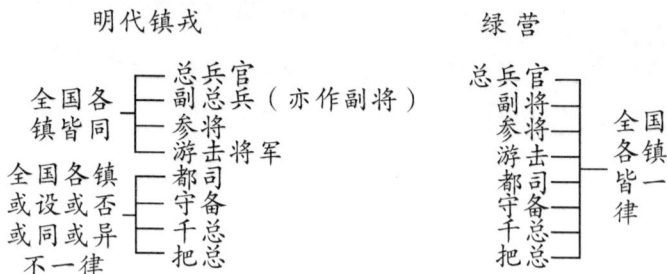

明代镇戎　　　　　　　　绿　营

```
                  ┌ 总兵官              总兵官
  全国各  ────────┤ 副总兵（亦作副将）  副将   ┐
  镇皆同          │ 参将                参将   │ 全
                  └ 游击将军            游击   │ 国
  全国各镇  ──────┬ 都司                都司   ├ 各镇
  或设或否        │ 守备                守备   │ 一
  或同或异        ├ 千总                千总   │ 律
  不一律          └ 把总                把总   ┘
```

观上所列，绿营将领名目除了专取副将之称及游击删去将军两字微异外，其余完全相同。虽然明代镇戎将领名目，自都司以下各项，全国各镇戎或设或否或同或异不一律，而绿营此项目的来源，却是承袭明代镇戎而来的。①

罗尔纲脉承中国 18 世纪考据史学的遗风，对绿营制度肇自明代镇戎之制进行了言之凿凿的稽考，令人诚服。但我们也应该看到，绿营制度毕竟是对明代镇戎制度的发展和改革，其表现为以下诸方面：首先，明代镇戎制度是非经制的，而绿营在清朝国家制度中是一个经制的制度。其次，明代镇戎制度只建立在若干作为屯重兵镇守的地方，而清代绿营制度则使之推广成为镇守内地十八省的普遍的制度。再次，明代镇戎制度是不划一的，而绿营制度则显然整齐化、划一化。

如上所述，绿营是清初根据明朝的镇戎制度，将明朝降军和新募汉兵改编而成的各省地方军，因以绿色旗帜为标志，以营为基本建制单

---

① 罗尔纲：《绿营兵志》，中华书局 1984 年版，第 19—21 页。亦可参考太田出「清代绿营の管辖区域とその机能—江南デルタの汛を中心に」『史学雑誌』第107 编 10 号、1998 年、27—53 页；秦树才：《清代云南绿营兵研究——以汛塘为中心》，云南教育出版社 2004 年版，第 95—106 页。

位，故名绿营。绿营以一省或数省为军区，军区的最高长官是文职出身的总督或巡抚。总督是正二品官，加兵部尚书衔则升为从一品，例兼都察院右都御史，或为兵部右侍郎兼都察院右副都御史。巡抚是从二品官，例兼都察院右副都御使和兵部侍郎，加衔后升为二品，兼任提督衔的巡抚可节制本省各镇总兵。提督是各省绿营的最高武官，为从一品官，有陆路和水路之分，也有水陆兼任或由巡抚兼任的，每省一至两人。一省之内又分为若干镇，每镇由总兵统领，各自镇守一方。总兵也有陆路和水路之分，也有水陆兼任的，每省二至六人。总兵之下有副将、参将、游击、都司、守备、千总、把总、外委千总、外委把总等各级武官。绿营建立营制大体上遵循如下原则：第一个原则是因地设官、因官设兵。故其兵因官分类：总兵所属称标，居中镇守，以备征调；副将所属称协，率兵协守本镇冲要；参将、游击、都司、守备所属称营，领兵专守城邑关隘；千总、把总、外委千总、外委把总所属称汛，分汛备御道路边境。第二个原则是量地形之险易、酌兵数之多寡。故其兵因地而异，虽为同级之官、同营之制，但所属之兵众寡悬殊，甚者相差十倍。第三个原则是根据各直省地方有水、有陆、宜步、宜马之不同而酌定各省马步兵兵数的比例，故南方多水多山之省，一般为马一步九或马二步八，北方多平原旷野之省，一般为马三步七或马六步四。第四个原则是武官的设置、兵数的多少、马步的比例等，可根据当时当地的军事政治形势的发展变化和统治者的战略意图，进行适当的调整。① 绿营的最高武职长官为提督，绿营的战略单位为镇，基本编制单位为营。据乾隆朝《钦定大清会典则例》记载，当时全国共有六十六个镇、一千一百六十九个营。营依规模大小由参将、游击、都司、守备衔的军官带领，一营的人数在三四百人到一千人之间。营下分哨（以左、右、前、后区分），以千总领之，哨下分司，以把总领之。营有两类：一类是从总督、巡抚、镇，协、专营分出的城守营、分防营，负责防守城池、军事要隘点、交通中心点，以哨或司为单位分散驻守，称为"汛"，这类

---

① 刘展主编：《中国古代军制史》，军事科学出版社 1992 年版，第447—448页。

营实际上成为营、汛两级，属于日常守备部队性质。另一类绿营是所谓"标营"，是督、抚、提、镇等高级军事长官直接掌握的机动性质的守备队。总督（包括河道、漕运总督）、巡抚、提督、总兵的直属部队名之为本标，分别称为督标（包括河道、漕运总督的标兵称为河标、漕标）、抚标、提标、镇标。本标兵多则五营（以左、右、中、前、后为番号），少则二营（称左、右营或前、后营）。标营由不同衔级的军官以"中军"名义统带，驻地相对集中，基本保持营、哨、司的编制，但兵额各营也不相同。至于协，有的是从总督分出的，有的是从提督分出的，有的是从镇分出的，其任务是协守本镇的要害。根据地理形势的客观需要，各协或不分营，或分营而有多少的不同。由此可见，绿营中"营"的类别共分标、协、营、汛四种，但只有标、协、营立营，而汛兵不立营。标与分防的协、营虽无从属关系，却对其有统属的权力，是绿营的主力。

八旗兵和绿营兵是清朝在18世纪的正规军，称经制兵。学术界目前论及清前期的经制兵时似乎认为这就是专指八旗兵和绿营兵。其实，乾隆年间成立的藏军也是清政府厘定编制并承认的地方正规军。在雍正以前，藏军系一支"酋长式"的地方武装力量，无固定编制，军民不分，平时不进行军事训练，战时则由西藏地方

马戛尔尼使团在白河见到的兵站和礼炮

政府按部落的大小决定出兵数额，集中参战，部落头人即为战时指挥官。陈炳《藏军史略》一文这样写道：乾隆五十七年（1792），"福康安率清军击退廓尔喀（尼泊尔）军队对西藏的入侵后，奏请乾隆皇帝批准，组建了'代本制'的西藏军队。初期实行藏汉军统一管理制，

藏军定员 3320 人，汉军 1450 人，直属清朝中央驻藏大臣管辖，由驻藏游击都司守备官直接指挥。当时，藏军编成 6 个代本团（代本原为官衔，相当于团长），每个代本团编制员额为 500—1000 名，12 个如本营，每个如本营编制员额为 125 名，124 个定本排，每个定本排编制员额为 25 名，久本（即协俄），相当于班，每个久本班编制员额为 10 名。鸟枪、弓箭和刀矛是当时的主要武装备。军需物资统由商上机构（管理库藏及财赋收支的机构）拨发。从此，西藏才有了一支正式的常备部队"①。从史料记载来看，藏军当时每五百名设代本（mdav dpon）一人、如本（ru dpon）两人、甲本（brgya dpon）五人、丁本（lding dpon）二十人、久本（bcu dpon）五十人，其中前藏驻两个代本，日喀则驻两个代本，江孜、定日各驻一个代本。因其仿照内地兵制而建，故在藏语中统称为"rgya sbyong dmag sgar"（甲炯马噶），意为"汉制军队"。

清朝以少数民族入主中原，对八旗兵力的虚实秘不示人，所以八旗总兵力数额一直朦胧不清，成为清政府的军事机密。王庆云《石渠余记》中曾谓："《康熙会典》凡例曰：'八旗士马云屯，难以数计，其各省驻防、绿营兵马，俱按次详载'云。考是书八旗都统载每佐领下设某军几名于京师，营制之统辖，兵额之多寡，则从阙如，自后修会典者，沿以为例，虽罗列营制而皆不详兵额。良以京师为四方根本，古所谓藏于九地之下，动于九天之上，其深严邃密，不当轻以示人，非真京旗之兵难以数计也。至《皇朝通考》，于京营沿革甚详，而兵额尚略。《中枢政考》有散数，无总数，使人知其然而不知其所以然。"② 罗尔纲考证说，乾隆朝《钦定大清会典则例》卷一百七十一载有历年八旗增编佐领数，并有乾隆二十二年（1757）现数，计这年满洲、蒙古、汉军佐领共一千一百六十五个，则兵额应有三十四万九千六百五十人，以后佐领增减常在此数左右，故八旗兵额就佐领员数推算，最高额时不过三

---

① 陈炳：《藏军史略》，《西藏文史资料选辑》第 4 辑，西藏人民出版社 1985 年版，第 86 页。亦可以参考冯智：《清代治藏军事研究》，云南民族出版社 2007 年版，第 197—222 页。

② 王庆云：《石渠余记》卷二，"京营表序"，北京古籍出版社 1985 年版，第 74—75 页。

十五万，这个计算与咸丰元年（1851）曾国藩《议汰兵疏》说八旗额数常不过三十五万相吻合。罗尔纲还说曾国藩文集刻本"三"字误作"二"，然而从其文理推导可知其为误刻，故而姚文栋《八旗兵制考》和《清史稿》引述曾国藩之言均作三十五万人。郑天挺则在《清代的八旗兵和绿营兵》一文中指出：曾国藩说八旗兵"其额数常不过三十五万"，似误。在郑天挺看来，清代八旗兵的总兵力在二十万人左右。[①]笔者同意郑天挺的看法。尽管罗尔纲对姚文栋《八旗兵制考》的记载表示怀疑，但笔者认为姚文栋的观点是正确的，即八旗兵力按佐领数推算虽有三十五万之多，但中外禁旅驻防额兵常不过二十万人。魏源《圣武记》也说八旗"以存京师者为禁旅，而分镇各省者为驻防，定兵额约二十万"[②]。至于绿营兵力除顺治一朝外，清朝前期各朝都修有会典或通考、政考诸典章，全国绿营兵数都历历可考。

由此可见，清朝绿营兵在 18 世纪约有六十万人，加上二十万左右的八旗兵，清朝总兵力达到八十万，是当时世界上最庞大的一支常备军。与 18 世纪中国相比，俄国此时军队数量的增加引人注目。彼得一世致力于俄国正规陆军建立，从 1699 年正式开始，到 1709 年基本完成。俄国正规陆军达到二十七万人。七年战争前夕，俄国陆军总兵力达三十三万一千人，其中野战部队十七万二千人，守备部队七万四千人，边防部队二万八千万人，炮兵—工兵一万三千人，非正规部队四万四千人。战时，除留守本土所需要的部队外，大约可抽调二十万人出国作战。到 18 世纪末，俄国陆军发展到五十万人。18 世纪西方国家军队兵额增加迅速的另一个典型是普鲁士。18 世纪初西班牙王位继承战争期间，腓特烈大选侯的军队约四万人。但到 1740 年腓特烈大帝（Friedrich II. , Friedrich der Große 或者 der Alte Fritz, 1712—1786）继位时，他的父亲腓特烈·威廉（Friedrich Wilhelm I, 1688—1740）留给了他一支一流水平的军队，其兵力已接近八万人，仅次于法、俄、奥而居欧洲军队数量第四位。这对于一个只有二百五十万人口、年收入约一百万英镑的

---

① 郑天挺：《探微集》，中华书局 1980 年版，第 174 页。

② 魏源：《圣武记》附录卷十一，韩锡铎、孙文良点校，中华书局 1984 年版，第 476 页。

国家来说的确是一支非同寻常的军队。腓特烈·威廉本人亦被称为"军士国王"（Soldatenkönig）。到了 1786 年，普鲁士军队又增加到了二十万。在霍亨索伦人强有力的手腕中，整个普鲁士成了一支军队、一个大军营和一座军火库。① 无怪乎国外学者认为不是普鲁士创建了军队，而是军队创建了近代普鲁士。法国米拉博侯爵（Marquis de Mirabeau，1749—1791）的名言"对其他国家来说，是国家拥有一个军队；对普鲁士而言，则是军队拥有一个国家"（La Prusse n'est pas un État qui possède une armée, c'est une armée qui a conquis une nation）②，也将作为军事国家的普鲁士的特性描绘得活灵活现。在 18 世纪末，英国兵力不算多，正规军约十四万，加上担负内卫任务的国民军六万，总兵力仅二十万，与清军相比，大约是 1:4。在美国独立战争期间，大陆军正规部队最多仅有四万人，一直没能达到额定数六万人。独立战争胜利后，《巴黎和约》（The Paris Peace Treaty of September 30 , 1783 ）墨迹未干，美军便归心似箭地复员回家。1783 年 9 月华盛顿手下只剩下一个炮兵营和一个步兵团共六百人。1784 年，军队进一步被裁减至七十人，用来警卫西点的军事仓库。美国变成了一个几乎没有军队的国家。在1789 年华盛顿当选就任总统之后，华盛顿的建军思想是建立一支"可扩大的军队"③，其规模是二千六百人左右。1790 年，美国正规军达一千二百八十三人。同年，正规军与印第安人交战惨败，朝野上下震动，扩军至两个团二千人。1792 年与印第安人再度交战失利，又扩至三个团五千人，其中一个团是步骑混合团，组成"美国军团"。在平定印第安人反抗后，军团于 1796 年解散，恢复团的建制，计四个团和工兵、炮兵，共三千三百二十四人。

———————

① Henry Vallotton, *Maria Theresia, die Frau, die ein Weltreich regierte*, München：Nymphenburger-Verlag, 1978, S. 31.
② 有人说此言出自弗里德里希·冯·施勒特（Friedrich von Schrötter, 1743—1815），参见 David Blackbourn, *History of Germany, 1780 – 1918: The Long Nineteenth Century*. Blackwell Publishing, 2003, p. 17.
③ 可以参考陈海宏：《美国军事力量的崛起：美国军事改革的回顾与反思》，内蒙古大学出版社 1995 年版，第 61 页。

清前期历朝全国绿营兵额表①

地区	康熙二十五年（1686）	雍正五年（1727）	乾隆二十三年（1758）	嘉庆十七年（1812）
直　隶	30700	33938	44348	42532
山　东	2000	18401	20052	20174
山　西	25000	25994	28707	25534
河　南	10000	11130	10436	13834
两　江	64850	71403	73661	72704
闽　浙	113176	104051	108095	102335
湖　广	40000	37794	43447	58320
陕　甘	85878	93134	97267	98579
四　川	30000	28420	33970	34188
两　广	93200	90091	96731	92415
云　贵	62000	66432	86631	91189
京师巡捕营	3300	4120	5000	10069
全国总计	578204	584899	648345	661873

在 18 世纪，西方军队编制一般都以营为基本的战术单位。每营六至八连，约五百至一千人，两三营为一团，两团为一旅，两旅为一师。师为战略单位，含有诸兵种合成性质。过去，军队最高编制单位为团；1794 年，法国陆军部部长卡尔诺（Lazare Nicolas Marguerite Carnot，1753—1823）首创了步、炮、骑合成师的新编制，配步兵八至十营（人数为五千至九千五百），炮兵两连（十二门炮）。但据我们所见到的资料表明，俄国陆军编制单位最高为师的时间是在彼得一世时期。我们认为，卡尔诺的创举在法国是史无前例，然而它实质上是借鉴俄国军事编制，这与俄国军队数量庞大，不能不采取更为复杂的编制层次有关。

---

① 资料来源包括：《清史稿》卷一百三十一，志一百零六，兵志二，中华书局 1976 年版，第 3891—3928 页。王庆云：《石渠余纪》卷二，"纪列朝各省兵数附论"，《笔记小说大观》四十三编，第 7 册，台北新兴书局有限公司 1986 年版，第 78 页（此版本实际上是北京古籍出版社 1985 年版王庆云《石渠余记》的影印本，内容和页码标识完全一致）。汤象龙：《中国近代财政经济史论文选》，西南财经大学出版社 1987 年版，第 213 页。张玉田等编著：《中国近代军事史》，辽宁人民出版社 1983 年版，第 18—20 页。

此外，由于俄国树敌多，战线长，军队数量增加，18世纪70年代起实行按战略方向编组几个集团军（或译"军团"）的办法，但不是一级固定的编制。1800年，拿破仑也以军团为战略单位，含步兵二至三师，轻骑兵一师（三至四团），炮三十六至四十门。在整个18世纪，"军团"（legion）一词在军界特别在东欧军界重新流行起来。在美国独立战争中，英美双方都使用了这一术语，如英国的塔尔顿军团和大陆军的普拉斯基军团，但这都是由骑兵和步兵混编的小型战斗团体。美国国会同意将新建的陆军改编成"美国军团"时，该军团由四个分军团组成，每个分军团有一千二百八十人，由一名准将指挥，下辖两个步兵营、一个来复枪营、一个骑兵连、一个炮兵连。由于团的单位取消了，上校军衔也随之消失，各营营长由少校衔军官充任。尽管"军团"一词原出古罗马共和国，年轻的美利坚合众国认为它同古罗马共和国存在许多共同之处，建立军团含有跟随前人的意味，但我们认为，当时美国建立军团的军事目的在于通过四个分军团中组成四个小型的各兵种混合体来提高战术灵活性。这与当时法国陆军师、军团的创立理由是一样的，它标志着同18世纪将整个陆军视为单一战术单位的传统开始决裂。

在18世纪，西方国家的军队兵种有步兵、骑兵、炮兵、工兵。步兵在习惯上有轻、重步兵之分。重步兵用以进行大规模的坚决的攻击和成密集队形作战；而轻步兵则适于散兵战，用作机动部队，担任警戒和前卫等。例如，俄军在彼得一世时期步兵分为火枪兵和掷弹兵。随着武器装备的发展，在叶卡特琳娜二世统治时期出现了猎步兵。猎步兵是一种轻步兵，其出现乃是由于新式枪支猎兵枪开始装备部队的结果。猎步兵战斗时不是按线式战术那样在统一号令下齐射，而是成散兵线，各人瞄准射击。1777年，俄国猎步兵开始有营的建制；1785年，开始有团的建制。和步兵一样，18世纪西方国家的骑兵也有重骑兵和轻骑兵之别。重骑兵主要是指胸甲骑兵，骑手有胸甲，颇为沉重，在实战中运动笨拙，战斗力不强，胸甲也不能抵御近距离（一百至一百五十米）射来的枪弹。龙骑兵是一种步骑两用、介于轻重之间的骑兵。有些国家编入重骑兵，有些国家则编入轻骑兵，因其军旗上绘有龙形图案，故称龙骑兵。龙骑兵则有枪骑兵、马枪兵、骠骑兵、猎骑兵等区别。枪骑兵使用长矛、马刀，后装备手枪、马枪；有的配铠甲，编入重骑兵。马枪兵装备最好的武器，配有马枪，是精锐。骠骑兵较轻捷，最早出现在匈牙利和波兰，由贵族组成，后遍行于欧洲军队。猎骑兵出现于 18 世纪下半期，系由守林人、猎人、山民中选拔人员组成，长于散开队形作战以及担任警戒、侦察、追击等。恩格斯认为，骑兵的这种区分是"令人吃惊的蠢事"[①]，以轻装和重装马匹的差别作为划分各类骑兵（胸甲骑兵、龙骑兵、枪骑兵、马枪兵、骠骑兵、猎骑兵）的依据，实际意义不大，而且过于复杂。此外，由于讲排场重形式，胸甲骑兵、龙骑兵、枪骑兵的实战作用都不大。在 18 世纪，西方骑兵的基本作战单位连，通常配一百四十匹马，三至四连为一骑兵团，团以上有骑兵师和骑兵军团，所辖团的数目不很固定。与西方不同，中国重装骑兵在隋代以后就逐渐消失了，因为重装骑兵尽管防护力较强但机动力较差，从本质上不符合骑兵系进攻型兵种的特征，所以 18 世纪清朝骑兵不存在轻装和重装之别。此外，中国在 18 世纪虽然有八旗的火器营、汉军的枪营和炮营，但炮兵在整个军队中所占权重不如西方，而且工兵尚未出现。

第三节　驻防与班兵制度

一、八旗驻防制度

如前所述，在 18 世纪，八旗兵强半驻于京师，称为"京营"，作为战略总预备队兼京师卫戍警备部队，弱半分驻全国各战略要地和重要城市，称为"驻防"，作为地方性战略预备队兼要地警备部队。[②] 关于驻防的分类，清代官书说法不一。《八旗通志初集》分驻防为畿辅、奉天、各省三类。光绪朝《钦定大清会典事例》分为畿辅、盛京、吉林、

---

① 中国人民解放军军事科学院编：《马克思恩格斯军事文集》第 1 卷，战士出版社 1981 年版，第 27—28 页。

② 参详北山康夫「清代の駐防八旗について」『羽田博士頌寿紀念東洋史論叢』東洋史研究會、1950 年、489—503 頁。

黑龙江、各省和游牧察哈尔数类。清朝覆亡后修撰的《清史稿·兵志》则将其分为如下四类:"曰畿辅驻防兵,其藩部内附之众,及在京内务府、理藩院所辖悉附焉;曰东三省驻防兵;曰各直省驻防兵,新疆驻防兵附焉;曰藩部兵。"[①] 我们认为,这几种分类均无实质区别,我们不必斫斫于文字之争。论者多谓清军入关后即以八旗半数分驻于各省要害,这种提法是不科学的。如果说乾隆以后八旗半数分驻于各省要害是符合历史事实的,那么说清初即已如此则有失严谨。我们同意韩国学者任桂淳的观点,即只是到了 18 世纪中叶,八旗驻防才永久性地布置在了整个中原地区。[②] 事实上,清初设立驻防,首先是从拱卫京师、巩固根本这一目的出发的。畿辅驻防体系,到康熙初期已基本形成,它既不属于禁旅,而其规制又与后来陆续设置的各省驻防颇不相同,形成了一套特殊的体系。定宜庄《清代八旗驻防制度研究》一书中的示意图使我们对畿辅八旗驻防的形势一目了然:

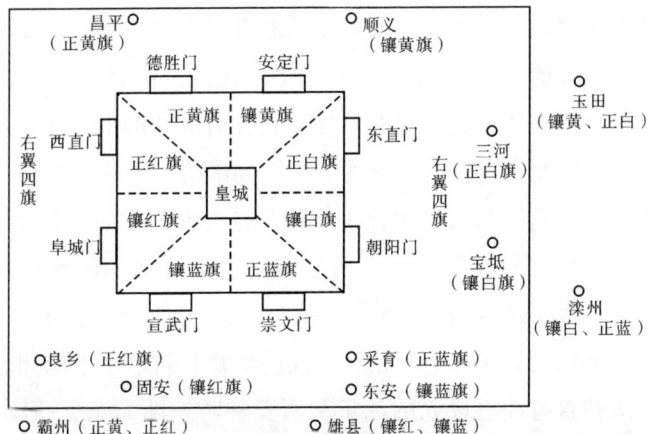

畿辅八旗驻防图

图中:⬚内表示京城,⬚表示第一层基本位于顺天府境内,较远如保定、太原、沧州、德州及长城各口,则在此图略去不予标示。

---

① 赵尔巽等撰:《清史稿》卷一百三十,志一百零五,兵一,中华书局 1977 年版,第 3864 页。

② 参见任桂淳:《清朝八旗驻防兴衰史》,生活·读书·新知三联书店 1993 年版,第 1 页。

　　根据定宜庄的研究，畿辅驻防体系可分为两个层次：第一层次包括顺义、昌平、三河、良乡、宝坻、固安、采育、东安，此乃最靠近北京城的地区，八旗驻防与京城内八旗所居方位相对应，每一旗分驻一处，恰是京师禁旅的外围和延伸。第二层次包括霸州、玉田、滦州、雄县，每处两旗合驻，与距离京师更远一些的保定、沧州、太原、德州互为表里，声势相连，构成京师驻防体系的最外一圈。清初八旗尽管曾驻扎各省，但多属临时性质，或为配合军事行动，或因占领一地后局势未稳而暂未撤离。清朝在直省最早固定的三处八旗驻防点是江宁、西安和杭州。因为这三处均系历代王朝多次奠都之地，高屋建瓴，足以像清朝的北京城一样可以号令天下，所以清政府在这几座城市重兵驻防不仅是单纯的军事需要，而且实属政治上防止出现抗清中心的必要措施。此后，由于郑成功等抗清势力的多次冲击，清廷担心江南地区设防薄弱，又在京口设立了第四个固定的八旗驻防点。魏源认为，八旗驻防制度是在三藩割据被铲除之后，作为与藩镇对立的制度而被确立的。[①] 魏源的这一观点是极有见地的。康熙二十年（1681）九月，在完全平定"三藩之乱"的前两个月，康熙帝便谕令八旗官兵在有麻烦的南方各地及陕西的汉中、广西的柳州和南宁、贵州的贵阳、湖南的沅州驻防。剩下的所有八旗军队被命令返回北京。随着成千上万的八旗官兵在平定叛乱之后涌入北京，中央政府便面临着巨大的物资供应和住房的困难。在此情况下，康熙帝不得不把八旗官兵调出京城，去加强已经建立起来的西安、南京、汉中等地的驻防和当时正在新建的荆州驻防。由于荆州驻防的建立，加上清初直省即已设立的江宁和西安驻防这两大东、西军事中心，清廷八旗驻防遂具备了西北、中南和东南三大军事重镇互为犄角的格局。自康熙中叶起，随着沙俄的入侵和漠西准噶尔部的兴起，全国八旗驻防重心移向长城边塞。自康熙中叶至雍正之初在直省西北沿线设置的八旗驻防，改变了驻防初建时期重南不重北的格局，使全国内地的驻防布局基本达到了平衡。此外，东北是满族的发源地，为了使自己一旦在

---

　　① 魏源：《圣武记》，韩锡铎、孙文良点校，中华书局1984年版，第80页。

国内形势不利的情况下能够以东北地区为避风港，清廷着手建立东北驻防体系，先后在盛京、宁古塔、吉林乌拉、瑷珲、墨尔根、齐齐哈尔等地设立八旗驻防。至于内外蒙古和天山南北的北部边疆驻防，"则是在康熙以后，经雍正乃至乾隆朝（1736—1795）的百余年间，清朝在同新疆准噶尔部的斗争中，陆续建立起来的"①。清代八旗驻防虽然号称"山海要隘，往往布满"②，但事实上，辽阔的西南地区在乾隆中叶以前始终为一大空白。诚然，清政府在康熙末年为配合对准噶尔部的作战，曾派荆州八旗驻防满兵入川设立成都驻防，但成都驻防仅设副都统管辖，属于一个中层次驻防单位，可以看成是荆州驻防的一个分支。直到乾隆四十一年（1776），清廷在成都设置了最后一个将军级驻防单位，在八旗驻防兵力原先十分薄弱的西南地区，投下了至关重要的一枚棋子，使八旗驻防在全国的布局最终宣告完成。③尽管八旗驻防这一驻军体系尚存在许多需要填补的漏洞，但已经从盛世的顶峰转而衰落下来的清廷，对此已是心有余而力不足，已呈现出强弩近末之势。在乾隆四十一年，全国共有将军级驻防单位十三个，即西安、江宁、杭州、福州、广州、荆州、绥远城、宁夏、成都、伊犁、盛京、吉林和黑龙江。此外，察哈尔都统亦可视为与将军同级的高层次驻防单位。

陈佳华在引述莫东寅的观点时说，驻防八旗有五条驻防线，即"由北京经宁夏、绥远至凉州的长城驻防线；由德州经开封至西安的黄河驻防线；由江宁经荆州至成都的长江驻防线；由北京至杭州的运河驻防线；由杭州经福州至广州的东南沿海驻防线"④。我们认为这种对八旗驻防格局的模式概括是十分精当的。除长城沿线的八旗驻防出于战略考虑外，其他地方的驻防一般都选在便于运送给养的地方，诸如海岸或内陆靠近大河附近等。因此，大的驻防均设在山东、江苏、浙江、福建、

---

① 马协弟：《驻防八旗浅探》，《满族研究》1985年第2期。

② 刘锦藻：《皇朝续文献通考》，《续修四库全书》编纂委员会编：《续修四库全书》818，史部·政书类，上海古籍出版社1996年版，第438页。

③ 参见本书第三卷第九章。

④ 陈佳华：《八旗兵饷试析》，《民族研究》1985年第5期。

广东、河南和湖北等地。此外，由于驻防所需的给养和银米是靠地方政府的商业暨农业税来解决，所以驻防还倾向于设在商业或农业发达的省份。富庶省份浙江、湖北、福建和广东的驻防，几乎没有获取粮食供给的麻烦，而且周围地区的税收也很充足。而西北沿线各八旗驻防点则不一样，其设立既然主要是出于军事战争的需要，所以兵额增减甚大，远不及主要为震慑地方而设的南方各省驻防稳定。再者，西北一带荒凉贫瘠，道路遥远，粮饷转运困难重重，亦不具备南方各省长期供养重兵的条件。不过，这些地区战略地位至关重要，这样，清政府又不能将其弃而不顾。清政府为解决八旗兵力少而国土辽阔这一矛盾，对有限的兵力进行有重点、有主次的安排，采取"居重驭轻"的政策；八旗驻防的原则以重点驻防和集中机动相结合为特征。其中，畿辅、热河及陵寝围场驻一万七千人，绥远、张家口驻二万余人，东北驻四万余人，这是八旗驻防的重点所在。此外，西北驻一万八千人，东南沿海驻一万八千人，内地各省驻一万六千人。显而易见，在地域分防上，八旗驻防首重东北、直隶，次重东南沿海、西北，在这些地区所保持着的强大机动部队成为分防系统的四个支撑点，从而达到以点制面的效果。定宜庄这样写道："八旗驻防的空白，并非就一定是清代军事力量的空白，因为另有绿营兵组成的细的控制网络，但八旗驻防点密集之处必然是清朝最重视之区，也是显而易见的。自山海关至凉州一线，不仅是京师屏障，也是一旦有事时，从北部边疆各驻防调遣兵力向南、向西作战的必由通道，而京师则正是这一通道的枢纽。"[①]

"满城"堪称清代八旗驻防的标志。这是清政府旗民分治政策的产物。"满城"的发展可以分为两个阶段。起初，清朝八旗兵丁驻扎一地，并无明确的筑城规划，无非是为安置驻兵而于城内独划一隅，迁原居汉民于外，内筑界墙或设界堆以别之。这种在旧城中圈出一片地段并筑墙以居旗人之处，当时一般不称"满城"而称"满营"。这可以看作

---

① 定宜庄：《清代八旗驻防制度研究》，天津古籍出版社1992年版，第88页。

"满城"发展的第一阶段。第二阶段是在雍正朝以后，这时期设置大规模驻防，率多于旧城之外选择空地，别建新城。由于雍正以后清廷新建的驻防，大多在北方空旷地区，所以有宽阔的空地用以建城，加之清廷承平日久，财力较为充裕，亦有从容的时间规划建城，故而在旧城之外专为驻防旗人兴建新城的做法逐渐形成为一种模式。在全国，八旗驻防中唯东北三省无"满城"，而专门筑城以居八旗驻防的最典型的代表莫过于新疆。满城实质上是一个自成系统的小社会。驻防八旗的最高长官是将军或都统，下设副都统一至两人，以为将军或都统之佐贰。副都统亦可独为一处驻防最高长官。驻防无将军、副都统处，则设城守尉管理；城守尉虽系三品，其职与副都统相等，且又独驻一城办事，亦在大臣之列。① 驻防八旗副都统以下有协领、佐领、防御、骁骑校诸职，逐级掌管平时官兵训练、教阅和旗营诸事务。此外，直属于将军或副都统衙门的有左右两司，分别负责办事官员升补、调任、旗兵编制、训练（相当于兵、刑、工三部）和官兵粮食、户口、马乾、武器及其抚恤（相当于吏、户、礼三部）等诸事务。各司以协领官一员领之，并设笔贴式数员，协助办理日常公牍事务。各八旗驻防还自雍正六年（1728）起都增设了旗民理事同知一职，专管硝磺、铅弹、八旗官兵米石及旗民交涉事件，是负责后勤、旗政方面的长官。② 在康熙中期以前，由于全国局势未稳，战事频仍，所以驻防将军在地方上享有最尊贵的地位。然而随着时间的推移，驻防将军所需管理之事比地方督抚要少而简单，这样旗人中较为干练者往往被任命为督抚，而将军、副都统中年老无能之辈则开始增多。这一现象自雍正朝从各直省开始蔓延后，以致康熙时驻防将军职权高于督抚的情况出现逆转，变为将军而兼任巡抚或委以总督之任反成一种重用。在18世纪，绿营归总督节制，驻防将军没有直接统率绿营之权，但清廷最后设置的伊犁、成都两个驻防将军，由于驻地

---

① 参详《清高宗纯皇帝实录》卷八百七十八，乾隆三十六年二月，台北华文书局股份有限公司1960—1970年版，第12546页。

② 参见本书第四卷第三章。

战事甫定，以及形势、环境的特殊需要，被赋予部分节制绿营的权力。例如，乾隆四十一年明亮在奏折中就指出："成都将军与他省将军专管满兵不同，其统辖松潘、建昌两镇，及两金川驻扎官弁，实有地方之责。故宜加设军标中副将、都司、守备等，以办理一应绿营文案。"① 然而，这些官职在一般驻防将军属下俱无，只不过成都将军因兼辖绿营而设。

在清初，八旗驻防官兵和绿营均同为镇戍地方的军事武装，均以"防贼"即镇压人民反抗为职责，并在有战争时备调遣。但到康熙中叶以后，八旗驻防官兵便不再负责维持地方治安，而将缉捕罪犯、查拿邪教、禁止赌博、守护衙门、仓库、监狱等一切差役，统统交给绿营负责。例如，雍正年间，两江总督查弼纳、浙江巡抚黄叔琳陈奏说："满洲官兵查缉私盐，臣遍察舆情，佥云：兵少，不足以资巡缉；兵多，又恐震骇乡农，且营汛弁兵反得借以推诿，似应停止。"② 这一建议得到雍正帝的采纳，此后在京口等私盐贩运最盛地区也只是由军标下的绿营等监管缉查，不准许八旗驻防插手其间。驻防八旗不参与地方治安，不仅仅是为了缓和民族矛盾，而是主要为了让八旗驻防官兵全力操练，保持武力，不受繁杂事务的干扰。清朝统治者认为，假若责令八旗驻防官兵供应地方差役，一旦有事调遣，反致顾此失彼。其实，八旗驻防不干预民事，退居二线，这并不意味着放手不管，而是形成对地方的一种潜在威慑力量，所谓"无事则拱卫控制，隐然有虎豹在山之势；有事则敌忾同仇，收干城腹心之用"③。可以说，使八旗驻防"弹压地方，其势隐然甚重"④ 是清朝统治者在 18 世纪所遵奉的军事布防原则，它表现了统治者统治艺术的成熟与高明。八旗驻防这种隐而不露的特点，曾使

① 中国第一历史档案馆，朱批奏折民族事务类，乾隆四十一年十月十六日明亮等折。

② 《雍正朱批谕旨》第 7 册，台北文海出版社 1965 年版，第 65 页。

③ 希元、祥亨纂：《荆州驻防八旗志》，辽宁大学出版社 1990 年版，第 3 页。

④ 《清世宗宪皇帝朱批谕旨》卷一百一十四，上海古籍出版社 1987 年版，第 54 页。

当时和后世的许多人有所误解，认为八旗驻防形同虚设，"观之似属无用"，殊不知这正是清廷统治者所要达到的"建威消萌"效果。正如罗尔纲在《绿营兵志》中所指出的那样，"以驻屯来说，八旗则集中驻屯，务求其合；绿营则分散驻屯，务求其分"①，基本上不能"团集训练"②。清朝以少数民族统治全国，一方面不得不用汉人组成的绿营而以汉制汉，另一方面又不能不心有戒意，所以，"化整为散"是清朝统治者对绿营兵所采取的根本性方针政策，其目的在于使团聚一处的八旗京师禁旅和各地驻防能够对绿营以整制散。就绿营制度而言，凡城守分防各营，都分领汛地，遇沿边沿海沿江处所及大道旁，都按段置立墩堡，分驻弁兵，各守汛地，叫作防汛。在 18 世纪，绿营设立汛地，有如下四种功能：缉捕要案、防守驿道、护卫行人、稽察匪类。概括起来，上述绿营四种防汛的作用实际上不外乎镇压社会越轨行为和防护交通两项内容，这和后来我们所熟悉的公安局派出所及防护交通的路警作用相同，均属内政范围，而不是军队的任务，但清代却以绿营来充任，这是把兵政与内政混淆不分的制度。雍、乾间人孙嘉淦说："伏查各省兵制，督、抚、提、镇之标兵，备援剿而不防汛，其副、参、游、守之营兵，则在营者少而在路者多。通计天下守路防汛之兵，不下二十余万。"③ 从孙嘉淦的记载我们可以知道，在 18 世纪，防汛的绿营兵数不下二十余万，约占全国当时绿营兵总数的三分之一。罗尔纲说："汛的组织，它的本身是最简单的，它是从协从营分出来，通常是几十个兵士，由千总、把总带领来驻防汛地，但从整个营制的机构看来，它却是最细密的。"然而，他又说："绿营汛地虽辽阔，每汛兵数不过四五人，但是，其布置却是很周密的。"④ 我们比较罗尔纲两处的论述，发现其对每汛兵数的

---

① 罗尔纲：《绿营兵志》，中华书局 1984 年版，第 6 页。

② 罗尔纲：《绿营兵志》，中华书局 1984 年版，第 269 页。

③ 孙嘉淦：《汛兵授田疏》，贺长龄辑：《皇朝经世文编》卷七十二，兵政三、屯饷，沈云龙主编：《近代中国史料丛刊》第七十四辑，731，台北文海出版社1972 年版，第 2614 页。

④ 罗尔纲：《绿营兵志》，中华书局 1984 年版，第 216、268 页。

说法是自相矛盾的，一处说几十人，一处却又说不过四五人。究其实际，罗尔纲在后一处所依据的湖北德安营和荆门营的史料已说得很清楚：德安营共安塘六十六处，汛兵二百九十四名。这恰如罗尔纲所说"每处汛兵，不过四人或五人"，但我们不能由此得出结论说"每汛兵数不过四五人"，因为这里的"每处"应该是以"塘"为计算单位。具体说，应该是"每塘兵数不过四五人"。因为塘是汛兵设卡守望的地方，它和汛兵的不同之处在于，设塘兵的主要任务除了稽察奸匪、护送行旅外，还要护送公文，而且塘只安目兵，也不由千把总带领，所谓设弁带兵曰汛，仅安兵者曰塘，说的就是这个意思。连横对于塘汛的设置及其任务解析或许对于我们的认识颇有裨益。他曾经非常明确地指出："设弁驻兵谓之汛，拨兵分守谓之塘。汛防之设，所以保地方，而塘兵并以传军书，是为绿营之制。"① 我们可以从台湾大目降汛略窥一斑。该汛有防兵一百人，内分莺松塘目兵十名、小桥塘目兵五名、菜园头塘目兵五名、大桥头塘目兵六名、鲫鱼潭目兵五名、洲仔尾塘目兵十四名、土地庙塘目兵五名。② 绿营防汛制度构成星罗棋布般的网络，一直深入到偏僻的地区，对社会治安确实产生了奇功巨效。③

二、班兵制度

18 世纪，与驻防制度相称的是班兵制度。其实，驻防八旗最初也颇类似班兵，因为清初原定到各地镇守的满洲储备旗定期调换，一般旗兵都不带家眷。以西安为例，清政府几次派兵到西安及其附近驻扎，于是有清一代人称八旗驻防西安为"五千营头"。"五千营头"是指五千名旗兵，也称马甲，这五千个马甲不都是满洲八旗，其中包括满洲八旗

---

① 连横：《台湾通史》上册，商务印书馆 1983 年版，第 231 页。
② 陈文达纂：《台湾县志》卷四，武备志，台湾历史文献丛刊，台湾省文献委员会 1993 年版，第 109 页。相关研究可以参考许毓良：《清代台湾的海防》，社会科学文献出版社 2003 年版，附录，表 2 - 6，一府三县时期台湾防卫据点表。
③ 可以参详楢木野宣「清代における城市郷村の治安維持について—绿旗兵营汛の任务と府州県・保甲との関係」『史潮』第 49 号、1953 年。

三千五百八十六人、蒙古八旗一千四百四十四名，均独身前往驻地。后来由于长期定居西安，有妻有子的就把自己的家属陆续接来，到乾隆年间增派旗兵的情形就与往昔判然不同，那时旗兵都是和家属同来的。① 不过，清代班兵制度的正式确定应该说是始于康熙二十三年（1684）。是时，清廷统一台湾，经过施琅的筹划，决定沿用明朝戍边政策，命令福建水陆各营兵抽调戍台，三年一换，谓之班兵。许雪姬在《清代台湾的绿营》中说：台湾班兵"在清廷的军事制度中是首度采用的，以后如雍正五年（1727），以山、陕、甘、江之壮健者移驻绿营积弱的浙江；或于乾隆十六年（1751）以安、甘、凉、肃四提镇营分遣将弁二十余、兵二千往驻哈密，二年一换，四月、八月更其半数，使新旧相间，便于教练；乾隆五十七年（1792）设立科布多、乌里雅苏台的换防屯田兵丁，由直隶、山西酌拨，五年一换。这些以外省兵换防边区，数年一易的制度，通称为班兵制"②。在18世纪，除台湾地区外，清廷实行班兵制的另外两个重要地区分别是新疆和西藏。清代新疆的班兵制系随着清代军事力量的延伸而产生和发展起来的，自乾隆十六年由东部的哈密为根据地，开始逐渐向北、向西推进，至乾隆二十四年收复全疆而遍行于南北两路，后来东、北两路改为驻防兵制，而南路的回疆和北路的塔尔巴哈台仍维持班兵制度。③ 清廷之所以在人口稀少、地处边徼的新疆北路和通往内地交通孔道的东路实行携眷永驻的驻防兵制，而在人口密集的南路实行更番轮戍、依年限替的班兵制，这是有其深刻的历史根源的。正如罗运治所说："清朝以东北少数民族入主中原，其立国政策重在民族隔离，特别是分离汉民族与其他边疆民族间之往来，以避免民族团结反抗清廷，清朝在新疆的统治政策亦复如此，汉回的隔离政

① 中国社会科学院民族研究所、辽宁少数民族社会历史调查组：《满族社会历史调查报告》第7辑，1963年，第139页。
② 许雪姬：《清代台湾的绿营》，台北"中央研究院"近代史研究所专刊（54），台北"中央研究院"近代史研究所1987年版，第260页。
③ 参详小沼孝博「換防兵制導入からみた清朝のカシュガリア支配」『社会文化史学』第41号，2000年。

策自然就成其施政重要的一环。当乾隆廿二年平准噶尔部时，残留人口甚少。其时北疆地广人稀，从国防上言亟待移民实边驻守重兵，故采行驻防兵制携眷永驻，可说是适应客观环境的需要。相反的清朝于乾隆廿四年平定回疆时，由于回部甚多望风降附且少抵抗，所以牺牲较少人口仍多。高宗为了执行民族隔离政策，则在回疆采用只身限年调防的换防兵制。此外调防兵制尚有：保障回人生活、维护回部传统、避免骚扰回人等安抚怀柔之作用在内。"① 我们认为，乾隆时期统治新疆的政策在国防军事方面有两个要点：一是设置军府"以军统政"，一是根据新疆南北两路的地理条件和战略形势而"以北制南"。因为北疆地势较高，由北疆入南疆易而南疆入北疆难，历史上通常都是北可制南而南不能制北，所以乾隆帝为了有效地分配军力，不仅布重兵于北疆，而且采取战斗力较强的驻防兵制，与此相反则在南疆部署较少并仅驻防班兵而已。不可否认，班兵制度在军事上有其特有的优点，诸如易于指挥调动、避免尾大不掉、劳役平均、机会均等，对于一些环境恶劣、兵士视为畏途的军事据点的驻守比较适宜。西藏驻防之制实行班满更换，即与西藏地区自然条件艰苦有很大关系。

　　与驻防兵制相比较，班兵制优点是显而易见的，但缺点亦彰彰甚明，18 世纪人们对班兵制的异议一直不绝如缕。从军事指挥的角度来看，班兵制确属较易钤制指挥的兵制，不像驻防兵制那样容易造成尾大不掉的弊病。尤其须要指出的是，清朝在 18 世纪驻防兵制走向衰落的一个根本原因，即在于一种建立在任人唯亲基础上的新的做法得到不可遏制的蔓延。这是因为，驻防官兵久居一处难得流动，营中兵员多有血统上的关系，造成统御领导上的各种困难。清朝入关初期，凭借驻防的建立而打破的佐领内亲族、同里的关系，在驻防已历几代人、时间已历百年之后的乾隆朝，由于驻防本身所固有的封闭性质，社会流动性趋于凝滞，这样必然导致与初衷相违的异化现象，即"亲故相连，友朋相

---

① 罗运治：《清高宗统治新疆政策的探讨》，台北里仁书局 1983 年版，第 88 页。

习，堂属之情谊虽洽，上下之纪纲渐颓"①。班兵制虽然不会出现近亲
繁殖的状况，但换班颇为纷扰，而且费用浩繁。诚然，新疆驻防兵多为
"眷兵"，携家之兵需粮较多，有"三营耕，而四营食"② 之谓，相形
之下班兵制较为省粮，但我们必须看到，班兵制在原则上应于期满时更
换交班，由于驻防与调防地相距颇远，加之当时交通不发达，运兵手段
落后，这样不仅换防官兵劳师动众，消耗体力，而且花费相当庞大，换
防经费远远超过驻防兵制所需费用。中国领土广大，中国人一向有重家
族而轻国家的性格倾向，班兵只身远离家乡，前赴边疆地区换防，多少
具有心存被迫、消极应付的想法；相反，驻防兵所携眷永驻之地，虽然
不是故乡，但他们既然在当地成家立业，那就较容易产生保家卫国的观
念与精神，对操差更能卖力。正是这样，在 18 世纪，新疆南路采取班兵
制，这种出差式、客军式的班兵与当地回人不能往来沟通，使防务无法
扎实生根，导致有清一代回疆常有回乱，不利于军民生死与共筑成捍卫
边疆的坚固长城。驻防兵制有两个构成要件，一是时间上必须永远驻防，
二是人口上必须携眷。正如《西陲要略》所说："驻防者，携眷之兵，
永远驻守。"③ 而班兵既然是要替换非长期的，则携眷一事不仅浪费经
费，且对兵丁造成烦扰，所以班兵在原则上是不准携眷同行的。驻防兵
往往被人们称为"眷兵"。一方面，"眷兵只能各顾各家，势难复事差
操，至调遣（换）防兵无家室之累，随调即可随发，驻防（眷兵）有
内顾之忧，不能多派分援，是驻防实不如换防之得力"④。另一方面，
班兵不携眷也带来一系列社会问题。在台湾，挑选班兵的一个重要条件
是已婚，即是所谓的有身家。清政府认为，班兵有身家，父母妻子皆在

① 徐宗亮：《黑龙江述略》卷三，职官，李兴盛、张杰点校，黑龙江人民出
版社 1985 年版，第 40 页。

② 纪昀：《乌鲁木齐杂诗》，《丛书集成初编》，中华书局 1985 年版，第 6 页。

③ 《西陲要略》卷之三，祁韵士著，李广洁整理：《万里行程记·外五种》，
山西人民出版社 1992 年版，第 175 页。

④ 《清宣宗成皇帝实录》卷二百一十四，道光十二年六月，台北华文书局股
份有限公司 1960—1970 年版，第 3816 页。

内地，这样班兵就不敢为叛，而且在台地乱事爆发时，兵丁无后顾之忧，可以奋力向前，充当清廷弹压地方的得力工具。确实，台湾设立班兵以来，极少发生兵变，这就是因为班兵有家有室在内地而惧遭株连的缘故。从康熙六十一年（1722）起，清政府便下令兵丁不准带家眷到台湾防地。班兵的戍期按规定是三年，但如果遇到交接迟缓，或者遇到沿海事紧不能换班，那么班兵就有可能在台湾一待五六年。由于长期离别妻室，班兵为了寻求慰藉，只好在台包娼，甚至自己开娼馆，或者发生同性恋等变态行为。史载："旧制回疆各城，大小官员均不准挈眷，而伊犁、乌鲁木齐等处驻防旗人，由马兵挑补笔贴式，荐任重事，离家二十余年之久，年力正壮之人，孤身久往，以致奸宿回妇，罔顾廉耻等事。"[1]　在 18 世纪，四川清军中有一条特殊规定，就是允许入藏驻守班兵雇蕃妇服役，以慰远戍者之心。虽然后来有人提出异议，但议论归议论，执行归执行。尽管这一规定是允许班兵雇佣藏族妇女洗衣做饭，但为班兵与藏族妇女同居开了方便之门，以致在鸦片战争后出现许多班兵与藏族妇女的私生子。

　　雍正九年（1731），雍正帝发布谕旨说："驻藏之官弁兵丁等，已经数年，未曾更换，朕心深为轸念。查从前派往之兵，系陕西一千名、四川一千名。今陕西兵丁，现有征剿准噶尔之事，难以派往西藏。四川新募充伍之兵甚多，着提督黄廷桂、巡抚宪德酌量于新旧兵丁内拣选二千名，前往西藏，将从前驻藏之兵换回。其弁员等，自总兵以至千、把，亦应更换。若大员内一时不得职衔相当之人，可拣选干员加衔委署前往。"[2]　在新疆南路换防的满蒙兵来自北疆和吐鲁番，其中以乌鲁木齐最多，次为巴里坤、古城、吐鲁番，再次为伊犁。显然，满蒙班兵兵源偏重于东路地区。不过，满蒙兵在新疆南路班兵总数中所占比重不大，南路班兵系以绿营兵力为主，绿营班兵均系由陕甘各营及乌鲁木齐

　　① 那彦成：《筹划回疆善后事宜奏议》下，马大正、吴丰培主编：《清代新疆稀见奏牍汇编》（道光朝卷），新疆人民出版社 1996 年版，第 24 页。

　　② 《清世宗宪皇帝实录》卷一百零三，雍正九年二月，台北华文书局股份有限公司 1960—1970 年版，第 1550 页。

换防而来。据《清朝文献通考》记载：在新疆南八城，"凡听差侍卫、办事章京、笔贴式等员及满洲营驻防官兵均系三年更换，惟领队侍卫每年带领回城伯克赴京，系一年更换。绿旗营官兵原议亦三年一次换班，三十一年（指乾隆三十一年。——引者注）定为五年更换，惟绿旗营之办差官亦三年更换。其听差各官即于侍卫及驻防前锋校、绿旗营千总把总外委等官内，由驻扎大臣酌量委用"①。我们从史料中看到，哈密、巴里坤、乌鲁木齐等新疆东部地区绿营兵本来是两年或三年一换，但到乾隆三十一年改为五年一换；到乾隆四十三年，哈密、巴里坤、乌鲁木齐、玛纳斯、伊犁等北部及东部的绿营兵，都是永久驻防，但库尔喀喇乌苏、精河、喀喇巴尔噶逊、古城四处仍属五年一换，到乾隆四十五年，仅剩下古城一处仍有班兵制度。《清高宗纯皇帝实录》乾隆五十六年七月戊寅条记载："尚安奏……惟巴里坤镇标古城营有换班之屯兵一百五十名，系由内地肃州镇标各营，派拨出口，五年更换一次。"②《新疆识略》中有一段话常为目前学术界所征引，其原文为："乾隆三十年移驻察哈尔与厄鲁特兵于塔尔巴哈台驻守，翌年（指三十一年。——引者注）将换防兵尽行撤去，由伊犁驻防之满洲、蒙古、锡伯、索伦、察哈尔、厄鲁特内轮流更换。满洲、锡伯二年一换，每年换一半；索伦、察哈尔、厄鲁特一年一换；绿营由陕甘两省换防，五年一换。"③ 吐鲁番地区亦行携眷而换防兵制。这段史料虽然没有明确指出塔尔巴哈台的满蒙兵属于携眷兵，但我们从"吐鲁番地区亦行携眷而换防兵制"一语可以推断由塔尔巴哈台的满蒙兵应同系"携眷换防兵制"，否则"亦行"二字无法解释。塔尔巴哈和吐鲁番均在体系上同属于驻防兵制之内，由于塔尔巴哈台的满蒙兵系从伊犁调事，而伊犁早已实行驻防兵

---

① 《清朝文献通考》卷一百九十一，兵十三，《万有文库》第二集，十通第十种，商务印书馆1936年版，第考6538页。

② 《清高宗纯皇帝实录》卷一千三百八十二，乾隆五十六年七月，台北华文书局股份有限公司1960—1970年版，第20531页。

③ 松筠：《钦定新疆识略》卷五，《中国边疆丛书》第一辑，11，台北文海出版社1966年版，第775—776页。

制，因此塔尔巴哈台的满蒙兵由伊犁携眷来换防也是能够讲得通的。当然，还有一种解释就是：这些满蒙兵家眷仍然安置在伊犁，只是已离开其家乡，也可以称之为"携眷"。但我们认为后一种解释存在缺陷，即换防新疆南路的八旗满蒙兵丁也同样来自伊犁、乌鲁木齐，在伊犁、乌鲁木齐等地时，他们在那里也属于携眷永驻的驻防兵，为何他们换防南疆却不称之为"携眷而换防兵制"，唯独塔尔巴哈台和吐鲁番地区称"携眷换防兵制"呢?①

　　由于绿营制度是兵事与内政不分的，所以绿营征调不得不采用抽调的方式。台湾班兵也是沿用这种方式抽调组成的。大体上，台湾水师协、澎湖水师协、北路淡水营的水师，都由闽省水师提标、金门、海坛、南澳、闽安、烽火、铜山营制调而来，而陆路兵则由督标、陆路提标、福宁、长福、闽安、罗源等营抽拔而来。被挑选为台地的戍兵，需由营弁造清册三本，内容包括士兵的年貌、籍贯，并注明该兵的特征，如疤痣、箕斗等，一本存原营以待回营后点验，一本交厦门总兵官覆

---

① 罗运治《清高宗统治新疆政策的探讨》关于新疆班兵制度的论述基本上源自林恩显《清朝在新疆的汉回隔离政策》。林恩显于 1977 年在台湾政大边政研究所年报第 11 期上发表的《清代新疆换防兵制之研究》是目前这一专题的唯一论文，笔者未曾寓目，但《清朝在新疆的汉回隔离政策》几乎原文转用了该论文。罗运治《清高宗统治新疆政策的探讨》第 78 页说："吐鲁番之所以行换防兵制，其一乃是吐鲁番地处南疆，回民较众，驻防制兵员较众且时间长，易生事端。其二乃是古城和吐鲁番，自古以来即北疆和南疆的重镇，古城地位较高，居高临下，易于控制吐鲁番，既古城行驻防兵制，故在吐鲁番行换防兵制。"但该书第 91 页又说："南路回疆及东路古城所推行之屯缺五年，防缺三年，及伊犁换防至回疆旗兵二年班满的换防时间，至乾隆末年，大致没有什么变更。"这两段话彼此牴牾，其中有一个中间环节似乎未解释清楚。另，南疆旗兵换班时间为二年班满这一说令人不可思议。定宜庄在 1991 年第 2 期《中国边疆史地研究》发表的论文中说：南疆旗兵"皆从乌鲁木齐换防。此项兵丁非尽驻扎本城，兼有台站卡座差遣，均为骑兵，初议三年一班，后改为五年，各设办事、领队大臣"。这显系将绿营换班时间混淆为八旗兵丁，当误。方英楷《新疆屯垦史》中这样写道："换防军，是定期轮班防守的军队。官兵不能随带家属。例如，塔尔巴哈台、吐鲁番和南疆各城的清军，都属换防军，一般三至五年换防一次。"（方英楷：《新疆屯垦史》，新疆青少年出版社1989 年版，第 544 页。）由此可见，诸说纷呈，有待廓清。

验，一本交台湾验明收伍。清册造妥后，报呈闽浙总督及水师提督，凡由省赴厦门集结的兵丁，经过福州者，先经闽浙总督衙门点验后才到厦门，到厦门后再经水师提督点验；而不经福州者，则由水师提督验看，在配船出口时，再由水师中军参将和厦门同知亲自点验，然后押令登舟出口。由于水师提督在点验水师兵丁时难免有回护将就之处，而陆路官兵则因非水师提督管辖而对督催开渡等事力不从心，致使班兵不能按时如数渡台，所以福康安等人在林爽文事件平定后，决定采取如下措施：以驻扎泉州、离厦门地方不远的陆路提督来点验水兵，而陆路兵丁则仍归水师提督验看，如果发现人才不济，立时驳回原营换拨，并各催其所属兵丁按期渡海以收宏效。不过，这种方式也存在难以实施的问题，因为台地的班兵辘轳更换，陆路提督不能长驻厦门点验水师兵，而水师提督亦负有巡防之责，必须出洋。来台的班兵原先是在澎湖点验的。清初台闽之间的航线以厦门渡鹿耳门为正途，这条航线以澎湖为中点，故而在澎点验的优点在于当班兵不符资格时遣回较为方便，但另一方面，在澎点验迁延时日，万一风涛突起，在澎候风更为危险，所以闽浙总督杨应琚等人于乾隆二十三年（1758）请准赴台班兵由厦直配到台，交与台镇收伍，而不必停在澎湖，由澎湖水师副将挂验。班兵渡台，不仅要考虑到内地的防戍情形，更要哨船运送及千把总的护送，如果一时驻台班兵全换，不仅哨船不敷使用，无法配渡万余名军队同时到台，而且容易造成台湾和内地防务的真空状态，所以必需分起轮换。此外，台闽之间风汛靡常，并非一年十二个月都适合航行，稍有不慎就可能使配渡班兵化作波臣。

第四节　清军在 18 世纪开始趋于衰微的历史原因

应该说，清朝统治者在 18 世纪是非常重视军队建设的。《周易·师第七》云："师出以律。"[①] 早在崇德三年（1638），清廷就颁布军律。

---

① 徐子宏译注：《周易全译》，贵州人民出版社 1991 年版，第 47 页。

此军律的全文见于满文崇德三年档，也见于《清太宗文皇帝实录》卷四十三，而北京图书馆善本部在清理蒙文古籍时也发现了相应的蒙文刊本。《清史研究通讯》1987 年第 1 期发表的由梁焰点校的《军令》是雍正年间的产物。乾隆四十九年（1784），清政府又颁发《行军简明纪律》十条，企图让官兵知道与其伏法于误事之后、不如捐躯于临事之时的道理，牢固树立死敌者荣、死法者辱的观念，并在军队中进行广泛的宣传、考试，要求各级组织认真贯彻执行。在 18 世纪，清政府敕纂、刊行《八旗通志初集》和《八旗通志续集》，并相继编修了《福州驻防志》等书。我国学者往往就事论事，认为修史编志是为了保存历史资料，似乎是右文稽古的风雅之事。但笔者认为，这属于"武事"的范围，而不属于"文事"的范围。清政府之所以汲汲于编修这些历史文献，是因为当时八旗有不能保持入关之前淳朴风尚的倾向，清政府企图通过编修史志让旗兵牢记八旗的战斗历史，增强八旗的凝聚力，激励八旗官兵踵武前辈，为巩固和保卫大清江山尽忠尽职。雍正帝由于统治集团内部矛盾不敢离开京城出塞讲武，曾说："朕之不往，乃朕不及皇考①之处，朕自知之。盖以朕之兄弟阿其那、塞思黑等密结匪党，潜蓄邪谋，遇事生波，心怀叵测，朕实有防范之心，不便远临边塞，此朕不及皇考者也。"② 但乾隆帝在乾隆六年（1741）决定举行他即位后首次木兰秋狝时却说："皇祖每年出口行围，于军伍最为有益，而纪纲整饬，政事悉举，原与在京无异。至巡行口外，按历蒙古诸藩，加之恩意，因以寓怀远之略，所关甚巨。皇考因两路出兵，现有征发，是以暂停围猎，若在撤兵之后，亦必举行。况今升平日久，弓马渐不如前。人情狃于安逸，亦不可不加振厉。朕之降旨行围，所以遵循祖制，整饬戎兵，怀柔属国，非驰骋畋游之谓。"③ 乾隆帝声称通过木兰秋狝保持八旗军

---

① 指康熙帝。

② 中国第一历史档案馆藏《雍正起居注》，雍正四年十月初二日第三谕，胶片 16。这在《清世宗宪皇帝实录》卷四十九的相同谕旨中已经被删削，显然纂修实录者认为此言过于露骨，有损世宗形象。

③ 《清高宗纯皇帝实录》卷一百三十六，乾隆六年二月，台北华文书局股份有限公司 1960—1970 年版，第 2030 页。

队战斗力自然是实际情况，但他将雍正帝不出塞讲武的原因任意文饰，足见其虚伪。在18世纪，除了雍正帝不敢出京城以外，康熙帝和乾隆帝都出塞讲武行围。这一点已为学术界有目共睹，毋庸赘言。不过学术界在注意到康、乾二帝北狩的同时往往忽略了这两位君主南巡与

木兰图卷·合围

清军建设的关系。康熙帝和乾隆帝多次南巡，慰问、视察杭州等地八旗驻军，勉励八旗将士刻苦训练，对这些地区的部队建设予以高度重视。①

清朝军队建设在18世纪有一个颇值得注意的现象，即在驻防汉军出旗的同时大量八旗官兵拨入绿营。雍正帝曾经这样设想："自定鼎以来，满洲户口孳生日渐繁衍，将来若至敷用时，省省皆有驻防满兵，方为全美。"② 在清初，清廷虽将数十万明朝降卒收编为绿营，但对绿营不敢过分依恃，而汉军八旗一则熟悉汉地的风土人情、地形大势，一则大多系在辽东即已归顺清廷的"关东旧部"，故而当时各省驻防出征都多用汉军。随着"八旗生计"问题日益严重，满族统治者为确保他们认为最可靠的那部分人的生计，便采取舍卒保车的策略，决定将其他成分排除出去。从另外一个角度看，清廷对绿营不信任，对绿营的战斗力

① 参见本书第二卷第十章第三节。

② 《清世宗宪皇帝朱批谕旨》卷一百一十四，上海古籍出版社1987年版，第54页。

评价较低，因此企图通过八旗官兵拨入绿营的办法来加强对绿营的控制，以八旗兵作为绿营的表率和骨干。在以"骑射作表率"的口号下，从乾隆元年（1736）开始，清廷规定"自山海关至杀虎口、保德州并古北、宣化、大同所属地方，均属沿边要地，副、参、游、都、守等官，以三分留与绿旗补用，七分给与旗员对品补用"①，并在此之后陆续把这种八旗和绿营两家分用绿营官缺的制度推行到紧要地区、腹地、滨海和山区等地。从我们接触到的资料来看，八旗汉军拨入绿营当兵，较早的事例可见于康熙五十二年（1713）。如果说乾隆帝即位之前八旗官兵拨入绿营还主要是一种主动的选择，那么乾隆帝即位之后，八旗官兵拨入绿营则完全是因形禁势格而不得已的被动应对，并且在拨入绿营的同时因时制宜地消除了此间绝大部分人的旗籍。在主观动机上，清政府统治者是想保持军队战斗力，维护自己的统治。在客观效果上，可从以下三方面分析：第一，解决京旗生计问题效果有限。因汉军出旗所空出的驻防额缺，均从京师派遣满兵前往充补，居住京城繁华之都已累数世的满洲兵丁恋栈京师，不愿前往。第二，驻防旗人受益，但驻防八旗战斗力下降。汉军出旗后，驻防旗人可以有较多机会补缺。但是，从京调遣满洲兵丁困难，驻防八旗出现长期兵额空悬的现象，影响防务。此外，一方面，从京旗派遣的兵丁被视为一种事实上的惩罚，有权有势、家境充裕者，或在佐领内安分守己者，一般都不会被遣派的，"派往驻防兵丁等，本非安静守分之人"②，"多属喜事之徒"③，到防地后难以管束而滋事生非；另一方面，广州等地"京旗实难抽拨"，亦未便再行奏请，于是挑补甲缺未免迁就，出现兵丁素质下降的趋势。第三，绿营更形衰弱。八旗官兵拨入绿营且不说能否对绿营起到表率作用，这种举措本身就足以在绿营兵丁心理上产生严重的挫折感和屈辱感。况且，八

---

① 《清高宗纯皇帝实录》卷三十二，乾隆元年十二月，台北华文书局股份有限公司 1960—1970 年版，第 672 页。

② 《清高宗纯皇帝实录》卷四百八十九，乾隆二十年五月，台北华文书局股份有限公司 1960—1970 年版，第 7115 页。

③ 《清高宗纯皇帝实录》卷四百八十九，乾隆二十年五月，台北华文书局股份有限公司 1960—1970 年版，第 7116 页。

旗官兵进入绿营充伍后并没有起到表率作用。雍正帝有鉴于此，曾下令规限这种八旗进入绿营的潮流；而乾隆帝也曾感慨这些改拨绿营的八旗官员"尚何足为绿营标准乎"①，但八旗生计问题已使这股旗人进入绿营的潮流不可阻遏，使绿营兵丁付出了巨大代价。早在雍正年间，广州将军柏之蕃就奏称："绿旗兵内祖父食粮年久者，其缺既令汉军顶补，则伊等子并不得食粮，未免衣食无资。"② 由于八旗官兵的不断涌入，绿营的升迁之路受到影响，绿营内余丁考补营兵也变得更为不易。总之，驻防汉军出旗和八旗官兵改拨绿营在客观上对清朝军队建设弊大于利。

学术界对清朝前期军队建设的演变历史的传统观点是："清军队中的八旗兵，曾是清入关和进行征服统治所依靠的主要力量。但随着清在全国统治的巩固，旗人也就日益腐化。乾隆时，八旗已经成为一个社会典型的寄生集团，在腐朽的生活中完全失去其原有的战斗力。康熙帝平定三藩叛乱时，八旗就已经显示出腐败无能了。雍正乾隆时期的对外征服战争中，主要军事力量，不是八旗兵而是绿营兵。乾隆中叶以后，绿营兵也因腐

乾隆大阅图

① 《清高宗纯皇帝实录》卷九百七十一，乾隆三十九年十一月，台北华文书局股份有限公司1960—1970年版，第14257页。亦见《清会典事例》卷六百二十三，兵部，绿营处分例，守卫，营伍，中华书局1991年版，第7册，第1071页。
② 广州市地方志编纂委员会办公室编：《清实录广东史料》第1册，广东省地图出版社1995年版，第320页。

朽而纪律废弛，失去了他作为清统治工具的作用，而不得不依靠地方汉族地主组织的乡勇。"① 但学术界对此种传统观点也存在不同意见。台湾学者赖福顺就说："清高宗'十全武功'中历次派兵遣将，挞伐敌寇，参与斯役之军队种类不少，一般称为八旗、绿营、蒙古（旗）兵、回兵、藏兵、屯土番练兵等。大体而言，在这十次重大战役中足称为骁勇善战者首推八旗，次为屯土番练兵、蒙古兵，再依次为绿营、藏兵，至于回兵仅二百名奔驰于疆场上，尚看不出端倪。八旗兵以驻地而言，可分为京营、驻防，其中以京营之京兵与东三省驻防兵最为勇猛，'十全武功'中共参与八次，仅安南、第一次廓尔喀之役，迅速完结，未曾征调远征，其余所有参与之战役中，无不奋勇杀敌，高宗倚为国家支柱，开疆拓土，立功厥伟。然近人每涉及清朝军事，惯有一既定模式，即清初八旗兵力强盛，至康熙三藩之乱而衰颓，此后清廷均仰赖绿营，迨洪杨事起，又转用乡练。此姑不论清朝于高宗前后之军力，仅以清代臻至全盛之高宗时代而言，八旗兵力甚为强盛，论兵则有索伦、达呼尔等之东三省兵及健锐、火器营之京兵，论将则有兆惠、富德、明瑞、阿桂、海兰察等勇谋俱全之将帅，然难免有如攻大金川之讷亲，库车围城之雅尔哈善，及木果木败亡之温福者流，惟究属少数。高宗深知每逢战役均须派遣八旗满兵，作绿营表率，不唯如此，当时统兵将领亦有满兵与绿营优劣之认知，连敌方亦有此项记载。至此事理已明，八旗兵力在高宗时代重新恢复骁勇善战之气势，御敌拒寇，夺得多次战争之胜利；而绿营却表现平平，不尽如人意，不似三藩之乱时之奋勇矣。窥知史实，诚不容吾人再持续认为高宗时代以绿营代替八旗之说法。"②

　　战斗力由人、武器和人与武器的社会组合方式三个要素构成，它是军队这一特殊社会集团在战争实践中所表现出来的主体能力，但这种客

　　① 莫东寅：《满族史论丛》，人民出版社 1958 年版，第 114 页。

　　② 赖福顺：《乾隆重要战争之军需研究》，台北"故宫博物院"1984 年版，第 434 页。陈康祺《郎潜纪闻初笔》卷一"八旗驻防将帅功绩"一条的论点与前揭赖氏之说比较相似，也认为在乾隆时期，"旗兵勋伐，亦炳炳在绿营上。嘉道以后，威望稍损矣"。陈康祺：《郎潜纪闻初笔二笔三笔》，晋石点校，清代史料笔记丛刊，中华书局 1984 年版，第 8 页。

观存在的主体能力受自然、地理条件的差异和其他偶然因素的影响，其发挥程度不尽相同，所以我们这里谈论八旗在平定三藩之役和十全武功时期战斗力大小时，若不经过数量分析便轻率地下结论，似乎有失科学性。不过可以肯定的是，乾隆帝组建健锐营是极为英明的决策。史载，京旗外三营除了圆明园为驻守外，火器、健锐二营有意识地被安置于郊区，从而形成 18 世纪令人注目的"香山旗营"，目的即在于"令其远屯郊圻，不近繁华"①。这对乾隆时期京旗能够在历次战争中有不俗的表现关系极大。此外，在 18 世纪，清政府把达斡尔（daur，历史上曾译为"达呼尔""达瑚尔"）人、索伦（今鄂温克族）人、席北（即今锡伯族，清代文献又写作西北、席百）人、瓜勒察（又写作卦尔察）人、赫哲（又写作"黑斤""黑津"）人、鄂伦春人纳入"大满洲"而成为其中组成成员，称为"伊车满洲"（满语 ice manju，译成汉语为"新满洲"），与"佛满洲"（满语 fe manju，汉译"旧满洲"的意思）②相对称。清政府在使这些少数民族编佐领隶旗籍后，采取以旧满洲兵训练新满洲兵、以入旗时间长的新满洲兵帮助刚入旗的新满洲兵的滚动式办法，使之成为"往往能勇猛敢战，取翠领珊顶及巴图鲁名号如寄"的劲旅。③ 正是这样，尽管八旗官兵早在平三藩战役中就已无上佳表现，但直到乾隆朝的历次征战，八旗兵力仍不可轻视，原因即在于清廷手中还握着这样一支边疆少数民族组成的强悍的后备军。这些基本上不靠国家兵饷为生的旗丁，源源不断地被用来补充、替代内省日渐衰败的旗兵，使整个八旗的战斗力延续了相当长的时期。正如昭梿所说："国家挞伐四夷，开辟新疆二万余里，南驱缅夷，西翦金川，唯赖索伦轻健之师，风飙电击，耐苦习劳，难撄其锐。"④ 应该说，清政府在 18 世纪

---

① 昭梿：《啸亭杂录》，何英芳点校，中华书局 1980 年版，第 526 页。

② 参见商鸿逵、刘景宪、季永海、徐凯编著：《清史满语辞典》，上海古籍出版社 1990 年版，第 83、217 页。

③ 西清：《黑龙江外记》卷三，光绪二十年刊本，页九。亦见李兴盛等主编：《黑水郭氏世系录（外十四种）》，黑龙江乡土录，黑龙江人民出版社 2003 年版，第409 页。刘锦藻：《皇朝续文献通考》卷二百零八，《续修四库全书》编纂委员会编：《续修四库全书》818，史部·政书类，上海古籍出版社 1996 年版，第 406 页。

④ 昭梿：《啸亭杂录》，何英芳点校，中华书局 1980 年版，第 281—282 页。

加强对东北地区驻防的控制和整饬，使东北作为大后方备有一支随时可用于调遣的劲旅，这是一项颇为成功的措施。但是，这支力量是建立在边疆地区落后的生产方式的基础之上的，为了保持这种野战军的战斗力，清廷必须保障其生计，奉行"封禁"政策，以免汉人出关垦荒侵占旗地，威胁少数民族的生存环境，但从长远来看，它导致了东北地区经济落后，防务空虚，最终造成了边疆武力的衰败。

对于清朝军队衰落的原因，郑天挺指出："清代的军队主要用在防范人民方面，这一点从清朝统治者所规定的军队任务上，也可得到说明。如侍卫亲军的'宿卫扈从'（《会典》卷八二，页一），八旗步军的'守卫巡警'（《会典》卷八七，页五七），绿营的'慎巡守，备征调'（《会典》卷四二，页二），京营的'稽查巡缉'（《会典事例》卷五四六，页一），全是其例，军队用途既然不放在捍御外侮保卫人民上，训练自然成虚文，因之兵丁也就成为不生产、不训练、迫害人民的暴力工具，清代军队窳败的根源就在于此。这一点也正说明阶级社会的武装部队的本质。"[1] 尽管在今天时髦的新名词令人目不暇接，但郑天挺当年用马克思主义阶级分析的方法，解释清朝军队衰落的原因却并未过时。当然，郑天挺只是给我们提供了一个原则性的解释，而具体的原因尚有待我们进一步分析。台湾学者罗云的观点也是颇有见地的。他说："18世纪，为世界变动最大的时候，在中国由于清代康熙雍正乾隆三朝时值盛势，昧于世界大势，而坐失改革之机，影响其三百年之国势，清代于军事，可以用两句话来说明，即初好武功而不知建军，最后则政治腐败而不能建军。"[2] 在罗云看来，康、雍、乾三朝所有之经略武功，仍以绿营为主，是故清代开疆拓土实为汉人之力。其时国家将所有收入，尽以养兵，惜乎此种"养兵"并非"建军"。康雍乾盛世时期的武功是否以绿营为主，我们认为有待商榷，但应该看到，清朝作为少数民族入统地大人众之中原，其高明之处即善于编组占领地的丁壮成军，不仅沿汉制"以夷制夷"而反其道行之，采取以汉人治汉人的策略，利用绿营

---

[1]　郑天挺：《探微集》，中华书局1980年版，第177页。
[2]　罗云编著：《细说清代国防》，台北祥云出版社1987年版，第41页。

军进行统治，而且在旧满洲衰落时，利用索伦兵英勇善战而吸收入新鲜血液，延缓了八旗衰退的进程，这种联合各民族中一切可用的力量为己所用的做法，正符合孙子"车杂而乘之，卒善而养之，是谓胜敌而益强"①的军事学原理。必须指出，罗云在这里指出"养兵"与"建军"二者不可混淆是十分正确的。不唯如此，我们认为"整军"与"建军"也存在一定区别。清朝在18世纪的军队建设在很大程度上仅可称为"整军"，而无"建军"的新精神，有学者论及绿营兵的衰落往往将原因归结为军营中领吃空额的弊病十分普遍，造成"册上有兵，伍内无兵；纸上有饷，军内无饷"②的现象，以至于"临阵十不得七"③，求其精锐者"不得一半之用"④，严重削弱了绿营的战斗能力。这种归因自然无可厚非，但我们发现在18世纪的西方军队中也同样存在这种现象。例如，М. Г. 布拉金（Михаил Григорьевич Брагин）说："军队的基本编制单位是团。一个团完全由团长指挥，而无任何监督。团长把士兵看做是自己的奴隶，不是教他们学习军事，而是把他们派到自己的领地去做工。最精明的团长是把士兵派去做临时工，而把他们的劳动所得装入私囊。各团都有许多'死魂灵'——已死亡的士兵。团长用他们的名额继续从国库中捞取钱财。"⑤

————————

① 《孙子兵法·作战篇》，中国人民解放军军事科学院战争理论研究部《孙子》注释小组：《孙子兵法新注》，中华书局2008年版，第14页。

② 引自王庆云：《石渠余纪》卷二，"纪列朝各省兵数附论"，笔记小说大观四十三编，第7册，台北新兴书局有限公司1986年版，第77页。语出赵申乔《虚名冒饷疏》，康熙五十一年，贺长龄辑：《皇朝经世文编》卷七十，兵政一，兵政上，沈云龙主编：《近代中国史料丛刊》第七十四辑，731，台北文海出版社1972年版，第2561页。

③ 勒德洪等撰：《平定三逆方略》卷三十九，康熙十七年七月，见纪昀等编纂：《景印文渊阁四库全书》第三五四册，史部，112，纪事本末类，台北商务印书馆1983年版，第275页。

④ 魏源：《军储篇一》，盛康辑：《皇朝经世文编续编》卷二十九，户政一，理财上，沈云龙主编：《近代中国史料丛刊》第八十五辑，831—849，台北文海出版社1972年版，第3037页。

⑤ М. Г. 布拉金：《库图佐夫》，唐安印等译，解放军出版社1982年版，第24页。

另外，有的学者又从清政府"以文制武"政策分析绿营兵衰落的原因，认为清廷让各地方的文职官员——总督和巡抚兼任军事统帅，牵制武职官员——提督、总兵的行动，形成架屋叠床的重复设置，上下层次过多，效率减低，各军队机构忙于文牍，穷于应付上级，妨碍了军队的本职工作。事实上，总督、巡抚虽然有对提督、总兵的查察权，但却没有嘉奖权、处分权和铨选权，故未能实操统驭之纲，然而由于首先向中央负责任的是督抚，提督的主动督饬军伍就转而成为被动的听候督饬，上不推，下不动，提、镇因无督、抚的督饬也懒于从事军务，又转而下托上靠，最终造成武备废弛，军旅不振。我们认为，清廷在18世纪的确未能对督抚提镇等文武官员进行恰当的"定位"，对其行为规范进行恰当的"定轨"，对其行为后果进行恰当的"定责"，对绿营兵的衰落确实存在影响，但我们发现在同时期的西方国家也存在"以文制武"的现象。尤其在美国，文官治军是军事思想的核心、军事体制的基础。由议会控制军队和制定军事政策，由民选文职官员实际领导和指挥军队，这是北美殖民地时期即已确立的一个重要传统。1787年《联邦宪法》（*The Constitution of the United States of America*）为了防止军人干预政治、军人政变乃至军事独裁，又从法律上规定了文官治军的原则。众所周知，没有差异的共性，只是人们运用抽象思维能力一再过滤的结果，我们从事历史研究并非仅仅满足于获取一些常识性的认识，有时候揭示事物的特殊性更为重要。清朝军队走向衰落是多种因素复合作用的产物，任何历史单因归论当就不免有失片面，而且可能将一些不甚重要的因素放大而视之为根本原因。基于此，我们认为制度的功能分析对我们研究这一问题大有裨益。下面，我们分别就八旗和绿营衰落的原因略陈管见。

一、八旗衰落的原因

台湾学者田震亚在《中国近代军事思想》一书中这样写道："在古代，中国一向认为理想的军事制度，乃是兵农合一或寓兵于农。在这种制度下，每一农民或一部分选定的农民，在其一生中，一定要服军中一次。遇到战时，必须应征服役，为国效力。然而自秦汉以来，几乎没有任何朝代曾始终贯彻此一制度。一般而言，仅少数几个朝代像汉、唐两朝，在初兴时有效推行，一俟国家安定和平，统治者多半不再注意，任其荒废。不下数代，即腐败而归无用。满人未入关前之八旗兵制，以部落为单位，所有部落中之男士，几乎人人皆兵，多少有似中国古代的兵农合一。但入关后，旗人即成特权阶级，旗兵又是世袭。其腐化败坏之快，较之古代各朝之兵制，犹有过之。因此旗兵之制虽存，但在世袭之下，经过数代之后，早成了社会的寄生虫，完全丧失了军队的战斗精神，不能作战。"① 首先，我们不同意八旗腐化极快的说法，其理由前面已有论述。其次，台湾学者在这里把兵农合一似乎看成是导致八旗腐化的根本原因，更不能为我们所接受。在 18 世纪，清廷将"国语骑射"政策置于极其重要的地位。在许多情况下，统治者反复强调的内容往往是社会基层中存在缺陷的弊端最严重的方面。如果这些方面已经尽善尽美了，那么统治者就会自吹自擂而不会三番五次地要下级加强、重视这方面工作了。② 换而言之，正因为入关后满族的"国语骑射"水平严重下降，所以清朝统治者才会把"国语骑射"作为一个口号提出来并加以强调，百计督促，极力挽回颓势。我们认为，清朝统治者尊孔崇儒；另一方面，清朝统治者又反对全盘汉化，力图确保满族的"国语骑射"，这两者很难并行不悖。有人说："二百年间，满人悉归化于汉俗，数百万之众，尽为变相之汉人。"③ 推究其故，"以小量加诸巨量，譬如一杯水对一车薪之火，不特水不胜火，而火犹将胜水，其势然也"④。美国学者费正清也认为，汉族文化犹如巨大的海洋，使坠入其中的八旗军队这支利剑生锈。清代旗人对于汉族人民，怀着一种又自大又自卑的复杂心理。诚如满族词人纳兰性德在《浣溪沙》中所书："有个盈盈骑马过，薄妆浅黛亦风流，见人羞涩却回头。"⑤ 我们对这句话可以作如

---

① 田震亚：《中国近代军事思想》，台北商务印书馆 1992 年版，第 91 页。
② 这就是黄宗智在关于清代法律问题研究中强调的表达与实践的不一致关系。
③ 刘体智：《异辞录》，刘笃龄点校，中华书局 1988 年版，第 232 页。
④ 刘体智：《异辞录》，刘笃龄点校，中华书局 1988 年版，第 232 页。
⑤ 纳兰性德著，王友胜、童向飞注：《纳兰词注》，岳麓书社 2004 年版，第 184 页。

是观：擅骑善射的满族对本民族的习俗、文化特点，既引以为自豪和"风流"，同时亦受中原汉族封建文化的影响，有"羞涩却回头"之态。在仰慕汉族文化的社会风气下，八旗军队轻于军事、争趋文事的现象日益普遍。而清朝统治机构腐败现象像病毒般蔓延的社会大环境也对八旗军队产生了影响。有位外国学者指出：由于获得科举功名的人增多，向社会上层流动的潜力相对削弱，许多有功名的士子要花很多年候补官位。通过合法手段获得官职的困难意味着寻求保护人制度的加强，这导致了分裂主义的增长。另一个结果是，随着社会商业化程度提高，在官员与企冀获得官位者之间赠送礼物具有新的重要性。① 这位外国学者用结构分析的方法，解释了 18 世纪清朝官场腐败现象有增无减的原因。显然，这种日益普遍的腐败现象也不能不对军队产生深刻的影响。

乾隆四十四年（1779），西安驻防满洲子弟，由于世代相传，"在外已百有余年，未免沾染汉人习气"，其突出表现是"软弱"。乾隆帝认为这是由于将军管束过严，"稍有错误，即从重办理，遇斗殴等事，革退钱粮"，兵丁"恐失生计，心存畏惧，自然志气萎靡，流于软弱"。② 这种现象的确是八旗制度本身的问题。其实，八旗制度本身存在的最大的问题是清政府对八旗兵丁采取了全部包下来的政策。清政府为了保持八旗军战斗力，给八旗兵的饷银是比较优厚的。八旗兵的住房由政府用官费建造，一切修缮费用也由政府承担。③ 遇到有婚丧嫁娶的时候，政府还有种种名目的赏银。由此可见，八旗兵丁的衣食住行、各种社会福利津贴均由清政府大包大揽地"包下来"了。这不仅是政府养军队，而且成了政府办社会。一方面，清政府具有一种"超人情结"。八旗兵丁的土地典卖给汉人了，政府出面掏腰包赎回；八旗兵丁

---

① Waley-Cohen Joanna, *Exile in Mid-Qing China: Banishment to Xinjiang, 1758－1820*, New Haven: Yale University Press, 1991, p. 13.

② 俱见《清高宗纯皇帝实录》卷一千零八十三，乾隆四十四年五月，台北华文书局股份有限公司 1960—1970 年版，第 15961、15962 页。

③ 这方面的资料可以参见赵生瑞：《中国清代营房史》，中国建筑工业出版社1999 年版；赵生瑞主编，总后勤部基建营房部、中国第一历史档案馆、辽宁省档案馆编：《中国清代营房史料选辑》，军事科学出版社 2006 年版。

由于生活上讲排场而债台高筑时，政府大笔一挥将积欠的旧债概行豁免，如此等等，不一而足。另一方面，在政府这种"父爱主义"的呵护下，八旗兵丁逐渐形成了一种"依恋情结"，坐、等、靠思想比较严重。这种"包下来"的做法使政府背上了沉重的包袱，而且朝廷惠泽虽频，但兵丁空乏如故。随着物价的上涨，随着八旗人丁的增加，"房地减于从前，人口加有什伯"①，不仅由公家提供的住房开始紧张，人均居住面积减少，而且由于兵有定数，饷有定额，清入关前可以三丁抽一，康熙时为五丁一兵，乾隆时则降为八丁一兵，兵丁比例日趋扩大。"披甲当差"益綦难矣，但这又是八旗子弟唯一的出路。成丁不能顶替他们的父辈而谋到差使，安排不了工作，就没有饷银，这样八旗兵丁的人均家庭抚养系数就增大了，生活水准必然下降。②

①　舒赫德：《八旗开垦边地疏》，乾隆二年，贺长龄辑：《皇朝经世文编》卷三十五，户政十，沈云龙主编：《近代中国史料丛刊》第七十四辑，731，台北文海出版社1972年版，第1264页。

②　赵书《外火器营满族乡镇杂忆》记述的虽然主要是有关晚清的事情，但可以为我们贴近18世纪的历史提供一些佐证。据赵书说，"历史上，外火器营中历代都出了不少鳏寡老人，近代就更多。在清代营房中的人，只要不死，国家总是要养活的，但生活却非常凄惨。我听到过两个孤独老人的故事，一个是一位老养育兵，他虽考上了弓箭，但马甲兵的额数是定死的，没有空额就补不上去，结果一生未娶，一贫如洗，只养了两只小黄狗相依为命。老人去世后，同族人给他出殡，让小黄狗穿上丧服领丧"。赵书的爷爷在当时也每每叹息，赵家每代都出一个没出息的人，考不上弓箭，拿不到钱粮，补不上正式旗兵，只好当一辈子"余兵"。后来虽然有了养育兵，比余兵的钱粮多一点，但是一般也无法成家，只好打一辈子光棍了事。赵书看到自家坟地中有整坟，有孤坟。所谓整坟，就是夫妻合葬，尸骨完整；而孤坟是生前孑然一身，死后也进不了祖坟序列，因此埋在坟地两侧。赵书在回忆录中所讲到的一首名叫"探清水河"的曲子也很能够说明问题。这首小曲描写的是一对名叫奚小六和松大莲的满族青年男女悲惨的爱情故事。奚小六年轻俊美，人称小六哥，得到了松大莲的爱恋。这位小六哥武艺虽好，但是，家里兄弟多，补不上缺，还只是个养育兵。所以，松大莲的父亲松老三反对这门亲事，一怒之下，把怀有身孕的亲生女儿推进了清水河。奚小六十分气愤，变卖了自己那份家产，为松大莲在河边举办了隆重的追悼丧事，以示抗议。这一有关西蓝靛厂外火器营的青年男女恋爱故事正是一个时代的写照。参见赵书：《外火器营满族乡镇杂忆》，中国人民政治协商会议北京市委员会文史资料研究委员会编：《文史资料选编》第42辑，北京出版社1992年版，第194—225页。

　　学术界和一般民众均指责八旗子弟贪图安逸，恃有天庾之供，整日无所事事，泡茶馆，逛戏园，游手好闲，俨然纨绔子弟的形象，使满族这个来自旷野的血性的民族惰于劳作，荒于嬉戏，终于由骑射的文明走向遛鸟唱曲的休闲文明。这种解释八旗腐败的原因是从"本我"好逸恶劳这一人性出发的。但社会结构学派的代表人物涂尔干告诫我们，行为既不是意志，也不是心理本能的功能，而是一种社会的产物。我们不能以一种心理学简化论形式来解释八旗子弟腐化的社会现象，而应该从社会结构的角度加以说明。众所周知，凡旗人生则入档，壮则当兵，上则服官，下则披甲。八旗兵丁在康熙中叶以前都还是"生计颇称丰厚"的，但八旗兵丁的子弟受环境影响，在科举应试方面多不如汉人那样胜任愉快。尽管清廷也曾加意庠序，但并不主张八旗子弟以风雅自命，与文人学士争长，① 而且这不是八旗子弟的长项。在 18 世纪，八旗子弟真正读书走仕途者寥寥无几。在成丁之前既不能披甲当差，又不能读书成才，那么泡茶馆、逛戏园可以说是接受一些通俗文化、填充空虚的精神头脑的合理选择。雍正二年（1724），雍正帝在一道谕旨中充分表现了对八旗人丁增加造成的社会问题感到棘手难办的心理。他说：满洲户口滋盛，余丁繁多，不得披甲之闲散满洲无钱粮，至有窘迫不能养其妻子者。"朕每加悯念，将如何施恩，俾得资生之处，再四筹度，并无长策。若欲增编佐领，恐正项米石不敷。若不给与钱粮养赡，伊等何以聊生？既不能养其家口，何由造就以成其材？"② 雍正帝在绞尽脑汁之后想出的办法是建立养育兵，这意味着增加八旗子弟就业的机会。但养育兵等措施都治表不治里，杯水车薪，无济于事。到乾隆朝，清政府对八旗生计问题的解决显出漏卮不可堵塞、走一步算一步的趋势。由于清政府对八旗制度进行结构性变革牵涉到广大八旗兵丁的既得利益，所以清廷只能在原先的窠臼中打转而找不到冲破网罟的津梁。不仅如此，清政府对八旗制度的一些补救性措施还引起了副作用。例如，清政府为了解

① 《清仁宗睿皇帝实录》卷一百二十六，嘉庆九年二月，台北华文书局股份有限公司 1960—1970 年版，第 1769 页。
② 《清世宗宪皇帝实录》卷十五，雍正二年正月，台北华文书局股份有限公司 1960—1970 年版，第 242 页。

除八旗兵丁的后顾之忧，由政府拨款建立"生息银两"制度。不可否认，"生息银两"制度使普通八旗兵丁得到了一定的实惠，但这些"生息银两"的营运生息的实权操之于八旗中上层官员，即使审核稽查制度非常周详，这些官员也不免将"生息银两"放贷给关系户，从中收取好处费，所以"生息银两"制度的最大受益者是官而不是兵。这样，"生息银两"制度加剧了官与兵的贫富两极分化，加剧了八旗军队官员的腐败，加剧了八旗官与兵的感情对立，而军队官与兵的内部对立无疑将削弱八旗的战斗力。我们从史料中发现，由于体制上的问题，八旗军队建设的经费并不是十分充足的。到18世纪中叶，广州驻防八旗已开始把驻防内的房屋、土地、鱼塘、厕所和荒地出租给了一般汉人，以进行军队创收活动。乾隆二十九年（1764），将军杨宁奏请皇上，恩允将军、副都统署外房、地均由驻防右司"招租"，每月所得租银作为递送奏折盘费及修理衙署之用。当时，共出租正房一千二百八十八间，偏厦五百一十二间，计一千八百间，鱼池十口，菜地十六块。以上各项每月收租银一百五十四两有奇。乾隆五十六年（1791），乍浦驻防不得不让满营交出过去削减马匹后多余的一万五千亩牧场，租出去换取租金，救济杭州、乍浦两营孤寡，支付应差及印房各司心红纸张费用。八旗军队建设经费拮据是八旗战斗力下降的重要原因。

二、绿营衰落的原因

军人际遇对于维系军心、鼓舞士气、提高军队战斗力有着至关重要的作用。相对于八旗来说，绿营兵确实是"后娘养的"。八旗与绿营在政治待遇上并非平等，绿营备受歧视、压抑，这种状况造成了两兵种将领间的嫉视和绿营兵丁的怨尤，直接影响绿营军事力量的发展。尤其在经济待遇上，绿营兵丁更是难望八旗之项背。早在顺治年间，就有人指出过绿营的"给饷薄"，按照其饷额标准，"一人之身仅能存活，若有父母妻子，则艰难甚矣"①。必须指出，绿营的粮饷标准是顺治朝定的。

---

① 《清世祖章皇帝实录》卷一百二十七，顺治十六年七月，台北华文书局股份有限公司 1960—1970 年版，第 1515 页。

是时，经济正在恢复，物价低廉。但经康雍乾三朝发展，通货膨胀已有相当幅度，尽管绿营粮饷标准有多次调整，但主要是军官部分，绿营士兵的粮饷一直没有也不可能有大的增加。微薄的饷俸对于维持家计都有困难，遑论兵丁能够专注武艺训练。所以，当时绿营兵丁中替人帮工、租种田地、做小本生意等成为普遍现象。由于许多绿营兵丁都出去操持第二甚至第三职业，下面的情况便司空见惯了："至如城门汛房，则计额不及一半，日间几无一人，必待营生昼毕，夜间始来，来则劳乏酣睡矣！屡到城门汛房，一二人呼之不醒，更何有于更柝！至于操练巡防，无不视为具文。"[1] 当经营活动在时间上与值班操演发生冲突时，绿营兵丁也常雇人顶替，这样当兵对他们来说反成了"第二职业"，而为官者因牵系士兵生计或从中获取好处而眼开眼闭，一般并不追究。据我们所见，军队经商可谓其来有素。在北宋，回易作为营利性的经营，含义比较广泛，但在更多场合下是指贸易。当时，军队就从事回易等营利性经营，用以补贴军费，这种回易的风气传习不衰，竟然发展到军队武装走私贩私的地步。宋神宗时便发生过"秦凤路副总管夏元几用禁军回易私茶，侵坏茶法"的事件，皇帝"诏转运司劾之"。[2] 在 18 世纪，军队经商倒腾买卖的事情也不乏其例。其中最明显的事是乾隆年间台湾总兵柴大纪"贪纵营私，废弛营务，并令兵丁私回内地贸易……每月勒交银钱"[3]。不难看出，军队经商做生意对军队正常训练和建设的干扰是极大的。

　　孙子认为，军无习练，百不当一，习而用之，一可当百。严格的军事训练是建军之本。如果不进行严格训练，犹如"死犬犯虎，伏鸡搏狸"，虽有十万之众也不堪一击，是乃御暴为暴而已。故而我国古代军

---

① 宗源瀚：《上大府整顿营伍议》，盛康辑：《皇朝经世文编续编》卷七十六，兵政二，沈云龙主编：《近代中国史料丛刊》第八十五辑，831—849，台北文海出版社 1972 年版，第 1765—1766 页。

② 李焘：《续资治通鉴长编》卷二百八十九，元丰元年四月，中华书局 1986年版，第 7063—7064 页。

③ 《钦定平定台湾纪略》卷五十二，纪昀等编纂：《景印文渊阁四库全书》第三六三册，史部，121，纪事本末类，台北商务印书馆股份有限公司 2008 年版，第 665、666 页。

事思想家都主张军队建设要重质求精，要以练促精，而兵精方能足用。技术训练和战术训练，作为军事训练的两个基本方面和提高军队战斗力不可缺少的两个途径，两者既有区别，又有联系。技术训练是战术训练的基本，战术训练是技术训练的运用；离开了技术训练，战术训练就失去了前提；离开了战术训练，技术训练就不能发挥应有的作用，18 世纪，绿营的训练也是可以分军器的训练和阵式的训练两种。在军器的训练方面，绿营制度上存在的一个弊端是：兵丁操演时所需的铅弹、火药、火绳，都由各营动用公费；若操演时或因兵丁施放生疏，欲令多放，则由兵自备。该管官因恐兵无能力多购火药乃草率了事，以致难以收到训练的预期效果。雍正元年（1723），广西巡抚孔毓珣上疏言及广西的情况云："臣考验提标枪手，俱极生疏，细究其故，知火药铅子俱系本兵自备，是以无力勤加操演。"① 雍正十年（1732），广东总督鄂弥达又上疏言及广东的情况云："查鸟枪手每月照例按期小操，火药系各兵自备，常有不举。"② 直到乾隆年间，这一不合理现象才因政府核准演操火药在公项中动支而告解决。虽然绿营兵丁一时靡不欢感，按期操练，但不久又因循故习。

在阵式的训练方面，乾隆四年，直隶提督永常奏请颁操演阵法以归划一，乾隆帝批示说："此事姑缓之，惟在操练之精，不在式样之同也。"③ 在当时，清朝绿营的训练制度主要沿自明代，进行一种阵式的训练。阵式，换言之就是作战的行列，也可称为队形。我们认为，18世纪的大部分时间里，中西方火器都比较简陋，火线力都比较薄弱，队伍整齐就力集，队伍疏散就力分，所以"散兵战术"当时还不适宜，在西方军队进行线式战术的队列训练时，中国的绿营军也致力于阵式的演练，两者若合符节，洵以其为有固。事实上，中西方军事训练的发展

---

① 《雍正朱批谕旨》第 4 册，孔毓珣疏，转引自陈锋：《清代军费研究》，武汉大学出版社 1992 年版，第 101 页。

② 档案，雍正十年十月五日鄂弥达奏：《为遵旨议奏事》，转引自陈锋：《清代军费研究》，武汉大学出版社 1992 年版，第 101 页。

③ 《清高宗圣训》卷五十二，《大清十朝圣训》，台北文海出版社 1965 年版，第 766 页。

射箭

方向都是相同的。清朝以八旗骑兵起家，军队机动力强，对绿营的阵式训练一向睥睨视之。自康熙以来，清政府就通过行"行围"这种大规模的追击战演习来锻炼八旗军队。如前所说，清政府在 18 世纪有一种使绿营趋于八旗化的倾向，军事训练亦不例外。乾隆十六年（1751），乾隆帝指示："直省营伍操演武艺，不过拘泥成法，于安营住宿之道，驰骋奔走之劳，无从肄习，于行阵未有实济，惟行围可使将弁士卒练习勤劳。著通行直省提镇，每岁冬季轮选标兵，亲身督率，实力举行，务使娴熟严整，以裨实用。"① 乾隆五十年（1785），福康安提出："绿营阵法，向习两仪、四象、方圆等旧式，无裨实用，改仿京营阵式，由提督颁发各标镇，如式教演，各营每月定期合操，并演九进十连环之阵。"② 绿营军事训练的形式主义十分严重。弓箭手多用软弓，并未练

---

① 《清会典事例》卷六百三十八，兵部，简阅，绿营简阅营伍一，中华书局 1991 年版，第 8 册，第 1 页。更为全面的文本见《清朝文献通考》卷一百四十，王礼考十六，《万有文库》第二集，十通第十种，商务印书馆 1936 年版，第考 6066—6067 页。

② 赵尔巽等撰：《清史稿》卷一百三十九，志一百十四，中华书局 1977 年版，第 4124—4125 页。

挽强贯扎之能，藤牌手仅以滚跌花簇见长，并未学摧锋破阵之技，使训练流为一种"花法"，只求好看，专讲虚架，如同演戏作剧，以至于平时校阅虽属可观，临阵打仗竟无实用。

从体制上看，绿营衰落的第三个重要原因是差操不分，绿营平时最重要的任务为"差操"。差就是差役，操就是训练。如果我们用今天的眼光来看，绿营不是一支纯粹的国防军，而是同时兼有国防军、内卫部队、警察、差役、河夫等性质。在中国古代，州县的民壮、捕快、衙役的任务按道理都属于内政事务，不归军政范围。尽管清政府曾于雍正二年（1724）规定各省州、县拣选民间壮丁务足五十名数目，每名按年给工食银六两，不时操练，以应捕务，但因为工食既少，不免老弱充数，加之州、县又奉行不力，所以额设民壮不以守护仓库监狱、护送饷鞘人犯、缉捕盗贼为专责，而只做持票传案之事，使百役遂丛集于绿营。对于绿营兵来说，除了供应差役、终日奔走不遑外，还要兼顾操练军事技术，这样便形成了绿营以镇守与百役并肩、以差操混为一体的特别制度，以兵兼差，用兵充警，任无不与，心志因之而纷，精力因之而懈，势难两者都能兼筹并顾。乾隆十九年（1754），闽浙总督喀尔吉善、浙江巡抚雅尔哈善会奏杭州绿营的情况说："驻扎省城内者仅副将一员，城守都司一员，把总、外委各一员，马、步、守兵四百十余名，省城内各衙门防守仓库监狱以及护解饷犯防守水陆城门皆城守专责，仅借此四百余名官兵拨应差使，奔走不遑，何能按期操演？"[1] 差役为日常政务所关，一有停滞，政务就无法开展，而操练即使不能按期举行也不会产生如影随形的外显型的后果，这样绿营逐渐为了供应差役而牺牲操练，在执行其差操两方面任务时不免畸轻畸重，使兵丁武艺荒废。

按照社会学的原理，一种制度行之既久，可以内化于人的内心深处，在人的心理上形成一种沉淀，从而塑模人的言谈举止。绿营差操不分制度的最大流弊是，它在绿营弁兵的心理上形成一种只知有"差"而不知有"操"的观念，使他们逐渐养成了一种与衙门差役一样的油

---

① 《皇清奏议》卷四十九，请裁拨官兵疏，《续修四库全书》编纂委员会编：《续修四库全书》473，史部·诏令奏议类，上海古籍出版社2002年版，第419页。

清代绿营兵号服

滑取巧、钻营偷惰的风气。据乾隆朝《钦定大清会典则例》记载，绿营兵士除号衣外，都另有应差衣帽。也许在清朝统治者看来，绿营兵去应差时穿上应差衣帽是差役，到应差回来脱去应差衣帽后还是原来的绿营兵，然而殊不知人的外表虽然可以换，但他的行为却因积习成性后是不可更移的。清朝统治者既然要绿营弁兵天天去干衙役一路的差使，那么就不能阻止他们在耳濡目染中沾染上胥吏、书役的习气，这样绿营兵丁便也抖起了官府差人的派头，讲官腔，托官威，在奉调出征时，行路需用官车，扎营需用民夫，遇敌即溃，然而却极尽欺压百姓之能事。绿营制度最终崩溃，与此有莫大关系。

第三章　军事经济探析

恩格斯在《反杜林论》中精辟地指出："暴力的胜利是以武器的生产为基础的，而武器的生产又是以整个生产为基础，因而是以'经济力量'，以'经济情况'，以暴力所拥有的物质资料为基础的。"[①] 由此可见，军力和经济实力的关系密不可分。古今中外的历史向人们昭示，卫国和建国二者同等并重，国富不一定必然兵强，但兵强却必须有赖于国富。张振龙认为："军事经济作为一个理论范畴最早见于18世纪末资产阶级军事理论家的著作。那时，英法等国的产业革命日益深入，社会生产力得到了迅速发展，军队的作战工具有了进步。随着作战工具的进步，军队的体制变化了，保障军队补给的组织成为军队机体的一部分。在发放军人薪饷，组织军事运输，征收特别税，规定军需品价格，购买军需品，加工食品（磨面粉、烤面包等），与地方签订运输合同，与驻地政府清结账目等活动中，人们取得了有关经济的感性材料，经过抽象的思维，从感性认识上升为理性认识，形成了反映军队经济活动现象本质的概念——军事经济。"[②] 我们认为军事经济作为一个理论范畴是否出现于18世纪无关紧要，因为军事经济作为一种历史事实是古已有之的。关于18世纪清朝军事经济问题的研究可谓"小荷才露尖尖角"，仍有待于国内外学人进一步的辛勤耕耘。笔者从以下三方面对此略陈己见，以期为百家争鸣、百花齐放的学术花圃添一份绿、尽一份力。

---

① 《马克思恩格斯选集》第3卷，中共中央马克思恩格斯列宁斯大林著作编译局编译，人民出版社1974年版，第204—205页。

② 张振龙主编：《军事经济学》，辽宁人民出版社1988年版，第5页。

第一节　八旗与绿营的俸饷恤赏

一、八旗与绿营将领的薪俸

顺治元年（1644），绿营各级将领有俸银和薪银两项；顺治五年（1648），又在俸银和薪银的基础上加支蔬菜烛炭银、心红纸张银和案衣什物银三项。在当时，绿营武职官员都是照衔食俸，照缺支薪。例如，据康熙三十九年（1700）安徽巡抚李鈵汇奏的《督操两标中左安游奇瓜等营官兵马匹支过俸饷银米豆草数目文册》载，左都督管游击事每员大建应支左都督俸、游击薪等银二十三两九钱八分四厘。其中，左都督俸即照衔食俸，游击薪即照缺支薪。顺治五年统一更定的绿营将领俸薪标准，除有一些微小更改外，一直维持到乾隆初年。乾隆十八年（1753），清廷鉴于提督、总兵等官加衔不一，食俸标准混乱，于是决定将绿营武职官员大小衔删除，由照衔食俸改为按品定俸，随俸关支薪银、蔬菜烛炭银、心红纸张银，而案衣什物银一项则被裁撤。根据乾隆朝《钦定大清会典则例》卷五十一《户部·俸饷上》和嘉庆朝《钦定大清会典事例》卷二百《户部·俸饷·文武外官俸银一》等资料，我们列表如下：

绿营武职官员薪俸表

（单位：两）

官职	年俸	月俸	薪银	蔬菜烛炭银	心红纸张银	年合计	月计
提督	81.693	6.81	144	180	200	605.339	50.47
总兵	67.575	5.63	144	140	160	511.575	47.63
副将	53.457	4.46	144	72	108	377.457	31.46
参将	39.339	3.28	120	48	36	243.339	20.28
游击	39.339	3.28	120	36	36	231.339	19.28
都司	27.393	2.28	72	18	24	141.393	11.78

（续表）

官职	年俸	月俸	薪银	蔬菜烛炭银	心红纸张银	年合计	月计
守备	18.705	1.56	48	12	12	90.705	7.56
千总	14.964	1.25	33.036	无	无	48	4
把总	12.471	1.04	23.529	无	无	36	3

　　陈锋所著《清代军费研究》是清代军事经济研究这一领域重要的研究成果。陈锋认为八旗将领的俸禄标准是在顺治十年确定下来的，此后无大变更。兹据《清朝文献通考》卷四十二《国用四·俸饷》等资料将禁旅八旗将领俸禄定例标准列表如下：

八旗将领俸禄表

官职	品级	年支俸银	年支禄米
都统	从一品	180 两	180 斛(折合 90 石)
副都统	正二品	155 两	155 斛(折合 77.5 石)
统领	正二品	155 两	155 斛(折合 77.5 石)
一等侍卫	正三品	130 两	130 斛(折合 65 石)
参领	从三品	130 两	130 斛(折合 65 石)
二等侍卫	正四品	105 两	105 斛(折合 52.5 石)
副参领	正四品	105 两	105 斛(折合 52.5 石)
佐领	正四品	105 两	105 斛(折合 52.5 石)
三等侍卫	正五品	80 两	80 斛(折合 40 石)
前锋校	正六品	60 两	60 斛(折合 30 石)
护军校	正六品	60 两	60 斛(折合 30 石)
骁骑校	正六品	60 两	60 斛(折合 30 石)

　　关于驻防八旗将领的俸银标准，我们从第一历史档案馆所藏乾隆二十年三月二十日喀尔吉善奏《为敬陈驻满洲旗制、请定官兵俸饷章程事》等史料中可以看出，其大致与顺治十年所定禁旅八旗之例相差不大。王松龄指出："八旗武官，于正俸之外，还有巨额的'薪银''蔬

菜烛炭银''心红纸张银'，予以补贴。"① 陈锋则在《清代军费研究》一书中认为这种说法没有根据，混淆了八旗饷制与绿营饷制的区别。在陈锋看来，八旗武官在正俸之外，还有一定数量的"薪银""心红纸张银"等，但并不普遍关支，一般只支给各地驻防的最高衙门或最高长官，以资助办公。清朝文献通常把这种"薪银""心红纸张银"称为"驻防衙门薪银""驻防衙门心红银两"，这一定语并非画蛇添足式的多此一举，而是表明其与绿营武官所支"薪银""心红纸张银"在性质上有所不同。陈锋在比较绿营与八旗的武官薪俸时这样写道："如果仅就八旗、绿营将领的岁俸来看，绿营要比八旗低得多。如同为从一品的绿营提督岁俸为 81 两，八旗的将军、都统则为 180 两。但是绿营将领在岁俸之外有薪银、蔬菜烛炭银、心红纸张银等项，八旗将领有限的薪银和心红纸张银，一般只支给各地驻防的最高衙门或最高长官，不像绿营那样普遍关支。绿营将领的俸薪、蔬菜烛炭等银加在一起，收入反而比八旗将领高，而且绿营将领的养廉银一般也比八旗将领为高。但另一方面，八旗将领一般都领有旗地和支发禄米，数额可观，绿营将领则没有此待遇。"②

从上面可以明显看出，八旗和绿营的正俸都是一种低薪制。如此戋戋之数难以维持八旗和绿营将领的生活消费水平。这种低薪制在客观上造成了各级绿营将领影占虚冒兵额、以求占食粮饷的弊端。鉴于各省绿营将领"任意虚冒，多寡不等"③ 的状况，康熙四十二年（1703），清政府首先在湖广省试行"亲丁名粮"制度。从某种程度上说，这种"亲丁名粮"制度是对绿营将领影占虚冒兵额的承认和限定。需要指出的是，在当时，绿营将领在亲丁名粮之外的"公费名粮"数额亦相当多。例如，康熙五十二年十月甘肃提督江琦奏称："查甘肃历来提督俱留有公费空粮，以为交际……但其多寡不等，至殷泰为提督时，刻意减省，止存有一百五十分，奴才接任于康熙四十九年……历年以来亦刻意

---

① 王松龄:《略论清代俸饷制度的特点》,《清史研究通讯》1987 年第 2 期。

② 陈锋:《清代军费研究》,武汉大学出版社 1992 年版,第 144 页。

③ 《清会典事例》卷二百五十五,户部,俸饷,各省兵饷一,中华书局 1991 年版,第 3 册,第 1017 页。

减省，宁少无余，止是一百五十分，不敢外增一分，以负圣主。"① 由于各地绿营名粮制度混乱，所以清政府于雍正八年对各省的亲丁名粮重新更定，以求划一。这次所定的绿营将领亲丁名粮标准如下表所示：

绿营将领亲丁名粮标准表②

官　名	名粮数额（人）	马、步比例	年支银额（两）
提　督	80	马步各半	1440
总　兵	60	马步各半	1080
副　将	30	马步各半	540
参　将	20	马步各半	360
游　击	15	马七步八	264
都　司	10	马步各半	180
守　备	8	马步各半	144
千　总	5	马一步四	72
把　总	4	马一步三	60
外委千把总	1	步粮	12

乾隆四十六年（1781），清政府废除名粮制度，将名粮虚额挑补实兵，同时按照文职养廉以及八旗武职养廉成例，支给绿营武职养廉，以养廉银额代替亲丁名粮银额。另外，绿营的公费名粮也被取消，在挑补实兵后，绿营公费需款从乾隆四十七年起"作正项核实报销"，从而成为所谓的"公费银"。据史载，各省绿营武职官员岁支养廉银数额分别为：提督二千两，总兵一千五百两，副将八百两，参将五百两，游击四

　　① 中国第一历史档案馆编：《康熙朝汉文朱批奏折汇编》第 5 册，档案出版社 1985 年版，第 218 页。
　　② 资料来源包括：《清会典事例》卷二百五十五，户部，俸饷，各省兵饷一，中华书局 1991 年版，第 3 册，第 1007—1018 页。魏源：《圣武记》，"武事余记·兵制兵饷"，韩锡铎、孙文良点校，中华书局 1984 年版，第 471 页。王庆云：《石渠余纪》卷二，"纪列朝各省兵数附论"，《笔记小说大观》四十三编，第 7 册，台北新兴书局有限公司 1986 年版，第 78 页。任邱、王桐龄：《中国史》第 4 编，上，"雍乾年间绿营官亲丁名粮表"，北平文化学社 1931 年版，第 304 页。

百两，都司二百六十两，守备二百两，千总一百二十两，把总九十两，外委千把总十八两。

　　与绿营相比，八旗武职官员养廉银最早实行于雍正五年（1728）。乾隆十年（1745）清政府确定的禁旅八旗武职岁给养廉银标准为：领侍卫内大臣每名给银九百两，步军统领八百两，左右翼总兵八百两，总理銮仪卫大臣、满洲都统七百两，蒙古、汉军都统、前锋统领、护军统领六百两，总管内务府大臣、满洲副都统五百两，蒙古、汉军副都统、内大臣、散秩大臣、銮仪使、三旗包衣护军统领、上驷院、武备院正卿、奉宸苑卿四百两，健锐营翼长、火器营正翼长二百两，翼领一百两。驻防八旗的武职养廉银制度最初比较混乱，到乾隆三十三年（1768）始议准统一的定例。乾隆四十二年（1777），因新设成都将军，奉旨"将各省将军养廉通查匀派"，又将各驻防将军的养廉银进行了一次更定。按照乾隆四十二年的更定例，除盛京将军为二千两外，黑龙江、吉林、江宁、福州、广州、杭州、荆州、西安、成都、宁夏、绥远城十一处的将军均为一千五百两；察哈尔都统为八百两；在副都统中，成都副都统岁给养廉银最高，为一千两，其次是凉州和乍浦副都统，为八百两，再次是盛京、黑龙江、吉林、福州、西安、广州、热河、宁夏、密云九处的副都统，为七百两，又次是江宁、京口、杭州、荆州、归化城五处的副都统，为六百两，山海关、察哈尔、青州三处的副都统最低，为五百两。

　　与绿营不一样，八旗武职官员在实行养廉银制度后并没有取消随甲银和丁粮马乾。从本质上说，名粮制度不独实行于绿营，八旗军队中的随甲银和丁粮马乾实际上是一种名粮制度。随甲银又称"亲随名粮""亲丁名粮"，系禁旅八旗将领按职别而享有的空粮名额，其中领侍卫内大臣、满洲都统各八名，蒙古都统、汉军都统、前锋统领、护军统领各六名，步军统领五名，满洲副都统四名，蒙古副都统、汉军副都统各三名，参领两名，副参领一点五名，佐领一名、每随甲一名，月支银三两，米折银一两，按时支放给各官。在18世纪，驻防八旗将领有丁粮马乾，这是驻防八旗将领主要经济来源之一。康熙二十二年（1683），清政府确定了驻防八旗将领统一的丁粮马乾标准，以后未再变化。该标准如下表所示：

驻防八旗将领丁粮马乾标准表

类　　别	家口数	马匹数	类　　别	家口数	马匹数
将　　军	40 口	50 匹	防　　御	14 口	15 匹
副都统	35 口	40 匹	骁骑校	12 口	10 匹
协　　领	30 口	40 匹	有品级笔贴式	12 口	10 匹
佐　　领	20 口	20 匹	未入流笔贴式	7 口	6 匹

二、八旗与绿营的粮饷

魏源《圣武记》一书对八旗兵丁饷制的记载是这样的："八旗兵饷之制：前锋、亲军、护军、领催、弓匠长月给银四两，骁骑、铜匠、弓匠月给银三两，皆岁支米四十八斛；步军领催月给银二两，步军一两五钱，皆岁支米二十四斛；炮手月给银二两，岁支米三十六斛。"[1] 由于魏源在这里是对八旗兵丁饷制进行综合性概括，而《钦定大清会典事例》《八旗通志》等书也未指出这种粮饷标准是八旗饷制通例，抑或仅仅为禁旅八旗的饷制，所以目前许多著作中都误将其视为适应于所有八旗兵丁的通例。但实际上，它仅仅是禁旅八旗的粮饷标准。郑天挺在《清代的八旗兵和绿营兵》一文中，认为史书记载前锋、亲军等八旗兵丁岁支米四十八斛，而一斛为五斗，四十八斛即二十四石，疑太高，似是一斛为一斗。[2] 陈锋则认为史书记载并无错讹。据陈锋研究，驻防八旗各地的给饷标准不一致，甚至同属一省，其例亦不同，不过从总体上说，驻防八旗的兵饷定额普遍低于禁旅八旗，只有少数地区与禁旅八旗约略相仿。与饷银之例相反，大多数地区的驻防八旗兵丁的岁米反而稍多于禁旅八旗。

罗尔纲指出："绿营所以分为马、步、守三种兵种，并不是完全为着战斗起见，固然它最重要的意义还是为着战斗，但除此之外，它还为

① 魏源：《圣武记》，"兵制兵饷"，韩锡铎、孙文良点校，中华书局 1984 年版，第 471 页。

② 郑天挺：《探微集》，中华书局 1980 年版，第 176 页。

士兵拔补的升阶而设。因为步兵拔于守兵，马兵拔于步兵，这三个不同的兵种，做成绿营兵士三个升拔的阶级。故水师作战不用骑兵，而它的兵种仍照陆军例有马、步、守名目。"① 罗尔纲的这一观点是极其正确的。在18世纪，绿营兵丁的月饷分为银、米二种，其标准依次递减，即：马兵、字识为一等，月支银二两、米三斗；战兵为二等，月支银一两五钱、米三斗；守兵为三等，月支银一两、米三斗。惟绿营巡捕营近万名士兵，饷米稍多，月支五斗，但饷银不加增。

不难看出，绿营与八旗士兵的待遇相差是悬殊的。禁旅八旗马兵月饷为三两，而绿营马兵月饷为二两，八旗比绿营高出三分之一。禁旅八旗步兵月米岁支二十四斛（十二石），尽管绿营巡捕营士兵的月米远较直省绿营士兵为高，也仅为八石，两者相比为3:2。绿营马、战、守三兵种月饷，假如按各该兵种人数平均统差计算（马兵约十万，所余五十六万，步、守大致各半），则每兵月饷仅一两三钱六分，月米三斗。这点收入，还不如一个八旗老弱孤女领取的救济（养赡银每月一两五钱，米每岁一石六斗）。此外，驻防八旗兵丁还有"兵丁名粮"，这是绿营兵丁所没有的特殊待遇。

八旗兵丁不但额饷较高，而且减扣较少。与此相比，绿营兵丁的实际所得，则要比明定饷章少得多，因为其兵饷必须减去的合法扣除远比八旗要多。首先，绿营兵丁有朋扣，而八旗则无朋扣。"朋扣"又称"棚扣"，为买补营马而设，按月扣除。清政府规定，京师巡捕五营及直省各营副将以下官兵，官每月扣银二钱，马兵扣银一钱，步兵扣银五分，守兵扣银三分。此外，绿营兵丁依照经制定例的扣银还有"小尽银"，又称"小建银"，系小尽之月的按名扣银。清制，凡三十日为大建月，月饷照章支发，不足三十日为小建月，须扣存不足天数之饷，所扣小建月银两留抵闰月饷银。与绿营不需要自备兵器不同，八旗兵丁要自己出资依式置办甲胄、弓箭、腰刀、撒袋等器械，无力置办者可以借支俸饷，分月扣抵，这样一来又会在某种程度上使旗兵的优惠待遇受到销蚀。雍正帝说："朕君临天下，一视同仁，惟期事事公平，不肯稍有偏向。如满洲驻

---

① 罗尔纲：《绿营兵志》，中华书局1984年版，第219页。

防兵丁，其所得钱粮马乾等项，较绿旗兵丁为多，此非厚待旗人也。盖绿旗兵丁系土著之人，经营度日，稍觉容易；满洲兵丁于钱粮之外，无所资借，故特加恩惠以养赡之。"① 雍正帝的这段话虽然有为其恩养八旗的政策辩护的意味，但也反映出清政府之所以必须给八旗兵丁优厚的待遇，是旗兵家属都不农不贾而坐食天庾的客观情况所必需。

三、战时俸饷的支给

不论是八旗还是绿营，在平时常例俸饷制度之外，均另有一套战时俸饷制度。因为一旦战事兴起，军队须迅速集结，将士须效命疆场，无论从经济利益还是从心理平衡的角度而言，原有的常规俸饷制度都难以适应战时的需要，难以驱使将士冒锋镝于战阵之间，效奔命于霜露之地，所以清政府凡遇出征都对八旗和绿营官兵在常额俸饷马乾之外支发战时补贴性质的俸饷，称之为"出征行粮"。在 18 世纪初相当一段时间内，清朝军队每次战争中所执行的战时俸饷定例并不一致，有时援引前例，有时又重新定例，导致各次战争中军需销算的混乱和各路出征将士的相互攀比。乾隆后期，清政府颁布《钦定军需则例》予以统一规定。按照《钦定军需则例》的规定，清军的战时俸饷由"出征行装银""出征盐菜银""出征口粮"等组成。出征行装银亦称"出征俸赏行装银"。发放此银的目的在于资助出征官兵整办衣装器具起程，兼及安顿和养赡家口之用，一般是在出征前一次性给发。起初，清军不论八旗和绿营的出征行装银都有赏银和借银两种。但《钦定军需则例》对八旗的出征行装银只规定了赏银额，对先前的借支银额则予以取消。这可能是因为八旗当时生计日益艰难，借银难以归还，而八旗官兵又荡费成风，若借银后挥霍一空，反而造成日后的负担。而绿营的出征行装银在《钦定军需则例》颁布之后仍保留了借银。另外一个不同之处在于，绿营官兵出征时虽然也有"官兵跟役"定例，但均不支给行装银，而八旗官兵的跟役按照等级从数十名到数名不等，每名中役均赏给出征行装

---

① 《清世宗宪皇帝实录》卷四十四，雍正四年五月，台北华文书局股份有限公司 1960—1970 年版，第 648 页。

银二两。出征盐菜银是战争期间发给出征官兵的生活补贴，按月支发，基本上相当于平时的月俸月饷额。这样一来，官兵原有的俸饷则可以留作赡养家口之需，名曰"坐粮"，与被称为"行粮"的出征盐菜银相对应，因为盐菜银一般能够维持出征官兵的战时生活开支。在八旗军队中，凡各级官兵的跟役均支给盐菜银，每名月支半两；但在绿营兵军队中，自提督至外委千把总各级官员的跟役均不支盐菜银，只有马步兵跟役像八旗官兵跟役一样每名月支盐菜银半两。另外，绿营军队中应征调的官兵凡未出本省边界者，不论道路远近，一律不支给盐菜银，而八旗则没有此种限制。出征口粮在八旗和绿营军队中均相同，每人每日支给米八合三勺，或支给面一斤。我们根据《钦定军需则例》规定的八旗和绿营的战时俸饷支给标准列表如下：

八旗官兵出征行装银表（一）

地区	职衔	赏银额
禁旅八旗	王、公、侯、伯	各赏俸一年
	镇国、辅国、奉国等将军及子、男、轻车都尉	照一、二、三品大臣俸银赏俸二年
	职任大臣官员及世职官员	各赏俸二年
	马步兵丁	各赏银 40 两
	官、兵跟役	各赏银 2 两
东北官兵	将军	350 两
	副都统	300 两
	总管、城守尉	250 两
	协领、参领	180 两
	防守尉、佐领	150 两
	防御	120 两
	骁骑校	80 两
	前锋、领催	30 两
	马步兵丁	30 两
	官、兵跟役	2 两

（续表）

地　区	职　衔	赏　银　额
蒙古官兵	台吉	150 两
	管旗章京	100 两
	副管旗章京	80 两
	参领	60 两
	佐领	50 两
	骁骑校	40 两
	马步兵丁	20 两
	官、兵跟役	2 两
直省驻防官兵	将军、都统以下各级将领	各赏俸一年
	前锋、领催、马甲	各赏银 20 两
	炮手、步甲	各赏银 15 两
	各色匠役	各赏银 10 两
	官兵跟役	各赏银 2 两

八旗官兵出征行装银表（二）

地　区	职　衔	赏　银　额	
禁旅八旗	经略大将军	15 两	60 名
	将军	12 两	40 名
	副将军	12 两	40 名
禁旅八旗	参赞大臣	12 两	28 名
	都统	12 两	24 名
	前锋统领、护军统领、副都统	12 两	20 名
	御前侍卫	9 两	16 名
	营总、翼长	7.2 两	10 名
	头等侍卫、前锋参领、护军参领	4.2 两	8 名
	二等侍卫、前锋侍卫、副护军参领、副参领	4.2 两	7 名
	佐领、三等侍卫、蓝翎侍卫、委属前锋侍卫	4 两	6 名
	亲军校、前锋校、护军校、骁骑校	2.5 两	3 名
	副前锋校、副护军校、翎长、空翎拜唐阿	1.5 两	1 名
	拜唐阿、亲军、前锋护军、领催、马步兵丁	1.5 两	0.5 名

（续表）

地 区	职　　衔	赏 银	额
驻防官兵	将军、都统	12 两	24 名
	副都统	12 两	20 名
	总管、城守尉	9 两	16 名
	营总	7.2 两	8 名
	协领、参领	4.2 两	6 名
	防守尉、副参领	4.2 两	5 名
	佐领、防御	4 两	4 名
	骁骑校、恩骑尉	2.5 两	3 名
	马步兵丁	1.5 两	0.5 名

绿营官兵出征行装银表

官　阶	出征赏银（两）	出征借银（两）	月支盐菜银（两）	月支口粮（升）	官兵跟役余丁		
						每名支给盐菜口粮数	
					名　数	月支盐菜银（两）	月支口粮（升）
提督	163.4	500	12	0.83	24	不支	0.83
总兵	135.2	400	90.83	16	不支	0.83	0.83
副将	107	300	7.2	0.83	12	不支	0.83
参将	78.7	250	4.7	0.83	10	不支	0.83
游击	78.7	200	4.2	0.83	8	不支	0.83
都司	54.8	150	3.0	0.83	6	不支	0.83
守备	37.4	100	2.4	0.83	6	不支	0.83
千总	30	50	7.0	0.83	3	不支	0.83
把总	25	50	1.5	0.83	3	不支	0.83
外委	15	30	1.5	0.83	2	不支	0.83
马步兵丁	6–10	6–10	0.9	0.83	0.3	0.5	0.83

四、红白事例银

在 18 世纪，八旗和绿营兵丁遇有婚嫁丧葬等事件，由政府给恤赏银，称为红白事例银。白事，指本身及祖父母、父母、妻子的丧葬。红事，指娶妻、嫁女、娶媳。凡祖父母、父母白事，如子孙多人均在军中食粮而同属恩赏之例者，但视一人给予。娶妻、嫁女红事，无论长子、次子、长女、次女都准给赏。红白事例银最初是在禁旅八旗中实行的，当时由清廷发内库"本银"经营生息，用"生息银两"予以支给此笔福利性补助。光绪《钦定大清会典事例》卷一千二百一十三记载："雍正元年奉旨：发内库银九十万两生息，所得利银赏给八旗并内府三旗官员兵丁，以济婚丧之用。"① 当然，雍正元年（1723）四月虽然发出内帑本金进行营运生息，但具体支发红白事例银的时间则是雍正二年（1724）正月。据韦庆远推测，由于雍正初年各方面的矛盾错综复杂，待理的军政重务丛集，凡此大兴大革，均耗费了雍正帝的主要精力，所以雍正帝从雍正元年到六年之间无暇认真部署和安排，推广"生息银两"制度以支给兵丁红白事例银的工作出现了一段间隔。② 日本东洋文库所藏的《雍正朝镶红旗档》共五十四件，其中满文五十三件，汉文一件，是史料价值很高的清代历史档案。在这些档案中，雍正十年十二月十八日镶红旗满洲都统、和硕果亲王允礼等为奏报"生息银两"制度执行情况而转引的上谕尤其值得我们重视，其文为："雍正七年三月十四日，准内务府咨称：奉上谕：为京城八旗兵丁人等生计，朕悉心撙度，若逢家中红白之事，经费不敷，着实困迫堪悯。特着用内库之银，交付王、大臣转用滋息，以备兵丁不时之需。兹念外省驻防之满洲、汉军兵丁，亦应一体恩赐。江宁、杭州、西安、京口、荆州、广东、福建、宁夏、右卫共九处，每处各赏银二万两。天津、河南、潼关、乍浦、成都共五处，每处各赏银一万两。皆由布政司库支用，交该将军、副都统妥为保管，转用滋殖。至若该处驻防兵丁家中红白之事，酌由滋

---

① 《清会典事例》卷一千二百一十三，内务府，恤赏，中华书局 1991 年版，第 12 册，第 1068 页。

② 韦庆远：《明清史辨析》，中国社会科学出版社 1989 年版，第 190 页。

息银中赏赐，于用有利。本银永为公储，生息银不必交回。该将军、副都统等必悉心办理，以使兵丁均得实惠。倘若督理官员渔侵挪用，或委以不可信任之人，以致亏空本息，则必严加治罪，且由督管及承办官员名下严加追赔。转用滋息之处亦需公平办理，若假借官银之名，或抢占民人商产，或于乡里苛取重利，争商贾小民之利，贻害地方，则该督、抚理应即时详查参奏。倘该督、抚徇私隐瞒不奏，朕得以讯闻，必连同督、抚一并议处。该项本银每年出入之数，在京由八旗都统、副都统查核。或由一旗一省管理，或两省管理等情，着由怡亲王、大学士伊等酌定。每年年终，各省该督管大臣造册，分别送交各旗查核奏闻。再，其他各省督、抚、提督标下兵丁，亦循此例，视兵丁人数，分别银两多寡，每标给一二万两，或给数千两等情，亦着怡亲王、大学士酌定……至若各省总兵官属下兵丁，一时不能尽施，量国家费用出入，依次施恩，陆续降旨。"① 从史料中可以看出，雍正七年（1729）是清政府在全国范围内推行"生息银两"制度关键的一年。是年，江宁等上述十四处驻防八旗和一些省份绿营督标、抚标、提标各营开始通过"生息银两"制度支给兵丁红白事例银。但是，绿营支给红白事例银不仅推进速度缓慢，长期被限定在较小的范围之内，而且由国家拿出的生息本银与八旗相比也极为有限。到雍正十三年（1735），京城汉军八旗和一些人数较少的地方的驻防八旗都开始支给红白事例银。然而，雍正帝对绿营却很难说是一体加恩。韦庆远指出，京营满洲八旗所得的红白事例银标准高于驻防的满洲和汉军旗，而在京营满洲八旗中内务府正黄、正白、镶黄等上三旗及乾清门侍卫等支发红白事例银的范围又宽于其他各旗，因为上三旗及侍卫部门的官员也在支发之列，而驻防八旗满洲及汉军支发红白事例银则严格限于照顾兵丁。至于绿营兵丁，更是放在被考虑之末。

郭太风《八旗绿营俸饷制度初探》一文指出：八旗兵士的饷章与兵士的实际所得，恰恰与绿营相反。对于绿营兵士，实际所得远较饷章为

---

① 《清雍正朝镶红旗档》，宿字三十九号，东北师范大学出版社 1985 年版，第 46 页。

少；而对旗兵，饷章反而成为无关紧要的条文。所以，考察八旗绿营俸饷制度，不能单单依据饷章，还须将清王朝的种族歧视政策以及与此相关的具体规定联系起来，才能真正弄清清代制兵的供给制度。从这种族偏见与等级统治的后果来看，受宠信的八旗骄涣糜烂，日甚一日，丧失了拱卫清廷的能力；而受冷遇的绿营，生计日蹙，怨愤丛生，不愿为其卖命。① 应该说，比较八旗与绿营的俸饷恤赏是极其复杂的研究工作。不仅应该从时间发展轴来进行纵向比较，而且应该分地区进行横向比较，还应该对八旗和绿营俸饷制度的结构内容进行比较。因为八旗和绿营的货币俸饷水平与实际俸饷水平是随物价指数的变动而变动的，其含金量在不同时期呈现出巨大差异，而且京师和各地的消费水平都大相径庭，只能将京师八旗与巡捕营、各省的八旗驻防与同一地区的绿营军队相比较。由于清代武官实行正俸与养廉银的两元化俸给制度，且呈现出反辅为正的结构特征，加之实物与货币在八旗和绿营军队俸饷中所占比例不同而因物价波动所产生的弹性强度不同，因此要认真对八旗和绿营的俸饷赏恤进行科学的量化比较分析绝非一蹴而就，尚需要进一步深入研究。

第二节　后勤保障体系

有人时常将战争比喻为下棋，这是似是而非的。因为棋盘上的棋子并未拖着一条后勤尾巴（logistical tail）。我们认为，战争的事务几乎百分之九十都是属于后勤的范围，因为军队可能一百天不打仗，但不可能一天不吃饭。在目前世界范围内具有重大影响的后勤理论专著《理论后勤学：战争准备的科学》是美国人索普（George C. Thorpe, 1875—1936）所撰，被认为是后勤作为一门学科确立的重要标志。该书这样写道：“战略之于战争，犹如情节之于戏剧；战术可比之为演员扮演的角色，后勤则相当于舞台管理、置办道具及担当演出的种种维持工作。对

---

　　① 郭太风：《八旗绿营俸饷制度初探》，《复旦学报（社会科学版）》1982 年第4 期。

剧中情节和演员技巧，激动不止的观众往往会忽略隐藏得很巧妙的舞台管理的各种细节。"①但实际上，导演的作用以及布景更换人、道具管理员和灯光技师的作用，即使不比演员的演技更重要，至少也是相等的。任何战斗都是双方物质力量和精神力量以流血的方式和破坏的方式进行的较量，没有战前充足的物资储备和战争中及时不间断的补充，要保持和提高战斗力、夺取战争胜利是不可能的。正是在这个意义上，有的学者认为后勤与其说是"尾巴"，不如说是像腭骨般支撑着战斗部队的"牙齿"。

后勤是一个历史经济范畴。中国使用的"后勤"二字系由"后方勤务"演化而来。在西方，美国军史学家斯坦利·L. 福尔克（Stanley Lawrence Falk）指出："后勤"（logistics）一词就其词源而论，历史并不算长，虽然有些作者试图把这个词的来源追溯到希腊语 logistikos（意为"精于计算"），或者把它与拉丁语 logista（罗马或拜占庭时代的行政官）联系起来，但上述希腊语与拉丁语及其派生词都只与数学、计算或军事范围之外的其他主题有关。"后勤"一词的直接来源在福尔克看来是出自法语 maréchal 或 Le maréchal des logis，本义为"营房官"。②这种说法实际上是重复了若米尼（Antoine-Henri，1779—1869）的观点。若米尼认为"Logist"一词来源于 18 世纪法国军队中宿营官这个军衔。③法军的宿营官最初是负责为陆军指挥官在行政上安排行军、宿营及部队驻扎等事宜，当时战争勤务的全部内容只不过是平常的设营术而已，后来随着军事行政工作的日益复杂化，这些官员对军队指挥官来说成了相当于参谋长的角色。目前，学术界对后勤的概念尚存在分歧。李文祥《军事后勤理论比较研究》一书这样写道："美国注重确定后勤的属概念，或称之为艺术，或称之为过程等，而对种差部分的表述则不够

①　乔治·C. 索普：《理论后勤学：战争准备的科学》，张焱译，解放军出版社 1989 年版，第 6 页。

②　参见 George C. Thorpe, *Pure Logistics: The Science of War Preparation*, introduced by Stanley L. Falk, Washington: National Defense University Press, 1986。

③　A. H. 若米尼：《战争艺术概论》，刘聪译，解放军出版社 1991 年版，第 276 页。

严密。前苏联侧重揭示后勤概念外延，重在说明后勤职能范围，而对于属概念则不大讲究。如把属概念落在'统称'这类说法，或干脆说成是人力物力。我国目前是对后勤定义有不同认识，但并无太大差异，总的看是力求高度抽象概括，准确表达其内涵。"① 我国目前最具权威性的定义是：军队后勤"是军队筹划和运用人力、物力、财力，从物资、技术、医疗、运输等方面保障军队建设和作战需要的各项专业勤务的统称"②。后勤是被忽视的军事史分支，尤其中国学者对近代以前西方后勤史更是知之甚少，其研究和出版尚有待时日，任重而道远。在这里，我们依据目前中国学者尚未得窥的大量外文材料对 18 世纪中西方军事后勤保障的异同进行一些对比分析。我们相信，即使这样的分析卑卑不足论道，但向国人介绍一些西方后勤史料与学术信息也是必要的。

一、军行与交通运输

赖福顺《乾隆重要战争之军需研究》堪称力作。我们从该书中可以看到赖福顺对军行的界定。他说："军行为军队运转行进之谓，乃军运（军事运输）重要项目之一，凡战争必有兵力运动，无论双方对峙或一方长驱直入，必由原驻地运动至接战处，此即战争时之军行，为战争之主要力量。又军行与军源密不可分，因军源乃军力齐集之来源，由此可知军行于何处开始。一般而言，军行可区分为大后方运动及敌前运动，前者指距接战区遥远地区之兵力运行，由后方沿途接续运送，直至接战区为止，为途远路遥长时间之运行。后者乃指接战区兵力推进或转退，为近距离短时间之运行，若深入敌后，亦可为路远时久之运行，惟较前者多出后勤补给与后路防范诸项目。"③ 中国领土面积广大，加之受清朝八旗和绿营布防体制的影响，每有重大军事行动都必须派遣邻近

---

① 李文祥：《军事后勤理论比较研究》，国防大学出版社 1997 年版，第 67 页。

② 钱海皓主编：《军队组织编制学教程》，军事科学出版社 2001 年版，第 136 页；陈永忠主编：《经济新学科大辞典》，三环出版社 1991 年版，第 317 页。

③ 赖福顺：《乾隆重要战争之军需研究》，台北"故宫博物院"1984 年版，第 57 页。

省份之营伍、京兵或东三省兵等，远赴数千里、甚至万余里以外的边疆地区作战。在依靠机器动力的运输工具尚未取代依靠自然力的运输工具之前，这种高强度、长距离的兵员调动所克服的种种艰难险阻是不难想象的。同时，这也反映了18世纪清政府军行制度的优越。

在18世纪，清人称兵力调动为军行或兵行，办理军行之法规称"送兵章程"，地方官吏应付军行事宜，则称"兵差"，或直称为"大差"。台站制度的成功是清政府在18世纪能够顺利实行长距离兵员调动的关键所在。台站是因军事需要设立的临时性机构，兵过差完，即行卷撤，富于机动性。按照惯例，首先由皇帝降旨调遣官兵，军机处受命议设军行路线及台站事宜，经皇帝批准后行文各相关省份或地区的督抚将军，令将各站所需的车马粮草妥速预备。各地方官奉旨受命后，立即详加度量，于适当的地点安设台站，并将其筹划夫船车马、尖宿粮饷的情况奏复朝廷。如果皇帝认为其中有待商榷之处，下军机处或兵部议行，或再降旨研议，直到认为一切妥当为止。议定后，该地方官即将沿途所需先行预备者于兵到数日前齐集，以供应大兵。台站管理人员概由本州县遣派，由该站所在地的州县官负责调度指挥。如果事务冗杂，须另委官员襄助，则加派临近州县官员，有时也以有官无职的试用、委署、丁艰、降革等地方官员办理。如果一省的台站由督抚负责指挥难以周全照料，则加委布政使、按察使、道员或知府分段稽查，负责该段一切支应夫马车船等项事宜。至于该省的台站仍由督抚藩臬等封疆大吏总督办。在军队行经各处八旗驻防时，清政府也命令该处将军协办。

台站与驿站既相似，又相异。相同之处在于：（1）在功能上，均为输送人员，供应夫马车船食宿等途次所需，另外尚可传递军报。（2）在方式上，均为在适当距离、地点设立站所，逐站递送，直至目的地。不同之处在于：（1）驿站有定制，设有定额的夫马车船，如果临时不敷应付，再向民间雇用。而台站却没有一定体制，各站所需物品系向当地军营、驿站、民间调集雇佣而来。（2）驿站具有长期性，只要路线不换，该地一直都是驿站。而台站不具有长期性，遇有调兵，立即筹划成立，征调结束，立即撤销。（3）驿站为官方传递人员物件所成立的站所，而台站仅局限于军务需要，在适用范围上比较狭窄。台站之间的距离并不一定。如果山路崎岖，每站之间路程就稍近一些；如果是平原大道，行走迅速，每站之间路程就要远一些。台站有正站、腰站之分，有住站、尖站之别。正站又称大站，不仅供应食宿，而且有车马更番递送，而腰站为辅助正站的小站，小站仅供应饭食或住宿，但不更换车马。住站即是供应住宿的台站，而尖站则为行程中休息打尖的台站，给食却不供宿。设站对军行的成败影响极大。在第一次金川之役，由于军行迅速，每五日一起，各大站间若距离长，则马可驰行，所以河南省设四大站，备车马轮番更递，两大站距离三百余里，车马往返驰骋，而中间则另设有供给食宿的小站，只预备豆料草束饲喂，不提供车马。但在六年后的第一次乾隆帝征准噶尔之役，由于军行系三日一起，若安站太远，不仅马匹往返来不及，而且车马奔驰易于劳伤，所以河南省境改设十站，每站均供应车马食宿，这样所需车马比过去多出两倍半，供给数量增加，雇备车马比较困难，常需于其他州县觅雇。由此可见，采取台站距离长和短两种方式各有利弊。在18世纪，清政府为了解决军行问题已经自发地开始采用运筹学的原理。在乾隆朝第一次征准噶尔之役，协办陕甘总督刘统勋创造了车马脱卸递更法，即在其所负责五大站内，第一站安马十分，每分各一千五百匹，第二、三、四、五站各安马一分。每起官兵到头站时，骑用马一分，过站更换，但换存之马不必返回原站，留站饲养以作为后起官兵更换之用，至于每起官兵所需驮鞍则将头站置备之分长途用到末站，不必每站均预为置备。① 这种车马脱卸递更之法有如下好处：其一，各起官兵可以按程长驱，不必因为在站等候前起马匹返回而致有迟滞之虞。其二，各站马匹每行五日即得存槽三日，可以省回程之劳而收休息之利。不过这种安站之法必须具备马匹壮硕而足以连行数站的先决条件，刘统勋的良法美意因马匹征集出现问题而未能实施。

官兵行进过程中的住宿通常采取以下几种方式解决：

第一，搭建帐房或草房。帐房为军营所有之物，少数由原营携往，

---

① 清国史馆编：《满汉名臣传》，吴忠匡等校订，黑龙江人民出版社1991年版，第2249页。亦可参见刘光斗修、朱学海纂：道光《诸城县续志》十三，列传一，道光十四年刻本，页四。

大多由当地供应。按照清朝规定，黑龙江、吉林等地官兵奉令出征途经北京驻修起程时，每官员一名给帐房一架，每兵二名合给一架，由工部供应，派员支搭，每架帐房给大席一片，并备水缸槽道等物于营盘附近。在乾隆朝第一次征准噶尔之役，直隶总督方观承提出，直隶省境内每站住宿民店无多，势必兼用民房，北路进兵途经鸡鸣站并无民店，南口站更无民房，必须以帐房作为住宿之用，每台安设帐房二百八十架，除北路南口一处由工部拨用外，其余十二台共需帐房三千三百六十架。由于直隶省境料理住宿甚为得宜，军机大臣乃议准行令豫、陕、甘各省台站照此办理。后来，河南省经兵部转军机处咨文后改用帐房，于台站附近平坦地面安设营盘，每兵二三名合给帐房一架，领兵官员亦用帐房，驻扎营盘之内，便于稽查约束官兵。在某些情况下，台站设立的营盘可能是以竹草搭盖的草房。如果搭建草房，则按其长宽、大小、结构，酌给物料工价，报工部核销，咨户部备案。帐房较怕风雨，而筑草房没有帐房湿烂的危险，但易招致火烛，须分段搭盖，小心防范。另外，在平坦空旷地方搭支帐房或搭盖草房都不像租赁民房、民店那样买食方便，所以建立营盘时需要在营盘外就近搭盖棚架，招募商民，开设店铺，置备饭食等项，卖给各兵食用。

第二，租用民店、民房。民店为百姓经营的客栈，民房为百姓住宿的房舍，官兵沿途如欲栖宿，视同租赁，均需支付费用。在第一次金川之役时，直隶省境即系预备店房，编列一、二、三、四等字号，造册送部，知会领兵大臣，预行派定分住。在乾隆朝第一次征准噶尔之役，陕西巡抚陈宏谋奏报说：陕西在筹办第一次金川之役兵差时，因栈道中无房可住，曾安设帐房，每起住兵三百名，共用帐房两千余顶，由各营运送，另拨兵丁支架看守，后多破损遗失，计兵丁口粮及修补帐房工料共用银四千九百余两，而本次每起兵五百名，需用帐房将更多，花费将更大。所以，陈宏谋在筹办本次兵差时除二台站安设帐房外，将陕省其他八台俱设于市集之所，每起兵丁及银役计八百余人，市肆店房俱敷住宿，择其宽大者为领兵官公馆，官兵住宿联络不致散处遥远，一切约束整齐，与安设营盘无异，而兵丁皆住房屋，更可风雨无虞，饭店即在附近，兵丁买食尤便。此次过兵一个多月，陕西地方当局按店房大小，每

在军队驻地卖饭

间给租银三四钱不等，八台约租价银八九百两，比金川之役时搭支帐房节省浮费四千余两。租赁民店、民房容易产生的流弊主要有：（1）地方官如果料理不善，民店一经饬为官兵之住宿，常预先封闭，长时间不能营业，店主及来往行旅均感不便，应将其间的空闲日期，听令店主自营，以裨生计。（2）各市镇村庄民房往往有人居住，地方官令百姓搬移归并，方能腾出空房供官兵住宿，这样便容易对百姓造成不便。（3）使军行的机密性和约束性相对降低，殊不合军事要求。

第三，选驻防附近庙宇住宿。内地各处俱有庙宇可以暂时栖宿，也颇为简便。例如，在征缅之役期间，京兵四千名及成都满兵一千五百名均曾留住云南府附近庙宇四五月。在台站营盘安设之初，清政府往往设立兵铺，分派兵役执持腰牌，凡经过镇市及路旁村庄均各站立兵役，以防不法。这一点可以从陈宏谋《再饬送兵毋行滋扰檄》中清楚地看出：官兵经过，禁止卖酒，以杜事端。设立窝铺，以防逃役。"住宿之地建立栅栏，安设堆卡，文武官弁兵役彻夜巡逻。次日，专差文武官弁带领兵役护送接替。"[①] 在当时，官兵住宿之地不许各项人等私入，兵丁亦

---

① 陈宏谋：《培远堂偶存稿》卷三十五，"再饬送兵毋行滋扰檄"，光绪二十二年湖北藩署刊本，页二十七。

不许私出。如果发现兵役潜行捷径小路等情况，立即扭禀，塘汛巡查兵役报官。地方当局往往预先晓谕乡保人等，不许住宿之地附近女眷在门看望，并严切查禁驱除各处土娼，唯恐大兵过境"或有乘机窝藏，一有干犯，滋事不小"①。

在乾隆年间，凡大兵行走，各地方官大多事先纠集商民，在官兵驻扎营盘附近搭盖房舍，开设饭面茶水、草豆柴碳等铺，以便官兵就近自行买用，并逐件开明价值，出示晓谕，以免商民抬价居奇，亦不许各官兵短价强买，务使平买平卖。与此相反，如果官为料理而不支给官兵丁役应得口粮银钱，那么官兵丁役就会怀疑州县官员在购置食物、制作饭食供应过程中出现中饱私囊的现象，所以一般不采取此种方式。在当时，鉴于兵丁赴站支领口粮时往往故意挑剔或者重复支领等弊端，清政府对此加以改革，规定：每起领兵官核计钱数多少并开列清单，向台站一次性支领，然后再由该领兵官按名散给。

我们认为，中国疆域广阔，军行事宜在各地区都不尽相同。例如，康熙五十五年（1716），清圣祖批评某些负责官员说："运送粮饷、安设台站、牧养马匹等项，俱系领兵将军职任。今米粮不能运至，皆由水草不足之故。朕昔亲统大兵中路出征时，沿途必留有水草之处，以牧运米牲畜，尔等所亲知者。身为领兵将军，此等事不能深晓，领兵直前，致沿途水草如火烧赤地，后队兵马及运米人役牲畜有不致困乏者乎？"②在蒙古地区，清军行军沿途为解决部队官兵和牲畜的饮水问题曾绞尽脑汁。在乾隆朝第一次征准噶尔之役，由于甘肃嘉峪关到新疆哈密之间沿途多戈壁沙漠，水草缺乏，所以甘肃巡抚鄂昌等乃仿康熙、雍正年间的旧例，派拨官兵前往挑挖井泉，并责成安西道文绶督令属下，多雇人夫收割草束，晒干运送各站分贮。当时恰逢准噶尔使者过境，恐有所知闻，甘肃当局只能秘密雇定民夫，候使者一过，立即凿井割草，以确保

①　陈宏谋：《培远堂偶存稿》卷三十五，"再饬送兵毋行滋扰檄"，光绪二十二年湖北藩署刊本，页二十八；亦见高吉人编著：《陈榕门之生平》，文化供应社1947年版，第66页。

②　《清圣祖圣训》卷四十八，训将士，康熙五十五年丙申二月壬戌朔，《大清十朝圣训》第一册，台北文海出版社1965年版，第521页。

大军过境之需。在乾隆朝第二次征准噶尔之役，陕甘总督黄廷桂鉴于乾隆十九年第一次征准噶尔时陕西南北两路均有不便之处，经查勘后决定将节省南路两站之费，移于北路的安定、会宁二县，发动居民购备牛驴，多置水桶，先期驮水赴站预贮，使大军过境不虑缺乏。如果说西北地区干旱缺水，那么东南沿海一带则应该不存在此问题了。然而，事实并非如此。清朝的《军需则例》虽然总结了许多战役的军需案例，但也没有考虑到东南沿海作战的军需特殊性。在镇压台湾林爽文起义时，清政府就遇到了缺水的问题。因为官兵渡海作战，在洋面上航行全资淡水，各海港湾澳皆系咸水，难以饮用炊爨，必须向居民购买淡水，贮入海船水柜，以供航行之用，而沿海地方水井不多，有时尚须远运山泉，购买挑担均须多费钱文，每满一柜常费钱一万余文，所有载兵之船，兵丁多则百余人，少则数十名，登船后如果遇到逆风尚须稽延时日，需水更多，船户难以支应，故而李侍尧当时议请每载兵一名给船户淡水钱一百五十文。从18世纪清军解决行军人畜用水问题的情况可以看出，各地的情形极为复杂。

在作战中，部队无论执行何种作战任务和实施作战保障，都必须通过广泛的运动来实现。自然条件的不同，使部队运动面临的问题繁杂多样，使各地办理军行事宜的措施不可能脱离实际地强求一致和硬性统一。但是，我们认为18世纪清军军行有两个须具有一定策划艺术方能圆满解决的、历次都不可避免遇到的问题：其一，马匹车辆等交通运输工具在在需要，往往有公私采办搜罗殆尽的情况，征集工作比较困难。有时军情紧急，在短时间内备妥大量车马绝非咄嗟可办的易事。另外，有些地方（如湖北）民间畜养骡马相对较少，使政府当局计划雇觅的庞大数额难以兑现。为了解决运输工具问题，清政府发挥封建中央集权国家的管理优势，全国一盘棋，直省之间互相合作，密切配合，在交通运输保障方面多有创造。其二，军行筹划必须恰当地确定每起兵数及间隔日期，否则有可能造成失误。这是因为，在一些道路狭隘崎岖的地方行军，兵少较易通行，兵多往往导致壅塞。不仅如此，兵数多寡还牵涉到住宿问题。如果每起兵数过多，一些地方人烟稀少，难以解决过境官兵的住宿问题。在第一次金川之役，京城路线每起兵数过多，即为军行筹划的一大败笔。是时，原定计划为三百名一起，但后来乾隆帝认为"军行迅速，则成功亦速"①，为早日使军队到达战区改为每起五百名，这样逐台添马立即增加近一倍，直隶、河南境内无虞车马足资供应，而四川由于战争先后已进行一年多，夫马供应困窘竭蹶，加之自成都至军营，须经郫、灌等县邑，路途羊肠纡折，人必单行，马难并驾，造成欲速而不达的局面。据记载，傅恒入川第一站就无马匹应付，第二站遇受阻官兵，沿路而行，发现各站全无马匹，拣选陕省骑来马匹前往，途次马乏，竟然步行到站。

　　海权理论的创始人、美国著名军事学家马汉（Alfred Thayer Mahan，1840—1914）认为，后勤对于军事成功的重要性，犹如每日食物之于每日工作，战略、战术与后勤三位一体：战略决定在何处用兵；后勤将兵力运至用兵地点，并管理补给的各项问题；战术则决定用兵之法。② 以色列马丁·范克列威尔德（Martin Van Creveld）说："与 18 世纪相比较，战略在更大程度上成了后勤的附庸。"③ 事实上，18 世纪的后勤对战略的制约也是足昭炯戒的。拿破仑经常说：不要跟我谈给养问题。拿破仑从未使用过"Logistics"（后勤）这个词。当他确认战略和战术显然是战争活动的两大独立部分时，他却没有认识到或者为时太晚时才认识到后勤工作乃是战争活动的第三个独立部分。不过，就像拿破仑当时运用过战略与战术的原理一样，他也运用过他那个时代的战争所必需的种种后勤原理，而且由于没有组织好后勤协调工作，拿破仑指挥的一些战争出现后勤的滞后现象，贻误战机，削弱战斗力，最终由于给养方面的困难造成噬脐莫及的后果。清朝作为封建中央集权国家，在协调历次战争后勤保障方面无疑具有天然优势，加之其集中国历代王朝源远流长的统驭管理经验之大成，所以 18 世纪清朝军队的后勤保障的组织指挥较诸同时期西方国家完全可以相媲而言。

---

　　① 《清高宗纯皇帝实录》卷三百二十七，乾隆十三年十月，台北华文书局股份有限公司 1960—1970 年版，第 4863 页。

　　② 后勤学院：《外军后勤资料》1980 年第 7 期，第 6 页。

　　③ Martin L. Van Creveld, *Supplying War: Logistics from Wallenstein to Patton*, Cambridge：Cambridge University Press, 2004, p. 233.

在北美独立战争期间，士兵们没有足够的营帐、衣服和食物，只能蜷缩在篝火旁行使他们怨天尤人的天然权利。阿伦·米利特写道：可怜的士兵们特别爱咒骂大陆会议，"将所有的困苦都归咎于它。事实上，大陆会议正在尽自己的最大努力，士兵的境况是由于严重的通货膨胀、货币贬值、商品奇缺、交通落后以及管理不善造成的。所有这些，大陆会议是无能为力的，因为它只是一个力单势孤的中央政府，不能因为资源匮乏而向各州征税或强行提出要求"①。有的美国学者认为，松散的革命联盟以及建立在分散的农业经济之上的有限资源都难以支撑这场北美独立战争，所以华盛顿及其将领们的兵员和武器从未有过充足的时候。我们认为，国家经济实力向后勤力量的转化，在不同的时期、不同的国家，有不同的转化系数。无论在什么时候、什么国家，后勤力量总是国家经济实力和军事经济实力的一部分，通常是：国家经济实力 > 军事经济实力 > 后勤力量。也就是说，国家经济实力向后勤力量的转化系数，不会大于 1，但总是大于 0，是在从 1 到 0 的区间进行浮动的变量。这一变量的数值取决于战争动员的体制结构。科学优化的战争动员体制结构是其中的关键环节。从北美独立战争的后勤组织机构来看，美军一开始就存在过于分散的问题。"当美洲殖民地人民拿起武器反对英国时，他们采取的军事制度（包括后勤保障方面的安排）只能模仿他们过去在支持宗主国进行各殖民地之间的战争和印第安战争时已经熟悉的那些制度。"② 这一制度的特点就是"集中控制薄弱，形不成集中统一的领导，结果，14 个后勤系统——每个殖民地 1 个，其规模大小视各殖民地参战程度而定，外加大陆会议的 1 个，一起设法为进行一场战争作准备"③。为了加强后勤管理，大陆会议于 1777 年设立了粮储部、供应部和军需部等几个后勤部门。但是，后勤部门难以协调一致，集权化的努

---

① 阿伦·米利特、彼得·马斯洛斯金：《美国军事史》，军事科学院外国军事研究部译，军事科学出版社 1989 年版，第 67 页。

② 詹姆斯·A. 休斯敦：《美国陆军后勤史》上，王军等译，解放军出版社 1989 年版，第 5 页。

③ 詹姆斯·A. 休斯敦：《美国陆军后勤史》上，王军等译，解放军出版社 1989 年版，第 5 页。

力并没有克服政府与民间为稀缺而日渐萎缩的资源的竞争，甚至不能消除军队内部本身的竞争，结果导致了价格猛涨。在限定价格的各种企图失败后，到 1779—1780 年冬，财源枯竭，军队仓储告罄，大陆会议不得不将它对军队的后勤保障责任下放给各州，要求各州为大陆军中的本州部队支付款项，并实行了各州"特需供应品征用制度"（system of specific supplies）。在这种制度下，各州要对本州的部队进行供给，而大陆军所驻扎的任何地区则提供其剩余的物品。大陆会议根据各州的特产规定了食品、弹药以及其他必需品的定额。不幸的是，对于饥寒交迫的大陆军士兵来说，情况并没有因此得到改善。各州没有充分的行政手段，只能勉强从平民那里征收物资。几乎每个州都辩说，分给自己的份额高得不合理，并拒绝合作，直到大陆会议作了重新调整。即便如此，也是众口难调。征用制度的失败，迫使大陆会议重新确立自己的权威。1781 年，它将财政和军事的管理统一到行政部门。不过，此时美国与英国的敌对行动已接近尾声了。

在后勤保障中，运输也很重要。无论防御性还是进攻性的战斗，战斗部队在主要依靠腿和肩的力量运送他们及他们的必需品到战区时，作战半径和忍耐力受到严重的限制。直到近代以来，大多数陆上战争都是短期和短距离的行动。在 18 世纪清朝军行筹办中可以看出，凡是水路顺利的时候，开赴前线的清军就能一帆风顺地迅速前进。正是这样，从贵州调兵赴台镇压林爽文起义时，黔粤之间路线长达两千余里，官兵行程仅需月余时日即可到达。与中国当时的情况相仿，在 18 世纪的西方，"水运也是许多战役的动脉。马尔波罗 1704 年向巴伐利亚进军时沿莱茵河取得供给就是一个著名的案例。不过供给轴心决定战役会出现这样的情况：如果河流通向错误的方向，决定性战争便不能展开"[1]。马尔波罗的军队运动和后勤保障在西方军事史上具有重要地位，历来受到史学家的高度评价。当时身历其境者曾这样记载说："我们时常是连走三天，有时四天，然后再停息一天。通常总是上午三时开始行军，每天走四个里格或四个半里格（league——约三里），大约在下午九时达到宿营地。

---

[1]　John Keegan, *A History of Warfare*, New York：Vintage, 1994, p. 68.

因为我们是在同盟国中行军，所以有指定的官员为我们人马供应一切的必需品。当我们尚未达到地头之前，这些东西就都已经全预备好了，所以军人根本无事可做，除了撑帐幕、煮东西以外，就是躺下来休息。的确的，从来没有哪一次行军比这一次更有秩序和规律，人马更不疲倦。"[1] 马尔波罗的行军方式跟 18 世纪清朝军队军行的筹办颇为相似，但马尔波罗的行军方式在 18 世纪西方可谓少之又少。一般来说，国家体制结构完善的时候，军行等后勤保障就比较有力，反之则比较混乱。在 1797 年拿破仑对意战争期间，法国尼斯和昂提布等地军火库里有许多大炮，可是由于所有拉车的马都饿死了，所以运输工具不够，供运输用的只有五百匹骡子，而要靠它们来驮运三十多门大炮简直不可想象。法军进入意大利后，只能找到牛车，牛车走得慢，坐起来不舒适，同法国兵的活泼性格很不协调。拿破仑说："帐篷有害健康，士兵最好驻扎在野营里；那样士兵就可以把两只脚向着火睡着，并且可以用木板或稻草挡住风雪，此外，篝火烧得近还可以很快地把士兵睡地附近的土地烤干。帐篷只对于那些要利用地图办公和写文件的军官才是必需的。营团指挥官和将军们应当住帐篷，不能让自己在野营里过夜，因为这种极有害的习惯是许多灾难的原因。"[2] 在拿破仑看来，运输一营人所需用的帐篷需要五匹马，而马匹应该最好拿去运输粮食。尽管拿破仑这段话表面上看起来振振有词，但实际上反映出法国大革命和拿破仑战争时期军队后勤保障的不力。

著名军事后勤学专家马丁·范克列威尔德对后勤的定义为"运送军队并保持其供给的实践艺术（the practical art of moving armies and keeping them supplied）"[3]。质言之，后勤的任务一为运送军队，二为保持它们的供给。而这两项任务的执行都从根本上依赖于交通运输。传统史学的观点认为，北美独立战争时期大陆军后勤供给匮乏的原因主要在于以

---

① 富勒：《西洋世界军事史》卷 2，从西班牙无敌舰队失败到滑铁卢会战，钮先钟译，广西师范大学出版社 2004 年版，第 127 页。

② 《拿破仑文选》下卷，陈太先译，商务印书馆 1980 年版，第 310 页。

③ Martin L. Van Creveld, *Supplying War: Logistics from Wallenstein to Patton*, Cambridge: Cambridge University Press, 2 edition, 2004, p. 1.

下两方面：其一，美国缺少中央集权政府来组织和统一抗战力量；其二，当时英国已发生工业革命，经济发生了质的变化，制造业在国民经济中占据重要地位，而北美殖民地的制造业仍很落后，经济实力薄弱。美国后勤体制存在缺陷是毋庸讳言的，但美国当时支持战争的物质力量应该说绰乎有余。在 1775 年以前，北美殖民地常被欧洲旅游家和观察家认为是牛奶和蜂蜜般的沃土，移民比他们的欧洲同胞们生活得更舒适。北美殖民地人口增长率较高，经济发展迅速，这意味着前现代战争（premodern warfare）关键的原料，即人力资源和粮秣不存在缺乏问题。所有资源都是可以用于从事一场无限制战争的，但问题的关键在于北美殖民地的军队缺乏运输工具，包括马匹、车辆、可以利用的水陆通道以及大量在前现代战争条件下从事战时后勤网络工作的熟练人员。北美殖民地商业经济的繁荣依靠穿越大西洋、进入加勒比海的海上贸易，因此美国陆路交通与此海上贸易模式相适应，大多是沿水路从产品地通向沿海港口。但是，英国军队不仅破坏了内陆与沿海的商业，并且有效地阻止北美军队使用沿海的道路，北美军队不得不使用远离沿海的次等、三等道路。瑞典旅游者彼得·凯姆（Peter Kalum）[①] 曾于 1750 年考察北美情形，他说：北美的道路好坏依地面条件而定，在沙性土壤地区，道路干燥而优良，但在黏性土壤地区，道路则较差。一般来说，沙性土壤的道路在沿海地区，那里英军和效忠派力量强大，这样北美军队便只能使用凯姆所谓的"恶劣"的内陆道路。可以在军事上利用的内陆道路的严重限制，不仅表现为数量的不足，而且表现为布局的不合理。这理应能够以大量人力和畜力得以弥补。但是，一方面，农村青年或者自愿从军，或者被强制在民兵里服役，从 1775 年后，军队从马车夫、旅店料理马骡者、马蹄铁匠、制车匠等关键工作中吸收了大批人力，而这些后勤关键工作却被视为懦夫的天堂而不受重视；另一方面，畜力的供应在和平时期是充足的，但在战时却由于无经验的士兵的滥用与漫不经心的照料而急剧减少，农民很快将他们的珍贵的牲畜藏匿起来，或拿到市场上卖给英国军队而换得硬通货。威伦·卡普（E. Wayne Carp）的著

---

① 此人生卒年份不详，今姑阙疑，待考。

作表明，北美军队在独立战争期间花费急剧膨胀的不是军队的兵饷，而是交通运输费。① 由此可见，交通运输是北美独立战争的瓶颈问题。

二、粮草的筹措供给

《孙子兵法》云："军无辎重则亡，无粮食则亡，无委积则亡。"②这的确是放之四海而皆准的不刊之论。兵马未动，粮草先行。后勤在空间上是置后的，但是，后勤活动在时间上却是先行的。孙秀德主编的《军事后勤学》指出："后勤空间置后的活动是时间先行在战争状态中的持续表现，它是保障准备的延续和保障准备目的的实施。后勤在时间上先行，是战争的超前活动，而它的活动空间一般是在非战争状态或战争地区后方完成的。因此，置后和先行特征是后勤的手段性特征。"③如果粮秣筹措在时间上不先行，就不可能在战争的进行中与其他军事活动协调同步，就会迟滞其他军事活动的进程。如果粮秣补给缺乏，后援不继，则官兵势必枵腹从征，无法持续攻守，导致最终饥馁溃败。学术界普遍认为，在过去冷兵器时代，粮草是军队的主要需求，运输也主要是运粮草，后勤保障的内容比较简单，而在现代战争中，后勤的有机结构呈不断提高的趋势，军队对弹药、油料的需求剧增。但我们认为，古今后勤保障虽然表面上发生了巨大变化，但实质道理却共条同贯，前后一揆。第二次世界大战中许多具有先见之明的将领就从骑兵的作战方式中领悟到装甲车所产生的军队机动性变革。如果说装甲车的大量使用需要油料，那么古代战争中马匹需要草料不是毫无二致的道理吗？

18世纪，清朝军粮运输实行台站制。这里所谓的台站与军行的台站名称相同，但在性质上有部分差异。军行台站着重运兵，大兵过后立即撤销，其组织及功能纯粹是为军行而设计实施。军粮运输的台站，其

---

① E. Wayne Carp, *To Starve the Army at Pleasure: Conrental Army Administration and American Political Culture, 1775 – 1783*, Chapel Hill, NC: University of North Carolina Press, 1984, p. 69.
② 《孙子兵法·军争篇》，中国人民解放军军事科学院战争理论研究部《孙子》注释小组：《孙子兵法新注》，中华书局2008年版，第51页。
③ 孙秀德主编：《军事后勤学》，国防大学出版社1990年版，第84页。

意义及任务与现代意义上的兵站颇为相似，所运送的对象以军粮为最大宗，其他诸如兵马器械、文报饷银等一切军中所需俱属台站的工作范畴。军粮运输的台站当时亦称之为粮台，不过这里所谓的粮台专指较大的台站，这种台站专设粮务大员管理，并建有大量存贮物资的仓廒。台站按大小可以分为三等：（1）转运总局，即最大台站。最大台站为粮运总汇，从各地运来的粮食，由大臣常驻守于此，办理各路军粮。（2）转运分局，指较大台站。（3）台站，指最小的台站。另外，购办军粮的军府州县也赋予采运局的称呼，形成一整套严密而完善的组织体系。以第一次大小金川之役为例，由于清军当时兵分两路进攻深入，所以军粮亦随着西、南两路运送。西路军粮运输于成都设转总局，再分三条路线运送。其中，主要路线为卡撒一线，安设台站三十三处，原系吏部拣选试用官员管辖，因未经历练，难以胜任，乃由邻近各省派出知府、同知三十三名，每名专管一台，又将沿途台站分为四段，派道员四名，每名各管一段，使其往来稽查，总理督率各台粮运。次要路线是党坝、逊克尔宗两路。清政府于各路后方的杂谷闹、党坝、美诺、占固、崇德、牛厂、龙肋等地设转运分局，沿途设台站输送，由杂谷闹至党坝安设十一台，由杂谷闹至沃日（dbang zhing）安设六台，雇夫役背送，每名运费以每台站给银八分、米或面一升。由于天气寒冷，冰雪载途，夫役背多龟裂，冰雪伤目，往往裹足不前，所以清政府有关负责人员决定增加站数，从而使夫役运费有所相对提高，杂谷闹至党坝增加六站，至沃日增加三站。等到春雪消融的时候，各路线粮运又大受阻滞，尤以所经过班拦山等山径最为陡险，积雪泥泞，兽力难行，只得用夫役背运，转输之艰辛自不待言。此次的军粮运输在南路方面以打箭炉（dar rtsem do）为转运总局，所需米粮多从雅州府供应，由驻守打箭炉总理大员统筹一切，再分三小路运往。上路为供应甲索军营而设，经子龙、达其，共十七大站，子龙为转运分局，原用马拉作运输工具，后因冰雪阻滞，有些地方牛多瘟疫，改用夫运。中路为供应马奈军营而设，这一路线十分荒凉，只好在中途的泰宁安设十站，而泰宁至吉地难安台站，只好由泰宁用乌拉长运至沙普隆，再由沙普隆用乌拉长运至吉地，当时在泰宁、沙普隆、吉地设有转运分局，置粮务官管理。下路为供应木坪而设，由雅州府直接运往，原由粮务官一员管辖，后因添兵加运军粮，一人不能兼顾，又添设一员。从总体上看，西路和南路联结成一个似圆形的环，各路均能相通，互济有无。赖福顺认为，这种补给路线尤其使用于像大小金川之役这种包围歼灭战法之战役时极为有效。① 在 18 世纪，清政府采取军粮供给的经理独立体制，使将军与督粮大臣分立。督粮大臣由朝廷特派，或由各省的督抚担任，专门负责军粮的补给，责权明确，责任心强，并且可以避免分散将军的注意力，使其无后顾之忧，从体制上防止领兵大员之贪黩。另一方面，由于各台站由文员管理，虽可以发挥其善于理财、善于行政领导的优势，但也会产生一些问题。例如，粮道的保护防范十分重要，文官无权支使官兵，必须再加衔戴翎，始可发号施令。此外，文官多较怯懦，稍有退兵风声，辄心生动，弃粮先逃以求保全首领。第二次金川之役中木果木之败肇因于粮台被劫，就是一个典型的例证。

毛泽东指出："优势而无准备，不是真正的优势，也没有主动。"② 凡事预则立，不预则废。清政府在平时就极其重视后勤保障工作。清朝统治者对军需后勤采取未雨绸缪的策略，以求有备无患。乾隆后期，福康安提出要加强军队建设，广东巡抚孙士毅在向朝廷议复的奏折中指出："两粤山路崎岖，春夏之交，兼多雨水，鞋鞋脚齿，在所必需，而挡雨油具，尤关紧要，亦经通饬如法制办，预备齐全，统于本营公费项下开销，如有不敷，即在大小各营公费内通融筹拨。至若裹带干粮，两粤地气热炎，炒面存贮数日即霉变不堪下咽，因地制宜，似以改用炒米为合用。查甘省原议因裹带粟米如无薪水之处，不能为炊，是以每兵一名预备炒面十五斤，足供半月口粮，俾得迅速遄行。两粤山溪错杂，水皁丰腴，无论僻径冲途，皆可随时炊爨，若每兵一名裹带炒米十五斤，得水便堪食，并无炊爨之烦，虽未经安设粮台，以前亦随便可以疗饥，

----

① 此外，可以参考戴英聪对金川战役中官运体系、商运体系以及民夫三者关系的研究。Yingcong Dai, The Qing State, Merchants, and the Military Labor Force in the Jinchuan Campaigns, *Late Imperial China*, Volume 22, Number 2, December 2001, pp. 35 – 90.

② 《毛泽东军事文选》第 2 卷，战士出版社 1981 年版，第 320 页。

不碍趱行程站，此项米石即在各州县碾支，兵米内动支，用口袋标记本兵姓名存营收贮，仍于各营应得兵粮内逐月换给，出陈易新，似此一转移间设遇征调仍可旦夕启行，携带较为便捷。"① 在 18 世纪，清军粮食补给为了达到军行粮随，采取多种样的形式，给后世提供了丰富的历史经验。当时官兵的给养品种以米面为主，但给养宗旨以能补给为上，故而往往因时、因情、因地制宜地选择恰当的后勤保障方式，不拘一格，表现出极大的灵活性。在乾隆朝第一次征准噶尔之役时，哈密原贮存牛羊肉干十九万余斤，甘肃巡抚鄂昌起初奏请再采买羊十二万只，风晾成干后运往，军机大臣决议预备十万只，牛羊不拘，掺杂办理，后来鄂昌认为牛一只抵羊两只，便决定采办羊四万只，牛两万只，牛只于凉州、庄浪两处购买，共合十万之数，均风干后送往，一则省长途牵领饲养，二则免沿途倒毙疲瘦。由于当时天气尚温，牛羊肉干若太早制作，会有臭味，于是先将牛羊买齐，再择地放牧，等到秋末冬初天气凝寒再行宰割，定重量大小，统一规格，成捆包装，这样共计可运往哈密之肉干三十余万斤，只敷六千官兵十日之用，不足之数以米面搭支抵足，匀出部分肉干，给后进官兵食用。官兵出征塞外，路经沙漠无水之地，难免干渴，于是照旧例办给果单。果单系甘州所产，当地人称为"秋子"，八月半后果熟可晒制成单（干），生津解渴，对官兵经过无水地方大有用处，此次用兵之前由甘州府制办两百斤。又如，在第二次大小金川之役，军粮以米为最大宗，面比米较难存贮，采办较少，但官兵裹带较为便捷。此次战役在进攻小金川时即大得炒面之益。正是这样，清政府起初只在茂州、保县等处办炒面二千五百石，后来又多予采购，在维州、谷噶、杂谷闹等处办运面二十万斤。另外，清政府于达围军营附近向羊贩购羊四百只，每只给价二点六两，按军营定例，羊一只抵米一斗半，二十只可抵米三石，以军营之米价核算，三石米需银四十九点八两，而羊二十只仅需银四十六两，故而以羊只抵米尚为节省，于是再向羊贩购办一千余只，赶赴军营，但因道路遥远，且中隔数处雪山，此次解送的

---

① 中国第一历史档案馆，军机处录副奏折，乾隆五十年七月十九日广东巡抚暂署总督印务孙士毅折。

一千只羊竟死去数百只，遂于原定价值之外，另行酌量赏给羊贩。此役尚曾亦运饽饽、烧饼，各按面价给值，并从内地州县办运烧酒，每斤银三分。《啸亭杂录》有这样的记载："宗室副都统东林，文皇帝第十子韬塞裔也。任侍卫时，从征川、楚教匪凡十余年。其亲为余言者云：'军中糜费甚众，其帑饷半为粮员侵蚀，任其滥行冒销，有建昌道石作瑞，曾侵蚀帑银至五十余万两。然其奢费亦属糜滥，延诸将帅会饮，多在深箐荒簏间，人迹之所罕至者，其蟹鱼珍馐之属，每品皆用五六两，一席多至三四十品，而赏赐优伶、犒赉仆从之费不与焉。……军中奢靡之风，实古今之所未有也。'闻明参政亮言其随明忠毅公瑞征乌什回部时，军中大帅，惟有肉一戢、盐酪数品而已。其事未逾数十年，而其风变易至此，其作俑者可胜诛乎？"① 由此可见清朝军队的粮食给养在 18 世纪后期出现了一种奢侈倾向。

与中国相比较，18 世纪西方国家军队的建立和兵员的补充发生了变化，军队的给养也必然发生同样的变化。这是因为，有些阶层的人为了免除当兵的义务已经缴纳了赋税，不能再简单地让他们负担军队的给养了，所以政府、国库必须负担军队的给养，把军队的给养看作完全是自己的事情，这样便不仅形成了一个从事战争的、专门的阶层，而且还形成了一种专门的军队给养制度。当时，供给养用的粮食，不论是采购来的还是国家领地缴纳的，不仅都要由远方运来，储存在仓库里，而且还要由专门的运输队从仓库运送到部队，在部队附近由专门的面包房烧成面包，然后由部队的运输队从面包房把面包运走。于是，一种新的供应制——设仓供应制便应运而生。这种给养方式又称"五日行程制度"，是在 17 世纪后半叶路易十四时代产生的，后来欧洲其他国家也相继实行，到 18 世纪末欧洲各君主国干涉法国革命时，普鲁士将军不伦瑞克公爵仍坚持实行这种制度。在这种制度下，西方国家在可能作战方向建立一些仓库，预先把物资（主要是粮秣）存放在仓库中。军队出征时携带九天给养，作战军队距离仓库不得超过一百至一百五十公里，

---

① 昭梿：《啸亭杂录》卷八，何英芳点校，中华书局 1980 年版，第 258—259 页。

相当于五日行程，只有建好新的仓库以后，军队才能继续前进。面包房设在军队和仓库之间，距军队两日行程，距仓库三日行程。部队每五日领一次新鲜面包。如果增设中间仓库并保证足够运力，上述距离可扩大到二百至二百五十公里，相当于九至十日行程。设仓供应制的优点是预先在国内筹措粮秣，按期送往作战军队，但它限制了军队的机动性和军事行动范围，使交通线变得更加重要和脆弱，而且由于预设仓库还可能暴露战略战役企图，所以 18 世纪西方国家出现了移动仓库体制，这是后来许多国家的军队采用的兵站供应制的雏形。据史料记载，普鲁士的腓特烈对军队实行改革，建立了一套将部队跟兵站连接起来、从而保证作战的物资供应的方法，规定每个士兵带三天口粮、团补给车带八天的面包定量、军的补给车队带一个月的食品供应量。在当时，高贵的普鲁士军官们习惯于在作战中携带大量辎重，加之粮秣运输困难，所以普军不能远离基地作战，很少远距离追击敌人。腓特烈大帝的战略通常是短促地突入敌方领土，把敌人打垮和破坏敌方交通线。①

　　在 18 世纪，清军军粮运输可以分为官运和商运等方式。官运为官方委员运送，沿途安设台站，按站滚送，故而又称滚运。商运乃是指当官运不足时，办粮大员按照地方情形，拟定雇佣价值，招徕商人承运，一切运送事宜由该商人负责，不须官为料理，从起站一直送至军营，故而又称长运。商运又分两种：第一，带运。即官商认运。在第一次金川之役，原先指令官商范毓馪之子弟领资转运，后实际的运送者为中书范清注、侍郎王锴，各认运七万五千石。第二，仓运。此种商运由一般商人充任。向来商运均系给予仓谷作为运费，但在第一次金川之役，有些州县不给谷，折价给银。清代著名皇商范氏曾为清政府 18 世纪军粮运输建立了重大的功勋。嘉庆《介休县志》记载："康熙辛丑（康熙六十年，1721 年。——引者注）、壬寅（康熙六十一年，1722 年。——引者注）间，西征准噶尔丹，道远，粮运石费百二十金，多不能继，公私苦之。毓馪与毓醇力任挽输，辗转沙漠万里，不劳官吏，不扰闾阎，克

---

　　① 威廉·西摩：《世界上二十次重大战役中的决定因素》，军事科学院外国军事研究部译，军事科学出版社 1992 年版，第 99 页。

期必至，且省国费以亿万计。将帅上其功，赐职太仆寺卿，用二品服；弟毓醰赐职布政司参政，盖异数也。"① 当时边地军营中物价高昂得离奇，诸如"阿尔泰军营，一猪之价十余金，他物称是"②，因此范家历经康雍乾三朝承办运送军粮，利用输米馈军机会操纵经营，从而积成巨富。在西方，从16世纪开始，欧洲军队中出现了商贩供应制，因为几

《北征督运图》册页之一

乎所有欧洲国家都只发给雇佣兵薪饷，军人必须用自己的薪饷向商贩购买武器、装具、被服、给养甚至火药。军队出征时，有随军商贩带辎重车辆随行，向军队出售粮秣和日常生活用品，弹药则由军队自带，通常足够整个作战期间使用。在18世纪的西欧，随军商贩曾被认为是军队不可缺少的成员，有些国家的随军商贩还常常是女性，战斗时还可充当护士。在北美独立战争中，美国确立了对私营厂商依赖的后勤思想。当时任财政部部长的罗伯特·莫里斯（Robert Morris，1734—1806）就认为："在任何一个进行战争的国家里，经验迟早会表明，与有资产和才干的私人订立合同，等于是懂得了获得部队衣食住行所必需的那些物品

---

① 徐品山修、陆元镳纂：《介休县志》卷九，人物，《中国地方志集成》，山西府县志辑，24，凤凰出版社2005年版，第439页。

② 王庆云：《熙朝纪政》卷八，"纪边外互市"，上海书局光绪二十八年铅印本，页十九。或可参详王庆云：《石渠余纪》卷六，"纪边外互市"，北京古籍出版社1985年版，第280页。相关研究参见商鸿逵：《清代皇商介休范家》（《红楼梦》故事史证之一），明清史国际学术讨论会秘书处论文组编：《明清史国际学术讨论会论文集》，天津人民出版社1982年版，第1015页。

的最便宜、最可靠，从而也是最好的办法。"① 为此，他实行了一种尽快与私人签订采购合同的新制度，以解决靠采购兵站进行采购所造成的效率低和浪费问题。从此以后，通过与私人签订采购合同来进行后勤供应，成为美军的一个基本做法。

《孙子兵法·作战篇》中提出："取用于国，因粮于敌，故军食可足也。"② 因粮于敌是古代后勤思想的一条重要原则。从历史上看，因粮于敌有三种方法：一是在作战地区征集、购买，二是从敌人手中缴获，三是在敌占区抄掠。第三种办法显然与民众的利益相矛盾而应该尽量避免。兵法中说："食敌一钟，当吾二十钟。"③ 克劳塞维茨也说："从我们进入敌国领土的时刻起，敌人就开始丧失土地，因而也丧失补充新的作战力量的源泉；我们获得了这些源泉的一部分，换句话说，得到了以敌养己之利。"④ 乾隆年间用兵西北时，陕甘总督永常在关于筹备进剿官兵需用粮饷的奏折中，提出了一个派遣大批部队携带数百万斤军粮的庞大计划，遭到皇帝的否决。乾隆帝指出："永常议奏进剿官兵器械粮饷折内，裹带官兵跟役口粮，至米面数百万斤，此系从前岳钟琪所办，乃相沿绿旗陋习。已属失策。况此番情形，与前更自不同。现在准夷内乱相寻，人心离叛，以天朝余力，乘机进取，正所谓取乱侮亡之时。若裹带米面数百万斤，驮载前往，则兵丁防护不暇，何能轻骑进剿？且与蒙古交战，惟应仍用蒙古行走之法，加以官军节制足矣。若辎重为累，不得鼓勇向前，反启准夷窥伺攘夺之心，岂非转资盗粮耶？"⑤

---

① 詹姆斯·A. 休斯敦：《美国陆军后勤史》上，王军等译，解放军出版社1989 年版，第 85 页。

② 《孙子兵法·作战篇》，中国人民解放军军事科学院战争理论研究部《孙子》注释小组：《孙子兵法新注》，中华书局 2008 年版，第 12 页。

③ 《孙子兵法·作战篇》，中国人民解放军军事科学院战争理论研究部《孙子》注释小组：《孙子兵法新注》，中华书局 2008 年版，第 14 页。

④ 卡尔·冯·克劳塞维茨：《战争论》第 3 卷，中国人民解放军军事科学院译，商务印书馆 1982 年版，第 839 页。

⑤ 《清高宗纯皇帝实录》卷四百六十七，乾隆十九年六月，台北华文书局股份有限公司 1960—1970 年版，第 6817 页。亦可参见王雅轩主编：《中国历代百家论后勤》，解放军出版社 1986 年版，第 377 页。

乾隆帝认为，因粮于敌，乃从来军行胜算，如果按照永常所奏办理，势必辗转挽运，动逾数旬，难以接济大兵之巡行，因此永常的观点乃"兵行粮随"的汉人论兵故套，而实昧于机宜。从军事学角度来看，给养的后勤保障方式基本上可分为携行式、就地取给式和后方供应式三种。保障方式本身并无好坏之分，关键是看战争指导者选择、运用是否恰当。在乾隆朝两次准噶尔之役中，清军采取主动快速攻击的战略，预计可以在短时间内打败敌人，因此军粮补给采取随军出发的方式，兵丁仅裹带三四个月的口粮，轻装出师。然而，在平定回部之役中，清军所采取的战略并非快速攻城略地，而是逐城包围、渐次歼灭敌人，因此该役军粮补给的路线绵长，沿途设置了许多转运分局与台站，随军行之后运送军粮。不可否认，因粮于敌是最高策略之运用，可以节省采买和挽运。但如果敌方坚壁清野，或实在凋敝困乏，即无粮可资借，这种情况下如果大军事先过分倚重敌粮，有可能最终出现缺粮的局面。① 在缅甸之役期间，当初明瑞带兵出征，认为自可因粮于敌，乾隆帝亦予以赞许，可是结果却事与愿违，等到发现缅军坚壁清野，清军无粮可寻，为时已太晚。

西方学术界对18世纪西方后勤发展史争论极大，分为对立两极的解释模式：变革派和连续派。传统的学者强调变革，认为：在17世纪三十年战争期间，后勤供应陷于劫掠的水平。以路易十四为标志，从17世纪中叶以

《北征督运图》册页之二

---

① 参见本书第三卷第八章。

后，许多集权国家发展行政工具，动员充足的资源供给军队的正常军事消费。从 17 世纪中叶到 18 世纪末期，后勤供给的"脐带"束缚着军队。在法国大革命和拿破仑时期，历史画面完全改变了。革命军队表明他们可以不过分注重正常后勤供应而遂行战斗任务，而混乱无能的政府也不能充足地供给军队。拿破仑使其军队依赖于掠夺军需品而将军队从供给线解脱出来。拿破仑在蒙特诺特战役（La bataille de Montenotte）前检阅部队时说："士兵们！你们没有衣穿，吃的也不好，政府欠下你们许多东西，可是它什么也不能发给你们。你们在这些悬岩峭壁中间显示出来的勇气和坚忍力量是令人惊叹的，可是这并没有给你们带来任何荣誉，它们的光辉并没有照到你们身上。我想带你们到世界上最富饶的国家里去。富饶的地区和繁华的大都市将受你们支配。你们在那儿将会得到尊敬、荣誉和财富。意大利方面军的士兵们！难道你们的勇敢精神和坚忍力量不够吗？"① 拿破仑采取的策略就是因粮于敌的策略，这种办法获得了极大的成功。总之，传统学术界的观点认为，拿破仑军队为取得较高的机动性，曾摈弃设仓供应制和正规征发制度，完全采取古代就地取给的保障方式。但马丁·万·克列威尔德《战争与后勤》则强调 1625—1914 年之间后勤供应方式具有连续性，认为 17 世纪后期和 18 世纪的西方军队也并非被供应"脐带"所束缚，而是依赖战区提供大量补给；拿破仑使军队重新获得机动性，不是对后勤补给进行了革命，而是放弃了无效率的围攻城堡的作战模式。《战争与后勤》是后勤学术发展史上的一座里程碑，对传统观念提出挑战，这样，克列威尔德的著作在引起轩然大波的同时也招致学术界其他人的劲矢。许多学者提出异议说，克列威尔德认为军队野战时喂马的青草料必须就地获取，因为长途运输不可行，四匹马拉一辆车的载重量为一千二百英镑，这四匹马每天消耗两百英镑，在从储藏地到目的地往返来回的六天行程中，这些马匹将消耗所有装载物而一无所剩，故而草料在 18 世纪不能不依靠就地解决，但克列威尔德忽视了草料与粮食统而笼之地加以讨论存在的疏漏，因为粮食不能仅被发现，还必须被制作。在对克列威尔德理论采取

---

① 《拿破仑文选》上卷，陈太先译，商务印书馆 1980 年版，第 61 页。

"修正主义"态度的学者看来，烤制面包受炉具等条件的限制不可能就地解决，18世纪从后方补给的正常方式是普遍现象。其次，这些持不同观点的学者认为，克列威尔德声称路易十四的军队与拿破仑的军队在后勤上存在连续性，如果法国革命以前的欧洲军队不沉迷于围城战，那么他们也可以像拿破仑的军队那样具有高度机动性，但是克列威尔德忽视了限制17、18世纪欧洲军队行动的两个重要因素：有限战争目的和士兵的性质。这些持不同观点的学者认为，拿破仑之所以能当时放弃精细的后勤管理、依靠因粮于敌而取得机动性，并不是因为他是一个胆大的战略家，而是因为这些士兵不是雇佣兵，他能够信赖他们。①

三、医疗卫生保障

卫生保障，是运用医学科学技术保持和恢复军队有生力量的一种专业勤务（又称卫生勤务）。在战争中，人是战斗力的主要源泉，消灭敌人、保存自己是战争的首要根本目的，而为了有效地保存自己，人们必然会把医疗救护作为重要手段来提高自己的生存能力。在清代，由于战场范围广，各作战区域内自然环境差异很大，部队机动性大，人员体力消耗常常使身体素质下降，容易发生疫病，加之战场上刀光剑影、枪林弹雨使交战双方都难免互有伤亡，因此当时行军作战每每有军营医生随行治疗伤病。例如，在乾隆朝第一次准噶尔之役，清军分西、北两路进兵，战斗人员为五万名，但加上领兵将弁及随营医生匠役等，就大约共计有七万八千名。在镇压台湾林爽文起义后，四川番练凯旋，由闽省入江西省铅山县登船，经南昌府，过湖南省巴陵县界，至湖北省黄梅县小池口入境，乘坐江西省原船径送汉阳会换船，载至宜昌府东湖县登岸，改由陆路送至四川巫山县出境，复由巫山县陆路行走至成都，直抵懋功厅。当四川番练行抵南昌省城时，江西巡抚何裕城以番练性不耐热，恐其生病，乃选派医生备带药草，沿途为之调治。在18世纪，清军在行军作战过程中如果军营医生不足，往往于民间觅雇良医。在第二次金川

① John A. Lynn (ed.)，*Feeding Mars: Logistics in Western Warfare from the Middle Ages to the Present*，Boulder, Colo. : Westview Press，1994，p. 25.

之役，清军就从湖北寻觅能治疗刀斧枪石等伤的医生十三名，赴四川军营。军营有时也为了采购药材，往往行文内地州县办解。在乾隆朝征缅甸之役期间，战区内多瘴病，购买阿魏甚多，因为阿魏是治伤去毒的良药，为军营所必备。雍正九年的军令就明确规定："兵丁中途染病，该管委署护军校、领催、红旗管队即同护军校、千总、把总一同验确，禀明该管官员，令医调治。如不行验看调治，该管委署护军校、领催鞭五十，红旗管队捆责四十棍，护军校、骁骑校、千总、把总插箭。如兵丁妄称患病懒惰偷安者斩。"① 按照乾隆年间《军需则例》规定，派往军营的医生每名给安家银五十两、行装银三十两、薪资银每月三两，口粮米每日八合三勺。《军需则例》对出征的绿营官兵及地方文职官员伤病时觅雇夫役抬送进行了统一规定，即副将、道员轻病六名、重病十二名，参将、游击、知府、同知、通判轻病四名、重病八名，都司、守备、知州、知县、州同、州判轻病三名、重病六名，千总、把总、外委、县丞以下等官轻病两名、重病四名，兵丁轻病零点五名、重病两名。

在 14 世纪，西方国家军队的医疗卫生不受重视，军队死亡率极高。士兵受伤后得不到有效治疗，西方当时的外科手术医生均是由剃头匠和木匠演变而来的，动辄施以截肢，技术落后，给士兵造成极大痛苦。后来，人们逐渐认识到，钱最好花在治疗受伤士兵上，因为这些受伤的老兵治愈后抵得上十个新兵，而且这有助于提高军队的士气和鼓励新的志愿者参军作战。1708 年，法国皇家敕令决定大幅度地增加在军队中服务的外科医生的数量，下令建立五十家新医院，主要在北方边境，由一名督察官监督负责。1713 年，柏林建立了一座训练军队外科医生的解剖示范室。此后十二年的一个命令中又规定进入医学院的人必须在军队中强制服役一定时期。据一位军事史学家说，英国的陆军是相当典型的 18 世纪的军队，当时的外科军医们认为屠夫的手锯就是他们最好的医疗工具。《彼得大帝传》这样记载 18 世纪初瑞典军队在与俄国军队交

① 国家图书馆分馆编：《清代军政资料选粹》五，行军纪律军营纪律乡守辑要合抄，全国图书馆文献缩微复制中心 2002 年版，第 13 页。

手的北方战争期间向莫斯科进军的情形："士兵们因饥饿而昏倒在地，马匹也因虚弱不堪而死去；从一片白雪茫茫的薄雾中不时窜出的哥萨克们，杀死在后面的掉队士兵，拦截部队的车辆。沿着道路的两旁，医生们在阵阵狂风中搭起帐篷，为僵冻肢体的伤员实施截肢手术。瑞典人当时有这样的说法：'我们有三名好医生：烧酒、大蒜和死亡。'"① 这种艰苦的状况令人殊堪悯恻。从拿破仑对意大利的战争中可以看出，起初，法国军队的许多士兵因高山的气候和不良的饮水而生病，非战斗减员剧增，三个月之中军队在医院中所受的损失不小于大会战时在战场上所受的损失，当时法国军队的医院规模及数量都相当可观的，伤病员的后送与救治都形成了制度。

第三节 18 世纪财政与军事的相关关系

有学者指出，足食足兵为立国之本，一在经济，一在军事，一在自养，一在自保。兵不强，不可以摧敌；国不富，不可以养兵。早在春秋时代，孙武在《孙子兵法·作战篇》中就对战争与国家经济的关系进行了分析，他说："凡用兵之法，驰车千驷，革车千乘，带甲十万，千里馈粮，内外之费，宾客之用，胶漆之材，车甲之奉，日费千金，然后十万之师举矣。"② 西方在 18 世纪以前和整个 18 世纪期间，由于战时军用物资器材 80% 以上是粮秣和军装，只要有钱就容易得到，战争供应从根本上说主要是货币供应，战争同经济的关系只局限于财政范围之内，所以许多西方军事指挥家和思想家在研究战时经济问题时，曾就战争对国家经济资源的依赖问题提出过某些真知灼见，但因受历史条件的限制，一般未能超出财政是战争决定性因素的认识和"金钱是战争神"

① Tallett Frank, *War and Society in Early Modern Europe: 1495 – 1715*, London：Routledge，1992，p. 112.

② 语出《孙子兵法·作战篇》，中国人民解放军军事科学院战争理论研究部《孙子》注释小组：《孙子兵法新注》，中华书局 2008 年版，第 10 页。

的原理。彼得大帝在其 1711 年的敕令中说道："要尽可能地积聚金钱，因为金钱是战争的动脉。"[①] 拿破仑也说："为了在战争中取得胜利，必须有三样东西，第一是钱，第二是更多的钱，第三是更多更多的钱。"[②] 在 18 世纪，一个总体特征即是欧洲流行重商主义经济政策。由于重商主义和"开明的专制主义"交织在一起构成这个时代的精神，我们认识到这两者至少部分肇因于战争的需要是非常重要的。欧洲君主素知发动战争必须有钱，而在 18 世纪，他们开始认识到产生财政收入的能力与其国家的状况息息相关，即奶牛如果要正常产奶就必须使之保持健壮。欧洲开明君主的经济政策即在于最大限度提高国家战斗能力。科尔贝（Jean-Baptiste Colbert，1619—1683）的名字与重商主义联系最为紧密，他一针见血地指出：商业是财政金融的基础，财政金融是战争的支柱。

在 18 世纪，清廷的财政支出大半用于养兵。甘肃巡抚黄廷桂在一份题奏中说："直省支放项下，雍正元年计需兵饷一千三百余万两，乾隆四年计需兵饷一千七百余万两，共计多用银四百余万两。……查见在直省兵饷之数，较之康熙年间兵饷之数渐增至五六百万元多。"[③] 需要指出的是，这里所指的仅是直隶各省的兵饷马乾，并不包括京城禁旅、盛京、吉林、黑龙江驻防以及陵寝、围场等饷额。然而，魏源却将直省兵饷误认为是全国的饷额，在《圣武记》中指出："至岁出之数，则满、汉兵八十余万，实支饷、米、草、豆银一千七百三万七千一百两有奇。"[④] 郑天挺则又据此论述岁出比例说："清初的岁出凡银 27388588 两，而兵饷占银 13492755 两，为 49.2%。其后兵饷续有增加，1766 年

---

① 亚历山大罗夫：《一六八九年尼布楚条约前中俄经济联系的历史》，《苏联历史》1957 年第 5 期。转引自复旦大学历史系《沙俄侵华史》编写组：《沙俄侵华史》，上海人民出版社 1986 年版，第 59 页。

② 转引自张振龙主编：《军事经济学》，辽宁人民出版社 1988 年版，第 16—18 页。

③ 抄档：《俸饷》二十二，《军务·经制·善后（一）》，乾隆七年三月十一日黄廷桂题本。转引自陈锋：《清代军费研究》，武汉大学出版社 1992 年版，第 198 页。

④ 魏源：《圣武记·武事余记》，《魏源全集》编辑委员会编校：《魏源全集》第 3 册，岳麓书社 2004 年版，第 485 页。

（乾隆三十一年）增到 1700 多万，而岁出总数约为 3370 万，占 50.4%，这是经常的饷米。"[1] 陈锋对前人的以讹传讹予以澄清，得出的结论是：雍正中期之前全国的饷额总数在一千九百万两左右，雍正末年以后全国的饷额总数在二千六百万两左右。当然，正如陈锋所说，清代的常额军费当时除了兵饷马乾之外，还应该包括制造兵器之费、制造火药之费、军事工程与修造营房之费、驿站工食与转输之费、武职养廉与红白事例之费，等等，这些费用每年亦达数百万两之多。

在 18 世纪，清政府的战时军费主要包括五项：一是出征行粮（或称战时俸饷）之费，二是官兵赏恤之费，三是安设驿站和军需物资转输之费，四是军器的备办之费，五是军粮的采买之费。据陈锋的估算，康熙末年迄至雍正初年平准战争的实际费用五千万两左右，与雍正中后期平准战争的费用约略相当。至于雍正中后期平准战役的军费，乾隆二十一年十一月十四日军机大臣的上奏中云："查雍正年间，西路军需用过银三千五百三十万三千两零，北路军需用过银一千九百九万一千两零，西北两路总共用过银五千四百三十九万四千两零。此次西路用过银九百一十一万九千八百两零，北路用过银八百六十五万八千六十两零，总共西北两路陆续用过银一千七百七十七万七千九百两零，比较雍正年间，计少用银三千六百六十二万七千两零。"[2] 由此可见，雍正中后期平准战争用银为 5400 余万两。关于乾隆朝的战时军费，赵尔巽《清史稿·食货志六》、赵翼《簷曝杂记·军需各数》、魏源《圣武记·武事余记·兵制兵饷》、佚名《四川布政录·报销》等史籍均有所记载，但颇有出入。台湾学者赖福顺《乾隆重要战争之军需研究》一书是专门研究乾隆朝军事经济的鸿篇巨制。该书指出："自目前为止，高宗'十全武功'之军费尚未有确数，晚近每有人论及清朝之中衰，辄以'十全武功'之费作为评判之依据，却在未知其确实数额之前，率加议论。"[3]

---

①　郑天挺：《清代的八旗兵和绿营兵》，《历史教学》1955 年第 1 期。

②　转引自庄吉发：《故宫档案述要》，台北"故宫博物院"故宫丛刊编辑委员会编辑《故宫丛刊》甲种之二十九，台北"故宫博物院"1983 年版，第 236 页。

③　赖福顺：《乾隆重要战争之军需研究》，台北"故宫博物院"1984 年版，第 391 页。

基于此，赖依据台北"故宫博物院"所藏清代档案，对乾隆朝重大战役的军费进行了精审的考证和分析统计，应该说得出的数据是比较可靠的。不过，陈锋根据自己所查到的北京中国第一历史档案馆所藏清代档案及其他材料来看，发现赖福顺的数据依然存在一些问题。下面，我们将各种记载列表如下：

有关乾隆朝战时军费统计数据表

单位：万两

战争名称	《清史稿》	《簷曝杂记》	《圣武记》	《四川布政录》	《乾隆重要战争之军需研究》		《清代军费研究》
第一次金川之役	2000	775	……	760.4844	996.4	712.75	1000
准回之役	3300	2311	3300	……	3500	2311	3300
缅甸之役	900	911	900	……	1320.1	911.8374	1300
第二次金川之役	7000	6370	7000	5982.2760	6270	5351.6601	7000
台湾之役	……	1000	800	……	894.9912	371.0061	1000
二次廓尔喀之役	800	……		1100	925	345.5638	1200

　　说明：上表所列赖福顺《乾隆重要战争之军需研究》一栏分两组数据，前一组数据为拨款数额，后一组数据为报销数额。

　　对于乾隆朝的军费开支，学术界历来争议较大，可以分为肯定派与否定派两种。其中，否定派所依据的立足点又有不同，也可分为两种类型：一是以《清鉴纲目》为代表。在乾隆年间，乾隆帝因为各省武职大小官员俱有虚额名粮，命将此项额粮均归入养廉，另行挑补实额。当时大学士阿桂持不同意见说："国家经费，骤加不觉其多，岁支则难为继。此项经费岁增三百万，统计二十余年，即须七千余万两。请将武职议给养廉，所扣兵饷，除滇、黔、四川、闽、广等省控制边疆，应查明增添兵额，又陕、甘两省业添满、汉兵一万五千余名外，其余腹里省份均可毋庸挑补实额。"[1]乾隆帝认为即位初年户部银库计不过三千万两，近已增至七千万两，即便以岁支顿增三百万两计之，至乾隆六十年归政之

---

　　[1] 《清高宗纯皇帝实录》卷一千一百四十一，乾隆四十六年九月，台北华文书局股份有限公司 1960—1970 年版，第 16719 页。

时，所用亦不过四千余万，加上每年岁入所存，其时库藏较即位时自必尚有盈余，于是决计行之。《清鉴纲目》的作者认为："自古兵贵精不贵多，多则反累国力，国必贫弱。乾隆时兵额不为不多，而又挑补初额，阿桂请毋庸挑补，而帝以银库充溢，决计行之。迨至嘉庆后，两次议裁兵额卒不能裁，仍依原数，遂为清室衰敝之一大原因。呜呼！在帝当时，不过因逞好大喜功之片念，而竟贻子孙以无穷之忧。佳兵者不详，器满者必覆。清之不竞，其自高宗晚年始乎？"[①] 一是以高锐《试论清朝中期军事经济政策的失误及其影响》一文为代表。该文这样写道："到康熙四十八年（1709），清廷库存白银已达五千多万两，雍正中（约1729）达六千余万两，到乾隆末年（约1795），已超过七千万两。上述库存白银数额，相当于当时两年的国家财政收入的银额（粮草收入是征收实物，不在白银数内）。这样一笔大额白银，清廷不用去生产增殖，却放在库内作现金保存着，虽可应付意外急需，但既不用于进一步发展民用生产，也不用于加强国防建设，对国家社会经济的发展和国防的巩固，都是不利的。这种厚储不殖的财政政策，无疑是一项既不富国又不强兵的愚蠢的错误政策。"[②] 上述两种意见尽管出发点不同，但都对乾隆帝的军事经济政策进行了批评和否定。持肯定意见的有魏源、赖福顺等人。收复新疆是乾隆帝决定出兵平准之前朝廷内部就有争议的问题，平准之后有人认为是劳民伤财之举，直到清末海防、塞防之争时，有人还指责乾隆帝收复新疆得不偿失，可见这场争论持续贯穿有清一代。魏源指出："沿习不察，积非成是，始于士大夫不讨掌故，道听途说，其究至贻误于家国。嘉庆以来，谈度支者动以乾隆开辟新疆岁增兵饷三百万为词。无论各省解甘出关之饷岁止百有八十万，并无三百万之多，且其饷皆内地陕甘兵、蒙古兵、东三省兵原额之饷，移往新疆驻防，并非增诸额外。而西师息警后，岁省防秋戍塞之费更不知凡几。故乾隆库藏之盛，皆盛于二十年新疆底定以后，而非盛于二十载以前。若西饷果耗国用，则乾隆中叶即应久形空匮，岂六十年之库藏真天降地

[①]　印鸾章编著：《清鉴纲目》，岳麓书社1987年版，第372页。
[②]　高锐：《试论清朝中期军事经济政策的失误及其影响》，《军事经济研究》1991年第1期。

出乎？"①魏源对乾隆朝取消名粮后挑补实额的问题也有自己独到的见解，他在《圣武记》中这样写道："乾隆五十七年，重华宫茶宴联句诗注云：'户部总册奏，上年各省实征岁入银四千三百五十九万余，内俸薪、兵饷、驿站等费出银三千一百七十七万余两，余银一千八十一万余两。'是每岁留协酌拨，本不及正赋四分之一。查四十九年部议武职名粮时，已称岁用约余银五百两，即增兵饷，尚余银二三百万。今此联句已在增兵增饷之后，安得反岁余千万以外，其不可解一也。又称平定西陲三十余年，口内口外驻防官兵经费，较之雍正年间西北两路用兵，及乾隆未平定以前，陕、甘兵饷每年可节省三百余万。考乾隆三十七年十一月，诏称：'西陲定后，酌减沿边防守兵马，及酌裁各省驻防汉军粮饷马乾等项，除抵补新疆经费外，每年节省九十余万。'而松筠《新疆纪略》则又称节省二十余万，已参差不齐，何况三百余万之多乎？此不可解二也。然新疆驻防虽移自内地，未尝增设。而乾隆四十七年陕、甘增兵万二千九百余，京师增兵四千九百余，共增兵万有八千，增饷五十余万。此项所增，即因新疆移戍内地兵单而设，是西陲省费九十余万，亦不过十余年之事。而陕甘、京师增兵以后，则新疆所省已不甚多，故松筠《纪略》仅称岁省二十余万，盖指增兵以后言之也。至因陕、甘增兵，而并议及挑补名粮，编增各省之兵，则又别为一事，与新疆无涉。其实陕、甘换防缺额，原可移腹地省额之兵以补之，即不增亦无损于边防。而各省名粮虽补，行伍仍虚，更无大益于武备。"②魏源还说："我朝用兵，异于前代者有二，曰兵数少、饷数多也。明代平安南，援朝鲜，兵辄数十万，而我朝恢安南两路兵，仅万有八千。明代破播州，征蔺川，以二十余万，我朝平云、贵土司苗疆兵，不过二三万。至于康熙、雍正西师之役，乾隆准回之役、大小金川之役，嘉庆川楚教匪之役，用兵最久，从无至十万者。岳钟琪破青海以七千，兆惠、富勒两路平霍集占以三万，明瑞两路入缅甸以二万。惟康熙征剿吴逆，各省满汉大兵调至四十余万，此则蚩尤涿鹿之师，虽轩皇亦殚全力也。至其用饷

① 魏源：《圣武记》，韩锡铎、孙文良点校，中华书局1984年版，第487页。
② 魏源：《圣武记》附录，卷十一，韩锡铎、孙文良点校，中华书局1984年版，第474—475页。

之数，则大小金川共首尾五年，用饷至七千万，川楚逾万万，准回两部三千三百余万，缅甸九百余万，台湾八百余万，即恢复安南亦费百万以外。盖前代兴师，率皆加赋，取之于民，故兵多而饷少。本朝全发内帑，不加派一赋，故兵少而饷增。"[1] 赖福顺的观点大致与魏源接近，不过比魏源的分析更为条理化。他说：论者每以庸常观点，认为十全武功的军费为数颇巨，消耗清朝国力，导致清朝由盛而衰，但事实上乾隆年间户部存银却迭有加多；乾隆五十七年以后，户部存银总在七八千万两之间，似此物阜民丰，财政富裕，比之乾隆初年尚多三四倍，何有因十全武功军费支出而致财政短绌？

对于学术界见仁见智的各种观点，我们在这里提出两点意见，希望引起人们足够的重视：

其一，历史的本质与其说是判断，毋宁说是理解。脱离特定的历史环境，就难以理解任何历史现象。自从周代提出"制国用，量入以为出"[2] 的理财理论后，"量入为出"便成为中国的传统财政原则或国策。清朝亦不例外。尽管由于战争爆发等特殊原因，统治者有可能逾制征收赋税，但为了长治久安，他们不能不致力于赋税征收的秩序化。魏特夫《东方专制主义》有一个颇令人深省的观点，他认为，中国古代社会"大部分税收都是直接税，既不像封建制度一样由诸侯附庸进贡的方式支持皇帝，也不像现代政府一样以公司所得税、间接税、累进税作为收入的大宗。向中央政府直接供应人力物力的负担的乃是全部平民。这种特点，也是中国历史上顶有决定性的因素之一。用这方式作财政基础，官僚政府务必鼓励人民开拓荒地，资助耕牛及农具，这种重农业政策，对中国历史初期的发展，不能说是没有积极的功效。可是现在看来，这种措施是最近几百年来最能妨碍中国进步的一大主因"[3]。在魏特夫看

① 魏源：《圣武记》附录，卷十一，韩锡铎、孙文良点校，中华书局1984年版，第470页。
② 语出《礼记·王制》。引自孔令河：《五经注译》上，山东友谊出版社2001年版，第1390页。
③ 黄仁宇：《放宽历史的视界》，生活·读书·新知三联书店2001年版，第143页。

来，中国古代的中央政府基于上述的布置，势必要竭尽其力扶植无数的小自耕农，防止"兼并"，然而一方面这在技术执行上困难，一到兼并盛行，政府财源阻塞，往往引起政局不稳甚至改朝换代，另一方面即使整个设计全盘执行无误，这无数的小自耕农也入仅敷出甚至入不敷出，也不是增进生产技术、由农业"勉强的"节省去发展工商业、使全国经济多元化的办法。① 由此可见，这种以小农经济为基础的社会剩余产品极少，使封建国家的财政收入有限，国家政府机关的社会服务功能自然受到影响。如前揭黄廷桂奏折云，乾隆朝"兵饷一项，居国用十分之六七"②。这种说法是与当时的实际情况大体相符的。应该说，清朝在18 世纪以兵饷马乾为主要内容的常额军费支出，约占中央财政总支出的 70%，这已是一个相当大的比例，已经达到中央财政所能承受的极限。一方面军队的数额难以减少，二十万的八旗兵和六十万的绿营兵基本上是清代军队的"定额"，如果继续裁兵以增饷，那么便会出现兵单力薄的窘况，另一方面财政收入总量是财政支出的最大限量，常额军费已经给清廷财政上造成了沉重负担，尽管乾隆年间财政状况比较好，但只不过是刚刚脱贫致富的小康社会，几千万两的库存银除了挑补兵丁实额之外，不可能再有大的举措将财政支出用于社会经济的发展。财政支出主要用于军费，直接制约着社会经济的发展，使社会经济始终处于一种原生状态，表现为一种难以打破僵局的收入支出程式。在我们看来，清代的财政是以收支平衡而略有结余为基调的，我们不能将乾隆年间库存银两现象斥之为厚藏不殖的军事经济政策。从本质上说，18 世纪清朝财政经济仍属于一种短缺经济，尽管乾隆帝曾沾沾自喜、侈然自足，但军事实际需求量与供应量之间存在着巨大的隐性缺口，人事费比率极高，军队只能维持而不能发展，仍然处于军事经济的紧运行状态。③

---

① 参见张世明：《时间与空间：清代中西方税法比较研究》，《清史研究》2002 年第 3 期，转载于《中国人民大学报刊复印资料·明清史》2002 年第 1 期。

② 抄档：《俸饷》二十二，《军务·经制·善后（一）》，乾隆七年三月十一日黄廷桂题本。转引自陈锋：《清代军费研究》，武汉大学出版社 1992 年版，第 205 页。亦见梁诗正：《八旗屯种疏》（乾隆六年），《皇朝经世文编》卷三十五"户政"。

③ 参见本书第四卷第二章、第七章有关司法行政资源的论述。

其二，毛泽东在谈到封建时代的经济制度和政治制度时指出："地主阶级的国家又强迫农民缴纳贡税，并强迫农民从事无偿的劳役，去养活一大群的国家官史和主要地是为了镇压农民之用的军队。"① 的确，封建国家的军队是为封建统治者服务的，是镇压农民反抗的国家暴力机器，但我们应该看到军队具有双重性职能：一方面它是体现统治者意志的阶级统治工具，另一方面它又具有安定社会秩序、巩固边防、抵御外来侵略的社会功能。民以养兵、兵以卫民虽然是清朝统治者自我标榜的浮言虚词，但其中也不无道理。国防是由国家（或政府部门）来提供的，它具有公共物品所拥有的特征，属于公共物品。军事消费与生产消费和个人消费不同，它完全与生产过程脱节，不仅不生产，而且具有强烈的破坏性，被马克思称之为"一次性""破坏性"消费，但是我们应该看到，军事消费、国防支出却为社会提供了一种公共物品——安定的社会环境。在 18 世纪，清政府经济的繁荣与发展不能不说与军队所提供的安定的社会环境这一公共物品有关。当我们回顾康雍乾盛世的历史，我们透过那国泰民安、歌舞升平的繁华景象，仿佛依稀能够看到常额军费支出所换来的社会经济发展的某种保障。当历史学家在高度评价清朝统一台湾、平定准部、击退廓尔喀入侵、西南改土归流后边疆地区社会经济迅速发展的历史现象时，我们将这些战争贬之为劳民伤财的穷兵黩武未免有失偏颇。诚然，凡是战争以及军费筹措，都不可避免地给社会经济带来一定的破坏作用，都是人力、财力、物力的消耗，都不可避免地加重人民的负担，但进步的战争仍然具有合理性，战后的经济发展往往是以这种不可避免的损失为代价所取得的。

布鲁斯·道格拉斯·波特（Bruce Douglas Porter）写道："在彼得大帝统治下，军费开支翻了 5 倍，通常花去财政收入的 80%—85%，有时（1705 年）甚至高达 96%。"② 他还说，在 1786 年，即法国大革命前不久，尽管该年没有战事，但法国的军费在国家预算中的比例已上涨

---

① 《中国革命和中国共产党》，《毛泽东选集》（合订本），人民出版社 1966年版，第 618 页。

② Bruce D. Porter, *War and the Rise of the State: The Military Foundations of Modern Politics*, New York: Simon and Schuster, 1994, p. 116.

英格兰银行

伦敦证券交易所（1760 年左右）

到74%，法国政府大概已经把新笛卡尔主义的规则"我战斗故我在"
作为座右铭。据布鲁斯·道格拉斯·波特介绍，从光荣革命到北美独立
战争，大不列颠陆军、海军、军费开支、国债有五次大幅度的上升，这
恰好与英法18世纪五次战争相合。我们从西方当时的情况可以看出，
中西方当时的军费开支都居高不下，但各个国家解决军费的筹措问题的
方式却是迥然异趣的。在18世纪，西方各国为了应付浩繁的军事战争
费用，发展了一套复杂的银行和信贷系统，这正是17世纪末和18世纪

初西方所谓"财政革命"的背景。在西方，在 16 世纪打一场战争只要几百万英镑。到了 17 世纪末，打一场战争只要几千万英镑。而在拿破仑战争末期，主要交战国的开支有时一年就达上亿英镑。这样，西方即使在 18 世纪中称得上最繁荣、最"现代化"的国家，全靠其平时的正常收入也不够支付它在这个时期所进行的战争。如果大幅度地提高税收，那么就可能会触发国内的动乱，而这正是西方所有政权都提心吊胆的事情，尤其在同时面临外国挑战者的时候更是如此。结果是，各国政府为战争筹措足够资金的唯一办法便是借款，即通过出售债券和官职，或者更好的办法是向那些借钱给国家的人出售偿本付息、可以流通的长期公债券。一旦利用公债等制度获得资金来源之后，官员们就有能力支付军火商、供应给养的商人、造船主以及军队的官兵们。从许多方面来说，这种一边大量借钱、一边大量花钱的双向体制就像是一个风箱，给西方资本主义制度和民族国家本身的发展吹风打气。与西方战时军费筹措不同，中国在 18 世纪的一些做法便显得十分不利于社会经济的发展。以捐纳和报效而言，捐纳势必导致官僚队伍的良莠不齐，促使官员的贪污腐化，使国家财政体制更加混乱，而报效则无异于强取豪夺。史载："或遇军需，各商报效之例，肇于雍正年芦商捐银十万两。嗣乾隆中，金川两次用兵，西域荡平，伊犁屯田，平定台匪，后藏用兵，及嘉庆初川楚之乱，淮、浙、芦、东各商所捐，自数十万、百万以至八百万，通计不下三千万。"[1] 显而易见，这种战时军费的筹措是对商业经济的一种摧残。通过 18 世纪中西方的比较可以看出，较高水平的军费开支并非不可能对应于一个较高水平的经济增长，关键在于各因素的整合关系。

哲人们说："刺刀尖碰上了尖锐的经济问题就会变得像软绵绵的灯芯一样。"[2] 的确，没有经济力量作后盾，则暴力就不成其为暴力。一般来说，武力之源在国力，而变国力为武力，则有视于国家组织机能。

---

① 赵尔巽等撰：《清史稿》卷一百二十三，志九十八，食货四，中华书局 1977 年版，第 3613 页。

② 《马克思恩格斯选集》第 1 卷，中共中央马克思恩格斯列宁斯大林著作编译局编译，人民出版社 1972 年版，第 317 页。

据有关资料表明，到 18 世纪 70 年代，西方出现了一种搜集和发表各"民族国家"的特点和能力统计数字的行业，它开始只注重军事力量的对比，后来扩大到包括其他非军事因素的对比。许多学者认为这是综合国力研究的起源。目前，人们为了使综合国力具有可操作性和可比性，通常抓住若干最具有代表性的国力要素，形成国力指标体系。大体上，国土、人口、经济、政治，国防、科技、国际援助等项都是基本要素。我们认为，如果从综合国力来看，直到鸦片战争时，中国并不逊于英国。但是，鸦片战争中清朝却被迫签订了屈辱的《南京条约》。恰如西方军事家所说，一分钟可以决定战斗的结局，一小时可以决定战争的胜负，一天可决定帝国的命运。一个国家的兴衰沉浮往往取决于一场关键的战争。这犹如一个人的命运和前程取决于一锤定终身的考试，如果顺利过关而榜上有名，则鱼跃龙门而步入新台阶，如果铩羽而归、名落孙山，则沉沦下层而被打入另册。所以列宁说："战争是铁面无情的，它斩钉截铁地提出问题：或是灭亡，或是在经济方面也赶上并且超过先进国家。"[①] 但是，一个国家的经济力量升降的曲线和军事影响升降的曲线之间往往存在一个显著的时间距离。综合国力的强弱并非与经济实力是同义语，经济实力强弱并非与战争胜负一一对应。鸦片战争如此，18 世纪英法之间的战争亦然。传统的学术观点认为，18 世纪英国的经济实力比法国雄厚。我们认为，资本主义发展的时间是较早的，但只有通过产业革命才真正到了成熟阶段，过去的商业革命与土地革命只是它的准备步骤。在产业革命中，英国一马当先，独步一时，但英国首先开始产业革命这一事实，并不足以证明它以前的经济就优于其他国家。事实上，18 世纪的英国人在注视海峡对岸时，更清醒地意识到自己国家的相对劣势而不是他们的实力。保罗·肯尼迪这样写道："尽管如此，英国体制在财政领域还是拥有关键的优势。这在战时增强了它的国力，在平时加强了它政治的稳定和促进了经济的增长。不错，虽然它总的赋税制度比起法国来说税率递减得更大，这就是说更加依赖于间接税而不是

---

　　① 《列宁选集》第 3 卷，中共中央马克思恩格斯列宁斯大林著作编译局编译，人民出版社 1972 年版，第 169 页。

直接税，由于这种独一无二的特色似乎使公众对它的不满不那么强烈。比如说，在英国没有法国那样大批的包税人、收税官和其中间人。英国的许多税是'无形的'（对几种基本产品的消费税），或看上去只损害外国人的利益（关税）。它国内没有通行税。法国的商人们对国内的通行税深恶痛绝，它阻碍了国内商业的发展。英国的土地税在18世纪是主要的直接税，不允许有特殊的豁免，同时对社会的大部分人来说也是'无形的'。这些不同形式的捐税由选举出来的国会加以讨论，然后援权征收。尽管国会有种种缺陷，看来还是要比法国的旧制度更具有代表性。早在1700年前英国的人均收入就已高出法国，当注意到这一要点时，这个岛国的居民情愿并且能够相应地多交纳一些捐税也就不足为奇了。最后，虽然很难用统计数字来证明，人们却可以论证英国较轻的直接税负担不仅增加了社会中小康人家的储蓄倾向（这样在平时就积累起投资的资金），而且也为战时积聚了可征税的大量财富，战时英国就开征了更高额的土地税和在1799年开征直接税，以应付国家紧急需要。这样，到了拿破仑战争时期，尽管人口还不到法国的一半，英国每年从赋税筹集的收入第一次超过了比它大的邻国。"[1] 不仅如此，英法两国在公共信贷制度上的更重大的差别还使英法在战争中的态势泾渭分明。在18世纪绝大部分战争时期，在为额外的战争开支所另外筹措的款项中，几乎有四分之三来自借款。是时，阿姆斯特丹成功地成为荷兰剩余资本的中心，往往在战争期间向外国政府认购各式各样的债券。荷兰在认购外国政府债券时，对他们顾客的宗教信仰和意识形态满不在乎，更关心的倒是它们财政上的稳定性和可靠性。可以说，荷兰给欧洲列国所定的贷款条件几乎是评定各国经济潜力、它们在群雄混战中获胜前景的晴雨表。英国的历史学家曾经评论道："尽管在处理英国公共财政时弊病百出，在该世纪后一段时期，英国比起任何其他欧洲国家来说，都更加守信誉，更有效率。"[2] 英国公共信贷体制结构的演进容许它高效率

① 保罗·肯尼迪：《大国的兴衰：1500—2000年的经济变迁与军事冲突》，陈景彪、王保存等译，国际文化出版公司2006年版，第94页。

② 保罗·肯尼迪：《大国的兴衰：1500—2000年的经济变迁与军事冲突》，陈景彪、王保存等译，国际文化出版公司2006年版，第76页。

地筹措到长期贷款并且恪守合约定期偿付由此产生的债款利息及本金。在英国，1694 年创建的英格兰银行（最初作为战争中的应急措施）和稍后对国债的调整，以及债券交易的兴旺和"乡村银行"的发展，这两个方面为政府和商人获得资金开辟了财源。

　　与此相比较，法国没有一个合适的公共财政体系。从中世纪以来，法兰西王国的财政活动被一小撮人所"把持"，被地方政府、僧侣、地方显贵以及越来越多的包税人把持。他们为国王征收捐税，督办王室专卖，作为回报，他们从中获得一部分收益，并同时以很高的利率贷款给法国政府，从中获得预期的收入。到 18 世纪 70 年代奈克尔（Jacques Necker，1732—1804）改革之前，法国人都没有一个全国性账目核算的总体意识，没有支出与收入的年度账目，对财政赤字也认为无关紧要。法国国王认为，只要能为军队和宫廷的眼前急需搞到钱，国债的步步上升无足轻重。正是由于英法两国这一公共财政体制上的区别，英国政府债券对于荷兰人等国外投资者产生了愈来愈大的吸引力，英国政府能以较低的利率借到大批贷款，荷兰的资金屡次为英国进行战争输血打气，而法国却往往借贷无门，即使金融家们对法国要求收取比英国或许多其他欧洲国家都高得多的利息，即使法国情愿接受这些苛刻的条件，波旁王朝还是无法筹措到足够的资金去支持它在持久战中的军事努力。明乎此，我们就不难理解在英法争夺 18 世纪欧洲以及世界霸权中法国屡屡败北的缘故了。

第四章　武器装备差异的比较研究

　　国防，乃国家生死存亡之道也。畏危者安，畏亡者存。自古迄今，国无防不立。战争暴力的基本单元是人和武器装备构成的"人＋武器"系统：原始社会后期是"人＋棍棒石块"，冷兵器时代是"人＋刀枪箭弩"，热兵器时代是"人＋枪炮"，机械化兵器时代是"人＋机械化平台"，信息化兵器时代是"人＋信息化平台"。[①] 诚然，武器装备不是决定战争胜负、国防强弱的首要因素，更不是唯一因素，但确是其中一个十分重要的因素。按照《中国大百科全书·军事卷》的解释，武器装备（weapons and equipments）是指武装力量用于实施和保障战斗运行的武器、武器系统和军事技术器材的统称，通常分为战斗装备和保障装备。战斗装备是指在军事行动中直接杀伤敌人有生力量和破坏敌方各种设施的技术手段，保障装备是为了有效使用战斗装备所必需的军事技术器材。如果用18世纪清代官私著述及档案的表达方式来说，武器装备这一概念应当称之为"军器"。军器有广义和狭义之分。在当时，刀箭枪炮等物统称为军械。从狭义上讲，军器即是指军用器械而言，但广义上的军器不仅包括军械，而且包括军装、军帐、船只以及其军中所用之器具。《清朝通典》下面这段话概括了清代军器的基本状况："凡给发军器，金鼓以示进退之节，海螺以定朝昏之聚散，旗纛以一瞻视，甲胄

---

　　① 参见马正兵：《军事技术进步与军事制度变迁的关系研究》，国防科学技术大学研究生院硕士学位论文，2007年，第9页。马正兵的观点与李秀春等人合著的《试论军事装备发展历程的阶段划分》一文颇为类似。李秀春等人针对现有军事装备发展历程的阶段划分不清、断代不明的实际，提出应以装备体系的共同特作来进行相应阶段划分，将军事装备的发展历程划分为冷兵器、热兵器、机械化、信息化四个阶段。参见李秀春、龚传信、古平：《试论军事装备发展历程的阶段划分》，《军事历史研究》2006年第2期。

以卫身，器械以制敌，各营兵之专习者为弓箭、为鸟枪、为炮、为藤牌，兼习者为长枪、为大刀、为挑刀，水师则有排枪、钩镰枪、标枪、大斧、火箭之属，水陆异用，险易异宜，习者期纯熟，教者期专一，大炮以兵千名设十炮为率，郡邑城守、沿海沿边及水师战舰各驻炮于其所，若兵少及非要隘营汛，贮炮于督抚提镇驻扎之地，需用乃发，以时演放如法。"① 罗尔纲在《绿营兵志》中说，清代的军器"论其功用，可分为三方面：第一，是施号令的，如旗纛、金鼓两类。第二，是进攻的，如弓矢、枪炮、刀斧、矛戟、椎梃、梯冲六类。第三，是防护的，如甲胄、蒙盾两类"②。罗尔纲对清代军器的分类是有其分类依据的，而罗尔纲根据清代《皇朝文献通考》等官私著述都将战船归入军器门内而依例不变予以讨论，也是符合现代军事学关于武器装备的界定的。在19世纪的中英鸦片战争之后，清朝上下各阶层人士都对西方的船坚炮利留下了深刻的影响，致使中国文化从器物层次开始逐渐变化，然而，西方当时究竟船坚炮利到什么程度、当时中西方军事装备的实质性差距究竟何在、造成这种差距的原因及其动态过程如何，如此等等，迄今学术界尚很少有人能够言之凿凿。中国学者异口同声地断定清朝在18世纪武器装备已经处于衰微停滞状态，但由于无人进行这段历史的细致而扎实的研究，所以如果一遇到穷追不舍的深究就嗫嚅不能言。在这里，我们想通过档案资料、外文资料对这一时期中西方武器装备的实际状况及其对战争样式、战术、军队编制等方面的影响进行尽可能充分的探讨，以期为推动学术发展抛砖引玉。需要说明的是，舰船另有专章论列，兹不复赘。

第一节　兵器的种类、性能及制造

我们认为，战争首先是物质力量的对抗，然后是在物质力量基础上

---

① 《清朝通典》卷七十八，兵十一，军器，《万有文库》第二集，十通第三种，商务印书馆1935年版，第典2595页。

② 罗尔纲：《绿营兵志》，中华书局1984年版，第379页。

的主观能动性的较量。其中，物质力量是第一位的，是起决定作用的，否则便不是唯物论。辩证唯物论的决定论并不否认除军事技术外，存在着决定战争及其进程与结局的多种因素，但是，战争最终胜负的必然性只能用物质原因作出说明或推断，而影响战争的偶然性则可理解为为发挥人的主动性和创造性而留下的充分的余地。正如我们在前面说过，中国传统文化极主张慎战，认为"兵者不祥之器，非君子之器，不得已而用之"①，不过正如孔子所说"工欲善其事，必先利其器"②，武器的良窳对战争的胜负至为攸关，中国传统文化对武器装备的态度是藏器待时而对敌方构成军事威慑，在战争爆发后必胜之道以器械为宝。在18世纪，西方已经处于初步发展的火器时代，而中国却仍处于冷兵器与火器并用时期。

一、冷兵器的延续

在18世纪，弓箭被大量地用于装备清朝军队。雍正帝自矜地说："自古以来，各种兵器能如我朝之弓矢者，断未之有也。"③ 据记载，制造弓胎用榆木等弹性韧性好的竹木材料，弓胎要平正端直，张而不跛，胎面傅以牛角，胎背用筋胶加固，外贴桦皮。弓靶为鹿角，外贴暖木皮，两弰用桑木制作，镶牛角，其末端刻弭用以受弦，垫弦用鹿角，钉于弓端以承弦。弓弦分缠弦和皮弦两种，缠弦用蚕丝二十余根作骨，外用丝线横缠，分三节，隔七寸许空一二分不缠，以便不张弦时可折叠而收之；皮弦用鹿皮制作。弓分为三等，一等十二力、二等十力、三等八力。强弓有六种，十三力至十八力。弓力强弱视胎面厚薄、筋胶轻重而

① 语出《老子·三十一章》，朱谦之编著：《老子校释》，龙门联合书局1958年版，第80页。

② 语出《论语·卫灵公》，杨伯峻译注：《论语译注》，中华书局2008年版，第163页。

③ 清世宗录：《圣祖仁皇帝庭训格言》，纪昀、永瑢等编纂：《景印文渊阁四库全书》第七百一十七册，子部，二三，儒家类，台北商务印书馆2008年版，第651页。亦见雍正皇帝辑录整理，李健今译：《康熙皇帝告万民书·康熙皇帝教子格言》，湖南人民出版社1999年版，第242页。参见王子林：《清代弓矢》，《故宫博物院院刊》1994年第1期。

定。其中，一力至三力，用筋八两，胶五两。四力至六力，用筋十四两，胶七两。七力至九力，用筋十八两，胶九两。十力至十二力，用筋一斤十两，胶十两。十三力至十五力，用筋二斤，胶十二两。十六力至十八力，用筋二斤六两，胶十四两。箭杆以杨木、柳木、桦木为质，取圆直之杆成之。于杆中间取一点，使杆首尾平衡为准。杆首安箭镞，杆末端刻槽以驾弦，被称为括；剪雕鹳翎三片，用胶粘于杆尾，为箭羽。箭主要有以下几种：（1）骲箭，为教阅时使用，骲中空，发射时受风鸣，又称响箭，箭镞上加骨角小哨者为鸣镝；（2）哨箭，角中空，发射时受风而鸣，声音清脆，穿透力强，用以狩猎；（3）铊箭，镞薄而阔或狭，用于军事或宿卫；（4）梅针箭，镞尖而细长，可穿镰子甲，军事用。按照清政府规定，官弓交八旗司弓制造，分为上三旗弓匠和下五旗弓匠，均食钱粮当差，上三旗弓匠由武备院管辖，下五旗弓匠由各旗五公门下管理。雍正八年（1730）时，查八旗所有弓匠一千一百一十八名，弓匠每佐领下一名，俱系佐领下马甲数内之人，食三两钱粮。雍正十年（1732），雍正帝据差往北路军营之侍卫特库等回来所反映的情况而指示说："闻得兵丁等云……观兵丁等之箭，有箭杆受铤处及箭扣处，未用筋缠者，且有箭铤短小，未用膘入于杆内者。若制造兵丁等之箭，将箭杆受铤处及箭扣处，俱用筋缠，将箭铤造长，用膘入杆内，则益为坚利。"[1] 着各该处将现今运送军营器械，悉令如式制造坚固送往外，在京八旗兵丁等所用之箭，市买现存者，俱多不利于用，通知传谕众人务将箭铤造长，将箭杆受铤处及箭扣处，俱用筋缠，嗣后点验军器时即照此点检。乾隆三十七年（1772），清政府决定，采取弓胎，如所用有余，准隔年采取，又规定吉林将军隔一年派拨官兵采取桦皮三万张送部，内五千张进上，一万张交武备院，一万五千张交下五旗，用作制造官弓的材料。

在 18 世纪，清军使用的长兵器主要有枪、刀、镗钯、狼筅等，短兵器则包括刀剑、铜鞭棒、斧镰、系兵四类。具体说，长枪包括钩镰

---

① 《八旗通志》卷三十，"兵制志五"，李洵、赵德贵主点校，东北师范大学出版社 1985 年版，第 576 页。

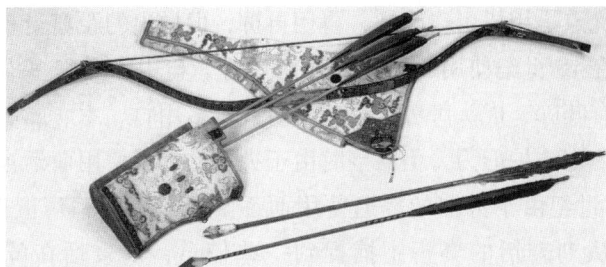

御用弓箭

枪、蛇镰枪、钉枪、虎牙枪、矛、戟、长枪等，是清军的常用武器。八旗和绿营均使用长枪，其形制与明代长枪大同小异，末端安有铁镈。在清代，长柄大刃的刀被称为大刀，短柄长刃的刀被称为长刀。由于长柄刀不适于奔驰的骑兵，所以八旗兵已不用，而汉军藤牌营和绿营也只使用挑刀、偃月刀、宽刃大刀、片刀等，且作为次要兵器辅助使用。至于镋钯，是一种多刃兵器，创于明代。祝慈寿在介绍清代军火工业时说，清代镋钯制式有三种：一为刃作塔顶形，此器可击可御，兼矛盾两用，系满洲军自制的；二为三叉镋，中刃长锐，镋形圆如半月，系满洲军惯用的大叉；三为清军所用的排叉，形如明代的三叉，中刃较短，木柄较长。① 狼筅也是明代的创造，具有较强的防卫性能和辅助性能，清代只在少数情况下使用。在短兵器中，清代军官及士兵所用的腰刀，为纯粹清代官式腰刀，其钢刃有双槽，下部微曲，尖锐而锋利。此外，顺刀为键锐营特别装备的兵器，形如短剑。清代的剑就其刃体来说，可分为刀形无脊直刃偏锋剑、宽刃有脊中锋剑、平刃无脊中锋剑等多种形制；就其尺度而论，有长剑与短剑两种。锏、鞭、棒是用以打击敌人的杂式锐兵器，八旗健锐营多采用铁鞭，绿营兵多采用双锏、双锤棒、虎头棒等。斧镰是一种古老的砍割兵器，清代仍较多地采用。斧有长柄斧、双斧、双钺，主要供绿营兵使用。八旗前锋营装备的斧有圆形刃和平行刃两种。系兵是用铁索或绳子，在一端或两端系上兵器，利用投掷出去的力量打击或钩敌，主要有绳标、流星锤、狼牙锤、飞爪、铁莲花等。这

---

① 祝慈寿：《中国古代工业史》，学林出版社 1988 年版，第 873 页。

类兵器的优点是用毕可以收拢，再用再掷，但抛出的距离受一定限制。

清军在18世纪使用的防卫武器有盾牌、盔甲。盾牌多沿用或照明代仿制，有藤牌、虎头牌等。这些防卫武器多用竹、木、藤制成，只对冷兵器有一定防护能力，但在当时由于火器的大量使用而渐被淘汰。对藤牌在18世纪由于火器的普遍使用而逐渐在军事上销声匿迹的情况，我们可以从刘秉恬的奏折中捕捉到一些信息，刘秉恬在乾隆五十年（1785）向皇帝建议："军营打仗，从不需用藤牌。与其学习藤牌，徒务虚名，不如兼习鸟枪，克归实际。请饬部议，通知各省一体遵照。"[1]清代盔甲与明代相比有一个明显的特征，即轻便，适于战斗要求。郎秀华指出，八旗兵丁的甲以棉布为里，绸为面，饰以铜钉，胄（盔）为牛皮制成。[2]

二、火器之一：单兵枪械的演进与变革

步枪在英文中称作"rifle"，故而我国早期曾将其音译为"来复枪"。因为其枪管内刻有膛线，因此又称线膛枪。纵观步枪的发展历史，从14世纪中期（即明朝初年）世界上开始出现最原始的步枪——火绳枪算起，步枪经历了火绳枪、燧发枪和击发枪三个发展阶段。有人在谈到清军所用枪炮时说："人们对于鸦片战争时期的清军火器，常冠以'土枪土炮'之谓。假如这仅仅指制造者，甚至制造工艺而言，似乎也有道理，但就火器的型制样式说来，却是一种误解。火药和管型火器都是中国发明的，但中国一直处于前科学时期，没有形成科学理论和实验

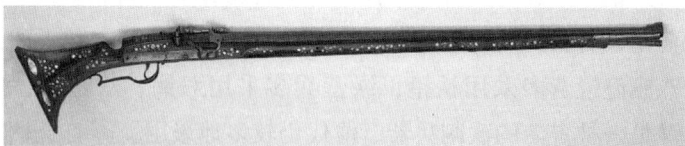

火绳枪

---

　　① 《清高宗纯皇帝实录》卷一千二百三十七，乾隆五十年八月，台北华文书局股份有限公司1960—1970年版，第18135页。

　　② 郎秀华：《清代八旗甲胄》，《紫禁城》1989年第2期。

饰银火枪　　　　　　　　　　　御用枪弹丸

体系，使得中国火器的发展受到了根本性制约。至鸦片战争时，清军使用的火器，主要不是中国发明研制的，而是仿造明代引进的'佛郎机''鸟铳''红夷炮'等西方火器样式制作的。由此可以说，清军使用的是自制的老式的'洋枪洋炮'。就型制样式而言，与英军相比，整整落后了200余年"①。清军在18世纪使用的火枪在清朝典章文献记载中被称为"鸟枪"。火枪的基本构造是枪管、准星、照门、搠杖（通条）、枪托和火机。从有关资料来看，中国在18世纪已有燧发枪。康熙帝御制枪五种中就有三种是这类枪，并把它们叫作"自来火枪"。乾隆帝曾嫌这一名称太俗气，想改动一下，他说："武功良具内有自来火枪枪名，俗气矣，着交大人们另拟"②，但官员们始终未能拟出令乾隆帝满意的名称。不过，清军在18世纪最普遍使用的火器是一种前装滑膛的火绳枪，而燧发枪并未见装备于部队。史载，当时清军兵丁鸟枪用铁制成，枪长二点零一米，铅弹丸重一钱，装填火药三钱。射程约百米，射速为一至二发/分钟，与明末清初相比，基本上没什么变化。鸟枪木托下安三百三十毫米长的叉脚。满蒙八旗士兵用黄色枪托，汉军用黑色枪托，绿营用红色枪托。清军火绳枪的构造是在火机翘首处（即龙头）夹一

①　茅海建：《天朝的崩溃：鸦片战争再研究》，生活·读书·新知三联书店1995年版，第35页。

②　中国第一历史档案馆藏：《养心殿造办处各作成做活计清档》，乾隆四十年。转引自胡建中：《清宫兵器研究》，《故宫博物院院刊》1990年第1期。

根火绳，使用时先点燃火绳，然后扣动扳机，使火绳下落，接触火门烘药，引爆枪膛内火药，以产生巨大动力，推促弹丸飞出枪口。清军当时的火绳是用硝药熏煮麻斤捻制而成的。我们在中国第一历史档案馆检索档案时发现，清政府对各地驻军火绳的质量极为重视，各地督抚年终时都例行专折向皇帝汇报。例如，陕甘总督勒保于乾隆五十八年呈奏说："窃照乾隆五十五年钦奉上谕，嗣后各省营伍所用火绳俱着照例以麻绳妥制，毋许偷换纸张以利军行而昭实用，并令不时查看，入于年底汇奏，等因钦此。陕甘二省提镇各标营军贮火绳以及兵丁操演应需火绳俱系麻绳拧制，用硝如式配造，并无偷换纸张情弊。"[1] 对于火绳枪的制造，陕甘总督福康安于乾隆五十年（1785）的奏疏中谈道："查行军之法，既有劲兵，又资利器。乃绿营一切军械，均非利用，虽年年查验无亏，仍不免有名无实，即如枪靶，多系松木制成，外用朱油，徒事饰观，而木质松脆，不能坚久，臣前在军营，所见枪靶，一经磕击，即有损坏，当临阵之时，损坏一杆，即少一枪之用，且枪靶火机，制造均不合式，以致兵丁施放，不能合手，臣已另给式样，妥为制造，并改为榆木不施油漆，期于朴素坚致，施放便利。"[2] 从档案中我们看到，各地督抚在接到乾隆帝转发的这篇福康安奏疏之后都对鸟枪的制造进行了改进。

与中国相比，西方在 18 世纪的武器装备要更为先进，因为当时西方军队主要使用燧发枪，而且滑膛枪的设计制造技术已经成熟。麦克雷·贝安所著《军队与武器》[3] 一书说："燧发枪从 17 世纪末到 19 世纪 30 年代由于

火绳枪装药

---

[1] 中国第一历史档案馆藏：军机处录副奏折·军事类。

[2] 福康安：《筹干粮练兵丁备军装疏》（乾隆五十年），贺长龄辑：《皇朝经世文编》卷七十一，兵政，沈云龙主编：《近代中国史料丛刊》第七十四辑，731，台北文海出版社 1972 年版，第 2594 页。

[3] 无法查核该作者及其著作的相关外文资料，该中译本译自何书不详，今姑阙疑，待考。

它的安全和价格低廉等特点广泛流行于欧洲和美洲的大部分地区。燧发枪的发火装置可能是 17 世纪 20 年代法国的马丁·雷·鲍格斯发明的，它可分为两部分：一是射击装置；一是安全防护装置。"① 其实，燧发枪最早出现于 16 世纪，西班牙、荷兰应该是制造燧发枪的发源地，法国只不过在西班牙、荷兰设计的燧发枪的基础上加以完善、定型，使之更为可靠并得以广泛推广使用。从枪炮发展的历史来看，剪掉火绳枪上的那条"辫子"，看起来挺简单，实际上做起来却并不那么容易。与西方当时主要使用的燧发枪相比，清军使用的火绳枪则颇为不便，枪手或侍从要随身携带火绳、火种或火镰，而且火绳在气候潮湿时难于点燃，影响使用，甚至连风大时也不能使用，因为风会把火门上的传火药吹走。有关资料表明，燧发枪因为结构上的优势，将其弹簧、卡锁等大部分部件都改装到了枪的内部，使其在使用过程中受外界因素影响的概率大为降低，故而点火率可以高达 85% 以上，而火绳枪则相形见绌，仅为 50% 左右的点火率。此外，在作战使用时，火绳枪上每支枪总得拖着一根燃着的火绳，既容易暴露目标（特别是夜间），欲在夜间偷袭敌军简直不可能。火绳枪不仅操作麻烦，而且还难于进行正确瞄准。由于当时使用的是有烟火药，射击时简直像烟幕弹一样会严重影响己方军队的视线，以致西方人就曾抱怨火绳枪必须用和一个敌军士兵身体等重量的铅弹结果其性命。每个火枪手都要在自己身上携带很长的火绳。在临战之前，他们必须先点燃火绳，火绳由于战斗开始前和战斗进行时必须始终燃着，消耗量大，一根火绳是烧不了多长时间的。所以在清中期，《西洋自来火铳制法》就已深明其弊：其一，临阵忙乱，倘装放偶疏，则贻害甚危；其二，怕潮湿雨淋，烘药恐风吹散，晦夜尤为不利。当然，我们不能受我们头脑中关于现代枪炮知识的影响而夸大中西方武器性能的差距。实事求是地说，18 世纪欧洲各国使用的步枪也是非常简陋和笨重的，装弹也非常复杂，需要高度技巧。最初，西方的燧发枪是将火药和裹着浸油丸衣的弹丸分别装进枪管，每分钟最多只能发射一

---

① 麦克雷·贝安：《军队与武器》，李继红、何方明译，北京体育学院出版社 1992 年版，第 42 页。

次，后来，普鲁士步兵在装弹时采用铁通条，大大提高了装弹和射击速度，单兵射击每分钟可达四五发，小队按口令齐射每分钟可达两三发，这种水平在当时是其他军队所望尘莫及的。在18世纪，英军从马尔波罗①时代一直使用的零点七五口径的"布朗·贝斯（Brown Bess）"滑膛枪。其最大的有效射程仅有八十至一百码，如果不安表尺，士兵没有受过枪法训练，其有效射程还会更短。有一次，拿破仑在德意志步兵营中观看燧发枪时曾感慨地说："这的确是能发到兵士手中的最倒霉的武器了。"② 这句话充分反映出18世纪的步枪依然是很粗糙的武器。在西方，一直到19世纪以前，对火枪射速的要求永远是凌驾于射击精度而排在第一位的，无他故焉，盖因射击精度实在太差了，只能用雷霆般的齐射、射速等方式加以补拙，即便到了19世纪初也依然如故。英国陆军的汉格上校（Col. George Hanger，1751—1824）在1814年写过这么一段话："如果一个士兵的枪膛不是制造得很糟的话（许多都很糟），可以打中80码、甚至是100码外的人形靶；但是如果一个士兵在150码外被敌人用一支平常的枪瞄准并打伤的话，那么他真的就是非常倒霉了。至于想用一支平常的枪射击200码外的人的话，你不如改为射击月亮，两者打中目标的几率是一样的。"③

我国学者吕小鲜指出："既然从15世纪到19世纪欧洲火枪在射击速度上的提高并不很快，而中国鸟枪与17世纪欧洲同类武器性能大体

---

① 马尔波罗，英国将军，曾以在18世纪西班牙王位继承战中指挥军队与法国作战而闻名于世。参见本书第三卷第三章第二节关于军行部分的论述。

② 恩格斯：《法国轻步兵》，《马克思恩格斯全集》第15卷，人民出版社1963年版，第177页。

③ 原文为：A soldier's musket if not exceedingly ill-bored（as many are），will strike the figure of a man at 80 yards，perhaps even at 100；but a soldier must be very unfortunate indeed who shall be wounded by a common musket at 150 yards，providing his antagonist aims at him；and as for firing at a man at 200 yards with a common musket，you might just as well fire at the moon and have the same hope of hitting your object. I do maintain and will prove，whenever called on，that no man was ever killed at 200 yards by a common soldier's musket by the person who aimed at him. 资料来源：http://www.historynet.com/weaponry-the-rifle-musket-and-the-mini-ball. htm，访问时间：2010年8月11日。

相当，且在 18 世纪以后又多多少少有一些改进，那么，如果认为英国燧发枪比中国鸟枪射击速度快得多，显然是不恰当的。燧发枪与鸟枪的装弹方法是基本相同的，二者都使用散装弹药，都须站立装弹，装弹时，都须将火药和弹丸分别从枪口依次装入，然后用推弹杆捣实。在装弹方法基本相同的情况下，英军燧发枪的射击速度也是不可能超过清军鸟枪很多的。当然，由于英军士兵训练要比清军严格得多，因而在实际装弹时，英军士兵可能比清军士兵快得比较多，但这主要是因为训练程度不同，而非枪本身的问题。清军鸟枪、抬枪的命中精确度都较英军燧发枪为低。主要原因在于鸟枪、抬枪俱系手工打造，较之英军燧发枪工艺粗糙，枪膛精度不高。"① 在我们看来，技术的发展往往于细微处见功力，许多产品的规格、类型往往相差不大，但可能因为某一关键性工艺和技术的差异而使性能表现出高低之分、先进与落后之别。就 18 世纪中西方武器装备而言，我们不能把燧发枪与清军使用的鸟枪的性能优劣差距过分夸大，但应该承认西方当时的燧发枪在工艺方面的确超过了清军使用的鸟枪。乾隆三十四年（1769），经略大学士傅恒、副将军阿里衮等向皇帝会奏说："至绿营鸟枪，大半膛空口薄，只食子药三钱，演时多在平地，临阵下击，火未发而子已落。现按提水枪法，令枪子与枪口吻合，间有小者，将黄土树叶探塞；并新造食子药四钱鸟枪，分给演习。"② 可见当时清军鸟枪的粗糙程度。

三、火器之二：中西火炮技术的对比

火炮，被称为"战争之神"，历来受到军事家的高度重视。18 世纪初，法国人瓦利叶（Florent-Jean de Vallière，1667—1759）基于当时西方火炮型号复杂多样的事实，开始把轻便式以外的各种火药武器都叫作炮，其中炮管长度大于口径二十倍的称为长炮，相当于现代的火炮，十至十二倍的称短炮，六至八倍的称为迫击炮。此后，实际上把口径大于

---

① 吕小鲜：《第一次鸦片战争时期中英两军的武器装备和作战效能》，《历史档案》1988 年第 3 期。

② 《清高宗纯皇帝实录》卷八百三十三，乾隆三十四年四月，台北华文书局股份有限公司 1960—1970 年版，第 11871 页。

二十毫米的均称为炮，其中进行平射的叫加农炮，进行曲射的叫迫击炮，介于加农炮和迫击炮之间者则称榴弹炮。①

神威无敌大将军炮（黑龙江省博物馆藏）

武成永固大将军炮

　　乾隆二十一年（1756），清政府颁布"钦定工部则例·造火器式"，将八十五种大小不同的火炮列为国家制式武器。清政府军队的火炮名称繁多，这跟前面我们谈到的西方在 18 世纪初火炮型号复杂多样的情况颇为类似。根据《清文献通考》和《清通典》等史料，18 世纪清朝诸多名目的火炮可以分为四种类型：（1）长管重炮，包括著名的"神威无敌大将军""神威大将军""武成永固大将军"等，其重量自五百六十至七千斤，身管长度零点七三至一点二丈，管长与内径之比皆在二十以上。这种火炮其实是以明末清初的红夷大炮为原型，但在制造工艺、加工精度方面可能有所改进。（2）身管较短的轻型炮，包括"神威将军""制胜将军""金龙炮""龙炮""子母炮""奇炮"等，这类炮品种最多，其中除了子母炮和奇炮是后膛装填的佛郎机炮仿制型以外，其

----

① 瓦利叶系统后来被格里博瓦尔系统（système Gribeauval）所取代。后者是由让·巴蒂斯特·瓦凯特·格里博瓦尔（Jean Baptiste Vaquette de Gribeauval，1715—1789）引进的。1776 年，格里博瓦尔被任命为法国陆军的炮兵总监。他把法国的炮兵从上到下都作了彻底的改组，使炮车更为轻便而没有牺牲射程，在构造上有统一的模型，零件尽可能可以互相交换，对于法国军队在拿破仑战争期间的胜利作出了贡献。该系统"可以说是欧洲当时最好的火炮系统"。参见 René Chartrand, *Napoleon's Guns 1792 – 1815(1)：Field Artillery*, illustrated by Ray Hutchins, Oxford：Osprey Publishing，2003，p. 3；Ken MacLennan, Liechtenstein and Gribeauval："Artillery Revolution" in Political and Cultural Context, *War in History* 2003，10，pp. 249 – 264。

余均与红夷炮形制相同，属于红夷炮发展型，即身管较短，重量较小，其身管长度自零点五至零点五七丈，重量皆在五百斤以下，一般小于三百九十斤，最轻者仅三十六斤。（3）身管最短而口径最大的轻型炮，此类炮只有称作"威远大将军"（又名"冲天炮"）一种，长零点二一丈，重二百八十五至三百斤，发射重达三十斤的空心爆炸弹。这种炮是以曲射火力杀伤对方，作用与近代迫击炮有些相似，在外国军事史上一般被称为臼炮，因其形似"臼"而得名。（4）身管最短且口径亦小的轻型炮，包括"威远炮"和"铁虎尾炮"等，其长度自零点一七七至零点三丈，重量最大的一百七十斤，最小的只有二十七斤。①

流落国外的武成永固大将军炮②

---

①　潘向明：《鸦片战争前的中西火炮技术比较研究》，《清史研究》1993年第2期。

②　"三藩之乱"爆发后，康熙帝调兵遣将，前线急需轻便火炮，以利行军作战之用。比利时传教士南怀仁奉命为清廷铸造火炮。从康熙十四年至六十年，清朝中央政府所造的大小铜、铁炮达905门之多，其中半数以上系由南怀仁负责设计监造。南怀仁卒于康熙二十七年，谥勤敏，是唯一一身后享有谥号的传教士。这便与其在康熙朝铸造火炮的历史功绩有关。武成永固大将军炮即是其中最优秀的炮式之一。据光绪朝《钦定大清会典图·武备》载："二十八年造者二，一曰武成永固大将军炮。前身后微丰，底如竹节。重自三千六百斤至七千斤。长自九尺六寸至一丈一尺一寸。杂镂花文、蕉叶文、回文。隆起十道。皆镂星文。近口为照　（续下注）

现代军事著述，大凡论火炮的战斗性能，主要是看弹丸威力、射击精度、远射能力、在行军或战场上的运动性、使用的可靠性和维护的简便性等等。众所周知，西方火炮的生产技术在 16 世纪末和 17 世纪前期进步如此之大，以至于在后来将近两个世纪的时间里，火炮的构造原理、射程、威力以及炮的主要型号等基本上都没有大的改变。美国学者 T. N. 杜普伊（Trevor Nevitt Dupuy，1916—1995）在《武器和战争的演变》（*The Evolution of Weapons and Warfare*，New York，1980）一书中说："迟至 1860 年，实际服役的舰炮与三个世纪前使用的大炮在主要方面并无区别。例如，英国皇家海军 1840 年装备的最重的 68 磅级滑膛炮，基本上和伊丽莎白女王时代（即 16 世纪末和 17 世纪初——引者）的海军炮一样笨重而且后坐猛烈。"[①] 在明朝嘉靖初年（16 世纪 20 年代），我国引进了被时人称为佛郎机铳的西式火炮；在明朝天启年间（17 世纪 20 年代），红夷炮也传入中国而被运用于战争之中。这两种炮分别属于西方当时的加农炮和长炮。尤其在康熙年间，比利时传教士南怀仁奉康熙帝旨谕主持造炮，并将《神威图说》进呈御览，书中刊载二十六条制炮理论和四十四幅图解，使中国当时的火炮技术毫不逊色于西方。所以，在 18 世纪，中西方火炮技术模式和机制原理上大体相同，基本上属于同一等级层次。史载，西方在 17 世纪和 18 世纪有一种颇负盛名的炮，名叫科霍恩，是 1673 年由巴伦·科霍恩（Menno baron van Coehoorn，1641—1704）发明的，它能发射重达二十四磅的炮弹。还有一种重达几吨的巨型攻城炮，能发射直径十至十二英寸的炮弹。就西方

（续上注）星，底左右镌大清康熙二十八年铸造武成永固大将军。用药十斤，生铁炮子二十斤，星高四分九厘。制法官南怀仁，监造官佛保、硕思泰，作官王之臣，匠役李文德、颜四，清、汉文。小者受药五斤，铁子十斤，载以四轮车，辕长一丈五尺，铁环七，余俱如神威大将军炮车之制。"《钦定大清会典图·武备》刊有南怀仁设计此炮图样。该图所示武成永固大将军炮于光绪二十六年（1900）八国联军进占北京时联军统帅瓦德西（Alfred Heinrich Karl Ludwig Graf von Waldersee，1832—1904）将其作为战利品从中国带回柏林，后辗转为英国私人收藏。故宫端门西广场也陈列着一尊清代武成永固大将军炮，为中国国家博物馆藏品，代表了当时火炮铸造的最高水平。

① T. N. 杜普伊：《武器和战争的演变》，王建华等译，军事科学出版社 1985 年版，第 215 页。

红夷炮之一　　　　　　　　　　　　　红夷炮之二

火炮的射程和射击精度而言，英国现代军事理论家富勒指出，在18世纪末和19世纪的初期，西方火炮的最大射程仅有一千三百码（约一千一百九十米），而且杀伤率很低。与之相比较，清军在18世纪的火炮一般都是用铜、铁铸造，外镶加强箍数道，以增加抗压力。火炮中部稍后两房置耳轴，用以支撑、平衡炮位和调整俯仰角度，提高炮位杀伤范围和火力机动性。前有准星（亦称"照星"），中部或尾部安装照门（俗称"缺口"）。清代档案文献上常将两者省称"星、斗"，"乃炮位之高下，偏正之准绳，不可稍有参差"①，系供射击瞄准、提高命中率的重要装置。火门（装填烘药和点火用的小孔）开在炮膛极底部。各种火炮虽口径不同，长短、大小不一，均系火绳点火，发射铅丸、铁弹和爆炸弹。大多炮位还配有相应的炮车、炮架、下施轮，这样前后"左右推换惟所宜"，但有些火炮则只以炮车等作为承载运行的工具，在现场演放或实战中则弃之不用。例如，乾隆时平定回疆战役即采取这种做法，因为"炮车上演放，以致火药铅丸未能远及百步，今将炮位安放在地试放，群子远及百步之外，俱能中牌"②。我国火炮在18世纪的最大射程一般三里左右，有效射程一里多。魏源《海国图志》中说："今就英吉利、佛兰西亚、墨利加三样炮式与中华生铁炮铜炮同用营药演放，比较

① 《养心殿造办处各作成做活计清档·枪炮处》，乾隆三十二年九月二十三日，编号3284。

② 《清会典事例》卷一千一百二十六，八旗都统，兵制，中华书局1991年版，第12册，第194页。

远近相等，独是药料较胜，坠数较减耳。"① 应该说，魏源的话是比较符合事实的。尽管 19 世纪中叶魏源等先进知识分子认识到西方的船坚炮利而提出"师夷之长技以制夷"的主张，但他们并没有对西方火炮技术的先进夸大其词。与此同时，英国军队在鸦片战争中也并非将中国的火炮视同无物而嗤之以鼻，反而颇有畏惧之感，惊呼中国火炮"猛烈""厉害"等字句在他们的记载中屡屡可见，并称赞中国的许多火炮"都是造得很好的"，尤其是铜质大炮。综上所述，我们认为中西方火炮技术并非像我们想象的那样相差悬殊。当然，这并不否认中国铸造火炮的工艺要比西方粗糙。乾隆三十四年（1769），傅恒在奏折中谈到铸造火炮的过程，他说："铸炮工匠现已熟悉。本月初五日，制得大炮一位，用铜二千余斤，中安大铁子一，重十六两，群子十余，各重二两。竖立木栅，约三里外安炮施放，炮子直冲木栅，复进散山石，入土五六尺。若将模子略放，即三千斤重炮，亦属易办。查铸炮先分节做成泥坯模子，临时将模子对缝，埋入土坑，然后灌入铜斤，阅三时炮身可就。土坯必俟自干，不可火烘。又中间所用铁杆亦须预造。用时将官员兵役分带铜斤立时熔化，即可成铸。炮身热退，约需三日，掘取土坑，以及钻打火门，统不过四五日，即可对敌施放。无论木寨砖城，无不应手立破。"② 尽管这种铸炮技术在当今看来极其原始，但乾隆帝竟览奏欣慰，龙颜大悦，令人殊可浩叹。

第二节　武器装备的管理与配属

水能载舟，亦能覆舟。武器装备犹如一把双刃剑，能够伤人，也能

① 魏源：《海国图志》卷八十八，"用炮测量论上·中西用炮论"，黄庆云、张廷茂、陈文源等点校注释，岳麓书社 1998 年版，第 2080 页。相关研究可以参考刘旭：《中国古代火炮射程初探》，《大自然探索》1986 年第 3 期。

② 《清高宗纯皇帝实录》卷八百三十七，乾隆三十四年六月，台北华文书局股份有限公司 1960—1970 年版，第 11938 页。

够自伤。清政府深知武备重要，更清楚指挥枪杆子而不能倒持阿柄的利害关系。为了能够"役物"而"不为物所役"，清朝统治者在18世纪对武器装备的管理极其重视。美国著名管理学家 H. 孔茨（Harold Koontz）认为，管理就是通过人和借助人而把事情做好。清政府对武器装备进行管理具有两种基本职能，即：一为合理组织武器装备的生产、储备和配属，以保持和提高军队的战斗力，一为维护社会秩序，不使掌握武器装备的军队和民众成为统治政权的异己力量。简单地说，这种管理包括组织职能和控制职能。由于武器装备的管理和配属工作做得好可以对其他影响军队战斗力的因素发挥乘数作用，所以我们有必要对清代武器装备的管理与配属考镜得失，以期对我们当前的军品生产管理提供历史经验教训。

一、武器装备的生产管理

我国军事学界有人指出："从18世纪末到第一次世界大战，随着冶金技术、化学、弹道学、机械加工的发展，出现了猛性炸药、步枪、机枪、坦克。这些热兵器在功能和加工要求上同民品机械有本质的差别，于是便出现了独立的国防工业。"① 但是，据我们所知，目前学术界对兵器工业史的研究十分薄弱，尤其是18世纪以前、包括18世纪在内的世界兵器工业史几乎是学术研究领域中的空白。我们仅从一鳞半爪的史料中知道，俄国18世纪在叶卡特琳娜母子统治时期，随着基础工业的发展，军事工业也有所发展，全国最大的轻武器制造中心图拉兵工厂，平时年产火枪两万余支，战时可达三万支，火炮及各种炮弹则主要来自乌拉尔工业基地。至于其他西方国家的军火工业则由于史料的匮乏，我们不得不付诸阙如。在18世纪，清军的军器制造分由中央制造及就地制造两种。清初定制，军器由兵部定式，移文工部制造，"造作军器，职隶工部"②。这就是中央制造军器的制度。由直省督、抚题请就地制

---

① 中国兵器工业总公司办公厅政策研究室编：《兵器工业政策论文集》，兵器工业出版社1991年版，第82页。

② 鄂尔泰等：《八旗通志》初集卷之三十，"兵制志五"，李洵、赵德贵主点校，东北师范大学出版社1986年版，第565页。

造的，则须具题经兵部核准始得制造。在康熙朝，清政府在北京设有三处造炮地点：一是紫禁城内的养心殿造办处，产品称"御制"，主要供京城守备和满洲八旗使用；二是设于景山的炮厂，产品称"厂制"，质量稍次；三是设在铁匠营（地名今存）的炮厂。其产品主要供汉军使用。"御制"直接由皇帝掌管，后两厂归工部掌管。从康熙五十七年（1718）制造的"威远将军铜炮"实物来看，该炮通长一百零七点五厘米，膛深九十一厘米，口径五十毫米，火门方形盖缺，"星、斗"俱全，满、汉铭文曰："大清康熙五十七年景山内御制威远将军，总管景山炮鸟枪监造赵昌，监造官员外郎张绳祖，笔帖式张秉义，工部员外郎阿兰泰，笔帖式杨天禄，匠役李文德。"匠役李文德的生平虽已不可考，但他的名字在现存火炮实物上却屡屡出现，由铭文得知，康熙二十九年至康熙五十七年间，铸炮官员虽斗转星移、人事全非，但铸炮工匠却不见变换，可知李文德是康熙时期火炮的主要制造者和优秀工匠，虽名列最后，其功绩实则远在总管、总监之上。这种威远将军铜炮小巧灵便，适用于山野、涉险作战。在当时，同是制作一批"威远将军"炮，但其督造官员不尽相同，这样可以分负其责，也能起到相互比较和监督作用，以避免官员应付差事等弊病。从威远将军铜炮实物来看，该炮耳轴端面还刻有大写编号，有利于严格控制及统一保管，也为登记造册、配发各地使用提供了方便。在 18 世纪，由于地方制造军器，都必须经过兵部、工部的依例核准，这样一来，地方上的军队便不致任意制造，或妄改制度，武器制造的权柄便得以操纵于中央。按照清朝规定，绿营军凡修理一应军械，该管估定价值，呈报提、镇，查明准其动项修补，完日委员查验，出结申送提、镇，移会布政使，并详督、抚存案。该营于年终将存营公费及开除现存的数目，分晰造册，移司核对。如有浮冒，驳减更正，仍详督、抚参处。乾隆三年（1738），云南总督庆复奏请暂借公项修制军装器械，乾隆帝指示说："军器是必应修备者，公项亦系应动者；但得察核清楚，用之以实，则武备全而亦无开销之弊矣。"[1]

---

① 《清高宗纯皇帝实录》卷六十九，乾隆三年五月，台北华文书局股份有限公司 1960—1970 年版，第 1146 页。

在清朝 18 世纪的许多战役中，清军都曾在战争前方就地铸造火炮。例如，乾隆三十九年（1774）第二次金川之役期间，乾隆帝曾两次从京师调遣官员至军营铸炮，并派西洋人钦天监监副傅作霖测量方位，另携带冲天炮及四轮炮车式样前往。各路军曾于军营附近台站设炮局铸炮，所需物料大多由内地输往，只有炭是就地取材。由于该役铸炮所需之炭为数甚巨，故而出现一地所安设之木厂炭窑就达到百余座的情况，数量惊人。在这次战役中，清军各路军营共铸成火炮三十余门，自八百斤至三千斤不等。

军火工业的另一重要方面是火药的生产。顺治初年，工部设置濯灵厂，委官制造火药，命大臣督造。厂设石碾两百盘，每盘置药三十斤为一台，每台碾三日者以备军需，碾一日者以备演放枪炮。预贮军需火药，以三十万斤为率，随用随备。康熙三十一年（1692）题准：濯灵厂每年造演放火药二十余万斤，烘药二三千斤；外备贮军需火药三十万斤，烘药四千斤。雍正三年（1725），特命大臣管理火药事务，核定价值，军需火药每斤工料银二分六厘，演放火药每斤工料银一分

冬青木浮雕狩猎火药囊

八厘，烘药每斤工料银一钱五分。对于各地硫磺、制硝及火药，清政府制定了严格的管理规章制度。在 18 世纪，开采硫磺矿的矿厂主要分布在湖南长沙府属湘乡和安化二县、甘肃省皋兰县属骚狐泉和安西玉门县属牛尾山、福建上杭县郭车乡大岩背山、陕西同官县等地。这种关系到军火生产的矿山开采均须报清朝中央政府审核批准。众所周知，军火工业受战争规律制约性较强，具有平战需求相差悬殊的特征。在和平时期，军火需求量不大，所以清政府当时许多硫磺、硝矿一般开采若干年，当生产的硫磺、硝的储备量达到一定程度后便封禁该矿，等到储备产品即将用完时再重新开采。以河南河内县李封等地的硫磺开采为例，

乾隆二十八年（1763），河南巡抚叶存仁因该省河内县李封、冯封等村煤窑出产铜核，堪以烧炼硫磺，向朝廷奏明开采，听窑户出资作本，烧出之硫磺卖给本省各标营民壮及民间店铺使用，每斤定价三分，如有余剩，缴县照价买贮。由于李封等村经批准开采铜核的共有六窑，各相隔二、三、四里不等，窑户共有二十七家，各于本家就其省便设炉一、二、三、四座不等，共炉七十余座，零星数处，官役稽查颇费周章，一些民众借官磺为名，任意私烧，所以，乾隆三十年（1765）河南省当局决定对李封窑厂进行治理整顿，取缔私营窑厂，改为官办。朱云锦说：由于朝廷发布通知加强对硝磺矿厂的管理力度，"经本省巡抚硕公议称，招募殷实之人，愿开官硝店者，悉如官盐店之式，准其报官开设，零卖硝斤，听其照时价收买，官为设循环印簿，稽查出入，贫民既可随时售卖，官硝又可克期办交。经部议允准立店，遇有采办官硝及本地匠铺零用，务须验明印票，始行发卖。……至本省产磺处所，惟河内县李封等村，有废窑六座，出产铜核，于乾隆三十一年，经议将废窑编设天时地利人和六字号，先行开采，天、时二窑，安炉四十座，每年采炼一万五六千斤，每斤价银四分，以备本省及山东各标营配制火药并民间花炮等用。五十四年因天时二窑产核已竭，请递开地字窑采炼。嗣于嘉庆元年湖北逆匪滋扰，各省官兵会剿，筹备军火，急需磺六万斤，地字窑挖采多年，产核已经微细，又需用多而且急，因详部并开利字窑以资接济。现尚地利二窑并开"[①]。在当今世界各国，武器装备的生产都十分重视保留能力、封存能力和动员能力的调整规划。从李封窑厂的案例中可以看出，尽管18世纪清政府所采取的手段比较落后，但其做法实质上与当今世界各国在武器装备生产中封存一部分生产设备能力并确保战时急需的动员能力的做法是相同的。

二、武器装备的仓库储备管理

在18世纪，清军在各地设有炮库、火药局等武器装备的仓库。乾

---

① 朱云锦：《河南采办硝磺述略》，贺长龄辑：《皇朝经世文编》卷七十一，兵政二，兵制下，沈云龙主编：《近代中国史料丛刊》第七十四辑，731，台北文海出版社1972年版，第2596—2597页。

隆十五年（1750），云南省城小东门城内存贮火药的五华山局因雷击遭焚。巡抚图尔炳阿在回奏乾隆帝查处实情时说："省城五华山火药局五间，内外墙二层，门三重，四面空地。四间分贮军器及硫磺，一间贮火药，用木桶装，桶盖棉纸糊缝，门重重封锁。开时由专管把总禀督标中军发钥，事毕即封。此外督标五营火药军械，俱贮本营。局外设堆卡五所，官厅一所，分布四面，派弁兵巡护，局内并无兵住宿，围墙高峻，亦非外人能越。臣率同文武各官亲查，并阅所毁木植，亦不似火焚情形，实系雷轰。"① 从这段史料可以看出，由于军火库贮存有易爆物品，所以该房屋采用安全隔爆结构，单间隔离贮存军器、硫磺以及火药。此外，该仓库的治安防卫措施也是比较严密的，出入库管理也是比较有条理和章法的。当然，清军军火库在当时因消防管理不严格而造成重大事故的情况也时有发生。每逢发现这种看守人员因循懈弛的情况，清政府都予以严厉处分，强调火药关系军储而防守理宜加谨的必要性。

军火储存量的管理是一个不容忽视的问题。军火储存量超过最高储存或低于最低储存都不可取，因为过多的军火储存必然会加大仓储费用，加大军火储存品的在库损失；过少的军火储存也会影响军火的供给，不仅容易出现军火储存品的短缺、断档，而且往往增加军火储存品的单位成本价格。在 18 世纪，清军各地军火库的储存量的管理不尽相同，但大体上没有什么区别。我们仍以云南的军火管理为例。乾隆四十三年（1778），云贵总督李侍尧疏称："滇省各标营需用硝磺，向系营员自行采办，应核定章程，以杜偷漏。请将附近缅彝之腾越、龙陵、顺宁、缅宁等处矿铜，严行封闭。其余出产硝磺处所，自乾隆四十三年正月起，设厂募工采煎，解贮省局，定限五年封闭。俟将届用完之二三年前，再行题开。合计五年内需用硝四十万斤、磺十五万斤，其工本先于藩库借发，俟一年后于该营公粮内核扣。以原裁督标后营守备衙署作为局房。至各营现有存贮火药，请挨次新陈易用，概以五年定额。"② 清

---

① 《清高宗纯皇帝实录》卷三百六十二，乾隆十五年四月，台北华文书局股份有限公司 1960—1970 年版，第 5457—5458 页。

② 《清高宗纯皇帝实录》卷一千零五十三，乾隆四十三年三月，台北华文书局股份有限公司 1960—1970 年版，第 15462—15463 页。

军各地火药的保存期限一般为五六年。因为火药有一定的保存期限，超过这一期限，就会在质量上发生变化，影响使用。为了确保火药等军火品的使用价值，清朝各级管理机构一般采以新易旧、按生产批次使用和补充的办法，降低武器装备储存业务中的物品在库损耗率。

三、武器装备的配属管理

雍正五年（1727），雍正帝指示说："各处营伍所用器械，向来原无一定之例，是以武弁到任，往往以己所好尚及素所熟悉者操演，所属兵丁间或学习未久而接任官又别有意见，将从前所习者更改调换，是兵丁之技艺，每视该上司之去留以为转移，非训练专精之道也。凡事久则熟，熟则生巧，宜令各省将军督抚提镇因地制宜，酌定规制，永远遵奉，除骑射最为紧要、天下通行学习外，其余各种演习，悉着该上司会同通省官弁细心斟酌，应用何种军器，详悉定议奏闻，令各营永远遵行，接任官不得擅自更改。倘将来有应变通之处，具题请旨，如此则兵丁各精其业，且使一省之中彼此画一，将来或有调遣会集之处，正可相资为用，于营伍大有裨益。"[1] 雍正帝指示下发后，全国各省都经过讨论制定了军器配属的编制。清政府当时首先确定了这样一个原则，即官兵所用军器内，鸟枪一项，能冲锐折坚，最为便利，如腹内省份，地势平坦，利用弓矢，至沿边沿海省份，山深林密，利用鸟枪。应将腹内省份，每兵千名设鸟枪三百杆。沿边沿海省份，每兵千名设鸟枪四百杆。遵循上述基本原则，各省陆续制定的军器配属编制的具体情况为：山东省各镇、协、营应用军器，如大炮、鸟枪、弓箭、藤牌、大刀都系各营通设的器械，每兵百名分作十分，鸟枪五分，弓箭三分，藤牌一分，长枪一分，此外别设炮手，专演发炮。在河南省，总督标左右两营设有马、步弓箭手、鸟枪手、藤牌手、炮手、大刀手，河北镇标九营各设有

---

① 《清朝文献通考》卷一百九十四，兵考十六，《万有文库》第二集，十通第十种，商务印书馆 1936 年版，第考 6578 页。亦载《清朝通典》卷七十八，兵十一，军器，《万有文库》第二集，十通第三种，商务印书馆 1935 年版，第典 2595 页；长善主纂：《驻粤八旗志》，沈云龙主编：《近代中国史料丛刊三编》851—854，台北文海出版社 1997 年版，第 40 页。

马、步弓箭手、鸟枪手、炮手、护炮片刀手、藤牌手，各营军器虽有无不同，而紧要通行的已无不备，仍令照旧例设立，不得更换。直隶省各营器械，向设有弓箭、炮位、鸟枪及三眼枪、大刀、长枪、藤牌诸种，但地势的险夷不同，军器的利用各别，除弓箭、鸟枪、炮位永远画一设立外，至藤牌在宣化镇平阳的地方最利，乃以该镇向设的三眼枪、大刀、长枪改换藤牌，紫荆关鸟枪甚少，故以该镇向设的大刀改换鸟枪，其余仍照旧设兵器训练。山西省多崇岗峻岭，每兵百名分做十分，以四分演习鸟枪，六分演习弓箭，别设炮手，专演大炮，惟杀虎协旧有藤牌手三百名仍令演习，其余扁刀、长枪之类，悉令改为鸟枪、弓箭。江南、江西水师各营所用军器，枪炮、弓箭之外，如大刀、藤牌、钩镰枪、过船枪、钺、斧、标、铁弹之类，都是水师营利用的军器，毋庸更改，其陆路各营，有设三眼铳、长枪而无藤牌的，因三眼铳不能致远，长枪遇险狭的地方，不能旋转任意，遂将三眼铳改为鸟枪，长枪改为藤牌。福建省陆路各营，每兵千名分为二十队，马上弓箭手四队，步下弓箭手二队，鸟枪十队，炮手一队，藤牌一队，大刀一队，长枪一队，各营兵数多寡不齐，照此以为增减，水师战船，大赶缯船设兵八十名，设排枪四十二杆，中赶缯船设兵六十名，设排枪三十杆，小赶缯船设兵五十名，设排枪二十五杆，大艍船设兵三十五名，设排枪十六杆，中艍船设兵二十名，设排枪十杆，仍各备火药、弹子、火罐、火箭之类，以资利用。浙江省各营每兵千名分为二十队，炮位一队，长枪五十为一队，鸟枪四百为八队，弓箭兵三百名为六队，藤牌兵一百为二队，片刀一百为二队。广东省各协营每兵百名设弓箭手二十名，各佩腰刀，兼习双刀长枪，鸟枪手五十名，各佩腰刀，藤牌手十名执牌刀，挑刀手十名，炮手十名。滇、黔、粤三省各营每兵千名内以百名操演大炮，兼习排刀，以六百名习鸟枪，以二百名习弓箭，以百名习藤牌。闽省水路则海面辽阔，陆路则山深箐密，鸟枪一项最为利用，于定例每兵千名设鸟枪四百之外，再增鸟枪百杆。

由上述可见，当时主要的军器，全国各营都普遍设立，而那些次要的、兼习的军器，或设或否，则随水陆险夷而异。在雍正朝之前，各省绿营所用军器原无一定制度。通过这次全国军器编制的审定，原先那种纷歧无定的状况得到了改变。其中一个重要的改变，就是各省一律确定鸟枪、弓箭、火炮、藤牌为主要的军器，将其他各种军器则列为次要的、兼习的。很显然，清政府对火器配发的重视以及火器所占比例的加大是这次改革的突出特点。清朝本来以骑射为家法，曾屡屡谕令全国通行学习，意在以满变汉，然而在这次议定军器配属编制中，山东、福建、浙江、广东各省每兵千名均设鸟枪三百杆至五百杆不等，鸟枪在各省营伍军器编制中所占比率超过了弓箭（只有直隶、山西两省每兵百名，分作十分，四分为鸟枪，六分为弓箭，此为例外），占全部军器编制的40％—50％，再加上约占10％的火炮，这样便使火器在整个军器中的比例约占60％，基本上恢复到明后期戚继光、孙承宗车营配发火器的水平。同时，这也表明火器凌驾弓箭的趋势是不可逆转的。

有清一代，八旗兵丁所需甲胄器械，有一部分属其自备，有一部分系官为制备，其中自备与官备的数目约略相当。例如，马甲自备兵器为弓一张、撒袋一副、箭五十支、腰刀一口，官备兵器则有腰刀一口、铁盔甲一副；步甲自备兵器为弓一张、撒袋一副、箭二十五支、腰刀一口，官备兵器则有弓一张、箭三十支、腰刀一口、绵甲一副。帐房、锣锅等项均属官为制备，马甲每二名给帐房一架、锣锅一口、长枪一杆，步甲每五名给帐房一架、锣锅一口。雍正五年（1727），清政府规定，官兵遇升迁事故，其本人旧有军器系官银置备者，留给顶补之人；若自备者，除官员军器听其自便外，兵丁军器由该管官视其器械之利钝，酌量定价，给新补之兵，即将新补兵应领钱粮扣给原主。

按照清朝规定，凡京营军器的简核点验，每三年一次，由八旗都统、副都统奏请，中央政府特命王公大臣验阅。驻防八旗军器，各将军、都统、副都统到任后，率所属简稽军营、铠仗，同城限两个月，外埠限三个月完成。简核时，要详细盘查其盈、绌、利、钝，并将情况上报。雍正十年（1732），清政府规定，直省各营军装器械属督抚管辖的，由督抚委管盘察；属提督管辖的，由提督委官盘察，各在年终保题一次。至于各镇，有属督、提统辖的，由该镇委官盘察，取印甘各结，并加具保结，送督、提察核，在年终保题；若无督、提统辖，各该镇委官盘察，也在年终保题。保题的时候，各将所属军装器械数目，分晰标营造册，并保结送兵部察核。如保题后仍有缺少，对盘察官罚俸六个月，督抚提镇罚俸三个月。若委官明知缺少而谎报的，降三级调用。

从逻辑结构上看，管理规范包括三个因素：假定、处理、制裁。假定是把规范同生活状况联系起来的部分，它指出在什么情况下这一规则生效；处理是行为规则本身，指可以如何行为、应当如何行为、禁止如何行为；制裁则指对违反这一规则将采取的强制性措施。清政府对军器的管理规范是以国家强制力为后盾、保证的，管理规范中的制裁因素是保证这种规范得以实施的必备构成要件。正是这样，对于违反军器管理制度的行为，清政府制定了许多制裁性规范，从而规制人们的行为而使之纳入清政府统治秩序之中。例如，雍正十二年（1734）清军军器管理条例中就有这样的规定："大炮攻守兼资，必平时预备齐全，临时方能得用，各省大炮择其坚好者存留，锈坏者即报明铸造。督抚提镇严饬该管官将现有之炮建置炮车，加谨盖藏，以避风雨潮湿。每年十月间演放一次，以防锈蚀，一有损坏，详明动项制造，如本营未备而别营有余者，通融拨取，造册咨部备案。若有盖藏不谨及遇有损坏、并不修整者，该管官照烧毁军器例议处。"① 可见，清政府的制裁规定是相当严厉的，不免令人栗栗危惧。当然，规范的制定与规范的实施毕竟不是二而一的，从纸面上的规范到行动中的规范尚存在一定的距离，因为规范是对人们行为的可能性的设定，是一种应然，而规范的实现是使应然转变为实然，是通过人们消极的不作为或积极的作为而使规范变为社会现实。我们从档案材料中可以看出，清政府 18 世纪制定的一些军器管理规章并没有实现其价值。尤其需要指出的是，清军武器装备使用年限往往很长，老化严重。例如，1850 年底黑龙江副都统清安奏请各地驻防八旗改造所部鸟枪，以如京旗健锐营样式，咸丰帝命各驻防大臣议复。中国第一历史档案馆保存的军机处录副奏折中的十五件遵旨议复的奏折除泛泛提到"使用已久"外，共有六份提到具体使用年限。其中黑龙江驻防八旗使用的鸟枪系"康熙时征剿俄罗斯由部颁来"，使用达一百

---

① 《清朝文献通考》卷一百九十四，兵考十六，《万有文库》第二集，十通第十种，商务印书馆 1936 年版，第考 6589 页。亦载《清会典事例》卷六百二十四，兵部，绿营处分例拨补，军器，中华书局 1991 年版，第 7 册，第 1085 页。

六十六年之久；福州驻防系自 1755 年启用，达九十五年之久；荆州系自 1779 年更换半数，达七十二年之久，另外半数虽不知何时启用，但其使用年限当在七十二年以上；杭州系自 1761 年启用，达九十年之久；乍浦系自 1782 年启用，达六十九年之久。由此可以看出，由于国防事业从本质上来说是消耗型的，尽管清政府在 18 世纪正处于熙熙乎盛观的康雍乾盛世，但国家财政的绌乏，使整个军队处于饥饿状态，国家不得不把国防费中相当大的一部分用于维持军队的基本生活，难以进行武器装备的更新汰旧。

第三节　18 世纪中国武器装备
发展速度缓慢的原因

有学者认为："18 世纪中叶到 19 世纪末，是欧洲资本主义兴起时期，由英国开始的产业革命，机器工业逐渐代替工场手工业，欧洲各国在这个基础上，对火器的制造改进，有突飞猛进的发展。这个时期，我国正处在反动腐朽的清王朝统治之下，社会生产力，仍然停留在封建手工业状态，这是清代火器落后的主要原因。其次是清朝统治者实行民族压迫政策和具有严重的保守思想，使火器不仅未能向前发展，甚至没有保持住明代已有的成果。"[①] 这种观点在学术界颇有影响。人们普遍认为清代武器装备是停滞不前的，不仅谈不上有所发展，而且呈现出"大跃退"的趋势。但我们认为，清代武器装备应该说是在相对落后中有绝对发展。与西方相比，18 世纪中国武器装备的发展具有一定的相似性，其表现为：

一、冷兵器退出历史舞台的艰巨性

清朝统治者自诩"以武功开国，弧矢之利精强无敌"[②]。在夺取政

---

① 《中国军事史》编写组：《中国军事史》第 1 卷，兵器，解放军出版社 1983 年版，第 95 页。

② 《清朝文献通考》卷一百九十四，兵考十六，《万有文库》第二集，十通第十种，商务印书馆 1936 年版，第考 6577 页。

权、统一全国的战争中，用弓矢刀矛武装起来的八旗铁骑能骑善射，驰突纵横，所向无敌。正是由于清王朝的皇冠是在弓矢的支持下而取得的，所以清朝历代统治者都强调"骑射国语乃满洲之根本"①。大力提倡"国语骑射"，无疑会使人们过分沉溺于传统而忽视了对火器的研制。清代火器发展缓慢与清政府这种政策的保守、落后有莫大关系。对此，学术界已有人进行过分析。但我们认为，在某种意义上说，存在即合理，国语骑射政策背后不仅存在民族文化心理因素，而且存在技术水平的限制因素。众所周知，弓箭既是防御性武器又是进攻性武器。尽管火器已经出现，正如雍正帝所说"鸟枪一项，能冲锐折坚，最为便利"②，但由于当时中西方火器都不尽如人意，故而弓箭相比起来仍不失其优越性。康熙五十一年（1712），海盗陈尚义在山东刘公岛附近洋面与清军游击阎福玉率领的兵船相遇，陈尚义的海盗船四只乘西北风而来，见官兵船只即先发炮，官兵放船追剿，游击阎福玉奋勇向前，"因所乘之船出诸船之先里许，贼见其势孤，遂三面围住，鏖战良久，其余官兵船只为风飘散，不能前救，以致游击阎福玉被伤殒命，而贼众亦伤多人……原其所以伤官兵者，皆因官兵与贼船相遇，安排火器之际，致贼人乘间围拥"。所以康熙帝说："若如满洲兵操弓挟矢以待，贼船何由能逼近耶？"③ 与此相比，尽管火器具有冷兵器无法比拟的优越性，但由于早期火器技术本身的发展就是相当缓慢、极不成熟的，所以西方在18世纪也同样面临着这样一个问题，即冷兵器退出历史舞台的艰巨性。恩格斯在谈到明火枪时指出，明火枪"是最早的一种真正适于在战场上为军事目的使用的火枪……然而这种古老的火器本身的动作既不灵活，又费时间，尽管声音吓人，外形别致，但效果不大，或者毫无效

① 《清朝文献通考》卷一百九十二，兵考十四，《万有文库》第二集，十通第十种，商务印书馆1936年版，第考6559页。

② 《清朝文献通考》卷一百九十四，兵考十六，《万有文库》第二集，十通第十种，商务印书馆1936年版，第考6578页。亦载《清会典事例》卷七百一十，兵部，军器盔甲之制，弓箭之制，旗纛之制，给发军器，中华书局1991年版，第8册，第834页。

③ 《清圣祖仁皇帝实录》卷二百五十三，康熙五十二年正月，台北华文书局股份有限公司1960—1970年版，第3376页。

果……甚至在伊丽莎白时代，大弓仍被称为'武器之王'"①。虽然从17 世纪开始，这一状况有所改变，但甚至在 19 世纪，英国军队中还不乏恢复长弓支配地位的主张。在 18 世纪的西班牙王位继承战争初期，带刺刀的燧发枪虽然已经用来装备步兵，但明火枪和长矛尚未完全废除。正是由于当时步枪的射程只有六十至一百步，装弹费时，对身材普遍高大的俄军士兵来说，不如让他们用刺刀冲锋更好一些，所以苏沃洛夫在《制胜的科学》中提出"射击要少而准，刺刀要刺得狠。子弹会上当，刺刀不会上当。子弹是笨蛋，刺刀是好汉"②，强调在实战中敢于进行白刃战和善于使用刺刀，恢复了俄军白刃战的传统，训练士兵进行以冷兵器为主的进攻型作战，其中尤其重视"贯穿冲击"的训练。这种战术上的返古和康熙帝批评绿营官兵过分依赖火器如出一辙，却惊人地使士兵的实战能力有了显著的提高。白刃冲击成为当时俄军克敌制胜的法宝之一。由此可见，"手枪战胜利剑"固然是不可逆转的历史规律，但这种历史的演化过程是充满曲折与反复的。

美国军事历史学家 T. N. 杜普伊上校对于在军事历史研究中应用和发展历史计量方法作出了卓越贡献。他把对兵器杀伤力的理论指数制成了一个表（见下表）③。T. N. 杜普伊在这里所说的"兵器杀伤力的理论指数"，指的是各种兵器的相对杀伤效能，系根据兵器的射程、发射速率、精确度、可靠性及杀伤半径等性能计算所得的结果。从其表中可以看出，火绳枪杀伤力的理论指数小于白刃战兵器、长弓等，清代的鸟枪即系火绳枪，无怪乎清代冷兵器退出历史舞台远难于西方。反过来说，由于冷兵器在中国退出历史舞台之艰难，中国军队不能不长期以来依赖于冷兵器，这样又恶性循环地导致了火器的不发达更为严重，形成难以突破的瓶颈。有位学者指出："我国火兵器技术的长期缓慢发展，决定了冷兵器技术必须长期使用于战争，既不能废除，又不能不有些发展，

---

① 《马克思恩格斯军事文集》第 2 卷，战士出版社 1981 年版，第 42—43 页。

② 苏沃洛夫：《制胜的科学》，李让译，解放军出版社 1986 年版，第 25 页。

③ T. N. 杜普伊：《武器和战争的演变》，王建华等译，军事科学出版社 1985 年版，第 116 页。

可发展又没有什么新的内容和新的方向这么一种状态。"①

兵器杀伤力的理论指数（TLI）

兵器名称	TLI
白刃战兵器（剑、长矛等）	23
标枪	19
普通弓	21
十字弓	33
长弓	36
火绳枪	10
17世纪的滑膛枪	19
18世纪的燧发枪	43
19世纪的来复枪	36
19世纪中叶的来复枪（采用圆锥形子弹）	102

二、注重火炮的机动性

学术界普遍认为，清军在康熙时期的火炮产量最多、质量最好，但雍正以后，清代火器的发展受到冷落，陷入低谷，而乾隆时期对火器的研制更是墨守成规，几乎没有一种新研制的火器。学者们尤其认为，嘉庆四年（1799），朝廷曾将一百六十门旧式神枢炮改为得胜炮，但其射程结果只有百步，比原炮还近。但我们认为，嘉庆四年改制神枢炮并不意味着嘉庆朝的制炮技术比先朝已大为衰退了、质量更为低劣了；事实上，清代火炮生产自17世纪末叶始便趋于自产化、制式化，并明显地向"轻利便涉"的方向发展。康熙十三年（1674），清圣祖命比利时传教士南怀仁制造火炮以资征剿时，就直截了当地提出了"务加意精工，俾越山渡水轻便利用"②的要求。在18世纪清军征服边疆少数民族战争中，如

---

① 马书珂：《军事技术发展纵横史略》，兵器工业出版社1988年版，第104页。
② 勒德洪等撰：《平定三逆方略》卷八，康熙十三年八月壬寅，纪昀、永瑢等编纂：《景印文渊阁四库全书》第三百五十四册，史部，一一二，纪事本末类，台北商务印书馆1983年版，第67页。

子母炮、威远将军炮等轻炮为得力火器。降及 18 世纪末叶，国内阶级矛盾日益尖锐，人民起义风起云涌，战争的流动性更为增大，几百斤重的火炮，运用也不方便了，所以火器轻型化的进程更为加速。嘉庆四年改制神枢炮正是这一趋势的产物，由于"以多易少"，使火炮的重量减轻，故而射程、威力自然不能不受到影响。

与此同时，西方国家火炮也主要是在提高机动性的方向上进行了一系列的改进。在 18 世纪，腓特烈大帝发现要给迅速前进中的普鲁士骑兵提供炮火支援是个特别尖锐的课题，因此他设法提高炮兵机动性，使炮能够随着部队的进攻而向前推进，为步兵和骑兵提供不间断的炮火支援。腓特烈建立了一种能够跟着骑兵前进的骑兵炮队。跟普通的炮兵不同，骑炮兵的炮手和弹药手不是靠步行也不是靠车拉，而是骑马行进的，骑炮兵部队配备有可以迅速移动的轻型炮和榴弹炮。从技术上看，骑兵炮和马拉炮是相同的，但正如国外学者所说，"马拉炮与腓特烈骑炮兵的区别在于，骑炮兵的炮手是骑马的，这样，整个部队可以以相同速度在一起行进。火炮轻却有足够威力，炮弹用轻型马车拉载——这在七年战争期间逐渐被专门的前车（两轮炮车）所取而代之"①。在腓特烈大帝的影响下，被称为法国"炮兵之父"的琼·巴普蒂斯特·格利包佛尔（Jean-Baptiste Vaquette de Gribeauval，1715—1789）在 1776 年任法国炮兵总监时，改革了炮兵。他通过缩短炮管的长度，减轻炮管和炮架的重量，使法国炮具备了极强的机动性。② 由于给炮车装上了铁制轴杆和结实的大直径车轮，因此炮车可以在崎岖不平的地形上行进。由于造出了更加精密的正球体和直径精确的炮弹，因此保证了炮的射程和精确性，并减少了炮弹的装药量，结果又进一步减轻了炮管的重量。炮的牵行马分成了双行而不是过去的单行，这样六匹马便足可牵引一门十二磅炮弹的炮，而八、四磅炮弹的和新式六英寸榴弹炮等只需四匹马就

---

① Ian V. Hogg, *The Encyclopedia of Weaponry*, London：Greenwich Editions，1992，p. 69. Christopher Duffy, *The Army of Frederick the Great*, 2 edition, Chicago, Illinois：Emperor's Press，1996，p. 172.

② Picard Ernest et Jouan Louis, *L'artillerie française au XVⅢe siècle*, Paris：Berger-Levrault，1906，pp. 63 – 65.

够了。在当时，轻型炮（四、六磅榴弹炮和六英寸迫击炮）普遍装备法国陆军，而要塞炮也采用回旋式轮子，可以在半圆形的轨道上滑动，调整方向，并且开始以炮的口径而不以弹丸重量来计算火炮的大小。比起法国来，英国炮兵在18世纪则显得逊色一些，其炮车用单马纵列挽曳，驭手持长鞭随车步行，马和驭手都是雇来的，也没建立骑炮兵。直到1800年，英国才改革炮兵，和各国采取相同的措施。

三、提高火器射速的尝试

如前所述，当从枪口装填分装式枪弹时，由于装填过程复杂，几分钟才能完成一次发射，而操作简单的弓弩发射速度比前装枪还快三四倍，所以火炮枪有时不一定能压住弓弩的攻势，中国和西方当时都曾采取过一些办法来提高枪的发射速度。提高射速的一个办法是简化装填过程。在西方，事先将火药称定包好的做法始于16世纪后期，但此后的200年间便无重大改进。这种用定装式枪弹代替分装式枪弹的办法，显然能够简化装填过程，提高装填速度。有位学者这样写道："对于中国鸟枪，在18世纪以后，到底做过哪些可以提高射击速度的改进，目前尚不能确切了解全部情况。但有一点是肯定的，即至少在一部分士兵中间，已经自发地开始采用一些方便装弹的办法。"[①] 在18世纪，中国的子母炮的一个优点是以子铳预贮弹药，不必临时装填，可以加快发射速度。然而，有人将子母炮的"子铳"解释为炮弹，这是不正确的。实际上，子铳是一种比"母铳"（火炮本身）身管细小一点内层炮管，与母铳一起构成双重炮管。[②] 据西方学者介绍，由于单发前装枪在面临众敌时不够得力，所以西方制枪匠在18世纪力图寻找增加单兵火器火力的办法。其中一个办法，就是18世纪后期侍卫和军舰军官所采用的"鸭掌手枪"，这包括连接在同一药室的四个伸开的枪管，每次填装火药时从任何一个枪管都可填装，然后在四个枪管分别装入弹丸，开枪时

---

① 吕小鲜：《第一次鸦片战争时期中英两军的武器和作战效能》，《历史档案》1988年第3期。

② 潘向明：《鸦片战争前的中西火炮技术比较研究》，《清史研究》1993年第3期。

便四个枪弹都可发射散开出去。另一个提高火力的办法就是加快填装。在 17 世纪后半期，"拧动式"手枪在欧洲中部开始流行，尤其在英国。这种枪由于枪管可以用手很快拧下来，从后膛装弹药，然后把枪管与后膛套拧紧。与西方相比，中国学者通常对戴梓的连珠枪给予高度评价，然而，"这种在枪械发展史上占有一定位置的连珠枪，却未能得到进一步的发展，到乾隆当政时就散失了"①。究诸史料，清乾嘉时期的著名学者纪昀曾同戴梓（1649—1727）的后人戴遂堂在一次交谈中，得知戴梓曾试制一支鸟铳之事，但并未说是连珠火铳。至光绪十六年（1890）李桓编纂《国朝耆献类征初编》时便说戴梓向康亲王进献了"连珠火铳法"，这便是后来成为《清史稿》记载此事的蓝本。从纪昀的记载可以看出，戴梓研制的火铳是一种连扳连射的燧发枪。这种枪的最大优点在于简化了装填手续，每装填一次，可连续射击二十八发弹丸，提高了发射速度。近年来，有些学者常以戴梓研制的火铳能连发二十八次的记载为依据，认为"连珠火铳是机枪"，或"类似近代机关枪"。我们认为这是一种误解。因为，近代机枪是采用击针后装式的击发枪，其基本发射原理与戴梓的连珠火铳绝不能同日而语。从中西方提高火器射速的尝试可以看出，中国在 18 世纪缺乏改进武器装备的内驱力，改进武器装备的发明研制基本上是一种间歇性行为，仅仅是妙手偶得之，而不是一种持续性行为。

总而言之，我们不同意"清前期的火器技术与明代相比并没有什么发展，甚至连旧有的成果都未能保持得住，更难以与欧洲已经发展起来的近代火器技术相比"的观点。在我们看来，清代武器装备在 18 世纪有一定的发展是毋庸置疑的。尽管美国学者康念德在《李鸿章与中国军事工业近代化》（Thomas Larew Kennedy, *The Arms of Kiangnan: Modernization in the Chinese Ordnance Industry, 1860 - 1895*, Colorado：Westview Press，1978）中认为，18 世纪是中国国内和平繁荣的时期，也是中国火器技术又一个停滞不前的时期。但是他在该书又这样写道："清初，满族人采用了明朝降军所使用的大部分军械以及明朝进口的葡萄牙炮或

---

① 崔金泰：《枪炮史话》，兵器工业出版社 1988 年版，第 47 页。

根据其样品在国内仿造的炮。由于清朝巩固了其对中国本部的统治，他们继续使用明朝遗留下来的军械。直到19世纪中叶，传统火器技术的唯一进展体现在抬枪上。这种在清军中有限使用的武器的长度缩短到大约5英尺，枪筒的质量得到改进，设计制造规范化。"①的确，抬枪的出现即是清代武器装备发展的一个明证。目前，我国学者对抬枪争议较大。有人认为抬枪应为鸟枪的改制，抬枪与抬炮二者并非一物；但又有人认为抬枪与抬炮的区分是不严格的，"抬枪即系抬炮"②。抬炮、抬枪在鸦片战争中使用较多，学术界认为抬炮、抬枪的出现是在道光年间，原因是火炮向轻型化方向发展所致。但我们认为，抬枪是步兵重武器，它是鸟枪的重型化与火炮轻型化两个方向相交界的产物。我们从档案材料中发现，清朝在乾隆初年便有一种叫作"鸟机"的火枪，这很可能就是后来人们所说的抬枪。乾隆十年山东登州总兵官谭得义在奏折中说："更有种大炮，名鸟机，长五尺有零，重二十余斤，食药一两上下，食子一两三四，铅石等轻巧利便，亦能致远，每营亦请捐造十杆。"③从清代抬枪的出现，我们可以看出，清朝武器装备在18世纪并非毫无发展，那种认为清朝武器装备在18世纪停滞不前的观点并不符合历史唯物主义。当然，我们并不否认这一时期清朝武器装备已经逐渐落后于西方。下面，我们就清代在18世纪武器装备发展速度缓慢的原因谈一些自己的看法。

18世纪，那不勒斯杰出的思想家维科（Giambattista Vico，1668—1744）在巴黎大学所作的关于人类智慧不断进步的演讲中有一句名言：历史是人类通过衰落与复兴永远前进的过程。在研究衰落这个问题时，人们常常使用"角色"这一范畴作为分析的切入点。在大多数学者看来，清政府没有能够胜任其为军事技术发展提供服务、支援的社会角色

<hr>

① 康念德：《李鸿章与中国军事工业近代化》，杨天宏译，四川大学出版社1992年版，第10页。

② 中国第一历史档案馆藏：军机处录副奏折·军务类，道光二十五年十一月初六日铁麟泰折。

③ 中国第一历史档案馆藏：军机处录副奏折·军务类，乾隆十年六月十八日山东总兵官谭得义奏折。

功能，这是导致清代武器装备发展速度在 18 世纪比较缓慢的主要原因。换言之，由于清政府行为的角色失败，所以清代武器装备发展较诸同时期的西方国家相形见绌。在谈到清代武器装备落后的原因时，我国学术界认为，清政府并没有采取鼓励研制火器的政策和有力措施，"许多有作为有成就的火器研制家，往往被冷落，他们的创造精神得不到鼓励，他们研制的新成品得不到推广。例如，戴梓是康熙时有名的火器专家，其智慧远比南怀仁高超。他创造了 28 发连珠铳、蟠肠鸟枪和威远炮，由于不被重视，也得不到推广。至于他本人，也未受到厚待，仅授予一个翰林院侍讲的虚衔，并未授予他掌管研制火器的官职。尤其令人痛心的是，康熙帝竟听信谗言，将他充军关外，落得个漂落他乡的下场。再如，对创制子母炮的武备院工匠伍连登，也只不过赏他多领一份花炮匠的粮饷而已"①。我国学者还认为，清政府由于民族统治的色彩浓厚，十分惧怕民间收藏和使用火器，其严禁私造私贩火器的政策阻碍了火器的发展；清代火器停滞衰落，特别是到晚清远远落后于西方，最后被西方近代火器所取代，与此是有很大关系的。此外，学者们还以康熙帝下面的一段话为证据，说明清政府不重视火器，其原话为："朕思治天下之道，在政事之得失，于火器何与？夫火器孰有多于吴三桂者乎？因其所行悖逆，即致灭亡。观此，则火器之不足恃可知矣。"② 我们认为，我国学术界上述对清代武器装备落后的原因所进行的历史解释固然有一定道理，但仍有值得质疑之处：

其一，上述我国学术界引用的戴梓、伍连登的事例以及康熙帝关于火器不足恃的言论，都属于康熙朝的事情。然而，正是在康熙朝，清代火器制造鼎盛一时，雍正、乾隆诸朝都难望其项背。由此可见，用戴梓、伍连登的事例以及康熙帝关于火器不足恃的言论来证明康熙朝火器制造的发达，不能不显得前矛后盾，无法自圆其说。此外，康熙帝关于火器不足恃的言论固然铁证如山，但康熙帝关于重视火器研制与生产的言论也数不胜数，难道我们对此能视而不见吗？更何况，康熙帝关于火

① 孔德骐：《孔德骐军事文史论集》，华艺出版社 2008 年版，第 44 页。

② 《清圣祖仁皇帝实录》卷一百零四，康熙二十一年八月，台北华文书局股份有限公司 1960—1970 年版，第 1381 页。

器不足恃的言论是在康熙二十一年针对监察御史拉塞建议禁止各省火器所发，其意旨是否定拉塞的销毁、禁止除陕西近边及沿海地方外各省火器的主张。揆诸史料，康熙帝是允许各省拥有、留有火器的，我们不能断章取义地阉割、曲解历史。

其二，我国学术界引用戴梓、伍连登的例证，是为了说明由于清政府未能胜任其为军事技术发展提供有力服务的行为角色，没有采取有力措施和政策鼓励火器的发展，致使火器研制者的成就角色意识受到严重扭曲，不仅英雄无用武之地，没有发挥才能的机会，而且后进者因此也难有积极上进之心。在某种意义上，成就角色的成就，正是社会兴衰的标志。在衰落的社会里，个人的成就往往得不到承认与尊重，甚至发生越有成就的人越受到轻侮、遭到打击的反常现象，有成就者往往不仅无职无权，甚至无衣无食。戴梓充军关外，康熙帝固然因偏听偏信而将戴梓投闲置散，被后人所讥评自属理所当然，但这并不意味着康熙帝不重视科技人才，并不足够使整个社会上武器研制者的成就角色意识受到严重损伤。如果说康熙帝不重视科技人才，那么南怀仁去世时康熙帝亲自撰写祭文和碑文、赐谥号"勤敏"并派国舅爷佟国纲等至墓地举行隆重葬礼又该如何解释？在法国，拉瓦锡（Antoine-Laurent de Lavoisier，1743—1794）作为一代人物统治了 18 世纪后期的法国科学，他在数学、天文学、植物学、解剖学等领域都有高卓精深的研究，于 1775 年奉派参加火药委员会和任职兵工厂。然而，1794 年，拉瓦锡和许多包税人一起被送上了断头台。当拉瓦锡请求给他以足够的时间去完成他正在进行的实验时，当时的法庭副庭长科芬纳尔（Jean-Baptiste Coffinhal，1754—1794）回答说："共和国不需要学者或者化学家，正义的程序不得延稽。"[1] 于是，拉瓦锡遗憾地撒手人寰。如果按照上述我国学术界的思维理络演进，我们又会引申出什么样的结论呢？

其三，为了防止和镇压人民反抗，巩固封建中央政权的统治，清政府将私藏、私造、私贩火器悬为禁例，制定颁布了一套完备的律令，这

---

[1]　资料来源：http://www.chimie2011.fr/IMG/pdf/35.pdf，访问时间：2010 年 1 月 22 日。

对清代火器停滞衰落不能说没有关系。但是，我们在研究这一问题时，应该明确原因和条件的区别。原因是必然引起结果发生的因素，而条件只为结果的发生提供了可能性，原因则为结果的发生提供现实性。古今中外，严禁私藏、私造、私贩军火是一种普遍现象，然而我们并没有看到当代哪个国家因为禁止民间私自制造、使用军火枪支而导致其武器装备的衰落。这二者之间并不构成必然的因果关系。严禁民间私造、私藏、私贩火器对维护社会治安、防止不法分子为非作歹、保护民众生命财产安全，是具有重要作用的。从经济效益观出发，任何法律制度的创设都不可能成本为零，而合意的法律规则是使这种成本减至最低的规则。在18世纪，如果清政府不采取严禁民间私造、私藏、私贩火器的行政法律措施，那么势必造成社会动乱。例如，乾隆二十四年，福建就发生多起私造竹火铳点放杀人案。一个国家假如动荡不安，则更不可能集中国家力量改善军队的武器装备。此外，从宏观上看，由于严禁火器的一系列律令的颁布，清政府防止了火器扩散到民间，达到了清朝统治者垄断火器的目的。但从微观上看，有的地方禁而不严，有的地方则严而难禁，民间私藏私造私贩火器时有发生，因此可以说，即使清政府采取了严禁民间私藏私造私贩火器的措施，也不能实际上损害火器的发展。当然，如果我们将因果关系链拉长，我们也同意下面这样一个观点：乾隆以后，虽每每爆发农民起义，但由于清廷长期限制地方制造火器，更不准民间收藏和使用火器，这些农民起义所拥有的火器是很有限的。清军所拥有的火器在这些大的战争中一直处于优势地位，所以清军武器装备的发展客观上缺少一种动力，清政府错误地认为没有必要再投入大量的人力物力去研制火器，这也是造成清代火器技术落后衰落的一个重要原因。

我们认为，研究18世纪清朝武器装备在发展中的落后这一历史现象必须采用"大历史观"，或者称之为"宏观历史"（Macrohistory）。因为科学技术是生产力，军事武器技术是战斗力，研究18世纪中西方武器装备的发展不能不涉及科学技术史。马克思在谈到我国三大发明对欧洲影响时与培根的观点惊人地相似，他说："火药、指南针、印刷术——这是预告资产阶级社会到来的三大发明。火药把骑士阶层炸得粉碎，指南针打开了世界市场并建立了殖民地，而印刷术则变成为新教的工具，总的说来变成科学复兴的手段，变成对精神发展创造必要前提的最强大的杠杆。"① 的确，中国古代科学技术曾经谱写过光辉灿烂的历史篇章，然而，当中国在传统旧路上穿着"小鞋"蹒跚循行时，西方却脱颖而出，用中国罗盘航行四海而完成了世界地理大发现，用中国火药制成枪炮征服了亚非拉三洲，用中国的造纸术、印刷术传播了"文艺复兴"的新思想而使欧洲文化摆脱宗教神治、走向工业化。如果说 18 世纪中国传统武器装备的发展已是强弩近末，那么西方的武器装备的发展则可谓刀刃之新发于硎，其原因何在？

在谈到中国科学技术落后的原因时，学者们往往进行溯其本原的、形而上的对文化的探究，表现出一种对终极原因的关怀。例如，有位台湾学者就曾经指出，中国数千年来贵道贱器造成的结果是，道德是进步了，然而，器物的发展却落后了。我们在博物馆所陈列的各种古代器物以及各种建筑等，俱是各代工匠凭其个人经验加以改进的产物，而不是由于科学研究而得以改进。其人有，则其术有；其人亡，则其术就失传了。中国工匠等能在一二千年以前发明火药，却只用来做做儿童的玩具——爆竹——与在围城中对外通讯的火箭，但西方却依靠科学技术的进步已造出能射数十里的大炮了。这种器物制造方面的落后与制度方面的守旧，使得人民在生活方面显得寒酸而贫穷，而在战争方面则必因器窳而致败。这个西力东侵造成东方世界的大变局，乃是由于这两个世界所处环境的不同与历史的不同所造成，并非某一个人或某一朝代所造成的过错。笔者对于上述观点表示赞同。文化传统是现实的历史化，又是历史的现实化，是一种难以摆脱的历史的惯性运动。从起源上说，文化传统是人类活动选择的结果，但是，它一经形成，主体的选择性便不能不受到文化传统这一选择的先在物的制约。儒家重伦理轻技术的文化传统作为一种历史的沉淀，使社会中的精英分子以读书科举为干禄仕进的终南捷径，社会上"艺成而下"的观点十分流行。在这种社会氛围下，纵使统治阶级不去禁止科学技术，但在客观效果上则也势必"不禁而

---

① 马克思：《机器、自然力和科学的应用》，人民出版社 1978 年版，第 67 页。

禁"，更何况科学技术的发展需要较大的社会环境对外开放度和社会环境内部自由度，在闭关锁国的中央专制集权统治下，科学技术的发展不能不受到严重窒息，所以 18 世纪清代在科学技术（包括军事技术）方面便逐渐黯然失色了。

从文化学角度进行纯理性的逻辑推论，上述解释是成立的。不过，世界上绝没有某种一般性的、灵丹妙药式的理论可以成为开启一切历史研究之门的"总键"（master key），人们将文化这一范畴作为至大无外的概念，随意解释林林总总的历史现象时，我们不能不强烈感觉到这种解释是肤浅空疏的。正如一位外国学者所说："17 和 18 世纪的中国人至少与欧洲人具有相同的科学才能。他们甚至还具有比欧洲人更为自由和更为开放的思想，不受欧洲人从中世纪继承而来的世界观的可怕障碍之苦。中国人的社会、历史和自然观念比 18 世纪的欧洲人更先进，他们的科学知识在 1600 年左右绝不比欧洲人逊色。"① 我们看到，在 18 世纪中叶，尽管文艺复兴的春风已将神学禁锢的坚冰打破，但如果对《圣经》的真谛提出质疑，那仍会冒激起公愤的危险。例如，法国的大自然学家布丰（Georges Louis Leclere de Buffon，1707—1788）过去曾以为地球的年龄为 74000 年，后来在教会的压力下于 1751 年被迫收回前言。坦率地说，我们不应该把 18 世纪西方科学技术与中国的差距想象得非常大，西方科学技术超过中国是一个渐进的过程。

如果我们比较 18 世纪中西方科学技术发展的差异性，我们会得出这样一个结论：西方科学技术在 18 世纪之所以发展速度比中国快，是因为西方社会形成了科学理论、实验和技术三足鼎立、既互相独立又互相促进的结构。西方科学理论和实验的加速发展在 16、17 世纪就开始了，但这一时期内，技术水平增长并不明显。技术水平的加速发展是 18 世纪开始的。正是在 18 世纪，制造家、科学家和新兴的职业工程师，在工作上和社会生活上都混合在一起，水乳交融，远过于后来的 19 世纪。有学者将这一时期称为伯明翰和黑烟区（Black Country）的

---

① 谢和耐：《十七和十八世纪的中欧文化交流》，《国际汉学》编委会编：《国际汉学》第 1 期，商务印书馆 1995 年版，第 225 页。

"月社"（Lunar Society）时代。[①] 此外，我们还看到，在这一时期，西方国家的皇家研究院成为时髦中心，像歌剧院那样大受贵族和上流社会的欢迎，致使任何未设艺术科学院的宫廷都不能称为十全。科学期刊急剧增加是这一时期的突出现象。例如，《英国皇家学会自然科学会报》（*Philosophical Transactions of the Royal Society*）和《法国科学院院报》（*Mémoires de l'Académie royale des sciences*）、《博学通报》（*Acta Erudito-rum*）和《纯粹与应用数学杂志》（*Crelle's Journal; Journal für die Reine und Angewandte Mathematik*）纷纷创刊。这些杂志广泛传播，包括科学界以外的许多读者都惠泽于其中。因此，18 世纪是一个科学小册子有可能成为畅销书的时代。一方面，在新的科学理论指导下，18 世纪前期，西方的工场手工业就已经培养出了许多熟练的技术工人和具有一定科学知识的技师，为发明、制造和使用机器提供了人才，准备了技术和物质条件；另一方面，在 18 世纪，科学理论研究、研究院、科学家并非高不可攀，让工匠们不为人所注意地爬上楼座的后门尚未被用砖堵塞。正是由于工匠与学者的配合切磋，西方科学技术在 18 世纪呈现出可持续发展的态势。

仅就军事科学技术而论，虽然早在 15 世纪西方就已经开始进行枪炮武器的研究，但只是到了 17、18 世纪近代自然科学确立以后，才真正得以长足发展。近代数学、力学、化学理论的确立，为枪炮技术的改进提供了有效的理论指导。例如，伽利略的抛物体射程问题研究成果，为枪、炮的弹道技术改进提供了理论依据；牛顿等科学家专门对枪、炮弹的飞行、空气的阻力以及弹落点偏差等问题进行了研究，使近代枪炮技术发展明确了方向。在 18 世纪，许多科学研究者对火器的制造和使用，进行了深入细致的定性和定量的分析研究，其代表作有 1742 年罗宾斯（Benjamin Robins，1707—1751）的《炮术新原理》（*New Principles of Gunnery, containing, the Determination of the Force of Gun-powder, and*

---

① 参见 Desmond King-Hele, The 1997 Wilkins Lecture: Erasmus Darwin, the Lunaticks and Evolution, *Notes and Records of the Royal Society of London*, Vol. 52, No. 1 (Jan., 1998), pp. 153 – 180。Robert E. Schofield, The Lunar Society of Birmingham: A Bicentenary Appraisal, *Notes and Records of the Royal Society of London*, Vol. 21, No. 2 (Dec., 1966), pp. 144 – 161。

an Investigation of the Difference in the Resisting Power of the Air to Swift and Slow Motions, London：J. Nourse, 1742)、1760 年斯特伦泽（Carl August Struensee, 1735—1804）的《炮兵学理》（*Anfangsgründe der Artillerie*, Leipzig：Siegertischen Buchhandlung, 1760)、1781 年泰佩尔霍夫（Georg Friedrich Ludwig Tempelhoff, 1737—1807）的《论炮弹的飞行——假定空气阻力与速度的平方成正比》（*Le Bombardier Prussien ou Du mouvement des projettiles en supposant la resistance de l'air proportionelle au quarre des vitesses*, Berlin：Chrétien Sigismond Spener, 1781)、1784 年摩拉尔（Tomás de Moría, 1752—1820）的《炮兵论文》（*Tratado de Artillería, para el uso de la Academia de Caballeros Cadetes del Real Cuerpo de Artillería*, Segovia：Don Josef Espinosa, 1784)、1787 年维加（Georg Baron von Vega, 1756—1802）的《射击教范》（附射表）（*Praktische Anweisung zum Bombenwerfen mittelst dazu eingerichteter Hilfstafeln*, Wien, 1787)[1], 等等。尤其值得一提的是，英国数学家罗宾斯通过实验发现，在八百米射击距离上，炮弹向左或向右偏离射向约百码，弹丸首次触地的距离变化多至 200 码。罗宾斯不仅研究了外弹道学，而且研究了内弹道学（弹丸在火炮身管内部的运动）和末端弹道学（弹丸在飞行末端的情形），从而纠正了伽利略和牛顿理论中的一些重要错误，如忽视了气流的作用等。此外，罗宾斯还完善了卡西尼（Jean Dominique Cassini, 1625—1712）于 1707 年发明的弹道摆，使之成为测量弹丸初速的有效手段。此外，德国物理学家莱昂哈德·欧拉（Leonhard Euler, 1707—1783）把罗宾斯的书翻译成德文，并且还对炮弹的飞行轨道做了进一步数理分析，在推进罗宾斯的研究同时纠正了其理论当中的一些错误。[2]

在 18 世纪，由于西方国家的科学实验已进入授受实验阶段，只要控制条件足够严格，任何人在任何地方用同样的条件和方法做同一实

---

[1]　可以参见 Georg Christoph Hamberger, Johann Georg Meusel, *Das gelehrte Teutschland, oder Lexikon der jetzt lebenden teutschen Schriftsteller*, Lemgo：Verlag der Meyer, 1800, S. 190。

[2]　Robert Bowman Bruce, Iain Dickie, Kevin Kiley, *Fighting Techniques of the Napoleonic Age 1792 – 1815：Equipment, Combat Skills, and Tactics*, London：Amber Books, 2008, p. 174.

验，实验结果都能以稳定的概率再现，这样便使实验能够从偶然误差和错误中解放出来，使实验对理论的鉴别作用得以大大加强。据史料记载，1697 年，萨利烈的雷曼（Pierre Surirey de Saint-Rémy，1645—1716）出版了他的《火炮传略》（*Mémoires d'Artillerie*）一书，[1] 介绍了三种实验仪，即手枪实验仪和两种火绳枪型实验仪。其中后者可能导源于意大利，而前者则系雷曼个人的发明。直到 1777 年，狄德罗（Deais Diderot，1713—1784）还认为雷曼的手枪实验仪是法兰西最通用的类型。

从上述 18 世纪西方武器研制的发展过程可以看出，理论对实验起着指导和设计作用，而实验则对理论起鉴别作用，两者相辅相成，形成了理论—实验—理论的循环加速机制，而科学正是依靠这种机制而开始起飞，并且赋予技术以科学的灵魂，使技术从匠人技术中升华，使不同于古代能工巧匠的近代工程师大量出现，所以西方军事科学技术能够保持一种持续发展的强劲活力。1776 年，英国的弗格森（Patrick Ferguson，1744—1780）发明了一种新式步枪，即来复枪。来复枪是一种比较重而且用起来不灵便的手持式枪械。弗格森是在后膛枪的基础上进行革新的。他重新设计了枪栓，在枪膛内刻上螺旋形的纹路即来复线，这种枪管内的膛线能给子弹一股旋转的力量，使发射的弹头旋转前进，增加了子弹飞行的稳定性、射程和穿透力，所以这种来复枪的射程可达两百码，比起当时射程仅百码的一般步枪来说，确系巨大的进步。据国外学者介绍，美国独立战争使来复枪作为军事武器得到认可，美国殖民地人民用他们狩猎的线膛枪证明射程超过英国军队使用的滑膛枪，这样英国军队也采用线膛枪了。但是，"来复枪由于子弹必须克服膛线的阻力而装上去，故其装弹时间为一般步枪的两倍。正是由于其装弹问题和造价较高，来复枪迄至 19 世纪中叶仍属有选择性配备的武器"[2]。1800

---

① Alfred Rupert Hall，*Ballistics in the Seventeenth Century. A Study in the Relations of Science and War with Reference Principally to England*，Cambridge：Cambridge University Press，1969，p. 10.

② Larry H. Addington，*The Patterns of War since the Eighteenth Century*，Bloomington：Indiana University Press，1990，p. 3.

年，英国又成功研制了伯克式（Barker）前装滑膛燧发枪，后装备部队。其点火装置为摩擦燧石，枪身长一点一六米，口径为十五点三毫米，弹丸重三十五克，射程约两百米，射速为二至三发/分钟。

与西方相比，18 世纪中国的军事科学技术发展缓慢的原因，正在于中国没有科学理论、实验、技术这三者之间循环加速的内在机制。长期以来，中国学者未能制订出一套比较完整的逻辑体系，使人们能够据此以概念来检验概念，并且系统地将一种陈述与另一种陈述进行对比。另一方面，中国人治学一直以社会和人与人之间的关系为中心，而不是研究人如何征服自然。一些学者用"有压力必有反压力"来解释西方近代科学的产生，认为西方中世纪"宗教专政"令人窒息的压力引出来的反压力，形成了一股追求人生真理、热爱自然科学的洪流。我们认为，西方教廷的火刑柱的确是点燃科学革命火山的因素之一，由于中国没有玄而又玄的神学与宗教的压力，所以中国的哲学不再有所"反"的思辨，中国的科学也不再有所"证"的试验，两者都趋向于"用"了。正是由于中国人忽视基础理论的研究，所以导致了自然科学的不发达。明代中叶以后，儒学在体、用、文三方面都发生了变化，儒学的重心从着眼于形而上的、绝对的道德本体的内圣转向外王方面实际事功的讲求，从"尊德性"转向"道问学"，因而明清实学悄然崛起。乾嘉考据学继承了明末清初实学思潮的智识主义，但其误区在于得筌而忘鱼，使"经世致用"失落于"道问学"之中。我们不能说乾隆时代的大学者们不关心科学。事实上，他们许多人都是数学家和天文学家，但他们是作为史学家而关注天文、数学等自然科学的。他们的治学态度，与其说是科学的，毋宁说是经学的。"他们的整个方向是尊经崇古，是向后看而不是向前看。"[1] 由于 18 世纪中国的知识分子认为"但言其所当然而不言其所以然"是终古无弊的稳妥道路，所以中国传统科学始终停留在经验的形态上，具有严重的内在缺陷。在当时，中国的知识分子往往用阴阳学说这种思辨性的思维，代替严密的科学理论研究，而且由于阴

---

[1]　李瑶：《中国古代科技思想史稿》，陕西师范大学出版社 1995 年版，第 258 页。

18 世纪西方军队线式战术

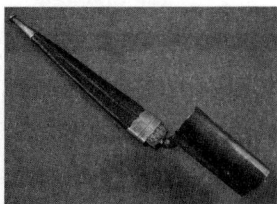

插座式制刀

阳学说解释一切问题的消极影响造成一种惰于实验的风气，使中国缺乏科学实验的精神。正是因为如此，当资本主义的触角安装在技术上面向全世界所有方向和角落伸出时，当西方国家开始在机器工厂的车间里，穷思极想用机器制造机器时，大清帝国的军事科学技术却牛步渐进，在偶然和孤立的进展中积累和爬行。在第二次金川之役中，清军就地新铸的大炮发生数次炸裂事件，推究其原因，怀疑铜铁的纯度不够，然而当时在铸炮之前，铜铁均是先经锻炼纯净才依样铸造的。乾隆帝百思不得其解，认为是风大的缘故所致。实际上，这是由于高山气压低，铜铁沸点下降，造炮火候不足，开炮时便容易炸裂。但由于科学技术不发达，所以清政府不知所措，束手无策。

在新产品的开发中，组合型技术开发是一种不容忽视的技术创新途径。[①] 清代在 18 世纪武器装备落后的原因，不仅是一个技术水平实力的问题，而且在必然性中呈现出明显的偶然性，与武器装备的新产品功能综合开发有莫大关系。长期以来，学术界认为中国在 18 世纪仍处于冷热兵器混用时代，而西方则进入火器时代。表面上，中国和西方处于武器装备发展进程中两个不同的历史时代，技术水平的高低判若云泥。事实上，这两个不同的历史时代仅仅是一纸之隔：西方国家军队的步枪上装上了刺刀，而清朝军队却没有将步枪与刀剑合而为一。由于滑膛枪是一种射程近、射速低的武器，在使用燧发枪的战斗中，白刃战常常势所难免，因此，在刺刀发明以前，滑膛枪兵必须有长矛兵保护。但在刺

---

① 参见费肯杰：《经济法》第 2 卷，张世明译，中国民主法制出版社 2009 年版，第 425—439 页。

刺刀与滑膛枪结合，结束冷兵器时代

18 世纪的西方火器存在诸多缺陷

刀发明后，一个使用装有枪刺的滑膛枪的士兵，同时也就是一个长矛兵，使用冷兵器的士兵就不再是必需的了，这样冷兵器便在 17 世纪末、18 世纪初被全部淘汰出了欧洲各国军队，从而决定性地使得战争朝现代战争方向迈进。① 阿彻·琼斯说："在 18 世纪初期，技术革新明显加

① Anthony Giddens, *The Nation-State and Violence: Volume Two of a Contemporary Critique of Historical Materialism*, Berkeley: University of California Press, 1985, p. 108.

强了轻装步兵线式战术的趋势，使他们依靠火枪作为步兵攻防的主要工具。使滑膛枪变为一个短的长矛的成功的企图，这可能是自四种基本武器体系发展以来武器的改变对陆上战争又一次重要战术引进。最初的努力是将一英尺长的刺刀插入滑膛枪的枪管。早在 17 世纪中叶，这种被称为刺刀的武器便开始出现，最初在法国，然后在其他国家。"① 到 1700 年，插座式刺刀（the socket bayonet）普遍取代了插入式刺刀（the plug bayonet）。这种插座式刺刀是用一个环套将刀刃与枪管固定在一起，使滑膛枪兵在装上刺刀时也能进行射击。这样，所有的步兵便能同时起到重装步兵和轻装步兵的作用，单兵作战的效能提高了，骑兵向步兵的正面冲锋成功成为不可能，长矛兵完全被废除了。按理说，给火枪装上枪刺在技术要求上并不高，是一种比改进鸟枪射击性能更为简单有效的办法，然而清朝政府在 18 世纪竟完全没有想到这一点，甚至中国当代许多学者也对中国冷热兵器混用时期长的历史原因，进行舍近求远的迂回式解释而不明个中原委，这是令人悲哀的事实。研究 18 世纪中国武器装备落后的原因，我们不能不对刺刀的出现予以高度的关注。

---

① Archer Jones, *The Art of War in the Western World*, Urbana: University of Illinois Press, 2000, p. 267.

第五章 18 世纪中西方海上武装
力量的历史省思

许雪姬认为："《绿营兵制》一书为目前仅见国人研究清代绿营的书，全书中陆师详明赅备，水师则似欠详明，故于此特对台湾的水师加以探讨。"① 事实上，许雪姬对清朝水师也是语焉不详。近年来，有些学者涉足清代海疆问题的研究，但我们应该看到这方面的研究尚处于榛莽未翦、草莱待辟的状况，诸如《洋防辑要》《清初海疆图说》《广东海防汇览》等史料一直尘封灰积而无人翻阅利用，更遑论劳神费力去检索外文资料而以西方为参照系进行比较研究。诚然，理性的历史省思是学术研究不可或缺的必经途径，但它绝非天马行空、参禅打坐式的玄思冥想，我们更希望以笃实的、有根底的治学态度进行如下的探讨。

第一节 舰船的制造和性能

对清朝 18 世纪舰船技术发展水平，学术界评价颇有歧议。《中国古船》一书由我国众多自然科学家撰写，应该说具有权威性。该书这样写道："清朝建立后，很重视海防，先在京口、杭州屯驻水师；继之，北起黑龙江南至广东皆设立水师营。又在一些省份开办造船厂，对战船的使用和修理年限作了明文规定：'三年小修，五年大修，十年拆造。'清代水师所用战船主要有长龙船、先锋舢板船、拖罾船、哨船、巡船、

---

① 许雪姬：《清代台湾的绿营》，台北"中央研究院"近代史研究所 1987 年版，第 307—314 页。

龙艚船、飞划船、沙船、唬船、小快船、梭船、赶缯船、双篷艍船、艕舟古船、平底颵船、水艍船、扒船、大嘡船、快蟹船等若干类；而每一类又可分为若干种若干号。毫不夸张地说，除潜水艇、航空母舰外，现代海军的职能船种在中国古代皆已具备了。清代大中型战船都配备有火炮，如'长龙船千斤头炮二位，七百斤边炮四位，艘炮一位'。'舢板船八百斤头炮一位，六七百斤哨炮一位，船边五十斤转珠小炮二位'。"① 吴杰章等认为："清代水师的装备，包括战船、武器。与明代相比，不但没有发展和突破，反而日趋退化。"② 下面，我们对18世纪中西方舰船技术水平及其制造加以比较和分析。

一、舰船的修造

在18世纪，清政府曾经在浙江乍浦兴办了军工厂，在宁波、温州兴办了造船厂，均以打造海上战船为主。乍浦的"军工厂"在汤山西，建有"官厅三间，耳房四间，后房三间，储料草厂三座，炊爨厂一座，土地祠三间，工作所九间"，承担修造战船器械等任务。③ 据《四明谈助》载，宁波的船厂在宋代造船厂故地，由宁绍台道职掌其事，"大舰陈于江涂，灰油麻铁杂作纷营"，由于其地往返便捷，故而大凡巡洋营船皆出于此。④ 温州船厂建于康熙二十三、二十四年（1684、1685），打造水艍、赶缯、双篷、快哨、八桨、六桨、膨快等船只，这些种类的船只原本都是浙江、福建沿海居民的捕鱼船和运输船，其打造工艺和要

---

①　王冠倬编著：《中国古船》，海洋出版社1991年版，第43页。

②　吴杰章、苏小东、程志发主编：《中国近代海军史》，解放军出版社1989年版，第9页。

③　乾隆《平湖县志》。亦载张大昌辑：《杭州八旗驻防营志略》卷十七，《续修四库全书》编纂委员会：《续修四库全书》859，史部·政书类，上海古籍出版社1996年版，第294页。赵生瑞主编，总后勤部基建营房部、中国第一历史档案馆、辽宁省档案馆编：《中国清代营房史料选辑》，军事科学出版社2006年版，第297页。

④　徐兆昺：《四明谈助》卷二十九，船场，桂心仪、周冠明、卢学恕、何敏求点校，宁波出版社2003年版，第984页。相关研究或可参见袁元龙、洪可尧：《宁波港考略》，《海交史研究》1981年第3期。

求为温州一带造船工匠所熟知。雍正年间，清政府将这些种类的船只列为海防战船的定式，工艺和用料有了更加严格的要求，因此温州船厂在国内享有一定的声誉，不仅要完成每年"额办造修温黄两镇九十只"的任务，还要与宁波船厂分担打造旅顺、金州（今辽宁锦州）、天津等地的船只。浙江的造船业为加强清政府的海防作出了自己的贡献。在18 世纪，清政府在福建设置了福州船厂、泉州船厂、漳州船厂和台湾船厂，其中以泉州船厂为最著名。雍正七年（1729），总督高其倬奏，规定闽省福、漳、台三厂的任务：福厂承修海坛等营船一百三十三艘，漳厂承修水师等营船一百零一艘，台厂承修台协等营船九十八艘，并规定另在泉州设厂。福厂因船匠不多，向例调派泉厂船匠帮修，但道远不便，分别动用金门和海坛二镇的战船五十三艘来载运船匠；泉州所设船厂，专委兴泉道承修。史载，福建省另有军工战船厂，设于厦门水仙宫右，为泉州府承修时所设，后改归汀漳道，不久即废。乾隆元年（1736），复设于厦门妈祖宫之东，南临海，北临港，盖造官厅三间，护房六间，厂屋四间，左右前后围以篱笆，泉州船厂遂移设厦门。在广东，清政府于雍正三年（1725）设立"河南、庵埠、海口、芷苈四厂"，又称广州府厂、潮州府厂、琼州府厂和高州府厂，它们与运司厂合称为清代广东五大官营造船厂。广府厂设在广州珠江南岸，潮府厂设在潮州庵埠，高府厂设在高州芷苈，琼府厂设在琼州海口。在18 世纪，广东战船的修造，按沿海地区划分给五大官营造船厂承担。史料记载，广东在清代前中期出海缉捕的一百四十只木艇，分由运、广、潮、琼、高五厂就近承修，以专责成。[①] 其中，运司厂应修二十五只，广州府厂四十五只，潮州府厂三十只，琼州府厂三十只，高州府厂十只。

　　学术界往往不注意这样一个问题：18 世纪中国和西方的舰船制造面临木材供求的深刻矛盾。清代中国海上武装力量的衰微固然原因很多，但造船材料的匮乏显然是其中一个重要的因素。浙江本来具有丰富的木材资源，然而由于长期砍伐，森林面积大幅度缩减，特别是杭州湾

---

　　① 可以参见《防海备览》卷五，国家图书馆分馆编：《清代军政资料选粹》（八），全国图书馆文献缩微复制中心 2002 年版，第 314—316 页。

清代战船

两岸及浙东沿海地区尤其如此。宋元时期,明州(今宁波)造船已经要向温州求取木材了。明代,浙江造船用材已经相当紧张,明朝政府向各地派拨木材输送清江等造船厂打造漕船时,对浙江只得另作规定:"浙江、江南直隶不出木者,买办送纳。"① 不过明朝通过砍伐、买办和抽解等各种渠道,浙江还可以得到一定数量的木材。可是到顺治末年,"经屡次造船之后,(江浙)老材巨干搜伐无遗"②,在本地觅木已很艰难。因而至康熙初年再度造战船时,木材尤其大成问题。康熙元年,京口橄造战舰,江都刘氏园中有银杏一株,虽系百余年故物,亦在劫难逃而被伐及。③ 在县衙曾经担任书吏的姚廷璘根据亲身经历在《历年记》

---

① 参见杨国桢:《东溟水土:东南中国的海洋环境与经济开发》,江西高校出版社2003年版,第260页。

② 顺治十七年福建道试监察御史胡文学为民力已尽于船工修练宜娴于平昔事题本。中国社会科学院历史研究所清史研究室:《清史资料》第3辑,中华书局1982年版,第141页。

③ 余金:《熙朝新语》,顾静标校,上海书店出版社2009年版,第123页。

中对当时宰官循酷、吏治兴废、年岁丰歉等记载特备。从《历年记》稿本可以看出，康熙十六年（1677）造战船时，每图要完青树银八九两，江南各县县令都不得不亲自下乡寻觅大树，找到即加封摄，拘拿各匠，如火之急，闹得鸡犬不宁。① 乍浦、宁波、温州官营船厂在开办伊始便出现非常突出的木材供求矛盾。当时袁钧描写宁波战船厂的情景说："战船江边岁岁修，千家冢木几家留？近来樟树随山尽，出海偏拿估客舟。"政府修造战舰落得只能靠砍伐百姓冢墓上的樟木而为之的地步，结果是"家家木为之一空，于是山中采樟者争先去之，船事不修，又用商船矣"②。乍甫、宁波二船厂为了解决木材问题，都派出"专办官员坐瓯购买"，其实温州"近水地方"也已经砍伐殆尽，温州船厂自身也"十余年均取于深山穷谷之中"，但后来连深山穷谷也砍伐殆尽，只得将钱粮分给山客，四路购办，最后不得已而奔赴厦门购买进口木材以维持生产，结果费用陡增，每船不下千金，实在难以再维持下去，只好关门大吉。乾隆十二年（1747）七月，浙江处州总兵苗国琮"储材备用"一疏，奏言闽、浙战船桅木，非巨材不可，采运维艰，请于闽浙等省无税官山雇觅种树之人，多植松杉等树，令地方官勤加培护，储战船桅木之用。乾隆帝将此疏下发闽浙总督喀尔吉善勘奏。喀尔吉善复议，认为"令有司种树，须先糜帑，且必百十年后始中绳墨，日久稽察

---

① 姚廷璘：《历年记》（稿本）中，上海人民出版社编：《清代日记汇抄》，上海人民出版社 1982 年版，第 109 页。相关研究可以参见岸本美绪「『歴年記』に見る清初地方社会の生活」『史学雑誌』第 95 卷第 6 号、1986 年。该文收入岸本美绪『明清交替と江南社会 - 17 世紀中国の秩序問題』東京大学出版会、1999 年、235—279 頁。亦可参见岸本美绪：《清初上海的审判与调解——以〈历年纪〉为例》，台北"中央研究院"近代史研究所编：《近世家族与政治比较历史论文集》上，台北"中央研究院"近代史研究所 1992 年版，第 241—257 页。但这两篇论文主要是从法律史和社会史角度加以解读。

② 此诗系袁陶轩鄞北杂诗之一。可参见潘超、丘良任、孙忠铨等编：《中华竹枝词全编》第 4 辑，北京出版社 2007 年版，第 722 页。这种情况在其他一些文献中也不乏记载。清人潘耒《游西山洞庭记》即云："山深不经兵燹，古木至多。近年因采木造战船，多伐去，幸而存者无几矣。"谭其骧主编：《清人文集地理类汇编》第 6 册，浙江人民出版社 1990 年版，第 208 页。

非易。不若许民自种,在官不费经营,而巨材可获实用"①。清廷纳其议。此后的实施虽然史阙不载,但当时战船木植匮乏的实情由此昭然可见。

在福建,据《闽政领要》记载:"各处采办木料,历年久远,凡近水次山阳大料,采伐殆尽,近来购办甚艰。"② 到了乾隆中期,福建各官营船厂也面临桅木难得、船料短缺日益突出的问题。清政府在18世纪规定:福州船厂所需的桅木,在厦门抽买回棹洋船番桅;漳州船厂所需的桅木,派汀、漳、龙三府州分认购办;台湾船厂则就山开采木料,统归道厂发卖。至于各船厂造船只所需棕麻钉油以及樟料松板,均系金派亲信家丁,持价赴出产聚集地方采买;惟台湾船厂系由台湾道委佐杂一员,常川驻省,陆续购买,并随即附船搭运,至厦门另行配船转运过台。③ 当时,从东南亚进口的桅木有铁造、蜂仔代番、甘拔、郁木、白犬、卖色、打马等,国产的榆木、褚木、赤木亦堪使用。正是由于取材困难,以数木合成、加用铁箍的"帮接技术"便应运而生。但据祝慈寿《中国古代工业史》一书介绍,18世纪后半叶是中国帆船业不景气的时期,因为清政府为了加紧镇压人民的反抗,命令各省不断加造战船,结果造成木材采伐过多,到道光元年(1821),因桅木难寻,福建各官营造船厂被迫停工。在广东省,高州府芷筹厂在乾隆二年(1737)因附近木场已尽,缺乏造船材料,遂将芷筹厂原承修的龙门协战船,于龙门地方(今广西钦州)另设子厂专管修造。乾隆十八年(1753),又将芷筹厂原承修的吴川、电白、硇州三营战船更造,归于省城河南厂,

---

① 赵尔巽等撰:《清史稿》卷三百零九,列传九十六,中华书局1977年版,第10599页。亦可参见《清著献类征选编》卷九,中,台湾银行经济研究室编辑:《台湾历史文献丛刊》,传记类,台湾省文献委员会1994年版,第833页。

② 颜希琛:《闽政领要》卷中,"各营战船",彭泽益编:《中国近代手工业史资料》第1卷,中华书局1962年版,第140页。亦见陈支平主编:《台湾文献汇刊》第4辑,第15册,厦门大学出版社、九州出版社2004年版,第56页。在《台湾文献汇刊》中,著者题作"德福"。

③ 参见颜希琛:《闽政领要》卷中,"各营战船",第3—5页,陈支平主编:《台湾文献汇刊》第4辑,第15册,厦门大学出版社、九州出版社2004年版,第56—57页。按此为乾隆二十二年至三十二年(1757—1767)间事。

惟大小修理仍归芷茇厂办理。到嘉庆年间，芷茇厂完全停止了修造出海战船，只修造内河巡船等小型船只。

在木制帆船时代，木材供应制约海上武装力量的发展，这一点在西方亦不例外。据安德鲁·兰伯特（Andrew Lambert）等所著《风帆时代的海上战争》（*War at Sea in the Age of Sail: 1650–1850*）一书介绍，在当时，欧美各国的战舰虽然有时也用榆木做水线下的厚板，或者也用古巴桃心木和印度柚木造战舰，但是橡木一直是大部分战舰最主要的、最好的舰壳材料。这是因为，干燥充分的橡木耐用、抗击打能力强、木屑又少。桅杆和甲板部分通常使用冷杉。虽然不少海军拥有就近供应的橡木，但是所有的欧洲海军都需要额外补充的木材和桅杆。这些材料以及麻绳、焦油、沥青等，主要取材于波罗的海沿岸，特别是波兰和俄罗斯的大森林。所以，各国海军官僚们要靠东欧当地特别是里加和但泽的商团供应高质量的海军物资。例如，荷兰海军主要使用波罗的海沿岸的木材造船，而英国、法国海军船只的桅杆木料也取自波罗的海。[①] 在七年战争后，英国海军耀武扬威于世界各地，但在北美独立战争期间却不甚得力。这固然与英国皇家海军中一些军官同情北美独立和不愿意同在美洲的英国同胞作战、海军内部越来越腐败、高居领导岗位者大多属庸碌无能之辈等因素有关，但我们应该看到这样一个事实，即独立战争使英国失去了使用美洲新英格兰森林地带的权利——那里是舰船桅杆的主要产地，从而使英国的舰船生产、维修也发生了危机。彼得大帝统治期间被学术界认为是正规俄国海军的开始。在 18 世纪初，俄国在波罗的海的大部分海船都是枞木造的。虽然俄国人力图使这些枞木船的寿命延长一倍或两倍，但它们过八年就腐朽了。彼得大帝终于明了枞木作为建设材料的缺点，便克服困难通过俄国的河流和运河从喀山运来橡木。俄国波罗的海地区的第一所造船厂创建于 1703 年，可是到 1710 年，就已经造出六十六艘武装大桅木船和五十艘军舰。据史料记载，波罗的海有英国的海军势力，因为英国的大部分桅杆和海运用的产品就取自波罗的海

---

　　① 安德鲁·兰伯特：《风帆时代的海上战争》，郑振清、向静译，上海人民出版社 2005 年版，第 35 页。

沿岸，所以英国海军不时介入以阻止任何一个强国获得能妨碍这种贸易的地位。在北美独立战争期间，欧洲船桅的木料更是主要来自波罗的海沿岸。俄国此时在船用木料方面同法国和西班牙进行贸易，获利颇厚。英国宣布木料为禁运品，但叶卡捷琳娜则对英国施加影响，使之对往法国运送木料的俄国船不加以侵夺。叶卡捷琳娜于1778年在赫尔松建立了建造军舰的造船厂，尽管该厂厂址不甚方便，因为所有的木料和铁都得从外地运来加以贮存，但投产当年便有第一艘战舰"叶卡捷琳娜光荣"（Слава Екатерины）号建成下水，此后一直保持每年一艘的建造速度，到1787年，进而提高到每年两艘。通过中西方18世纪历史的比较，我们可以看出，木料的供应对海上武装力量的发展具有不可忽视的重要意义。

二、舰船的种类

18世纪，清军战船种类繁多，分外海、内河两大类。雍正二年（1724），清廷曾额定四类战船为主力船种，"曰水艍船，曰赶缯船，曰双篷船，曰快哨船"。据《清朝文献通考》等书记载①，我们将清军各省水师战船的种类列表如下：

清军各省水师战船种类表

外 海					内 河				
战船种类	应用省份				战船种类	应用省份			
赶缯船	山东	江南	福建	浙江	广东	唬船	江西	江南	
大赶缯船	直隶	浙江				快唬船	浙江		
小赶缯船	直隶	浙江				吧唬船	江南		
艍船	广东					哨船	江西	浙江	
水艍船	江南	浙江				快哨船	江南	广东	
双篷艍船	山东	福建	浙江			中哨船	江南		
艍犁船	江南					小哨船	江南		

---

① 《清朝文献通考》卷一百九十四，兵考十六，《万有文库》第二集，十通第十种，商务印书馆1936年版，第考6593—6594页。

（续表）

外海						内河				
战船种类	应用省份					战船种类	应用省份			
哨船	江南	福建	广东			八桨哨船	福建			
快哨船	江南	浙江				八桨船	福建			
平底哨船	福建					大八桨船	福建			
白艕哨船	福建					中八桨船	福建			
双篷哨船	福建					小八桨船	福建			
双篷⿰舟彭船	福建					桨船	广东			
白艕⿰舟占船	福建					快桨船	广东			
圆底双篷⿰舟占船	福建					急跳桨船	广东			
唬船	江南					两橹桨船	广东			
大唬船	浙江					四橹桨船	广东			
巡船	江南	浙江				六橹桨船	广东			
六桨巡船	浙江					八橹桨船	广东			
八桨巡船	浙江					一橹船	广东			
沙船	江南					两橹船	广东			
犁缯船	江南					四橹船	广东			
平底船	福建					六橹船	广东			
水底⿰舟页船	福建					八橹船	广东			
钓船	浙江					快船	浙江	广东		
拖风船	广东					小快船	江南			
⿰舟彭仔船	广东					巡船	江南	浙江		
乌⿰舟皮船	广东					快巡船	江南			
						中巡船	浙江			
						小巡船	浙江			
						六桨平底小巡船	福建			

（续表）

外　海						内　河				
战船种类	应用省份					战船种类	应用省份			
						花驾座船	福建			
						花官座船	福建			
						艟艚船	广东			
						觇艚船	广东			
						大马船	江南			
						中马船	江南			
						哨艍船	福建			
						急跳船	广东			
						五板战船	湖广			
						刷子船	湖广			

由此可见，从顺治到乾隆年间，清军的外海战船共有二十八种，以赶缯船和艍船为主；内河战船共有四十一种，以唬船和哨船为主。唐志拔认为："清代前期水师战船，一般以长七十至一百尺的赶缯船作为主力战船，其次是长五十至七十尺的沙船和双篷鲹船用于攻战和追击，再次为长二十至五十尺的唬船和哨船用于追逐哨探。"[1] 赶缯船原为沿海渔船，后被清政府归列为沿海战船的定式，故而自清初至中叶100多年中，中国南北洋和长江中下游水师的主力战船多为赶缯船型。大、中型赶缯船长七丈一尺至十丈八尺五寸，宽一丈七尺九寸至二丈二尺九寸，深六至八尺六寸，分十九至二十四舱，板厚二寸六分至三寸二分，双桅、双舵、双铁锚和四木桩，大橹两支，头梢一支。一船配备船工十四五人，水兵二十人左右。大型赶缯船载重一千五百石。唬船又称叭唬船，为闽浙一带小型战船，有河、海之分，海唬船大者长八丈多，宽一丈五尺，深约七尺。艍船又称赶艍船、白艍船。据清《水师辑要》记载，因作用和类型的不同，分别有水艍船、篷艍船、艍哨船、艍犁船之

---

① 唐志拔：《中国舰船发展史略（三）：古代战船发展的鼎盛和衰落时期》，《船海工程》1991 年第 1 期。

清代水师双桅船

称。船为松木造，长八丈九尺，宽二丈二尺五寸，深七尺九寸，板厚三寸一分，桅高八丈二尺。艍船结构坚实，行驶灵活、迅捷。大型艍船配兵三十五名，设排枪十六支。中型艍船配兵三十名，设排枪十四支。小型艍船配兵二十名，设排枪十支。米艇亦原为沿海轻便的商货船，有大、中、小号三种。大概此种船其先专以载运米谷，故称米艇。因米艇轻便快捷，故而在 18 世纪亦被用于军事。乾隆五十九年（1794），广东水师奏准"营船追捕，不如民船米艇便捷，文职正印各官借支养廉，照米艇之式添造九十三只，分拨各营应用"。嘉庆四年又奏准"额设缯艍船八十二只，船身笨重，不如民船米艇迅捷，酌留三十五只。其余四十七只仿照民船米艇式样，将缯船改为大号米艇，艍船改为中号米艇，共改造米艇四十七只"①。从乾隆年间官修的《江苏省内河外海战船则例》

---

①　阮元等修、陈昌齐等纂：《广东通志》卷一百七十九，经政略二十二，船政，《续修四库全书》编纂委员会编：《续修四库全书》673，史部·地理类，上海古籍出版社 2002 年版，第 28 页。相关研究可以参考田汝康：《17—19 世纪中叶中国帆船在东南亚洲》，上海人民出版社 1957 年版，第 30—31 页；叶显恩主编：《广东航运史（古代部分）》，人民交通出版社 1989 年版，第 254 页。

等书可看出，江苏的狼山及苏松等镇，东海、盐城、扬州、太湖、浏河、福山、京口等营，江西的南湖营，浙江的台州协，湖北的荆州镇，山东的登州镇等处，均有沙船。《中国航海科技史》一书指出："我国的海船，经过唐宋以来长期地优选，到元明时，基本上形成三大类型，即广船型、福船型、沙船型三类。在这些类型中又各自派生出许多分支。"① 我们如果对18世纪清军水师所有几十种战船的结构特点作综合分析，便可知其船型基本上仍没有超出这三种类型的窠臼。

三桅巡洋舰

波特认为，在18世纪，西方"军舰按携火炮的数量分为六个等级。第一、二、三级称为战列舰，其余为巡洋舰。到18世纪末，舰种的前面还常冠以额定的火炮数量。这种术语一直沿用到风帆战舰时代结束，而且在稍后一段时间内亦颇为盛行。故此，在过去的文献中经常可以看到这样的术语，如74（门）炮战列舰、36（门）炮护卫舰。但有时军舰实际装配的武器数与规定数量多少有些出入。我们在文献中也发现，有时在军舰的命名之后缀有额定的火炮数，例如'胜利'号－100、'宪法'号－44、'黄蜂'号－20。从后缀的数字可以看出，'胜利'号是战列舰；'宪法'号是护卫舰；'黄蜂'号属于海岸炮舰"②。西方学者认为，从18世纪上半叶开始，人们称作战列舰（bat-

① 章巽主编：《中国航海科技史》，海洋出版社1991年版，第76页。

② Elmer Belmont Potter, Roger Fredland, Henry Hitch Adams, *Sea Power: A Naval History*, Annapolis, Md.: Naval Institute Press, 1981, p. 18.

tleship）的船成了所有海上强国的海军的核心。18 世纪的战列舰是人类最杰出的发明之一，它笨重而强大，但航行起来却轻快敏捷，舰上所有的桅帆都安排得顺风易行，威风凛凛，被称为"无敌的海上力量"。"战列舰"这个术语本身同海战进行的战术改变有关，为大帆船时代（the Age of Sail）的"战列线战斗舰"（main line of battle ships）的简写。因为在 18 世纪，舰队的威力在于战舰排成连贯的长队，就像一根链子，连接部分如果薄弱，整个链条的力量就不会太强，所以较小的舰船被派去执行巡航和巡逻的任务，而那些装有重型火炮、被称为"最适合进行战列战斗的"大型战舰则称为"战列舰"。战列舰队的旗舰携载有八十至一百门以上的火炮。在后期，一些巨型战舰设法装上一百四十门火炮。比战列舰更灵活和更快的船是三桅巡洋舰（corvette）。通常，这些三桅舰只有一层装炮的甲板，一般不超过四十门炮，其排水量在五百至一千吨之间。三桅巡洋舰在分舰队编成内，与战列舰同行。只要交战一开始，它便立即离开单纵阵，因为它的包板不像战列舰那样结实，所以，它隐藏在战列舰后面行驶。三桅巡洋舰的任务是击沉被打坏的敌船和支援己方被打坏和失去机动性能的船只。但是它在独立作战时，确是一个威严的对手，它无愧于自己的称号——"征服者"。① 另一方面，它曾完成过巡洋舰能完成的任务。三桅巡洋舰曾被当作快速护航和侦察船使用。比巡洋舰更小一些的军舰有：单层甲板和装备单一炮种的海岸炮舰、双桅方帆战舰、首尾都装有风帆的双桅纵帆战舰。

三、舰船发展的趋势

从上述中西方舰船种类的比较可以看出，如果按照 18 世纪西方舰船的分类标准，中国舰船普遍较小。有学者说，清军最大之战船，其吨位也属于西方海军等外级军舰，清军安炮最多之战船，其火炮数量也只相当于英军安炮最少之军舰。此话虽然不免偏激，但清军水师的战船中的确没有一艘能够达到西方 18 世纪战列舰的等级，充其量为第四、五、六级的巡洋舰、护卫舰一类等级。我们认为，如果用今天的标准来衡

---

① 乔立良编译：《人·船·大洋》，海洋出版社 1989 年版，第 102 页。

量，清朝水师算不上是一支正式的海军，大体相当于海岸警卫队。① 在18 世纪，清军水师并不以哪一国的舰队为假想敌，其对手仅仅是海盗，不像西方海洋强国那样在浩瀚大海上描绘出一幕幕雄伟壮观的海战画卷，所以清军水师的战略任务是近海巡缉、守卫海岸，而不是出洋与其他国家一比高低。与此相适应，清军水师的舰船呈现出向小型化发展的趋势。在以蒸汽为动力的轮船尚未出现的年代，由于机械动力尚未取代风帆，因此帆船行驶靠风力推动，在速度与船体大小之间往往难以两全，只能选择其一。如前所述，清朝水师以缉捕海盗为要务，战船对速度的要求较高。在乾隆、嘉庆年间，中国沿海海盗活动频繁，每遇追捕，水师辄雇商船作战，额设战船，无裨实用，于是清政府乃屡次下令将沿海各省战船船身缩小。乾隆五十四年（1789）八月，军机大臣向乾隆帝奏言："两广总督福康安折内所奏将战船照商船式样改造一节，臣等详悉思维，窃以水师战船虽有折戗使风不及民船迅速之说，但若因捕盗时驾驶未甚便捷，仿照商船式样一律改造，于国家定制轻易更张，尚有未协。地方遇有缓急，船只过于窄小，届时亦不能济用，自未可因噎废食，概行议改，且查粤东额设外海战船共一百三十七只，闽浙江南俱有额设战船，应请饬下各省沿海督抚提镇就各该地方外海形势将各船酌留一半，其余一半于将来届应拆造之年，照外海民船式样逐渐改造，既以就驾驶便捷、合捕盗之机宜，兼以循守成规、济地方之缓急，庶立法可以永久，于定制亦无妨碍。"② 清廷内部对将战船改小起初还是有所保留的，但后来则形成"一刀切"的局面，最终自失长算。坚实、轻捷的新式战船取代了原来的大战船；以同安船为基础改建的大横洋同安梭式战船，宽 8 米左右，成为清朝中期的水师主力战船。

与清朝水师舰船向小型化方向发展的趋势不同，西方海洋强国的舰

---

① 西方现代正规海军的出现也并不太早，主要起源于 17 世纪后半期。参见 Anthony Giddens, *The Nation-State and Violence: Volume Two of a Contemporary Critique of Historical Materialism*, Berkeley: University of California Press, 1985, p. 111。

② 卢坤等：《广东海防汇览》卷十二，方略一，通论，王宏斌等点校，河北人民出版社 2009 年版，第 371 页。亦可参见中国第一历史档案馆编：《乾隆朝上谕档》第 15 册，乾隆五十四年六月至五十五年十月，档案出版社 1991 年版，第 149 页。

船却越造越大。"一千七百十四年，安王薨时，不过有兵船一百四十七艘，其吨数十六万七千一百十九吨。若耳治第一年间，兵船不大增减；一千七百二十七年，该王薨时，其船共有一百三十三艘，共有十七万零八百六十二吨，可见船数虽减十四艘而吨数加增三千六百四十三吨。"①船数减少而吨位增加，这表明英国舰船船体比以前增大了。不可否认，英国人由于埋头建造庞然大物式的战列舰，忽略了三桅巡洋舰，也曾因此吃过亏。尽管如此，"巨舰主义"在正规海战中仍占有明显的优势，能够称霸海洋而所向无敌。

四、舰船性能的差异

美国海军史专家惠普尔（Addison Beecher Colvin Whipple）指出："只有在 18 世纪，帆船战舰本身才真正发展成为完善的海上战斗的武器。军舰的舵轮带动滑轮操纵船舵，改变了过去那种靠人力在整个甲板宽的地方大幅度转舵的笨拙方法，从而提高了军舰的作战机动能力。老式木壳战船因船底附着海洋生物而降低了速度，采用了铜皮包护船壳可阻滞这种海洋生物的附着。首次使用铜皮护船时，铜皮的腐蚀作用致使船壳上的铁钉脱落，几乎造成一场大灾难，不久，铜抓钉取代了铁抓钉。"② 在 18 世纪，随着西方造船工艺的提高，装有纵帆设备的高大的船楼被淘汰了。军舰降低了重心，提高了速度，航行得更远。不仅如此，船帆也大大改进。艏部纵向三角帆和桅杆之间的支索帆比仅采用横帆航行起来更能吃风。横帆的驱动力因增加了翼帆也得到了加强，它由原船帆横杆端向外延伸。满帆时，一艘大型帆船战舰可挂三十六面帆，以十节的航速破浪前进。一艘三桅巡洋舰上，有近一百四十条各种绳索用来支撑布帆。其中，有升横桁的升降索，它是沿桅帽和滑轮运动的；升降挂帆钩的升降索；迎风转动横桁的横桁索；拉张帆下角的下后角索；收帆时，向上拉下角的卷帆索，将帆拉向横桁的滑车索，以及其他索具。于是，这些绳索构成的"热带丛林"非常茂密，每一种索具

---

① 巴那比、克理撰：《英国水师考》，傅兰雅、钟天纬译，江南制造局刻本，第 14 页。

② 惠普尔：《英法海战》，秦祖祥、李安林译，海洋出版社 1986 年版，第 5 页。

（除两种升降索之外）都是成双成对的，水兵们在各种口令下演奏这架"绳索竖琴"无疑是一件非常复杂的工作。西方军事史学家指出，18世纪西方军舰最明显的改革之处是在甲板下面安装了一排排威武的大炮，一艘两百英尺长的军舰，巨大的舰体上下三层可安装多达一百门大炮，每发炮弹相当于一个人头大，单舷火炮齐射，一次可射出半吨炮弹。诚然，当时西方战舰的大炮射击远不是都能直接命中的，因为瞄准系统还落后，有待改进，大炮常在不远的距离上也打不中，但这种单舷火炮的密集射击一次就可能使战列舰上的一半乘员丧失战斗力。德国学者赫尔穆特·帕姆塞尔说："皇家海军（指英国。——引者注）进行了几种技术的改进，经过实践证明有价值的是：船体上使用铜制的船壳因而使速度加快；大炮上改装了燧发枪点火装置，从而取代了危险的火绳；新式大炮——口径短炮能起短距离破坏作用……"[1] 赫尔穆特·帕姆塞尔所说的新式大炮就是臼炮。这种火炮比长身管炮轻得多，操纵它的炮手也较少，而且这些火炮加起来的全重仅占舰船金属重量的25%，但这种火炮在近距离发射的重磅炮弹却摧毁力极强。此外，查尔斯爵士（Sir Charles Douglas，1727—1789）的一系列小改进对较大地提高射击速度富有成效。例如，他采用了楔形驻退架和大型驻退簧，并增大了闭锁装置的重量以吸收火炮的后坐力，这样火炮就更容易退回原炮位。又如，他采用绒布制作装药袋和使用湿炮塞，缩短了在重新装填炮弹前清除炮膛内火星和火药的时间，大大加快了重新装填的全部过程。[2]

学术界动辄言清代战船落后于西方，动辄言清代水师不堪一击，然而，究竟清代兵船性能差到什么地步，偌大中国的学术界至今有谁对此花大力气进行深入的研究，又有谁能对此言之凿凿？据我们所见到的资料表明，清代在18世纪官方造船厂普遍遵循先绘制"船样"、后造船的设计法则。保存普鲁士国立图书馆（Preußische Staatsbibliothek）的清朝《闽省水师各标镇协营战哨船只图说》的手抄本，是这种设计方法

---

① 赫尔穆特·帕姆塞尔：《世界海战简史》，屠苏等译，海洋出版社1986年版，第120页。

② Thomas Lord Cochrane，*The Autobiography of a Seaman*，New York：The Lyons Press，2000，p. 45.

的一个最好说明。书中既有船舶的整体图，又有平面图，记载有五类船只的大小尺寸、结构以及各部件名称。中国的船舶很早就采用水密隔舱的设置，但直到 18 世纪末，欧洲才开始出现这种先进的船舶结构。1787 年，美国著名政治家、科学家富兰克林（Benjamin Franklin，1706—1790）在关于美国和法国之间的邮船计划的信里写着："它们的货舱照中国的方法分隔成各别的舱区，并且把每个舱区都腻缝紧密，以免进水。"① 英国海军的总工程师和造船技师塞缪尔·边沁（Sir Samuel Bentham，1757—1831）曾考察过中国的船舶结构，并且对欧洲的造船学做了改进，引进了中国的水密隔舱结构。1795 年，边沁受英国皇家海军的委托，设计并且改造了六艘新型的船只，这种船"有增加强度的隔板，它们可以保护船只，免得进水而沉没，正像现在中国人做的一样"②。后来，边沁夫人在为她丈夫所写的传记中明确指出："这不是边沁将军的发明，他自己曾经公开地说过，'这是今天的中国人一如古代的中国所实行的'。但是赏识这种水密舱区的优点、并且介绍给大家使用，仍是他的功绩。"③ 橹是中国人在推进工具方面的一项独特发明。在 17、18 世纪，中国的橹曾经引起欧洲人的赞叹。英国海军首先对橹的作用给予关注，并且加以引用。1742 年英国海军在改造船舰的试验中，曾经在一只小帆船上安装了"一组中国式摇橹"。1790 年的英国海事发明中，曾经绘有一个被称为"两翼航海器"式"振动器"的设计图案，跟中国的摇橹相类似。当时有人还企图用蒸汽动力来推动这种装置，虽然没有成功，但是却从中得到了启发。1800 年终于出现了有两叶螺旋桨的螺旋推进器，"好像在摇橹中的桨叶而跟转轴成一角度"。近代和现代普遍使用的螺旋推进器就从这里发端，并

---

① 王心喜：《"水密隔舱"发明史话》，《航海》1992 年第 3 期。

② 唐志拔编著：《海船发展史话》，哈尔滨工程大学出版社 2008 年版，第 54 页。

③ Joseph Needham, *Science and Civilisation in China*, Volume 4：Physics and Physical Technology, Part 1：Physics, Cambridge：Cambridge University Press, 1962, pp. 420 - 422. 塞缪尔·边沁是著名哲学家、经济学家和法学家杰里米·边沁（Jeremy Bentham，1748—1832）唯一长大成人的儿子。

且迅速发展起来。① 学术界所谓的"李约瑟难题"（the Needham question）在笔者看来主要还是由于制度造成的"势"的问题。

从上述可以看出，中国舰船技术由于曾在世界上保持领先地位，所以西方在18世纪仍不得不在某些方面以中国为师，但正是在这种力量转换的18世纪，西方汲汲于向国外借鉴和吸收先进技术，而中国却对外部风云变幻无动于衷，这恰是中国近代落后的悲哀之所在。我们认为，造船技术在18世纪各国万舸争流的激烈竞争中，真可谓如同逆水行舟，不进则退。从造船技术发展来看，"若论海帆的出现时代，外国比中国要早得多。但是，外国各代表性船皆用软帆，对偏逆风和侧风则不如中国的硬帆有效。外国由于舵出现得很晚，只靠尾部的操纵桨控制舵向，在风浪中就难以与船尾舵相媲美。舵与风帆相结合，是中国船舶的特点和优点，很可能也是使中国古代航海技术处于先进地位的原因所在"②。西方最早的舵是13世纪在LOG型船上使用的，但到18世纪初，西方的帆船制造技术进一步改进，老式的舵柄被更实用的工具——舵轮——所代替，而中国却依然沿用舵柄操纵舰船航向。其次，清朝的舰船在18世纪以松、杉、铁力等木为船料，除船板铆制铁钉外，船首船身无金属包裹，因此极易腐烂。在18世纪，清政府一些官员就提出："海水卤涩，船底易生蠔壳，其在民船每月必燂洗油刷一次，贼船亦然。今师船止洗而不燂，或燂而不油，故行走每不若贼船之速，总因弁兵贫乏，无项可支，应请酌给燂费，俾得乘间燂油。"③ 之所以如此，就是因为清朝水师舰船没有采用金属包裹船身的技术，所以在航速、抗腐性、抗沉性等方面均不如西方的英国、法国等国战船。据唐纳德·W·米切尔记载："阿普拉克辛④为了使舰队能维持下去，作了极大的努力，

---

① 参见金秋鹏：《中国古代的造船和航海》，中国青年出版社1985年版，第59—66页。

② 席龙飞：《中外帆和舵技术的比较》，《船史研究》1985年第1期。

③ 程含章：《上百制军筹办海匪书》，贺长龄辑：《皇朝经世文编》卷八十五，兵政十六，海防下，沈云龙主编：《近代中国史料丛刊》第七十四辑，731，台北文海出版社1972年版，第3070页。

④ 此处指曾任俄国海军上将的费多尔·马特维耶维奇·阿普拉克辛（Фёдор Матвеевич был сыном стольника Матвея Васильевича Апраксина，1625—1668）。

他曾个人捐献二千卢布用来洗刷船底。”① 由此可见，俄国当时的洗刷船底和中国的燂油都是对舰船的必要的日常养护工作。正是由于没有金属护层，木质战船极易腐烂，船厂疲于修船，根本谈不上对战船制式进行改进和更新；另一方面，船厂因应接不暇而造成承修战船的普遍延迟积压现象，战舰完好在航率较低，影响水师的训练和执勤任务。再次，洋面行船，全恃篷坚索固，方能破浪乘风。雍正十年（1732），清政府议准：广东外海缯艍船及拖风船向来设碇二门者，届修造之年，再准增设一门；向用藤缆者准其改换棕缆。乾隆十四年（1749），浙江总兵官陈鸣夏奏称海洋凭虚御风，全凭帆力，故大篷之旁加插花，桅顶之上加头巾，风帆力猛，船行尤速，请将沿海各标营一体动公制用，如遇战舰修造之年交厂修换。兵部据此会商奏准：头巾插花一项，借助风帆，驾驶迅速，实为行船利涉之具，水师战船出洋巡哨自应一体制备，以资巡防实用。唐志拔《中国舰船史》也说：“乾隆十七年（1752），令各省水师，除江南省沙唬船、巡快船、福建省艍船船，轻便易驶外，其沿海各省战船，一律制备头巾（顶帆）、插花（旁帆）。”② 但从我们见到的资料来看，战船不像商船那样载重，上盛下虚，增加头巾、插花后不利于舰船的稳定性，后来就被两广总督杨琳下令停止使用。

第二节　18世纪中西方海军发展特点的异同对比

一、地理环境

清帝国位于亚洲东部、太平洋西岸，海陆兼资，不仅有辽阔的陆疆，而且有漫长的海岸线和众多的海岛，清帝国海疆面积也十分广大。18世纪时，清帝国东部的海疆包括奉天、直隶、山东、浙江、福建、广东、广西等省沿海州县，北起格布特岛，经库页岛、台湾岛等岛屿延至曾母

---

① 唐纳德·W·米切尔：《俄国与苏联海上力量史》，朱协译，商务印书馆1983年版，第57页。

② 唐志拔：《中国舰船史》，海军出版社1989年版，第156页。

暗沙。在 18 世纪的中国文献中，鄂霍次克海称为"北海"，鞑靼海峡南部和日本海北部称为"东海"，日本海中部和南部称为"南海"，渤海仍称为"渤海"，黄海称为"东大洋"，东海称为"南大洋"，南海称为"七洲洋"。① 台湾出版过一本不为学者所注意的小册子叫《清初海疆图说》。此书系藏于台北"中央研究院"历史语言所的手抄本，不著撰人，但从该书关于台湾的记载中有"今北路半线适中之处，多增一县曰彰化以分诸罗之势"一语，可知该书成书于雍正初年台湾府彰化设县之

① 需要注意的是，在中国古代，南方人"洋"字的含义与今天我们通常的意思颇为不同。古代福建地图上常有的"大西洋""小西洋"之类称呼并非指海洋，而是指某一块河水冲击形成的小平原，而人们在称呼海洋时一般均在"洋"字前面加一"水"字，例如文献资料中常见的"黑水洋""黄水洋"等，以示不是陆地的称谓。在现代西方的术语中，"海"（sea）和"洋"（ocean）略有区别，"海"被认为是有一定范围的，而诸如太平洋、大西洋、印度洋等四大洋则远比"海"为大。参见 Susan Mayhew and Anne Penny. *The Concise Oxford Dictionary of Geography*, Oxford：Oxford University Press；p. 164。汉学家 J. V. G. 米尔斯（John Vivian Gottlieb Mills，1887—1987）热衷于海洋史研究，在马欢《瀛涯胜览》的英译本 [V. G. Mills（tr.）：*Ma Huan：Ying-yai sheng-lan 'The Overall Survey of the Ocean's Shores'（1433），Translated from the Chinese Text Edited by Feng Ch'eng-chün*，Hakluyt Society Extra Series，No. XLII.，Cambridge：University Press for the Hakluyt Society，1970] 这样说道："要探讨中世纪时期中国人的海洋观有一定的困难。首先，字典中所说的'洋'（ocean）与中国人的'洋'概念不同。在中国人的地图中，星罗棋布的小面积海域被称为'洋'……看来，中世纪的中国人对'洋'（ocean）与'海'（sea）是不加区分的。"穆黛安《华南海盗（1790—1810）》（Dian H. Murray, *Pirates of the South China Coast, 1790 – 1810*，Stanford：Stanford University Press，1987）援引米尔斯的观点进一步加以申论云：汉语中仅有的区分是"内"（"内海"或"内洋"）和"外"（"外海"或"外洋"）二字。"内海"最显著的地理特征便是沿海星罗棋布的岛屿。在实际词汇中，中国人将南洋想象成为一个圆周地带，包括临近南海和暹罗湾的东南亚各国，诸如越南、柬埔寨、暹罗、南部缅甸、马来半岛、苏门答腊、西爪哇以及婆罗洲东北部沿岸。这一深海地区、外海岛屿和珊瑚礁群构成"外海"，或称为"外洋"。参见穆黛安：《华南海盗（1790—1810）》，刘平译，中国社会科学出版社 1997 年版，第 8、22、190 页。事实上，上述两位外国学者对于这一问题的研究尚略嫌粗疏，中国和日本学者对此已经有许多精深的考证。例如，南洋历史地理研究的重要开拓者李长傅教授的成绩最为显著，其《地理学上所见之南洋》（载《南洋研究》第 3 卷第 6 期，1931 年 6 月）即是不容绕过的里程碑式作品，迄今仍历久弥新。另外，日本学者山本達郎（やまもとたつろう，1910—2001）《关于东西洋称呼的起源》（「東西洋という呼称の起原に就いて」、『東洋学報』第二十一卷第一号、1933 年）、宫崎市定《关于把南洋分为 （续下注）

后不久。该书这样写道："稽七省之海疆，自辽东为东北极际，沿海而南，则北直之天津与山东之登、莱，三省相连而不可离。山东之胶州历大劳山、田横岛、不夜城至登州、寿光、利津（此山东界），由天津、文安直沽口、永平至山海关（此北直界），转而锦州、金州、凤凰山、鸭绿江（此辽东界），计一千三百余里（此总言大概，海道难以测度也）。而登、莱突出于海如人吐舌，与辽东为北直之唇齿；而天津为河海运之咽喉也。自山东之胶州至江北之安东县，黄河之水由此入海。次狼山，扬子江出焉（扬州要害之处，通州也、狼山也），为南、北条二水之归宿。次崇明（崇明为江南之控扼），上江为吴淞、三泖、震泽诸水所归。由此入浙，则为乍浦、海盐之界。其东南，则为定海县界。沿海而数，计一千八百里。日本则在定海之东北，东洋诸国在焉。自浙之定海（即舟山，为浙东之控扼），由宁波、台州、温州而至浙之蒲门所北关交界，计二千里（若自乍浦由海宁从杭州、慈溪出大海到北关二千七百里）。过南关，烽火门则为闽省门户。迤逦而南，则兴化、泉州、漳州三府之间，有海坛、金门、厦门、铜山、南澳在焉。计闽之南关至南澳二千里，而商船之通外洋诸国者悉由厦门出入。澎湖在厦门东南，台湾又在澎湖之东；吕宋在台湾东南，琉球在台湾东北。又自闽之南澳

（续上注）东西洋的根据》（「南洋を東西洋に分つ根拠に就いて」『東洋史研究』第 7 卷第 4 号、1942 年 8 月）等论文亦值得参考。高桑驹吉（たかくわこまきち，1868—1927）《赤土国考》（「赤土國考」『史學雜誌』第三十一编第七期、1920 年）认为明朝东洋、西洋系以马来人或波斯人的季风为基础而划分；和田清（わだせい，1890—1963）在《明代以前中国所知道的菲律宾诸岛》（「明代以前の支那人に知られたるフィリッピン諸島」『東洋学報』第十二卷第三号、1922 年）一文中则对此表示反对，主张以实际航路和针路为标准。王尔敏《近代史上的东西南北洋》（《"中央研究院"近代史研究所集刊》第 15 期，1986 年；亦见王尔敏：《五口通商变局》，广西师范大学出版社 2006 年版，第 10—29 页）根据向达校注《两种海道针经·序》（中华书局 1961 年版，序言第 7—8 页）进一步申论，认为东洋、西洋的划分与名词的创生与中国航海技术有密切关系，是宋元以来海上航行过程中罗盘指针使用的直接结果。中国古代的罗盘是以天干地支和乾坤交错布列在盘面外缘，形成二十四个方位。其中，定南北之线就是被地理学界沿用至今的子午线。中国古人出海远行者称为"放洋"，多由福建的金门、泉州、福州等地起航，故而在起点处定子午线，航向偏于子午线以西之地区即称"西洋"，偏于子午线以东之地区称为"东洋"。

（南澳介闽、粤两省之区）过潮州、惠州、香山、虎门（广之夷商悉从虎门入）、高、雷而至琼州迤逦而南北出入计五千里（总而计之，七省共一万。此其大略也；若由大洋直溜，未必有此多也），而安南、交趾、西南洋等诸国在焉。"① 我国的海岸可以分为"大陆海岸"和"岛屿海岸"两部分。其中，大陆海岸又可分为沙岸和岩岸两种，以钱塘江口为分界线，线北大部分是沙岸，线南大部分为岩岸。② 从军事的角度来看，台湾是我国东南沿海的天然屏障，可以作为主要的战略据点对我国沿海防御起到骨干支撑作用。台湾岛南与海南岛相映，形成"双目"；北和舟山群岛呼应，构成"犄角"；以台湾岛为中心连接海南岛和舟山群岛这南北两要点，就构成一条天然而有力的战略海防线，足以掩护我国东南沿海数省及该方向的战略纵深。

尽管我国大陆有漫长的海岸线，是世界上屈指可数的主要濒海大国，但我国的地理环境有如下不利之处：其一，我国地处太平洋西岸，只与一个大洋相邻，海洋发展方向只有一个，并且由于我国诸海又被紧紧包围在第一岛链之内，实际上处于半封闭状态。其二，在英国与哈尔福德·麦金德齐名的政治地理学代表人物斐格莱（James Fairgrieve，1870—1953）《地理与世界霸权》（*Geography and World Power*，London：Univesity of London Press，1915）一书说，中国的海岸线为直接面对西太平洋的巨大弧线，不同于希腊，"无可以动人使之往海外活动之半岛"，也不同于伽太基和罗马以地中海为内海的有限范围角逐。许多学者都认为，西方海洋文明之所以能够蔚为大观，是因为它从开始的时候就以地中海为活动场所，而地中海风浪较小，不像中国人在一开始向海洋拓展的时候就面临汹涌澎湃的太平洋，从而产生一种幼年的挫折感，影响中国后来在生产技术不甚发达情况下对海洋的征服。其三，漫长的海岸线固然有利于从事海洋活动，但也加大了国家的防御正面，如果缺乏足够的军队，就会出现空虚或兵分力弱的局面。

马汉认为，一个一方邻接陆疆的大陆国家，是无法在海军发展上和

---

① 《清初海疆图说》，《台湾文献丛刊》155，台湾银行经济研究室1962年版，第11页。

② 陈民本：《中国的海洋》，台北"中央文物供应社"1982年版，第53页。

海岛国家相竞争的。在军事地理学中，海陆度是一个分析概念，是用来描述一个国家是海洋国家还是大陆国家的程度分析数值。中国虽然濒临太平洋而具有漫长的海岸线，但中华民族长期以来活动的主要导向还是在大陆而不在海洋，即使在海洋方面有所活动，也不过是一种民间的或一种辅助性的活动。因此，中国长期以来主要是一个陆强国家（land power）而不是海强国家（sea power）。[①] 中国的地理位置决定了它必须承担内陆与海洋两方面的防御，然而所有大陆国家都必须加强在陆疆上对邻国的防备，不能全力以赴发展海上力量，所以不能同时兼为大陆—海上强国。在这方面，中国与法国在 18 世纪的情况有类似之处。有学者指出，法国在很大程度上由于它是海陆混合型国家而在 18 世纪吃尽了苦头。它的力量一方面要用于大陆上的雄心壮志，另一方面要用于海上和进行殖民的勃勃野心。它一方面要在弗兰德斯、德意志和意大利北部打仗，另一方面又要在英吉利海峡、西印度群岛和印度洋作战。这样，法国战略在这两个战略抉择之间摇摆不定，往往顾此失彼，最终导致两头落空。此外，法国有两道海岸线，巴黎政府必须把海上兵力分在大西洋和地中海两处，分别以布勒斯特和土伦为基地，这不利于法国舰队的两部分力量联合起来。与法国不同，英国的地理位置可以使其不必担心陆上的威胁而把大量的资源用于海军建设。因为英国与欧洲大陆之间隔了一道被丘吉尔称为"世界上最佳战壕"的英吉利海峡，致使英伦三岛得以成为欧洲唯一在近千年来没有被敌国占领蹂躏的国家。此外，随着欧洲海上贸易航线从地中海沿岸转向大西洋沿岸，英国恰好居于交通要道的枢纽，乘着 18 世纪"大西洋经济"腾飞的东风而扬帆海外，大力进行海外拓殖活动。另外一个海洋国家美国则位于太平洋和大西洋交汇之处，它的诞生和生存都有赖于海洋。有位美国学者指出，美国历史的每一页都带有海水的咸味和浪花的痕迹，美国大部分历史都是海上活动的人和船的历史，而美国海军则是这个国家的海上武装力量，正是靠了这支昼夜巡行的海上武装，美国才能够存在、壮大，获得它所

---

① 这方面的理论阐述可参见 Patrick Salmon, Between the Sea Power and The Land Power: Scandinavia and the Coming of the First World War, *Transactions of the Royal Historical Society*, Sixth Series, Vol. 3, (1993)。

希望的成就。在 19 世纪中叶以前，美国常位于巨大"世界岛"（World Island）的外面，传统上对世界政治保持其孤立的政策。从地理位置上看，美国没有 18 世纪困扰中欧国家的战略上两面临敌的困难，所以早在 18 世纪 90 年代就有观察家预言，美国在下一个世纪里将发挥更大的作用。

二、海军战略

海洋永远是一个流质的平原，它不像陆战场那样有众多的地形、地物可供隐蔽和机动，既无"形"可用，又无险可守。对海上机动作战部队来讲，永恒的战术和战法是进攻，最大的作战效能是进攻，最有效的防御仍然是进攻。海军放弃了攻击性能，等于放弃了海军最有效的手段。马汉认为，海军舰队是海上作战的野战军，是海上进攻的主力，应充分发挥它具有机动性强的优势。在马汉看来，以习惯于航海的官兵，改用于防守海港，等于将强大的攻击力量，限制在防御的狭小范围上。马汉极力抨击那种使用海军舰队担任直接防御海岸（基地、要塞）正面地段的做法，同时也反对那种认为基地、要塞与舰队无关紧要的观点，严厉地批判"要塞舰队"和"绿水学派"的战略思想。在 18 世纪，由于国情的不同，各国的海军战略思想也各具特点。大体看来，可以分为两种类型：一是"要塞舰队"的战略思想，即以要塞为基地，主要负责近海防御；二是"现存舰队"的战略思想，即派出军舰进入公海，对本国商船队进行护卫，破坏敌国的海上交通，并同敌国舰队展开决战以便掌握制海权。不过从整体上看，各国海军的活动海域在 18 世纪依然以近海为主，除英国外，其他国家的海军仍旧没有摆脱从属于陆军的地位。有位外国学者指出，在 18 世纪，在满洲人和汉人看来，水师和陆地驻防军没有什么区别，他们属于同一类军队。自明代以来，中国国防战略就有"鏖战于海岸"和"邀击于海外"的争论。康熙五十二年（1713），康熙帝指出："朕思海防之道，惟在陆路兵弁守御严密，乃为扼要。如盛京、山东沿海汛地官兵能加意防缉，以致贼势穷蹙，遂革心向化，以此投诚，此即严防之明验也。……朕御极五十余载，凡水陆用兵机宜无不洞悉。……防海之策，惟陆路守御为最要也。

其令沿海督抚提镇等官明知朕意。"① 清政府在18世纪的海防策略是为了保护国家政治、经济上的闭关自守而发展海上武装力量，正是服务于这一国家政治目标，所以清军水师只需要守住海防，保住疆土，不需要争夺海权，不需要具备远洋进攻能力，也不需要与之相适应的战略战术。从本质上讲，清朝水师的战略是防守性的，也就是马汉所说的"要塞舰队"战略思想。由于海洋的特殊性，海军外线作战可以具有广大的舞台，积极防御的纵深地带有很大的弹性，然而清朝水师的陆基防御战略意味着防御纵深的缩短，其结果必然导致海防的脆弱。许雪姬在《清代台湾的绿营》中就指出，统一台湾后，"就水师来说，清廷以澎湖和安平两地为中心，再分防各地，此点仍是继承了明郑的海防重点，控制由福建厦门经澎湖到台湾府城的南路航线。然不可解者，即台湾水师竟和福建水师没有任何会哨的举动。闽浙之例，本处巡哨之兵只在本处洋面巡哨，即使是总巡、分巡之员亦只福建巡福建，浙江巡浙江，因此水师兵只知其戍地之海道、沙线，他处则不熟，这种情形一直要到二十年后才获改善。明郑只有台、澎，故只能防安平、澎湖，无法和福建会哨，清代收台湾入版图，应使大陆和台湾在军事布置上有相辅相成的关系，而竟不作如是想，使台湾成为一个独立防御的单位，却又无足够的兵力，这个弱点在以后的战争中均暴露无遗，由此可以证明清代台湾绿旗兵之孱弱不始于末叶，自初已然"②。清代由于水师力量薄弱，故而在海军建设上陆防论者广有市场，他们认为水师无法与敌人决胜于海上，莫若等敌人上岸再奋力一搏，或有制胜之道，然而陆防论者的观点又反过来使海军建设不能冲破思想的束缚而愈形衰落。

　　如上所述，清廷在18世纪在海防战略上防无预见，没有战略全局的观念，这在台湾地区的海防上表现得尤为明显。与18世纪清帝国相比较，"皮特计划"这一跨大洋"围魏救赵"的军事战略，气魄之恢宏，是史无前例的。在战争的棋赛上，皮特把棋局看成一个整体，相互

---

　　① 《清圣祖圣训》卷四十八，训将士，康熙五十二年癸巳正月辛丑，《大清十朝圣训》，第一册，台北文海出版社1965年版，第520页。

　　② 许雪姬：《清代台湾的绿营》，台北"中央研究院"近代史研究所专刊(54)，台北"中央研究院"近代史研究所1987年版，第14页。

兼顾地调配他的棋子，使英国在人类历史上第一个具备了从国家利益出发而将整个世界作为一个整体来筹划战争的大视野。显而易见，英国的战略是使法国保持在欧洲进行耗费甚巨的战争和防止法国大西洋舰队和地中海舰队两部分力量联合起来。英国在18世纪发展海上武装力量的战略目标，不仅仅像中国那样满足于防守近海，而是要使被人骄傲地称为"英国的长城"的海军，组成庞大的舰队走向海洋的深处，与敌国舰队在浩瀚的大海上以堂堂之阵进行两军对垒的正规海战。

三、海军建设

张铁牛等认为："同以往各朝相比，清军水师的各种制度最为完备。它建立了汛（或哨）、营、协、镇、提署5层水师单位，设置了从外委把总到提督的各级水师军官，权限和职责都比较明确，编制也基本稳定。"[①] 唐宁也持同样的观点，认为"我国古代的海军虽创立较早，使史书上对于海军的编制和制度缺乏详尽的记载，明代为了加强御倭作战指挥，在渤海战区由兵部尚书直接派遣备倭都司一名，巡海副使一名驻登州，负责统辖和指挥三营部队与各卫军队，指挥各水师部队，但在兵部却无专职掌握海军的官员。从现有资料看来，到了清代，海军的建置就较为完备"[②]。清军水师在18世纪分为内河部队和外海部队两大部分。奉天、直隶、山东、福建的水师主要是外海水师，江西、湖北、湖南、吉林和黑龙江等地的水师是内河水师，江南、浙江和广东兼有两种水师。在这里，我们仅以清代外海部队作为研究对象，对内河部队置而不论。绿营水师是清军外海部队的主要组成部分。18世纪清军绿营外海水师部队的概况如下：康熙四十三年（1704），山东登州水师分成前后两营，各设游击一人为营官，水兵增至一千二百人，战船换成二十艘赶缯船。两年后，水师前营移驻胶州，负责山东南部海防，后营仍驻登州水城，巡逻山东北面海区。康熙五十三年（1714），裁后营水师七百人，将十艘赶缯船拨归旅顺口八旗水师营。驻胶州的水师前营奉命分为

---

① 张铁牛等：《中国古代海军史》，八一出版社1993年版，第283页。
② 唐宁：《古代战争中的攻防战术》，人民出版社1992年版，第45页。

南北二汛，由游击、守备各带一汛巡防山东的南、北部海区。雍正十二年（1734），又于成山头设东汛水师，这样山东海区被划成了汛。江南水师主力是先后建立的几个水师镇和水师协，诸如崇明水师镇和狼山水师镇等，它们在江南提督指挥下，承担江南地区的江海防务。江南地区的水师部队指挥体系之复杂，为全国各省区所仅见。在浙江地区，浙江提督直辖的水师部队为钱塘水师营和乍浦水师营，统领的水师部队有宁波、定海、海门（黄岩）、温州四个水师镇及部分协内的水师单位。清初，福建海面战事最为频繁，特别是郑成功水军南北征战，迫使清政府花费大量人力、物力建设福建水师，于康熙元年（1662）在厦门设立福建水师提督衙门。福建水师提督在清军水师提督中存在的时间最长，达二百三十多年；福建也是水师部队最多的省份之一。其中，福建水师提督提标共有五营，系直辖部队；金门镇、海坛镇、台湾镇所辖安平水师协和澎湖水师协；闽安水师协、烽火门水师营、铜山水师营等水师部队均归福建水师提督指挥。广东也是清朝水师兵力雄厚的省份之一。除两广总督、广东巡抚直辖的督标和抚标在 18 世纪有水师编制外，南澳镇右营归广东提督指挥，归南澳镇右营节制的外海水师部队有澄海协、海门营、达濠营。碣石水师镇标有中、左、右三营，该镇兼辖的平海营设于雍正四年，有赶缯船一艘、艍船三艘、拖风船四艘、快船一艘。北海水陆兼辖镇所辖的龙门水师协设于康熙二十三年（1684），分左右两营。到乾隆二十年（1755）后，龙门水师协实存赶缯船二艘、艍船四艘、拖风船一艘、快马船一艘。据乾隆朝《钦定大清会典则例》记载，高州水陆兼辖镇当时所辖的电白营、吴川营、硇州营等都是广东外海水师的主要组成部分。在海南岛的水师部队主要为海口水师营，承担警备琼州海峡等任务。雍正八年（1730），复置崖州水师营，以加强海南岛的水师力量。

　　据统计，八旗水师兵力虽然仅有一万人左右，战斗力也不强，但在清军中却具有比较特殊的地位。康熙五十二年（1713）闰五月，康熙帝颁布上谕，将率部来降的海盗陈尚义等人"归并盛京金州地方，着设立水师营"①，并将此时山东水师总兵李雄请裁的战船十艘移调该营使

---

　　① 《清圣祖仁皇帝实录》卷二百五十五，康熙五十二年五月，台北华文书局股份有限公司 1960—1970 年版，第 3405 页。

用。雍正二年（1724）十月，兵部侍郎牛钮奏请于江宁、杭州、荆州、京口、广州、福州等处，令驻防八旗兵丁学习水师。翌年，清政府认为天津乃"神京门户"，乃派遣八旗满、蒙余丁两千名组建天津水师营。天津八旗水师驻扎在建于天津海口的芦家嘴一带的"满城"，为当时最大的八旗水师营，设有从一品都统一人，为清代八旗水师中级别最高的将领。自此以后，沿江沿海各八旗驻防均受命仿行。雍正五年二月谕："水师甚属紧要……其江宁驻防满洲官兵，亦应照天津例设立水师，将镇江水师见有船只酌量拨给江宁将军，令其学习操练。"① 同年十月谕："今杭州驻防兵丁，既在滨江沿海之地，亦当挑选壮丁，学习水师。"② 雍正六年杭州将军鄂弥达为贯彻皇帝旨意而复奏曰：平湖县乍浦地方"实为江浙两省海道咽喉，通达外洋诸国，最为紧要，且离杭州止二百八十余里，水陆俱通，往来甚便，与省城驻防满兵声势联络，首尾照应，该处驻扎满洲水师官兵实有裨益"③。雍正七年（1729），乍浦水师营左营之兵八百名从杭州陆续开赴乍浦；次年，乍浦水师营右营之兵八百名亦从江宁继踵开到。雍正帝对福建海防也极为重视，在福州副都统阿尔赛于定例陛见时指出："福建离海甚近，驻防兵丁若不谙水务，乃缺欠之处。倘遇用船行走之时，风浪之中头晕畏怯，如何行得？"④ 要求阿尔赛回任后与将军、总督会同商议出一个方案来。雍正六年（1728），福州将军蔡良、福建总督高其倬偕同阿尔赛会衔奏请，于福州三江口建立起汉军水师。三江口系闽江、琴江与乌龙江汇合入海处，地极冲要。福州八旗汉军水师的营城即设在邻近三江口的洋溆地方，与

① 《清世宗宪皇帝实录》卷五十三，雍正五年二月，台北华文书局股份有限公司 1960—1970 年版，第 813 页。

② 《清世宗宪皇帝实录》卷六十二，雍正五年冬十月，台北华文书局股份有限公司 1960—1970 年版，第 976 页。

③ 张大昌辑：《杭州八旗驻防营志略》卷八，沈云龙主编：《近代中国史料丛刊》第六十三辑，622，台北文海出版社 1971 年版，第 251 页。亦可参见总后勤部基建营房部、中国第一历史档案馆、辽宁省档案馆编：《中国清代营房史料选辑》，"杭州将军鄂弥达等遵旨议奏新设水师营驻地并建筑营房事宜折"（雍正六年四月），军事科学出版社 2006 年版，第 47 页。

④ 新柱等纂修：《福州驻防志》卷十四，乾隆九年刊本，页三。

闽安协互为犄角，形成"海洋之外捍"① 要区。乾隆十一年（1746），清政府又于广州驻防增设水师营。从上述可以看出，天津、乍浦、福州等处八旗水师营，约建于雍正年间。雍正帝如此不惜花费大量人力物力建立八旗水师，连他最倚信的股肱大臣田文镜也颇感大惑不解。但雍正帝在对田文镜奏折朱批中却是如此解释的："至于满兵设立水师，不过令薄海内外闻之，以壮声势而已，非为绿旗汉兵不足哨巡而议添也。"② 在这里，所谓"壮声势"有两层含义，一是对沿海一带人民的反抗、出没于海洋上从事劫掠的海盗以及国外的敌对势力造成一种威慑势态；一是表明八旗军队的力量，对绿营水师形成一种监控局面。由此可见，雍正帝之所以大兴八旗水师部队，一是因为满族统治者对绿营水师不能充分信任；一是因为随着时代的发展，历来以弓马之术见称于世的八旗，必须适应巩固清朝统治的军事需要，向兵种的多样化方向发展。至于乾隆朝建立广州八旗水师营，解决八旗生计问题的色彩就更浓厚一些了。

　　与 18 世纪的英国海军不同，清朝水师是其整个军队中的一个兵种，而不是一个军种。在 18 世纪，中西方海军都面临着一个共同的难题，即人才缺乏，但由于英国等国大力发展航海事业，所以这方面的问题相对来说可以比较容易地得到解决。尽管雍正帝认为八旗"于技勇武艺俱已精练，惟向来未习水师"③，堪称缺憾，力图雄心勃勃地建立一支强大的八旗水师部队，但言易行难，这绝非一蹴而就的事情。古人云："治海之道有二，曰得卒，曰得船。"④ 得船固已不易，得卒则更为困难。清代的水师兵丁之所以长期无法在海上与来犯的敌人一搏，其原因

----

① 林希：《试论清代福州八旗驻防及其历史作用》，《福建论坛（社科教育版）》2006 年专刊。傅克东：《从八旗水师的兴衰看清代民族关系的一个侧面》，中国民族史学会编：《中国民族关系史论集》，青海人民出版社 1988 年版，第 293 页。

② 《清世宗宪皇帝朱批谕旨》第 9 册，卷一百一十四，上海古籍出版社 1987 年版，第 54 页。

③ （乾隆）《天津县志》卷一，南开大学出版社 2001 年版，第 25 页。席裕福、沈师徐辑：《皇朝政典类纂》卷三百三十九，兵十七，水师，沈云龙主编：《近代中国史料丛刊续辑》900—920，台北文海出版社 1982 年版，第 7309 页。

④ 龚自珍：《书番禺许君》，巫宝三等编：《中国近代经济思想与经济政策资料选辑：1840—1864》，科学出版社 1959 年版，第 22 页。

除了器械的窳劣之外，兵技较劣亦是重要的因素。在18世纪，清军绿营水师兵的拔补和陆路兵有所不同，水师中兵家子弟不多，大都系雇募沿海地区的居民而来。诚然，沿海地区的船户很多，但能操舟把舵的人多不愿入伍充当水师，因为他们应私船之募所得较多，而兵饷则比较菲薄。众所周知，水师中的舵工、缭手、斗手、碇手都是水师战船的重要岗位，整船兵丁的性命可以说都操诸这些人手中。乾隆十一年，浙江定海总兵陈鸣夏在奏折中说："查水师兵丁有战、水，而水兵头目事宜，则有舵、缭、斗、碇。舵者，犹人之心也；缭、斗、碇犹人之四肢也。船上众兵犹人之百骸也。心正则肢骸顺。今次之分缭寸柁，毫厘千里。与舵工声应气求者，缭手也。故驶风不正，责在缭舵。又次斗手，上桅之险，非手足伶俐、力强胆壮者，遇大风浪，岂能猿腾鹘击、上落自如？故重伟而自二十以上四十以下之人，俱难胜任。又次风波浩渺，奠战舰如磐石者，碇手之力也。抛碇须察地之浅深、流之缓急、风之顺逆者……此四头目优以恩数，给以大饷，特以异于各水兵也。"[1]康熙五十五年（1716），福建水师提督施世骠奏请训练添补水师兵丁，康熙帝批示到：向来风闻闽水师舟工缺少者多，毕竟补完才好。事实上，海军历来都是一种技术性能要求较高的兵种或军种，清朝水师中舵工等专业技术人才缺乏，不能不影响军队的建设和发展。蓝鼎元在《论哨船兵丁换班书》就充分反映了专业人才缺乏的状况，他说："台澎水师换班之兵，自当悉数遣发，不使私留一人……但哨船中舵缭斗碇各兵则有不可更易者，盖阖船性命关系数人之手，而台澎洋面，横截两重，激流迅急，岛澳丛杂，暗礁浅沙，处处险恶，与内地迥然不同，非二十分熟悉谙练，大宁易以驾驶？内地所来换班之兵，虽晓水务，毕竟礁脉生疏，不可倚赖。而习熟可赖之舵工水手，则内地水师各营俱欲留以自用，谁肯舍己让人？"[2]雍正帝深恐不更换内地兵丁将出现台湾本地人执司其

① 中国第一历史档案馆藏：军机处录副·军务类，浙江定海总兵陈鸣夏于乾隆十一年十一月二十七日折。
② 蓝鼎元：《东征集》卷四，《台湾文献丛刊》12，台湾银行经济研究室1958年版，第58—59页。亦可参见中国社会科学院历史研究所明史研究室编：《清代台湾农民起义史料选编》，福建人民出版社1982年版，第46—47页。

事、难以依恃的后患，遂订立制度规定：照顾台湾当时的舵、缭、斗、碇等向来并非实有兵丁更换、多系雇募本地人冒顶姓名的实际情况，由雇募之人来教导选出来的兵丁，在换班时裁撤雇募之人，留受教的兵丁主舵，再由这些兵丁教习后班兵丁，亦即留到六年后才换班。雍正帝虽然知道舵工难求，却只给这些雇募的舵工以随丁之饷，故应募者皆非上乘人选，又无名师指点，由兵丁训练成的舵工，其技艺也可想而知。显然，清军水师要想得到真正的舵工人才，利既不溥，惟有给予功名，或增给米粮，以加强吸引力。雍正九年（1731），福建总督刘世明将舵工的伙粮改成随粮。乾隆二十六年（1761），闽浙总督杨廷璋整顿营内的舵工，按其能力酌增粮饷，具体内容为：能驾驶赶缯大船，熟谙沙线礁路，屡往澎台无误者列优等，增加战粮一分，外委缺出，准其考拔；次等的仅能驾艍舟古小船、年力稍壮者，照例给饷，仍不时调验，如奋勉向上，拔优等给粮；若年力衰老，驾驶生疏者，则降为副舵，不给舵饷。乾隆五十五年（1790），乾隆帝鉴于杨廷璋的改革收效不大，再次严令统兵官切实加以训练，不料日久生玩，舵工竟不可用，而只得招募商船的舵工。但是清军水师的舵工只按随丁例给予随粮、炊粮，与商船所给的报酬比起来悬殊太多，所以又加给守粮二分以示优遇。

八旗军队设立水师营后，从陆上跨下战船的八旗兵丁，最先遇上的是"一经泛海，畏怯不能坐立"[①] 等困难。为了训练八旗水师，江宁、乍浦、福州、广州等地的八旗水师营在立营之初，都同时征用了千把各官、头舵诸项水手任其教习和助手，少者几十，多则数百。天津和旅顺的八旗水师营虽然起初无绿营教习之设，但后来天津营就调来了守备等官 18 员以及舵、缭、碇、阿班[②]、舳班等项正副水手共 320 名，而且雍

---

① 转引自傅克东：《从八旗水师的兴衰看清代民族关系的一个侧面》，中国民族史学会：《中国民族关系史论集》，青海人民出版社 1988 年版，第 296 页。

② 据夏子阳《使琉球录》卷下载："船梢有三：伙长，司针者；舵工，司舵者；阿班，司篷缭整橹及执诸事者。"夏子阳、王士祯：《使琉球录》，屈万里主编：《明代史籍汇刊》，台北学生书局 1969 年版，第 259 页。张燮《东西洋考》卷九，舟师考则云"上樯桅者为阿班"。张燮：《东西洋考》，谢方点校，中华书局 2000 年版，第 170 页。

正七年雍正帝又下谕：旅顺八旗水师营"若无教习之员，恐其有名无实"①，命令福建水师提督蓝廷珍派遣弁兵驰赴旅顺教习水师官兵。由此可见，在陆路兵中，八旗中下级军官往往被奉命派遣教习绿营，甚至补充到绿营中担任骨干；相反，在水师中，绿营在18世纪则往往奉命被派去教习八旗。八旗水师各营均分为左右营（或翼），并且备有官兵马匹，一班下船练习训水战时，他班在陆，在陆者除留守营城外，其他则驰马控弦练习骑射。清政府为了弥补八旗官兵不善水战的不足，规定八旗水师营所在地或邻近的驻防八旗官兵，也要分成班次不等，多者分为八班，每年依次前往八旗水师营中学习水务。这样的用心可谓良苦，但势必把八旗水师营办成一种短期培训基地，真正属于八旗水师营的兵丁缺乏训练船只，不能以船为家，即便全力以赴，也学不到大多的业务技能。这是八旗水师营战斗力不强的重要原因。

　　与18世纪的中国相比，西方国家海军也同样面临着比较严重的人才缺乏问题。在当时，英国皇家海军军舰上的生活并没有吸引多少志愿者，少数青年人梦想荣耀而报名上了船。招募广告号召"忠实的勇士"与舰上老水兵和其他伙伴们共同为英王和国家效忠，允诺对那些有特殊技术的水兵付给赏金。然而，最有效的招募办法还是抓壮丁。强募队由数名强壮的水兵组成，在下级军官带领下，在港湾村镇乱窜，见到有海上生活经历的人便强行拉去服役。被强行征集的水兵上军舰后分为四组：第一组为二等水兵，这些人是有经验的水手，可以在桁端上高空作业。第二组是三等水兵，月薪稍低一些，懂得甲板上的操缆技术。第三组是新水兵，他们只能干一些舰上的其他工作，如操纵下帆横支索，或当军官的勤务兵。第四组叫作"不值更的水兵"②，他们会木匠手艺，会修舰帆，或能当舰上军医的助手，他们不必值更，享有二等水兵的工

────────────

　　①　席裕福、沈师徐辑：《皇朝政典类纂》卷三百三十九，兵十七，水师，沈云龙主编：《近代中国史料丛刊续辑》900—920，台北文海出版社1982年版，第7311页。相关研究可以参见卢建一：《闽台海防研究》，方志出版社2003年版，第177页。

　　②　惠普尔：《英法海战》，李安林、秦祖祥译，海洋出版社1986年版，第8页。

资待遇。和18世纪中国一样，英国皇家海军的兵饷问题也困扰着海军的建设。当时一个强壮水兵（三等水兵）的月薪从查理二世在位时开始就是二十二先令六便士，到18世纪末期都没有变化，这仅相当于当时商船水手月薪的零头。海军水兵只有在母港且每隔6个月才能领到薪金。即便如此，他们拿到的也只是付款凭单，只能在海军营业所按票面价值兑换成现金。虽然有时捕获和奖金也是不定期的收入来源，但是分配不均，水兵得到的份额少得可怜。在18世纪，法国财政大臣科尔伯（Jean-Baptiste Colbert，1619—1683）为了使军舰有足够的水兵，也曾下令封锁港口，并在港口内进行搜捕，将抓住的水手送到舰队服役，使舰队被人们视为极其可怕的地狱一般。美国独立战争期间的大陆海军各舰舰长都必须自己负责招募舰员。在最初的革命热潮中，大陆海军招募人员还比较容易，通常的办法是：一个下级军官在普通的酒馆里建立一个集合点，贴出海报，把自己的战舰大吹大擂一通，然后派出一支小分队走到大街上，吹鼓手们开路，兴高采烈地穿过城市，这样往往一天之内即可招来一批舰员。后来，爱国主义没有什么吸引力了，水手们变得精打细算起来，他们不愿服兵役，因为军队里纪律严、条件差，即便捕获到战利品，分红所得也仅仅是私掠船分红数的一点零头。在海军当兵的工资仅为每月六点六七美元，而且付的还是贬值了的大陆券。大陆海军有些舰长想办法弄到钱后出高价与私掠船争夺船员，但那些应募者常常是拿了钱就溜之夭夭。于是，有的舰长就采取孤注一掷的做法，把大批没有经验、不懂航海的人招来服役。据当时一位舰长自己说，他的舰员绝大多数是"乳臭未干的少年人"①，一出海就晕船，往往逃避执行海上任务。大陆海军与私掠船在争夺人员问题上的矛盾是如此尖锐，以致某些地方被迫作出规定：在大陆海军募足兵员之前，不准私掠船招募水手。愤怒的大陆海军军官有时就跑到私掠船上去抓从军舰逃走的水手。尽管如此，大陆海军还是严重缺员，在紧急情况下往往无法出海执行任务。1789年法国大革命爆发后，由巴黎扩散开来的不满情绪影响到布勒斯特和土伦的舰队，法国海军内部的骚动很快发展成兵变，两年之

---

① 米勒：《美国海军史》，卢如春译，海洋出版社1985年版，第11页。

内，法国海军力量便不复存在。由于大批贵族军官流亡国外，法国政府于 1791 年发布改组政令，这一政令避免了海军的彻底瓦解。法国海军和陆军之所以在拿破仑时期表现不同，其原因在于：法国炮兵指挥官们大部分来自中产阶级，他们从一开始就支持大革命，因而没有受到改组的影响，临时拼凑的法国步兵为革命热情所吸引，在欧洲当时最精锐的炮兵支持下，很快创造了奇迹，而法国的海军有获得胜利的激情，但激情不能取代训练，所以虽然法国舰队在战斗中打得很勇敢，舰长也能熟练地操舰，但新的海军将官们缺乏指挥整个舰队的经验，他们错误地理解命令，不恰当地进行机动，不能获得舰队各分队间的相互支援，在关键时刻往往优柔寡断。

可以说，18 世纪英国皇家海军的战斗力总体来说都比其他各国高出一筹。例如，炮手们的射击速度是英国皇家海军的一大骄傲。在 18 世纪末，有些英国海军舰长训练他们的水手能在五分钟内实施五次舷炮齐射，而法国和西班牙的炮手在五分钟内只能实施一次齐射。J. R. 希尔（John Richard Hill）指出，英国皇家海军在 18 世纪尽管是以野蛮手段管理军队的，但却取得了许多辉煌的胜利，其答案"似乎可以从两个方面得出。首先，人们不应该被 18 世纪的高雅艺术所迷惑，错误地认为那是个优雅的时代。不论是在陆上还是在海上，事实并不是这样。从这个意义上讲，吉尔雷①也许比塞耶斯②更真实地表现了生活。但是，在另一方面，也有不少东西可以证明皇家海军舰队里也的确存在着人道、博爱、相互关怀，存在着货真价实的领导艺术。船长们常常留心寻找机会弄到新鲜的后勤补给品。在出海航行的漫长岁月里，甚至在执行封锁任务当中，人们也不间断演习训练，以改进作战能力和提高航行效率，改善通讯信号系统，增加机动性能。专业技术训练也没有被忽视，与此同时也尽可能创造良好的卫生环境。在大多数战舰中，从舰长、军官到士官、水手，从上到下的指挥系统是牢固并且完整的，船员们所付出的体力基本上是均等的，大家共同分担危险，由此而形成了人们之间

---

① 指英国漫画家詹姆斯·吉尔雷（James Gillray，1757—1815）。

② 指多萝西·塞耶斯（Dorothy Sayers，1893—1957）。

的精诚团结。当然，开小差和违反纪律的现象也时有发生，最严重的一次是 1797 年的兵变。尽管如此，18 世纪皇家海军赖以取胜的是信心、爱国主义精神和相互之间的信任"①。事实上，希尔的观点还是有一定商榷余地的。

在当时，船员中的大部分是被迫服役的，所以必须要有严厉的纪律加以约束。鞭挞在近代若干世纪内都是英国陆军和海军生活中的一个重要特征，尤其在 18 世纪达到顶点。18 世纪的英国士兵以"血淋淋的背"而知名。海员之所以能够坚守岗位，并非出于对那些战时海军上将如纳尔逊（Horatio Nelson，1st Viscount Nelson，1758—1805）、乔治·罗德尼（George Brydges Rodney，1st Baron Rodney，1718—1792）、塞缪尔·胡德（Samuel Hood，1st Baron Hood，1724—1816）和约翰·杰维斯（John Jervis，1st Earl of St Vincent，1735—1823）的爱戴，而是出于对鞭打的恐惧。在某种意义上，英国这一时期的陆上胜利和海上胜利，都是由于士兵和海员害怕自己的指挥官甚于害怕敌人。② 安德鲁·兰伯特认为，在当时，"体罚或死刑是很常见的，而流放到殖民地去倒是要费很多钱。在岸上很少有劳工阶级被判刑监管，在海上也不会有这样的判法，因为既没有地方来关押也没有理由这样判。犯了醉酒、叛逃等罪名，一般用'九尾鞭'（cat-o'-nine-tails）抽打，造反和谋杀的人要绞死在帆桁上，偷盗者则要被同船海员用打结的绳索'夹道鞭打'（run the gauntlet）——这种残酷的打也反映了当时舰上的社会关系紧张，盗窃行为危害特别恶劣"③。在好战成习的帆船上，每个人都是靠体力吃饭，过着粗野的生活，人们似乎对于这种野蛮的刑罚见怪不怪，埋怨的只是军官们判罚不公，而不是肉体刑罚本身。任何人只要轻微地触犯了纪律，就会被带上脚镣，只允许吃面包喝清水，惩罚时间长短由舰长自由

---

① J. R. 希尔：《英国海军》，王恒涛、梁志海译，海洋出版社 1987 年版，第 7—8 页。

② 杰弗里·雷根：《人类海战史上的重大失误》，山东画报出版社 2007 年版，第 135 页。

③ 安德鲁·兰伯特：《风帆时代的海上战争》，郑振清、向静译，上海人民出版社 2005 年版，第 48 页。

裁量。如果有更严重的触犯，就要令其从手执皮鞭、枝条或打结的绳索的两列士兵当中缓缓穿行而过，任由众人夹笞，队列的长短依刑罚的重轻而定。这种夹道笞刑在"三十年战争"期间传入英国军队，"gauntlet"（夹道笞刑）一词遂亦于此时进入英语。"拖龙骨"（keel-hauling）和"夹道笞刑"等传说迄今比比皆是，令人毛骨悚然。在中世纪的英格兰，九尾鞭在尾部往往安装有金属爪。到18世纪，九尾鞭虽然去掉了金属爪，但依旧

用九尾鞭处罚水手

是一种可怕的体罚工具。在某种程度上，九尾鞭统治着英国海军的战舰，而任何其他东西都无法与之比拟。它是赋予船长的一种权力，事实上掌握着其船员的生杀大权，对一些相对微不足道的过错的惩罚却相当于死刑。一些船长惩罚他们的船员甚至纯粹出于虐待。希尔《英国海军》一书提及的1797年发生兵变的"赫尔迈厄尼"号（Hermione）的船长休·皮古（Captain Hugh Pigot，1769—1797）就因其残忍的惩罚而臭名昭著。① 我们固然承认英国海军当时的总体水平举事罕俦，但不应该一俊遮百丑。在第二次鸦片战争中，伦敦《每日电讯》（Daily Telegraph）这样写道："大不列颠应攻打中国沿海各地，占领京城，将皇帝逐出皇宫，并得到物质上的保证……我们应该用九尾鞭抽打每一个敢于侮辱我国民族象征的穿蟒袍的官吏……应该把这些人（中国将军们）个个都当作海盗和凶手，吊在英国军舰的桅杆上。把这些浑身纽扣、满面杀气、穿着丑角服装的坏蛋，在桅杆上吊上十来个示众，让他们随风

---

① 资料来源：http://www.pbenyon.plus.com/Naval_History，访问时间：2010年8月26日。亦可参见杰弗里·雷根：《人类海战史上的重大失误》，山东画报出版社2007年版，第135页。

《光荣之点》（乔治·克路克沙可绘）

飘动，倒是令人开心和大有裨益的场面。……应该教训中国人重视英国人，英国人高出于中国人之上，应成为中国人的主人……我们至少应该夺取北京，如果采取更大胆的政策，则应该在夺取北京以后永远占领广州。我们能够像占有加尔各答那样把广州保持在自己手里，把它变为我们在远东的商业中心，从而使我们为俄国在帝国满洲边境所取得的势力找到补偿，并奠定新领地的基础。"① "文明"的英国开始用 18 世纪以来海军舰船上司空见惯的"九尾鞭刑"肆意蹂躏它们视为"不开化"的大清帝国了。这其中的历史意蕴的确发人深省！

四、海军战术

中西方在海军战术发展史上具有相同的轨迹。在冷兵器时代，海军的作战战术主要有两种：一是接舷战，即与敌船靠帮，以陆战方式进行短兵击杀；一是冲撞战术，即以坚利的船首利用顺流快速冲撞敌船。陈访友主编的《海军战役学教程》指出："当时海战的方式很简单，主要

---

① 转引自马克思：《新的对华战争》，《马克思主义经典作家论中国近代史》编委会编：《马克思主义经典作家论中国近代史》，贵州人民出版社 2002 年版，第 45 页。

是用划桨舰只列成横队进行正面进攻。用坚硬的船头冲撞敌舰，将其击沉；或是舷并舷地靠拢敌舰，进行步兵式的接舷战。在这种决斗式的海上交战中，作战双方较少有远距离的兵力机动和队形变换，作战空间仅限于目力所及的范围内。"① 随着时间的推移，战船的结构和制式有了突破性改进，并且开始在船上设置桅帆，使战船的动力开始借助于风力，进入风帆船时代。尤其是火器开始应用于海战中之后，海战战术便由以前的近战发展到可以在中远距离发动攻击。此后，由于西方海战频仍，西方海军在实战中逐渐摸索，其战术日臻成熟。有学者指出，清朝水师部队自康熙年间平定台湾郑明政权之后，从没有进行过什么像样的战斗。② 的确，中国在18世纪海战数量少、规模小，清帝国的水师虽有正规军之名，起的却是水上警察的作用，没有集中统一指挥的舰队，在缉捕海盗的小规模战斗中难以形成和完善正规海战战术，其作战的基本样式以海上游击战为主要特征。我们认为，18世纪清军水师的战术水平仅相当于16世纪以前西方海军的战术水平。18世纪，蓝鼎元认为沿海海盗猖獗，这是因为商船不能御敌，而哨船不能遇贼。他说，清朝水师"每欲出巡，必预张声势，扬旆徐行，一二月未离江干，又于舟中旦暮鼓乐，举炮作威，是何异呼贼船而使之避也。若使巡哨官兵密坐商船以出，勿张旗帜，勿鼓乐举炮作威，遇贼船向迩，可追即追，不可则佯为逊避之状，以坚其来，挽舵争居上风，上风一得，贼已在我胯下，我则横逼贼船，如鱼比目并肩不离，顺风施炮，百发百中，两船既合，火罐药桶一齐抛击，虽百贼亦可擒也"③。在18世纪的清朝人看来，"夫水战之法，只在冲犁、放火、夺上风、烧篷棚、射舵工"④。换言

---

① 陈访友主编：《海军战役与教程》，国防大学出版社1991年版，第5页。

② 海军军事学术研究所编：《甲午海战与中国近代海军》，中国社会科学出版社1990年版，第94页。

③ 蓝鼎元：《论海洋弭捕盗贼书》，贺长龄辑：《皇朝经世文编》卷八十五，兵政十六，海防下，沈云龙主编：《近代中国史料丛刊》第七十四辑，731，台北文海出版社1972年版，第3048页。

④ 周之夔：《海寇策》，贺长龄辑：《皇朝经世文编》卷八十五，兵政十六，海防下，沈云龙主编：《近代中国史料丛刊》第七十四辑，731，台北文海出版社1972年版，第3046页。

之，海上作战制胜的关键就在于夺上风、放火箭以烧篷，掷火弹以轰船，射舵工以穷驾驭。海战中争取抢占上风是 18 世纪中西方海军的共同之处，不过正如学术界人士所说，清军水师当时的战术手段只限于抛掷火球、火罐，散放火箭、喷筒以及爬桅跳船各技，所以中国古代海军源远流长的火攻战法比较盛行，而西方海军在 18 世纪主要是侧舷炮战。我们从史料中看到，蓝鼎元关于清军水师的海战战术主张在当时反映了许多人的观点，后来被李长庚运用于实战。乾隆五十五年（1790），李长庚"署福建铜山参将，铜山战舰徒空名，公（指李长庚。——引者注）别用选锋，作商人装，出海不张旗帜，罔知其官军也，故贼至辄得"[①]。据王芑孙《浙江提督总统闽浙水师追封三等壮烈伯谥忠毅李公行状》记载，嘉庆元年（1796），"先是救象屿商船被劫者，贼来扑，我兵少，势不敌，公伏不动，待贼炮尽，出不意戗过其舟，一炮殪之。日向暮矣，隐约又见数艇，公亟收泊，数艇者亦泊，比晓相持。公命我舟一字排列，作长蛇形，后船插前船尾，绲之巨缆，贼从东来，我师东第一舟应之以迄第八舟；从西来，西第一舟应之以迄第八，回环终日，贼无如之何。是役也，枪炮声震数百里，海水为沸，所杀伤过当。贼有夺尸以埋者，遮而堕之海中"[②]。与 18 世纪西方海军的纵列战术不同，清军水师作战的阵形主要是横阵。学术界认为，海军战术在历史上曾随着舰船技术装备的发展，经历过一个横阵与纵阵彼此取代的否定之否定的演变过程。在舷侧炮技术没有出现和完善之前，舰首向敌的横阵在西方也曾是海上战斗居统治地位的战术形式（不包括战斗以外的行军队形），和 18 世纪清朝水师的海战战术一样。有位学者指出："那时海上战斗通常发生在濒海地区，舰队最佳战斗队形是舰只成单横队或半圆形

①　何丙仲编纂：《厦门碑志汇编》，中国广播电视出版社 2004 年版，第 567 页。王芑孙：《浙江提督总统闽浙水师追封三等壮烈伯谥忠毅李公行状》，贺长龄辑：《皇朝经世文编》卷八十五，兵政十六，海防下，沈云龙主编：《近代中国史料丛刊》第七十四辑，731，台北文海出版社 1972 年版，第 3080 页。
②　王芑孙：《浙江提督总统闽浙水师追封三等壮烈伯谥忠毅李公行状》，贺长龄辑：《皇朝经世文编》卷八十五，兵政十六，海防下，沈云龙主编：《近代中国史料丛刊》第七十四辑，731，台北文海出版社 1972 年版，第 3080 页。

队（两翼向敌突出的横队）。这种队形可使舰只在战斗中有效运用撞击和接舷战。"① 从根本上说，在冷兵器条件下，决定战斗胜负的物质手段只有先则船体撞击，再继之以接舷后的白刃格斗，所以当时的海战必须采用横阵。显然，舰体撞击自然以舰首向敌的横阵最为有利，而以船腰向敌便只能自讨苦吃。在18世纪，尽管清朝水师已进入冷热兵器混用时代，但清军水师的帆船排水量和载炮量都小，火器的性能和威力都不大。当时清朝的人就直言不讳地说："全以大炮相轰击，船身簸荡，中者几何？"② 正是这样，清军水师在18世纪的作战方式仍不得不普遍采取接舷肉搏战和冲撞战术，海战布阵主要以横阵为常式。

据卢林介绍，"战术"这一概念至迟在我国春秋时代就已出现，当时叫作"兵法"，而西方国家的"战术"一词，大多源于希腊文的布阵艺术（takitika）。卢林指出："对战术作艺术和科学的区别很有必要，因为两种意义的战术常常是混淆起来，而彼此以'唯意志论'和'唯武器论'相互指责。从艺术角度说，战术更多的还是取决于人的主观能动作用；而从科学或者历史的角度说，战术最终取决于当时的武器装备。"③ 我们认为，纵观人类海战战术的演进历程，这是一个从"零"的肉搏（指交战双方距离为零，系接舷战）到"线"的炮击（指交战双方采用纵队战术，船炮齐射且射程较远），后来发展到"面"的机动（指"纳尔逊机动"的新战术，即集中兵力攻敌之一部、同时钳制其余敌人），以至成为当代水下和水上全方位的立体智斗的过程。在16世纪末，英国人认识到舷侧炮的应用有可能改变海军战术，因此越来越重视发展适合装备远射程的战船而不再注重攻占敌船这种作战方法了。1585年英国战胜西班牙无敌舰队的海战具有重要意义，它开创了海军作战史上桅帆舷侧炮战船的新纪元。应该说，英国海军依靠舷侧炮的纵队战术

---

① 中国人民解放军军事科学院编译：《苏联军事百科全书》，解放军出版社1986年版，"海军战术"条。

② 程含章：《上百制军筹办海匪书》，贺长龄辑：《皇朝经世文编》卷八十五，兵政十六，海防下，沈云龙主编：《近代中国史料丛刊》第七十四辑，731，台北文海出版社1972年版，第3065页。

③ 卢林：《战术史纲要》，解放军出版社1987年版，第7页。

（the line of battle-tactic）是由当时西方海军舰船打击力、防护力、机动力和信息传递处理能力的武器系统结构状况所决定的产物，但在战术—武器系统的整合过程中，英国人独具慧眼，独着先鞭，而其他诸如西班牙、荷兰等国都没有充分认识到英国当时在海战中取得一系列辉煌胜利的秘密在于强大的舷侧炮火力。英国海军在17世纪有"正规派"和"混战派"两种海军战术思想派别。这两种派别都主张舰队在进入战斗时采用纵队形式，努力抢占上风位置，但一旦投入战斗，两派在打法上就产生了截然对立的分歧："正规派"坚持舰队在整个战斗中都要保持队形，而"混战派"则是主张在战斗中随时选择有利时机，允许分舰队指挥官和战舰指挥官可率领战舰离开编队，发挥他们的创造性和积极主动精神，通过集中攻击来击败敌舰。法国将军曾最准确地描述道：航行中的军舰排成笔直的一路纵队，形成了对敌作战的活动火力网。在瞬息万变的海战中，一路纵队有很多优点。

采用纵队战术的舰队

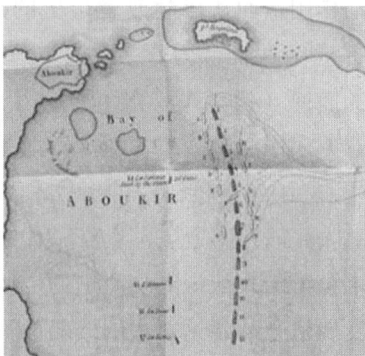

机动战术示意图

它明确和简化了各舰长的任务，能够集中整个舰队的火力朝着同一个方向射击，避免同一舰队中舰只火力互相影响、炮火偏离敌舰或穿过敌舰而击中友舰等诸如此类的事件发生。"混战派"认为，要战胜兵力与己相等的敌人，必须集中更多的军舰，从敌人的纵列队形中分割出一小部分的舰船围而歼之。而"正规派"则争论说，这种战术只能招致敌人进行反迂回和反包围的报复。1704年的马拉加海战（the Battle of Vélez-

Málaga）确定了英国海军"正规派"战法的战术地位，解决了长期以来在战术上悬而未决的争论。英国皇家海军采用了乔治·鲁克（George Rooke，1650—1709）的《作战条令》（Fighting Instructions）作为《永久战斗条令》（Permanent Fighting Instructions，PEI），规定：各分舰队中的各舰只均必须与指挥舰排成一列，在作战中必须与敌人保持一定距离，前锋对前锋，中央对中央，后卫对后卫。正是这样，单行纵队成为战舰编队的唯一形式，不允许进行别的试验或革新，从而使"正规派"的学说变成教条、"混战派"战斗被逐渐遗忘。① 由于"正规派"战术被英国海军部以法律形式定鼎于一尊，所以当英国海军上将托马斯·马修斯（Thomas Mathews，1676—1751）在1744年土伦战役（the Battle of Toulon）中未能保持纵列队形时，他因没有执行条令而遭到免职。自此以后，那些大胆的军官如果违背《永久战斗条令》的硬性规定，他就会被送交军事法庭而身败名裂。在18世纪，英国的船艺和炮术都睥睨群雄，尽管舰与舰相比，法国的质量优于英国，但法舰数量较少，所以英法两国海军的战术表现出极大的歧异性，即法国常常由于数量上处于劣势，因而更注重保全其舰只不使受损，而英国则愿意拿自己的战舰进行较大的冒险。结果，法国人常常喜欢在敌舰的下风一侧进入战斗，以便一旦需要时就可以很快脱离冲突。西方军事史学家认为，英国在18世纪主要炮击舰身，摧毁或俘获敌舰以取得永久制海权，而法国人则是炮击桅杆索具，削弱敌人追击能力以取得暂时制海权。然而，由于法国人采取打了就跑的新战术后，英国人那种纵队对纵队缓缓并行的线式战术就日形落后了。每次海战中，英国将领总是顽固地坚持一路纵队队形，而法国人也总是打断英舰的缆索后就迅速跑开，以利再战。这种打法在精确的海军术语中叫作远距离作战。1756年梅诺卡岛之战（the Battle of Minorca）后，英国海军的表现使英国国内舆论大哗。正如法国大思想家伏尔泰在其经典小说《老实人》（*Candide, ou l'Optimisme*，1759）中所说："在这个国家里，为了激励一些人，有时往往不得不杀

---

① 可以参考 Nicholas Rodger, Image and Reality in Eigteenth-Century Naval Tactics, *Mariner's Mirror* 89, No. 3（2003），pp. 281 - 296。

死一名将军。"（Dans ce pays-ci, il est bon de tuer de temps en temps un amiral pour encourager les autres.）尽管约翰·宾（John Byng，1704—1757）并不纯粹因为战术失误而被处死，但这个事件的恶果引起了军方对战术的重视，使刻板的《永久作战条令》受到冲击。① 我们可以毫不夸张地说，英国海军纵队战术的改进是用约翰·宾的血液作为助燃剂的。18 世纪 80 年代和 90 年代，英国人约翰·克勒克（John Clerk of Eldin，1728—1812）编写了一本《海军战术论》（Essay on Naval Tactics，完成于 1779 年，出版于 1790 年），批判那种僵硬不变的纵队队列和单纯的舰对舰的炮火决战，主张机动灵活的舰队指挥和集中优势力量对付敌舰队的一部分。他还建议突破敌人防线和从两边进攻敌方。直到 18 世纪末，被英国人称为"海上拿破仑"的纳尔逊打破了英国海军过去僵化陈旧的战术方法，创造出被称为"纳尔逊机动"的新战术。这种新战术的内容有以下两方面：其一，不是以平行于敌舰队的运动进行那种一对一的交战，而是从垂直方向向敌阵实施冲击，将敌阵拦腰切断，然后以少量兵力牵制敌之一部，并集中主要兵力消灭敌之另一部；其二，为了达到以上目的，事先必须把己方全部舰船分别编成支队和主队两部分，以支队承担牵制任务，而以主队部分来实现围歼部分敌舰的目标。总而言之，纳尔逊战术的要义就是"集中兵力打歼灭战"，其具体步骤则是战前的"二队编成"和战时的"中间突破"。这就使昔日那种僵化死板的平列对射的"阵地战法"产生质的变化，从而具有机动灵活的特点。因此，纳尔逊战术又被称为"机动战术"。从以上可以看出，英国海战战术在 18 世纪的发展轨迹显然是纵队战术隆盛一时、人们不断探索并最终打破纵队战术的历史。

五、通信联络

旗语是以悬挂或挥动不同式样和颜色的旗帜传递信息的通信方式，可分为旗号通信和手旗通信。旗号通信，是以悬挂各种不同式样和颜色

---

① 可以参阅 Larry H. Addington, *The Patterns of War Through the Eighteenth Century*, Bloomington：Indiana University Press，1990，p. 123。

的旗子表示通信内容；手旗通信，是以两面手旗的不同部位表示通信内容。旗语通信主要被海军在作战中用于下达简短命令、保障协同和相互识别。中国古代很早以来就有旗语通信。三国时期，旗语通信已运用到战船上。《太平御览·诸葛亮军令》记载："闻擂鼓音，举白幡绛旗，大小船皆进战，不进者斩。闻金音，举青旗，船皆止，不止者斩。"①据我国军事史学界研究，戚继光以"封侯非我意，但愿海波平"②为职志，服膺"兵无常势，水无常形"③之理，从实际出发，对旗语指挥方法曾做过通俗易晓的改进。在此之前，要让士兵掌握旗帜显示出的号令语言，相沿不改地是按照中央戊己土黄色、东方甲乙木青色、南方丙丁火红色、西方庚辛金白色、北方壬癸水黑色这样一套复杂的五行联想概念使之巩固的。戚继光指出："在读书有位者，自知即五方五行之制也，然不可以之责行伍之人。"④基于此，他根据"凡人一身，皆有左手、右手、前面、后面、中央，此人人可晓"这样一个浅显的道理，将前、后、左、右、中这些凡人皆晓的方位概念，配以红、黑、青、白、黄五色，用以指挥部队。⑤我国军事史学界认为，戚继光的这一改进以今人的眼光看当然不值得惊奇，但在四个多世纪以前却实在称得上是一个杰出的贡献，其意义绝不比五色五方这个古老的发明本身逊色。因为它不但使士兵可以迅速理解掌握军中的旗语号令，而且更重要的是它突破五行五位概念的束缚后，增大了旗语系统本身的信息载量。我国学术界在谈到中国古代水师鼎盛的历史时期时往往对那种楼船蔽海、旌旗掩日的辉煌缅怀不已，但对清代水师则认为是从辉煌的波峰跌落到了黑暗的谷底，为此痛心疾首。诚然，清代水师在18世纪的确卑卑不足道也，不

①　转引自中国海军百科全书编审委员会编：《中国海军百科全书》，海潮出版社1998年版，第568页。

②　戚继光：《止止堂集·横槊稿》上，"韬钤深处"，山东书局光绪十四年刻本，页十三。曲树程注释：《戚继光诗稿》，黄河出版社1991年版，第35页。

③　语出《孙子兵法·虚实篇》，中国人民解放军军事科学院战争理论研究部《孙子》注释小组：《孙子兵法新注》，中华书局2008年版，第46页。

④　戚继光：《纪效新书》，操令篇，中国兵书集成编委会编：《中国兵书集成》第18册，解放军出版社、辽沈书社1995年版，第120页。

⑤　戚继光：《纪效新书》，盛冬铃点校，中华书局1996年版，第40—41页。

过中国历史上由来已久的旗语等联系指挥方式仍普遍使用，只不过没有重大突破和改进而已，并且旗语系统与同时期的西方海军相比显得粗糙简单，信息载量有限。我们从史料中可以看到，和18世纪西方海军一样，清朝水师当时也使用发射枪炮等进行联络通讯。我国学术界有人指出，战船是水师的基本作战单位，为了便于识别和管理，清政府于康熙五十二年（1713）下令各地水师在船舷上漆上本营代号和序号，如"为"字一号、"大"字为五号，"捷"字为八号等；舷号的使用，是水师正规化的一个标志，对进行大规模训练或作战起了积极作用。事实上，据我们所见，舷号的使用并非始自清代。史载，明代战船"各船编定字号，每数船列为一行，每一阵列为数行；昼则麾旗为号，夜则振鼓为节"①。

有位外国学者指出："时代在不断进步，皇家海军不得不采取一些新的方法来对付敌人改进了军舰与火炮的挑战。正在这种挑战处于高潮时，凑巧发明了一种新型的通信系统——旗语通信。结果是，在西印度群岛和北美海岸、地中海及英国本土沿海发生了一连串的海战，其激烈程度与破坏力是前所未有的。"② 我们认为，西方海军的旗语是在18世纪英法争霸战争中逐步完善和确立的。比高·德莫洛格（Sébastien-François Bigot, vicomte de Moroques，1706—1781）是法国人，其代表作《海军战术》（*Tactique navale*）出版于1763年。该书不仅详细阐述了战术上集中兵力的各种方法，而且促进了一套实用信号系统的发展。比高·德·莫洛格提出使用三十三面旗帜于六个位置之一，六面三角旗于十二个位置之一，与官方系统的三十四面旗帜和六面三角旗飘扬于七个位置不同。旗帜和三角旗被莫洛格用两个系列编码。对全舰队的信号挂在樯桁，对前锋、中间和后卫分舰队的信号分别挂在船头、主樯、后樯之上，除了蓝色和白色相间、白色、蓝色的旗帜、三角旗分别就表示前锋、中间和后卫分舰队，对其他数字旗帜具有优先性。据史料记载，理

---

① 郑若曾：《筹海图编》卷十三。亦见严如熤辑：《洋防辑要》卷十七，策略，《中国史学丛书续编》35，中国南海诸群岛文献汇编之四，台北学生书局1975年版，第1265页。相关研究可以参见王冠倬编著：《中国古船》，海洋出版社1991年版，第39页。

② 惠普尔：《英法海战》，秦祖祥、李安林译，海洋出版社1986年版，第7页。

查德·豪（Richard Howe，1st Earl Howe，1726—1799）勋爵和理查德·肯彭菲尔特（Richard Kempenfelt，1718—1782）为英国皇家海军创造了一套有效的信号系统和灵活的战术，直到美国独立战争结束后许多年方被采用。1782年，理查德·豪担任海峡舰队司令，能干的理查德·肯彭费尔特担任理查德·豪的助手。理查德·豪放手让他的助手为舰队设计一套信号系统。肯彭费尔特的第一本书包括莫洛格的全部信号和许多改进，但信号旗的意义如战斗条令规定的一样仍依据它们在舰上的位置而定。直到1782年夏天在准备解救直布罗陀时，肯彭费尔特才完成了一本以编码为基础的书。依此编码法，信号旗可以集中悬挂在一根或几根绳上。这本书由理查德·豪发布到海峡舰队。劳勒斯（Sir Charles Knowles，1st Baronet，1704—1777）不像理查德·豪和肯彭费尔特那样具有将其改革付诸实际的地位，他的信号系统只不过是一种方案。在劳勒斯设计的信号系统中，夜间信号和雾时信号都不用旗语，而是用发射枪炮、灯光等方式。这和18世纪中国水师的信号系统是相类似的。

第三节　从系统科学的角度分析18世纪中国海权意识淡薄的原因

现代系统科学是20世纪40年代以来生产实践、社会实践大发展和科学技术大综合的必然产物。从40年代末期诞生的SCI理论（即L. V. 贝塔朗菲的一般系统论、维纳的控制论和申农的信息论①），到70年代

---

① 1937年，贝塔朗菲（Ludwig von Bertalanffy，1901—1972）首先提出一般系统论（General System Theory，GST）的原理，并于1945年完成了《关于一般系统论》［ Zu einer allgemeinen Systemlehre，Blätter für deutsche Philosophie，3/4.（Extract in：Biologia Generalis，19（1949），139–164］。诺伯特·维纳（Norbert Wiener，1894—1964）是控制论（cybernetics）的奠基人，其这方面的主要思想见于《控制论：或在动物和机器中的通信和控制》（Cybernetics：Or Control and Communication in the Animal and the Machine，Paris，France：Librairie Hermann & Cie，and Cambridge，MA：MIT Press，1948）。申农（Claude Elwood Shannon，1916—2001）从研究通信技术而创立"信息论"（Information Theory），时间为20世纪三四十年代。

崛起的 DSC 理论（即普里高津的耗散结构论、H. 哈肯的协同论和托姆的突变论）①，等等，标志着现代人类系统思想演变的主要里程碑。魏宏森指出："以往，科学试图解释一切可观察的现象，就要把它归结为可以逐个独立地考察的基本单元。而现代科学中出现的概念则多少涉及'整体'和'组织'。"② 系统科学是人类认识之树上生长出的硕果，将系统科学移植和运用于历史研究，将推动马克思主义史学研究的纵深发展。诚然，探索、尝试难免出现一些"幼稚病"，但它毕竟比在学术研究的"幼稚园"里面长期原地踏步强得多。下面，我们试图利用系统科学的分析方法解释 18 世纪中国海权意识淡薄的原因。

姜鲁鸿认为："由于明代海防建设比较重要，水师及战船数量明显多于海上基本无战事的清前期。明洪武二十三年（1390）规定的兵船数和万历年间岁造万余只的定额，大大超过清道光以前 1650 艘兵船拥有量。这一差距实际上就是不同的国防需求拉动的结果。"③ 姜鲁鸿进一步又说，这是仅就明清两代兵船的只数进行比较，很有可能清代每只兵船的平均吨位要大于明代，但即便如此，明海军的规模要远大于清前期海军，这一点当毋庸置疑。应该说，姜鲁鸿的观点代表了中国史学界的大多数人的意见——清代水师部队在 18 世纪不如明代。但我们认为这种观点值得加以商榷。罗溥洛（Paul S. Ropp）主编的《美国学者论中国文化》一书中讲得颇有道理："事实上中国在这一时期绝非停滞而是在正变革之中，甚至也许比历史上大部分时候都变革得更为迅速，只是西方空前的变革步子才使得中国的变革看似停滞不变。"④ 从地理上看，中华民族的生存空间是一个相对独立、相对隔绝的自然的单元。这

---

① 普里高津（Ilya Prigogine，Илья́ Рома́нович Приго́жин，1917—2003）的耗散结构论（Irreversible Thermodynamics）、赫尔曼·哈肯（Hermann Haken）的协同论（Synergetik）、勒内·托姆（René Frédéric Thom，1923—2002）的突变论（Catastrophe Theory）在 20 世纪 80 年代的中国学术界被称为"新三论"。

② 魏宏森：《系统科学与社会系统》，吉林教育出版社 1990 年版，第 56 页。

③ 姜鲁鸿：《中国国防经济历史形态》，国防大学出版社 1995 年版，第 213 页。

④ 罗溥洛主编：《美国学者论中国文化》，包伟民、陈晓燕译，中国广播电视出版社 1994 年版，第 17 页。

个广阔的生存空间在以农业为主的时代可谓地大物博，足以供先民们活跃驰骋，足以抵消人口繁衍和外族入侵带来的种种压力。"中国缘海外围没有强有力的隔海对面大陆，足以由海上威胁中国，如迦太基之于罗马，故近世以前中国的海是安全的外缘地带，对中国只有保护性，没有侵略性，因此海在中国是不折不扣的'水沙漠'。"① 在漫长的封建社会里，中原王朝强敌多在西北，东南沿海鲜闻烽火，通常把陆防作为建设重点。清代的《小方壶斋舆地丛钞》中有这样一段话："海之有防，历代不见于典册，有之自明代始，而海之严于防自明之嘉靖始。盖晋汉之际于海收鱼盐之饶；晋唐以降于海通番舶之利；迨元初范文虎之师败于日本狡焉启疆，于斯肇焉。至于明或柔以致之，或戚以拒之，不致大衅；惟嘉靖间倭寇连船突犯，横肆蹂躏，于是滨海之官民将卒闻警则变色于谈虎。"② 按照社会学的观点，一个社会处于紧张的压力之中，就会出现一些形形色色的旨在减少社会危机的振兴运动，给整个社会系统带来一定变化。我国筹划沿海防务虽然可以追溯到很早，但直到明代以前，这些防务除元朝有抵御外敌从海上入侵的一面外，其余均为对付本国的敌对势力或本国的其他民族，并且整个沿海并没有形成完整的防御体系，所以，这些不过是海防的萌芽，而真正形成海防体系则应该说自明代开始。与明代相比，清朝在 18 世纪的海防有以下发展和进步：其一，明代采取备海防于大陆之上的策略，这等于把海上的险要拱手资敌，自己则据守在大陆上，又缺乏强大的海上舰队，实际上使沿海诸岛

---

① 李东华：《中国海洋发展关键时地个案研究》，台北大安出版社 1990 年版，第 2 页。

② 王锡祺辑：《小方壶斋舆地丛钞》第九帙，海防篇六，杭州古籍书店 1985 年版，页十二。中国海防始于明代的说法频频见诸各种文献。《广东通志》亦云："古边防而无海防，海之有防自明始也。"（《广东通志》卷一百二十三，海防略一，《续修四库全书》编纂委员会编：《续修四库全书》671，史部·地理类，上海古籍出版社 2002 年版，第 703 页；亦见乾隆朝《南澳志》卷八，海防，《中国地方志集成》，广东府县志辑，27，上海书店出版社 2003 年版，第 447 页。）茅元仪在《武备志》卷二百零九"海防"项下言："茅子曰，海之防者，岂易言哉。海之有防，始自本朝。"茅元仪：《武备志》卷二百零九，故宫珍本丛刊，358，海南出版社 2001 年版，第 95 页。

成为倭夷和海盗进退出没的窟穴。清代在 18 世纪的海防不仅是防敌于大陆，而且制敌于海岛，这是明代海防策略所不及的。其二，康熙五十六年（1717）起，清政府开始修建虎门要塞。清代 18 世纪的沿海设防逐步以炮台式要塞取代了卫所城池体系的格局。要塞式炮台的建立，大大增强了海防能力。

从康熙后期到乾隆帝让位这一百年中，清王朝论武功则"四夷威服"，论文治则万喙息响，皇帝做得也稳，朝廷显得也宁，旧史家对此大加称颂，不曰"全盛"，即谓"鼎盛"。盛者，多也，"引申为丰满之称"。后一解释，是段玉裁作的。段玉裁是 18 世纪最有名的文字训诂学家，照他的解释来理解康雍乾"盛世"的含义，当然具有权威性。不过，18 世纪的康雍乾盛世虽然号称"丰满"的世道，但不难看出其海军的实力是捉襟见肘的。特别是随着时间的推移，清朝水师日愈腐败，不堪一击。乾隆朝，天津水师兵丁不知"海面行舟之道"，却只知道在船内终日"饮酒赌钱"。昭梿回忆说："雍正中，宪皇帝念津门附近京畿，海防綦重，因设满洲水师都统一员，副都统二员，其协领下若干员、兵三千名，守御海口，以防鲸涛不测之变。然满兵虽雄健，不利水师，初设时章程草率，所训练技艺不及绿营之半。乾隆丁亥（即乾隆三十二年，1767 年。——引者注），纯皇帝巡幸津甸，是日大风，海船逆势，难以施演。时都统为奉义侯英俊，年既衰老，复戎装繁重，所传令俱错误，兵丁技艺既疏，队伍紊乱，竟操，喧哗不绝，上大怒，因裁革焉。"[①] 其实，雍正帝虽然设想宏伟，企图建立强大的八旗水师部队，但他对实施的困难估计不足，准备不充分，管理上有诸多漏洞，又有好大喜功、虚浮假冒的毛病，因此八旗水师部队成立后难如人意。不过乾隆帝并无雍正帝那样的见识，因噎废食，致使北洋海防愈见薄弱。这实在是清廷军事部署上的一大失着，也反映出清王朝统治者海权意识的薄弱。

有的军事史学家解释汉尼拔在公元前 218 年向意大利进军时选择漫

---

① 昭梿：《啸亭杂录》卷四，"天津水师"，何英芳点校，中华书局 1980 年版，第 106—107 页。

长而艰险的陆上路线的原因说，这是因为"罗马人掌握着制海权"。实际上，在那个时代，航船还是原始化的，它们在海上拦截敌人的能力非常有限，所以，用"制海权"的现代定义去套当时的情况，在逻辑上是说不过去的。何况罗马人当时究竟有无制海权，也是一个疑问。现代海权理论的开山鼻祖是美国人马汉（Alfred Tayer Mahah，1840—1914）。在20世纪以前，美国对于战争的主要贡献是在军事技术方面，许多武器的发源地都在美国，但严格地说，在传统战略的领域中，过去西方的大师巨擘几乎清一色的都是欧洲人，美国人中唯一可以列入战略思想家之林的就只有马汉一人而已。提到克劳塞维茨（Carl Philipp Gottlieb von Clausewitz，1780—1831）就会令人联想到战争论，提到马汉就会令人联想到海权论。但战争论和海权论却是两件完全不同的东西，战争论是一本完整的书，而马汉始终未曾写一本叫作《海权论》的书，他的海权思想散布在其许多著作之中，所谓海权论不过是后人对其思想的总称而已。英国伦敦《泰晤士时报》称赞马汉对海军史的贡献犹如哥白尼（Nicholas Copemicus，1473—1543）之于天文学一样。另一位评论家当时则把马汉与发现氧气的英国化学家约瑟夫·普利斯特列（Joseph Priestley，1733—1804）相提并论："海权，当然在所有的时代中都影响世界。氧气也是如此。但正像氧气一样，如果没有普里斯雷，则也许到今天它还是一种尚未发现的未知因素。如果没有马汉，则海权亦将如此。"[1] 马汉的代表作《海权对历史的影响，1660—1783》（*The Influence of Sea Power upon History, 1660 - 1783*）使他名满天下。马汉这样定义海权（seapower）："海权在广义上不但包括以武力控制海洋之海军，亦包括平时之商业与航运。"这就是说，海权包括两部分海上力量，即用于控制海洋的军事力量和用于利用海洋的非军事力量，"控制海洋"是海权的军事因素，"利用海洋"则是海权的经济因素，两者互为因果，相辅相成。它体现着国家对海洋支配的主观意志，是暴力的、排他的，所以不仅仅表现为一种客观的"力量"，更重要的是一种带有强烈的主观

---

① George W. Baer, *One Hundred Years of Sea Power: The U. S. Navy, 1890 - 1990*, Stanford, California: Stanford University Press, 1996, p. 457.

色彩的"权力"的运用。建立海权的要旨在于获得"制海"。现代制海的意义并不是绝对的行动，而是确保在某时某地对海洋作某种程度的自由运用，并阻止敌人使用。制海也不等同于"海战"。一般制海的目的在取得海洋交通、海洋资源和海洋基地的利用。马汉认为："商业—航运—殖民地"是形成海权遂行的三个重要环节。此三者也是发展海外贸易、创造国家财富、支持强大海军必具的条件，而海军则是控制海洋、利用海洋、支持一个国家保护海外贸易和殖民地、维护海权的主要工具。英国一位与马汉属于同一时代、同时享誉西方历史的战略家柯白（Sir Julian Stafford Corbett，1854—1922）于 1911 年著成《海洋战略原理》（*Some Principles of Maritime Strategy*）一书，认为在任何时间和任何地区中，海洋控制（亦称制海）的类型大致可分为绝对制海（absolute control—command of the sea）、有效制海（working control）、争夺制海（control in dispute）、敌方有效制海（enemy working control）、敌方绝对制海（enemy absolute control）五类。[①] 由此可见，控制海洋并非意味着像在陆上一样占领固定的据点，因为根本无此可能。在这种意义上的控制，其意义即为在海上行动不受重大阻碍或反对的能力，以及阻止对方如此行动的能力，换言之，制海权并不意味着控制海洋本身，而只是控制对方而已。

从世界史范围来看，一个政治中心向外辐射其影响的能力，受到交通成本的巨大影响。交通革新与帝国的兴起这种表面上的相关性使一位学者这样评论道："帝国是一个交通问题，它在对交通工具的控制中崛起、兴盛和衰亡。"[②] 长期以来，海洋是滨海国家抵御外侮的自然屏障和国防第一线。当时，海洋固然可以阻止敌人的入侵，但另一方面也足以使自己望洋兴叹。随着航海交通技术的改进，在 18 世纪，西方国家的艨艟巨舰无远弗届，航海交通的成本远远小于陆路交通，这种制海权比制陆权优越的状况一直延续到 19 世纪铁路的发明和潜水艇的发明。

---

① 罗辛斯基：《海军思想的发展》，钮先钟译，台北黎明文化事业公司 1987 年版，第 202 页。

② Irwin St. John Tucker, *A History of Imperialism*, New York: Rand School of Social Science, 1920, p. 7.

前者促进了像德国、美国和俄国这样的大陆强国的出现，而后者则打破了海洋大国相对来说坚不可破的神话。正是这样，18世纪是西方国家海权意识大发展的历史时期。马汉的海权理论就是以17和18两个世纪的历史为背景，而那个阶段也可以算是不列颠海权的黄金时代。假使说柯白也有弱点，则其唯一的弱点即为他把不列颠的海洋经验当作一种常模（norm）。不过此种偏见也是可以理解的，其解释就是英国人在18世纪对海权的成功运用，几乎享有专利权。在18世纪世界海洋上无均势可言，英国近乎享有海军实力的垄断权。18世纪的英国海权以贸易、殖民、海军为基本内容，三者你促我进构成一个良性循环的体系。尽管海权论并没有首先在英国得以抽象从而长成理论之树，但在马汉提出海权论之前，英国人对于海权一直习焉而不察，但英国是第一个比较完整地运用海权进行世界性战争的国家却毋庸置疑。

马汉对18世纪法国海军政策提出了严厉的批评，认为法国人当时未能认清正确的目标同时坚持追求"较远的目的"（ulterior objects）是实属不智。他引述法国海军战术学家拉马图（Audibert Ramatuelle，1750—1794）的话说："法国海军经常宁愿追求与确保征服属地的荣誉，而不愿以击灭敌方船只为满足，后者是比较光彩的，但实际上也许鲜有实效，不过却更为接近战争所企求的真正目的。"[①] 在热衷于获致战略目标（领土的征服）时，法国人时常失败在未能采取必要的战术性初步的措施（歼灭英国舰队），若无此种措施，则其战略目标也不可能确保。史载，18世纪的法国海军企图用所谓的"海路之战"（Guerre de Course）来击败英国，于是法国的战斗舰队躲在港内不敢出头，而在海上突袭商船的法国巡洋舰却数量日增。其结果是，尽管英国损失了不少的商船，但英国的商业却仍日益繁荣，而法国的商船完全从海上失踪了。由此可见，"海路之战"绝不能代替战斗舰队的会战。尽管法国海军战略在18世纪存在失误，但我们应该看到，法国海军是18世纪唯一能够对英国海军构成威胁的海上武装力量。尤其在七年战争之后，路易

---

① Alfred Thayer Mahan, *The Influence of Sea Power upon History, 1660 - 1783*, London: Sampson Low, Marston & Company, 1899, p. 283.

十五的有实权的顾问德·舒瓦瑟尔公爵（Étienne-François, comte de Stainville puis duc de Choiseul, 1719—1785）矢志在海上报仇雪恨，他发动国民开展重振海军的运动。捐献的资金为王室国库增加了建造新舰的费用。这些新舰都以捐献资金的团体和城市命名，其中一百零四门炮的巴黎号最为著名。舒瓦瑟尔公爵还创立了船舶工程学院，负责设计舰型更好和航速更快的法国军舰。到 1770 年舒瓦瑟尔失宠时，法国已经重新获得了优良的海上战斗工具。在北美独立战争期间，当法国于 1778 年参战时，英国决定放弃对法国的严密封锁战略。这虽然可能减少英军战舰的损失，但实际上英国却拱手交出了制海权，向直布罗陀、西印度群岛和北美沿岸派遣援军，并不能代替有效地控制法国海岸的"西方出入通道"。控制这些通道可以在任何情况下阻止法国派遣舰队到那些遥远的战场去。等到 1782 年罗德尼（George Brydges Rodney, 1st Baron Rodney, 1719—1792）取得圣徒岛大捷（the Battle of the Saintes）以及解除直布罗陀之围以后，英国皇家海军才重振军威，再次确定了它的制海权。

在 18 世纪，彼得大帝声称："任何君王，如果只有陆军，他就只有一只手，加上海军，他才是双臂齐全。"① 西方列强惊诧地看到：在与瑞典的汉科海战（the Battle of Hanko）之后，俄国熊便开始在浅水中初试爪牙，不久它就要真正下海了。尽管历届沙皇政府更迭，外交政策花样翻新，但取得温水海洋控制权是俄罗斯帝国海军战略永恒不变的北极星。史载，由于俄国国内没有可资利用的造船人员，彼得便从英国和荷兰等国引进专家。到 1705 年，成立伊始的俄国海军便拥有了九艘船组成的舰队和三十六艘较小的帆船，其中部分由俄国自建，部分购自国外。② 彼得大帝积极谋求海权，被俄国人称为"俄国海军之父"（Father of the Russian Navy）。③ 在北美独立战争之后，尽管不少人忧虑海军会

---

① 宋宜昌：《火与剑的海洋》，海洋出版社 1982 年版，第 121 页。

② Donald W. Mithell, *A History of Russian and Soviet Sea Power*, New York: Macmillan, 1974, p. 27.

③ Brian T. Mutty, *The Russian Navy and the Future of Russian Power in the Western Pacific*, Naval Postgraduate School, 2001, p. 4.

成为暴政的昂贵的种子,① 但年轻的美国海军最终得以建立起来。因为早在北美独立战争中的经验就使美国人对海权有了感性认识。查理·李(Charles Lee,1732—1782)少将说:"我就像舞蹈学校里的一条狗,我不知何处转身,何处安身……敌人的企图和行动捉摸不定。他们振起风帆之翼,瞬息间便可以飞临他们想去的任何地方,使我……陷入不可避免的进退维谷的窘境。"② 进入18世纪以后,西、葡两国瓜分世界海洋和陆地的局面一去不复返了,即便是称雄四海的大英帝国也无力完全控制世界海洋,越来越多的西方国家主张"海洋自由论"。1702年,荷兰法学家宾刻舒克提出了海上主权论。③ 他在总结前人学说的基础上,将海洋区分为"从陆地到权力所及的地方"和公海两大部分,前者属于沿海国家的主权管辖范围,后者则是不属于任何国家的公有物。他提出了一个著名的主张,即"陆地上的控制权,终止在武器力量终止之处"④。1782年,意大利法学家加利安尼(Ferdinando Galiani,1728—1787)基于宾刻舒克的理论,鉴于当时大炮的平均射程,正式提议沿海国所属海域(领海)宽度以三海里为限,获得各国普遍欢迎。从此,世界的海洋分割为领海和公海两个部分,各国以划定领海的形式获得利用和控制海洋的权利,成为合乎国际行为规范的行动,领海也便具有了海洋国土的性质。

综上所述,18世纪是西方海权意识大发展的重要时期。与此相比较,中国同时期却受大陆思想的束缚,尽管有辽阔的海疆、众多的岛屿和四通八达的海峡,然而却一直没有形成明确的海权意识。众所周知,正确的海洋观是利用和开发海洋、促进海军建设和发展的可靠的思想基础。18世纪结束以后,中国之所以出现有海无防、有海难防的局面,其原因正在于清代在其四海升平的鼎盛时期未能形成发达的海权意识。对于18世纪清朝海权意识的淡薄,许多学者和专家都曾论及。原中国

---

① Kenneth J. Hagan, *This People's Navy: The Making of American Sea Power*, New York: Touchstone Books, 1992, p. 29.

② 张炜、许华:《海权与兴衰》,海洋出版社1991年版,第117页。

③ 参见本书第二卷第一章。

④ 孙尚佳:《现代国际法原理》,兰州大学出版社1993年版,第148页。

人民解放军海军司令部副参谋长范豫康将军指出：在16世纪60年代以后，中国"由于三百多年形成海洋历史的大断层，造成了整个民族海洋观念和海权思想的大衰落，万里海疆几乎成了无人问津的真空带。而与此同时，西方资本主义兴起，广阔的海洋成了冒险家角逐的新领域，海上军事力量也迅速地向各大洋扩张。海洋成了资本主义向外侵略掠夺殖民地的通道，我国沿海也就成了帝国主义入侵我国的主要方向"①。王家俭是台湾研究海军问题著述甚丰的学者，他这样写道："中国民族在海上的活动，至郑和下西洋时期达到了一个高峰，其后便于不知不觉之中日趋式微。其中的原因何在？颇为耐人寻味。依据近人陈东原的解释，认为中国海洋事业的衰弱，乃是由于三次的海洋受挫：一是元初两次远征日本的失败，使明太祖惩于前车之鉴而采取禁海之策。除将日本列为不征之国以外，并且规定片板不许下海。二是郑和下西洋停止之后，倭寇之乱日深，从此中国的海禁更为加严，人民在远洋的活动几被禁止。三是清初时期郑氏据台，清行迁海政策，其后台湾内附，清初曾经一度开放粤海、闽海、浙海、江海四关与外人贸易。但不久又行禁教闭关，使中外关系隔离。从此中国人民在海洋的活动更为困难，而造船及航海的技术也大不如前。相反地，在此同一时期之内，西方海权国家的势力却日趋成长，超过中国以上很多。这是东西势力消长的一大分水岭，也是彼强我弱的一个关键。"② 当然，王家俭并不完全同意陈东原的观点，他认为中国在17和18世纪以来海权意识的淡薄还具有更深层次的原因。一般来说，我国学术界大多认为中国海权意识薄弱的深层原因在于：以自给自足的自然经济为主体的中国社会，本质上并不需要强大的海军，不需要拥有利用海洋和保卫国家利益综合一体的海上力量，因此，发展海军事业必然缺乏内在的动力。

随着19世纪中叶电磁场论的建立，场的概念开始受到哲学家和社会科学家的注意，并随之进入了人们的研究领域。在力量中心对外影响

① 海军军事学术研究所编：《甲午海战与中国近代海军》，中国社会科学出版社1990年版，第8页。
② 王家俭：《中国近代海军史论集》，台北文史哲出版社1984年版，第308页。另可参详陈东原：《中国文化史》上册，世界书局1935年版，第27—29页。

能量一定的情况下，越靠近场的源点（场源）的地区，场的作用强度越大；越远离场源的地区，场的作用强度越小，当远至一定距离时，力量场的影响完全消失。换言之，在对外影响能量一定的情况下，力量中心控制的地域范围越小，单位面积上的能量密度越大，影响效应水平越高；力量中心控制的地域范围越大，单位面积上的能量密度越小，影响效应水平越低，最终完全失去影响。在 18 世纪，西方国家，尤其是英国形成了比较发达的海权意识。对于这些国家来说，海洋之路熟若门庭，波涛之险安如平地。然而，由于中国和西方相距遥远，西方国家在 18 世纪尚未使其影响力伸延至中国。中国不能像西方一些海上武装力量薄弱的国家那样近水楼台先得月，并从而幡然觉醒，积极振兴海权，弘扬海洋事功。

根据系统科学理论，体系与环境之间可以交换能量、物质、信息和其他单元流，可以分为孤立体系、封闭体系和开放体系。在 18 世纪，中国政府当局与西方很少联系，可以称之为"一个封闭的体系"。我国史学界大部分人认为，清王朝在 18 世纪执行了闭关锁国政策，其主要根据为清政府改多口通商为一口通商，以及相继颁布了限制外商的条款和章程。但天津社会科学院历史所的郭蕴静则认为，1840 年前的清王朝并没有推行闭关锁国的政策。① 国外学者最近也有一种不同于过去传统的认为清朝实行闭关锁国政策的观点的倾向。李欧娜《魏源与中国海洋世界的再发现》（Jane Kate Leonard, *Wei Yuan and China's Rediscovery of the Maritime World*, Cambridge, Mass.：Harvard University Press, 1984）一书认为，清朝统治者仅仅采取了一种现实主义的调节政策以维持现状，既不反对商业，也没有被中国中心论的优越感所激动，他们主要关心国内的稳定，只有当沿海地区的安全完全受到海洋贸易的威胁时，他们才恢复限制贸易的政策。由此可见，尽管学术界对闭关锁国的政策存在认识上的分歧，但清政府在 18 世纪没有大力发展海上事业，却是有目共睹的事实。根据系统科学的理论，任何事物、任何社会和任

---

① 郭蕴静：《试论清代并非闭关锁国》，《中外关系史论丛》第 3 辑，中国历史上的开放与闭关政策专辑，世界知识出版社 1991 年版，第 182—195 页。

何理论方法体系，都有着自身的自我调节机制，而它的自我调节又常常受到外界条件的影响和制约。如果自我调节、自我转换、自我更新的能力强，就会从外界条件中汲取积极的因素而促进自身的丰富和发展。善于汲取的能力越强，它自身的发展就越有生命力。的确，任何一个社会系统都必须具有社会控制。要实现对系统的有效控制，主要决定于系统的控制能力。说中国封建社会封闭只是相对的，并非它与外界没有物质交换和文化交换，人们想表达这个意思时用"封闭"是不太确切和严格的。

在清朝统一台湾之后，清政府宣布广州、漳州、宁波、云台山（连云港）四处为对外贸易口岸，分别设置粤、闽、浙、江海关，从此长达千年的以市舶为名的制度结束，开始设置正规海关的历史。与此同时，朝廷对外贸易的限制也有松动，商船经批准可以出海，外来船只也逐渐增多。但总的来说，清朝在 18 世纪实行的是限制性的对外贸易，外贸要经过严格的审批。尽管学者对清政府奉行的寸板不许下海、寸货不许入番的政策颇多诟责，但海禁政策的确有它的海防意义。我们应该看到，海禁政策并不是统治者的主观意志的结果，这在 18 世纪是一种与开海派相对立的思潮。章鍹《海防经略纂要》中说："西南雄郡如琼州为廉之外户，五指山腹心尽为黎据，郡邑封疆环滨海。若白沙、琼馆、文昌、海安、海康，对峙番岛，防御当严，舡只编号，寸板不许下海之禁，岂可少弛也哉？"[1] 在许多知识分子当时看来，严行海禁是靖海谧边的良策。18 世纪后期和 19 世纪初叶，中国白银的外流引起清廷的恐慌，禁海的言论更是甚嚣尘上。另一方面，开海派的官僚主张开放海贸以增加就业机会和解决人口过剩问题。但他们的论据大多基于对现象的直觉而非逻辑的思维，谈不上理论的建构。海禁政策使中国与当时的世界相隔阂，形成一种以自积能、自转换机制起主要作用而对外界环境依赖较少的内耗散态系统。海禁政策"貌似强固海防，效果适得其反。一方面导致国内经济发展迟滞，国势衰败；另一方面激化沿海人民与统治者之间的矛盾，更逼得一些人铤而走险，或参与走私贩毒，或啸聚海上

---

① 　章鍹：《海防经略纂要》卷下，乾隆十八年会稽章氏锄经堂刻本，页八。

打家劫舍，东南海疆祸乱丛生"①。海禁政策是以自我安全为核心内容对国家防务进行的筹划，使得海防功能及海防战略重点的确定在深层次上发生异化。在18世纪，指导中国沿海防务的基本主张就是"守"，几乎无人论及外海作战，争夺制海权；相反，还有一些人画地为牢地自限于修陆路之备，主张不必争利海中。这样最终导致了海洋观念的淡薄、海权在近代的丧失以及陆权的难以保护。本来，中国海洋文化在"以海为田"上十分发达，走在世界前列，但在"以海为商"上则十分落后，始终突破不了中原农业文化所制定的重农抑商国策，但海禁政策使以"海上走私"和"海盗"活动为主要特色的畸形海贸活动日益蔓延难遏。②"海盗"是中国沿海资本主义萌芽时期原始积累的重要表现形式，当时许多人因为海禁政策的严刑峻法而纷纷"下海"流为"海盗"，他们市通则寇转而为商，市禁则商转而为寇，亦商亦盗。海盗在在蜂起，标志着18世纪中国社会封闭系统内部熵值的增加，标志着海禁政策既具有正功又具有负功。自大愚昧使清廷实行了海禁政策，而海禁政策反过来使清廷对外部世界更加茫然不知，更加自大愚昧。这种不能知己知彼的混沌状态，必然物化和表现于国家的海防事业中。在大风泱泱兮大潮滂滂的18世纪，中国在某种意义上成了自己成就的受害者，她既然已经达到如此匀称的一种守衡状态，也就很难意识到进行实质性变革或创新的必要了。清政府在18世纪的海防政策可谓刻舟求剑而不能顺应世界历史的潮流。从本质上说，"海防"与"海安"是两种颇为不同的问题。"海防"是指海上防卫，即以海上武力抵御外患，消灭来犯敌人，确保国家安全。这属于军事的范畴。"海安"是指海上保安，即以海上警察力量维持海上秩序，达到治安、船安、人安、航安的四大要求。然而，在18世纪，清政府的水师基本上是一支水上警察，战斗力极弱，主要任务在于防止走私和缉捕海盗。为了保持兵船在航速等方面对民船的优势，清政府对民船的制造屡加种种限制，这样更使中国海

① 驻闽海军军事编纂室：《福建海防史》，厦门大学出版社1990年版，第478页。

② 宋正海：《东方蓝色文化——中国海洋文化传统》，广东教育出版社1995年版，第220页。

上航运的发展疲软不振。

由此可见，清政府海权不振的根本原因，即在于没有正确处理"防"与"放"的辩证关系。正确的海防观是既要打开国门，又要巩固边防。一方面，只有放，才能从根本上达到"防"的目的；另一方面，"放"的同时更要注意"防"。因为要开放就必须建立强大的海防予以保障，否则开放就不是健康的开放，必将引狼入室。

第六章　清政府驱准保藏的用兵得失

有人曾将中国比喻为一个有盖的水壶，辽东半岛是壶柄，新疆是壶嘴，蒙古高原正是这壶的盖子，此盖子若盖得好，中国安全就没有问题，若此盖子盖得不好，则中国就如同此水壶里的水一样，便要受到很大的震荡，而容易遭到侵略者的介入，中国的前途和未来会因此受到影响。在 17 世纪初叶，不仅中原地区因农民起义而如沸之鼎，最终导致明清易代的巨变，而且边疆地区也风云变幻，正经历着为全国性统一奠定基础的局部地方性统一的转型。从四卫拉特的兄弟阋墙到准噶尔雄踞天山南北，从格鲁派与噶玛噶举派的纷争到甘丹颇章政权的建立，都表明边疆地区和中原地区一样都正在从无序趋于有序。清朝定鼎北京，建立全国性统治政权之后，即面临着如何平息这种沸扬纷繁的局面的问题。有清一代，统治者都以解决蒙古地区的民族问题作为其边疆民族统治的重心。由于地缘和宗教的关系，西藏的治乱与安定蒙古密不可分。英国地缘政治学家麦金德在其所著《民主之理想实际》（Halford John Mackinder, *Democratic Ideals and Reality: A Study in the Politics of Reconstruction*, London: Constable and Co., Ltd., 1919）一书中说："世界分为三大岛：美洲为一大岛，非澳为一大岛，欧亚为一大岛。而东欧及亚洲高原——中亚、西亚、新疆、西藏等地——实为世界三大岛重要战略之地区，谁能控制此地区，谁即能控制此三大岛；谁能控制此三大岛，谁即能控制世界。"[①] 西藏地势隆起，海拔极高，对其四周邻近地区皆有高屋建瓴之势，在军事上的战略地位极其重要。当 18 世纪的历史帷幕初启伊始，清政府与准噶尔地方势力便在西藏问题上兵戎相见。

[①]　转引自白天霖：《略论西藏用兵形势》，边疆论文集编纂委员会编纂：《边疆论文集》，台北"国防研究院"1964 年版，第 425 页。

第一节　驱准保藏的用兵得失

对于准噶尔首领策妄阿拉布坦侵扰西藏的原因，学术界观点不尽一致。王辅仁指出："当初噶尔丹是向外蒙古伸展势力，最后被清朝消灭的。策妄阿拉布坦不敢再去碰这个锋芒，他改变了扩张的方向，把矛头指向了正值多事之秋的西藏。"[①] 刘如仲认为，策妄阿拉布坦羽翼丰满后，于康熙五十四年（1715）派兵侵入哈密札萨克达尔汗白克额敏之辖地，肆意劫掠，并不断东进。为此，清政府积极调兵遣将，加强了喀尔喀蒙古西北部和青海一带的兵力。策妄阿拉布坦见哈密各处布防甚严，便转而策划进军西藏。[②] 但罗丽达对上述观点持不同意见。罗丽达认为，策妄阿拉布坦攻打哈密的动机，应当放在这一时期的整个历史活动中加以考察。1715 年是策妄积极准备入侵西藏的关键时刻，如果不是有特殊目的，策妄绝不会因为哈密阻截准噶尔商道而出动大兵以致分散入藏的兵力，因为商路被阻由来已久，但都一直没有发展到劳师兴兵的地步。再则，从这次的规模来看，并没有发生大战，只不过虚张声势而已，因此哈密事件不是偶然发生的，是整个侵藏计划的一部分，是策妄阿拉布坦蓄意制造的一个阴谋，其目的在于牵制清朝的军事力量，防止清军增援西藏的拉藏汗。[③]

无论学者们认为准噶尔侵藏是主动的战略选择抑或被动的军事行动，但策妄阿拉布坦为这次远征部署周密却是众所公认的。内乱不已，外患必至。西藏地区围绕六世达赖问题所造成的动荡不宁局面，为准噶尔侵藏提供了有利的时机和条件。1716 年底，策妄阿拉布坦派出了两

---

① 王辅仁：《蒙藏民族关系史略（13—19 世纪中叶）》，中国社会科学出版社 1985 年版，第 180 页。

② 刘如仲：《〈抚远大将军西征图卷〉考释》，《西藏研究》1984 年第 1 期。

③ 罗丽达：《1717 年准噶尔侵扰西藏及清政府平定西藏的斗争》，《清史研究集》第 2 辑，中国人民大学出版社 1982 年版，第 204 页。

支军队。一支由其堂弟大策凌敦多布率领，入侵西藏；另一支仅三百人，穿越新疆东部前往青海，企图从塔尔寺（sku vbum byams pa ling）抢出六世达赖的转世灵童。两军计划在那曲地方会师，以护送达赖喇嘛的名义进入拉萨。策凌敦多布率领的这支军队"徒步绕戈壁，逾和阗大雪山，涉险冒瘴，昼伏夜行"①，于康熙五十六年（1717）七月到达西藏西部之阿里，由特几斯越过净科尔庭山（腾格里山），进入西藏腹地。从军事史的角度来看，准噶尔军与拉藏汗军队的作战可以明显分为达木之战与拉萨之战。

一、达木之战

大策凌敦多布的远征堪称世界上最勇敢、最困难和时间最长的一次闪电突击，且藏机误敌，从而达到了出其不意、攻其不备的战效。据蒙古族学者达林太《蒙古兵学研究》一书记载，蒙军实施闪击战是有传统的。其方法是：侦察好敌方的兵力配置、地形、道路等有关情况，采取伪装措施隐蔽战略，企图用和平外交麻痹对方，将军队秘密集结于接近敌方的地域，选准战机，以来如天坠之势，向敌发起攻势。成吉思汗在伐金、西征时都采用了这个战法。②尽管时隔甚久，但准噶尔的这次远征与当年成吉思汗的用兵之道如出一辙。诚然，准噶尔军队自远路冲雪而来，士卒冻馁，马驼倒毙，大策凌敦多布所部三千士卒中，厄鲁特之兵少，乌梁海之兵多，到者只有二千五百人，其余五百人皆疲极不能同到。而拉藏汗的蒙藏联军人数占优势，又以逸待劳，供应充足，似乎形势是有利于拉藏汗军队的。但是，军队的战斗力包括有形和无形两方面。从军事行动的统帅来看，大策凌敦多布是当时准噶尔部的第二号人物，骁勇善战，堪膺重寄；拉藏汗年老嗜酒，缺乏果断的决策能力。《吴子兵法》中说："用兵之害，犹疑最大，三军之灾，生于狐疑。"③

---

① 魏源：《圣武记》卷五，"国朝抚绥西藏记（上）"，韩锡铎、孙文良点校，中华书局1984年版，第205页。

② 达林太：《蒙古兵学研究》，军事科学出版社1990年版，第46页。

③ 吴起：《吴子兵法》，治兵第三，邱崇丙译注，中国社会出版社2005年版，第81页。

当准噶尔军队与拉藏汗军队已经在达木列阵开战之时，拉藏汗没有及时趁准噶尔军立足未稳而发动全线反击，一味幻想通过谈判和平解决争端，贻误战机。另外，拉藏汗部下颇罗鼐建议，首先要占领库雄山，这座山后有掩蔽的洞穴，前有开阔的地面，是个天然的堡垒。但这建议遭到蒙古权臣们的反对，决定按蒙古人的作战方式，在旷野上进行厮杀。军事家巧妙利用地形和地物是增强部队战斗力的途径之一，拉藏汗军队放弃制高点不守而与准噶尔军进行野战，正中准噶尔企图消灭拉藏汗有生力量于会战之中，而不致顿兵拉萨坚城之下的目的。从军队士气来看，准噶尔军队战志坚而人心齐，相反，拉藏汗军队中临时招募的藏军，由于受准噶尔人的煽动性宣传，"除了装模作样，再也不愿出力"①，加之和硕特贵族出于门户之见，蔑视和排斥藏族军官，所以拉藏汗军队人心涣散，叛卖活动经常发生。拉藏汗抵挡不住准噶尔军队凌厉的攻势，于 1717 年 11 月从达木撤离，退守拉萨。

二、拉萨之战

拉萨四周环山，一水中流，易守难攻。早在准噶尔军入侵前，拉藏汗在侍郎赫寿的建议下，在拉萨和布达拉宫周围修筑了带有壕沟的半月形碉堡、栅栏和其他防御工事，因此拉藏汗企图凭借坚固的城防据守，等待清朝派军队解围。众所周知，防御分积极防御和消极防御，消极防御是被动的鸵鸟政策。当时，颇罗鼐向拉藏汗建议，由拉藏汗领兵离开拉萨，绕道康区前往青海，与清朝军队会合后再反攻到拉萨来。可惜颇罗鼐的合理建议未被采纳。事实上，策妄阿拉布坦派往青海劫持达赖喇嘛的那支三百人小分队已被清军消灭，策凌敦多布正处于进退维谷之中。按照《孙子兵法》中的原理，军队陷入死地时，作为统帅和指挥人员要严格保持军形、军政、军令的统一性，使临战的士兵无知、无识、无虑而不受信息干扰投入战斗。策凌敦多布可谓足智多谋，他严格封锁消息，声称达赖喇嘛已迎请出来，继续挥兵进攻拉萨。德西德利（Ippoli-

---

① 多卡夏仲·策仁旺杰：《颇罗鼐传》，汤池安译，西藏人民出版社 1988 年版，第 142 页。

to Desideri，1684—1733）是意大利传教士，目击了准噶尔军队攻克拉萨的过程，这样记载道："11 月 21 日破晓，他们逼近拉萨，在火炮打不到的地方屯驻，并把部队分成四个分队。策凌敦多布留守在城北接近色拉寺的地方，第二分队开到西边，距哲蚌寺不远；第三分队派往东面，靠近甘丹寺；第四分队占领拉萨附近的大河崖边的一个阵地。鞑靼人露面不久，上述提到的那些寺庙的喇嘛便冲出来，带着粮食、武器和弹药欢呼迎接。对策凌敦多布来说，更为重要的是一批全副武装的年轻人加入他们的军队，这就大大地增加了他的军队的人数。"[1] 准噶尔军队由于有内应配合，很快攻陷拉萨。策凌敦多布在八角街（bar skor）附近的冲赛康（khrom gzigs khang）举行入城庆祝仪式，拉藏汗兵败被杀，和硕特汗廷在西藏的统治至此土崩瓦解。史学家指出："拉藏汗的专制武断的统治和对达赖问题的冒险政策以及它所带来的严重后果——人心向背——是拉藏汗败亡的主要原因。达木战役和拉萨战役之中，这些潜在的危机已经完全暴露出来了。和硕特贵族们无力应付准噶尔军的政治攻势和军事攻势。"[2]

康熙五十四年（1715）四月，"皇三子和硕诚亲王允祉、皇四子和硕雍亲王胤禛入见。上筹及西边用兵之计。皇四子和硕雍亲王奏曰：'当日天兵诛殄噶尔丹时，即应将策妄阿拉布坦一同剿灭，因伊畏罪慑服，备极恭顺，是以特赐生全。今乃渐渐狂悖，居心险诈，背负圣恩，种种不恭，至于侵扰我哈密，干犯王章，于国法难以宽贷，自当用兵扑灭，以彰天讨。'上深然之"[3]。对于策妄阿拉布坦，清政府长期以来犹如芒刺在背一般深怀戒意。策妄阿拉布坦侵扰西藏是准噶尔统治者向和硕特部拉藏汗争夺对西藏统辖权之战，对清政府边疆地区的安宁构成了严重威胁。起初，由于情况不明了，清廷无法定下作战决心。直到

---

① 《准噶尔贵族侵扰西藏目击记》，杜文凯编：《清代西人见闻录》，中国人民大学出版社 1985 年版，第 127—129 页。

② 巴岱主编：《卫拉特蒙古简史》上册，新疆人民出版社 1992 年版，第 198 页。

③ 《清圣祖仁皇帝实录》卷二百六十三，康熙五十四年四月，台北华文书局股份有限公司 1960—1970 年版，第 3510 页。

1718 年 2 月末，清廷才得到确切报告，获悉准噶尔入藏的真正意图乃是为了攻伐拉藏汗。是年 3 月中旬，拉藏汗的使者到来，请求清廷速发救兵前去策应，但此时拉藏汗已经败亡。康熙帝对准噶尔侵扰西藏自然是不可能袖手旁观的，但是，正如一位史学家这样写道：康熙帝这时的决策，犯了经验主义、盲目轻敌、急躁冒进的错误。从敌情上看，入藏之敌有三千、一万、六千人等说法，康熙帝却臆断三千人之说可信。进一步推断"策零敦多布等之兵，疲敝已极，除阵亡病死外，未必满二千"①。他认为，哈密之战中清军两百人就能破敌两千人。入藏清军数千，消灭两千疲敝之敌当不成疑问，甚至乐观地说："二百余人，便可破之矣。"② 他没有认识到清军在哈密获胜是由于地形熟悉，粮械充足，回众支持，以逸待劳。清军入藏则是地形险阻，供给艰难，敌情不明，劳师远征。而敌兵入藏后，已经长期休整，粮械充足，主将大策凌敦多布本人骁勇善战，富于谋略，又裹胁了大批藏军。康熙帝的盲目乐观和轻敌思想影响了色楞，色楞就犯了骄兵必败的大忌。③

　　军事科学的辩证法反复表明，兵形无常。经验主义往往导致胜负易手，得失更替。胜利的凯歌往往使人们陶醉于过去，使继续抗争的刀锋钝挫，成为下一次战争失败的种子。康熙帝因为哈密之战的辉煌与精彩而忽视了与准噶尔扰藏军队交锋失利的阴影，违背了"先胜而后求战"④ 的古老兵法原则。康熙五十七年（1718），清廷命西安将军额伦特和侍卫色楞各率兵入藏。这是清朝建国以来第一次在西藏用兵，但清军当时对西藏的地理、气候及有关情况缺乏必要的了解，进军前的准备也不够充分。色楞与额伦特意见不统一，清政府中枢指挥机构对此是有清醒认识的，曾指示他们会商协调。是年五六月间，色楞和额伦特率领

　　① 《清圣祖仁皇帝实录》卷二百七十四，康熙五十六年九月，台北华文书局股份有限公司 1960—1970 年版，第 3659 页。

　　② 《清圣祖仁皇帝实录》卷二百七十五，康熙五十六年十一月，台北华文书局股份有限公司 1960—1970 年版，第 3670 页。

　　③ 袁森坡：《康雍乾经营与开发北疆》，中国社会科学出版社 1991 年版，第137 页。

　　④ 语出《孙子兵法·形篇》，中国人民解放军军事科学院战争理论研究部《孙子》注释小组：《孙子兵法新注》，中华书局 2008 年版，第 27 页。

的军队先后渡过木鲁乌苏河（亦作穆鲁乌楚河，即金沙江上游之通天河，vbri chu①）。额伦特主张派人将准噶尔军队诱来加以歼灭，色楞则认为："准噶尔残害西藏，彼处人民悬望我师，如望云霓，岂能刻缓？况闻准噶尔兵众，散处无纪，伊等伎俩，不过暮夜袭营、偷盗马匹而已。臣所统兵丁二千有余，器械坚锐，马肥饷足……正当乘此机会，剿灭贼人，收复藏地，若复驻留，以俟额伦特兵到，恐需迟时间，口粮告罄，进退两难，臣故不能延待。随即陆续进兵。"② 额伦特与色楞失去联系达一个月之久。闰八月，清政府的这两支援藏军队在喀喇河（即黑河）北岸会合，准噶尔军队先据南岸狼拉岭之险，与清军相峙月余，然后以兵绕出清军后，遮断清军饷道。清军陷入重围无法突破，粮草断绝，于九月全军覆没。是为喀喇乌苏之战。有一位美国将军说过："一支军队的被歼灭，在十次中有九次是因为补给线被切断。"③ 在战争中，打击敌方的威力不在于给敌军造成多大伤亡，而在于通过出其不意的袭击、包围、截断敌军补给线等方式，在敌军心理上造成震撼和压力。由此可见，准噶尔军队在喀喇乌苏之战中是颇得用兵之道的。《作战理论入门》（陆上自衛隊幹部学校修親会『戦理入門』、1980 年）一书指出："战线延伸时，需要更多的人力、物力维持后勤，确保地域等，从而导致战斗力的逐渐削弱，成为造成攻防分界的有力条件。"④ 清军在驱准保藏第一次用兵时，战役企图与兵力不相适应，带有一定盲目性，在情况不明、准备不足的情况下急于求胜，而人地两疏又大大增加了军队运动的障碍，孤军深入，侧翼安全没有保障，色楞与额伦特不能协同作战，策旺诺尔布的后援部队迟滞不前，因此，清军在喀喇乌苏之战的惨败实属情理之中。

---

① 唐代称牦牛河，藏语为"舟曲"（vbri chu）。

② 张其勤原稿，吴丰培增辑：《清代藏事辑要》，西藏人民出版社 1983 年版，第 70 页。

③ 转引自军事科学院战略研究部：《中国军事地理概况》，军事科学出版社 1988 年版，第 99 页。

④ 日本陆上自卫队干部学校修亲会：《作战理论入门》，军事科学院外国军事研究部译，战士出版社 1982 年版，第 117 页。

喀喇乌苏之战后，准噶尔在西藏的军事首领们弹冠相庆，向颇罗鼐夸耀：“从北京调来攻打我们的大军，好似夜晚的繁星、大地的尘土，他们浩浩荡荡而来，在喀喇乌苏被我们打败，全军覆没。有的将领被流放到我们准噶尔的领地去了。大部分军队都被杀死在战场上。有的无食充饥，活活饿死；有的无衣御寒，活活冻毙。”① 清军兵败的消息传到北京，朝廷上下大为震惊。额伦特的灵柩运回北京，康熙帝下令皇五子、皇十二子等出城迎奠。清廷内部许多大臣认为西藏距内地路途过于遥远，加以山川阻隔，不宜于用兵，但康熙帝坚持第二次用兵西藏。康熙帝说：“西藏屏蔽青海滇蜀，苟准夷盗据，将边无宁日。”② 因为“今若照众大臣议，惟行看守，自西宁至四川、云南，内外土番杂居一处，西藏之人，皆系土番，伊等俱是一类，倘藏地被策零敦多布占据，则藏兵即是彼之兵丁，而边疆土番岂能保全？”③ 显然，康熙帝十分担心西藏地区被“准噶尔化”。

鉴于第一次用兵失败的教训，清廷对第二次的军事行动做了周密部署。康熙五十八年（1719），清政府任命皇十四子胤禵为抚远大将军率师西征，畀以重寄，拜命之礼庄严隆重，为有清一代所罕见。胤禵驻节西宁，次年移驻木鲁乌苏（通天河），居中调度，根据乃父旨意切实进行“人马未动，粮草先行”的战备工作。此外，清廷又命令四川总督年羹尧坐镇四川成都，整治由康入藏饷道及输送入藏军需饷械。清军的这次行动战役部署如下：以平逆将军延信等出青海，向黑河（rnag chu）进兵，是为中路；由定西将军噶尔弼、副将岳钟琪等率军出打箭炉，从四川入藏，是为南路；将军傅尔丹、富宁安分别自巴里坤、阿尔泰出师，相机进攻准噶尔边境，阻止准噶尔援军入藏。

康熙五十九年四月，噶尔弼自成都拜疏起程。在此之前，都统法喇

---

① 多卡夏仲·索仁旺杰：《颇罗鼐传》，汤池安译，西藏人民出版社 1988 年版，第 182 页。
② 《魏源全集》编辑委员会编校：《魏源全集》第 3 册，《圣武记》，岳麓书社 2004 年版，第 201 页。
③ 张其勤原著，吴丰培增辑：《清代藏事辑要》，西藏人民出版社 1983 年版，第 76 页。

已率军进驻打箭炉（dar rtse mdo），副将岳钟琪也已进驻里塘。六月攻克察木多，兵分两路：主力由类乌齐（ri bo che）经冰噶到三达奔卡，另一路由洛隆宗（lho rdzong，今西藏洛隆）经硕板多（sho pa mdo，今西藏洛隆县）到沙工拉（shar gangs la）①，定期会取拉里（lha ri）、墨竹工卡（mal gro gung dkar）地方。据史料记载，洛隆宗"三巴桥者，进藏第一险也。贼若断桥守隘，势难飞越"②。岳钟琪于满汉军内挑选能番语者三十名，扮为唐古特人，飞驰至索马郎地方，斩陀陀宰桑等十余人，诸番惊以为神兵自天而降。飞夺三巴桥③之险为进藏清军铺平了道路。八月初，南路清军进抵拉里。当时，抚远大将军因为调集蒙古兵未至，檄诸将屯兵待命、毋轻敌；大策凌敦多布亲自率军驻达木（vdam，今西藏当雄）北拒中路清军，留下吹穆品尔宰桑率领兵二千六百人，由章米尔戎出发，阻击噶尔弼所部南路清军西进。岳钟琪向噶尔弼建议："我兵自察木多裹两月粮，今已四十余日，现粮止半月，若俟大军齐，恐粮糈一尽，进退失据。"④ 他主张采取"以番攻番"之计，招抚公布等地藏族部落为前驱，兼程疾进。由于岳钟琪极力倡言，南路清军迅速攻取墨竹工卡，一路势如破竹。准噶尔宰桑吹穆品尔的军队闻风溃散，第巴达孜巴被迫投降。八月二十二日，清军分三路渡过噶尔招穆伦河，乘策凌敦多布军队集中黑河迎战清军中路、拉萨防守空虚之机，于二十三日（1720年9月20日）晨，一举夺取拉萨。在此之后，噶尔弼派兵固守拉萨附近的要塞堡垒，断绝拉萨向黑河准噶尔军队的兵粮供应，并"用第巴达仔娃⑤印信，将策零敦多布处所有唐古忒之兵，暗地差人前去令其各散"⑥，使策凌敦多布在黑河陷入孤立的绝境，处

① 又作"斜贡拉""夏贡拉"，意为"东雪山"，在今西藏边坝（dpal vbar）之西。
② 《岳襄勤公行略》，中国社会科学院历史研究所清史研究室编：《清史资料》第4辑，中华书局1983年版，第173页。
③ 藏文地名为zhabs gyas zam pa，又称嘉裕桥。
④ 《岳襄勤公行略》，中国社会科学院历史研究所清史研究室编：《清史资料》第4辑，中华书局1983年版，第174页。
⑤ 藏文为stag rtse pa lha rgyal rab brtan。
⑥ 牙含章：《达赖喇嘛传》，西藏人民出版社1984年版，第47页。

抚远大将军西征图卷·进入拉萨

于两面作战的被动地位。

在南路清军入藏的同时，中路军在延信的率领下于同年四月从西宁出发。这一路是清军入藏的主力，规模大于南路，负有护送达赖七世洛桑格桑嘉措（blo bzang bskal bzang rgya mtsho）进藏的使命。青海蒙古各部汗、王、贝勒、台吉，各自率所部兵或数千或数百，随大军扈从达赖喇嘛入藏，军容甚盛。中路清军于八月度唐古拉山，进入西藏北界，以步步为营、且战且进方式，以待川军入藏的作战消息，企图在分散敌人势力的态势下突袭之。《中国历代战争史》中这样写道："延信率领西宁之军，在唐古拉山口之南，得藏人消息，知川军已进至拉萨以东之地，与准噶尔军作战中，乃即率军自黑河（在阿克河之北）西北行，欲至后藏，以遮断准噶尔大策零敦多布之退路。而大策零敦多布为防止清西宁军断其后路，亦已分军一部镇守拉萨，而自率主力北向，与清西宁军相战于安度察那克池、爱德宗、班哥克湖、奇林湖北之达尔卓、楚克湖北之楚玛拉池等地，但其兵五战五败，遂向西溃逃而去。"[①] 由于

——————————

① 台湾三军大学编著：《中国历代战争史》第16册，军事译文出版社1983年版，第102页。

战斗伤亡和非战斗减员损耗极大，准噶尔军队仅有五百人得以生还伊犁。[①] 九月十五日（1720 年 10 月 16 日），延信率清军及青海蒙古各部首领护送达赖喇嘛抵达拉萨，随即在布达拉宫举行了隆重的坐床典礼，受到西藏各阶层僧俗人士及蒙古诸部的热烈欢迎。

丁实存说："自康熙五十五年十一月准噶尔起兵进攻西藏，迄五十九年八月清军始将准兵驱灭，前后四年。清廷分三路进兵，一再出师，始将藏乱平定，亦云艰矣。西藏当时设非有清军之救援保护，则其糜乱不知伊于胡底，而准部既占有西藏，则其后亦不易灭亡，在西北及西南之局势必大变，则此逐准保藏一役，关系实非浅鲜也。"[②] 清军第二次用兵西藏之所以能够速奏肤功，其原因有以下两点：

（1）王锺翰在《胤禛西征纪实》中指出："平藏之功，固由于圣祖指授，诸将奋勇；及读抚远大将军奏议，尤见胤禛之能纳小呼弼勒罕，为收拾西地人心之最好工具。与其谓'收复藏地以兴黄教'，毋宁曰'利用宗教以取西藏'，更为近乎事实。"[③] 清政府颇懂得"三分军事，七分政治"的军事谋略，高瞩远虑，独具只眼，将噶桑嘉措册封为达赖喇嘛。清廷既然有了这样一面神圣的旗帜，他们就明白，在西藏等待清军的不是战争，而是热烈的欢迎。事实上，达赖喇嘛在理塘（li dgon）这样一个靠近"天朝"的地区转世，本身就反映了"西藏的实力派企图恢复与中国旧有的温和的臣属关系"[④]。而清政府正是利用达赖喇嘛这面旗帜，团结一切可以团结的力量，组成包括青海蒙古王公、西藏僧侣在内的广泛的反对准噶尔的统一战线和联盟，最大限度地孤立了准噶

---

① Luciano Petech, *China and Tibet in the Early XV Ⅲth Century: History of the Establishment of Chinese Protectorate in Tibet*, Leiden: Brill Academic Publishers, 1972, p. 68.

② 丁实存：《清圣祖驱准保藏用兵始末》，《康导月刊》1945 年第 6 卷。

③ 王锺翰：《胤禛西征纪实》，《燕京学报》1950 年第 38 期。

④ Giuseppe Tucci, *Tibetan Painted Scrolls: An Artistic and Symbolic Illustration of 172 Tibetan Paintings Preceeded by a Survey of the Historical, Artistic, Literary and Religious Development of Tibetan Culture. With an Article of P. Pelliot on a Mongol Edict, the Translation of Historical Documents and an Appendix on Prebuddhistic Ideas of Tibet.*, vol. 1, Rome: La Libreria dello Stato, 1949, p. 79.

尔势力。

（2）战争并非单纯的军事斗争。战争的胜负，不仅取决于双方军事实力的对比，而且取决于人心的向背。准噶尔军队进据拉萨后大肆劫掠，"搜各庙重器送伊犁"①，在西藏实行军事压迫和经济掠夺政策，将西藏百姓推入苦难之中。正是由于西藏人民不堪忍受准噶尔的残暴统治，自觉自愿地组织起来反抗斗争，使准噶尔的统治在西藏难以立足。拉藏汗的旧臣康济鼐和颇罗鼐在后藏组织起了反对准噶尔的藏军，他们深信清政府会派兵入藏，号召所部积极配合清军进藏行动。工布地区的大贵族阿尔布在自己家乡拥兵自卫，有效地抵制了准噶尔军向西藏东部的进攻。不可否认，康济鼐和颇罗鼐等领导的武装游击战，对清军胜利进藏创造了极为有利的条件，但绝非像夏格巴（zhwa sgab dbang phyug bde ldan）所说的那样："人们都相信是满洲人把准噶尔人赶走，从而征服了西藏的，但必须注意，在满洲兵尚未到达之前，康济鼐和颇罗鼐已经将准噶尔人赶出拉萨了。"②

第二节　清政府平息罗卜藏丹津之乱 军事行动的特色

雍正元年（1723）五月，青海和硕特蒙古首领罗卜藏丹津（blo bzang bstan vdsin）反叛清廷，这在青藏地区的历史上是一起重要事件。这次叛乱岁在癸卯，故藏文史籍一般称之为"水兔年之乱"（chu yos zing vkhrugs）。关于罗卜藏丹津反清的起因，众说纷纭，莫衷一是。藏

---

① 魏源：《圣武记》卷六，"国朝抚绥西藏记"，韩锡铎、孙文良点校，中华书局1984年版，第205页。亦可参见张世明：《策妄阿拉布坦》，王思治、李鸿彬主编：《清代人物传稿》上编，第8卷，中华书局1995年版，第305页。

② Tsepon W. D. Shavab Pa, *Tibet: A Political History*, New Haven: Yale University Press, 1967, p. 139.

文《安多政教史略》（mdo smad kyi chos vbyung ngo mtshar rgya mtsho）
云：在七世达赖喇嘛噶桑嘉措坐床的庆典上，清廷官员高坐首席，而将
青海人（按：指罗卜藏丹津等）安排于陪座，招待冷漠；对罗卜藏丹
津关于免除第巴达孜瓦死刑之请求，未留面子；罗卜藏丹津原望依照旧
例封为藏王，但却封康济鼐做第巴。基于此，罗卜藏丹津宣誓反叛清
廷。① 而《清世宗宪皇帝实录》卷十则载：雍正元年八月，"据罗卜藏
丹津诉称：戴青和硕察罕丹津、额尔得尼厄尔克托克托奈，欲霸占招
（昭）地，捏言我遣使准噶尔，欲同策旺阿喇布坦背叛，以为谗害，是
以众台吉等不服，会盟兴兵"②。又载："罗卜藏丹津久怀异志……又冀
望汗名号，又私称伊为达赖混（浑）台吉，殊属背逆。"③《清史稿·
藩部》卷五称：康熙帝驾崩，雍正帝即位，镇守西宁的胤禵赴京奔丧。
罗卜藏丹津认为时机已到，遂"阴约策旺阿喇布坦援己"④，发动反清
叛乱。《藏族史要》作者认为，在清政府驱逐准噶尔人出西藏地区以
后，"公元 1721 年（康熙六十年），清政府决定废除在西藏地方政权中
总揽大权的第巴职位，设立了四名噶伦，共同主管政务"⑤。青海蒙古
和硕特部罗卜藏丹津鉴于清朝在西藏设立噶伦联合掌政的制度，从根本
上打破了他在西藏恢复和硕特汗庭统治的美梦，因此又一次发动了
叛乱。

　　上述种种说法中，我们认为罗卜藏丹津在西藏受到冷遇，被置于陪
席，绝非他发动反清的直接原因，而只能被看作次要因素；至于他本人
所说的前面那一段话，更属诡辩；倒是他所谓的"捏言我遣使准噶尔，

---

　　① 参见智观巴·贡却乎丹巴绕吉：《安多政教史》，吴均、毛继祖、马世林
译，甘肃民族出版社 1989 年版，第 49 页。
　　② 《清世宗宪皇帝实录》卷十，雍正元年八月，台北华文书局股份有限公司
1960—1970 年版，第 168 页。
　　③ 《清世宗宪皇帝实录》卷十，雍正元年八月，台北华文书局股份有限公司
1960—1970 年版，第 170 页。
　　④ 赵尔巽等撰：《清史稿》卷五百二十二，列传第三百零九，藩部五，中华
书局 1977 年版，第 14456 页。
　　⑤ 王辅仁、索文清编著：《藏族史要》，四川民族出版社 1981 年版，第 115
页。

欲同策旺阿喇布坦背叛"①之语，被他的反清行动所证实。我们颇同意《藏族史要》作者的观点。与 17 世纪相比，18 世纪的中原和西藏形势都发生了很大变化：一方面，西藏地区的格鲁派已经站稳脚跟，不再欢迎蒙古贵族的统治；另一方面，清朝经过顺治、康熙两代八十年的经略，已成为强大的中央集权制国家，绝不容许有第二个顾实汗称雄西藏。但罗卜藏丹津仍沉湎于恢复 17 世纪顾实汗统治青、康、藏时期和硕特部的旧梦，其希望值越高，则失望值越大。1721 年，西藏地方政权改组为噶伦联合自治之后，罗卜藏丹津欲为藏王的希望便彻底落空，而恰好掌政的噶伦又都是罗卜藏丹津等瞧不起的拉藏汗的部属，其自尊心亦受到挫伤，加之顾实汗时期以康区赋税供给青海和硕特部的规定无形中被废止，在经济上又受到重大损失，所以在尚未从拉萨返回青海之前，罗卜藏丹津便在佛像前发誓，要为恢复和硕特部的昔日辉煌而奋斗。雍正元年（1723）二月，清廷封赏参加西藏战争的青海蒙古王公台吉，又进一步推行众建分治之策，更使罗卜藏丹津的地位一落千丈，连其统领青海都无法保障，于是罗卜藏丹津之乱就在矛盾潜滋暗长达到临界点时爆发出来，如星火燎原一般迅速蔓延。这次战争从清朝方面来讲，是统一全国的一个步骤；从罗卜藏丹津方面来说，是恢复和硕特汗廷的战争。

历史学界把雍正元年八月罗卜藏丹津召集青海各台吉在察罕托罗海②会盟，作为这次叛乱的开始标志。之所以举行会盟，学者们的解释是：当时青海诸台吉彼此矛盾，一些大贵族对罗卜藏丹津的领导地位不服，因此有必要先统一内部意见。但我们通过历史的溯源发现，罗卜藏丹津这次会盟及其时间选择都是蒙古军事传统的沿袭。蒙古出师之先，凡与征战有关的军马动员之事，在成吉思汗时代都由"忽剌儿台"（Khuraltai，会议）讨论决定，③ 诸如军队之构成、调拨骑兵数、会师地

---

① 中国藏学研究中心、中国第一历史档案馆等合编：《元以来西藏地方与中央政府关系档案史料汇编》，"常寿奏罗卜藏丹津私称混台吉欲意驻占西藏遥管青海折"（雍正元年八月二十三日），中国藏学出版社 1994 年版，第 340 页。

② 察罕托罗海在蒙古语中为"白峰"之意。

③ Philip J. Adler, Randall L. Pouwels, *World Civilizations: Since 1500*, Belmont, CA：Wadsworth Publishing Company, 5 edition, 2007, p. 260.

点和日期等。这一例会，后来沿革为"会盟"制。据《蒙鞑备录》军政条说："凡征伐谋议，先定于三四月间，行于诸国，又于重午燕会，共议今秋所向，各归其国，避暑牧养，至八月咸集于燕都，而后启行。"① 和硕特蒙古在察罕托罗海会盟的惯例是由顾实汗驻牧青藏高原后就开始确定下来的，而且这一制度一直到清朝后期仍相沿不替。清末学者刘锦藻曾言："西宁办事大臣岁祭青海及与诸王公会盟，皆在察罕陀罗咳。"② 由于秋高马肥，蒙古军进兵注重对季节的利用，可谓历来有素，多在秋季兴师。可见，罗卜藏丹津选择的会盟时间殆缘于此。

在罗卜藏丹津的反清叛乱中，一个最显著的特点即各寺院的喇嘛普遍地参加了叛乱。从罗卜藏丹津性格来看，正如其名字的含义一样，他以青海地区的护法施主自居，其在真假达赖问题以及驱准保藏行动中，都表现出强烈的宗教情绪。在 18 世纪，西方的传教士在青海已显示出活动频繁迹象。梵蒂冈图书馆所藏意大利传教士叶崇贤（Giovanni Battista Maoletti de Serravalle，1669—1725）所绘"青海与甘肃传教分布图及文字说明"记载的塔尔寺喇嘛人数，与 1723 年年羹尧奏折的记载两相比较，可以发现塔尔寺喇嘛的急剧增加和罗卜藏丹津对喇嘛教的支持。尽管清廷亦孜孜于笼络藏传佛教僧侣，但罗卜藏丹津因近水楼台先得月而在这种争取藏传佛教僧侣为同盟的角逐中获胜。据记载，"初青海有大喇嘛察罕诺门汗者，自藏分支，住持塔尔寺，为黄教之宗，番夷信响，丹津以术诱煽使从己。大喇嘛既从，于是远近风靡，游牧番子、喇嘛等二十余万，同时骚动，犯西宁，掠牛马，抗官兵"③。此外，位于西宁东北一百三十里的郭隆寺（dgon lung byams pa gling）④、大通卫城东的

---

① 内蒙古地方志编纂委员会总编室编印：《内蒙古史志资料选编》第 3 辑，第 12 页。

② 刘锦藻：《皇朝续文献通考》卷三百二十九，《续修四库全书》编纂委员会编：《续修四库全书》820，史部·政书类，上海古籍出版社 1996 年版，第 127 页。

③ 《魏源全集》编辑委员会编校：《魏源全集》第 3 册，《圣武记》，岳麓书社 2004 年版，第 135 页。

④ 藏语名称意为"郭隆弥勒洲"，简称"郭隆寺"。佑宁寺的前身。位于青海省互助土族自治县的五十乡。始建于明万历年间，被誉为"湟北诸寺之母"。

郭莽寺（btsan po dgon dgav ldan dam chos gling）① 等寺院的僧侣亦纷纷倡乱，青海局势大变。

从清军方面来看，这次战争以战略防御开始，最后以反攻和进攻结束。战略防御、战略反攻和战略追击的节奏极其明显。雍正元年十月，清廷任命川陕总督年羹尧为抚远大将军，征调川陕官兵，进驻西宁；又命四川提督岳钟琪参赞军务。《孙子兵法》云："不可胜者，守也，可胜者，攻也。"② 在《孙膑兵法·威王问》中，田忌问："敌众且武，必战有道乎？"孙子曰："有。坤垒广志，严正辑众，避而骄之，引而劳之，攻其无备，出其不意，必以为久。"③ 在战争初期，面对在在蜂起的叛军，清军由于兵力集结尚需时日，故采取战略防御迟滞叛军进攻，消耗、削弱锐气正厉的敌人。康熙年间，清廷在噶斯口、布隆吉尔等地驻兵。这些举措本来是针对准噶尔的，但使罗卜藏丹津等和硕特贵族感到威胁，成为这次叛乱的一个重要原因，而这些驻防据点在平叛战争初期，起到战略防御的依托作用。年羹尧为防止叛军内犯，分兵于永昌布隆吉河防守；复于巴塘（vbav thang）、里塘、黄胜关等处驻兵，以截断叛军入藏的路；又命富宁安等屯吐鲁番及噶斯泊，截断其与准噶尔的联络。应该说年羹尧是颇富韬略的一代名将，在这次平叛战争初期的部署，既形成了对罗卜藏丹津的战略包围之势，又符合"立于不败之地，而不失敌之败也"④ 的用兵原则。这充分体现了其在《治平胜算全书》中所提出的"先居胜地"而后战的理念。⑤ 是时，罗卜藏丹津叛军围攻西宁，年羹尧镇定自若，在这守兵空虚、援兵难抵的千钧一发之际

---

① 又称赞布寺。藏语意为"赞布具喜圣教洲"，系与塔尔寺、佑宁寺、夏琼寺和隆务寺齐名的青海五大格鲁派寺院之一。该寺因在罗卜藏丹津事件中被焚毁，于雍正九年（1731）重建，改称"广惠寺"。

② 语出《孙子兵法·形篇》，中国人民解放军军事科学院战争理论研究部《孙子》注释小组：《孙子兵法新注》，中华书局 2008 年版，第 26 页。

③ 银雀山汉墓竹简整理小组编：《孙膑兵法》，文物出版社 1975 年版，第 42 页。

④ 语出《孙子兵法·形篇》，中国人民解放军军事科学院战争理论研究部《孙子》注释小组：《孙子兵法新注》，中华书局 2008 年版，第 27 页。

⑤ 参见金玉图：《中国战术史》，解放军出版社 2008 年版，第 270 页。

重演"空城计"，率左右数十人坐城楼上，叛军向城内发火器，年氏屹然稳坐如故，叛军惊以为神，退往南堡。驻守南堡清军只有羸兵数百，如何解南堡之围，年羹尧提出："我兵昼出则为贼所窥破，且贼势锐，我兵见之不战而走矣。"[1] 清军乘夜偷袭敌营，获得成功。年羹尧在战略防御阶段并不是以防御作为最终目的的，而是采取积极的攻势防御，并且在清军主力已经集中和展开完毕后，不失时机地实施了战略反攻。岳钟琪于十二月底率军从松潘（zung chu）一带攻到西宁。清军集中优势兵力，逐个攻破西宁附近叛军盘踞的据点，肃清镇海、申中、南川、西川、北川等地叛军，先后平定了塔尔寺、郭隆寺等处的喇嘛叛乱。其中，清军攻打郭隆寺一役最为激烈。据年羹尧等声称，"自三藩平定以来，未有如此大战者"[2]，川陕官兵腰刀砍缺者三四百口。克劳塞维茨指出，防御的规则以进攻的规则为根据，而进攻的规则又以防御的规则为根据，这是十分自然和必要的。[3] 既然防御是一种较强的、但带有消极目的作战形式，那么只有在力量弱小而需要运用这种形式时，才不得不运用它，一旦力量强大到足以达到积极目的时，就应该立即放弃它。所以，以防御开始而以进攻结束，乃是战争的自然进程。清军这次军事行动恰恰正如克劳塞维茨所说。

清军在这次平叛行动中，采取远程奇袭而以少胜多是在战略反攻阶段的重要特点之一。当时，罗卜藏丹津尚据守乌兰呼尔的柴达木，距西宁千余里，清军无可奈何。年羹尧欲奏调兵二万，由西宁、松潘、甘州、布隆基河四路进兵，会攻青海，期以四月草生时并进。但岳钟琪提出："青海地面寥阔，番众尚不下十万，我军深入，贼必散而诱我，击此失彼，四面受敌，此危道也。不若乘春草未生，以精兵五千，马倍

---

① 汪景祺：《西征随笔》，故宫博物院掌故部编：《掌故丛编》，中华书局1990 年版，第 903 页。

② 年羹尧：《附奏征剿西每番众士民片》（无年月），台北"故宫博物院"故宫文献编辑委员会编辑：《年羹尧奏折专辑》上，台北"故宫博物院"1971 年版，第 53 页。

③ 卡尔·冯·克劳塞维茨：《战争论》第 2 卷，中国人民解放军军事科学院译，商务印书馆 1995 年版，第 506 页。

之，兼程捣其不备。"① 年羹尧将两种作战方
案一并报告清朝中央政府，雍正帝在廷议中
赞赏岳钟琪的观点，遂诏命岳钟琪为奋威将
军，专任西征事，独率兵进讨。雍正二年二
月初八日，清军兵分三路向柴达木进剿：总
兵正安率师出北路，总兵黄喜林、副将宋可
进率军出中路，岳钟琪和侍卫达鼐统兵出南
路。岳钟琪率兵自西宁西进，沿途捕敌侦骑
尽殪之，袭取敌在哈达河（在今青海海西达
美珠玛附近）之守军，然后南越崇山，入柴
达木河上游地区，随之沿河西行，数日后，
探知敌首罗卜藏丹津率部驻扎在腾吉里克。
此时岳军距敌仅一百五六十里。岳钟琪决定
就地休息，等日暮时分拔营起程，直捣叛军
大本营。次日拂晓，岳军抵敌帐，立即分兵

岳钟琪像（清人绘）

四路发起突然袭击。时罗卜藏丹津部属尚睡未起，人不及衣，马未衔
勒，遂仓皇大溃，罗卜藏丹津"衣番妇衣"②，落荒而逃。岳钟琪担心
罗卜藏丹津逃往西藏，引军自河源西南追击，日行三百余里，数日至桑
骆海，红柳蔽天，极目无际，路尽而返。而罗卜藏丹津则已经噶斯逃往
新疆，为策妄阿拉布坦所收容。这次战役，清军取得胜利是十分神速
的，被称为雍正"元年即位第一武功"③。据清朝官书记载，"计师行深
入，自雍正二年二月八日至二十有二日，仅旬有五，成功之速，为史册
所未有"④。雍正帝也把这次战役称之为"十年以来"从所未立的"奇

① 魏源：《圣武记》，韩锡铎、孙文良点校，中华书局 1984 年版，第 140 页。

② 《岳襄勤公行略》，中国社会科学院历史研究所清史研究室编：《清史资
料》第 4 辑，中华书局 1983 年版，第 177 页。亦载王之春：《清朝柔远记》，赵春
晨点校，中华书局 1989 年版，第 57 页。

③ 中国第一历史档案馆编：《雍正朝汉文朱批奏折汇编》第 31 册，年羹尧奏
折，无具折日期，江苏古籍出版社 1991 年版，第 744 页。

④ 傅恒等：《平定准噶尔方略》前编，卷十二，故宫珍本丛刊，047，海南出
版社 2000 年版，第 220 页。

功"。有清一代，"藩部""藩属"的概念内涵是变化的。随着清代统治力度的加强，藩属圈逐渐由内向外拓展。青海和硕特汗庭在当时是"向虽修贡，未隶臣属"的藩属。平定罗卜藏丹津之役，将面积约六十万平方公里的青海土地，纳入清朝直接统辖之下。孟森说："雍正初康熙间西陲兵事余势，本备对准，而适值青海和硕特反结所仇之准部先动。世宗命将得人，以五千之众疾驱入数十万之蒙族番族及喇嘛势力中，用十五日之期间窜逐悍酋，尽擒其家属同党，惩治活佛，震慑番人，青海下而喀木与为一家，尽收为设官置戍布政宣威之地。较之康熙间绥服外蒙，缜密过之。又于其间尽复汉唐故疆、明代所陷于蒙古者。西宁并边，玉门关外，悉为郡县奥区。北则逼视伊犁，南则直接卫藏，遂开平定新疆治理藏地之路。"①

　　拿破仑指出："在战争的艺术中，也正和在力学中是一样的，时间是重量与力量之间的一个重要因素。"② 有学者认为岳钟琪的长途奔袭可以与大策凌突袭西藏之役媲美。有的学者又说："将选锋深入奇袭，是岳钟琪平定青海之杰作，有李靖平吐谷浑之风。"③ 从军事学角度来说，在奇袭敌军的作战中，秘密与速度二者相互并行，缺一不可，缩小其一，则扩大其二，其结果相同。正是这样，拿破仑曾经说："战略就是如何运用时间和空间的艺术。我对于后者尚不如对于前者那样的珍惜。空间是可以收复的。"④ "在战争的艺术中，也像在力学中一样，时间是重量和力量之间的最大公约数。"⑤ "时间的损失在战争中是无可补救的；一切的借口理由都是不妥的，因为迟误就只会使行动失败。"⑥

---

　　① 孟森：《清代史》，台北正中书局1960年版，第267页。

　　② 富勒：《西洋世界军事史》第2卷，钮先钟译，中国人民解放军军事科学院1981年内部发行，第391页。

　　③ 台湾三军大学编著：《中国历代战争史》第16册，军事译文出版社1983年版，第122页。

　　④ 富勒：《战争指导》，李磊、尚玉卿译，广西人民出版社2008年版，第27页。

　　⑤ 约米尼等：《西方战略经典》上，范林森译，时事出版社2002年版，第285页。

　　⑥ 富勒：《战争指导》，李磊、尚玉卿译，广西人民出版社2008年版，第27页。

中国传统兵书亦曰：兵贵神速，不尚巧迟。速则乘机，迟则生变。岳钟琪采取精兵主义，以极强的机动能力兼程突进，正如《孙子兵法》所言，"并敌一向，千里杀将"[1]，批亢捣虚，在发动攻击时使敌军莫识其来、莫知所御，从而取得震古烁今的辉煌战果。不过，这次岳钟琪的长途奔袭军事行动也存在缺憾：其一，《圣武记》中已经指出："年羹尧四路出兵之说虽泛，而布隆吉一路其实不可少。彼时若以一路兵北出布隆吉河，正当贼走噶顺必由之路，必成擒矣。"[2] 清朝中央政府在肯定岳钟琪作战方案的同时，没有综合吸收年羹尧的合理决策因素，平推式战术固然不能称之为奇计妙策，但是，正合奇胜乃中国传统用兵之道。其二，岳钟琪在追击罗卜藏丹津时心理上存在思维定式，从当时各种迹象来看，罗卜藏丹津不可能逃往西藏，但岳钟琪并没透过现象窥其底蕴而误入歧途。

　　智者先胜而后求战，暗者先战而后求胜。在这场战争中，罗卜藏丹津方面游牧民族部落民兵制度的弱点暴露得十分突出。在游牧社会中，刀枪弓箭等武器是人们生产生活的需要，长期的骑马和狩猎生活锻炼了部落兵员的个人骑射作战能力和团队配合协同战术，但这种天然的战斗力量没有经过军事正规训练，必然在很大程度上呈现乌合之众的特性。罗卜藏丹津方面叛军的士兵出征时粮秣、乘骑及所需的畜役都要自备。由于缺乏专门供给军需的机构和力量，雍正元年冬季时，罗卜藏丹津属下的诸台吉就不得不率部散回各自牧地过冬，形同鸟兽散而无法集中兵力。此外，部落民兵宿营不能做到肃静，家属小孩常在队伍中乱叫，而且到处生火做饭烧茶，行动极易被敌方发觉，上述弊病都在这次战争中成为被清军所突袭的失败因素。松巴堪布益西班觉（sum pa mkhan po ye shes dpal vbyor）《青海史》（mtsho sdon gyi lo rgyus sogs bkod pavi tshangs glu gasr snyan zhes bya ba bzhugs so）中这样写道："水兔年（1723），清雍正皇帝继位。那些人为了内战和向外侵扰的需要积极集

---

　　[1]　语出《孙子兵法·九地篇》，中国人民解放军军事科学院战争理论研究部《孙子》注释小组：《孙子兵法新注》，中华书局 2008 年版，第 94 页。

　　[2]　魏源：《圣武记》卷三，沈云龙主编：《近代中国史料丛刊》第十一辑，102，台北文海出版社 1967 年版，第 267 页。

结兵马，这些情况是我去卫藏途中亲眼所见。此后他们果然掀起了战乱，夺取了几座汉地城池，但因为不懂军事，打起仗来好像小孩嬉闹一般。两位朝廷命官率领大批兵马布满了这里的整个大地，摆开了比试的战场，一经接触，就像鹞鹰驱赶雀群一样把他们击溃了。"① 由于军队不经过作战训练，指挥者又不懂战略战术，较之在战役初期避其锋势、蓄盈待竭的清军显然在战略、战术、战斗力上均已逊数筹，因此罗卜藏丹津的失败是不可避免的。

① 松巴·益西班觉：《青海历史》，谢健译，《青海民族学院学报》1983 年第4 期。

第七章　雍正朝对准噶尔的战争

雍正三年（1725），沙俄政府派萨瓦·符拉迪斯拉维奇（Лукич Владиславич-Рагузинский，Savva Lukich Vladislavich-Raguzinsky，1669—1738）为使华全权公使到中国来谈判贸易和边界问题。雍正五年，清政府派隆科多、郡王额驸策凌、内大臣伯四格及兵部侍郎图理琛等与沙俄代表勘界定约。当时，萨瓦在向沙皇政府外交部的报告中指出："事情看来是很顺利的，中国皇帝宣称他热望和平，而中国远不如一般所认为的那样强大，并且由于对喀尔木克人作战（指对准噶尔作战）而进一步地削弱了（喀尔木克的帮助和支持对俄国可能是很有价值的），因此中国是坚决维护和平的。"[①] 在中国与沙俄签订《恰克图条约》之后，萨瓦于1731年向彼得二世提交的关于中国的情况和力量的秘密报告中认为，俄国要发动一场对华战争，将不是一件轻而易举的事情，"像这样一件事情的消耗，即使在一百年内也得不到补偿。我们必须在那里建筑堡垒，维持强大的驻军，不断地供给他们以粮食和弹药……"[②] 雍正帝签订《恰克图条约》的一个重要因素，即是为了在中国解决准噶尔问题时，防止俄国殖民主义者的干涉和阻挠。换言之，《恰克图条约》是清政府为实行对准噶尔战争军事行动的一个重要战略步骤。在18世纪初叶，欧洲诸国王位继承战争频仍，尽管领土分享格局时有变化，但整个欧洲支离破碎的政治版图依然如故。与此不同，清朝在18世纪初叶的周边藩属和与之相邻的在我国版图内的独立王国，亦时常在王位继承问题上，发生重大政治或军事变故，但清朝致力于统一的事业却始终

---

① 加斯东·加恩：《彼得大帝时期的俄中关系史（1689—1730年）》，江载华等译，商务印书馆1980年版，第214页。

② 转引自复旦大学历史系《沙俄侵华史》编写组编：《沙俄侵华史》，上海人民出版社1975年版，第78页。

不断向前发展并臻于极盛。雍正五年（1727），策妄阿拉布坦死，其子噶尔丹策零继立，雍正帝认为准噶尔部在新主继位、人心未孚之际有机可乘，乃开始筹谋讨伐准噶尔问题。雍正七年，清政府正式两路进军，西征准噶尔。

第一节　清、准双方的战略形势与作战部署

一、战略形势分析

在西征准噶尔战争决策时，清廷内部当时对战略形势的分析是存在分歧的。岳钟琪上疏认为清军出师有十大有利条件："一曰主德，二曰天时，三曰地利，四曰人和，五曰糗粮之广备，六曰将士之精良，七曰车骑营阵之尽善，八曰火器兵械之锐利，九曰连环迭战攻守之咸宜，十曰士马远征，节制整暇。"[1] 都统达福却提出相反看法，他认为："策妄虽死，其老臣固在。噶逆亲贤使能，诸酋长感其先人之德，力为捍御，主少则谏易，臣强则制专，我以千里转饷之劳，攻彼效死之士，臣未知其可也。况天渐暑，未易兴师。"[2] 在后来与准噶尔军队作战前线，副都统永国也曾指出："臣闻用师乘瑕而战，未闻无隙而能致胜者。今'噶逆'亲亲用能，人惟求旧，选不失材，贤不失位，疆圉远辟，牧养蕃滋。彼虽犯我师旅，尚当良筹以御之。"[3] 作为清政府最高决策者，雍正帝的看法是："策妄殂落，噶尔丹策零新立，彼地有分崩之势。"[4] 发动对准噶尔战争正是取乱侮亡的天赐良机。知己知彼，百战不殆。《孙

[1]《清世宗宪皇帝实录》卷八十二，雍正七年六月，台北华文书局股份有限公司1960—1970年版，第1253页。

[2] 昭梿：《啸亭杂录》卷三，"记辛亥败兵事"，中华书局1980年版，第60页。

[3] 昭梿：《啸亭杂录》卷三，"记辛亥败兵事"，中华书局1980年版，第61页。

[4] 稻叶君山：《清朝全史》上册，上海社会科学院出版社2006年版，第71页。

子兵法》把"道""天""地""将""法"五事和"主孰有道？将孰有能？天地孰得？法令孰行？兵众孰强？士卒孰练？赏罚孰明？"①　即"七计"作为战略决策制定的依据。从当时准噶尔汗国内部情况来看，噶尔丹策零具有杰出的政治才能，他继往开来，大力发展社会经济，政治上安定团结，具有雄厚实力与清政府分庭抗礼。因此，雍正帝及岳钟琪等企图立功的主战派对战略形势的分析与客观事实不符。从清政府方面看，经过清初数十年休养生息，国势日益隆盛，至雍正初年，户部库存银"三千余万，国用充足"②，青海罗卜藏丹津叛乱平定后，清朝获得了向准噶尔战略进攻的基地。清军当时陈兵准噶尔汗国边境，构成对准噶尔汗国的钳形战略攻势。

二、双方战略意图分析

魏汝霖认为："雍正五年，策妄卒，子噶尔丹策零嗣位。噶尔丹策零年少好用兵，骁桀如其父，又善驭士卒，诸台吉皆乐为之用，屡率兵侵掠边疆不已。时大将军年羹尧已被杀，征西军已撤，帝恐准噶尔一旦有变，则喀尔喀、青海、西藏必被扰乱，为中国隐忧。"③　雍正初年，受形势所迫，雍正帝在处理准噶尔问题上实际上是采取守势，与康熙末年以攻为守有所不同。然而，随着政局稳定，雍正帝由于赓续康熙时期政策安定边疆的出发点始终未曾动摇，所以又以继承康熙帝遗志完成康熙帝未竟事业为己任，企图攻取准噶尔汗国，使之成清帝国的组成部分，从而一劳永逸，永靖边陲。噶尔丹在康熙朝与清军交战的结果，使准噶尔汗国丧失的领土有：阿尔泰山东坡、科布多河谷地和乌梁海的广阔牧场。收复失地的问题，差不多在整个 18 世纪前半叶准噶尔执政者同清政府的相互关系中，始终占据首要地位。维护物质利益、占有生存

---

①　语出《孙子兵法·计篇》，中国人民解放军军事科学院战争理论研究部《孙子》注释小组：《孙子兵法新注》，中华书局 2008 年版，第 2 页。

②　昭梿：《啸亭杂录》，清代史料笔记丛刊，何英芳点校，中华书局 1980 年版，第 9 页。

③　魏汝霖：《读史兵略补编——清史兵略》，台北"国防研究所"1961 年版，第 88 页。

与发展的客观环境，是人类社会各集团、民族、国家之间发生战争的起因与归宿。正如恩格斯所说："暴力仅仅是手段，相反地，经济是目的。"① 尽管双方由于立场和力量不同而战略意图歧异，但针锋相对的矛盾使战争成为必然产物。

三、双方作战部署

雍正七年，雍正帝在上谕中回顾说："两路军机，朕筹算者久矣。其军需一应事宜交与怡亲王、大学士张廷玉、蒋廷锡密为办理。其西路办理事宜，则专于总督岳钟琪是任。王大臣等小心慎密，是以经理二年有余，而各省不知有出师运饷之事。"② 雍正九年，雍正帝又进一步明确指出，用兵西北定议于雍正四年。正是为了用兵西北，雍正帝成立了影响有清一代历史的重要决策机构——军机处。雍正五年十一月，雍正帝密令河南、山东、山西三省督抚，于步兵内各拣选两千人，他们不必擅长弓马，但要能放鸟枪，以备驾车开垦之用，预计明年秋冬时差遣，为期约二十个月，并要三省督抚妥善安排应选兵丁的行装和安家费用。同年，雍正帝还命令河南总督田文镜购买驮骡三千匹，于六年二月送交西安岳钟琪处。可见，清政府为准备此次战争绸缪已久，从人员动员到物资装备的调集、战术训练都比较周密而充分。

与此同时，噶尔丹策零亦厉兵秣马，整军备战。据俄国对外政策档案馆的资料记载，一位俄军中士从准噶尔回去之后讲到，那里已在独立制造枪支、火药和子弹，提炼硝磺、铜铁。瑞典军官雷纳特是俄国布赫戈利茨（Бухольц Иван Дмитриевич, Ivan Buchholz, 1671—1741）考察团的参加者，③ 1716 年被卫拉特人所俘虏。噶尔丹策零对这位能够制造火炮的阶下囚奉若上宾，将一座园子送给雷纳特作领地用。雷纳特知恩图报，他对乌格里莫夫（Леонтия Угримова, Leonty Ugrimov, 生卒

---

① 恩格斯：《反杜林论》，《马克思恩格斯选集》第 3 卷，中共中央马克思恩格斯列宁斯大林著作编译局编译，人民出版社 1995 年版，第 199 页。

② 《清世宗宪皇帝实录》卷八十二，雍正七年六月，台北华文书局股份有限公司 1960—1970 年版，第 1253 页。

③ 参见本书第二卷第十章对于雷纳特地图的论述。

年不详）说，他制成并交给噶尔丹策零的军队使用的计有四磅炮十五尊、小炮五尊和十磅臼炮二十尊。噶尔丹策零汲汲于发展兵器制造业。当时制造兵器的手工业"作坊"有的达到近千人的规模。1750 年春，俄罗斯当局从准噶尔居民那里得到消息说："噶尔丹策零时期曾制造过火药、子弹、火枪、马刀和铠甲。现在这类东西都得自大布哈里亚地方，那里有准噶尔工匠。"① 1734 年，俄国奥伦堡探险队长基里罗夫（Петр Иванович Рычков，Peter Ivanovich Rychkov，1712—1777）在给沙俄政府的报告中说，噶尔丹策零拥有持火炮军队八万人，是"所有土著民族中最强者"②。

雍正七年二月，经过紧锣密鼓的战争部署，雍正帝便将西征之事公开，命廷臣广泛进行讨论。大学士朱轼、散秩大臣达福、都御史沈近思认为天时人事未至，反对发兵。大学士张廷玉因早已奉命秘密筹划用兵，故极力主张对准噶尔大张挞伐。雍正帝胸有成竹，发布讨伐准噶尔的进军令。命领侍卫内大臣、三等公傅尔丹为靖边大将军，率军二万三千八百名，屯阿尔泰山，是为北路军营；命川陕总督、三等公岳钟琪为宁远大将军，率马步军二万六千五百名，屯巴里坤，是为西路军营。大体上说，参加这次战争的军队主要由绿营兵、八旗兵和喀尔喀蒙古军队三种力量组成。

第二节　西路战况

雍正七年十月，岳钟琪率师屯驻巴里坤不过数日，噶尔丹策零遣使人特磊至军营，言本欲将罗卜藏丹津解送清廷，因闻清军出兵之信，暂行中止，如果能赦其既往，仍愿听从清廷命令，解送逃犯。学术界认为此乃噶尔丹策零的缓兵之计。孟森说："《圣武记》谓噶尔丹策零之将解

① 俄国对外政策档案馆，准噶尔卷宗，1750 年，第 1 卷，第 14 页。
② 佐口透『ロシアとアジア草原』吉川弘文館〈ユーラシア文化史叢書〉、1966 年、25 頁。

送罗卜藏丹津，以罗卜藏丹津与其族罗卜藏舍楞谋杀噶尔丹策零，事觉被执，故使特磊表献，闻师出而止。此说不确。罗卜藏丹津依准部三十余年，至乾隆二十年伊犁平，乃就俘，高宗待以不死，且授其二子蓝翎侍卫，则其久依准部，非有相谋之隙……解送之说，乃诡词以玩中朝耳。"① 雍正帝命将特磊送至京城，暂缓进兵之期一年，又召傅尔丹、岳钟琪进京商议军情，由副将军巴赛、提督纪成斌分管西、北两路军务。

"清雍正帝之进讨噶尔丹策零也，已集两路大军于中途，而实因准噶尔一使之谎言停军不进，又调回两军元帅至京会议，大违用兵本旨，致为敌所乘，致使清廷在新疆方面之军事颓势，陷入不可挽救之厄境。而又惩于入藏军哈喇乌苏全军覆没之鉴，因其犹豫而调回元帅，几使哈密之军被袭于科舍图而覆其军。"② 科舍图岭在哈密与巴里坤之间，岭上有唐裴行俭西征碑，蒙语称碑为"科舍图"，故名。噶尔丹策零采取先发制人之策，决定以主动出击的战略来挫败清军的前锋，于雍正八年十二月遣宰桑褚木特率兵二万，潜袭西路军科舍图卡伦，驱走驼马牲畜，负责领兵牧放马驼的副参领查廪弃军逃遁，求救于总兵曹勷，曹仓促率兵往救，被准军击败，亦单骑奔走。总兵官樊廷率副将冶大雄等领兵二千，转战七昼夜，救出两处卡伦官兵，会合总兵官张元佐、副都统绰般等击退了准军，夺回被准军掳掠的部分驼马。是役，西路军在与准军交战中，因冒犯冰雪而衣装单薄，手足冻伤者所在多有。雍正帝在总结科舍图之战的经验教训时指出："上年被贼侵扰之处，朕与大将军岳钟琪等不能计虑于事先，实难辞疏忽之过。至于军营牧放驼马，最宜布置有方，乃以牲畜置于贼人来路之旁，又与大营相隔辽远，被贼人乘机盗窃，则审度形势之谓何，岳钟琪更难辞咎。"③ 科舍图之战使准噶尔部封建贵族与清朝统治者的关系又一次走向破裂，为此后数年的大规模军事冲突揭其序幕。另外，古语云：行天莫如龙，行地莫如马。马者，

---

① 孟森：《明清史讲义》下册，中华书局1981年版，第501页。

② 台湾三军大学编著：《中国历代战争史》第16册，军事译文出版社1983年版，第122页。

③ 《清世宗宪皇帝实录》卷一百零三，雍正九年二月，台北华文书局股份有限公司1960—1970年版，第1558页。

甲兵之本，国之大用。在前机械化部队时代，以马为命的游牧民族军队在军事机动方面具有明显优势。科舍图之战使清军初战不利，驼马缺乏，难以进击，原定作战计划遂发生重大修改。

雍正八年十二月，雍正帝发布指示："准噶尔乘我不意，倾其贼众，盗赶马驼，狡狯凶恶，罪无可赦。但西路所存驼马，不无疲乏，是从前所议直捣伊里之计，尚非万全之道。朕意欲于西路巴尔库尔、北路之卡伦外，各筑一城，以重兵驻扎，时出游兵以掩击其众，擒虏其人畜。贼兵必撤其游牧之所，远行藏退，我当更进数百里，择地筑城，开垦屯种，以资军食，驼马牛羊，无事牧放，有事则尽收入城。贼众既无所获，我军一出，可以袭取其辎重，且贼必不敢蹈我军驻扎之城而东矣。"① 雍正帝的这一谕旨实际上是其后清军作战的指导方针。雍正九年三月，准噶尔军两千余进击吐鲁番，巴里坤清军四千人前往援救，准军戢影远遁。四月，准军复来骚扰吐鲁番诸城，围困鲁谷庆城（有些著述中称"鲁克沁"，为汉代西域长治治所）四十余日，维吾尔族头领额敏和卓率部众协力防守，杀死攻城之敌两百余人。准军转而进攻哈喇火州城堡，不克。额敏和卓抗击准噶尔蒙古的情况，在土耳其共和国安卡拉的人种史博物馆藏有的维吾尔语文书中也有记载。② 巴里坤救援清军逼近吐鲁番后，准军"遗下马匹刀枪等件，并抛弃所造饭食而去"③。七月初，岳钟琪获悉北路傅尔丹兵败于和通泊之后，采取"围魏救赵"的战术，欲攻其所必趋，率兵进攻乌鲁木齐。七月十二日，岳钟琪军从巴里坤出发。二十三日，至厄尔穆克河，遇准军约三四千人隔河据山防守，岳钟琪命清军分左、中、右三队进攻，又令一队从敌后抄袭，双方从辰时战至午时，清军大胜，"杀死贼夷，不计其数"④。清军兵临乌鲁

---

① 《清世宗宪皇帝实录》卷一百零一，雍正八年十二月，台北华文书局股份有限公司1960—1970年版，第1532页。

② 佐口透：《18—19世纪新疆社会史研究》，凌颂纯译，新疆人民出版社1983年版，第20—23页。

③ 王先谦：《东华录》，雍正十八年，收入《续修四库全书》编纂委员会：《续修四库全书》371，史部·编年类，上海古籍出版社2002年版，第443页。

④ 《清世宗宪皇帝实录》卷一百零九，雍正九年八月，台北华文书局股份有限公司1960—1970年版，第1647页。

木齐城下，因为乌鲁木齐一带准军已经搬移一空，深入无益，遂于二十五日振旅还营。由于清军此次出击对准军仅仅是击溃战而非歼灭战，对准军只构成威胁而不足以造成致命打击，因此准军在清军撤回大本营巴里坤之后不久又卷土重来，清军西路战局没有得以扭转。雍正十年正月，准噶尔军队侵扰哈密。岳钟琪调集、指挥西路清军各部队进行堵截追杀，然而副将军石云倬在无克克岭南山口梯子泉一带奉命伏击准军时，与岳钟琪不能勠力同心，动作迟缓而贻误了戎机，使已进入清军拦截网的准噶尔军得以免脱远飏。是时，岳钟琪以全家性命为担保提出驻兵木垒，以便与巴里坤、鲁谷庆等处互为犄角，从而防止巴里坤一带清军后方屡被侵扰局面出现。岳钟琪的这一行动方案为雍正帝所采纳，但实施后不久，副将军张广泗上奏弹劾。清军在岳钟琪被免职后即从木垒、吐鲁番后撤，对准军腹地的威胁大大减弱。

对于西路清军与噶尔丹策零军队的战况，国外文献档案资料中也有详细记载。兹拉特金认为："另一个俘虏——1728 年被派往博尔赫城（巴里坤）的中国人楚万东，也提供了同样的消息。他在那里过了两年，'中国军队与噶尔丹策零的军队开战。就在这次交战中，他同另一些中国人一起被俘。'"[1] 在清代档案中，雍正帝等人也曾谈及西路军在被准噶尔军队袭击时人员被俘的问题，故而俄文档案中这个叫作楚万东的清军被俘人员殆非子虚乌有。不过，准噶尔方面的战报关于清军伤亡人数与清军战报出入相差甚大。1732 年，噶尔丹策零对俄国人乌格里莫夫说："前年（1730 年），中国人打我们的巴里坤湖……有两万人，我们当时消灭了他们一万人。"[2] 西路清军有两万人固然不假，但准军消灭清军一万人的说法大抵自欺欺人。瑞士军官雷纳特 1732 年 5 月向乌格里莫夫的谈话比较符合事实。他说，1731 年夏天，一支大约有五千人的卫拉特军队，配有由他本人指挥的"一个不大的炮兵队"，向柳勃钦（兹拉特金在这里注意到是否为"柳克琼吗?"）城进军，但在临

① 伊·亚·兹拉特金：《准噶尔汗国史》，马曼丽译，商务印书馆 1980 年版，第 349 页。

② 伊·亚·兹拉特金：《准噶尔汗国史》，马曼丽译，商务印书馆 1980 年版，第 350 页。

近该城时遭到一万五千名满洲人的袭击，当即阵亡四百人，"其余的人由我救护出来"①。兹拉特金对雷纳特所谓的"柳勃钦"不知所云，其实，"柳克琼"即是"鲁谷庆"的译音。当时准噶尔军队火炮装备不如清军，机动性强但攻城力量薄弱，往往顿兵坚城之下，因此准军在围攻吐鲁番时，调集雷纳特指挥的炮兵是极有可能的。

第三节　北路和通泊之战

　　清军在北路与准军之间进行的和通泊之战也在俄文档案资料中有所反映。1732 年雷纳特对乌格里莫夫说："在那个夏天（指 1731 年。——引者注），卡尔梅克人又同中国人在阿尔泰附近进行了一次战斗，我也参加了。卡尔梅克军队约有三万人，而中国人则在四万以上。卡尔梅克却打垮了中国军队，俘虏了约七千人，缴获铜炮五尊……同年，在中国人战败之后，有六千名蒙古人在显贵王公参加下自愿归附于噶尔丹策凌（零）……他们被迁到伊敏尔河附近。"② 噶尔丹策零也曾对乌格里莫夫说过相似的话："（中国人）四万人来打阿尔泰，也几乎全军覆没，并且被俘了一万人……这次战斗以后，有一万户蒙古人脱离中国人而归附我们。"③

　　与俄文档案资料记载相比较，清代官书和档案的记载既有相似之处，又不尽一致。《清史稿·傅尔丹传》云："傅尔丹颀然岳立，面微赪，美须髯。其为大将军，廷玉实荐之。"④ 这条史料多不为人们所重

　　① 俱见伊·亚·兹拉特金：《准噶尔汗国史》，马曼丽译，商务印书馆 1980 年版，第 349 页。

　　② 转引自《蒙古民族通史》编委会：《蒙古民族通史》第 4 卷，内蒙古大学出版社 2002 年版，第 170 页。

　　③ 伊·亚·兹拉特金：《准噶尔汗国史》，马曼丽译，商务印书馆 1980 年版，第 350 页。

　　④ 赵尔巽等撰：《清史稿》卷二百九十七，列传八十四，中华书局 1977 年版，第 10393 页。

视，史家多将和通泊之战失利归咎于雍正帝以貌取人，但我们从这条史料可以看出张廷玉在其中所起的作用。事实上，傅尔丹长期以来就担任与准军作战的前敌指挥官，在对准作战前线任职时间长，情况熟悉。从其过去指挥作战与管理军队的能力来看，清廷当时将其作为北路清军元帅也是合情合理的。早在雍正九年三月，清朝中央政府就接到岳钟琪提供的军事情报，即小策零敦多布将会兵去犯北路，但雍正帝认为准军声东击西，没有对此高度警觉。傅尔丹于是年五月初六日进驻科布多筑城地方。准军派人至傅尔丹军中诈降，诡称噶尔丹策零派兵三万来犯，军队由大、小策零敦多布及多尔济丹巴三人统领，陆续起程，现仅有小策零敦多布到达察罕哈达地方，其他两路军主力尚未到齐。傅尔丹信以为真，企图利用这一机会发兵掩袭。六月初九日，傅尔丹率精兵万余人，分三队轻装进发。准军见傅尔丹上当，先以少量兵力及牲畜引诱清军前锋，而将主力两万埋伏于山谷中。傅尔丹不知是计，盲目趋进，及走数百里，却仍不见准军营垒，听说准军两千、驼马万余屯博克托岭，乃派参赞苏图率兵三千往剿，以丁寿统兵一千五百作后援。行不数里，但"闻胡笳声远作，毡裘四合，如黑云蔽日"①，喊杀之声，山鸣谷应。傅尔丹见势不妙，移师往援，但清军前锋已溃，准噶尔军队四面出击，飚发凌厉，直取清军大营。清军伤亡惨重，移营和通泊。准军乘势掩击，清军溃败。傅尔丹不得已且战且退，回到科布多，仅存两千人。

和通泊战役是清军与准噶尔作战中遭受损失最为惨重的一次战役。"这场败仗使清朝对西北地区的开拓迟缓二十余年，厄鲁特又重新掠夺蒙古。"② 战阵之事，恃强者是散机，敬戒者是胜机。战场系错误所积成，错误少者胜。在北路清军和通泊之战失利后不久，岳钟琪奏言：北路之失，皆将帅之过。在岳钟琪看来，北路主帅有三失：（1）既知敌军三万，不应只领兵一万迎敌，致寡不敌众。（2）不扼要守险，以逸待劳，误信贼人引诱之言，驰驱于千里之外，反主为客，而敌军反待我

①　昭梿：《啸亭杂录》卷三，"记辛亥败兵事"，中华书局1980年版，第62页。

②　恒慕义：《清代名人传略》，中国人民大学清史研究所《清代名人传略》翻译组译，青海人民出版社1990年版，第803页。

之劳。（3）一万之众如合阵并力，纵不能杀贼，犹可自固，而零星派拨，致势分力弱，又不用车阵，致被敌军冲突致败。① 对于岳钟琪所谓北路清军不用车阵一说，清人当时有一种截然相反的观点，将和通泊之败归罪于车骑营之制，认为正是车骑营之制使北路清军撤退迟缓而失利。车骑营的功过是非姑且置之不论，但傅尔丹轻信敌方间谍之言、冒险深入而最终导致清军在此役覆车偾辕的责任却是不容推卸的。中国人民解放军原兰州军区作战参谋人员认为，准军对清军的伏击之所以能够成功，主要是因为清将傅尔丹轻敌所造成，指出："在和通泊交战之前，噶尔丹策零就曾对清南路岳钟琪军实施过攻击。但由于岳将军遵从帝命，谨慎行事，加紧修筑城池，固守不出，使得噶尔丹策零无隙可乘。而傅尔丹将军则不然，与其说叛兵诡言圆滑，不如说正中傅尔丹轻敌的心态。可以分析出，当时傅将军错误地认为，噶尔丹策零南攻岳钟琪不克，足以表明力量不济，改攻北路不过也是虚张声势，没有作为。实不如乘其在游动之中全歼之。因而傅尔丹不顾部将再三劝阻，'仅统万余人贸然进兵'。可见傅将军轻敌和盲目自信到了何种程度。正是由于傅尔丹轻敌冒进，疏于戒备，因此，遭噶尔丹策零军打击时，则乱了章法，部队不能展开，首尾不能照应，士兵未战先逃，甚至在阵中误呼己方已败，涣散了斗志，等等。几乎遭到全军覆没的厄运。"② 兰州军区作战参谋人员的分析因其身历戎行而具有独到、真切的体悟和心得，不过我们纵观和通泊之战前后的大量史料可以发现，傅尔丹贸然出兵除其有勇寡谋的自身性格特征所致外，以下两方面因素不容忽略：其一，傅尔丹忠于朝廷，其筑城和出兵企图袭击准军辎重，正是贯彻和执行了雍正帝在科舍图之战后制定的作战方针和策略；其二，准军当时在西路袭击清军牧场等军事行动颇有斩获，傅尔丹欲效仿准军的作战战术，以其人之道还治其人之身。

　　从准噶尔军队方面看，"策妄阿拉布坦死，子噶尔丹策凌（零）嗣

---

　　① 史松主编：《清史编年》（雍正朝），中国人民大学出版社 2000 年版，第496 页。

　　② 兰州军区司令部作战部编：《中国西北历代战争例评》，甘肃人民出版社1993 年版，第 259—260 页。

为汗……颇能用其父旧人。大策凌（零）敦多布称善谋，小策凌敦多布以勇闻"[1]。和通泊之战中准军主帅大小策凌敦多布都是准噶尔"最优秀的首领"[2]，身经百战，大者善计善将，小者勇万夫莫当。大、小策凌敦多布等人在指挥此次作战中因地制宜，利用清军主帅傅尔丹有勇寡谋的特点和求胜心切的心理，巧用诱伏战法，在战斗发起之前选择和通泊附近的有利地形设伏，多方示形，调动清军，令间谍引诱清军一步步进入伏击圈，从而大获全胜。克劳塞维茨指出："情报是指我们对敌人和敌国所了解的全部材料，是我们一切想法和行动的基础。"[3] 因为情报是决策的基础，其重要性在于能先知而后行，避免盲动性，所以情报一旦不准确，就可能导致兵败如山倒。准军正是利用离间的办法，派人到清军营中谎报军情而主动创造出了有利的作战态势。

第四节　准噶尔军队在额尔德尼昭中的失利

噶尔丹策零在和通泊大败清军后，乘胜向喀尔喀蒙古发起掳掠式的进军。由于察罕叟尔、科布多皆有清军严密防守，乃取道阿尔泰山南麓，沿额尔齐斯河谷东进。九月，小策零敦多布以六千精骑深入，而大策零敦多布率领主力部队两万人，屯驻苏克阿勒达作为援应。喀尔喀亲王丹津多尔济、额驸策凌于鄂登楚勒截击准噶尔军队，"遣六百骑宵入贼营挑战，诱其来追，而伏兵击之，大破其众，斩其骁将喀喇巴图鲁"[4]。准军受到挫败后遁回阿尔泰山以北。

鄂登楚勒之战使准军东进的势头得到阻遏，使北路清军的战局转危

---

① 松筠：《西陲总统事略》卷一，"初定伊犁纪事"，沈云龙主编：《中国边疆丛书》第一辑，12，台北文海出版社 1965 年版，第 29 页。

② Maurice Courant, *L'Asie Centrale aux 17e et 18e siècles: Empire Kalmouk ou Empire Mantchou?* Paris：A. Picard et fils，1912，p. 85.

③ 转引自阎勤民：《孙子神术》，山西高校联合出版社 1993 年版，第 111 页。

④ 魏源：《圣武记》，韩锡铎、孙文良点校，中华书局 1984 年版，第 144 页。

为安，使清军赢得了军事部署调整所需的时间。此后，准噶尔军队频频煽动喀尔喀贵族、已降清的厄鲁特贵族反清。清廷一方面采取措施安抚喀尔喀蒙古，另一方面压缩防御线。鉴于察罕叟尔兵营偏北势孤，难以阻挡准噶尔军沿阿尔泰山南麓东犯，遂于拜达里克河、推河及翁金河畔，各筑城驻兵，与察罕叟尔互为犄角。与此同时，清廷还对北路清军将帅进行了人事调整，将不胜任大将军之职的马尔赛改授绥远将军，从归化移防拜达里克城，降傅尔丹为振武将军，驻科布多，命顺承亲王锡保为靖边大将军，统辖北路清军。

雍正十年（1732）六月，噶尔丹策零命小策凌敦多布率兵三万，由奇兰至额尔德尼必拉色钦，喀尔喀亲王额驸策凌"偕将军塔尔岱青，御之本博图山"①。准军得知这一消息，乘虚而进，派兵潜袭塔米尔河额驸策凌牧地，"乃破其寨，掳其妻孥，驱牛羊数万以行"②。额驸策凌自率蒙古兵两万回救，"夜半由间道绕出山后，黎明自山顶大呼压而下"③。准军梦中惊起，人不及甲，马不及鞍，尽弃军资物品，仓皇夺路逃遁。策凌率兵衔尾狂追，直抵克尔森齐老，相拒两日，又转战至额尔德尼昭。额尔德尼昭（即光显寺）"左阻山，右限大水"④，准军无路可走，策凌麾军猛击，"乘势蹴之，击杀万余，尸满山谷，河水数十里皆赤"⑤，小策凌敦多布乘夜突围，自推河逃出西窜。锡保和策凌要求绥远将军马尔赛邀击，马尔赛和都统李杕拥兵一万三千，拒不出击，

　　①　张穆：《蒙古游牧记》卷八，《外蒙古喀尔喀齐齐里克盟游牧所在》，沈云龙主编：《中国边疆丛书》第一辑，台北文海出版社 1965 年版，第 370 页。

　　②　昭梿：《啸亭杂录》，何英芳点校，中华书局 1980 年版，第 358 页。

　　③　何秋涛：《朔方备乘》卷四，"荡平准噶尔述略"，《续修四库全书》编纂委员会编：《续修四库全书》741，史部·地理类，上海古籍出版社 1996 年版，第 49 页。

　　④　赵翼：《皇朝武功纪盛》卷二，"平定准噶尔述略前编"，《丛书集成续编》120，史地类，台北新文丰出版公司 1985 年版，第 753 页。或可参见张世明：《噶尔丹策零》，王思治、李鸿彬主编：《清代人物传稿》上编，第 8 卷，中华书局 1995 年版，第 312 页。

　　⑤　赵翼：《皇朝武功纪盛》卷二，"平定准噶尔述略前编"，《丛书集成续编》120，史地类，台北新文丰出版公司 1985 年版，第 753 页。或可参见张世明：《噶尔丹策零》，王思治、李鸿彬主编：《清代人物传稿》上编，第 8 卷，中华书局 1995 年版，第 312 页。

诸将恳求出战，参赞大臣傅鼐跪请，马尔赛终不应允，致使准军残部得以逃生。

偏听则暗，兼听则明。除清朝官书和档案的记载外，俄文档案资料可以使我们从另一侧面对额尔德尼昭之战有完整的认识。在和通泊之战后，噶尔丹策零决定请求俄国派遣军队助战，但无果而终。俄文史料中这样记载道：1732 年 8 月初，被噶尔丹策零派往阿尔泰去见卫拉特军队的司令小策凌敦多布的信使哈达沙拉卜，回到噶尔丹策零的牙帐，他告诉俄国商人杰维亚季亚罗夫斯基（Девятияровский）说，有十万清军驻扎在准噶尔边境的莫多

策凌像

察罕湖天然界区一带，"据说那里修建了一个不小的要塞……有三万卡尔梅克军队在等待着他们"[1]。但是，据了解，清军无意离开要塞，开始进攻后，又无意进入战场。噶尔丹策零指示策凌敦多卜："如果到 8 月 23 日中国军队在阿尔泰附近仍未跟他们发生冲突，那么……当天就转移到蒙古人那里去。"[2] 哈达沙拉卜信使带来了策凌敦多卜给噶尔丹策零的报告，其中说，"他已经派遣了精干的人去蒙古人那里……使之投入准噶尔治下，勿使他们坐以待毙"[3]。从上述俄文史料中可以看，准军当时在清军筑城于察罕叟尔等地并坚壁固守的情况下，遵照噶尔丹策零指示东进，以求策动喀尔喀蒙古倒戈反清，这是与清朝官书和档案记载若合符契的。又据俄文史料记载，是年 10 月 21 日，一名使者到达噶尔丹策零牙帐，带来了卫拉特军队在喀尔喀境内被清军打得大败的消

---

① 伊·亚·兹拉特金：《准噶尔汗国史》，马曼丽译，商务印书馆 1980 年版，第 351 页。

② 伊·亚·兹拉特金：《准噶尔汗国史》，马曼丽译，商务印书馆 1980 年版，第 351 页。

③ 伊·亚·兹拉特金：《准噶尔汗国史》，马曼丽译，商务印书馆 1980 年版，第 351 页。

息。据称，卫拉特人起初捣毁了喀尔喀喇嘛教首脑的住持地——鄂尔浑河畔的额尔德尼昭寺院，获得了俘虏和战利品，但是"中国军队在该地附近的隐蔽处埋伏着，并在那块狭窄的地方重创卡尔梅克军队"①。雷纳特把一位参加过战斗的卫拉特炮手寄给他的信拿给乌格里莫夫看，那个炮手说道：十名炮手中有三名被打死，两名受伤，三名被俘，损失了一门大炮和三门臼炮。1732 年 11 月，策凌敦多布的残余部队解散回家，一些高级军官则到汗的牙帐受审，并且"罚他们穿妇人衣服，因为他们在中国军队进攻时没有坚持抵抗，便扔下战旗，撇下部队逃跑了"②。

额尔德尼昭之战使准噶尔军队重创之后军力渐衰，无力大举东犯，士气低落。与此同时，清政府鉴于连年用兵，暴师于外，糜饷甚巨，也有罢征议和、休养生息的打算。经过反复交涉，清廷和准噶尔汗国于乾隆四年（1739）达成正式协议，以阿尔泰山作为准噶尔与喀尔喀分界线。检讨此次战役，清军作战的主要成功之处有以下几方面：

第一，额尔德尼昭的指挥者策凌有感于喀尔喀蒙古屡受准噶尔部袭扰，乃决心发愤图强训练军队。首先，他组建一千多名勇猛之士组成的亲兵队伍隶于帐下；其次，他针对喀尔喀蒙古军队向来纪律松散的现象，严格军纪，加强阵法训练，使其所部成为一支劲旅。

第二，按照兵法，军气当壮，而军心则不可骄。骄兵必败，哀兵必胜。准噶尔军队骁勇善战，但在和通泊之战后以为北路清军已不堪再战，贸然深入清军腹地，将骄兵懈，放松了驻地和附近地区的戒备，致使策凌军队长途奔袭轻易获得成功。相反，策凌牧地被准军蹂躏，妻、子被准军劫持，因此策凌军队义愤填膺，复仇心切，抓住准军新胜的骄傲心理以及认为喀尔喀军队在本博图山无法回援的错误判断，毅然决定连夜驰救，以迅雷不及掩耳之势发起突然攻击，使敌方措手不及，收到了出其不意的作战效果。

---

① 伊·亚·兹拉特金：《准噶尔汗国史》，马曼丽译，商务印书馆 1980 年版，第 352 页。

② 伊·亚·兹拉特金：《准噶尔汗国史》，马曼丽译，商务印书馆 1980 年版，第 353 页。

第三，孙子在《虚实》篇中指出："凡先处战地而待敌者佚，后处战地而趋战者劳，故善战者，致人而不致于人。"[1] 策凌多年从军漠北，对喀尔喀蒙古地区的山川地貌极为熟悉。"在双方兵力相当的情况下，策凌还注意利用地势之利，扩大对敌军的优势。塔米尔之战，他指挥兵力利用山势，居高纵马俯冲，以强劲而又难以阻挡的阵势，一举压垮敌军。光显寺之战，又利用光显寺谷地的有利地形，巧设伏兵，使准噶尔军战难胜，逃无路，被溺死、踩死、击杀者计万余，败局从此而定。"[2] 额尔德尼昭之战是典型的运动战，策凌军队在此次战役中不仅表现出穷追猛打的战斗作风，而且主动选定战场，利用天然的地形地物造成运动之敌的不利态势。

第五节　战争中若干全局问题的辨析

孟森对雍正朝平准战争的见解十分独到。他说："是役也，世宗张皇大举，命将之礼极隆，盖狃于青海之骤胜，实未尝得准部要领，与康熙间朔漠之功大异。康熙时，噶尔丹转驱喀尔喀来投，而策妄阿喇布坦已绝噶尔丹之归路，圣祖皆先得其情而投其间。雍正时准部无间可投，彼之行诈，将帅茫然。夫无间可用，虽有良将，胜败亦在相持之数，况命将又为蠢蠢之傅尔丹耶？"[3] 孟森还指出："雍正年之用兵准部，为失败之兵事，特内度其帑藏充盈，军士用命，尚不至遽伤元气，则虽不知彼，尚能知己，故不至甚败。且旋即与准部议和撤兵，泄忿于将帅而不敢泄忿于敌，故不以忿兵致害，此尚为明主之事耳。然亦幸外蒙有一策

---

① 中国人民解放军军事科学院战争理论研究部《孙子》注释小组：《孙子兵法新注》，中华书局 2008 年版，第 40 页。

② 李英主编：《中国战争通鉴》，国际文化出版公司 1995 年版，第 717 页。

③ 孟森：《孟森学术论著》，吴俊编校，清史讲义，浙江人民出版社 1998 年版，第 230 页。

凌，能拒强敌，若纯恃满洲军，外蒙不可保而青海西藏皆震动生变矣。"[1]　"此雍正之于准噶尔以征讨始，以和约终，是为西陲未竟之局。"[2]　清朝在雍正年间用兵准噶尔，人力和物力消耗很大，用兵前库帑银五六千万两，到雍正末年只剩下两千多万两，大部分是耗费在西北战场了。雍正帝总结了战争的进程：失败多，获胜少，两路共用兵十余万，跟役近十万，消耗太大。"这次战争的开支和漠北蒙古反战情绪的日益高涨，迫使清政府寻求和平解决之道。"[3]　像噶尔丹策零在牙帐审判额尔德尼昭之战中用兵失律的败将一样，在这次战争中，傅尔丹、岳钟琪、马尔赛、锡保等清军一大批高层武官都被送上了"军事法庭"。应该说，这次战争有许多问题值得深入探讨。

一、雍正帝用人问题

雍正帝把这次战争失败的责任归之于将帅，也做了一点自我反省："朕之筹划于事先者，虽未有爽，而臣工之失机于临事者，不一而足，亦皆朕无能不明之咎。"[4]　西路军主帅岳钟琪是一员战将，康熙末年的驱准保藏与雍正初平定罗卜藏丹津之役均战功卓然，但他不是帅才，主持西路军工作三四年，战绩卑卑不足道。科舍图之战以后，雍正帝将岳钟琪麾下的得力战将黄廷桂、樊廷等人调任他职，而新调来的将领或者与岳钟琪不配合，或者才能难以肩鸿任巨。例如石云倬在南山口畏葸不前即是明证。就北路军营而言，雍正帝尽管三易统帅，但均不能膺专阃之寄。当然，用人不当的失误亦不能完全归咎于雍正帝一人。雍正帝自七年冬便身体不适，至八年三月以后，"或彻夜不成寐，或一二日不思食，寒热往来，阴阳相驳……至四月尽五月初数日甚觉违和"[5]。正当

---

① 孟森：《清史讲义》，广西师范大学出版社 2005 年版，第 203 页。

② 孟森：《明清史讲义》下册，中华书局 1981 年版，第 306 页。

③ Thomas J. Barfield, *The Perilous Frontier: Nomadic Empires and China 221 BC to AD 1757*, Cambridge, Massachusetts: Wiley-Blackwell, 1992, p. 292.

④ 《上谕内阁》，雍正十二年七月二十一日谕。转引自冯尔康：《雍正传》，人民出版社 2008 年版，第 353 页。

⑤ 中国第一历史档案馆编：《雍正朝汉文朱批奏折汇编》第 18 册，江苏古籍出版社 1990 年版，第 1028 页。

羽檄交驰、军情孔亟之际，雍正帝却病魔缠身。我们从张廷玉的年谱中可以看到这样的记载："旧冬十二月及本年（指雍正九年）六月，西北两路大将军用兵失机，贼人屡扰边境。圣心焦劳，指授方略。廷玉日侍内直，自朝至暮，不敢退间，有待至一二鼓时。至九月，军务始定。"① 雍正帝乾纲独断固然实至名归，然而，军机处亲重大臣的参谋和建言，恐怕对雍正帝做出失误决策不无关系。史籍对张廷玉推荐傅尔丹为帅言之凿凿，自不必赘言，想必雍正帝周围亲信之人参与帷幄运筹中误导之处却无由知晓者恐复不少。

二、车骑营问题

和通泊之败，清军旗靡辙乱，道途壅塞，士多死伤。这虽说系主帅轻敌陷险所致，但论者往往归咎于车营不善。雍正十年（1732），张广泗参奏岳钟琪用兵失误时更明确指出：准噶尔军专资马力，清军制敌必须马步兼用，岳钟琪立意用车，与西路清军战区的地形情况不相适应。萧一山指出：车骑营之制"始创于雍正中，岳钟琪与准噶尔战争之时，据传闻则岳钟琪仿明丘濬旧制，稍加损益，凡车宽二尺，长五尺，用一人推车，四人护之，五辆车为伍，二十五辆车为乘，百车为队，千车为营，行军时载粮饷被服，夜则团聚为营，战时两队居前，专司冲突，三队在后随之，其余五队司令官以防敌袭"②。据有关资料记载，车营阵式如下：在雍正年间用兵准噶尔的过程中，清军处于外线作战的状态，而外线作战时后方交通线的保障极为重要。另一方面，准噶尔军队骑兵力量雄厚，骑兵有效攻击之所以能够成功，并非因为其能够对敌方阵地具有攻坚力，而是因为其行动迅速，足以利用敌阵中之任何紊乱。正是这样，岳钟琪借鉴中国古代战争经验，提出车战建议。雍正帝采纳了这一意见，命打造战车，挑选满洲护军组成车骑营，进行练习，并亲自检阅。史载，当时西北两路清军都依车营法组建了车骑营，雍正十年出征准噶尔时，仅北路就有车骑营将士九千名。萧一山认为，车营阵式"与

---

① 张廷玉：《张廷玉年谱》卷五，戴鸿义点校，中华书局1992年版，第34页。

② 萧一山：《清代通史》上册，中华书局1925年版，第507页。

专防御敌人强袭之一种游动堡垒相类。车战可以行于平原，不能行于峡谷。岳钟琪实用此营制于天山南路之平野，屡得奏捷，固其宜也。但当注意者，车战制无论如何皆以消极目的为主，如古之春秋时之车战，不以冲溃敌队为目的者是也。唐宋以后，中国人与塞外人交战之际，每利用车战，其方法与古代车战制不同。观于岳钟琪之阵图，配置强有力之骑兵团，接近前队，可以证之矣"①。魏源这样写道："考车营之制，宜近城堡相犄角，乃为万全，非长驱捣巢之利，尤非所施于伊犁三岭之险。"② 魏源的观点在某种意义上与张广泗的观点有相近之处，即认为车骑营与战区地形不适应。而萧一山认为岳钟琪曾利用车骑营在天山南路屡屡获胜，这是不正确的。在哈密、巴里坤、吐鲁番一线，地形起伏不平，岳钟琪在当时无法利用车骑营为克敌制胜的利器。不过，萧一山认识到了岳钟琪车骑营与前代的变化。事实上，车骑营尽管在雍正年间效用不彰，但车骑营战术探索的停止实乃因噎废食。从明代起，车营装备就以炮车的机动性和火炮的杀伤力相结合为特征，已接近近现代的炮兵营，甚至可以说是炮兵作战的先驱。岳钟琪建议的车骑营本质上是企图利用可机动的火力优势以对付善驰突的准噶尔军队，与前代不同，其"用车在用火"，与孙承宗《车营叩答合编》的用兵思想同出一辙。③

三、军队内部团结问题

师贵在和，不在众。冯尔康认为："满汉矛盾在战争中（指雍正年间平准战争）暴露了，也影响到战争的结局。满汉不平等，八旗兵待遇高于绿营兵，歧视绿营兵。绿营兵不满，反抗也是理所当然的。纪成斌蔑视打仗无能的查廪之辈，反映了绿营对八旗的不满情绪，深知满汉矛盾利害的岳钟琪，欲事弥合，卒未成功，说明这个矛盾是不可调和的，虽然尚不至于激化。雍正始初重用岳钟琪，不愧为有识之见，但他仍然

---

① 萧一山：《清代通史》第 4 册，中华书局 1986 年版，第 74 页。

② 魏源：《圣武记》，兵制兵饷，韩锡铎、孙文良点校，中华书局 1984 年版，第 486 页。

③ 孙承宗：《车营叩答合编》，任继愈主编：《中国科学技术典籍通汇》科技卷，第 5 分册，河南教育出版社 1994 年版，第 1171 页。

坚持依靠满洲的基本政策，偏袒满员，这就是他奖惩不公的一个原因。八旗和绿营的矛盾，因而军前不能一心一德，通力合作，绿营军也不可能充分发挥它的战斗力。"① 满汉矛盾突出是清军内部团结受到影响的一个重要方面。其实，由于满汉之间存在隔阂，雍正帝对岳钟琪也是疑虑重重。《清鉴纲目》中云："钟琪总督川陕时，即是谤言四起，谗谮于帝者不绝。有讹言其将起兵反清，为年羹尧复仇者。甚有谓钟琪系岳飞之后，将修宋、金之旧怨者。及曾、吕狱起，钟琪虽立擒以闻，荷褒忠赤，然而世宗卒以是疑忌，倚任不终之原因，盖在于此。"② 岳钟琪在当时深知满汉矛盾集中在他身上，为引嫌自避起见，其在处理曾静—吕留良案、上书主战、释放有罪之满将查廪而抑制汉族将领等问题上，如履薄冰，竭力表襮自己精忠耿耿，但仍不免最终身陷图圄。另一方面，军队内部腐败现象严重，清军将领追求舒适安逸而不体恤士卒，不公平感弥漫军营，士兵怨言啧啧。这样，清军内部上下解体，不能众志成城，战斗力遭到削弱。与19世纪左宗棠收复新疆之役相比，清军内部当时在西征军中亦派系重重，但由于左宗棠善于化解矛盾，有条不紊地进行军队人事调整，最终组成强大合力而树铜表于边关。

---

① 冯尔康：《雍正传》，人民出版社1995年版，第357页。
② 印鸾章：《清鉴纲目》卷六，邓球柏、钟楚楚标点，岳麓书社1987年版，第297页。

第八章　乾隆朝对准噶尔、回部的战争

第一节　第一次对准噶尔部战争

一、准噶尔部内讧

　　游牧社会多贵族联合统治，各部落之间的联系并不特别紧密，而且部落之上的层级的统治者的产生尽管存在会盟协商等机制，但这种机制的程序性和强制力等都具有先天性缺陷，所以武装和经济的实力成为选举的替代机制。从类型学角度而言，在中国内地集权体制和现代西方民主体制这两极之间，游牧社会内部的这种政治体制是最为不稳定的。其内部互相冲突的力量必须在具有权威的强势人物驾驭下向外转移注意力才能形成合力，否则当强势人物一旦故去，继立者的权力与权威不相匹配，内部意见不能统一，则兵戎相见，以武力作为发言的形式，原先强大的汗国往往四分五裂，迅速趋于衰萎。用乾隆帝的话来说就是，在一二有能为之长时，其树也固焉。而在一二暴失德之长时，其

传统绘画中的蒙古生活缩影

亡也忽焉。这种人亡政息的情形较之典章制度严密的内地农耕社会集权体制尤为明显。尽管中国内地王朝国家也一直无法摆脱所谓周期性循环的怪圈，但较为完善的制度往往可以作为王朝生命力的支柱，延缓其衰亡。元朝之所以不到百年，而清朝之所以存在将近三百年，人们通常认为这是由于清朝满族统治者吸收汉族文化较深的缘故，这种观点其实就反映了中国传统的包括科举考试在内的行政典章制度对于一个王朝运祚长短具有关键性作用。

乾隆十年（1745），一代枭雄噶尔丹策零病殁。他有三子一女，长子喇嘛达尔扎时年十九岁；次子纳木扎尔，十三岁；幼子策妄达什，七岁。女儿为鄂兰巴雅尔。喇嘛达尔扎虽年长，却系庶出，而次子纳木扎尔以母贵嗣汗位。但年纪最小的策妄达什却为准噶尔部权势显赫的大小策零敦多布部属所拥护。纳木扎尔童昏无行，暴戾恣睢，不听其姊鄂兰巴雅尔的善言规劝，反而诬说鄂兰巴雅尔欲效俄罗斯自立为扣肯汗（即女皇），拘而系之，[①] 对当时扎尔固的谏阻更是置若罔闻，处死了许多名宰桑，引起准噶尔内部多数贵族的不满。纳木扎尔的姐夫萨奇伯勒克助其庶兄喇嘛达尔扎密谋杀害纳木扎尔。这一计划被小策零敦多布三子达什达瓦泄露。纳木扎尔抢先聚兵拘捕，不料却被反对者挫败擒获，剜去双目，最终与达什达瓦一样遭到杀害。喇嘛达尔扎取得了厄鲁特的汗位。达什达瓦继承其父小策零敦多布之业，为准噶尔一大部落。在达什达瓦被囚后，其属下宰桑萨喇尔率部分属民千余户内迁，于乾隆十五年（1750）归附清政府。据《啸亭杂录》所记，乾隆帝召见萨喇尔，询以准噶尔内部情事。萨喇尔曰："目今诸台吉皆觊觎大位，各不相下。达尔扎以方外之人，篡弑得国，谁肯愿为其仆……今达尔扎妄自尊大，仿效汉习，每召对时，长跪请命，罄欬之下，死生以之。故故旧切齿，其危亡可立待也。"[②] 这段材料说明了以下几个问题：其一，在身份等级森严的卫拉特蒙古中，嫡庶观念非常浓厚，达尔扎被称为"方外之

---

① 祁韵士：《皇朝藩部要略》卷十二，"厄鲁特要略四"，道光筼渌山房刻本，页四至五。

② 昭梿：《啸亭杂录》卷四，"萨赖尔之叛"，何英芳点校，中华书局1980年版，第87页。

人"，难孚众望，言其系篡弑得国，准噶尔部族中一些立有战功的贵胄十分不平，对其不肯俯首臣服；其二，文中所谓"今达尔札妄自尊大，仿效汉习，每召对时，长跪请命，謦欬之下，死生以之"云云，在这里"汉习"代表的是卫拉特蒙古对于中原农耕社会发达的专制集权政治体制的认知，反映了草原游牧社会贵族联合统治体制与农耕社会专制集权体制之间的冲突与矛盾。

在非民主社会，反对者除了负气出走之外，另一条道路就是拍案而起的反抗。如前所述，喇嘛达尔札因系庶出，虽然取得汗位，但反对势力的暗流却一直涌动。大小策零敦多布的后裔和其他贵族都反对他，策划拥立其幼弟策妄达什。其中的主谋人物包括大策零敦多布之孙达瓦齐和辉特部台吉阿睦尔撒纳、和硕特部台吉班珠尔、杜尔伯特部台吉车凌等。[①] 喇嘛达尔札发觉这个计划后立即诛戮策妄达什及达什达瓦。此后，阿睦尔撒纳等转而拥戴达瓦齐。达瓦齐倚恃其祖父的声威，在准部地位很高，且据地广阔，部众甚多，"依照传统的习惯，达瓦齐有合法的继承汗位的理由"[②]。乾隆十六年（1751），喇嘛达尔扎遣宰桑博和尔岱前往额尔齐斯河，邀达瓦齐赴伊犁议事。达瓦齐知事态紧急，旋与班珠尔、阿睦尔撒纳议定，拟于九月投清，但为人告发，喇嘛达尔扎发兵穷追，达瓦齐等兵败，率少数亲信逃往哈萨克，其家属被押至伊犁监禁。准噶尔人伯勒克向清朝官员这样供述说，达瓦齐"带了部落下的人要投哈萨克，被喇嘛达尔济所派的兵赶上，将他家眷、部落下人拿回。大瓦齐只剩得一百多人，内有塔尔巴哈台地方住的一个头目叫阿木尔沙那，一同投往哈萨克地方去了。喇嘛达尔济知道了，把阿木尔沙那管的

---

① 阿睦尔撒纳与班珠尔虽分为两部台吉，实均为和硕特拉藏汗长子丹衷所生，又都是策妄阿拉布坦的外孙。当年，策妄阿拉布坦为笼络控制着西藏的和硕特汗王拉藏汗，将自己女儿博托洛克许配拉藏汗之子丹衷为妻。丹衷长期住在准噶尔，博托洛克先生子班珠尔，后又怀阿睦尔撒纳。策妄阿拉布坦因争夺西藏，发兵攻杀拉藏汗，将自己的女婿丹衷处死，且将女儿博托洛克改嫁辉特部台吉韦征和硕齐。博托洛克改嫁后不久，即生下丹衷的遗腹子阿睦尔撒纳。

② 伊·亚·兹拉特金：《有关阿睦尔撒纳的俄国档案资料》，《蒙古民族的语文与历史》，莫斯科1958年版，第293页。转引自马汝珩、马大正：《厄鲁特蒙古史论集》，青海人民出版社1984年版，第109页。

人分给众人一半，其余一半给与阿木尔沙那的叔叔插克答尔管了，又把大瓦齐家眷拿到伊里看守，要等拿住大瓦齐一同伤害"①。喇嘛达尔济随派了两个宰桑，"带领三万人去拿大瓦齐……有哈萨克的一个小头目与大瓦齐相好，就把情由告诉大瓦齐，帮了一匹马一个人，叫大瓦齐自己取便，大瓦齐随同阿木尔沙那并原带的一百多人，又带了素日相好哈萨克的几个人逃走。路上看见准噶尔的兵，大瓦齐们暗暗的绕路，走到原住的塔尔巴哈台地方，同阿木尔沙那将原管的旧人都收了，又把插克答尔全家杀坏，插克答尔管的人都归顺，共凑有一千多人……一路遇见的人，也有杀的，也有收的，直来伊里拿喇嘛达尔济。喇嘛达尔济听见，复差四个宰桑，一叫兔勒苦，一叫乌克兔，一叫阿什尔，一叫卜地，着在沿边地方挑兵截拿大瓦齐。这四个宰桑兵还没有挑齐，走到半路，就迎着大瓦齐，这兔勒苦、乌克兔两个就顺了，阿什尔、卜地两个不顺，被达瓦齐赶上杀了"②。

乾隆十七年（1752）十一月底，达瓦齐、阿睦尔撒纳所部抵达伊犁，将喇嘛达尔札俘虏。据陕甘总督永常的报告，一个到肃州贸易的维吾尔族人曾目睹了这场战争。此人叙述说："我前年跟随额连胡哩贸易回去。那时达瓦齐正领着人到伊里，与喇嘛达尔济打仗，将达尔济营盘围了两天。有达尔济办事的缠头头目，大家商量，说是为他一个，苦了众生，遂将喇嘛达尔济拿献与达瓦齐，那是腊月二十一日。达瓦齐就把达尔济杀了，自己坐了台吉。如今噶尔丹策零子孙已是绝了。"③ 上述为目击者口述有关达瓦齐灭喇嘛达尔札的详细情形。这段经过在昭槤《啸亭杂录》中做如下记载："达瓦齐等兵败，窜入哈萨克。达尔札以二人不除，终为祸害，遂遣心腹人率兵六万追之，期于必获。达瓦齐计

---

① 宫中档，第2713箱，第22包，第4469号，乾隆十八年八月初九日陕甘总督永常奏。转引自庄吉发：《清高宗十全武功研究》，中华书局1987年版，第30页。

② 宫中档，第2725箱，第30包，第6461号，乾隆十九年闰四月十五日陕甘总督永常奏。

③ 中国第一历史档案馆藏：军机处录副奏折·蒙族项，第2294卷，第5号，永常奏报察询准噶尔情形及闻知贸易将到折。

无所出，日夜涕泣而已。阿逆曰：'与其束以待擒，何若铤而走险，兵法所谓往扼其吭者也。'因率精锐卒一千五百人，裹粮怀刃，于山岭僻境绕道入伊犁，乘其不备，夤夜突入其幕。达尔札方围炉拥妾饮酒，阿逆趋而斩之，抚定其部落。迎达瓦齐入，立之。"① 这段记载较简单而大体正确，但未言及前述维吾尔族的作用，不过攻打伊犁的突袭性和阿睦尔撒纳的功绩在这里被突出，想必是根据阿睦尔撒纳归附清朝时所陈述内容而载之于书。

达瓦齐虽立为汗，但终日饮酒，事务皆废。厄鲁特蒙古人由于连年战乱，无一日安宁，嗟怨载道，每多纷纷入边避乱。达什达瓦之子、小策零敦多布之子讷默库济勒噶在一些宰桑的支持下，起来争汗位，于是大小策零敦多布家族之间又发生混战。阿睦尔撒纳助达瓦齐，擒杀济勒噶。在这场火并中，两雄争立，各征兵于诸部，使民众莫知适从。杜尔伯特部不愿附从达瓦齐，达瓦齐与阿睦尔撒纳请求邻部哈萨克中帐苏丹阿布赉出兵进攻杜尔伯特部，"粉碎了许多卡尔梅克（指杜尔伯特部。——引者注）的兀鲁思"②，给杜尔伯特部造成严重损失。杜尔伯特部长期以来遭受准噶尔部的排挤，深受准噶尔统治集团混战之苦，其领袖车凌、车凌乌巴什、车凌孟克 "集族谋曰：依准噶尔，非计也，不如归天朝为永聚计"③，遂于乾隆十八年（1753）冬率所属三千多户、一万多人离开原牧地额尔齐斯河，翻山越岭，冲寒冒雪，摆脱追兵，跋涉月余，来到清朝定边左副将军衮札布的驻地乌里雅苏台，归附清朝。是为历史上有名的三车凌降清事件。

在清朝和准噶尔割据势力的长期斗争中，卫拉特蒙古族如此大规模内迁还是第一次，堪称闻风归附清朝者倡。屈服于绰罗斯部洪台吉统治

---

① 昭梿：《啸亭杂录》卷三，"西域用兵始末"，何英芳点校，中华书局 1980 年版，第 75 页。

② 伊·亚·兹拉特金：《准噶尔汗国史》，马曼丽译，商务印书馆 1980 年版，第 412 页。亦可参见马汝珩、马大正：《厄鲁特蒙古史论集》，青海人民出版社 1984 年版，第 126 页。

③ 张穆：《蒙古游牧记》卷十三，沈云龙主编：《中国边疆丛书》第一辑，台北文海出版社 1965 年版，第 622 页。亦见赵尔巽等撰：《清史稿》卷五百二十三，列传三百一十，藩部六，中华书局 1977 年版，第 14477 页。

万树园夜宴图

约有一个世纪的杜尔伯特、和硕特、辉特各部现在显示出了叛离的形势，准噶尔汗的国家和统一正面临着瓦解的危机。[①] 乾隆帝十分重视此事，派侍郎玉保负责料理其安置事宜，并于次年编旗分设佐领，将杜尔伯特部命名为赛因济雅哈图盟，下设十三个札萨克，以车凌为盟长、车凌乌巴什为副盟长。乾隆十九年（1754）五月，乾隆帝比常年提前驻跸避暑山庄，接见三车凌和其他蒙古王公，封车凌为亲王、车凌乌巴什为郡王、车凌孟克为贝勒，连续隆重赐宴八次，其中在万树园赐宴、命观火戏即达五次。入夜，避暑山庄内灯火通明，乐声大作，放烟火，演杂技，自山庄建立以来，从未有如是热闹的场面。供职内廷的外国传教士郎世宁（Giuseppe Castiglione，1688—1766）、王致诚（Jean-Denis Attiret，1702—1768）、艾启蒙（Ignatius Sickeltart，1708—1780）奉命合笔所画《万树园夜宴图》，就是描绘甲午（十六日）乾隆帝御万树园赐三车凌宴盛大场面的历史图卷。乾隆帝吟诗以志其盛曰："万树参天焕

---

① 若松寬「オイラート族の発展」『岩波講座・世界歴史』第 13 卷（中世紀，7）、岩波書店、1971 年、101 頁。

曙霞，穹庐酒醴乐柔遐。熏风五月偏含爽，湛露三巡共拜嘉。""倒碗吞刀百戏陈，升平歌里踏灯轮。重裀列坐欢情洽，底用通言借舌人。"①

　　乾隆四年（1739），清朝和准噶尔就边界问题通过谈判达成协议，正式划定了游牧界限，并于次年议定贸易通商章程。此后，清朝基本上与准噶尔尽量保持和平关系。唯清朝和准噶尔双方未曾议及刷还逃人问题，这其实为嗣后三车凌戕戮来归等留下了伏笔。在噶尔丹策零病故之际，清廷有人提出乘机出兵准噶尔，但乾隆帝以乘对方有丧之际发兵征讨不德，"此事朕断不为"②。在喇嘛达尔扎统治准噶尔时，清朝出于削弱喇嘛达尔扎的考虑，曾寄望于达瓦齐，认定达瓦齐与喇嘛达尔扎不合，必会在穷窘之际前来投诚。若论与准噶尔和好，当然不应收受。但是，在议定疆界时，双方并无彼此不留逃人之说。况且自康熙年间以来，收来此等之准噶尔人，不知凡几。所以当时清朝连如何安置达瓦齐的方案都商量好了，一厢情愿地翘首等待达瓦齐前来投奔。具有讽刺意味的是，达瓦齐并未学习萨喇尔，而是于乾隆十七年（1752）十一月出人意料地起兵突入伊犁，杀死了喇嘛达尔扎汗，取而代之。

　　是时，乾隆帝亦曾调兵遣将加紧备战，但公开发布的谕旨仍言"我大国无乘乱兴师之理"③，仅仅出于恐其内乱余殃四播而预为防范自保。在三车凌归附清朝时，乾隆帝就凭借自己的实力大胆收留，于寄信上谕中指出：抚驭外夷之道，原在随时筹酌，相机办理。今彼中纷争构衅，皆篡弑之人，达瓦齐又非其族类，何曾以和好为言。其所属夷人避乱投

　　①　和珅、梁国治等：《钦定热河志》卷二十三，纪昀等编纂：《景印文渊阁四库全书》第四百九十五册，史部，二五三，地理类，台北商务印书馆股份有限公司2008年版，第337页。亦载钟兴麒等校注：《西域图志校注》卷首二，天章二，山庄灯词（八首），新疆人民出版社2002年版，第14页。或可参见承德市文物局、中国人民大学清史研究所编：《承德避暑山庄》，文物出版社1980年版，第91页。

　　②　《清高宗纯皇帝实录》卷二百五十二，乾隆十年十一月，台北华文书局股份有限公司1960—1970年版，第3656页。

　　③　《清高宗纯皇帝实录》卷四百四十五，乾隆十八年八月，台北华文书局股份有限公司1960—1970年版，第6548页。或可参见赵之恒点校：《大清十朝圣训》，清高宗圣训，北京燕山出版社1998年版，第4644页。

诚到卡，乃穷蹙来归天朝，自当收留安置，何必阻留卡外，绝其内附之心。如或追兵来赶，即当守我卡伦，无令阑入，彼若阑入，即当拘执，方为正理。① 乾隆帝通过与三车凌的见面进一步了解到准噶尔的内部情况，决心抓住这个天赐良机对准噶尔开战，乱而取之，以完成父祖两代灭取准噶尔的未竟之业。谕曰："今车凌、车凌乌巴什等来到，问其情形及准噶尔来使敦多克等光景，彼处人心不一，甚属乖离，乘其不备，议定明年由阿尔台、巴里坤二处进兵。"② 所谓"是年为经理西陲之始"③ 当即指此。乾隆帝对于达瓦齐的态度也由此丕然转变。在乾隆帝于承德避暑山庄接见三车凌入觐的同时，达瓦齐的使节也入关要求进见解释准噶尔的各种问题，乾隆帝此时虽亦令该使节一同入宴、共观百戏，但明确开始指责达瓦齐弑君悖乱的继位合法性，对于达瓦齐政权以邻国自居不予承认，谕曰："从前准夷部落，准其通贡贸易，原系加恩噶尔丹策零。其后策妄多尔济那木扎勒、喇嘛达尔扎继立，因系噶尔丹策零之子孙，是以仍前办理。至达瓦齐篡立，则系伊之仆属矣。今伊贡使前来，若仍前相待，我朝当全盛之时，国体攸关，不应委曲从事，以示弱于外夷。若少示贬损，准夷素性猜疑，阴怀叵测，将来必至构衅滋事，不得不先为防范。况伊部落数年以来，内乱相寻，又与哈萨克为难。此正可乘之机。若失此不图，再阅数年，伊事势稍定，必将故智复萌，然后仓猝备御，其劳费必且更倍于今。"④ 三车凌归附后入觐的情况介绍是乾隆帝改变对准政策的触机，而不久阿睦尔撒纳的归附更加增强了乾隆帝平

---

① 参详《清高宗纯皇帝实录》卷四百五十三，乾隆十八年十二月，台北华文书局股份有限公司1960—1970年版，第6662页。

② 《清高宗纯皇帝实录》卷四百六十五，乾隆十九年五月，台北华文书局股份有限公司1960—1970年版，第6792页。

③ 和珅、梁国治等：《钦定热河志》卷二十三，徐远一，纪昀等编纂：《景印文渊阁四库全书》第四百九十五册，史部，二五三，地理类，台北商务印书馆股份有限公司2008年版，第339页。相关研究或可参见杨伯达：《〈万树园赐宴图〉考析》，故宫博物院紫禁城出版社编：《故宫博物院藏宝录》，上海文艺出版社1986年版，第164页。

④ 《清高宗纯皇帝实录》卷四百六十四，乾隆十九年五月，台北华文书局股份有限公司1960—1970年版，第6783页。

准的决心。

二、清朝出兵决策经过

达瓦齐与阿睦尔撒纳的联合本来就是相互利用。在他们的共同敌人被打倒之后，彼此之间就逐渐隐恨成隙，以至于最终反目为仇，势同水火。阿睦尔撒纳向达瓦齐提出分统厄鲁特的要求，被达瓦齐拒绝。据准噶尔降人供称："阿木尔沙那同达瓦齐自哈撒克带兵回至伊里，将喇嘛达尔济攻灭，向达瓦齐曾说伊里以北让我管理，卜罗塔拉以南给达瓦齐管理，后因达瓦齐不允，所以争杀。"[①]加之，阿睦尔撒纳的岳父达什是杜尔伯特部大宰桑，曾参加反对达瓦齐的活动，达瓦齐执政后不顾阿睦尔撒纳求情将其杀害。此举使达瓦齐和阿睦尔撒纳两个当年政治斗争中的盟友走上了战场。阿睦尔撒纳向哈萨克的阿布赍苏丹请援，阿布赍苏丹派大军协助，阿睦尔撒纳亦趁机进兵。达瓦齐不敌，放弃伊犁退往博尔塔拉。哈萨克人在伊犁大肆烧杀，焚毁了金碧辉煌的扎尔固寺和海努克寺，自策妄阿拉布坦时代开始经营的中亚最后一个佛教中心只剩断壁残垣。乾隆十九年（1754）春，从汗国各地调集了近四万军队的达瓦齐发兵攻打阿睦尔撒纳。阿布赍苏丹这次没有再派援军，阿睦尔撒纳孤掌难鸣，一路败退，遂与杜尔伯特台吉讷默库、和硕特台吉班珠尔率众两万余人投奔清朝，企图借助清朝的力量打垮达瓦齐。

乾隆十九年七月，乾隆帝从热河接见完三车凌之后至盛京拜谒祖陵，遍历山河形势，检阅实录，仰见祖宗龙兴关外，创业维艰，统有天下，至今百有余年，受无穷之惠，所以一种积极进取的历史使命感油然而生。在此历史关键时刻，阿睦尔撒纳的来降，对于明年进兵无疑大有裨益。乾隆帝闻讯后，认为阿睦尔撒纳乃最要之人，对其率部内投大喜过望。此时，乾隆帝尽管如前所说已经于是年五月驻跸承德避暑山庄，但为了早定平准大计，决定于同年十一月再去避暑山庄接见阿睦尔撒纳等。乾隆十九年十月，北京城内也充满了临阵战备状态，即将选派出征

---

① 宫中档，第2725箱，第35包，第7572号，乾隆十九年九月初五日刘统勋奏。转引自庄吉发：《清高宗十全武功研究》，中华书局1987年版，第30页。

之健锐营兵及京城前锋护军官员等已经开始在圆明园西厂操演，乾隆帝还亲自加恩赏饭。同月，"谕军机大臣等：据玉保奏称，谕令阿睦尔撒纳偕行，先至避暑山庄附近地方，祗候驾临等语。阿睦尔撒纳诚心归顺，感戴朕恩，急欲瞻仰之意，朕甚嘉之。朕亦急欲见其人。但本年十一月初九日冬至南郊大祀为国家巨典，朕必亲诣行礼。是以初九日天坛礼毕，即于初十日起銮，前赴避暑山庄。向来至避暑山庄须行六站，今并作三站行走。到彼后，召见伊等，施恩筵宴，意欲多住数日。复以二十五日恭逢圣母皇太后万寿圣节，应行庆贺礼。于回銮时亦并站三日至京。朕所以计日并站而行者，无非急欲见阿睦尔撒纳之意。将此寄知玉保，令其晓谕阿睦尔撒纳知之"①。乾隆帝主持冬至节的祭天大典之后便风尘仆仆前去避暑山庄与阿睦尔撒纳相见。接见时，乾隆帝用蒙古语详询了准部变乱始末和出兵意见。阿睦尔撒纳一进入清朝边界之内就向策楞等请求出兵，攻打达瓦齐，此时见到乾隆帝更是力陈伊犁可取状。关于进兵的时间，阿睦尔撒纳等提出："塞外秋弥时，我马肥，彼马亦肥，不如春月乘其未备，且不能远遁，可一战擒之，无后患。"② 关于进兵时所用旗帜，乾隆帝本欲用上三旗的正黄、镶黄、正白三色，阿睦尔撒纳等建议"所用旧纛，每到准噶尔地方，彼处人众，易于识认，投降甚便"③，乾隆帝允准"明年进兵时，着仍用伊等旧纛"④。觐见后，乾隆帝还封阿睦尔撒纳为亲王，封讷默库、班珠尔为郡王，其余首领二十余人俱封贝勒、贝子、公等，并多次宴赍。乾隆帝还亲与分较马射，令健锐营骑兵表演马术助兴；宫廷画家郎世宁所绘《马术图》即生动再现了当时骑士们辗转腾挪的矫健英姿。

准噶尔内讧为清朝统一天山南北西域地区带来了千载难逢的良机。

---

① 《清高宗纯皇帝实录》卷四百七十五，乾隆十九年十月，台北华文书局股份有限公司 1960—1970 年版，第 6902 页。

② 魏源：《圣武记》，韩锡铎、孙文良点校，中华书局 1984 年版，第 151 页。

③ 《清高宗纯皇帝实录》卷四百七十六，乾隆十九年十一月，台北华文书局股份有限公司 1960—1970 年版，第 6925 页。

④ 《清高宗纯皇帝实录》卷四百七十六，乾隆十九年十一月，台北华文书局股份有限公司 1960—1970 年版，第 6925 页。相关研究或可参见王宏钧、刘如仲：《准噶尔的历史与文物》，青海人民出版社 1984 年版，第 98 页。

马术图

从事后来看，当时准部内部四分五裂，已经被严重削弱，力量的天平完全倾向于清廷，平准大军实际上已经胜券在握。但如清人赵翼所说，"由今日事后观之，固共晓然于天意。而当用兵之始，固莫测果何如也"①。一切事将举未举之时，成败之界，判在几希，更何况兵凶战危，雍正年间和通泊之败的灾难虽已过去将近三十年，而清廷诸臣余悸尚存，有惩羹吹齑之思，每每谈虎色变，以深入为险，不敢侈谈进军。当准噶尔内部篡夺频仍、诸部瓦解、接踵内属、有机可乘时，乾隆帝筹议兴师征伐准噶尔，所有汉大臣皆未与议，满族大臣策楞、舒赫德等几乎都没有看清有利的形势，莫不畏难沮议，担心贸然出兵，重蹈覆辙，俱不主用兵，唯大学士傅恒仰承旨意，奏请办理。在这关键时刻，乾隆帝却能揆之理势，独排众议，不失时机地做出正确的选择，命将兴师，分路致讨。乾隆帝这一决策英明而及时，关系到国家的统一和各民族的命

---

① 赵翼：《平定准噶尔附论》，贺长龄辑：《皇朝经世文编》卷八十一，兵政十二，塞防下，沈云龙主编：《近代中国史料丛刊》第七十四辑，731，台北文海出版社1972年版，第2877页。

运。一个杰出的领导人重要的是能够高瞻远瞩地洞悉那些过后看来是一清二楚的事情，并不为悠悠之论所夺，见利不失，遇时不疑，果敢决断地带动整个国家跟随他一起前进。乾隆帝做到了这一点，较之其他人高出一筹，为国家和民族做出了不可磨灭的贡献。①

后来，乾隆帝在穷力以追阿睦尔撒纳之际曾令大臣据实直抒己见以备采择，而大学士史贻直则有弃伊犁之说，②足见汉族大臣对于乾隆帝的决策并不理解。乾隆帝后来回顾当年决策的情形云：对于平准，"即车凌等始至时，朕尚无意及此"③。这段表白见于其召见诸王满洲大臣等宣示办理平定准噶尔事宜并训饬臣工的上谕，意在说明自己初衷无意好大喜功，但与其在见到三车凌以后萌生平准意念的说法并不矛盾，因为这里"车凌等始至时"一语已经把时间讲得很清楚，并非是在承德避暑山庄入觐时。乾隆帝陆续在不同场合详细阐述了自己决策的心路历程，认为自其皇祖皇考时，就有志于此，唯因机无可乘，故大勋未集。如今上苍以其国界大清，事机已至，无烦大举，以国家之余饷，两路并进，不过以新降厄鲁特之力，少益以内地之兵，即可成积年未成之功。此皆上苍默佑，有不期然而然者。与其费力于将来，不若乘机一举。以应行之事，值可乘之时，而牵于浮论，坐失机宜，岂不贻笑天下后世？他指出："初未有兴师致讨之成心。迩年因其篡夺相寻，人心瓦解，诸部台吉车凌、车凌乌巴什及阿睦尔撒纳等叩关内附，先后踵至。其人皆熟悉彼地情形，洞晓军务。朕于热河召见时，伊等皆深知感激朕恩，以愿效前驱为请。是其势有可乘，机不容失，因筹及两路兴师之举，而人心狃于久安。在廷诸臣，惟大学士傅恒与朕协心赞画，断在必行，余无不意存畏葸。今日诸王大臣俱在，试各自揣本心，方创议伊始，确然信为必当从事者谁乎？甚至如策楞、舒赫德身肩其任，而懦怯乖张，几至偾

---

① 参见戴逸：《乾隆帝及其时代》，中国人民大学出版社1992年版，第196页。

② 《清高宗纯皇帝实录》卷五百四十八，乾隆二十二年冬十月，台北华文书局股份有限公司1960—1970年版，第7996页。

③ 《清高宗纯皇帝实录》卷四百七十五，乾隆十九年十月，台北华文书局股份有限公司1960—1970年版，第6912页。

事……即朕筹办之初，亦未敢遽信大功计日可就，是以祃牙推毂之典，概未举行。设若时会稍有濡迟，朕亦惟有自为引咎耳。"① 阿睦尔撒纳与乾隆帝见面后，虽冬月严寒，却汗下如雨，退告其下曰："真天人也，敢不詟服！"这是对于乾隆帝魄力的由衷敬佩，而傅恒则退曰："余今日胆裂，自不知生死矣！"② 面临这样的大兵大役，傅文忠可以说一生大局均定于此，身命亦系于此，估计这时所想到的是当年金川之役张广泗、讷亲的下场。其实，在这种历史关头的抉择，挑战与风险并存，成败利钝尚在未定之天。无论乾隆帝的决意用兵，还是阿睦尔撒纳的引兵反攻，或者傅恒的力赞，实际上都难免对于不可预知的未来结局悚然心惊。

三、第一次准噶尔之役得失分析

在平准战争中，乾隆帝甚感困难的一个重大问题就是择帅命将。乾隆二十年（1755）二月，清军分兵两路出师平准，乾隆帝日后所说的"西师"由此正式拉开了帷幕。在此之前，乾隆帝命班第为定北将军，阿睦尔撒纳为定边左副将军，亲王固伦额驸色布腾巴尔珠尔，郡王讷默库、班珠尔、青滚杂卜，尚书达尔党阿、将军阿兰泰、内大臣玛木特等为参赞大臣，由北路大营乌里雅苏台出兵；命永常为定西将军，萨喇尔为定边右副将军，亲王额琳沁多尔济、车凌，郡王车凌乌巴什，贝勒车凌孟克、色布腾，贝子扎拉丰阿、总督鄂容安参赞大臣，由西路大营巴里坤出兵。北路兵三万，西路兵二万，内含京城满洲兵四千、黑龙江兵二千、索伦巴尔虎兵八千、绥远右卫兵二千五百、西安满洲兵二千五百、凉州庄浪满洲兵一千、宁夏兵一千、察哈尔兵四千、新降厄鲁特兵二千、归化城土默特兵一千、阿拉善蒙古兵五百、哲里木兵二千、昭乌达兵二千、喀尔喀兵三千五百、和托辉特兵五百、宣化大同绿旗炮手兵一千、甘肃各营安西绿旗兵1万、阿睦尔撒纳归附兵二千三百。各兵乘

---

① 《清高宗纯皇帝实录》卷四百八十九，乾隆二十年五月，台北华文书局股份有限公司1960—1970年版，第7107页。

② 昭梿：《啸亭杂录》卷三，"西域用兵始末"，何英芳点校，中华书局1980年版，第76页。

平定准噶尔图卷局部

骑马匹，满洲蒙古按一兵三马，二兵一驼，绿旗按一兵二马，四兵一驼拨给。

此次出征的特点是采取以敌攻敌之策，降人之功实居甚多。清廷当时以新降之厄鲁特兵作前锋，建旧纛先行，从而分化敌众，招纳降人，减少抵抗。即乾隆帝所说，"朕此次即满兵亦不多用，仍以新归顺之厄鲁特攻厄鲁特耳"①。二月十二日，阿睦尔撒纳率北路哨探兵六千名比原定出发日期提前三天从乌里苏台军营起程。八天后，定边将军班第即率察哈尔兵三千名衔尾而进。萨喇尔率西路哨探兵也比原议提前三日从巴里坤军营进发，定西将军永常随后率兵继进。两路军各携两月粮，约期会师于伊犁东北的博罗塔拉（今新疆博乐）。早在乾隆十九年（1754）十一月，乾隆帝为进剿达瓦齐，就宣谕准噶尔部，现在两路兴师，平定准噶尔部，希望四卫拉特人等效仿车凌、阿睦尔撒纳的行为。

①《清高宗纯皇帝实录》卷四百七十七，乾隆十九年十一月，台北华文书局股份有限公司 1960—1970 年版，第 6939 页。相关研究或可参见管守新：《阿睦尔撒纳服叛对乾隆治准政策的影响》，《中国边疆史地研究》1997 年第 2 期。

格登鄂拉斫营

"有车凌、阿睦尔撒纳族属，欲行内附者，朕亦一体施恩。其余有众，如谓达瓦齐既弑其主，又绝人嗣，思念大义，不甘为彼臣仆，慕朕德化，抒诚来降者，朕亦同车凌、阿睦尔撒纳等，一体抚恤，使居原游牧处，不令他徙。总之先来者先受朕恩，后来者后蒙朕惠。"① 在军队出征后，乾隆帝又谕以大兵进剿自宜略分先后，令班第与阿睦尔撒纳所率军队间隔数日行程，相继前进。乾隆帝解释这样安排的用意是，"一则阿睦尔撒纳，系准噶尔人众知名之人，令伊带哨探兵前行，人多认识，于收服准夷人众较易；再前队既有哨探兵，复有将军随后带兵继进，声势联络，军威益振。如将军、副将军合并一处，则众人惟知有将军，不复更知有副将军，转置阿睦尔撒纳于无用之地，不足以展其所长，殊于军行无益"②。乾隆帝在第一次平准之役中可谓政治统战重于军事打击，最为成功之处就在于政治攻心战打得非常漂亮，所以表现为军事的一路凯歌猛进，而达瓦齐方面则望风披靡。当时正值厄鲁特连年内战，人心

---

① 《清高宗纯皇帝实录》卷四百七十七，乾隆十九年十一月，台北华文书局股份有限公司 1960—1970 年版，第 6931 页。
② 《清高宗纯皇帝实录》卷四百八十六，乾隆二十年四月，台北华文书局股份有限公司 1960—1970 年版，第 7061—7062 页。

厌乱,清军所至,"各部落闻风崩角……所至台吉、宰桑,或数百户,或千余户,携酮酪,献羊马,络绎道左,师行数千里无一人抗颜行者"①。例如,准噶尔大台吉噶勒藏多尔济部属众多,势力强大,其率属投诚,对清军顺利推进、鼓舞士气等产生了巨大的影响。五月,两路清军会师于博罗塔拉,随即向伊犁挺进。定边左副将军阿睦尔撒纳上奏乾隆帝:"臣等进兵至伊犁,沿途厄鲁特回子等,牵羊携酒,迎叩马前。臣等宣布恩旨,无不额手称庆。所在人众,耕牧如常,毫无惊惧。臣等抚定贼巢,即渡伊犁河北,务擒达瓦齐献俘。"②达瓦齐不料清军挺进如此神速,如入无人之境,仓促向各地征调兵马而各鄂托克、昂吉纷纷拒绝驰援,乃自知大势已去,匆忙率一万人众逃出伊犁。清军几乎兵不血刃地进抵伊犁,折箠以收,伊犁河流域准噶尔牧民、佛寺喇嘛、种地回人及贸易人等一万六千余户望风归附。在准噶尔汗国已经指日可定之际,乾隆帝踌躇满志,赋诗曰:"乘时命将定条枝,天佑人归捷报驰。无战有征安绝域,壶浆箪食迎王师。"其诗注说:"据副将军阿睦尔撒纳等奏称,大兵至伊犁,部众持羊酒迎犒者络绎载道,妇孺欢呼,如出水火,自出师以来,无血刃遗镞之劳,敉边扫穴,实古所未有。"③

达瓦齐像

① 魏源:《圣武记》卷四,韩锡铎、孙文良点校,中华书局 1984 年版,第151 页。

② 《清高宗纯皇帝实录》卷四百八十九,乾隆二十年五月,台北华文书局股份有限公司 1960—1970 年版,第 7107 页。

③ 清高宗弘历撰:《御制诗文十全集》卷四,"西师底定伊犁捷音至、诗以述事",武英殿聚珍版丛书,光绪二十一年刻本。另载袁大化修,王树楠、王学曾纂:《新疆图志》卷十三,天章四,《续修四库全书》编纂委员会编:《续修四库全书》649,史部·地理类,上海古籍出版社 1996 年版,第 380 页。亦可参见孙丕任、卜维义编:《乾隆诗选》,春风文艺出版社 1987 年版,第 152 页(唯无诗注)。相关研究或可参见周轩:《谈乾隆皇帝的平准诗篇》,《社会科学战线》编辑部编:《中国古史论集》,吉林人民出版社 1981 年版,第 157 页。

达瓦齐拥众万人退据伊犁西南一百八十里的格登山（今新疆昭苏县境内），负崖临水，结营固守，但军械不整，马力疲惫，众心离散，到处弥漫着失败的情绪。清军穷追不舍，其前驱实皆厄鲁特兵。五月十四日夜，阿睦尔撒纳派翼领喀喇巴图鲁阿玉锡、厄鲁特章京巴图济尔噶尔等二十五人前往侦察，知其士气不振、兵无斗志，乘夜奋勇呼噪突入达瓦齐军营。达瓦齐军是时已成惊弓之鸟，自相践踏，慌乱自溃。阿玉锡等二十五人跃马横戈，往来驰逐，竟获大胜。达瓦齐率二千人宵遁，雍正初年由青海往投准噶尔的罗布藏丹津在此战斗中亦被擒获，从前出征准噶尔被俘满洲蒙古绿旗兵丁俱陆续脱出。乾隆帝闻之，作《阿玉锡》长诗以记其事，以旌其勇。阿玉锡本是准噶尔的"司牧臣"，于雍正十一年（1733）徒步万里归顺清朝，夙称骁勇。乾隆帝曾召见他，擢为宫廷侍卫，此次随军出征，建树奇勋，故乾隆帝特命郎世宁绘制《阿玉锡持矛荡寇图卷》，诚为留取英名于丹青。达瓦齐仅率二千余人窜往天山南路回部地区。六月初八日，达瓦齐被乌什伯克霍集斯所擒，呈献清军大营。是年十月十七日，达瓦齐被槛送至京，行献俘礼。乾隆帝特优容之，降旨免交刑部，加恩封为亲王，赐第京师。达瓦齐的被擒，标志着称雄中亚一百二十余年的准噶尔汗国灭亡，甚至没有一次像样的战斗。是为第一次准噶尔之役。是役，师行万里，不伤一卒，不折一矢，

阿玉锡

长驱深入，用兵不及半载，即已准噶尔全境荡平。伊里为准噶尔部会盟之处，准噶尔汗世驻其地。在准噶尔语中，伊里原意为光明显达，形容河水在太阳照耀下碧波粼粼。其城位于伊里河岸，故伊犁得名于伊犁河。伊里在《前汉书》中作伊列，在《新唐书》中作伊丽，在《元史》中作亦剌，在《清世宗宪皇帝实录》中作伊里，在乾隆帝平定准噶尔以前，地方文武奏折亦作伊里或迤里。《清高宗纯皇帝实录》将改作伊犁。唯其将伊里改作伊犁，首先开始于乾隆二十年六月十七日翰林院掌院学士、兵部尚书梁诗正所撰《平定准夷颂》。该恭呈御览折云："今我皇上乾纲独断，扫荡伊犁，奏百年之绩于一朝，受诸部之降于万里。"① 伊犁一名自此厥后遂沿用不替。"伊里"与"伊犁"虽属同音异译，但清廷改"伊里"为"伊犁"，乃寄寓犁庭扫穴之意，在时间上昭示着一个时代的结束，在空间意象的建构上则影响深远。

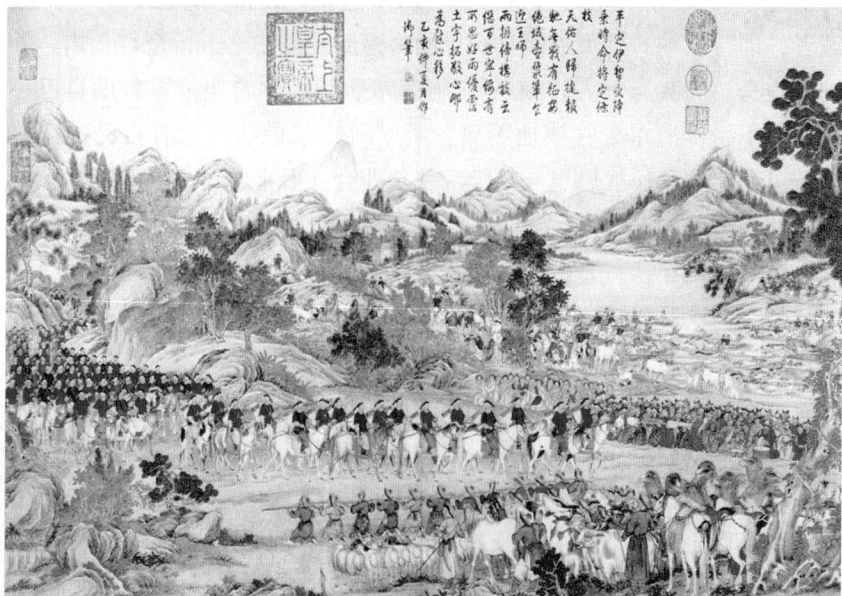

平定伊犁回部战图册·伊犁受降图

---

① 宫中档，第2754箱，第45包，第10007号，乾隆二十年七月十七日，梁诗正奏折。转引自庄吉发：《清高宗十全武功研究》，中华书局1987年版，第40页。

中国幅员广大，仅目前新疆维吾尔自治区的面积就约占中华人民共和国国土面积的六分之一。这种空间上的广袤为清朝西征之役带来的最大困难就是如何克服空间距离组织军行和军需。乾隆朝第一次平准之役应该说事情来得比较突然，从乾隆帝下定决心到军队出征，时间极短，而且乾隆帝在此过程中尚需处理诸如阿睦尔撒纳入觐的统战联络等各种政务，在战争机器开动起来后，清朝尽管动员了各种资源，但实际上应付这样大规模的长途征战军事行动仍存在力量上的缺口。师行粮随是军行的常规，但粮食料秣、后勤供应等绝非短时间咄嗟可办的，辗转挽运动逾数旬。在这一难题面前，乾隆帝自己本身力图用最小的成本获得开疆拓土的最大收益，希望抛弃行军的常规，通过利用游牧民族骑兵运动战的方式轻军深入，因粮于敌，速战速决，而且他当时倚信阿睦尔撒纳。阿睦尔撒纳自进入清朝境内就鼓动清军乘时速往平准，自己愿意领兵前进，"将包沁扎哈沁人等收服，兵威远扬，使准噶尔闻风，有愿投诚者，即行收纳。且可乘便收我等同来落后及被掳之人，全行救出，并抢夺牲畜，为我属下人口粮"①。阿睦尔撒纳固然希望清军救助自己一时，但不希望清军久驻该地不离，所以阿睦尔撒纳自己有自己的小算盘。可是，这套作战思想与乾隆帝一拍即合，后来的作战方略基本上就是照此执行的。

乾隆二十年二月，西、北两路大军出发时携行不力，乾隆帝命令每兵只裹带两个月口粮，外加武器锅帐，另由马驮运载一部分辎重，轻装疾进，食用不敷，则取给予厄鲁特牧民。他说："官兵前进，沿途打牲及疲乏牲畜，俱足以资口粮。现在投诚厄鲁特等所有牲畜产业，虽不宜索取，然或暂时取用，登记数目，将来或换给什物，或补给银两，皆无不可。"② 这里所谓"将来或换给什物，或补给银两"都是难以兑现的空话，实际上允许清军沿路骚扰抢掠。克劳塞维茨在《战争论》中指出："人们力图用最直接的方法，即就地抢掠的方法来满足这种需要。

---

① 《清高宗纯皇帝实录》卷四百七十，乾隆十九年八月，台北华文书局股份有限公司 1960—1970 年版，第 6851 页。

② 《清高宗纯皇帝实录》卷四百八十六，乾隆二十年四月，台北华文书局股份有限公司 1960—1970 年版，第 7067 页。

但是，这种方法使作战受到另一种很大的限制：一方面，采用了这种方法军队就主要地只能在敌国领土上作战，另一方面，采用了这种方法军队就不能在一个地方久留。"① 以常理言，兴师者必先蓄积。金汤之固，非粟不守；韩白之勇，非粮不战。平准之役，仓促从事，行军万里，跨越绝漠，乾隆帝解决军食的办法固属不得已的权宜之计，但其在决策上也存在严重失误，全然忘却了康熙年间昭莫多之战中清西路军几成饿殍的危机。清军深入异域后，一旦马不宿饱，士有菜色，军心就会瓦解，士气必然崩溃，所以在下决心西征以后就应该尽一切可能紧急动员，确保补给可以迅速跟进，而不能单纯寄希望于敌境筹粮。当时，萨喇尔前锋军的口粮虽然尽量节约，也只能维持到六月初。永常乃紧急从后队兵丁口粮内借支十日，运至萨喇尔军营，同时自哈密至乌鲁木齐安设台站，每台拨驼五百只，陆续运粮接济。这样处理亦属亡羊补牢的救急之法。可是，乾隆帝明确降旨令其停止，固执地认为用兵于万里之外，断难斤斤以馈运为事，断无裹粮行走之理。兵行粮随乃汉人论兵故套，而实昧于机宜。以筹饷运粮为急务的定西将军永常、定北将军班第、协办陕甘总督刘统勋等均遭乾隆帝的痛斥，他说："刘统勋所奏仍系军行粮随，从前岳钟琪等所办旧例，全不合此次机宜……现在北路办理，俱系兵丁自行裹带，西路自应画一。"② "永常全不知事理之轻重，颠倒舛谬，至于此极……即如平定伊犁后，将军、大臣、官兵等驻扎彼处，亦岂有源源运粮接济之理，即应照朕前降谕旨，将收取达瓦齐所有牲畜备用。倘有不敷，则以茶叶银两，向厄鲁特、回子等换易口粮，办理分给。"③ 但清军初克伊犁后，班第就奏报，伊犁河北，从前原有存贮米粮缎匹等物，上年为哈萨克所掠，所余马匹牲畜，俱经达瓦齐携往特克斯地方，厄鲁特回人等生计艰难，不足以供应大兵口粮。正是因为乾隆

---

① 卡尔·冯·克劳塞维茨：《战争论》第 2 卷，中国人民解放军军事科学院译，商务印书馆 1995 年版，第 439 页。

② 《清高宗纯皇帝实录》卷四百八十二，乾隆二十年二月，台北华文书局股份有限公司 1960—1970 年版，第 7002 页。

③ 《清高宗纯皇帝实录》卷四百八十七，乾隆二十年四月，台北华文书局股份有限公司 1960—1970 年版，第 7072 页。

帝第一次平准缺乏长远与整体的战略思考，只想短兵突击，和拿破仑的"不要跟我谈给养问题"① 态度一样对臣工的异声之论未及详审即横加驳斥，缺少粮秣支撑的西征大军被迫过早地大规模撤军，失去了稳定局势的基本力量。乾隆帝下令撤军之时，格登山大捷（五月十四日夜）的消息还未传到北京，清军即已因粮畜匮乏而被迫撤军。当乾隆帝陶醉于完成祖宗数十年未竟之业时，阿睦尔撒纳之变已是山雨欲来风满楼，大乱即将发生。乾隆帝奉行因粮于敌的策略，企图一方面使准噶尔由此经济实力削弱，易于攻取，另一方面亦可大兵亦可借饱腾，进军迅速。但是，这种决策所产生的负面效应如前所述是非常巨大的。正如宋朝何延锡在《孙子·九地篇注》中所说，"重地者，入敌已深，国粮难应资给。将士不掠何取？"② 一则由于军队不带粮草，多骚扰牧民，致使人心不满，一则由于缺粮，大军不能久留，致使伊犁空虚。这都是伊犁厄鲁特人旋降复叛的直接原因。

第二节　乾隆朝第二、第三次平准之役

一、阿睦尔撒纳之叛

有人将阿睦尔撒纳称为准噶尔的吴三桂。在持这种观点的人看来，阿睦尔撒纳与吴三桂有惊人的相似，他们都是投靠了自己的敌人，作为前锋攻灭自己的国家，而又是在已经获得高官厚禄之后，再次反叛。事实上，这种观点应该说早在乾隆时期就已经为清朝君臣所申论。乾隆帝降谕令馆臣于《通鉴辑览》入吴三桂擒桂王朱由榔事，曰："馆臣以吴三桂为叛臣，不书其擒桂王由榔事，而以属之爱星阿。夫爱星阿固为定

---

① 卡尔·冯·克劳塞维茨：《战争论》第 2 卷，中国人民解放军军事科学院译，商务印书馆 1995 年版，第 451 页。

② 引自《治平胜算全书》卷一，国家图书馆分馆编：《清代军政资料选粹》一，全国图书馆文献缩微复制中心 2002 年版，第 73 页。亦可参见姜国柱：《中国军事思想通史》三，宋元卷，中国社会科学出版社 2006 年版，第 110 页。

西将军领兵。而三桂彼时，实为平西大将军，且必应殄灭由榔。三患二难之议，发自三桂，即后之进兵，檄缅甸驱李定国、降白文选，皆出自三桂之筹划。其功固不可泯也，然其诸筹，岂实为我国家哉。彼时伊已具欲据滇黔而有之之心，由榔定国文选而在，伊岂能据之哉。盖自古权奸，无时无之，亦无地无之。三桂之必欲灭由榔，实犹近日之阿睦尔撒纳之必欲灭达瓦齐。达瓦齐而在，阿睦尔撒纳必不能据准噶尔，则彼之为我宣力，皆所以自为也。"① 在清朝官方历史叙述中，阿睦尔撒纳是和吴三桂一样出尔反尔的阴险小人。但是，在准噶尔民间，阿睦尔撒纳却是另外一种形象，俨然判若两人。张承志《辉煌的波马》这样写道：

> 巴僧阿爸突然引吭高歌。阿爸唱歌的姿势很有意思：他盘定双腿坐在自家的黑三角包前，双手按膝，身子却前俯后仰地剧烈地大摇大晃。他时而低头，时而下巴朝天，嘶哑辽远地唱起了一支长调。
>
> "阿睦尔……撒纳……嗨侬哟嗬侬……"巴僧阿爸的这支歌我不知听了多少遍。但我只是在波马听了这么多遍。古歌《阿睦尔撒纳》是厄鲁特人的英雄颂，也是公认的反叛之歌。在伊犁、在乌苏、在乌鲁木齐，我从未听到任何一个人敢唱这支歌子，——然而这里是波马。巴僧阿爸不读报，巴僧阿爸不理睬外面对他这位不沾亲的远祖的闲话，巴僧阿爸在波马唱什么也没有人管。这首歌我听得太热了，所以我已经懂了几句：
>
> "阿睦尔……撒纳……嗨侬哟……
>
> 命里平安的……英雄……嗬侬……"
>
> 巴僧阿爸唱得如痴如醉，半个天空中燃遍的红光被他的久久拖着的长腔渐渐送走。巴僧阿爸端坐着，撑着双膝的两只手上又渐渐恢复着古铜色。歌声又尖又粗，又细又厚，在红霞收褪着的晴空上激烈地起伏飞翔。我看见阿爸凝视着那夕照美景的一对眼睛里，隐

---

① 《清高宗纯皇帝实录》卷一千一百六十八，乾隆四十七年十一月，台北华文书局股份有限公司 1960—1970 年版，第 17124—17125 页。亦见徐鼒：《小腆纪年附考》卷第二十，王崇武校点，中华书局 1957 年版，第 679 页。

约闪露着一种沉重的忧伤。美丽的红霞就要消失啦，我想，它真的只出现了一瞬间就要消失啦。巴僧阿爸，用颂歌送别了天空中的烈火。他看着红霞褪去的时候，一定想到了阿睦尔撒纳的命运，也许还想到了自己生命的垂暮。我心里突然一怔，感到我这次可没有白来一趟，我在波马看到了一个终止。

这时有一阵音乐不易察觉地浮现了。它缓缓如诉说，沙哑又动人、重负和悲愤中流行着一股——我仔细地听着——希望和祈念。一泻千里的雪山冰河陡然肃穆了；最后的、黑暗来临之前的青色的明亮中突然呈现出一派神圣。草潮开始激动地摇曳，流水又恢复了轰鸣，我觉得猝不及防，我差点流出泪水。[1]

张承志的上述文字揭示的卫拉特蒙古民间草根记忆尽管为目前的主流学术界所避而不谈，但这种关于阿睦尔撒纳这样一位人物的英雄颂长调从不同侧面可以证明其一直被当地民众所传唱。我们仿佛看到，帐篷里，面对远方的来客，瘦骨嶙峋的老人反复问道：能唱么？能唱阿睦尔撒纳么？真的唱了阿睦尔撒纳也没关系么？说着说着，反叛的英雄颂就唱起来了。醉酒高歌者倾诉着对阿睦尔撒纳发自肺腑的崇拜，手舞足蹈，浑身每个毛孔都流动着酣畅淋漓的快感，将我们耳熟能详的历史黑白分明的轮廓解构得一片狼藉。

台湾作家柏杨的《中国人史纲》算不上一本严肃的历史学著作。作者以一种激烈的反传统立场颠覆中国历史，在字里行间处处流露一种随心所欲改写历史以扬名立万的趋向，这和当今一些崇奉后现代主义思潮者的做法颇为类似。柏杨在书中和苏联学者齐赫文斯基一样大体上都将阿睦尔撒纳称为"蒙古反清解放运动的活动家"[2]，他这样写道：在乾隆朝第一次平准之役，"中国并没有并吞准噶尔汗国的意思，只是想分而治之，使它的力量削弱，不再侵略中国。所以清政府下令恢复上世

① 张承志：《辉煌的波马》，李国文主编：《中国当代小说珍本（1949—1992）》下，陕西人民出版社1993年版，第318—319页。
② 齐赫文斯基：《中国近代史》上册，莫斯科1972年版，第38页。转引自马汝珩、马大正：《厄鲁特蒙古史论集》，青海人民出版社1984年版，第107页。

纪（17世纪。——引者注）四卫拉特的原状，使他们仍保持四个独立的部落，互不统属，个别的作为中国的外藩，像外蒙古合并前的喀尔喀分为三个独立的部一样。于是皇帝弘历一口气加封了四部的四个可汗，并邀请这批新贵到遥远的东方热河（河北承德），由弘历接见，参加盛大的宴会。对阿睦尔撒纳，清政府加封他为双亲王，以酬庸他的贡献。但阿睦尔撒纳有他更大的野心，他引导中国军队颠覆他祖国的目的，只在借刀杀人，借中国的刀杀他的政敌。他并不希望祖国分裂，所以他坚持仍维持汗国的体制，而由他当可汗。他这种想法跟中国的基本政策恰恰相反，清政府当然不能接受。阿睦尔撒纳在大失所望后，决心叛离中国，他了解中国在这次远征中所以迅速成功，有赖于他政治号召的力量，他估计这力量足可以把中国驱逐出境。于是，在占领伊犁（新疆伊宁）的明年（1756），阿睦尔撒纳宣布独立，那些刚接受清政府加封的四部可汗，也加入这个新兴汗国的行列。中国远征军果然一败再败，准噶尔汗国的土地几乎全部光复。这使皇帝弘历大失面子，认为准噶尔人是不能用仁义感化的野蛮民族，必须严厉惩罚"①。笔者对柏杨的上述历史叙述方式和观点期期不以为然。不过，柏杨说得很对，阿睦尔撒纳投靠清朝从来没有将准噶尔汗国拱手相让于清廷的意思，其目的就在于借助于清廷的资源达到自己复仇目的，将达瓦齐政权推翻后取而代之。

如前所述，阿睦尔撒纳在承德避暑山庄与乾隆帝见面时提出进兵过程中建议"所用旧纛，每到准噶尔地方，彼处人众易于认识，投降甚便"，这其实就具有极力保持其独立性的意味。他不穿戴清朝官服，不用清朝印信，也从不对准噶尔人声称自己已经投降清朝，所到之处，"皆不言降我朝，但谓率满洲、蒙古兵来定准噶尔"②，似乎是借兵平乱，跟在身后的清军是前来帮忙的志愿军一样。正是这样，原本对达瓦齐不满的贵族和百姓纷纷投效，这在向朝廷奏报的文书都是人们向慕王化、箪食壶浆迎王师的景象。且不说在阿睦尔撒纳和乾隆帝之间，表述

①　柏杨：《中国人史纲》下，时代文艺出版社1987年版，第842—843页。
②　昭梿：《啸亭杂录》卷三，"西域用兵始末"，何英芳点校，中华书局1980年版，第77页。

与理解其实不尽一致，一般的厄鲁特人、维吾尔人和哈萨克人对此也都是稀里糊涂。大和卓木布拉呢敦（又译为波罗尼都）从伊犁率军向南疆的黑山派和卓进攻之时，便将"可汗秦"（清朝皇帝）与阿睦尔撒纳并列，宣称根据清朝皇帝的旨意，阿睦尔撒纳已代替达瓦齐，执掌了吐热（君王、珲台吉）的职责。西部哈萨克汗致班第的文书中，亦有闻阿睦尔撒纳仍居旧游牧，甚为喜悦，可复睹噶尔丹策零之时等语。① 阿睦尔撒纳本身极具才干，在乾隆朝第一次平准之役中一马当先，冲锋陷阵，用乾隆帝后来所说的话"似平定准噶尔全为伊一人集事矣"②，未尝不希望在达瓦齐败亡后能够总统四部，这也是人之常情。其不希望清朝在战后过多干预准噶尔内部事务，亦属情理之中。

但笔者认为，促使阿睦尔撒纳最终与清朝决裂的原因主要在于乾隆帝并不信任这位新降之人，而定边将军班第与阿睦尔撒纳关系紧张也与此不无关系。本来，用人不疑，疑人不用，这是古往今来的铁律，但另一方面，中国自古就有受降如受敌的说法，这也是不刊之论。乾隆帝对此心知肚明。有些学者认为乾隆帝进军西北的失误之一就是错用阿睦尔撒纳，对其过于信任。但据笔者所见资料来看，乾隆帝从军队一出发的时候就不信任阿睦尔撒纳，表面上极为倚重，但暗中猜疑甚深。虽然乾隆帝让阿睦尔撒纳打先锋，但定边将军班第等尾之而进，实寓监督之意。出兵不久，乾隆帝就接到班第打的小报告，奏称阿睦尔撒纳不无欲独成大功之意。"彼为将军，议事时自应向前。但萨喇勒、玛木特亦皆将军、参赞大臣，凡事宜会同商办，则将来大功告成，不得谓伊一人之力。彼虽欲专擅，亦不能矣。"③ 乾隆二十年三月，在阿睦尔撒纳奋力挺进之际，班第奏称阿睦尔撒纳等过扎哈沁时，私将人口带往。乾隆帝指示班第密加节制，云："又前令班第进兵，与阿睦尔撒纳相隔十日前

① 《清高宗纯皇帝实录》卷四百九十六，乾隆二十年九月，台北华文书局股份有限公司 1960—1970 年版，第 7203 页。

② 《清高宗纯皇帝实录》卷四百八十一，乾隆二十年正月，台北华文书局股份有限公司 1960—1970 年版，第 6989 页。

③ 《清高宗纯皇帝实录》卷四百八十三，乾隆二十年二月，台北华文书局股份有限公司 1960—1970 年版，第 7013 页。

往。今既欲从中节制，则须急行一两日，以相离七八日为妥，然亦不必太急”，恐阿睦尔撒纳闻知别生他意也。① 攻克伊犁后，班第等再度密奏阿睦尔撒纳，称其惟知寻获被抢人口，攫取牲只，又妄自夸张，谓来归之众，俱系向伊投诚。及得达瓦齐游牧，所收牲只财物多方隐匿②，擅杀达瓦齐众宰桑，私用噶尔丹策零小红钤记，告谕属下有哈萨克惧伊、伊在此断不敢前来等语。乾隆帝接到班第的这些密报之后，断定：阿睦尔撒纳的种种不法之处，表明其图据准噶尔，已无疑义。岂必待其生变，始为实据耶？密谕班第等相机擒治阿睦尔撒纳，勿濡忍贻后患。③ 继之，班第等又于是年七月密奏，阿睦尔撒纳在促令起行后，快快就道，次日即行住宿，复遣纳噶察告称诸多部属潜行计议，如不令阿睦尔撒纳统领驻扎，伊等宁剖腹而死，不能贪生，别事他人。④

在班第等一封接一封密报的灌输下，尽管乾隆帝对于阿睦尔撒纳已经罅隙昭然，预计其必不敢前来入觐，早已密商如何擒拿办理，但仍冠冕堂皇地传谕阿睦尔撒纳："朕正念汝之际。汝请安折适到。朕甚欣悦。汝遣来之台吉根敦扎布奋勉可嘉，授为头等台吉，赏与银两，令随哈达哈迎汝。汝可带赴热河，留哈达哈办理乌梁海事务。朕十六日启銮进哨，十月初间，即回热河。想汝急欲见朕，朕亦待汝商议事宜。汝务于十月初十前赶到，否则劳朕久待矣。额琳沁多尔济此次亦属奋勉，令与汝同来入宴。"⑤ 乾隆帝这样娓娓动听的说辞一看即知言不由衷，尽管阿睦尔撒纳未必知道鸿门宴的典故，但这种把戏对于阿睦撒纳阅历游牧社会动荡不靖的政治风云变幻所练就的耳听四面、眼观八方的敏锐嗅觉

① 《清高宗纯皇帝实录》卷四百八十五，乾隆二十年三月，台北华文书局股份有限公司 1960—1970 年版，第 7044 页。

② 参详《清高宗纯皇帝实录》卷四百九十一，乾隆二十年六月，台北华文书局股份有限公司 1960—1970 年版，第 7149 页。

③ 参详《清高宗纯皇帝实录》卷四百九十一，乾隆二十年六月，台北华文书局股份有限公司 1960—1970 年版，第 7150 页。

④ 参详《清高宗纯皇帝实录》卷四百九十三，乾隆二十年七月，台北华文书局股份有限公司 1960—1970 年版，第 7175 页。

⑤ 《清高宗纯皇帝实录》卷四百九十五，乾隆二十年八月，台北华文书局股份有限公司 1960—1970 年版，第 7191 页。

而言无疑难奏其效。揆诸历史，乾隆朝第一次平准之役与康熙末年驱准保藏之役类似之处实多，都是主要借助于卫拉特蒙古自身力量，即所谓"以夷攻夷"，一开始集事神速，但很快面临清廷众建多封与当地实权人物的矛盾，从而分别引发了阿睦尔撒纳之乱和罗卜藏丹津之乱。在达瓦齐政权垮台后，康熙末年驱准保藏之役后由于不满清廷建多封措施而起兵叛乱的罗布藏丹津被俘，乾隆帝又在卫拉特蒙古中仍然册封四汗俾各管其属。这样的分封政策不合阿睦尔撒纳之意，使阿睦尔撒纳成为又一个罗卜藏丹津。①

在关于阿睦尔撒纳与清廷分道扬镳过程的记述中，清人昭梿的记述被当代史家所关注，认为是比较客观的记述。昭梿这样描述说：班第接到命令后，惧于势单力薄，怯于动手。时至八月中旬，阿睦尔撒纳疑事已变，担心入觐得祸，"遂阴召其众张幕请额（指额琳沁多尔济。——引者注）宴，酒数行起谓额曰：'阿某非不臣，但中国寡信，今入境如驱牛羊，大丈夫当立事业，安肯延颈待戮？'呼酒者再，伏兵四起，拥阿出营去，阿逆徐解副将军印钮掷与额曰：'汝持此交还大皇帝可也！'据鞍驰去"②。昭梿关于阿睦尔撒纳脱逃事件的记述肯定有其依据，但和司马迁《史记》中关于鸿门宴的栩栩如生的记述一样，未必不夹杂文学渲染的成分。此外，此段文字亦见于赵翼《皇朝武功纪盛》。赵翼是这样记述的："先是，六月中，额驸奉旨先回，阿睦尔撒纳私以总统四部之意乞其代奏。其约略时日，如得请，赐恩旨当以七月下旬至，相与要约而别。及额驸归，竟不敢奏，而阿睦尔撒纳待命久不至，以入觐期迫，班第又令喀尔喀亲王额林沁多尔济伴行。阿睦尔撒纳不得已，自伊犁起行，途次屡迁延，犹有所望也。迨八月中旬尚无信，疑事已中变，恐入觐且得祸。十九日行至乌隆古，距其旧游牧仅一日程，诡称归办装，以副将军印付额林沁多尔济，使先行，约二一日师追及，遂率所属逃去，额林沁多尔济久之始悟其绐己，急追之，已不及。阿逆以下称

---

　　①　参见本书第三卷第六章第二节。

　　②　昭梿：《啸亭杂录》卷三，"西域用兵始末"，上海古籍出版社编：《清代笔记小说大观》第 5 册，上海古籍出版社 2007 年版，第 4432 页。有些论著中将这段史料的出处误为赵翼《皇朝武功纪盛》卷二，这是应该注意的问题。

阿逆寄声伊犁众厄鲁特，嗾其反。"① 从史源学角度而言，赵翼《皇朝武功纪盛》有乾隆五十七年（1792）刻本，而昭梿生于乾隆四十一年（1776），在《皇朝武功纪盛》刊行时年方十六，显然是这位酷好读书的贵胄亲王在搜求到赵翼的专著后将其中这段文字录入其笔记之中，其间仍然保留着赵翼遣词用语的诸多痕迹。在考据学上，这两段文字的重合是一种文献流传的复制袭用，属于母子证。

众所周知，赵翼长于史学，考据精赅，其《廿二史札记》堪称巨著，在清中期与王鸣盛的《十七史商榷》、钱大昕的《廿二史考异》等史著齐名。此三人被后世公认为乾嘉时期史学三大家。国学大师陈垣对赵翼史学推崇有加，曾写过一幅联语："百年史学推瓯北，万首诗篇爱剑南"②；日本汉学家曾投票选他为中国史学十杰之一。尽管赵翼在乾隆二十六年本可以高中状元，但由于乾隆帝以清代陕西未有元，将其与王杰名次互易而屈居探花，但仅此而论，其才学亦足以令世人竞折腰。赵翼不仅是文学、史学巨擘，更需要注意的是，他善筹军事，在乾隆十全武功中的征缅甸、镇压林爽文起义战役均贡献至巨，并且出任贵西兵备道也是其宦历中最精彩的篇章。这估计与其早年入值军机处的经历有关。赵翼任军机处章京时在乾隆二十一年，正值清廷平准之役军书旁午、如火如荼之际。赵翼晚年回忆在军机处耳闻目睹乾隆帝为平准之役殷怀筹划、宵衣旰食的情景时这样写道："上每晨起，必以卯刻，长夏时天已向明。至冬月才五更尽也。时同直军机者十余人，每夕留一人宿直舍。又恐诘朝猝有事，非一人所了，则每日轮一人早入相助，谓之早班，率以五鼓入。平时不知圣躬起居，自十二月二十四日以后，上自寝宫出，每过一门，必鸣爆竹一声。余辈在直舍，遥闻爆竹声自远渐近，则知圣驾已至乾清宫。计是时，尚须燃烛寸许始天明也。余辈十余人，阅五六日轮一早班，已觉劳苦。孰知上日日如此。然此犹寻常无事时耳。当西陲用兵，有军报至，虽夜半亦必亲览，趣召军机大臣，指示机

① 赵翼：《皇朝武功纪盛》卷二，"平定准噶尔前编述略"，中华书局1985年版，第22页。

② 启功：《启功丛稿》，中华书局1981年版，第401页。亦可参见《励耘书屋问学记：史学家陈垣的治学》，生活·读书·新知三联书店1982年版，第90页。

宜，动千百言。余时撰拟，自起草至作楷进呈，或需一二时，上犹披衣待也。"① 应该说，赵翼后来以善筹军事见长，就是受到乾隆帝及当朝宰辅耳濡目染熏陶的结果。当时，军事文书往返频繁，军机大臣承旨，出授司员属草。而赵翼的精明强干和文思敏捷也使其崭露头角。其扈从行在，或伏地草奏，下笔千言，文不加点，立马可待，所以傅恒等甚倚重赵翼。我们目前所见到的这一时期乾隆帝有关平准之役的上谕想必有许多都出自其手笔。在科举中式获得甲榜正途出身以后数年，他相继参加了《平定准噶尔方略》和《御批通鉴辑览》两部官修史书的编纂，还数度主持乡会试事宜。因此，作为具有战争亲身经历、战后文献整理和深厚史学功底三方面优势的人，上述赵翼对于阿睦尔撒纳脱逃事件的记述应该是较为可据的。

我们承认，昭梿《啸亭杂录》对于清代历史研究具有重要的资料价值。但是，福柯的知识考古学认为，一本书或一部作品只是一个外在的形体，其作者与作品都不能理所当然构成分析单位。在传统观念支配下，作者被限定为某种观念和理论上连贯一致的领域，被视为一种问题风格的统一，成为一系列历史事件的体现，成为一个权威的来源。尽管人们常常发现作者的矛盾，但是人们假定一个作者的思想是一贯的，具有一个内在的体系和结构，相信在作者思想中的某个层次上，在他有意识或无意识的欲望的某个层次上，必定有一个解决这些矛盾的地方，使这些互不兼容的因素可以表现出互相关联，或者围绕着一种基本的、原生性的矛盾连贯起来。② 作者决定了文本的结构和含义，成为我们对文

---

① 赵翼：《军机处述》，贺长龄辑：《皇朝经世文编》卷十四，治体八，臣职，沈云龙主编：《近代中国史料丛刊》第七十四辑，731，台北文海出版社 1972 年版，第 543 页。

② 人格是在各种不同的场合都会一贯表现出来的特点，固然具有稳定性。我们常说的"江山易改，禀性难移"，即此之谓也。偶然发生的心理特性并不能称为人格。既然人格就是人作为主体的一种特有的属性，那么，人类的言语和行为势必受到人格的影响，个人的自我表达不可避免地带有各自人格的痕迹。换句话说，人在自我表达的过程中完成了人格的外化。从主观方面讲，作品的风格就是作家在感受、体验、表现社会生活过程中显示出来的个人特征。黑格尔说："法国人有一句名言，风格就是人格，风格在这里一般指的是个别艺术家在表现方式和　（续下注）

本进行比较、提炼有关特征、确定连续性以及排除某些解释的一个工具。但从知识考古学的观点来看，作者，或更普遍地说，知识的主体，其实是匿名的。作者与作品的产生或者线性发展不再关联。从历史文本形成来看，历史文本是话语之间的相遇建构起来的，即在特定的认识型中，许多人不断地填充、增殖、参照、质疑、批评、评价等话语游戏建构成的特殊空间。[①]昭梿与这段历史发生的时间不仅较之赵翼为晚，而且接触到的资料亦不及赵翼权威。如果说赵翼的记述尚基本上保持审慎的态度，那么昭梿在秉笔著史时估计依据的是传闻，再倾注以过多的感觉和想象，建构出了一个更为生动的戏剧故事，但在可靠性上便不能不大打折扣，甚未足据。这颇类似于顾颉刚所谓的层累地构造历史的文本生产过程。事实上，乾隆帝在上谕中说得很清楚，额琳沁多尔济"及阿睦尔撒纳缴授将军印信，令伊先行，尚不觉悟，逾日乃知其遁去，始以兵追捕，而已无及矣"[②]。乾隆帝是在阿睦尔撒纳脱逃事件后对此进行检讨经验教训时说这番话的。从考据学角度来说，这段乾隆帝上谕的反思和赵翼的叙述版本是可以构成一种互证的。从道理上言，阿睦尔撒纳当时正绞尽脑汁如何金蝉脱壳，不可能采取像昭梿描绘的"仰天大笑出门

（续上注）笔调曲折等方面完全见出他的人格上的一些特点。"（黑格尔：《美学》第一卷，朱光潜译，商务印书馆 1979 年版，第 362 页。）人格的稳定性在某些考据家使用"内外线结合法"时作为据以判断的依据，常常用"根据某人的性格，其不可能说出某些话"之类的言语作为依据。中国早就有"知人论世""文如其人"之说。传统考据学每每将人品和文品联系起来，认为每一个思想家或作家均有完整的人格，而其全部著述均为其完整人格的体现，立身和为文不可分离，文如其人。明人冯时可在《雨航杂录》中这样写道："九奏无细响，三江无浅源，以谓文岂率尔哉！永叔侃然而文温穆，子固介然而文典则，苏长公达而文遒畅，次公恬而文澄蓄，介甫矫厉而文简劲，文如其人哉！人如其文哉！"此即著名的"文如其人"说的明确表述。但是，正如古希腊哲学家赫拉里里特（Heraclitus of Ephesus，约前 544—前 483）所说，"没有已成的，一切都在变成中"（Τα π'άντα ϱέουν και τίποτα δεν μ έενει σταθεϱό）。这种人格稳定性并非一成不变，而是因时而异，因地而迁。人是一种复杂的情感动物，其人格实际上常常是矛盾（双重）的或复杂（多元）的，这样的"文行两途"的现象盖不甚少焉。有德者不必有文，有文者不必有德。元好问《论诗绝句三十六首》即云："心画心声总失真，文章宁复见为人。"

　　① 福柯：《知识考古学》，生活·读书·新知三联书店 2003 年版，第 119 页。

　　② 《清高宗纯皇帝实录》卷五百零二，乾隆二十年十二月，台北华文书局股份有限公司 1960—1970 年版，第 7317 页。

去，我辈岂是蓬蒿人"方式增加自己逃遁的成本。所谓阿睦尔撒纳"徐解副将军印钮"掷与额琳沁多尔济后"据鞍驰去"之言，奚足为信？

我们在断案时必须比勘两造对立的言辞才能兼听则明。是时，侍卫顺德讷奉旨带同厄鲁特兆齐往谕阿睦尔撒纳归顺，阿睦尔撒纳递给托特字奏章一件，[①] 请求转奏，内称：

> 臣受皇上天高地厚之恩，诸事遵循训示，仰赖威福，将达瓦齐及宰桑等擒献阁下，又将准噶尔全部归附天朝。第班第、萨喇尔诸事暴急，曾令额驸色布腾巴尔珠尔陈奏。臣又向伊等商议，四卫喇特人众，应遵皇上谕旨，收其离散，悯其穷蹙，一切如噶尔丹策零时，令其安全。今若办理不善，伊等性情剽悍，必生变乱，且恐哈萨克、布鲁特闻风附和，班珠尔不能听从。至臣遵旨入觐，行至乌隆古地方，闻有擒挐之信，不得已潜避，所有颁给印信，不敢弃置，交与额琳沁多尔济带回，其班第、萨喇尔如何陈奏之处，自蒙皇上洞鉴。又班第、萨喇尔乘马直入喇嘛经堂，将马系于柱上，伊等并坐大喇嘛之上，萨喇尔无忌妄谈，言四卫喇特人众皆伊管理，并于各鄂拓克内选择妇女为妻，复肆行掳掠，宰桑克什木、巴雅尔拉虎等众皆切齿，是以臣于未到伊犁之前，忍生变乱……[②]

另外，蓝翎侍卫达永阿赍捧敕书晓谕哈萨克后返回伊犁，乾隆二十一年（1756）正月二十八日，阿睦尔撒纳向达永阿称："我并未背负大皇帝之恩，此皆喇嘛宰桑等之所为。我自伊犁撤兵往阿尔台时，伊等遣人送信说班将军等将我参奏，一到阿尔台即行擒擎，而撤回之兵又逐日跟随围绕，我甚疑惧。后西北两路台站被众鄂拓克抢掠，我不能进京瞻

① 亦见中国第一历史档案馆《内务府来文》第五号卷民族事务。转引自肖之兴：《阿睦尔撒纳叛乱后的奏折》，中国社会科学院民族研究所编：《民族史论丛》（第1辑），中华书局1987年版，第199—201页。
② 《平定准噶尔方略》正编，卷二十四，乾隆二十一年正月，哈达哈奏折录阿睦尔撒纳原奏，《中国西北文献丛书》第三辑，西北史地文献，第8卷，83，兰州古籍书店1990年版，第622—623页。

仰，是以复回博罗塔拉。"① 阿睦尔撒纳在前一件奏章中向乾隆帝表明自己的忠诚之心，陈述在征准噶尔过程中自己与清朝将领班第等的矛盾，指出矛盾产生的原因主要在于班第、萨喇勒等性格暴躁，不尊重当地人的习惯，抢掠妇女，纵兵肆行掳掠，而伊犁等地喇嘛、民众不能忍受，变乱纷纷。史家每每不暇细考，辄云阿睦尔撒纳在飘然逸去后迅速驰抵伊犁煽构叛乱，致使班第、鄂容安死难，既言阿睦尔撒纳在厄鲁特蒙古中地位崇高、势力雄厚，未降清之前就"令行三部"②，在第一次平准之役后又被封为双亲王，以总汗自处，擅作威福，又言其阿睦尔撒纳在潜逃后以其属辉特部，非准噶尔血胤嫡系，威信不足，众人不愿随之，所部不过两千人，驻在博罗塔拉，不敢进伊犁。这样的历史叙述本身就是存在彼此牴牾的。在前引后一条材料中，阿睦尔撒纳辩解自己与伊犁所发生的变乱无关。正如乾隆帝所说，阿睦尔撒纳陈奏情节，虽未可尽信，但阿睦尔撒纳中途逃窜，并未前抵伊犁，而该处之喇嘛人等遂至仓促生变，则班第等之办理不善，已可概见。我们可以设想，既然伊犁方面叛乱者连阿睦尔撒纳的账都不买，阿睦尔撒纳又焉能为此负责？从前揭材料来看，阿睦尔撒纳仍然自视为清军将领、大清臣民，在主观表现上似乎没有主动要背叛清朝的意思。阿睦尔撒纳因在军营时与班第、萨喇勒等意见不合，自我感觉在皇帝面前无法解释清楚这些矛盾产生的原因，特别是自己以准噶尔部首领身份新降清朝，无法在皇帝面前得到像皇帝信任班第那样的信任度，担心入京后受谗言攻击被扣押，加之其内心深处企图掌管准噶尔诸部的愿望无法得到满足，所以就选择了遁迹远引之策。

乾隆帝对于阿睦尔撒纳这种处境是非常清楚的。乾隆二十三年（1758），乾隆帝在《俄罗斯驿致叛贼阿睦尔撒纳死尸信至，诗以纪事》中自注："执达瓦齐之役，阿睦尔撒纳原不可谓无功。而伊犁既平，虽

---

① 台北"中央研究院"历史语言研究所编：《明清史料》庚编第10册，乾隆二十一年四月，礼部"为内阁抄出策楞等奏"移会，台北维新书局股份有限公司1972年版，第922页。

② 魏源：《圣武记》，"武事余记·兵制兵饷"，韩锡铎、孙文良点校，中华书局1984年版，第150页。

怀携贰，然使任事者能遵朕旨而中事机，亦不致偾事三年之久也。"①
虽然在乾隆帝看来阿睦尔撒纳背叛之罪百喙难辞，但气局狭小的班第等
不能和衷共济也是偾事肇乱的原因。事实上，如前所述乾隆帝本人对此
也负有不可推卸的责任。在历史发展处于突破的瓶颈处时，众人纷纷往
前拥挤，总会有人被挤压践踏而殒身，作为邪恶的象征为乱局负责，阿
睦尔撒纳即其人矣。阿睦尔撒纳担心乾隆帝因自己出走降罪，故而呈奏
希望不要受到清廷的怪罪。但阿睦尔撒纳的陈述在《清高宗纯皇帝实
录》却是这样被因缘辗转译写的：乾隆二十一年（1756）正月，定边
左副将军哈达哈奏，"据阿睦尔撒纳奏，班第等临事暴急，凌辱喇嘛。
萨喇勒掳掠无忌，激成变乱。臣受恩图报，现拟整顿四卫拉特游牧，并
令回人布噜特、塔什干、哈萨克等臣服，祈赏臣管辖四卫拉特印信"②。
显而易见，《清高宗纯皇帝实录》里的这一奏章突出了阿睦尔撒纳要求
当大汗的内容。

　　这是清帝国统治空间进行重构的转折时期。就在《清高宗纯皇帝实
录》上述奏章前面，有这样的记载，乾隆帝降谕着授努三为三等侍卫，
协同左都御史何国宗等，挈带仪器，前往伊犁测量晷度。当时天山南北
的局势尚未完全底定，乾隆帝就做出这样的决定，足见其勇于担当历史
责任的恢宏气势。第一次平准之役后，无论厄鲁特人还是清廷朝野，像
以成就大一统洪业为志向的乾隆帝那样目光深邃者殆不多觏。所以，厄
鲁特来臣复叛的现象在所多有。《啸亭杂录》下面的记述殊堪究意：玛
木特以疾留伊犁，"为逆党擒赴阿逆所，阿逆慰之曰：'准噶尔与天朝
疆域殊异，尔欲内向何也？不如归我，当善视之。'公怒唾而言曰：
'天下岂有无君之国哉？达瓦齐篡而虐，圣天子讨其罪。噶尔丹策零嗣
已绝，我不内归将焉往？且天朝已擒我，不即诛复释还，此所谓生死而
肉骨也，何忍背之？尔先我往，圣天子待尔厚，尔乃谋逆，今既擒我，
我何惧？死则死尔，大军至，将磔汝，犬犹不食尔肉也。'阿逆惭，绐

---

　　①　钟兴麒等校注：《西域图志校注》卷首二，天章二，新疆人民出版社 2002
年版，第 23 页。
　　②　《清高宗纯皇帝实录》卷五百零四，乾隆二十一年正月，台北华文书局股
份有限公司 1960—1970 年版，第 7342 页。

杀之。事闻，上震悼，御制烈士行以奖之。公生长穷荒，乃知忠义若尔，实为中原士大夫之所宜景行者也。"① 这段记述在文中就点明了乾隆帝曾赋诗褒奖玛木特坚贞不屈，而其记述本身也基本上依据乾隆帝的御制诗而加以铺陈。当然，这段记载明显具有作者的主观想象色彩。我们仅从文本而言，所谓"准噶尔与天朝疆域殊异"，恰恰反映了时人畛域界限甚明的空间观念。在伊犁等地发生变乱之后，定西将军永常虽帅数千劲旅驻乌鲁木齐，但一闻乱讯，惊慌恇怯，不敢赴援，兼程撤至木垒，复退至巴里坤，而陕甘总督刘统勋更要求放弃巴里坤，退守哈密，奏称内外之界不可不分。乾隆帝对此大为恼怒，严加申斥曰：试思各部自归诚以来，悉已隶我版图。伊犁皆我界，尚何内外之可分。乾隆帝毅然撤革永常、刘统勋，拿解来京，而令策楞代为定西将军，玉保、达尔党阿、富德为参赞大臣，黄廷桂为陕甘总督。

当时天山南北变乱四起，这固然与阿睦尔撒纳密不可分，但关键的深层原因在于，当时厄鲁特蒙古在久经板荡之后地方残破，经济凋敝，清廷经理伊始百废待兴，可惜疆臣抚绥又不合机宜，清军力量单薄，孤悬边徼，兵燹子余之民在物资极端匮乏情况下人心浮动，遂致一呼百应，星火燎原。由于清朝正值国力强盛的鼎盛时期，阿睦尔撒纳根本无法动用足够的资源与清廷周旋，所以一直都像乾隆帝所说的那样"不过一亡命逸贼耳"，难以形成气候，但清廷实际上要解决的主要是各部在勘定之后叛服无常问题。乾隆二十一年（1756）正月，清军分两路出击，西路由策楞、玉保率领，为主力军。北路由哈达哈率领，为牵制之师。厄鲁特之未叛者噶勒藏多尔济、巴雅尔、札那噶尔布、沙克都尔曼济、哈萨克锡喇、尼玛等均随军西进，已叛者复又降附，故声势颇盛，进展顺利，迅速克复伊犁。是月二十一日，参赞大臣玉保据报："阿睦尔撒纳向哈什处败奔，因被乌鲁特兵截击，复奔至雅木图岭，正在斫冰开道之际，被台吉诺尔布、固尔班贺卓、博什阿哈什、巴图尔乌巴什等追及擒获。"② 玉保飞章入告将军策楞，策楞未辨真伪，遽尔以红旗报

---

① 昭梿：《啸亭杂录》，何英芳点校，中华书局1980年版，第243—244页。

② 台北"中央研究院"历史语言研究所编：《明清史料》庚编第10册，乾隆二十一年二月十三日，策楞等奏折移会抄件，中华书局1987年版，第920页。

捷，上书"为恭报捉获逆贼阿睦尔撒纳捷音事"字样，辗转驰报，露布贺捷，一如得之目睹。乾隆帝闻知非常高兴，即以军务告竣颁谕宣示中外，并封赏诸将，各省督抚藩臬接阅邸抄亦纷纷具折奏贺。未几，拿获阿睦尔撒纳的消息被证实纯属子虚乌有。该红旗捷报孟浪腾布，不仅使乾隆帝空欢喜了一场，而且颜面俱失。在清军克复伊犁后，厄鲁特人众穷乏之极，无以为生，纷纷至军营乞讨。是时清军自己的口粮尚无着落，势难援助。乾隆帝无奈令伊犁厄鲁特人自己赴巴里坤运粮就食，但新任陕甘总督黄廷桂覆奏，远运既艰，而令厄鲁特人等赴彼领取，亦有未便，请于附近蒙古回民人等处所，换取粮面牲畜，以资食用。[①] 其实，朝廷和地方都解决不了伊犁的缺粮问题，故厄鲁特人饿死病毙者甚多。乱源未塞，乱局犹存。策楞收集流亡，抚慰喇嘛，安插失业贫人，其目的固然有汲取此前班第等人经验教训的意向，但乾隆帝坚持擒贼先擒王的方针，指示策楞等此时所有伊犁应办事宜，尚可稍缓，惟当以极力追擒阿睦尔撒纳为第一要务，怒斥策楞等不审机宜缓急，不唯不能仰承上谕，竟往往相左，云：策楞等以"安辑伊犁为词，不知伊犁乃久经抚定之地，有何可办？况经阿逆蹂躏之后，所存者饥羸残弱，将军一至，不过环向乞食而已。国家抚御中外，固不惜加恩惠养。然此等蠢夷，贼至即从，贼去来归，迥非内地赤子可比。乃不以擒贼为事，而沾沾为残众谋其家室。岂不谬耶？"[②] 乾隆帝嗟叹，将帅非人，策楞等无克敌致果之略，顿兵不进，贻误军机，致使阿睦尔撒纳成擒在迩却得以乘间从容兔脱，逃往哈萨克。乾隆帝被迫第二次走马换将，降旨将策楞、玉保拿解入京治罪，改由达尔党阿为定西将军，兆惠为定边右副将军。

二、青滚杂卜之叛

战争需要动员庞大的资源方克获得成功。为了支援平准战争，处于清军平准北路前线的喀尔喀蒙古付出了沉重的代价。清军所需骆驼、马匹以及供食用的牛羊很大一部分都是从喀尔喀蒙古征集，

---

① 参详《清高宗纯皇帝实录》卷五百一十，乾隆二十一年四月，台北华文书局股份有限公司 1960—1970 年版，第 7435 页。

② 《清高宗纯皇帝实录》卷五百一十，乾隆二十一年四月，台北华文书局股份有限公司 1960—1970 年版，第 7429 页。

为了运送兵员粮饷军火，又在这一地区设置驿站、哨卡。大批旗丁被抽调征用，一部分编入作战部队，一部分服役于驿站。乾隆十九年四月，为筹备平准军需所用牲畜，乾隆帝降旨交额琳沁多尔济购买马匹。额琳沁多尔济复奏，喀尔喀比从前生计较难，但交买数目不甚多，购买可得。① 额琳沁多尔济在此就流露出勉为其难的情绪，遭到乾隆帝的申斥。额琳沁多尔济为此推托之语固然出于保护地方经济利益的动机，但所云喀尔喀蒙古生计较从前拮据，亦不为诬。乾隆帝事实上后来亦尽量减轻从喀尔喀的军事征调。在这样大规模的军事行动中，喀尔喀蒙古台站旗丁为保障军需供给和军报畅通宣力有年，其所做出的奉献和牺牲是绝不可以轻忽的。应该说，清军这种后勤通讯体制高效运转显然为准噶尔军队方面所无法企及，而战争的胜负即由此可见端倪。乾隆二十年（1755）七月，由于蒙古及厄鲁特等驰递军报迅捷无贻误，乾隆帝谕令恩赏北路坐台之喀尔喀台吉各赏缎四匹，住台蒙古旗丁各给两月钱粮，厄鲁特等加倍赏给。② 我们承认，自从霍尔洛·乔巴山（Хорлоогийн Чойбалсан，Horloogiyn Choybalsan，1895—1952）等外蒙古政治家把青滚杂卜当作喀尔喀民族解放运动的先驱纪念之后，蒙古人民共和国的史学工作者纳楚道尔吉（Боржигин Дашдоржийн Нацагдорж，Borjigin Dashdorjiin Natsagdorj，1906—1937）和苏联史学家兹拉特金对于撤驿之变进行历史重构，对当时喀尔喀蒙古负担沉重固然语或溢实，我们在引述上述材料作为分析撤驿之变原因依据时应该保持一定的警惕，但的确由于征调频繁，一般蒙古人难免不堪重负甚至倾家荡产。兹拉特金在《准噶尔汗国史》中这样写道："喀尔喀是具有简单产业的劳动人民，他们的主要财富，除了帐篷之外，就是少量的马匹和大小牲畜。这些劳动人民对清军以及皇家的官吏和信差来说，即使不是唯一的，也是主要的运输工具、奶类和肉类的供给者。毡子、毛皮和其他畜产品都被清朝当局以动员和征用的方式夺走了。除了这些，喀尔

---

① 参详《清高宗纯皇帝实录》卷四百六十一，乾隆十九年四月，台北华文书局股份有限公司 1960—1970 年版，第 6749 页。

② 《清高宗纯皇帝实录》卷四百九十二，乾隆二十年七月，台北华文书局股份有限公司 1960—1970 年版，第 7160 页。

喀劳动者越来越频繁地被招去服兵役，而且他们必须自备武器弹药，丢下生产劳动去参加各种阅兵式和军事训练。总之，大部分男人，脱离生产，被打发去打仗。"① 再加上"1755—1756 年这个不吉利的冬天，严寒逼人，积雪很深，引起牲畜大量倒毙，这个地区痘疫蔓延"②。战争令喀尔喀蒙古无暇屯聚牧养，白灾给喀尔喀蒙古族脆弱的游牧经济造成惨重的损失。风雪载途，民怨载途。这种逐渐积蓄的不满情绪像一个火药桶一样大有一触即发之势。

乾隆十三年（1748）张广泗、讷亲被处决以后，乾隆帝执政由宽转严，行军作战失律的高官显宦动辄被拿解入京治罪甚至被赐死，乾隆帝在平准之役中对永常、策楞、玉保等的惩治即其例证。这在血雨腥风的战争阶段固然不得不按军法从事，但事情往往具有惯性，解决问题的手段和方式一经采取，就会自然而言进行经验复制，愈演愈烈。乾隆帝的军法论斩施之于已经被规训的满汉疆臣固然生杀予夺惟所自出，杀其身不为过，夺其爵不为非，臣工只能悚然引颈就戮，绝不敢妄生疑念，但对于额琳沁多尔济的处理就面临权威的挑战了，实际上碰了一个大钉子。据昭梿记载，乾隆帝对阿睦尔撒纳的叛逃耿耿于怀，"以额驸匿情不奏，欲立正典刑。来文端公③请曰：'愿皇上念孝贤皇后，莫使公主遭嫠独之叹。'上挥泪太息，勚其死，只褫其爵，额林沁多尔济以元裔故，特与赐死"④。额琳沁被赐令自尽事在乾隆二十一年春正月，⑤ 这

① 伊·亚·兹拉特金：《准噶尔汗国史》，马曼丽译，商务印书馆 1980 年版，第 419 页。

② 伊·亚·兹拉特金：《准噶尔汗国史》，马曼丽译，商务印书馆 1980 年版，第 427 页。

③ 指来保，时为军机大臣、武英殿大学士。

④ 昭梿：《啸亭杂录》卷三，"西域用兵始末"，何英芳点校，中华书局 1980 年版，第 78 页。

⑤ 据《钦定外藩蒙古回部王公表传》载："额琳沁多尔济为喀尔喀土谢图汗察珲多尔济之重孙。乾隆八年，袭札萨克和硕亲王，二十年以罪诛，削爵。"（卷七，表第七：《喀尔喀土谢图汗部》）但《清史稿》卷十二载："二十一年春正月庚午，以额驸科尔沁亲王色布腾巴勒珠尔贻误军机，褫爵禁锢。喀尔喀亲王额琳沁多尔济以疏纵阿睦尔撒纳，处斩。"赵尔巽等撰：《清史稿》卷十二，本纪十二，中华书局 1977 年版，第 433 页。

在《清史稿·高宗本纪三》中记载得非常准确，也有《清高宗纯皇帝实录》卷五百零四的乾隆帝上谕为证。如果额琳沁多尔济是在乾隆二十二年死于多伦，则在时间上晚于撒驿之变，不可能存在论者所谓"处决有权势的亲王、呼图克图和土谢图汗的弟兄，损伤了蒙古人的民族感情"而引发骚乱的问题。其次，昭梿的这段记载云色布腾巴勒珠尔因为是额驸，所以乾隆帝在对色布腾巴勒珠尔和额林沁多尔济两人的处理上有所区别。据史载，皇三女固伦和敬公主系孝贤皇后生，于乾隆十一年三月下嫁额驸科尔沁和硕亲王色布腾巴勒珠尔。但我们知道，在当时清朝满蒙联姻体制下，许多蒙古王公贵族都是皇室的乘龙快婿，额林沁多尔济也是额驸，亦系御前行走之人。来保为色布腾巴勒珠尔在乾隆帝面前缓颊固然事或有之，但这种身份差异说估计难以凭信。并且昭梿"额林沁多尔济以元裔故，特与赐死"一语亦殆无是理！再次，昭梿记载的故事和《清史稿·来保传》所记下述故事在情节结构上颇为接近："舒赫德官乌里雅苏台将军，疏请徙阿睦尔撒纳眷属于边。上以其伤远人心，震怒，遣使封刀斩之。来保争甚力，以为才可大用。上亦悔，第曰：'已降旨！'来保曰：'即上有恩命，臣子成麟善骑，遣追前使还。'上允之。归召成麟，使赍诏追前使还。成麟日夜驰三百余里，先前使三日到，舒赫德赖以免。"[1] 来保长期担任刑部尚书，自然深谙救死不救生的规则。昭梿录事存史有无张冠李戴的可能？笔者认为这是有必要审慎思之的。事实上，额驸色布腾巴勒珠尔与阿睦尔撒纳语言相通，气类相近，令其伺察阿睦尔撒纳，但其后来与阿睦尔撒纳相习无忌，显然其责薄于额琳沁多尔济；而阿睦尔撒纳是在额琳沁手中逃逸的，对此事负有主要责任，绝非是乾隆帝因为不得已宽恕额驸色布腾巴勒珠尔后又迁怒于额琳沁多尔济而作为替罪羊以申军纪。在处理额琳沁多尔济和色布腾巴勒珠尔时，乾隆帝就专门通行晓谕喀尔喀王公等，解释其自办理准噶尔以来，用人行政，一秉至公，毫无畸重畸轻之见。或施恩加封，或按律治罪，皆视其功过，斟酌至当。初不因喀尔喀系旧日臣仆，有意苛

① 赵尔巽等撰：《清史稿》卷三百零二，列传第八十九，中华书局 1977 年版，第 10460—10461 页。

求；亦未尝任其希图侥幸，非分加恩也。① 但是，额琳沁多尔济是哲布尊丹巴呼图克图二世和土谢图汗的兄弟，袭封札萨克和硕亲王，是极有影响的喀尔喀上层人物。处决额琳沁多尔济成为引发青滚杂卜发动"撤驿之变"的导火索。

青滚杂卜原是札萨克图汗部和托辉特旗的贝勒，受副将军衔，乾隆二十年（1755），从征伊犁，与阿睦尔撒纳同行，相交甚密。② 阿睦尔撒纳重新反清后，清廷对青滚杂卜产生了种种怀疑和猜测。从乾隆二十年九月至青滚杂卜发动"撤驿之变"的次年六月，乾隆帝发布了许多有关青滚杂卜的密令。九月十一日，乾隆帝指示，阿睦尔撒纳包蓄异志，敢为逆乱，实由青滚杂卜逢迎怂恿所致，着将其拿解来京。但这种捕风捉影的猜疑恐怕连乾隆帝自己也觉得不够慎重。是以，在九月十三日，乾隆帝考虑到青滚杂卜之罪仅仅在于附和阿睦尔撒纳，并非绝不可贷者，且和托辉特兵丁颇属勇健，万一至于用兵，尚有倚寄斯人之处，旋谕暂停拿问，以观后效。二十七日，积极平准作战的青滚杂卜获得了上谕赞赏。仔细寻绎乾隆二十年十月的几份密旨，我们不难发现乾隆帝此时仍无关于青滚杂卜勾结阿睦尔撒纳的真凭实据。当时，青滚杂卜积极表白自己对于清廷的效忠，请派兵五万名于明年进剿，但乾隆帝一旦心存芥蒂，看问题就难免先入为主，认为青滚杂卜所请明年派兵进剿之语，并非诚心效力，不过借此姑延时日。若留其办事，非唯不得其力，转须留心防范，于事无益，因此复传谕哈达哈等仍遵前旨将青滚杂卜拿解来京。未几，乾隆帝似乎掌握了青滚杂卜与阿睦尔撒纳相勾结的新证

---

① 参详《清高宗纯皇帝实录》卷五百零四，乾隆二十一年正月，台北华文书局股份有限公司 1960—1970 年版，第 7340 页。

② 事实上，额林沁多尔济、青滚杂卜等人之所以纷纷与阿睦尔撒纳友善，其犯错误的根源本在于乾隆帝。定边左副将军是设置在对准噶尔战争前沿的军镇，同时又负有管理外蒙古的职责。当时，乾隆帝对策凌家族的倚信减退，将成衮扎布的定边左副将军一职撤销，在阿睦尔撒纳降清后，乾隆帝授之为定边左副将军。这样，乾隆帝尚且用人喜新厌旧，那么上有所好，下必甚焉。额林沁多尔济、青滚杂卜等人趋奉作为上司的阿睦尔撒纳乃是自然之理。物则唯新，人则唯旧。在青滚杂卜发动撤驿之变后，乾隆帝又不得不依靠赛音诺颜部成衮扎布，官复原职，率兵平定青滚杂卜的叛乱。历史的前因后果，虽然晦而不彰，但仔细考究脉络仍然隐隐可扪。

据：（1）青滚杂卜带往乌梁海的诺尔布丹津，曾于是年七月内往见阿睦尔撒纳，有通信于阿睦尔撒纳之嫌。①（2）阿睦尔撒纳属下有人供称，青滚杂卜曾将清朝要处罚阿睦尔撒纳的消息，透露给了阿睦尔撒纳。这些证据使乾隆帝更加怀疑青滚杂卜，但其实乾隆帝自己仍无确凿证据擒治青滚杂卜，所以乾隆帝的谕旨颇为含糊，云：若哈达哈接到拿问谕旨，尚未举行，即速赴其营，留心察看。倘诚心奋勉，仍免其拿问，将前旨及奏折密封进呈。若情形叵测，先酌定堪以管辖和托辉特兵众之人，即将青滚杂卜拿解来京，宜斟酌妥协，详慎办理。② 乾隆二十年十一月谕令似乎又显示对于青滚杂卜忠诚的认可，曰："前因阿睦尔撒纳宰桑阿穆尔济尔噶勒告称，班第、萨喇勒参奏阿睦尔撒纳之时，青滚杂卜私告阿睦尔撒纳，以致潜逃。朕因降旨拿问，令其质对。今阿穆尔济尔噶勒已经正法，无从质对，即青滚杂卜果有此事，亦不过一时愚昧，伊因与阿逆同在一处，恐一并参处，私相告语。初不料阿睦尔撒纳之奸恶至于此极也。……青滚杂卜自去年领兵以来，甚属奋勉，以前罪愆，着加恩宽免，伊能感戴朕恩，勿稍疑惧，益加奋勉，朕尚将施恩封为亲王。此际如已拿问，即传旨释放，如未拿问，即可无庸办理。"③ 该谕令给人留下的疑点不少。首先，如果清廷果真掌握了青滚杂卜泄密的真凭实据，为什么还要使用"即青滚杂卜果有此事"这样的推测语气？其次，如果这是欲擒故纵的缓兵之计，那么为何又有"此际如已拿问，即传旨释放"之语？从上述谕旨前后出尔反尔的擒解令可以看出，乾隆帝对于青滚杂卜已经严重猜疑，尽管青滚杂卜已竭力以自己的实际行动表白自己忠于朝廷，但乾隆帝在内心深处对于曾经思想上同情阿睦尔撒纳的青滚杂卜一直有所猜疑，却又似乎一直没有发现其与阿睦尔撒纳勾结的有力证据。这种彼此的猜疑给青滚杂卜造成了巨大的压力，额

---

① 《清高宗纯皇帝实录》卷四百九十八，乾隆二十年十月，台北华文书局股份有限公司 1960—1970 年版，第 7248 页。

② 参详《清高宗纯皇帝实录》卷四百九十八，乾隆二十年十月，台北华文书局股份有限公司 1960—1970 年版，第 7243 页。

③ 《清高宗纯皇帝实录》卷五百，乾隆二十年十一月，台北华文书局股份有限公司 1960—1970 年版，第 7279 页。

琳沁多尔济被赐自尽更使他感到大祸即将临头，惶惶不可终日，感到随时都有可能步额林沁多尔济被赐自尽的后尘。正是乾隆帝对于亲阿睦尔撒纳者的怀疑挥之不去，青滚杂卜才在绝望之余产生了极端的行为，铤而走险。乾隆二十一年（1756）六月，青滚杂卜自军营私行逃归，遂将伊犁所有卡座台站兵丁尽行撤回，并布散语言，以用兵致累为辞，多方煽诱，众喀尔喀人等遂纷纷弃台站，散归各自牧地。清军北路从第十六台站至二十九台站全部瘫痪，羽书不通，供应断绝，是为"撤驿之变"。①

"是时，伊犁未平，蒙古复变，中外几震动。"② 正在全力以赴平准的清军忽然被切断后路，驿道中梗，文报不通。这无疑是后院起火，草原上平地陡生风波，对于整个战局产生强烈的冲击。清军此时不得不急忙撤退，暂时以征讨青滚杂卜为要务，派兵守护、拨补、接续台站，查拿抢掠之人，保证后路的安全。对于清廷而言，局势尤其堪虞的是，喀尔喀地区的蒙古首领们已经被煽动起反清的情绪，形势岌岌可危，可能一触即发，一个星火就足以使一座火药库轰然爆炸。一方面，喀尔喀蒙古贵族与厄鲁特蒙古贵族虽是宿敌，互相攻杀，但又同为蒙古族。准噶尔的败亡，不免使之有物伤其类的感触。另一方面，喀尔喀蒙古贵族虽然长期受清廷的保护，尊以爵秩，优加赐赉，与清朝的联系十分密切，但战争时期的征调骚扰以及额琳沁的被赐自尽，又严重损害了他们的利益和自尊。因为赐死额琳沁这样的执法使他们不免思量自己将来有朝一日也可能落得像额琳沁多尔济一样的下场。"故事，元太祖裔从无正法者。诸部蠢动，曰：'成吉思汗后从无正法之理'。因推其兄哲敦国师为主，势多叵测。"③ 哲布尊丹巴亦因其弟被处死而愤愤不服，站在青

---

① 除蒙古国和苏联学者的研究外，英国鲍登（R. Bawden）的研究值得关注。参见 R. Bawden, The Mongol Rebellion of 1767 - 1757, *Journal of Asian History*，1968，1：1 - 31。

② 魏源：《圣武记》卷二，"绥服蒙古记二"，韩锡铎、孙文良点校，中华书局1984年版，第106页。

③ 昭梿：《啸亭杂录》卷十，"章嘉喇嘛"，何英芳点校，中华书局1980年版，第362页。

滚杂卜一边。"哲布尊丹巴格根忿怒地袒护他（指青滚杂卜），并与四部商议举行更大的骚乱。"① 额琳沁被赐死实际上涉及朝廷的国法实施与蒙古族相沿已久的习惯法实施之间的冲突，在喀尔喀王公贵族中如同骏马炸群一般，人心疑惧，群情汹汹。二十三个札萨克王公聚集克鲁伦河畔，酝酿起兵抗清，以捍卫王公贵族传统的特权。"蒙古王爷们召集了一万五千大军之后，没有去征讨沙达尔王（指青滚杂卜），而是同呼图克图一起，请求宽恕叛乱者。"② 喀尔喀王公贵族究竟是响应青滚杂卜的叛乱，还是仍然忠诚于清廷，这将影响清朝和准噶尔之间力量的天平倾斜方向，也会影响到平准战争的胜负和今后中国的历史进程。

乾隆帝碰了壁，不再一味采取强硬措施，而通过种种渠道进行调解、抚慰，最重要的是通过三世章嘉活佛若必多吉的个人影响进行幕后斡旋，向哲布尊丹巴进言。章嘉是青海蒙古人所信奉的宗教领袖，与哲布尊丹巴地位相埒，两人交谊甚笃。而乾隆帝则与章嘉亦有颇深的历史渊源。雍正二年（1724），章嘉三世年方八岁，曾奉召入宫，与当时的皇四子弘历、即日后的乾隆帝一起读书，时乾隆帝十四岁，长章嘉六岁，两人早年就曾一度朝夕相处，有同窗之谊。接到青滚杂卜撤驿叛乱的消息时，乾隆帝秋狝木兰，感到非常震惊和忧虑，并将此事告诉了扈从随行的章嘉活佛，章嘉活佛说："皇上勿虑，老僧请折简以消逆谋。"③ 因夜作札，备言"国家抚绥外藩，恩为至厚。今额（琳沁）自作不轨，故上不得已施之于法，乃视蒙古与内臣无异之故，非以此尽疑外藩有异心也。如云元裔即不宜诛，若宗室犯法又若之何？况吾侪方外之人，久已弃骨肉于膜外，安可妄动嗔相，预人家国事也？"④ 遣其徒白姓者，日驰数百里，旬日始达其境。哲敦（即哲布尊丹巴）已整师

① 金巴道尔吉：《水晶鉴》卷十四。

② 瓦西里耶夫：《外贝加尔的哥萨克（史纲）》第2卷，徐滨等译，商务印书馆1979年版，第136页。

③ 昭梿：《啸亭杂录》卷十，"章嘉喇嘛"，何英芳点校，中华书局1980年版，第362页。

④ 昭梿：《啸亭杂录》卷十，"章嘉喇嘛"，何英芳点校，中华书局1980年版，第362页。

刻日起事，闻白至，严兵以待，坐胡床上，命白匍匐而入。白故善游说，以他出色的口才，说明了事情的始末及其利害关系。哲布尊丹巴呼图克大为折服，更读乃师手札，善谕白归，命诸部首领罢兵。章嘉不仅写信去劝说喀尔喀蒙古仍宗清之正朔，乾隆帝还派他亲赴喀尔喀晓谕利害，与蒙古王公及哲布尊丹巴会盟，以坚其内向之心。关于以上这一事件，土观·洛桑却吉尼玛（thuvu kawn blo bzang chos kyi nyi ma）作了如下的记述，云："此时，喀尔喀部哲布尊丹巴之兄达尔汗亲王，因触犯大皇帝的法规，准备器械，准备整个喀尔喀行将叛乱。大皇帝对章嘉国师说：'你应当迅速去与喀尔喀谈判。'遵照皇帝的指示，章嘉国师在准备前往之时，给哲布尊丹巴写了一封信，陈述绝对不能作乱的原因，派遣侍从南杰坚星夜火速送去。哲布尊丹巴听从章嘉国师的劝导，晓谕喀尔喀的所有首领，不能违背大皇帝之意旨。喀尔喀人众遂告平定。章嘉国师从多伦诺尔前进了数日路程，得到哲布尊丹巴已安定了局势的回信，便向皇帝报告了情况，皇上于是降旨：'既然如此，国师不必前往，可以回宫。'于是，章嘉国师返回朝廷，朝见皇帝。皇帝十分欣喜地说：'一旦发生人数如此众多规模颇大的叛乱，许多年中定有无数生灵涂炭。一纸书信，其乱自平。尊胜上师你真是饶益众生的法力无穷的大德。"[①] 上述记载与《啸亭杂录》前揭记载非常契合。《章嘉国师若必多吉传》中章嘉国师派遣的侍从南杰坚与《啸亭杂录》中所记的"善游说"的"其徒白姓者"想必是同一人。乾隆二十一年八月戊午条也有如下记载："命章嘉呼图克图同内札萨克王公，赴鄂尔坤、塔密尔，会同哲布尊丹巴及喀尔喀王公会盟，协擒青滚札布，毋得擅弃卡座台站。"[②] 这条记载再次印证了上引章嘉活佛在"撤驿之变"后所发挥的重大作用。

---

① 土观·罗桑却吉尼玛：《章嘉国师若必多吉传》，陈庆英、马连龙译，民族出版社1988年版，第227页。

② 乾隆朝《东华录》卷四十四，王先谦：《清东华录全编》第7册，乾隆三十四至六十六卷，学苑出版社2000年版，第152页。亦可参见《清高宗纯皇帝实录》卷五百一十九，乾隆二十一年八月，台北华文书局股份有限公司1960—1970年版，第7550页。

在极力稳定局势的同时，清廷命成衮札布为定边右副将军，出兵征讨青滚杂卜。青滚杂卜在失去哲布尊丹巴和喀尔喀王公们的支持后，孤掌难鸣，势力穷蹙，不得不东奔西窜。是年十一月二十八日，青滚杂卜被清军擒获，解送北京处死。在青滚杂卜伏法后，乾隆帝改变了对喀尔喀的严厉态度，尽力拉拢，不但不追究哲布尊丹巴当初的暧昧态度，反而有意把平叛的功绩记在他的账上。但是，经过这次事件以后，清廷改变以喀治喀、以喀制喀的政策，开始设置驻库伦办事大臣，以加强对喀尔喀蒙古的管辖和控制。其次，鉴于蒙藏地区政教势力互相盘根错节，一世和二世哲布尊丹巴呼图克图都是在喀尔喀贵族土谢图汗家族中转世，在喀尔喀蒙古社会形成僧俗贵族对于经济资源、文化象征符号资源等过度垄断的格局，乃在乾隆末年驱逐廓尔喀之战后实行金瓶掣签制度,[①] 使哲布尊丹巴呼图克图系统和喀尔喀贵族上层的血缘联系被切断。这些举措显然都是在反思撤驿之变经验教训基础上出台的制度改革。

三、准噶尔诸台吉的反复与第三次平准战役

在乾隆朝清军第二次平准战役主要将领是第一次平准班师回朝的达尔党阿等人，采取的战略仍然和第一次平准战役基本相同，利用最新赴热河入觐受封的噶勒藏多尔济、巴雅尔等准噶尔主要台吉、宰桑随军返回故里，以欲抵消阿睦尔撒纳的影响。但是，准噶尔汗国作为一个长期与清廷分庭抗礼的对手，尽管在乾隆朝第一次平准之役就迅速土崩瓦解，如同耀眼的彗星陨落，但内部的能量仍未全部耗尽，炽热的余烬仍可以复燃。而当时伊犁如前所述久遭涂炭，经济残破，民众饔飧不给，不能不说洵为动乱难消弭的根本原因所在。是时，阿睦尔撒纳北遁哈萨克，清军屡屡逐捕未得。而喀尔喀郡王青滚杂卜撤驿之变影响波及准噶尔，喀尔喀蒙古的不稳定局势被视为一种风向转变的信号，又鼓舞了准噶尔台吉们的斗志。乾隆二十一年十月，伊克明安台吉巴雅尔（辉特部汗）与其异父兄弟哈萨克锡喇（噶勒杂特鄂托克宰桑）及尼玛等降而复叛，分兵抢掠洪霍尔拜、扎哈沁游牧，并声言欲进扰巴里坤、额林哈

---

① 参见本书第二卷第十章第三节。

毕尔噶等处。在清政府认为比较可靠、新封为四部之汗中，参与叛乱的就有两人。只有杜尔伯特汗车凌、新封和硕特汗沙克都尔曼济站在清朝一方，而绰罗斯汗噶勒藏多尔济、辉特汗巴雅尔均重演了阿睦尔撒纳赴承德入觐后杀回伊犁后谋变的故事。历史再一次表现出惊人的相似性。与此前一年班第、鄂容安遭遇叛军围攻而死难一样，是时已经被撤职的策楞、玉保在槛送京师途中亦为叛军戕害。十一月初六日，清军都统和起带兵百名驻扎辟展，遭到莽噶里克、尼玛所部一千五百余名叛军围困，和起徒步转战，力竭阵亡。为了攻打济尔噶朗的清朝定边右副将军兆惠，台吉们将各自的牧地北迁到乌鲁木齐和额林哈毕尔噶之间。布鲁古特台吉尼玛、噶勒杂特宰桑哈萨克锡喇联合布库努特、阿巴噶斯及扎哈沁鄂托克，向济尔噶朗河的清朝驻军发起进攻。兆惠不得不突围撤退至鄂垒扎拉图。但兆惠所部并未得到喘息的机会，塔本集赛宰桑达什策凌等趁夜包围并攻击清军，使清军伤亡甚多。兆惠率部且战且退，不断遭到诸宰桑的穷追猛打。乾隆二十二年（1757）正月初五日，兆惠抵达乌鲁木齐。噶勒藏多尔济、扎那噶尔布和哈萨克锡喇等台吉又连日会兵轮番围攻，清军饥疲不堪，结营自保，坚守不战。二十三日，兆惠率部步行冰雪之中，至特讷格尔，复被围。由于巴里坤办事大臣雅尔哈善先遣侍卫图伦楚将兵八百前来驰援，兆惠最终得以振旅而还，安全地撤至巴尔库尔军营。据昭梿《啸亭杂录》记载，兆惠初尚以兵单粮匮，欲效法班第、鄂容安自尽。"都统莽阿难，老将也。掀髯笑曰：'将军休怯，若以阿难独当殿队，可保诸君生入玉门。公从其言。莽率本部百人殿队于后，有追兵至，辄为莽所败，夹锋矢间，贼争畏之，曰'无敌修髯将军'。转战数十日，虏贼渐远，公欲屯营休息士卒。莽曰：'我兵惟余十日粮，而去边境尚数千里。若使粮尽兵散，强敌追至，何以御之？'因日驰数百里，卒入内境，官兵未损一人。"[1]

准噶尔诸台吉、宰桑驱逐定边右副将军兆惠后，密议迎接阿睦尔撒纳归来坐床，并委托辉特部的车布登多尔济，前去敬请。乾隆二十二年

---

① 昭梿：《啸亭杂录》卷十，"兆武毅公"，何英芳点校，中华书局 1980 年版，第 364 页。

二月，阿睦尔撒纳从左哈萨克间道驰还博尔塔拉。噶勒藏多尔济等几十名台吉、宰桑在博尔塔拉举行会盟，共同拥戴阿睦尔撒纳为准噶尔总台吉。但是，准噶尔的台吉、宰桑彼此之间内讧重重，在组织和调动诸鄂托克的兵力共同防御清军问题上意见分歧，各不统属。噶勒藏多尔济之侄、绰罗斯台吉扎那噶尔布亦觊觎总台吉之位，听信布鲁古特台吉尼玛的挑拨，杀死噶勒藏多尔济而收其部众。三月，扎那噶尔布和尼玛复率部进入伊犁，以总台吉的身份，开始向诸鄂托克发号施令。他结集阿巴噶斯、哈丹、扎哈沁、布鲁古特等鄂托克五千多人，在伊犁东南哈什河一带的孟克图岭

兆惠像（沈贞绘）

和阿尔察图山口，筑寨结营，准备负隅抗清，又令空格斯河一带的克勒特、乌鲁特等鄂托克人众尾随清军之后抢掠台站，积极与南疆叶尔羌等地联系，希望波罗尼敦和霍集占共同采取行动。以阿睦尔撒纳为首的部分台吉、宰桑，活动于塔尔巴哈台为中心的爱古斯、叶密立、和博克沙里、额尔齐斯河一带，并派兵东出，至喀尔喀边界，欲与青滚杂卜会合，共谋作战互相声援。但青滚杂卜是时已失败被擒获，阿睦尔撒纳遂意气沮丧地撤回了军队。

乾隆二十二年（1757）二月，清军再一次进行平准战役，成衮扎布为定边将军，其弟车布登扎布代理定边左将军，兆惠为定边右副将军，舒赫德、富德、鄂实等为参赞大臣，色布腾巴勒珠尔、阿里衮、明瑞、额勒登额布俱在领队大臣上行走。官兵七千名，分两路挺进伊犁，一由额林哈毕尔噶进，一由珠勒都斯进。哨探队于二月初十日起程，大队于二月十一日起程。时厄鲁特饥荒乏食，痘疫横行，死亡相望，故清

军兵整粮足，疾驰前进，并没有遇到厄鲁特强有力的抵抗。兆惠率军越库陇癸，逼近伊犁，叛军头目昂克图塔尔巴据险顽抗。清军后卫部队八十余名官兵乘着晨雾迷漫，夺取险隘，叛军败逃。兆惠军长驱而入，再克伊犁，分路追击叛军。富德穷追阿睦尔撒纳不舍，厉兵深入哈萨克境内。兆惠追巴雅尔，不久在塔尔巴哈台将巴雅尔俘获。玛璘、乌勒登追尼玛、札那噶尔布。札那噶尔布病死，有人将其首级献至清营，尼玛亦被执擒。明瑞、博尔奔察追阿巴噶斯、哈丹，其他叛军头目或死、或俘、或逃，纷纷星散。乾隆帝对阿睦尔撒纳的行踪最为系怀，谕令应先擒首贼，其他厄鲁特等皆可从容办理。时阿睦尔撒纳势诎力沮，往投哈萨克，欲借兵反攻，但清廷派人至哈萨克汗阿布赍处，表明平叛决心，要求将阿睦尔撒纳擒获以献，阿布赍汗愿与清廷合作。阿睦尔撒纳有察觉，与其妻毕捷伊（前准噶尔汗噶尔丹策零之女）、子邦杜克等盗马逸去，沿额尔齐斯河遁入俄国境，已经形如釜鱼之游，余命无几。

　　早在乾隆二十一年（1756）底，阿睦尔撒纳为争取俄国的支持，派遣以宰桑达瓦为首的使团，前往圣彼得堡，与俄国进行谈判。达瓦向俄国表示，"阿睦尔撒纳愿意服从俄国女皇的旨意……请求俄国政府在额尔齐斯河和斋桑瑚之间地区，修建要塞，以防满洲人。他还请求俄国当局协助，使卫拉特人承认他为汗，并服从他的旨意"[①]。众所周知，1756—1763年的"七年战争"是欧洲两大军事集团即英国—普鲁士同盟与法国—奥地利—俄国同盟之间旷日持久的鏖战。此时的沙俄正忙于这次欧洲大战，根本不可能出兵支持准噶尔叛乱，加之清廷和准噶尔之间的战争发展很快，达瓦的外交努力无果而终。从五月上旬起，清廷理藩院就再三致函俄枢密院，援引《尼布楚条约》和《恰克图条约》中双方原定不匿逃人之条，要求俄国引渡阿睦尔撒纳和另一叛逃首领舍楞。参赞大臣富德且亲至谢米巴拉丁斯克交涉，请俄方遵约将阿睦尔撒纳即行送出。俄方支吾推脱，起初诡称阿睦尔撒纳已于渡额尔齐斯河时溺水身亡。实际上，西伯利亚总督格拉勃连洛夫"担心此事会泄露出去，

---

　　① 伊·亚·兹拉特金：《俄国档案材料记载的阿睦尔撒纳的情况》，《蒙古民族的语文与历史》，第310页。转引自《准噶尔史略》编写组编：《准噶尔史略》，人民出版社1985年版，第206页。

就决定把阿睦尔撒纳安置在离托波尔斯克二十俄里已经废弃的库杜斯克酒厂的一所房子里"[1]。后来，阿睦尔撒纳染天花，[2] 于乾隆二十二年（1757）八月初九日病故，年三十五岁。乾隆二十三年（1758）正月，以阿睦尔撒纳身死异域，乾隆帝命通行晓谕全国臣民平定准噶尔大功告成。

四、第三次平准战役的特点

第三次平准战役与前两次平准战役的相比，有两个明显的区别：

第一，由于撤驿之变刚刚平息，乾隆帝对于喀尔喀蒙古的态度以怀柔为主，在发动第三次平准战役之前明确宣布，喀尔喀人等连年效力军营，不免劳顿，俱着回至各游牧休息，明岁毋庸调遣，唯由西路派兵办理。[3] 所以，此次战役的军行军需的任务基本上将担子压到了陕甘总督黄廷桂身上。乾隆帝接受了以前进军缺粮的教训，任命陕甘总督黄廷桂主持后路粮台，使粮饷供应无缺。黄廷桂经理军务，筹划精详，一切调度，甚合机宜。盖军事莫重于转饷，而转饷莫难于塞外。由于出师西域饷道漫长，挽输倍难，其转馈之功，岂出战伐之下哉！是以乾隆帝称誉其明决担承，实心体国，甚至有"嘉许之至，笔不能宣"[4] 之类赞词。

是役军行军需组织较为成功之处，即在于坚持经济原则且满足了战争需求，有效地控制了整个军费的成本开支。乾隆帝对阿睦尔撒纳恨之入骨，决心深筹剿获，永绝根株，自云前此降旨撤兵，不过暂令休息，

---

① 伊·亚·兹拉特金：《俄国档案材料记载的阿睦尔撒纳的情况》，《蒙古民族的语文与历史》，第 310 页。转引自马汝珩、马大正：《厄鲁特蒙古史论集》，青海人民出版社 1984 年版，第 117 页。

② 如前所说，准噶尔汗国当时瘟疫盛行，阿睦尔撒纳染天花似乎不是偶然的。徐珂《清稗类钞》载，准噶尔部衰微之际，"痘症盛行，战士多病，准人不知医药，故歼于清"。徐珂：《清稗类钞》第 6 册，战事类，上，"小策凌败俄人"，商务印书馆 1918 年版，第 18 页。

③ 参详《清高宗纯皇帝实录》卷五百二十七，乾隆二十一年十一月，台北华文书局股份有限公司 1960—1970 年版，第 7640 页。

④ 乾隆二十四年正月，在西师垂竣之际，黄廷桂因为筹办军储积劳成疾，在凉州去世。乾隆帝极为沉痛，高规格经纪其丧，灵榇起程时所过地方，文武员弁俱着出城奠醊。这在清代历史上是非常罕见的。

俟一两年后，再为相机酌办，其实一切进剿事宜，仍当及时筹备。若竟任其远扬，必致终贻后患，愈致滋蔓难图。是叛贼一日不获，则伊犁一日不安，边陲之事一日不靖。是以翦此凶顽，永靖荒服，断无中止之理。即更有多费，不必以此鳃鳃过计也。另一方面，乾隆帝对于绿营兵的战斗力一向不看好，且此种用兵之举从做出决定到任命将领，处处都表现出对满人的偏袒，且担心多调绿旗兵丁转致内地讹传，危及满族煌煌武力的形象，所以此次仅调派察哈尔兵一千名、吉林兵一千名、索伦兵二千名、阿拉善兵五百名，合之兆惠带出兵二千余名，约共兵六千余名，以为进剿之用。官兵由内地行走者，仅有察哈尔吉林、阿拉善兵二千五百名。其在直隶、河南境，每五百名为一起。入陕以后，或量为分拨。每台所备车马，不过足供二三百兵之用。以惟期通行无误为原则，黄廷桂原奏每台安马一千六百匹，其数目便大为削减。清廷当时资源动员的空间范围极为广泛，涉及甘、陕、蜀、晋、豫和直隶诸多省份，故在组织运输时采取逐节递补的策略。乾隆二十一年十一月，大学士管陕甘总督黄廷桂奏：陕甘两省、满汉各营马，尚有四五万匹，实可拣选三万匹，已檄饬加紧饲喂，并不时差员查看，务期膘壮适用。但陕省各营距肃遥远，按站需五六十日，若赶送又易致疲乏，请将陕省满汉营马，先调来甘，陆续行走。到甘后分拨凉、甘、肃、各营，交州县官加意喂养。陕省摘缺之数，应听自购。至驼只，前于归化城采买一千只，经晋抚委员运送，但赶解亦恐疲乏，应令该抚再于晋省各处购二三千只，分起解用。[①] 乾隆帝认为此议甚妥，谕军机大臣等：现在派调察哈尔、吉林及索伦兵丁，约计四千名，备马两万匹，即可敷兵丁乘骑之用，着即照数挑拨，分起陆续解赴巴里坤，约于明春二月内到齐，不致迟误。至驼只一项，前令方观承购买一千只，又豫备行营驼一千只，解交明德，转送陕省解往巴里坤，并着传谕明德，再购驼千余只，解往备用。乾隆二十一年十二月，黄廷桂奏：前奉廷寄，命三省转运军粮，但约计运费，共需四十余万两，不特用车太多，为时迟久，且明春军行之际，粮

---

　　① 参详《清高宗纯皇帝实录》卷五百二十七，乾隆二十一年十一月，台北华文书局股份有限公司 1960—1970 年版，第 7650 页。

车与兵马壅塞难行。查巴里坤现贮粮二万六千余石，哈密现贮粮八万一千余石，似可不必远计转输。乾隆帝传谕图勒炳阿将办运麦面业已起运者仍令运往，其未经起运者，着停止运送。①

是时，陕甘两省台站多寡悬殊。陕省自潼关至长武仅八站，而甘省自泾至肃州共二十八站。鉴于甘省道长，台站较多，马骡难雇，黄廷桂遂略为变通，令陕省将送兵马骡，再递送泾州至瓦亭驿三站，将此三站应备马骡帮协前站，庶劳逸均而办理裕如。安西绿营兵两千前往巴里坤，共需马四千七八百匹，酌议每兵三名，合给车一辆，装载军械，而兵丁则令从容步行，以节马力。盖以节得一分马力，将来乘骑进剿，即可多得一分之用，足见其用心之细密。黄廷桂为解送巴里坤军营马驼，于沿途各站豫备草豆，俾饲喂有资，复于戈壁等处凿泉汲饮，不致缺水。是时，甘省满汉各营买补摘缺马数甚多，沿边觅购艰难，黄廷桂乃委员弁前赴张家口、杀虎口一带出马处所，广行购买，且闻青海蒙古各部马尚多，又札知副都统德尔素照料购办。据陕西巡抚陈宏谋奏，在陕省境内的台站，住兵房屋，俱与民居隔别，又皆安设栅栏堆卡，各有防闲，易于约束。通计陕省雇用马骡，比前次较多。诚恐里胥人等乘机索扰，饬将某县雇用车马若干，安于某台，送兵回空，给价若干，明白出示晓谕，以杜弊端。

值得关注的是，此次后勤筹划过程中，清朝官员遵循经济规律，充分利用市场力量进行宏观调节，颇为契乎现代经济法的旨趣，较诸简单的统制经济的行政管理手段灵活实甚。清廷在康熙和雍正年间平准借助于皇商范毓馥等商人承运军粮之先例俱在，而黄廷桂等此时也明显寄希望于这种形式。在第二次平准战役刚刚结束时，黄廷桂就主张借助商力平抑物价，疏称向来北路军营与西路哈密、巴里坤一带，俱有大兵驻扎，商贩原许流通。往年西路军营所需牛羊，多借资于北路商贩。今巴里坤既经军营驻扎，而货物只由肃州一带贩往，远难接济，因而价腾。且伊犁平定后，与从前应防范情形迥异，自宜照旧流通。清廷采纳该督

---

① 参详《清高宗纯皇帝实录》卷五百二十八，乾隆二十一年十二月，台北华文书局股份有限公司 1960—1970 年版，第 7662 页。

建议，行文军营大臣速谕两路官民，凡有贩运牛羊货物、往来贸易者，许向该管大臣请给印票，照验放行。① 在第三次平准战役期间，吏部侍郎裴曰修奏：嘉峪关外五卫共贮麦石二十余万。哈密贮各色粮石九万有余，而巴里坤亦贮有两万余石。查兵丁裹带口粮，每人日需八合零，现在兵数五六千名，六千石便敷裹带。若先将哈密所贮裹带，则仓贮尚余八万余石。为宽裕储备起见，可再将五卫贮麦酌拨十余万石，添贮哈密，是较哈密旧贮之数又为倍之。由五卫拨粮，仅须本卫牛车挽运。夏间再将内地粮陆续挽至五卫补额。此时肃州以内之粮，应暂缓运送。又安西至哈密一路塘站米面甚贵。五卫除拨哈密之粮尚多存剩，若量加运脚分散各站平粜，每站不过二三百石，价可立平。安西地方稍大，亦仅须一二千石为率，其价存备籴买，官不费而兵民有益。总督黄廷桂、甘肃巡抚吴达善等公商后，将五卫贮麦酌拨十万余石添贮哈密。又因安西至哈密一路塘站米面甚贵，分五卫麦运往出粜。查哈密现贮各色粮九万余石，惟白面颇少。若概以麦石运送，该处民户稀少，办磨维艰。而沙州一卫，贮粮较他卫独多，距哈密又近，遂先于沙州卫仓拨小麦一万石，磨面运交哈密。即分五卫豆草回空之车，赴沙分运。再，哈密一路塘站俱系戈壁，并无居民，汛兵塘夫亦少。官兵由肃裹带口粮甚裕，唯解马兵夫暨车户人等需用买食，乃拨安西卫仓麦磨面减粜，以期平抑市价。肃州上年收成稍歉，兼以采办军糈，供支过往食用，粮价日昂。鉴于肃州贮麦尚多，当即酌动小麦两万石，分厂平粜，按时估酌中定价。口外赤、靖、安、柳四卫麦值亦昂，则动赤、靖、柳仓贮小麦三千石，安西小麦五千石，减价分粜。

　　第二，在第一次平准战役期间，乾隆帝最为成功之处就在于利用招降纳叛的方式使达瓦齐政权土崩瓦解。但是，由于后续措施未能及时跟进，所以准噶尔部中旋降复叛的现象层出不穷。乾隆帝自认为：以前对厄鲁特降众十分宽大，但他们"反复狡诈，饰词投顺，旋即生变"②，故决心严厉处置，将他们全行剿灭，不得更留余孽。他再三指示前敌将

---

　　① 这对于旅蒙商的兴起具有重要意义。参见本书第五卷第四章。
　　② 《清高宗纯皇帝实录》卷五百三十八，乾隆二十二年五月，台北华文书局股份有限公司 1960—1970 年版，第 7820 页。

领："此等贼人，断不宜稍示姑息。惟老幼羸弱之人，或可酌量存留，另筹安插。前此两次进兵，皆不免过于姑容，今若仍照前办理，则大兵撤回，伊等复滋生事端，前事可为明鉴。"① "大兵进剿，厄鲁特等自必畏罪投诚。如有前赴巴里坤者，即将伊等头目先行送赴京师，所属人众，亦随即移至内地。俟过巴里坤后，其应行剿戮者，即行剿戮。所余妻子，酌量分赏官兵，毋得稍存姑息。"② 清军进克伊犁之后，乾隆帝又下令："现在两路收服之厄鲁特等甚多。伊等外虽投顺，多系畏威乞降，其心未可全信，如姑息养奸，将来必致滋事。着传谕将军大臣等，看其情形毫无可疑者，即移向额林哈毕尔噶等处，指给游牧，以备来岁屯田之用。如稍怀叵测，即移至巴里坤，再令移入肃州，即行诛戮。朕从前本无如此办理之心，实因伊等叛服无常，不得不除恶务尽也。"③ 乾隆帝总结经验教训认为"总之从前办理，失之太宽，今务宜严治"④，所以，在第二次平准战役开始就提出"此次专为剿灭叛乱之众厄鲁特"，抛弃第一次平准战役的策略，矫枉过正，力图以斩草除根的方式一劳永逸。在第三次平准战争中，清军更是不分青红皂白地对准噶尔人进行大屠杀，烧杀抢劫，波及无辜，杀人之多，超过了一般战争的范围。随着对准噶尔政策的急剧变化，厄鲁特民众于是大祸临头，生灵涂炭。

因阿睦尔撒纳是辉特部台吉，清军对辉特人处置尤其严厉，"如稍有可疑，应即先行剿灭，其他赏给索伦官兵为奴"。驻在塔密尔的辉特人，"丁壮人等，悉行诛灭，其妇女酌量分赏喀尔喀"⑤。有些部落已经归降，但清军疑虑重重，也悉数屠杀，造成一幕幕惨绝人寰的惨剧。这

---

① 《清高宗纯皇帝实录》卷五百三十二，乾隆二十二年二月，台北华文书局股份有限公司 1960—1970 年版，第 7719 页。

② 《清高宗纯皇帝实录》卷五百三十五，乾隆二十二年三月，台北华文书局股份有限公司 1960—1970 年版，第 7757 页。

③ 《清高宗纯皇帝实录》卷五百四十四，乾隆二十二年八月，台北华文书局股份有限公司 1960—1970 年版，第 7939—7940 页。

④ 《清高宗纯皇帝实录》卷四百九十六，乾隆二十年九月，台北华文书局股份有限公司 1960—1970 年版，第 7213 页。

⑤ 《清高宗纯皇帝实录》卷五百三十五，乾隆二十二年三月，台北华文书局股份有限公司 1960—1970 年版，第 7755 页。

样的事情在第三次平准战役之前就发
生过。例如，在巴雅尔等准噶尔诸台
吉复叛时，新封和硕特汗沙克都尔曼
济不从乱，全部内移，依巴里坤近城
以居。"上谕巴里坤大臣雅将军尔哈善
密察之，如可信则坦怀以待，勿使疑，
否则先发制人，毋令为肘腋患，初非
必欲杀之也。雅故书生，不敢保，时
饷正乏，而沙请粮不休，雅患本军缺
粮而又赍敌，遂令裨将阎相师①率五
百人入其垒，若失路借宿者。沙屠羊
以待，中夜大雪，阎曰：'此擒吴元济
时也。'遂以箭为令，袭其卧庐，尽歼
全部四千余人。沙被杀时，残灯未灭，
其妻睡梦中惊起，不忍其夫之戕于乱

阎相师像

刃，裸而抱持之，如两白蛇蜿蜒穷庐中，以至于死。雅以沙谋叛被杀
报，上封雅为一等伯。雅归朝日，拜其祖祠，叹曰：'李广以杀降不封
侯，至于失道自刎。今我罪逾于广，而反膺五等之爵，祖宗蔑血食矣！'
其后果以失机被诛。上于庚戌中咏西域诸故事，犹及雅之滥杀云。"②
在沙克都尔曼济被杀后，乾隆帝当时以雅尔哈善办理甚属奋往，命交部
照军功议叙，但后来得悉真相，对雅尔哈善的做法殊不为然，自悔用人
不当，酿成屠杀降人、罪及无辜的惨剧。二十多年后，乾隆帝在诗中提
到这件事，如是云："绰罗斯部及辉特，实叛逆歼无遗类。其中略涉疑
似者，曰沙克都尔曼济。诸厄鲁特作乱时，彼原携众向内避。游牧巴尔

---

① 阎相师，字渭阳，陕西高台人。弱冠之年投军从戎，忠守军职，累迁安西
前营游击、金塔寺营副将、肃州镇总兵、甘肃提督，为平定西域后五十功臣之一，
图形紫光阁。卒，赠太子太保，谥桓肃。镇夷峡多阎氏族人，参阅本书第五卷第六
章第四节关于高台黑河水案有关论述。
② 昭梿：《啸亭杂录》卷三，"西域用兵始末"，何英芳点校，中华书局1980
年版，第80—81页。

坤左近，以示其心无异志。其时雅尔哈善者，参赞驻彼董厥事。乃称曼济怀狡谋，率兵夜袭乘其寐。耄耋龆龀不一留，水为之赤地为瘃。尔时奏到事已成，厄鲁罪盈亦自致。其后命雅尔哈善，库车进兵平回地。乃以失律正军法，至今思之天道示。项羽阬降二十万，此其十分之三及。火炎昆岗玉石焚，胤侯伏德戒天吏。用人之失吾岂辞，吁嗟用兵诚可畏。"① 事实上，雅尔哈善执行的就是乾隆帝所三令五申的"倘稍有可疑，亦即正法，以绝根株，勿贻后患"② 的方针和政策，沙克都尔曼济冤案的幕后罪魁祸首就是乾隆帝自己。在厄鲁特部的抵抗已经瓦解后，余众逃匿山谷林丛，乾隆帝还指示清军"以两路得胜之兵，如行围之中军蠹，相对卷回，使无地可匿"③，进行拉网式清剿，所至狝薙，栉比擒馘，殆无孑遗，非斩尽杀绝誓不罢休。"二十三年春，兆文襄由博罗布尔、苏富公由赛里木，如狝场中分两翼合围，约相会于伊犁。凡山陬水涯，可渔狝资生之地，悉搜剔无遗。时厄鲁特慑我兵威，虽一部有数十百户，莫敢抗者。呼其壮丁出，以次斩戮，寂无一声，骈首就死，妇孺悉驱入内地赏军，多死于途，于是厄鲁特之种类尽矣。"④ 兆惠等曾

---

① 《清高宗（乾隆）御制诗文全集》第七册，《御制诗四集》卷八十二，"忆旧"，中国人民大学出版社 1993 年版，第 539 页。亦载徐世昌：《晚晴簃诗汇》卷二，中国书店 1988 年版，第 17 页。

② 《清高宗纯皇帝实录》卷五百三十三，乾隆二十二年二月，台北华文书局股份有限公司 1960—1970 年版，第 7735 页。

③ 《清高宗纯皇帝实录》卷五百四十三，乾隆二十二年七月，台北华文书局股份有限公司 1960—1970 年版，第 7909 页。

④ 昭梿：《啸亭杂录》卷三，"西域用兵始末"，何英芳点校，中华书局 1980 年版，第 81 页。此段记述亦见赵翼《皇朝武功纪盛·平定准噶尔正编述略》。如果我们再对勘前述关于阿睦尔撒纳在入觐途中脱逃的记述，更加可以证明昭梿《啸亭杂录》的确袭用的是赵翼的著作。此外，昭梿《啸亭杂录》卷三下述文字更确凿无疑是赵翼的手笔："每军书旁午，应机指示，必揭要领，或数百言，或数十言，军机大臣承旨出授司员，属草率至腕脱。或军报到以夜分，则预饬内监，虽寝必奏，迨军机大臣得信入直庐，上已披衣览毕，召聆久矣。撰拟缮写，动至一二十刻，上犹秉烛待阅，不稍假寐。或一二日无军报，则延望不释，盖数年如一日也。领兵者奏事，大率藏短露长，上即其所奏，勇怯勤惰，洞见肺腑，分别功过，信赏必罚。是以人人效命，有进无退，成此大功。"这是赵翼自己对当年入值军机处的追述，亦原封不动见《啸亭杂录》卷三前揭条目。

以厄鲁特贼党净尽，即策妄阿喇布坦复生亦无可如何等语，见之章奏。俄国历史学家 C. 沙什科夫（Серафим Серафимович Шашков，1841—1882）在19世纪中叶这样描述清军对准噶尔人大屠杀的后果："在准噶尔，尸骨遍野，河水被人血染红，空气中弥漫着烧焚的兀鲁思、森林和草木的浓烟味……凡能用腿行走的一切都拥向西伯利亚。"①

当此之时，清军奉命先将降人迁移至肃州内地，然后将丁男尽行诛戮正法、妻孥则发配为奴。杀降之名不好听，官文书中美其名曰"办理"以掩人耳目。所以"办理"一词就是当时血腥屠杀的代名词。本来战争时期最容易激发人的野性，某些邀功心切的将士在战争期间往往冲破上级约束使用暴力，而在上级这种滥杀政策的鼓励之下就会竞相望风希旨，甚于受属，泯灭天良，杀害无辜平民以冒功请赏，造成玉石俱焚，使厄鲁特蒙古族确实遭受灭顶之灾。魏源这样写道："王师初入，兵不血刃，矢不再发，而天不许也。王师再入，师则屡次，垒则再因，而天又不许也。几大幸，又几大不幸，一激再激，以致我朝之赫怒，帝怒于上，将帅怒于下，合围掩群，顿天网而大狝之，穷奇浑沌檮杌饕餮之群，天无所诉，地无所容，自作自受，必使无遗育逸种于故地而已。计数十万户中，先痘死者十之四，继窜入俄罗斯、哈萨克者十之二，卒歼于大兵者十之三，除妇孺充赏外，至今惟来降受屯之厄鲁特若干户，编设佐领昂吉，此外数千里间，无瓦剌一毡帐。"② 据昭梿记载，当时厄鲁特四部除杜尔伯特汗策凌始终未叛，对清朝表示忠诚，故得耕牧如常，另达什达瓦之妻在阿睦尔撒纳初叛时，即率众至巴里坤，依附清军，被封为"车臣默尔根哈屯"。后该部迁至鄂尔坤游牧，其中一部分则内迁于承德。"其他诸贼，既降复叛，自取诛灭，草薙禽狝无噍类，固无论已。此固厄鲁特一大劫，凡病死者十之三，逃入俄罗斯、哈萨克

---

① C. 沙什科夫：《西伯利亚的奴隶制度》（档案）第3册，1869年，第47页。转引自 Б. П. 古列维奇：《大汉族沙文主义和十八至十九世纪中亚各族人民历史中的若干问题》，王嘉琳摘译，国家清史编纂委员会编译组、中国社会科学院原民族研究所合编：《卫拉特蒙古历史译文汇集》第2册，2005年内部资料，第4页。

② 魏源：《圣武记》卷四，"乾隆帝荡平准部记"，韩锡铎、孙文良点校，中华书局1984年版，第149页。

者十之三，为我兵杀者十之五，数千里内遂无一人。苍天欲尽除之，空其地为我朝耕牧之地，故生一阿逆以为祸首，辗转以至渐灭也。"① 直至数十年后，在龚自珍笔下，"准噶尔故壤，若库尔喀喇乌苏，若塔尔巴哈台，若巴尔库勒，若乌鲁木齐，若伊犁，东路西路，无一庐一帐是阿鲁台故种者"②。准噶尔人与他们的汗国一起消失，准噶尔遂仅仅成为一个地理名词。自此厥后，游牧民族再也没有在世界舞台上担当过主角，成为彻底的陪衬。这不能不说是一段令人唏嘘不已的历史故事。

乾隆帝曾经为自己的杀戮政策进行辩解，云："我兵自前次平定伊犁以来，未尝不屡有剿杀，非所谓驱之锋镝之间，使膏涂草野而不恤也。且定从古不入版图之地于三五年之间，此亦神且速矣，而能保其必无一二受伤之人耶。"③ 又云："先是分封四部，重建宰桑，四图什墨，廿一昂吉，盖欲继绝兴废，以休以息也。而何煽乱不已，焦烂为期，终于沦亡胥尽，伊犁广袤万里，寂如无人之域也。且非我佳兵不戢，以杀为德也，有弗得已耳。"④ 乾隆帝平准以后，清帝国政治统治空间发生了显著变化，正如乾隆帝所言，"乃者关门以西，迄乎大漠，虽通亘古不通之境，究以国家全盛余力及之"⑤。我们不能不承认乾隆帝平准厥功甚伟，西陲奠定，后世迄今仍蒙其泽，但滥杀降人，多杀无辜，其功其过，亦不能相掩。在清帝国建构过程中，清初"扬州十日""嘉定三

---

① 昭梿：《啸亭杂录》，何英芳点校，中华书局1980年版，第81页。

② 龚自珍：《上镇守吐鲁番领队大臣宝公书》，贺长龄辑：《皇朝经世文编》卷八十一，兵政，沈云龙主编：《近代中国史料丛刊》第七十四辑，731，台北文海出版社1972年版，第2893—2894页。

③ 《清高宗纯皇帝实录》卷五百四十三，乾隆二十二年七月，台北华文书局股份有限公司1960—1970年版，第7908页。

④ 见《平定准噶尔后勒铭伊犁之碑》。此碑立于承德普宁寺。亦可参见《避暑山庄和外八庙碑文辑》编委会：《避暑山庄和外八庙碑文辑》，1975年内部发行，第9页。

⑤ 《清朝文献通考》卷二百三十九，帝系考一，《万有文库》第二集，十通第十种，商务印书馆1936年版，第考6981页。亦载《清高宗纯皇帝实录》卷五百九十九，乾隆二十四年十月，台北华文书局股份有限公司1960—1970年版，第8855页；赵之恒等点校：《大清十朝圣训》，清高宗圣训，北京燕山出版社1998年版，第1196页。

屠"已经深深地烙印在汉族民众的历史记忆深处，易世而后，言之尚有余恫焉。但是，清代中叶在平准之役的血腥屠杀也不应该被讳莫如深，也许正视这段血与火的历史更能使我们体味到中国的治乱兴亡规律。

第三节　平定回部之役

一、大小和卓的叛乱

维吾尔（Uiĝur，Uyĝur）是 1934 年由国民党新疆省政府颁布文告确定的称呼。西方学者有的称维吾尔族为俄科达斯（Oechordas）、萨尔特（Sart）人。"Uiĝur"一称，在我国唐宋之季，常汉译作"回纥"或"回鹘"。近人洪钧云："元史屡见畏吾儿，亦作畏兀儿，所谓高昌国王亦都护是也。畏兀儿即唐之回纥，元秘史作委兀儿，又作委吾。"[1] 据当代台湾学者刘义棠考证，畏吾儿初或为氏族部落之名，后渐强大，成为联族首领而建立王国，到唐时成为中国历史上所称之回纥（Uiĝur）汗国。有学者将 Uiĝur 解释为"自食其力"之意，但刘义棠却认为 Uiĝur 原义应为"联合"。[2] 到清代，维吾尔在汉文史籍中被称为"缠回"或"缠头回"，其居地新疆天山南路被称为回疆、回部。日本学者羽田明（はねだあきら）认为，1679 年以后，"噶尔丹率准噶尔兵远征喀什噶尔、叶尔羌，捕获了察合台汗家全族，迁往伊犁。此后，在东土耳其斯坦（按，即指天山以南地区）被称为汗的人隐遁，仅在准噶尔王国的宗主权下行使统治权，所以称作回部的情况真正出现了"[3]。笔者认为，在 17 世纪，作为地理概念的广义上的"回部"是早就存在的，但作为政治概念的狭义上的"回部"诚如羽田明所言始自准噶尔噶尔丹的统治。

---

① 洪钧：《元史译文补证》卷二十六上，"畏兀尔地"，那珂通世校订，东京文求堂书店 1902 年版，页四。

② 刘义棠：《维吾尔研究》（修订本），台北正中书局 1997 年版，第 10—21 页。

③ 羽田明『中央アジア史研究』臨川書店、1982 年、63 頁。

由于新疆地略与人文的原因，在历史上就形成了如台湾学者林恩显所概括的如下关系图式：

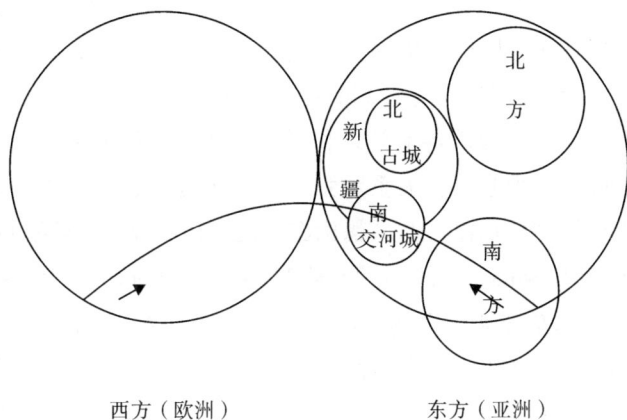

西方（欧洲）　　　　　　　　东方（亚洲）

从上面的图式可以看出的信息有："（1）新疆为古代中西陆路交通孔道，亦为今日欧亚陆路、航空的捷径（如大圈）。（2）新疆为北方游牧民族与南方农业中国生存竞争上必争之地（如中圈）。（3）北疆生活方式近于北方游牧民族；南疆生活方式稍近南方农业中国。因此北疆之于北方游牧民族，如同南疆之于南方农业中国，为其争取全部新疆之根据地（如小圈）。（4）北疆之中心在古车师后王国（即古城子，今之奇台）；南疆之中心则在吐鲁番盆地，古车师前王国（即交河城 Yar-kho-to，今吐鲁番西部的招哈和屯）。"众所周知，居国与行国的区分早在汉代即由太史公马迁由西域的具体事象抽象到历史哲学的高度加以讨论。南疆的绿洲（Oasis）农业分散、孤立的特征与平野连亘的大平原大农田农业迥然有异。这反映到政治上，"往往便是国家组织的联邦制度化，如同游牧民族的政治形态特色。绿洲这种与游牧世界性质相似的政治形态，便造成其容易接受来自草原的游牧势力，也说明了为什么中亚历史常与北亚结合的道理"[1]。应该说，林恩显对古代新疆尤其是南疆历史所建构的宏观图式是具有较强解释力的。叶尔羌汗国即系元蒙察

---

① 林恩显：《清朝在新疆的汉回隔离政策》，台北商务印书馆1988年版，第8—10页。

合台汗国的后裔在天山南路维吾尔族地区建立的地方封建政权。在叶尔羌汗国时期，在维吾尔族历史发展中形成的两个文化政治区，即以喀什噶尔为中心的伊斯兰教文化政治区和以吐鲁番为中心的佛教文化政治区，统一起来，完成了全民族的伊斯兰化过程，但是，由于南疆绿洲农业的分散性，叶尔羌汗国在 17 世纪实际上已经四分五裂，各城各自为政，和卓家族的两大系统，即伊善卡兰系和卓和伊斯哈克瓦里系和卓，分别以喀什噶尔和叶尔羌为基地，关系紧张，矛盾愈演愈烈，后来衍化出南疆社会历史上所谓"白山派"与"黑山派"之间血雨腥风的教派冲突。

"和卓"（Khwāja，Arabic：خواجة khawājah，Persian：خواجه）一词，本为波斯语，原是波斯萨满朝官职名称，有"学者""高贵人"之意，现代波斯语是"有身份的人""富裕商人"的意思，在奥斯曼土耳其语中指"受过教育的教务者""能读会写的人"，现代土耳其语则指"先生""老师"而言。关于南疆和卓家族的来源，过去一些历史著作多以魏源《圣武记》为依据。魏氏云："当隋、唐之际，其国王谟罕蓦德者生而神灵，尽臣服西域诸国……葱岭以西皆尊曰'天使'（回回语，称天使为别谙拔尔，亦曰派罕巴尔），传二十有六世曰玛墨特者，当明之末年，与其兄弟分适各国，始自墨德逾葱岭东迁喀什噶尔，是为新疆有回酋之始。"[1] 我们如果将魏源的说法与穆罕默德·萨迪克·喀什噶里（Muhammad Sādiq Kāshghari）所著《和卓传》（Tazkira-i Khwâjagân）相对照，就会发现前者记述得模糊与不确。按照《和卓传》所述，最早来喀什噶尔的和卓名玛赫杜米·艾扎木（Makhdūm-i`Azam），而不叫玛墨特，而玛赫杜米·艾扎木也并非穆罕默德的第二十六世孙，而是法提玛（穆罕默德之女）的十九代后裔。《和卓传》[2] 的作者是 18 世纪上

---

[1]　魏源：《圣武记》卷四，"乾隆勘平回疆记"，韩锡铎、孙文良点校，中华书局 1984 年版，第 162 页。

[2]　察合台文献《和卓传》目前有三种外文译本：其一为马丁·哈特曼（Martin Hartmann，1851—1918）不完整的德文译注本。其二为 R. B. 沙敖（Shaw Robert Barkley，1839—1879）的英文节译本。1875 年，沙敖卸任返回英国时带回了一些从喀什噶尔和叶尔羌收集的维吾尔文和波斯文抄本。这其中便有《和卓传》。目前学者们广泛使用的便是由沙敖根据他手头所有的《和卓传》抄本做出的节译，并附有奈伊·伊莱亚斯（Ney Elias，1844—1897）所写的长篇导论和译注。 （续下注）

半叶维吾尔族学者，曾任喀什噶尔城阿奇木伯克奥斯曼的首席书记官，尽管其著作中用大量的篇幅描写和卓们的言行及"神迹"，带有浓厚的宗教色彩，但该书对前一个世纪历史的追述事近而详，是了解 16—18 世纪中叶新疆伊斯兰教历史情况的基本文献之一，其叙述的资料自然远较魏源前揭笼而统之的说法更为可靠。玛赫杜米·艾扎木是 16 世纪上半叶察合台后王阿布杜·拉希德汗（Abdu-r-Raehia Khan）在位时来喀汗噶尔传教的，《和卓传》上说他"是一个极为神圣的人，他把宗教自麦加传到中国"[①]，他实际上是布哈拉苏菲派有名的"纳克什班第"（Nqshabandī）教团的教长，到喀什噶尔后颇受阿布杜·拉希德汗的优待，其教业寖昌寖炽。玛赫杜米·艾扎木死后，玛赫杜米·艾扎木有七子，长子名伊善卡兰（Ishān-i Kalān），幼子（第七子）名伊斯哈克·瓦里（Muhammad Ishāq Walī,？—1599）相继从中亚来南疆传教，彼此因争夺教主继承权而分立门户。伊斯哈克·瓦里受到叶尔羌汗国穆罕默德汗（Muhammd Khan，拉希德汗之子）的宠信。而伊善卡兰在喀什噶尔则受拉希德汗的另一子阿布杜·拉依木（Abdur-Rabim）汗的崇敬，伊斯哈克·瓦里和伊善卡兰周围都有一批狂热的苏菲派信徒，逐渐形成

（续上注）此文于 1897 年作为加尔各答出版的《孟加拉亚洲学会学报》（*The Journal of the Asiatic Society of Bengal*，JASB）第 66 卷第 1 册出版（The History of the Khojas of Eastern-Turkistan, Summarised from the *Tazkira-i-Khwajagan* of Muhammed Sadiq Kashghari, edited with Introduction and Notes by Ney Elias）。陈俊谋、钟美珠两位先生曾将此节译本转译为汉文，发表于 1980 年出版的《民族史译文集》第 8 辑附刊。其三为瓦里汗诺夫（Чокан Чингисович Валиханов, Chokan Valikhanov, 1835—1865）的片段译文，收于《俄国人在中亚》（Valikhanov, C. et al., *The Russians in Central Asia, Their Occupation of the Kirghiz Steppe and the Line of the Syrdaria; Their Political Relations with Khiva, Bokhara, and Kokan; Also Descriptions of Chinese Turkestan and Dzungaria*, translated by J. and R. Michell, London：E. Stanford, 1865）一书。参见 Ho-dong Kim, *Holy War in China: The Muslim Rebellion and State in Chinese Central Asia, 1864 – 1877*, Stanford, California：Stanford University Press, 2004, p. 216。穆罕默德·萨迪克·喀什噶里所著的《和卓传》有多个抄本，哈特曼、沙敖及瓦里汉诺夫三人翻译所依据的抄本可能是出自不同的抄写者。1988 年喀什维吾尔文出版社出版了由尼加提·木赫力斯、谢姆斯丁·太买提根据毛拉·阿布都赛麦提·阿訇抄写的版本刊布的现代维吾尔文版本《和卓传》。

①　转引自马汝珩：《略论新疆和卓家族势力的兴衰（上）》，《宁夏社会科学》1984 年第 2 期。

分别自称伊斯哈克耶和依萨尼耶的两派宗教势力，前者被教外人称为黑山派（Qara Taghliqs，亦称黑山宗，俗称黑帽回），后者被教外人称为白山派（Aq Taghliqs，亦称白山宗，俗称白帽回）。白山派与黑山派在教义上并无原则分歧，只是在斋拜仪书上略有不同。白山派主张默诵真主赞颂词，而黑山派则主张朗诵赞颂词。由于白山派与黑山派之间的矛盾不断加深，其斗争形式也由宗教分歧演化为政治权力的角逐，以致发生武装冲突。这两派势力分别支持叶尔羌汗国统治集团内部各对立派别，因而使叶尔羌汗日益走向分裂与衰弱，最终断送了叶尔羌汗国。

在这种激烈的互有胜败的教派冲突中，准噶尔部夙有政治野心的首领噶尔丹于康熙十七年（1678）进兵南疆，通过五世达赖的荐举，以白山派领袖伊达耶图拉为向导，大举进攻南疆，"尽执元裔诸汗，迁居天山以北。回部及哈萨克皆为其属"[1]。至此，统治南疆长达一个半世纪之久的察合台汗后裔的汗国宣告灭亡。德国的东方学者马丁·哈特曼认为，噶尔丹将天山南路交给了白山派和卓阿帕克统治，只收其年贡，甚至说在天山南路出现了一个"伊斯兰教神圣国家"（Islamischer Heiligenstaat）。[2] 按照此种观点，和卓伊达耶图拉被噶尔丹拥立为统治南疆的代理人，为准噶尔办理回疆事务。而伊斯美尔汗及其家族则全部被噶尔丹带往伊犁囚禁起来。伊达耶图拉登上汗位后，自称"阿帕克和卓"（世界之主之意），以叶尔羌为其统治中心，建立起白山派和卓家族的统治体系。[3] 阿帕克和卓以伊斯兰教的"夏里阿特法"（伊斯兰基本大

---

[1]　魏源：《圣武记》卷四，"乾隆勘平回疆记"，韩锡铎、孙文良点校，中华书局 1984 年版，第 162 页。

[2]　Martin Hartmann：Ein Heiligenstaat im Islam：Das Ende der Caghataiden und die Herrschaft der Chogas in Kashgarien，in *Der Islamische Orient：Berichte und Forschungen*，VI-X，Berlin：W. Peiser，1905，S. 195－324.

[3]　康熙二十四年（1685）阿帕克和卓死，葬于喀什噶尔，其陵墓称阿帕克和卓麻札。在该墓室内的墓台上，排列着大小不等的五十八个坟冢，埋葬着帕克和卓五代共七十二人，是天山以南乃至中亚朝拜纪念所谓"圣人后裔"的重要"圣地"。以前有不少人说这是香妃之墓，其说不确。据考证，香妃实际上应为容妃，原名叫伊帕尔汗，相传玉容未近，芳香袭人，沁人心脾。香妃的确切葬地是在河北遵化清东陵的裕妃园寝。

法）和苏菲派独有的"塔里喀特之道"（道乘）为统治依据，大肆屠杀和监禁黑山派以及其他教派的伊斯兰教徒，致使其中大部分人被迫逃往中亚、巴达克山、克什米尔等地。魏良弢认为此说受了圣者传的影响，特别是受了节译成英文、广为流传的穆罕默德·萨迪克·喀什噶里的《和卓传》的影响，而此书的价值是大有疑问的。魏良弢根据完成于17世纪末或18世纪初期的《喀什噶尔史》（佚名作者）等文献的记载认为，噶尔丹归并叶尔羌后并没有马上扶植白山派和卓，而是仍把叶尔羌汗国的汗室成员——巴拜汗的长子阿卜都·里什特扶上汗位作为自己的代理人。[①] 穷兵黩武的噶尔丹被清军打得一蹶不振后，自顾不暇，未遑远略，回疆对准噶尔的臣属关系及每年十万腾格的贡金遂不了了之。策妄阿拉布坦继为准部浑台吉后，于康熙五十四年（1715）再次出兵南疆，进入塔里木盆地南缘地区，将两派和卓俱掳往伊犁控制起来。准噶尔汗国第二次统治南疆历时长达五十五年之久。后来，出于在天山南路统治的需要，策妄阿拉布坦亦曾想利用白山派和卓家族阿哈玛特（Khwāja Ah-mad）总理南疆各城，但鉴于阿哈玛特素不安分、善于权术、收人心，欲背准噶尔而自立一国，遂转而支持黑山派和卓家族，让对准噶尔汗廷持合作态度的黑山派领袖达涅尔和卓（Khwāja Dānyāl）将长子加罕和卓（Khwāja Jahān）作为人质留在伊犁而本人返回叶尔羌。需要指出的是，噶尔丹时期，准噶尔汗国对回部的内部管理并不过问，但降及策妄阿拉布坦时期，准噶尔汗国加强了对天山南路的统治。这时期在天山南路地区有势力、有影响的察合台后人已基本上不复存在，整个南疆地区处于四分五裂的割据分立状态。于是，策妄阿拉布坦将对这一地区的间接统治改为直接统治，直接任命各城阿奇木伯克、伊萨噶伯克等军政官吏，使这些地方官吏直接对准噶尔汗廷负责，同时还向天山南路各城派驻称作"喀喇罕"的准噶尔人，负责监督各城赋税的收缴，并监视各城社会、政治动态，直接参与、干涉当地内政管理。噶尔丹策零继承准部汗位后，赓续执行乃父之既定政策，牢固地控制天山以南地区。其依然采取扶持黑山派的政策，确认达涅尔和卓的权利，从而巩固了黑山派

---

① 魏良弢：《叶尔羌汗国史》，黑龙江教育出版社1994年版，第144页。

和卓在喀什噶尔的政权。尽管黑山派和卓对准噶尔汗廷采取了驯服与合作的态度，但由于该派和卓宗教势力日益坐大，隐患堪忧，所以噶尔丹零策决定乘和卓达涅尔死去之机采取分而治之的办法，将其诸子分遣各地，以期分散和卓家族的势力。《和卓传》对此如是记载："遵照卡尔梅克首领的命令，叶尔羌被分给加罕；喀什噶尔被分给玉素普①；阿克苏被分给哈玛什②；和阗被分给阿布都拉。"③ 而至噶尔丹策零去世后，准噶尔汗国统治集团内讧不断，根本无力过问天山南路，这一地区实权逐渐为伊斯兰教派势力和卓家族所控制。在达涅尔和卓诸子中，喀什噶尔的和卓玉素普最为强势。此人颇有大志，并不甘于久为准噶尔汗国所主宰的命运。据穆罕默德·萨迪克·喀什噶里《和卓传》载，和卓玉素普经常前往伊犁，其目的就在于，如果有机会，则"用伊斯兰之剑给这些异教徒的首领以沉重的打击，要将穆斯林从异教徒的束缚中解救出来，跨上战马在这两个世界中建立起威望，奔向幸福"④。

　　如前所述，策妄阿拉布坦进攻天山南路后就将俘获的白山派和卓玛罕木特拘禁于伊犁。直到清军进剿准噶尔部首领达瓦齐抵达伊犁时，玛罕木特之子布拉呢敦（又作波罗泥都，Burhan al-Din）和霍集占（Khan Khwāja）仍被囚絷于阿巴噶斯、哈丹兄弟所领之鄂拓克，为准噶尔部种地。《回疆通志》记载："旧和卓曰阿哈玛特，为派罕帕尔裔，世居叶尔羌、喀什噶尔，辖回族，准噶尔诱执之，禁诸阿巴噶斯，赍恨死。子二，长曰布拉呢敦，次霍集占，仍羁阿巴噶斯。大军至，乃释之。"⑤

----

①　Khwāja Yūsuf。

②　Khwāja Khāmōsh。

③　穆罕默德·萨迪克·喀什噶里著，R. 沙敖英文节译，恩·伊莱亚斯整理、注释：《和卓传》；陈俊谋、钟美珠据英文节译本汉译，中国社会科学院民族研究所历史室编：《民族史译文集》第 8 辑，1980 年版，第 106 页。阿布都拉即 Khwāja 'Abdu llāh。

④　转引自林红：《察合台文献〈和卓传〉与维吾尔苏菲主义》，新疆大学硕士学位论文，2006 年，第 32 页。

⑤　和宁：《回疆通志》卷六，沈云龙主编：《中国边疆丛书》第二辑，24，台北文海出版社 1966 年版，第 144 页。亦可参见包文汉整理：《清朝藩部要略稿本》，黑龙江教育出版社 1997 年版，第 250 页（仅多一字，其余完全相同）。

乾隆二十年（1755）四月八日，大和卓木布拉尼敦、小和卓木霍集占率三十余户回人到西路军前投降。乾隆帝平准以后，清廷对回疆的政治构想最初大体因循准噶尔治理回疆的模式。在清朝看来，准噶尔原统治天山南北，如今既平定伊犁，准噶尔归降，那么原处于准噶尔统治之下的天山南路自然而然也就应该归属于清朝。统领清军的定北将军班第接受当时擒获达瓦齐的乌什维族头人霍集斯的建议，决定释放在伊犁的白山派布拉尼敦，使其率领伊犁维吾尔人返回故土，并派兵护送，以期达到不战而定回疆的目的。事实上，清廷这一决策未经细致调查和慎重考虑，无异自食其果，自树敌国，而且为渊驱鱼，使有可能站到清朝方面来的黑山派极为失望。白山派和卓家族并不甘心自己的失势，时图恢复其先世对南疆的统治，所以当清政府刚刚平定北疆准部阿睦尔撒纳叛乱之后，在天山南路便立即爆发了白山派和卓家族的大小和卓之乱。

清朝派遣一千名厄鲁特兵和四百名清军，护送布拉尼敦回天山南路，清侍卫托伦泰同行。被准噶尔拘来伊犁作耕奴的维吾尔族人大多跟着布拉尼敦返回故里。黑山派此时正值尤素夫病故而其弟和卓·加罕继其位，军心不稳，在政治上孤立无援，处于极不利的地位，相继丢城失地。乌什、喀什噶尔很快被布拉尼敦所夺取。和卓·加罕退守叶尔羌，危在旦夕。布拉尼敦在致黑山派的公开信中谓：

> 尊贵的和卓·加罕，尊贵的叶尔羌百姓庶民，我提醒你们，我首先是依照可汗秦（乾隆帝）的旨意，其次是依照阿睦尔撒纳的旨意，向你们通知如下：许久以来，这块土地是由加尔梅克的吐热统治的。你们是在承担了每年每月如数输送赋税义务的条件下，被委以统辖这块土地的。如今你们违背诺言，竟然不顾后果地起来抗衡。
>
> 达瓦齐已离开了吐热的宝座。根据可汗秦的旨意，阿睦尔撒纳已执掌了吐热的职责，整个加尔梅克境内已安全无事，这块疆域已转归可汗秦所有。
>
> 他们以自己的宗教对我们起誓说："派你们这些人去掌管蒙兀尔斯坦，传达可汗秦的旨意。他们领受了，则好。不肯领受，就对

他们宣战。如果您不能获胜，我们将源源不断地派出军队，俘获他，掳掠他们的城镇。"

现在对你们的良言忠告是，放弃宿怨的宝剑，率领百姓庶民来到我们的面前。我们将向可汗秦和阿睦尔撒纳请求赦免你们的罪过。我们还期望解脱后，你们仍然能成为某一城池的帕夏。

凭着族亲的血统，我们所能做到的就是这些。不接受这些忠告，必将自食其果。①

乾隆二十年（1755）隆冬，叶尔羌被围之后，内无粮草，外无救兵，城内弥漫着沮丧的情绪，倒戈事件不断发生。和卓·加罕知事不可为，乃突围向帕米尔地区出逃。被俘的和卓·加罕以下的许多黑山派首领均遭杀戮。与清军第一次平准的同时，天山南路维吾尔族之间争夺统治权的斗争，以布拉尼敦的胜利告终。未几，阿睦尔撒纳叛乱爆发，留在伊犁的小和卓霍集占则附和参与乱事，与清军作战。清军第三次平准之役后，阿睦尔撒纳遁入哈萨克，霍集占则乘间率众遁归叶尔羌。霍集占目睹清军长途跋涉进军伊犁而无粮草以致不能久驻的现实，被北疆的叛乱所鼓舞，过高地估计清朝进兵的困难，认为回疆与内地相距遥远，内地军队不能即来，来亦率皆疲惫，粮运难继，料无奈我何！且准噶尔已灭，近地并无强邻，收罗各城，可以自长一方，种地守城，足为扞御。但布拉尼敦则对于其弟的据地自立计划持保留意见，对于清朝中央帮助其确立在南疆统治地位尚不无心存感念。他说："从前受辱于厄鲁特，非大国兵力，安能复归故土？恩不可负，即兵力亦断不能抗。"②在这个日本学者佐口透所称之"和卓时代"，宗教上层人士在政治的舞台上翻云覆雨施展法力，而在这一舞台之下作为观看者的为数众多的维

① 《和卓传》，转引自戴逸：《乾隆帝及其时代》，中国人民大学出版社 1992 年版，第 241—242 页。

② 《平定准噶尔方略》正编，卷五十八，乾隆二十三年七月庚寅，《中国西北文献丛书》第三辑，西北史地文献，第 9 卷，84，兰州古籍书店 1990 年版，第 498 页。亦可参见《维吾尔族史料简编》下，中国民族问题研究丛刊，第 2 辑，中央民族学院研究部 1956 年版，第 40 页。

吾尔平民百姓却没有任何的发言权，只是通过感官接受着台上人所传达的信息，然后与台上人一起经历不属于其本我的情感经历，以他人的理想为理想，成为人云亦云、亦步亦趋的忠实追随者。小和卓霍集占能言善辩，他以狂热的宗教口号，进行蛊惑性宣传，号召民众去反对"异教徒"，网罗和胁迫一大批维吾尔族上层人物，形成了一股反清叛乱势力。他说："若听朝廷处分，必召兄弟一人留质京师，如准噶尔之例。我祖宗世以此受制于人，今幸强邻已灭，无逼处者，不以此时自立国，乃长为人奴仆，非计。中国新得准部，反侧未定，兵不能来；即来，我守险拒之，馈饷不继，可不战挫也。"① 霍集占分裂割据的主张逐渐占据上风。

二、库车之战

正值清军平准期间，南疆的大小和卓于乾隆二十二年（1757）四月亦开始叛变，把剑对准了清廷，将副都统阿敏道等杀害。迅速平定天山南路的叛乱又成为了清政府的当务之急。二十七日，成衮札布奏请俟大兵至伊犁后，即带兵进剿回城。但是，乾隆帝以此次进兵专为剿灭厄鲁特人众，阿睦尔撒纳自投罗网，由哈萨克逃回，此正机会可乘，时不宜失，其余叛众，尚可徐徐办理，纵回人妄逞鸱张，须延至大兵荡平准噶尔全境后再行从容办理，以免两面受敌，顾此失彼。② 乾隆二十二年一年以内，北疆军务尚未武成，清廷暂时无暇顾及南疆。副都统阿敏道之遇害，堪称是清廷征讨回部的导火索，而导致清廷进剿回部的主要原因，则是由于回部乘清廷用兵准噶尔之际据地独立，无异又多一"准噶尔"。等到北疆大局底定，清廷便立即调兵挥戈南下，指向大小和卓兄弟。乾隆二十三年正月，清廷以雅尔哈善为靖逆将军，额敏和卓、哈宁阿为参赞大臣，顺德讷、爱隆阿、玉素布为领队大臣，率满汉官兵一万余人进攻库车，并宣示大小和卓之罪状。正是这样，回部之役在清朝官府看来是准噶尔之役的延长。清代方略馆纂修诸臣即曾指出："平回之

---

① 《魏源全集》编辑委员会编校：《魏源全集》第 3 册，《圣武记·乾隆戡定回疆记》，岳麓书社 2004 年版，第 159 页。
② 参详《清高宗纯皇帝实录》卷五百三十九，乾隆二十二年五月，台北华文书局股份有限公司 1960—1970 年版，第 7824 页。

395

役，初由戡定准噶尔部所连及。"① 因此，方略馆奉敕纂书时将准噶尔与回部之役，统名为《平定准噶尔方略》。

是年五月，清军围攻库车。库车为清军从吐鲁番进入南疆的战略要地。库车一经攻克，则诸城必溃。霍集占率数千人行阿克苏戈壁来援，拥有最精良的巴拉鸟枪，但这支队伍是临时征调来的，未经训练，军心不协，仓促上阵。清军设埋伏于托和鼐，一战而胜。乾隆帝诗中形容当时的战况："长箭大炮如雨下，狂回乱奔气消磨，填沟受杀敢回顾，血流漂杵时无何。剿贼一千四百余，是为狂回第一战。"② 乾隆帝指示的策略仍然是"擒贼先擒王"，以歼渠而非攻城为要，其理由在于：如果渠魁漏网，徒恃得一城，再攻一城，则区区库车，尚不能猝下，回部坚城尚多，由此而阿克苏、叶尔羌、喀什噶尔，愈难攻克，届时回人虽困，而内地力亦难支，捷奏无期，断非长策。霍集占只率领八百人进入库车城内，这对清军来说是极佳的战机，霍集占坐困围城，外无奥援，正可严密围困，一举聚歼，擒获叛首，南疆自可传檄而定。但是，清军统帅雅尔哈善是个不知兵的书生，未娴将略，措置乖方。库车依冈为城，以柳枝、沙土密筑甚坚。清军威远炮不能摧其城墙，所携四大神炮系前明所造，年代久远，不甚坚固，攻城时炮身俱破裂，遂顿兵城下，久攻难克。雅尔哈善急于收功，严令昼夜力掘地道攻城，叛军瞥见灯光，掘一横沟，用水淹火攻，把挖地道的数百名清兵烧死。雅尔哈善既不躬行相度，又不自引咎，而将责任统统推到主持挖地道的提督马得胜身上。已归降的阿克苏伯克鄂对原是库车维吾尔头人，谙熟当地情形，向雅尔哈善进言：霍集占困守孤城，粮尽援绝，必将突围，城西鄂根河水浅可涉，北山通戈壁走阿克苏，应于此二路各伏兵一千。雅尔哈善以其言叵信，岸然不理。索伦老卒于城下牧马，闻城中驼鸣似负重状，归

①　傅恒等奉敕撰：《平定准噶尔方略》正编，卷八十一，乾隆三十七年内府刊本，页二七。

②　王树枏等纂：《新疆图志》，天章四，《中国边疆丛书》第一辑，台北文海出版社 1965 年版，第 584 页。另一方便检核的版本为：王树枏等纂：《新疆图志》，天章四，甘肃省古籍文献整理编译中心编：《西北稀见方志文献》第 1 卷，兰州古籍书店 2006 年版，第 154 页。

奔告雅尔哈善曰："其驼鸣高且健，贼将遁矣！"雅尔哈善时饮酒，笑曰："健卒，尔何知！"酌酒如故。[1] 霍集占果然率领四百名士兵贪夜向西突围，防守西门的领队大臣、副都统顺德讷由于黑夜难以辨认，不敢发兵，竟任令霍集占等徒涉鄂根河，向阿克苏逃去。兵法云："将不仁，则三军不亲；将不勇，则三军不锐；将不智，则三军大疑；将不明，则三军大倾；将不精微，则三军失其机；将不常戒，则三军失其备；将不强力，则三军失其职。"[2] 在用兵中，疾则人力诎，但徐则人力舒，而徐久则怠矣，进取不锐，则守御必不坚。是故，大将临戎，见机不遂者陨功，而忽敌不备，必为所败。清军以八九千之众、株守淹时三月之久，最后仅得空城一座。在两军对垒而战之际，作为主帅的雅尔哈善诸事不理，但知饮酒下棋，一切听之将弁，并且轻物傲人，不纳忠谋，儿戏军中大事乃至如此！后来乾隆帝愤怒地申斥他"身任阃帅，遇事高居简出。对敌则借称凭高瞭望，并不亲身督战；守垒之兵，戒严数月，亦不亲身巡视……然其罪之最不可逭者，一在霍集占窜入库车，则姑付之于不知，且宽其西逸之路，不即追捕……授意顺德讷，有得一空城，亦可报命之语，则又属何心乎？此而不正其罪，置国法于何地？"[3] 会鞫，雅尔哈善以劳师糜饷失机事论斩。

我们应该看到，在南疆地区，黑山派与白山派的矛盾尖锐由来已久，普通民众之间由于分属不同教派，自相猜嫌，致有彼此毗邻相居而不准入庄、亦不往来结亲者。黑山派和卓与乌什、阿克苏等城阿奇木伯克为代表的土著豪族存在严重矛盾。"盖两酋虽为其部长，然在准噶尔久，惟伊犁种地之回人同羁旅相倚赖，而旧部本不联属。及归，又虐用其民，以伊犁同归之人及厄鲁特避兵来投者为亲兵，故其窜也，皆相率随之，旧部人莫有从者。"[4] 清军在围困库车期间，就据回人巴巴克、

---

① 昭梿：《啸亭杂录》卷六，"平定回部本末"，何英芳点校，中华书局1980年版，第149页。

② 《六韬·龙韬》奇兵第二十七，引自刘寅：《武经七书直解》，张实、徐韵真点校，岳麓书社1992年版，第444页。

③ 《清高宗纯皇帝实录》卷五百七十八，乾隆二十四年正月，台北华文书局股份有限公司1960—1970年版，第8505—8506页。

④ 昭梿：《啸亭杂录》卷六，"平定回部本末"，何英芳点校，中华书局1980年版，第152页。

喀启等得悉，附和霍集占者不过阿布都克勒木等数人以及在伊犁相从而来的回人，其余各城头目，俱不心服，赛哩木、沙雅尔等处回众先后投降即可概见。在雅尔哈善失机后，乾隆帝于是年七月下令免去雅尔哈善职务，以兆惠代将，命定边将军兆惠、副将军富德进军南疆。在任命雅尔哈善负责南疆军事指挥之前，乾隆帝始则责备兆惠与成衮札布急回部、缓阿睦尔撒纳，有失轻重权宜。但在进军南疆以后，乾隆帝当时一方面为平准之役的胜利所鼓舞，自认为战无不胜，也因为不了解南疆社会内部的情况，为不愿跟从大小和卓叛乱者的来降相继的形势所迷惑，乐观地估计"看来办理回部较准噶尔为易"①，但事实上，平回之役与平定阿睦尔撒纳之乱存在很大差别。"阿睦尔撒纳既叛，师未接，辄远窜，非霍集占比也。"② 这就是由于游牧社会的"行国"特征所决定的。而在南疆，作为"居国"的绿洲农业社会，大小和卓依靠城池进行了一系列顽强的城市保卫战，而清军当时"盖回人俱有城邑田庐，非若厄鲁特之易于惊窜也"③，所以攻取库车、阿克苏等城后亦均需留兵弹压，与在北疆的作战模式大相径庭。乾隆帝在万里之外的遥控自然对一些问题的认知存在偏颇，而这恰是兆惠所部在黑水营之围孤军陷万里外凡三月方得以出的原因所在。是时，兆惠奏请屯田乌鲁木齐，以待来春进讨，倘不能即入回部，则且积谷市马为持重，乾隆帝又责备其怯懦。乾隆帝认为回部诸城迎降相继，霍集占党众俱已离心，自可立奏肤功，乃严令兆惠迅速进兵，并批评兆惠在伊犁停留太久，似有心从中观望，避难就易，又表示当年断不撤兵，且必于是冬结束战斗。兆惠在皇帝的催促下率军自伊犁南越天山，取沙雅、阿克苏和乌什等城，闻霍集占据守叶尔羌，未及等待军队集结完毕，便率领四千余人于乾隆二十三年（1758）十月初六日进抵叶尔羌城下。这次没有充分准备的进军几乎招致兆惠所部全军覆没的命运。

---

① 《清高宗纯皇帝实录》卷五百六十，乾隆二十三年四月，台北华文书局股份有限公司 1960—1970 年版，第 8212 页。

② 赵尔巽等撰：《清史稿》卷三百十二，列传九十九，中华书局 1977 年版，第 10667 页。

③ 《清高宗纯皇帝实录》卷五百五十六，乾隆二十三年二月，台北华文书局股份有限公司 1960—1970 年版，第 8152 页。

三、黑水营之围

叶尔羌为回疆重镇，人烟稠密，物产丰富。城周十余里，四面有十二门，较库车更大，且城防措施坚固。霍集占决心负隅顽抗，将村庄人户悉移入城，烧毁城外房屋，坚壁清野。布拉尼敦则领兵出喀什噶尔，与霍集占作掎角之势，相为声援。时据守叶尔羌的叛军有一万三千多名，而兆惠所部仅有四千余人，加之后方基地远在千里以外的阿克苏，孤军深入，敌众我寡，后援不继，形势十分不利。清军远道而来，径行戈壁，人马困乏，马仅剩一千匹，口粮虽敷两个月食用，但军器火药严重匮乏。兆惠陈军于叶尔羌城之东，以两翼兵先夺据其新筑之台。霍集占军退入城中，清军人少，不能合围，因而在城郊叶尔羌河畔有水草处立营自固，欲伺便取胜。叶尔羌河即所谓喀喇乌苏，汉语译为黑水，故时谓兆惠军营地为"黑水营"。十月十三日，兆惠因捉生询问，得悉城南英奇盘山有霍集占放牧的畜群，可以攻取以充军实，且致敌为野战，乃亲自率领一千人，夺桥抢渡叶尔羌河，企图攻打英奇盘山。叛军阻河为阵，清军过河甫四百余名，桥即断裂，余众不得渡。霍集占从城中派步骑一万五千人前来截击，将渡河的清军团团困住。清军被隔断在河的两岸，该地多沮洳沼泽，难于驰逐，损失严重。夙称骁勇的高天喜，由守备从征，因功拔擢总兵，闻兆惠陷阵，冲阵鏖战，殁于阵。前锋统领鄂实（鄂尔泰次子，在伊犁战败自尽的鄂容安之弟）、监察御史何泰、侍卫特通额（原定西将军策楞子）、副都统三格亦战死。兆惠两易马，俱中鸟枪倒毙，其本人亦面部和腿部负伤。清军人自为战，竭力突围，浮水逃生，回营固守。霍集占组织队伍，乘势扑攻。这场激烈的战斗延续了五昼夜，清军官兵无撤退逃生的余地，人皆自为战，无不以死自誓。但"所掘壕既浅，垒亦甚低，贼可步履入，遂日夜来攻。我兵处危地，皆死中求生，故杀贼甚力。贼惧我兵致死，欲以不战收全功，别筑一垒于壕外，为长围守之，如梁、宋所谓夹城者。意我兵食尽当自毙也"①。不久，布拉尼敦的

---

① 昭梿：《啸亭杂录》卷六，"平定回部本末"，何英芳点校，中华书局1980年版，第150页。

援兵与霍集占会合，叛军以两万人众轮番围攻黑水营清军。兆惠遣弁卒七人各携告急文书，分两批突围驰赴阿克苏。留守阿克苏的参赞大臣舒赫德闻讯后，一面飞章入告，一面催集援兵向叶尔羌进发。乾隆帝接到兆惠的告急文书，醒悟到自己严旨督催进兵、急于求成的失策。兆惠在文书中以轻敌妄进、罪实难逭自咎。但乾隆帝则认为揆诸用兵机宜，兆惠"尚为有进无退之良将也，且我满洲官兵所向披靡，从来无敢抗敌。即如今夏兆惠、富德等分兵略地，所领仅及千人，而左右哈萨克、东西布噜特、各处回众，不烦攻剿，不待招降，早已争先纳款。其回部一路之阿克苏等城闻官兵一到，亦无不势如瓦解，将谓乘胜长驱直入叶尔羌、喀什噶尔，亦属甚易，则向来之轻视逆回，乃朕之误，又何忍以妄进轻敌、为兆惠之责乎？此盖数年以来，平准噶尔，降左右哈萨克、东西布噜特，实为极盛之会，而默默中有此佳兵之警"①。乾隆帝反思后认定的教训是，上下轻敌实为导致此兵陷危地的原因。

　　书曰："善守如环。"也就是说，防御要没有任何漏洞，不给敌以任何可乘之机。《曾胡治兵语录》亦云："城贼猛扑，凭濠对击，坚忍不出，最为合法。"②是时，黑水营情形甚危殆。在被围困的三个月中，幸赖清军拼死抵御，守不可摇，维吾尔军多次冲杀，均未能奏捷。维吾尔军于叶尔羌河上游决水，淹灌清营，但清军掘沟泄之，化险为夷，来水且可资饮用。又，维吾尔军掘沟潜伏，以苇埽自蔽，欲行偷劫，俱经击退。维吾尔军所立台四面均有护身垛口，施放赞巴喇特鸟枪，给清军造成极大的心理压力。在此次围困战中，火枪成为主力武器，而火枪对射也成为此次战斗中最常见的场面之一。维吾尔军步兵以精良火枪为主要装备，火力猛烈，清军则弹药告罄。唯黑水营依傍树林，维吾尔军密集施放鸟枪，弹丸纷纷落入树木之中，于是兆惠命士兵伐木取弹，获弹丸数万，用以击敌，缓和了缺乏弹药的困难，演绎出一段传为美谈的兆惠版草船借箭故事。在掘堑安营时，曾获窖藏粮食若干，稍赖以济。岁

---

　　①　《清高宗纯皇帝实录》卷五百七十五，乾隆二十三年十一月，台北华文书局股份有限公司 1960—1970 年版，第 8447—8448 页。

　　②　蔡锷辑录，蒋介石增补：《曾胡治兵语录》，陈志学译注，巴蜀书社 1995年版，第 270 页。

聿其暮，围合已三月，军中粮渐尽，士卒煮鞍革，甚或掠回民以食。"某公性最啬，会除夕，明忠烈公瑞、常中丞钧皆至其帐聚语，屈指军粮，过十日皆鬼箓矣。某公慨然谓：'吾出肃州时，有送酒肴者，所余饦饤今尚贮皮袋中，呼奴取出供一啖。'时绝粮久，皆大喜过望，既饱而去，则私谓曰：'某公亦不留此，事可知矣！'不觉泣下。盖自十月中旬被围，已将百日，无复生还望也。"① 维时，霍集占征发维吾尔族平民作战，民多怨恣，不肯出力，且平日亦无训练，未经战阵，故维吾尔兵虽四倍于清军，但清军营地却始终岿然不动。值得一提的是，本来对于反叛心存疑虑的布拉尼敦在布鲁特人进攻英吉沙尔时甚至一度遣人向兆惠求和，但惠遵照乾隆帝此前的谕旨，严令布拉尼敦擒送霍集占，而这一点是布拉尼敦所做不到的，故最终和议未成。乾隆帝接阅前线战报后，对黑水营孤军被围待援三个多月而未致溃败，终能履险若夷，诧为上天保佑的奇迹。黑水营围解后，明瑞从前线返回北京详述战况，乾隆帝又赋诗《黑水行》纪述黑水围之战，对参战官兵的勇行壮举极尽揄扬赞誉，称："去年我军薄回穴，强弩之末难称雄。筑垒黑水待围解，讵人力也天帡幪。明瑞驰驿踰月到，面询其故悚予衷。蜂蚁张甄数无万，三千余人守从容。窖米济军军气壮，奚肯麦曲山鞠劳。引水灌我我预备，反资众饮用益丰。铳不中人中营树，何至析骸薪材充。著木铳铁获万亿，翻以击贼贼计穷。先是营内所穿井，围将解乃智其中。闻言为之怅，诸臣实鞠躬。既复为之感，天眷信深崇。"②

乾隆帝任命富德为定边右将军，阿里衮、爱隆阿、福禄、舒赫德俱授为参赞大臣，率军星夜奔驰增援。定边右副将军富德与舒赫德会合，率健锐营、索伦、察哈尔官兵趱行进发，于乾隆二十四年（1759）正

---

① 昭梿：《啸亭杂录》卷六，"平定回部本末"，何英芳点校，中华书局1980年版，第151页。

② 《清高宗（乾隆）御制诗文全集》第三册，《御制诗二集》卷八十六，"黑水行"，乾隆二十四年，中国人民大学出版社1993年版，第715—716页。亦可参见于敏中等编：《国朝宫史正续编》，《中国史学丛书》28，台北学生书局1965年版，第2067—2068页。龙顾山人纂：《十朝诗乘》卷七，卞孝萱、姚松点校，福建人民出版社2000年版，第351页。

平定伊犁回部战图册·黑水围解（清宫廷画家绘）

玛瑺斫阵图

月六日行至呼尔璊。霍集占派五千人前往截击，两军鏖战激烈，乾隆帝曾作《玛瑺斫阵歌》嘉许称颂这次战斗中勇士玛瑺气凌三军、志轻强敌。此次战斗经四昼夜，清军且战且进，"沙碛乏水，齿冰救渴，又乏马力，半步行。九日，渡叶尔羌河，距黑水军尚三百里，贼愈众，不能进"①。这时正好有两支部队赶来：一支是巴里坤大臣阿里衮于十月间奉到兆惠调拨马匹的咨文所率领的解送驼马抵达前线军营的部队；另一支是黑水营被围之初兆惠所派副都统爱隆阿率领的扼喀什噶尔来路的牵制之师。这两支部队会合在一起，前来接应。阿里衮、爱隆阿分两路驰出，直压叛军营垒，所带马驼三千，一齐奔驰，声尘杂沓，声势大振，富德军亦合力冲击。叛军不明来援清军的虚实，仓皇撤兵逃走，清军奋力追杀。兆惠见围营的叛军减少，又闻远处枪炮声，遥望篝火连绵十余里，知道援军已到，随即整师从内线大举反攻，与富德等会合。霍集占败入叶尔羌城，至此历史上著名的黑水营之围终得解除，时兆惠孤军已被围三个月。黑水之战是乾隆朝的一次重要战役。清军深入敌后，以寡敌众，严兵为备，力守重围，出色地完成了黑水营防卫战，极大地震慑了霍集占叛军。维吾尔军认为果真有神灵在庇佑清军，从此士气低落，军心瓦解，再衰三竭，茶然不振。可以说这是清朝统一回疆过程中最为艰巨的战斗，为下一阶段平叛战斗的势如破竹铺平了道路。

四、清军在帕米尔高原的追击战

黑水营解围以后，清兵撤回阿克苏休整。乾隆二十四年（1759）六月，清军集中在阿克苏、乌什和阿瓦提之兵已达两万人，马三万匹，骆驼一万头，乃兵分两路，大举进攻霍集占。兆惠由乌什进攻喀什噶尔，副将军富德则率军穿越戈壁，往援已归降的和田地区，击退正在攻打和田的霍集占军，复返旆西行，攻打叶尔羌。经过上年的几次战斗，大小和卓深知清方的军事优势，不敢迎战，劫持了大批维吾尔族民众，驱赶着牲畜，于清军到达二十天以前向西闻风遽逃。大和卓于六月二十七日逃离喀什噶尔，小和卓于闰六月初二日逃离叶尔羌，两路会齐后，如同急不择阴的挺走之鹿般向帕米尔高原奔窜。

清廷此次平定回疆与此前在北疆的第二、第三次平准之役的不同之

---

① 魏源：《圣武记》卷四，"乾隆勘平回疆记"，韩锡铎、孙文良点校，中华书局1984年版，第165页。

处在于，改变了对准噶尔那样杀戮过多的方针。乾隆帝再三谕令，强调攻心之策，并特意统一清军的宣传口径："大兵进剿，惟欲擒获布拉尼敦、霍集占，与回众无涉……尔等若悔罪投诚，即听于本地各安生业，有能擒献首恶，大皇帝必格外开恩，尔等与其被胁而死锋镝，孰若来投，以乐室家。"① 由于清廷积极争取民心，故清军此后的攻城几乎都是兵不血刃，所过皆望风归顺。兆惠军至喀什噶尔，据称"沿途经过村庄，回众皆献牛酒果饵"②，壶浆恐后；而富德军至叶尔羌，则有材料反映当时"沿途回人，扶老携幼，道左跪迎"③。南疆地区的社会秩序迅速趋于安定。

在霍集占兄弟率众弃城逃亡后，乾隆帝严令必获首犯，以竟全功，故清军紧蹑其后，选锋跟追不舍，在帕米尔高原多次展开了追击战。第一场战斗发生在闰六月二十八日。时明瑞率前锋九百骑，追及叛军于霍斯库岭。叛军六千余人，负山而屯，向下施放枪炮，并猛攻清军左翼前队。清军冲至岭下，向山争进，鏖战三时，以寡击众，力战败敌，歼敌五百人。但清军因兵单马乏，和卓兄弟仍得脱身远逃。第二场战斗发生在七月初七日。时富德所部追及敌军后队于阿勒楚尔。该地为一狭长山谷，叛军以驮载先行，在谷口设伏，欲诱清军入伏。清军攻势凌厉，富德率火器营、健锐营，与霍集斯等居中路，明瑞、阿桂为左翼，阿里衮、巴禄为右翼，别出奇兵，夺下了左右山峰的制高点，俯临敌阵。敌阵动摇，清军三路奋击，杀敌千余。七月初十日，清军追击叛军至伊西洱库尔淖尔（又作叶什勒池，即今喷赤河），又进行了第三场战斗。此地已接近巴达克山，地势险峻。清军乘战胜兵威，贾其余勇，分两路进击。阿里衮、达尔党阿、由屯、官长保等领兵五百名，在伊西洱库尔淖尔以西通巴达克山要隘堵截，富德、巴禄、明瑞、阿桂、瑚尔起等领马

---

① 《清高宗纯皇帝实录》卷五百六十四，乾隆二十三年六月，台北华文书局股份有限公司 1960—1970 年版，第 8273 页。

② 《清高宗纯皇帝实录》卷五百九十二，乾隆二十四年七月，台北华文书局股份有限公司 1960—1970 年版，第 8725 页。

③ 《清高宗纯皇帝实录》卷五百九十二，乾隆二十四年七月，台北华文书局股份有限公司 1960—1970 年版，第 8726 页。

阿勒楚尔之战

步兵千余名，尾随敌踪。叛军一万数千人，据高临险，死守力战，负隅顽抗。其辎重家口，有由山后攀援而上者，有拥挤于伊西洱库尔淖尔沿岸者。清军整队齐进，连发大神、威远等炮，健锐营、吉林、索伦、厄鲁特各营内所挑选鸟枪精利者四十余人自山北而上，巴图鲁侍卫额尔登额等则领兵策应攻击。霍集斯、鄂对等竖旗喊劝叛军缴械投降，叛军在强大的军事和政治攻势下土崩瓦解。魏源在《圣武记》中这样记载当时的战况："其山麓又狭逼水，仅容单骑，贼辎重徒属拥塞，我两军分扼其走路，贼无所遁。乃令鄂对、霍集斯树回纛，大呼招降，降者蔽山而下，声如奔雷，小和卓木手刃之，不能止也。凡降回众万有二千，牲畜万计。两和卓木挈其妻孥、旧仆三四百人，走巴达克山。"[1]

在和卓兄弟逃到巴达克山以后，清廷对巴达克山汗素勒坦沙胁以兵威，索俘甚急，素勒坦沙汗不得不服从，但又念在同族、同教的份上，不肯斩尽杀绝。他向清廷声称：已与和卓兄弟对阵，"邀击二贼，现已枪毙霍集占、生擒布拉尼敦。所差侍卫萨穆坦俱经目睹。但回部信奉经

————————

[1]　魏源：《圣武记》卷四，"乾隆勘平回疆记"，韩锡铎、孙文良点校，中华书局1984年版，第166—167页。

典，从无自擒族类，转送与人
之例。若竟呈献天朝，恐别部
落必来滋事，是以求免"①。这
分明是庇护和卓兄弟，希图含
糊了结，乾隆帝驳斥说："即以
回部旧俗，不自相戕为词，则
已不应有生擒枪毙之举。况虑
他日诸部之滋事，较此时天朝
大兵之压境，其利害尤为明白
易晓。"② 又嘱咐富德等"将来
二贼如仍未献出，则来年进兵，
断不可已，必以获贼为竣事"。
素勒坦沙怵于清廷咄咄逼人的
威势，只得将霍集占的首级呈
交，而布拉尼敦却迄无下落。
素勒坦沙有时声称"枪毙霍集
占、生擒布拉尼敦"③，有时又
声称"当将霍集占、布拉尼敦
剿杀"④。清廷谕旨中则云：
"霍集占既殒于重伤，布拉尼敦

大学士一等诚谋英勇公阿桂像（沈贞绘）

旋毙于众怒。"⑤ 而富德的奏报中复有"布拉尼敦身尸未获，回人等有

---

① 《清高宗纯皇帝实录》卷五百九十七，乾隆二十四年九月，台北华文书局
股份有限公司 1960—1970 年版，第 8809 页。

② 《清高宗纯皇帝实录》卷五百九十七，乾隆二十四年九月，台北华文书局
股份有限公司 1960—1970 年版，第 8809 页。

③ 《清高宗纯皇帝实录》卷五百九十七，乾隆二十四年九月，台北华文书局
股份有限公司 1960—1970 年版，第 8809 页。

④ 《清高宗纯皇帝实录》卷六百，乾隆二十四年十一月，台北华文书局股份
有限公司 1960—1970 年版，第 8846 页。

⑤ 《清高宗纯皇帝实录》卷六百，乾隆二十四年十一月，台北华文书局股份
有限公司 1960—1970 年版，第 8864 页。

盗往喀什噶尔之语"①。布拉尼敦的生死存亡之疑谜固不俟论，其尸首下落更无从稽考，但乾隆帝鉴于此次叛乱的主犯小和卓霍集占确已身死献馘，而大和卓布拉尼敦早想投诚，因其弟反对未成，遂对其从宽处置，置不更问，因为如再穷究下去，恐与巴达克山及浩罕等国闹翻，难以收场，且为安抚回部计，对前代和卓坟墓妥加保护。兆惠以殊功伟勋在紫光阁五十功臣图像中的排名仅次于大学士一等忠勇公傅恒，被清朝列为统一新疆的第二功臣。但是，如果反思历史，布拉尼敦从准噶尔的人质能变成南疆的人主，完全是依赖清廷的支持，饮水思源，加上权衡力量对比，不愿拿政治前途和身家性命去孤注一掷，其态度与野心勃勃的霍集占究属有间，在很大程度上系为霍集占所裹挟而成为叛军的第二号头目。如果兆惠在黑水被围之时接受布拉尼敦的投降，或许此后的局势会大不相同于已经定格的历史版本。虽然乾隆年间的大小和卓之乱暂时画上了一个句号，但清朝与白山派和卓之间由此形成了解不开的死结，道光年间张格尔、玉素甫弟兄之所以能够屡屡骚扰南疆，以致兵连祸结，焉得不谓与此有关？

---

① 《清高宗纯皇帝实录》卷五百九十九，乾隆二十四年十月，台北华文书局股份有限公司 1960—1970 年版，第 8848 页。

第九章　金川战争

　　乾隆年间，清廷曾两次用兵大小金川。第一次金川战争发生于乾隆十二年至十四年（1747—1749），历时两年，亦称为"戊辰之役"（藏文资料称之为"土龙年小战"）；第二次金川战争发生于乾隆三十六年至四十一年（1771—1776），更是历时达五年之久，称为"辛卯之役"（藏文资料称之为"铁兔年大战"）。这是 18 世纪清政府发动的时间最久、耗费最大、动员兵力最多的战争。① 尤其是第二次金川战争，居乾隆朝"十全武功"之首。但作战对手却是蕞尔之众、弹丸之地，本身对清朝统治并不能构成威胁。而清廷大动干戈，调军输饷，狮子搏兔，竭尽全力，最后虽然勉强取得了胜利，但取胜之不易实令清廷大感意外，屯兵于坚碉之下，劳师糜饷，折将损兵，屡遭挫折，力量耗损，库藏竭蹶，元气大伤。

第一节　引发金川之役的原因

　　大小金川是大渡河上游的两个支流，地处四川西北部，相传因沿河

---

　　①　外国学者对于金川战争的研究成果可以参见：Roger Greatrex, A Brief Intro-duction to the First Jinchuan War, in Alex McKay, ed., *The History of Tibet*, 3 vols., London and New York：Routledge Curzon, 2003, Ⅲ：615 – 632; Erich Haenisch, Die Eroberung des Goldstromlandes in Ost-Tibet：Als Beitrag zur chinesischen Kolonialge-schichte des 18. Jahrhunderts, *Asia Major* 10 (1935), 262 – 313; Patrick Mansier, La guerre du Jinchuan (rGyal-rong)：son contexte politico-religieux, dans *Tibet：Civilisa-tion et Société*, Paris：Editions de la Fondation Singer-Polignac, 1990, pp. 125 – 141.

诸山有金矿而得名。《圣武记》对于大、小金川称谓的由来这样写道："金川者，小金沙江之上游也。其一促浸①出松潘徼外西藏地，经党坝而入土司境，颇深阔，是为大金川；其一儧拉②水源较近，是为小金川。"③ 《金川琐记》载："两金川遍地生金，命名以此，首推抚边（按，抚边即今小金县抚边乡。——引者注），披沙所得，自然成片段，巨者至两余，细亦重分许，色皆上赤，俗称瓜子金是也，他屯只产金屑，俗称鼓金，入火不能熔化，不足贵也。"④ 彭陟焱《乾隆朝大小金川之役研究》是笔者所见唯一专门研究大小金川之役的博士学位论文，用力甚勤。该文在大小金川的释名上持论不同，认为两金川的金矿其实很少，仅大金川有砂金矿，主要矿产是石棉、云母石、硫磺等，此地大规模开采金矿实昉于清末民初，金川这一地名的形成并不在于金矿，而在于两金川濒临金川大江，在低平的河谷地带，稻麦飘香之际，金黄遍及整个金川河谷，故而称之为"金川"。⑤ 该文在对因沿河诸山有金矿而得名的纠谬上是有道理的，但立论主要依据当地的另一种民间传说版本，尚嫌证据薄弱；且所谓"金川这一地名的形成并不在于金矿，而在于两金川濒临金川大江"云云，在考证上犯了循环论证的毛病，而所谓

---

① 藏文作 chu chen。大金川土司（nam mkhav rgyal po）也作促侵土司。

② 唯其如此，小金川土司在藏语中写作 btsan lha rgyal po。汉语称为"土司"，rgyal po 在藏语中可以翻译为"国王"。这一名词可以使我们很容易理解这种清朝统治者在帝国内部疆域治理的心态和土司治下的藏民对于这种 rgyal po 的崇敬情愫。btsan lha 在藏文中具有小河滨或泗神之意。

③ 魏源：《圣武记》下，卷七，韩锡铎、孙文良点校，中华书局 1984 年版，第 298 页。《清高宗纯皇帝实录》卷一千零三载："是月。督理粮饷吏部侍郎刘秉恬奏：奉旨审定番音。金川名为促浸。小金川名为儧拉。查乾隆十二、十三年《平定金川方略》内，已书金川小金川字样，臣民亦共知之。其知促浸、儧拉二名者，惟在事臣工数人。若以之纂入方略，且不免转生疑义，应请照旧书写，或改写促浸、儧拉，于首卷总叙番地名目说一篇内。得旨：自应如此。"（《清高宗纯皇帝实录》卷一千零三，乾隆四十一年二月，台北华文书局股份有限公司 1960—1970 年版，第 14771 页。）

④ 李心衡：《金川琐记》卷四，上海商务印书馆 1941 年版，第 44 页。

⑤ 彭陟焱：《乾隆朝大小金川之役研究》，中央民族大学博士学位论文，2004 年，第 10 页。

濒临的"金川大江"之名究竟其来何自，疑仍莫释。据庄吉发所引台北"故宫博物院"藏档案金川档番民阿木鲁绰沃斯甲供词，"金川本地不出金子，所有的金子都是从前在藏里及打箭炉买来的"①。此供词可证《圣武记》等书记述的不准确，殆无异议。笔者认为金川之名应该和本书第二卷中所论藏族地理空间观念问题联系起来，这样金沙江的名称、隋朝于此置金川县等问题便能迎刃而解。金川虽非因沿河诸山有金矿而得名，但因河而得名自属不妥。

　　此地居民主要为嘉绒藏族。嘉绒（rgyal rong）尚有"甲弄""甲阳""嘉良夷""嘉莫绒""甲碧""嘉莫察瓦绒"等的别称或异写。"嘉绒"一词的含义在民间和学术界长期以来众说纷纭，莫衷一是。据《嘉绒藏族史志》一书的归纳，主要有以下诸说：一说是靠近汉区的农人；二说是靠向东方河谷地带的汉人；三说"嘉绒"之词其实就是指藏语音称的"汉人"；四说是所指隋唐时代称谓蜀"西山八国"之"嘉良夷"部落的后裔；五说是指古川西北岷江大渡河上游，与今甘肃省境内部分地区内，古代所形成的冉駹（rav mang）两部落后来的联盟体——冉駹音译的误称；六说是吐蕃时代划分蕃地区域时，名称其为"嘉尔木·察瓦绒"政区的简缩书写；七说是因其地群山环抱，江河汇流，风景别致，宗教界把其境内"墨尔多"山奉为群山之主，其山名全称叫"嘉莫·墨尔多"（rgyal mo dmu rdo），故将其山名变译和称谓，即出现"嘉莫绒"或"嘉尔木戎巴"的。为此"嘉绒"便是这些称谓的缩写或简称而已。② 实际上，种种不同的解说在根本上可以归纳为两大类，即主位解释和客位解释。前者从当地人的地方性知识角度予以解释，后者主要是从他者角度的解释，将"嘉绒"一词作为他称看待。《嘉绒藏族史志》作者的考释主要是从当地嘉尔莫墨尔多山作为其渊源。近人将这一地区的居民称为"嘉绒"，以区别于羌族和西藏的藏族。据汉文史书记载，今日嘉绒之地在隋唐时期系古羌人部落"嘉良夷"居住的地方。嘉绒的先民是唐代居住在此地区的西山诸羌与迁徙而

①　庄吉发：《清高宗十全武功研究》，中华书局 1987 年版，第 177 页。
②　雀丹：《嘉绒藏族史志》，民族出版社 1995 年版，第 44—53 页。

来的吐蕃人相融合而形成的。《北史》记载："附国者，蜀郡西北二千余里，即汉之西南夷也。有嘉良夷，即其东部，所居种姓自相率领，土俗与附国同，言语少殊。不统一"，"嘉良有水阔六七十丈，附国有水阔百余丈，并南流。用皮为舟而济"。① 附国当在今四川甘孜藏族自治州甘孜县（dkar mdzes rdzong）、德格县（sde dge rdzong）一带。嘉良即今四川省阿坝藏族羌族自治州金川县一带。不少学者考证，"嘉良有水"即指大渡河上游的大金川，藏族人称之为"嘉绒甲莫恩曲"（rgyal mo rngul chu，被有些学者解释为汉地农区之汉妇汗水之意）。尽管笔者对于将"嘉绒"一词释为"汉地河谷"或"汉人农区"之意和邓廷良一样认为或以此故，未敢自必，姑且存疑俟考，但桑梓侯（阿坝州政协副主席）、杨纯武（阿坝州政协秘书长）二人均为过去金川土屯守备，邓廷良根据此两人的口述材料等对嘉绒在西藏人心目中的形象的描述是值得重视的。邓廷良这样写道："甲绒一词乃西藏人对'格茹'的称呼，并非自名，一般史学家多解为'靠近汉地之农区'人，因在藏语中，'甲'有'汉、大、王'等义；'绒'指'低地温暖的农区'，解为'靠近汉地之农区（人）'虽是讲得过，但未必确切。直译当为'汉地农人'或'农区汉人'之意。不但因为字面如此，而且此乃西藏地区之人对'格茹'的称呼，而西藏人历来以'格茹'为'汉人'。自从吐蕃占'格茹'地区以来，所谓'自喇嘛教传，甲绒无国'，格茹人皈依其教，入藏求学，所居之地名'甲绒扎仓'（喇嘛之学院），甲绒之称亦正由此而来，但正因茹家是'汉人'（甲绒），故历来不受信任。"② 长期以来，嘉绒处于藏汉两大文化中间地带，即所谓藏彝走廊，藏、汉以兵相见之时，各募嘉绒健儿助之，故汉以嘉绒为夷，为戎，为藏；而藏则因服饰与语言之殊误指嘉绒为汉，即便视之为藏族的一部分，也是在西藏人看来属于边区之民。这一地区的人们同其他藏族地区的藏族相比，在语言、宗教信仰、生活习俗、服饰等方面，既有藏族的同性，更具有其特殊的个性。他们所用的语言称为嘉绒语或称绒语，俗

① 李延寿撰：《北史》卷九十六，列传第八十四，中华书局 1974 年版，第3193 页。

② 邓廷良：《甲绒与牦牛羌》，《社会科学战线》1981 年第 2 期。

称四土话或索磨话，是既不同于卫藏方言、也别于安多方言和康方言的相对独立而又独特的一种方言形式。嘉绒藏族因居住地不同而称呼有异，如汶川原瓦寺土司所属的嘉绒藏族，自称"德利布"（藏语称汶川为德利），即德利人；四土的自称"垄巴"或"垄巴布"，即垄巴人；理县五屯的则自称"嘉卡布"，即嘉卡人（意为接近汉区的人），西藏和草地藏族称其为"嘉绒娃"，羌族人称之为"芝布"，等等。这一地区由于毗邻汉族聚集区，是藏族地区吸收汉文化较早的地区。这样的边疆社会族群在文化上具有多元性，在各种机缘辐辏的情况下往往是最能产生掀天揭地的爆发力的。

蜀西地方，边境辽阔，番蛮杂处，攘夺仇杀，叛服无常，历代皆分设土司，以为羁縻。其中"两金川及鄂克什、三杂谷、丹巴、革布什咱、绰斯甲布、巴旺、布拉克底（即巴底。——引者注）各番人俱系跣足披发，步行山箐，谓之甲垄"①。"甲垄"即"嘉绒"之别称。这个地域范围在清代逐步形成了十八个较大的部落联盟，即后来的十八土司，统称为"嘉绒十八土司"（rgyal rong rgyal khag bco brgyad）。"嘉绒十八土司"这个概念应当说是清代以来才形成的。因为，清代以前，这一区域内虽存在土司，但数量没有这么多，而且十八土司中有些土司是降及清代才被朝廷册封的，是清廷众建多封的产物。嘉绒地区在嘉绒藏族内部又常按十八土司辖区被分为本部和冲部两大板块。所谓本部，即是指嘉绒的核心块区。所谓冲部，是指嘉绒的外围块区，或者可以将其理解为汉藏过渡地区。康熙五年（1666），僧拉首领嘉勒巴归附，清承明制，颁给康字四十七号金川寺演化禅师印信一枚，俾领其众。康熙六十年（1721），嘉勒巴（rgya nor phur pa）之庶孙土舍莎罗奔（sa bro dpon）② 遣头目赴四川省城投诚，并拨土兵五百名，随清军出征羊峒（zhang zhung，今四川阿坝州九寨沟县一带）有功，四川巡抚色尔图、提督岳钟琪委莎罗奔以副长官司职衔，令其管理大金川驻牧事务。《清

---

① 那彦成纂：《阿文成公（桂）年谱》，沈云龙主编：《近代中国史料丛刊》第七十辑，691—698，台北文海出版社1971年版，第707—708页。

② 雀丹作"sa slob dpon"，参见雀丹：《嘉绒藏族史志》，民族出版社1995年版，第801页。

史稿·地理志》卷十六以大金川于康熙六年（1667）归附，当系康熙六十年之误。雍正元年（1723），为了削弱僧拉势力，川陕总督年羹尧奏请朝廷授予莎罗奔大金川安抚司（chu chen sems gso las khungs）职衔，云："川省土司多有人众地广之处，理宜分立支派，互相钤束，如大金川土司之土舍色勒奔者，曾因出兵羊峒，著有勤劳，应请给以安抚司职衔，以分小金川土司之势，小金川实为强横故也。"[1] 同年三月经兵部议复从其所请，颁给"大金川安抚司印"。从此，大、小金川成为两个互不统属的、独立的土司出现在历史舞台上。清廷此举旨在通过承认大金川土司的地位，使之借朝廷的封号与小金川抗衡，互相牵制，明显透漏出"以番治番"的权术。

　　清朝作为多民族帝国，对于嘉绒藏族沿用以番治番、以蛮攻蛮的政策，在空间上加以分割细碎化，遍置土司，分疆而守，一方面借以削弱其势力，众建而少其力，另一方面对嘉绒土司多听其自相雄长，令其维持均势，互相牵制，方不致有尾大之虞。清廷的这种外部空间分割策略与嘉绒藏族社会内部的"打冤家"习俗可谓风助火势，火上加油。从法律人类学角度来看，血亲复仇是许多部落社会常见的习惯法现象。所谓打冤家其实是汉族的说法。清人梁绍壬《两般秋雨庵随笔》卷五"潮州乐府"载："潮俗强悍，负气轻生，小不相能，动辄斗杀，名曰打怨家。"[2] 这种宗族械斗在嘉绒藏族社会也具有相似的表现。如前所述，嘉绒藏族处于藏彝走廊，这种文化生境中的族群对于社会共同体外部的侵袭异常敏感，而土司说一不二的权威和族群血缘关系的纽带，使内外有别社会观深深植根于部落成员心灵深处。征剿大金川之役的起因在清朝官府史书中被描述为：大金川土司恃强凌弱，不安住牧，屡侵邻封，为绥靖边圉，不得不大张挞伐。近代以来的史家亦每每谓此役肇端

---

　　① 季永海等翻译点校：《年羹尧满汉奏折译编》，天津古籍出版社1995年版，第238页。

　　② 梁绍壬：《两般秋雨庵随笔》卷五，上海古籍出版社编：《清代笔记小说大观》6，上海古籍出版社2007年版，第5553页。类似记载见陈坤：《岭南杂事诗钞》，潘超、丘良任、孙忠铨等编：《中华竹枝词全编》第六册，北京出版社2007年版，第227页。

于"土司叛乱"，将此役清政府对金川进行的一场"平叛"之战，称颂此役为加强祖国统一奠定了基础。近代史家为了论证"平叛"之战的性质，将莎罗奔描述为自授安抚司后势力日益强盛而企图割据自雄的野心家、不遵奉清廷檄谕申斥的"为乱""犯边"之人。

　　根据清廷当时的官方文献，事情经过大体是明晰的：乾隆九年（1744），泰宁协属巴底安抚司纳旺（ngag dbang）与叔侄、革布什咱（dge bshes tsa）土司之甥汪札（dbang grags）猜嫌起衅，大金川土司由于系纳旺的姻亲，遂与革布什咱各借护亲为名，构兵相斗。此外，大金川土司莎罗奔与小金川土司泽旺（tshe dbang）本属叔侄，莎罗奔为欲控制小金川，乃以侄女阿扣（a kho）妻泽旺。泽旺因怯懦性成，受制于妻，而阿扣则私通泽旺弟土舍良尔吉①。乾隆十年（1745），莎罗奔借口"小金川无礼，故加教训"②，与良尔吉勾结诱执泽旺，以阿扣改配良尔吉，并将小金川印信交由良尔吉掌管。其实，从嘉绒藏族社会结构来看，上述现象均不难理解。嘉绒藏族土司之下为土舍，土舍为土司的直系亲属，其权力与一般大头人相同，地位高于大头人。嘉绒藏族各土司之间实行严格的阶级婚制，所谓嘉绒十八家土司互为甥舅，如果一家绝嗣，亦只能在另十七家中选嗣继位，乃嘉绒中之"法定王族"。在有些汉族地区传统习惯中，所谓"打冤家"和"逆缘婚"等习俗都可能在一时间相互转化，而少数民族地区的"打冤家"和"结亲家"也是密不可分的，何况少数民族地区往往存在抢婚的现象。凉山彝家的谚语即谓："有了钱就好开亲，有了力量才打冤家。"③ 在一种集体责任社会中，无论生活上哪一点震动都必影响社会全局，一些婚姻纠葛和日常琐事往往成为冤家械斗的导火索。"杀子一代仇，拐妻五代仇。"④ 血亲

---

①　在汉文文献中亦作"聂尔吉"。

②　转引自庄吉发：《清高宗两定金川始末》，大陆杂志社编辑委员会编辑：《明清史研究论集》，《大陆杂志》史学丛书第四辑第五册，大陆杂志社 1975 年版，第 176 页。

③　四川民族调查组整理：《凉山彝族自治州美姑县巴普区三个乡的社会调查材料》（初稿），1958 年版，第 112 页。

④　什列·伍合尔基：《凉山彝族系谱的民族学意义》，《彝族文化》1987 年年刊（内刊）。

复仇付诸武力，致使形成恶性循环，报复复报复，冤冤不解，代代血仇，永无了期。孙报爷仇被认为是十分体面的事。部族间发生大规模的冤家械斗，也被当作具有高度礼仪色彩的"战争"。土司头人如果决定出征，则全体动员。全体青壮年闲时为民，战时为兵，均荷戈相从，身穿盛装参战，冲锋陷阵。因有打冤家的战争模式，历代相沿，部分男性青年热衷于是，在打冤家中愈勇敢善战，声名愈显著，以此为出人头地的最好选择。首领也是在这个内外"冤家"关系中形成的，其对内的受承认程度高低取决于其对外的"暴力"程度高低。从清代官方文献来看，金川之役就是由于嘉绒藏族社会内部"结亲家"和"打冤家"习俗所引发的战争。为争夺土地、财富，嘉绒藏族各土司小不相能，动辄斗杀，大大小小的战斗不可计数。在这些战斗中，大的吞并小的，强者覆灭弱者，要生存就要战斗的理念深入人心。这些在"打冤家"中打出来的川西藏民崇尚武力，桀骜不驯，好勇斗狠，具有较强战斗力是不言而喻的。我们不能局限于事件的时间而仅仅看到清朝文献记载的表面，必须将这些记述与长时段的嘉绒藏族日常社会生活结构、机制原理联系。

其次，引发金川之役另一个原因就是在川边藏区当时所谓的"夹坝"[1] 肆劫问题。西藏语谓为盗曰"夹坝"，所以放夹坝即抢劫，与厄鲁特蒙古的玛哈沁相似。恩格斯在《家庭、私有制和国家的起源》中说："邻人的财富刺激了各民族的贪欲，获得财富已成为他们的最重要的生活目的之一。……掠夺，在他们看来是比创造的劳动更容易甚至更荣誉的事情。"[2] 嘉绒藏族部落社会的经济落后，生产和生活所必需的食盐、铁等均靠汉区输入，所以为获取生产生活的必需品，除正常贸易外，依靠对于其他族群的抢掠。在当地一直以抢夺为光荣、以偷安为懦弱的社会风尚下，在特定的历史阶段中，这被视为一种常见的部落社会现象。远出抢劫在当地民众心目中如同出猎一样。我们固然不能将夹坝视为一种习惯法上许可的行为，但对于嘉绒藏族的思维模式在法学上的

---

① 夹坝即藏语 jag pa 之汉译，意为"强盗"。

② 恩格斯：《家庭、私有制和国家起源》，《马克思恩格斯文选》（两卷本）第 2 卷，人民出版社 1962 年版，第 311 页。

确应该采取费肯杰教授的推参阐述方法，持一种文化相对主义的态度。当时在藏区施放夹坝最为厉害的应推果洛（mgo log）藏族和瞻对（lcags mdud）藏族，每以劫夺为生。

早在雍正七年至九年，清廷即用兵瞻对企图解决夹坝问题，虽暂慑服敛迹，但稍过一段时间后夹坝又更甚于昔，各案累累。清廷为消弭夹坝可谓绞尽脑汁。乾隆六年十一月，川陕总督尹继善奏遵旨商办郭罗克土司事宜，据称土官番目人等遵命将素为夹坝者陆续擒献，出具嗣后不敢为匪甘结。为了永断夹坝恶风，清朝官府颁给打牲号片，上书系郭罗克打牲良番字样，用印钤盖，发给土目承领。凡有出外打牲者，查其实非夹坝，则人给一纸。如无号片，立时擒拿。土目徇庇，严行处分。但夹坝问题并不是一两项朝廷法律制度所能轻易解决的，当地藏民不可能悚息听命而放弃由来已久的习惯法上被宽恕的行为模式。打箭炉口外夹坝频繁出没导致了乾隆九年江卡（dmar khams）[1]撤回官兵被夹坝二三百人抢劫事件以及历时一年的瞻对之战。瞻对之役相对而言是一次小型战争，其与金川之役的缘由、始末、战略、战术和结局，均有诸多类似之处。乾隆十一年六月，川陕总督庆复冠冕堂皇地奏称：瞻对已平，贼首歼灭，大局既定，善后为急。其筹划善后的改革措施主要包括：分地以绝盘踞，剖散其土宇，割裂其形势。每年秋末令该管文武大员前往，随带茶封赏号，于适中之地传集大小土司土目，公同考核，有无夹坝并一切案件，随与剖结，安静者赏，违犯者罚。斟酌夷例，严立赏罚。如番人夹坝抢劫财物者，为首，以三九罚服；为从，以一九罚服，追赔失主。致伤人命者，另议抵偿。牵线窝藏者，同罚。该管土司、土目、纵容失察者，分别记过降革，仍照讳盗例议罪。刊刻番汉字木榜，置立各口，通行晓示。议政王大臣议奏，均应如该督所请办理。然而，清军在瞻对之役中以"班滚烧毙"告捷收兵实际上是欺君罔上之举。瞻对作战中清军表现出的怯懦与粉饰，正是嗣后金川土司敢于蔑视和对抗清军的原因。乾隆十三年十二月上谕指出："金川用兵一事，朕并非利其土地人民，亦并非因御极十三年来从未用兵，欲振扬威武，成此殊功，夸

---

[1]　旧宗名，即芒康宗。1960年并盐井宗改设宁静县。

耀史册也。第以贼酋私放夹坝，又骚动番境，逼近炉地。"① 次年，乾隆又一次指出："金川之蠢动，实由见班滚之肆逆，相率效尤，前事不减，更贻后害。"② 可见，金川之役与清政府用兵瞻对是紧密相连的，是第一次金川战争的前奏和诱因。土司纵放夹坝及清朝官府勒献夹坝问题不仅是引发金川之役的原因，而且暗放夹坝这种方式在两军交战之际其实就是典型的伏击战术。金川之役令清军大为头痛的两件事：一是攻碉，二是夹坝防不胜防。嘉绒藏族不仅善于利用石碉打防御战，而且惯为夹坝这种方式进行伏击战，这两种战术由于都与其生活方法完全相吻合，运用起来得心应手，所以能防善伏，使金川之役堪称 18 世纪中国在陆地战术方面最为精彩的战例。木果木之战（li mgovi dmag vkhrug）即是嘉绒藏族通过夹坝方法取胜最为经典的伏击战。

第二节　第一次金川战争

大小金川地方跬步皆山，地险碉坚，征剿匪易，朝廷对于边外土司，固不愿任其争竞，日寻仇杀，亦不欲其和睦相处，彼此连为一体。清廷当时所为"筹办夷务"，一般均遵循此原则。所以，金川之战最初在清朝官方是被称为"金川案"，定性为金川土司内部蛮触之争而并非干犯内地。乾隆帝在听到莎罗奔攻打其他土司、诱捉泽旺后起初亦无大动干戈之意，认为瞻对甫完功，佳兵不祥，并在降谕中说："苗蛮易动难驯，自其天性，如但小小攻杀，事出偶然，即当任其自行消释，不必遽兴问罪之师。但使无犯疆圉，不致侵扰，于进藏道路、塘汛无梗。彼穴中之斗，竟可置之不问。如其仇杀日深，势渐张大，或当宣谕训诲，令其息愤宁人，各安生业。亦当相机行事，声威足以慑服其心，使之骈

① 《清高宗纯皇帝实录》卷三百三十一，乾隆十三年十二月，台北华文书局股份有限公司 1960—1970 年版，第 4958—4959 页。
② 《清高宗纯皇帝实录》卷三百四十九，乾隆十四年九月丙寅，台北华文书局股份有限公司 1960—1970 年版，第 5273—5274 页。

耳输诚，方为尽善。苗蛮顽梗无知，得其人不足臣，得其地不足守，蜂屯蚁聚，无足深较。倘果有拒抗侵轶，不得不宣布皇威，以全国体，亦当相度机宜，慎之于始，不可轻为举动。……足见抚驭远夷，全在机宜合要。边吏喜于生事，营弁不知远谋，往往过为张皇，因小酿大。不知千钧之弩，不为鼷鼠发机。惟当修善守御，厚蓄声威，令其畏惮奉法，恩抚威怀，各得其道，先事豫筹，无致轻有举动。"① 然而，人的行为抉择往往都是理性因素与非理性因素的混合物，乾隆帝不久就一改初衷出兵金川，最终趟进了这场战争的浑水。从金川土司而言，依附朝廷乃旨在寻求外部资源，莎罗奔在乾隆十二年（1747）出兵攻打革布什咱、明正（lcags la）二土司官寨，在其看来是自己打冤家的活动，自然不肯俯首遵听剖断约束，但是，因为治藏必先治川，使四川各土司相安无事，则川藏大道才能畅通无阻，川藏交通线的保障是清帝国在这一地区的核心利益，所以莎罗奔这次打冤家踩到了乾隆帝的高压线，使打箭炉一带局势动荡，使乾隆帝认为如果不加惩创，则无以奠安边陲。而在乾隆帝态度的这种转变中，川省军政官员的言行具有至关重要的作用。是时，四川巡抚纪山派副将张兴率兵前往弹压堵御，轻率寡谋，反为所败，千总向朝选所部猝遇大金川藏兵"夹坝"埋伏，向朝选阵亡。这不仅是实力的挫丧，更重要的是脸面上过不去。乾隆帝将此次败衄归结为端由"前此瞻对之事，办理未善，无所惩创，不足以震慑蛮心"所致，认为"前此进兵既不能遽得要领，临事又惟草率了局，官兵甫撤，旋复煽动，伤威损重，劳费实多。若但来则应之，去则弗追，试思十至而十应，何如以十应之劳，用之于一举，毁穴焚巢，芟除荡涤之为愈也"②，乃决心改变方针，扫灭金川，以绝后患。

一、张广泗和讷亲之顿兵挫锐

乾隆十二年（1747）春，乾隆帝召庆复回京办理阁务，调云贵总

---

① 《清高宗纯皇帝实录》卷二百八十四，乾隆十二年二月癸酉，台北华文书局股份有限公司 1960—1970 年版，第 4124 页。

② 《清高宗纯皇帝实录》卷二百九十一，乾隆十二年五月，台北华文书局股份有限公司 1960—1970 年版，第 4226 页。

督张广泗补授川陕总督，以其娴于师旅，委之负责一应调度进剿机宜。张广泗到金川前线后，认为在大、小金川地区的现有汉、土官兵两万余人，但土兵各怀二心，非逡巡观望，即逃匿潜藏，不足依恃，而官兵又形单弱，将来深入贼巢，或攻剿碉寨，或沿途防守，断难支持。乾隆帝遂于贵州各营兵中再调兵两千遣往金川前线供张广泗调用。张广泗在进剿之初确实有所进展，先后收复了大金川所占的毛牛、马桑等地；小金川土司泽旺（tshe dbang）也闻风投诚，并出兵协同清政府攻剿大金川。张广泗自以为稳操胜券，诸业就绪，大金川土司不日可殄灭。乾隆帝也以为战争计可指期克捷，谕示张广泗"从来兵贵神速，名将折冲未有不以师老重费为戒者"①，要求张广泗速战速决。是时，大金川的主要据点一个在勒乌围，由莎罗奔亲自把守。另一个在刮耳崖，处于大金川要路，"蜿蜒线栈，约长数百丈。石壁峻嶒，俯耸作欲堕势。下视苍茫，大江雷厉。往来者扪壁附石，转侧伛偻，势与俱倾。苟一昏晌，颠蹶无底"②，由莎罗奔的侄子郎卡及其子把守。张广泗雄师挥戈，扬威前进，从西、南两个方向分兵进攻大金川。西、南两路七军共计汉土官兵三万余名，定期于六月二十八日各路同时并进。各路初期兵锋颇锐，但是，到了八月，在大金川的战碉面前，清军进攻受阻，不得寸进。张广泗此时才意识到攻打碉卡之艰难，向乾隆帝奏陈称："臣自入番境，经由各地，所见尺寸皆山，陡峻无比。隘口处所，则设有碉楼，累石如小城，中崎一最高者，状如浮图，或八九丈、十余丈，甚至有十五六丈者。四周高下皆有小孔，以资瞭望，以施枪炮。险要尤甚之处，设碉倍加坚固，名曰战碉。此凡属番境皆然，而金川地势尤险，碉楼更多。至攻碉之法，或穴地道，以轰地雷；或挖墙孔，以施火炮；或围绝水道，以坐困之。种种设法，本皆易于防范，可一用而不可再施。且上年进攻瞻对，已尽为番夷所悉。逆酋皆早为预备，或于碉外掘壕，或于碉内积水，或附碉加筑护墙。地势本居至险，防御又极周密。营中向有子母、

____

① 《清高宗纯皇帝实录》卷二百九十三，乾隆十二年六月癸酉，台北华文书局股份有限公司1960—1970年版，第4252页。
② 李心衡：《金川琐记》卷二，《丛书集成新编》96，史地类，台北新文丰出版公司1985年版，第278页。

劈山等炮，仅可御敌，不足攻碉。抚臣纪山制有九节劈山大炮二十余位，每位重三百余斤，马骡不能驮载，雇觅长夫抬运，以之攻碉，若击中碉墙腰腹，仍屹立不动，惟击中碉顶，则可去石数块，或竟有击穿者，贼虽颇怀震惧，然却葺补如故。"①

　　鉴于金川山险碉坚而攻克颇难，乾隆帝提出以京兵换绿营兵作战，认为"绿旗兵丁不足取胜，与其日久而师老，不如选京师旗兵之精锐，一以当十，汰绿旗之闲冗，以省无用之费，益劲旅之资"②。战争消耗资源是不言而喻的，乾隆帝在整个金川之役中都一直在通盘算计战争的成本和收益。在他看来，此次用兵兴师运饷劳费已烦，非小小克捷，惩创于目前，所可了事，必须大为筹办，实奏肤功，为永远宁谧之图，若此时稍有迁就，以图速成，将来办理愈难，反不若无此役之为得计矣。莎罗奔及其兄在大军压境下，虽然负隅顽抗阻击清军，但在交战半载之后，辖境失去大半，秋不得获，春不得耕，本来艰难的民众生计更形穷迫，且本身亦无反叛清廷之意，所以屡次遣人乞降，但都被张广泗拒绝。在清军阻碉不进之际，张广泗对外表示：此番用兵，务期剿除凶逆，不灭不已。今岁不能，至明岁；明岁不能，至后岁，决不似瞻对烧毁罢兵。乾隆帝此时对处于全盛时期的清帝国的实力自然深具信心，即便旷日持久耗尽大金川土司资源亦断不肯纳款受降，草率了局，态度极为坚决，密谕张广泗云："如果力不能取，即如是困彼数年，彼尚能支乎？但领兵者固不宜存此心，更忌出此言，以懈兵志耳。"③

　　但是，强龙难压地头蛇。正如福柯所说，权力绝不是单向的，即便最弱小者亦可能利用自身资源化解权势者的打压。大金川藏军不仅擅长利用石碉打防御战，而且伺隙出攻、采取夹坝式的伏击战也是其拿手好

---

　　①　来保等撰：《平定金川方略》卷三，乾隆十二年九月庚子，《景印文渊阁四库全书》第三百五十六册，史部，一一四，纪事本末类，台北商务印书馆2008年版，第57页。相关研究或可参见同利军：《中国古代少数民族军事思想研究》，中共中央党校出版社2003年版，第210页。

　　②　《清高宗纯皇帝实录》卷二百九十八，乾隆十二年九月辛丑，台北华文书局股份有限公司1960—1970年版，第4327页。

　　③　《清高宗纯皇帝实录》卷三百零五，乾隆十二年十二月，台北华文书局股份有限公司1960—1970年版，第4415页。

戏。军旅之事，为时逾久，防御愈难，稍未周密，不免转有疏虞。乾隆十二年九月初五日，已投诚的土目恩错复叛，带领大金川兵将驻扎于马邦的游击陈礼军营后的山梁抢占，阻断清兵的粮道。十一月二十八日，大金川兵又围攻副将张兴的营盘，用石砲法，于山梁上安设木架，以机发石下击。十二月十八日，张兴所部在断粮已久的情况下，与恩错讲和，不料被诱至右山梁沟底，大金川兵设伏以待，四面合围，除三百余名汉、土兵丁先奔逃过河外，包括张兴、陈礼在内的五六百名官兵无一幸存。此为自金川用兵以来最大的一次败绩，而张广泗却将战败责任推卸为懦将偾事，在愤懑之余将阖营将弁一概谩骂鄙薄，致使军中上下离心离德，人怀怨望。自张兴失陷后，驻扎在河东及其山梁的参将郎建业部等遂失对岸掎角之势。乾隆十三年（1748）正月初二日，大金川兵攻占江岸的噶固碉卡，守碉的八十余名土兵开碉随大金川兵渡河而去。其后，战局易势，大金川兵全面反攻，郎建业率部退至巴底（pa ti），总兵马良柱所部亦仓猝撤退，军装、炮位遗失无算。张广泗进攻大金川的计划至此宣告破产。张广泗初至军营，低估大金川实力，调度失宜。其攻战之法，每以土兵当前，汉兵随后，突遇敌袭，每每相率溃散，且其用兵每主分而不主合，兵分力单，自形其弱，防守甚难。正如乾隆帝所言，"各营驻扎逼近贼卡之处，屡被侵犯。虽互有杀伤，而贼番并未大创。看此情形，是彼据险扼吭，转得乘我之隙，以逸待劳，以寡扰众，而我军应接不暇，不能制敌而反为敌所制矣"[1]。

与历代兵家一样，宋代王皙对战争中的天时、地利、人和问题颇为重视。他在《孙子注》中认为："兵之大经，不出道、天、地、将、法耳。"[2]"夫用兵之道，人和为本，天时与地利则其助也。三者具，然后议举兵。兵举必然将能，将能在后法修。"[3] 道、天、地、将、法五事

---

① 《清高宗纯皇帝实录》卷三百一十三，乾隆十三年四月，台北华文书局股份有限公司 1960—1970 年版，第 4566 页。

② 盛瑞裕等注译：《十家注孙子兵法译注》，吉林文史出版社 1995 年版，第 9 页。亦可参见梁鸿编选：《古代兵法经典》，时代文艺出版社 2003 年版，第 2 页。

③ 语出王皙《孙子·计篇注》。转引自姜国柱：《论军事范畴》（之一），《孙子兵学年鉴》编辑部编：《孙子兵学年鉴：2005》，泰山出版社 2006 年版，第 125 页。

对战争的胜负都起着重要的作用，但天、地均为战争胜利的辅助条件，而兵道则在人，人和乃是战争胜利的根本条件、决定因素。乾隆帝鉴于张广泗进剿经年，不得寸进，且抚驭将弁亦未能恩威并著，遂于乾隆十三年四月决定派大学士、军机大臣、果毅公讷亲为经略，驰往川西军营，统领禁军及各营将弁，又起用久官西蜀、熟谙边情的宿将岳钟琪于废籍之中，加恩赏给提督衔，赴军营效力。六月初三日，讷亲等驰抵小金川美诺（me no）① 军营。讷亲系贵戚勋旧，早龄身居要津，备受乾隆帝恩遇倚信，意气骄溢，治事务刻深，左都御史刘统勋此前曾疏论讷亲领事过多，任事过锐，非怀谦集益之道。对军事可以说是一窍不通的讷亲甫至军营，锐意灭敌，督催过激，限三日克刮耳崖，将士有谏者，动以军法从事，三军震惧。六日，讷亲赶赴卡撒（mkhar sa）②，会同张广泗察看昔岭（gser gling）③ 等处地形后，决定集中优势兵力从昔岭的色尔力山梁突破，直捣大金川老巢刮耳崖。十四日，署总兵任举、副将唐开中、参将买国良分兵三路进攻昔岭。金川兵据碉力拒，矢石交加，买国良、任举先后阵亡，唐开中身负重伤。讷亲经此次挫败，锐挫气索，"不敢自出一令，每临战时，避于帐房中，遥为指示"④，军威日损，受人耻笑。讷亲议改用以碉逼碉、以卡逼卡的战术，奏请筑碉以与大金川共险，认为大金川兵因险据碉，故能以少御众。官兵既逼其碉，自当亦令筑碉与之共险，兼示以筑室反耕，不灭不休之意。

急于求胜的乾隆帝接到讷亲的奏报后，披阅再四，不以为然，在批谕中缕析了筑碉术之谬妄非计的理由。首先，此策违反了攻守异用的原则，大金川兵筑碉原以自守，官兵既以攻取为事，自应决策前进，乃转令攻碉之人效彼筑碉，是亦将为株守之计；其次，兵力、财力不允许，"今因彼守险，我亦筑碉，微特劳费加倍。且我兵已深入贼境，地利、气候素不相习，而守碉势须留兵，多则馈运难继，少则单弱可虞。……

---

① "美诺"在藏语中意为"底下地方"。

② "卡撒"在藏语中意为"石碉多的地方"。当时大金川土司在此修建了许多石碉，故名。

③ 即"色尔岭"，在藏语中意为"金黄色的山梁"。

④ 昭梿：《啸亭杂录》卷一，"杀讷亲"，中华书局 1980 年版，第 14 页。

浮寄孤悬，客主之形既别，情见势绌，反复之虑尤深。师老财匮，长此安穷？"① 再次，筑碉留于金川，后患无穷，"将来金川扑灭之后，其地不过仍归之番，是今劳师动众，反为助番建碉之举，恐贻灾于国人，跃治于番部矣。……思之一夜，终非善策，不如速罢之为宜"②，应以此筑碉之力移之攻取，并提出调满洲及索伦兵替换绿营兵，指示讷亲只宜持其大纲，至于带兵作战，仍当责成张广泗等各施谋猷，以图速奏肤功。讷亲意志沮丧，晏起偷安；张广泗则轻讷亲不知兵，而气凌己上，故以军事推让而实困之，将相不和，士皆解体。③ 闰七月，乾隆帝接到讷亲、张广泗二人意见相左的奏疏。张广泗认为，大金川目下已日食不继，将来必益无以为生，可以坐待其毙，今冬明春当不难犁庭扫穴。但此时讷亲对战局极为悲观，奏言来岁加调官兵，计增粮饷，需费数百万。若将兵丁酌留万余名据守要害，相机随时用炮击碉，似亦能使敌坐困；若候二三年后再调集官兵乘敌疲困，全锐进捣，自必一举成功，此二三年内或有机会可乘擒获渠魁，亦未可定。同时，讷亲还奏告张广泗偏袒贵州籍将领，驭下不公，人心不能悦服，自己与之势难共事，且兵虽四万有奇，分路太多，在在势微力弱。不料此时乾隆帝心情极为不佳，迁怒讷亲，严谕诘难，云："此见非矣！岂有军机重务，身为经略，而持此两议，令朕遥度之理！如能保明年破贼，添兵费饷，朕所不惜。如以为终不能成功，不如明云臣力已竭，早图归计，以全终始。"④ 这一批谕中已经包含着日后的杀机。岳钟琪又奏劾张广泗用兵失误，信用莎罗奔之婿良尔吉及汉奸王秋，而良尔吉又与莎罗奔暗通消息，官军动静，悉为所知，故兵老志竭，见碉而怯，迁延时月，迄无成效。

乾隆十三年三月，皇后富察氏在随乾隆帝东巡回銮途中病逝。而此

---

① 《清高宗纯皇帝实录》卷三百一十八，乾隆十三年七月，台北华文书局股份有限公司1960—1970年版，第4675页。

② 《清高宗纯皇帝实录》卷三百一十八，乾隆十三年七月，台北华文书局股份有限公司1960—1970年版，第4675页。

③ 参见魏源：《圣武记》卷七，"乾隆初定金川土司记"，中华书局1984年版，第300页。

④ 《清高宗纯皇帝实录》卷三百二十一，乾隆十三年闰七月，台北华文书局股份有限公司1960—1970年版，第4727页。

前一年除夕皇七子永琮出痘夭折，可谓祸不单行。乾隆帝对其结发妻子感情极为深厚，夫妻恩爱，伉俪情深，一旦永诀，十分哀恸。虽万乘之君，不可能改变命运之神的安排，难以弥合精神上的创伤。陷入极度悲痛的乾隆帝心情暴躁易怒，待人处事，一反常态。这一偶然事件在政治生活中掀起很大波澜，犹如火山喷发般令大地震颤。围绕孝贤皇后的丧葬事件，乾隆帝处分大员一百多人，小题大做，株连众多，量刑严苛。而此时正值乾隆帝在金川之战中碰了大钉子，气不打一处出。许多碰在刀口上的大臣或被斥、或降革、或罚俸、或赐死，形成前所未有的大案，使乾隆初年相对平静的宦海突然掀起了波澜。① 乾隆帝在接到岳钟琪反映的情况后，对讷亲和张广泗最终失去了信心和耐心，决定惩办主帅，以震军威。在皇权专制之下，讷亲和张广泗这样的高官显宦伴君如伴虎，在用兵打仗时无法逃避血光之灾的生死游戏法则，如果得胜奏凯，建树奇勋，自然可以图像凌烟紫光而膺懋赏，但一旦功迟不成，铩羽失败，则面临不测之刑，身名决裂。西方政治中有"国王不会犯错"的原则，中国的皇帝向来更是被视为天纵英明。在战争失利面前，乾隆帝不会低下自己的头颅认错，必须拿一些人的脑袋来证明自己的一贯正确。

乾隆十三年（1748）九月二十九日，乾隆帝以玩兵养寇、贻误军机之罪将张广泗革职，令侍卫富成押解至京，拿交刑部审理。十二月七日，乾隆帝干脆当起了最高大法官，在瀛台亲鞫张广泗，御前竟用刑讯。张极言其枉，茹刑强辩，毫无畏苦之状，左右大臣皆以为目所未见。乾隆帝在愤恨之余怒斥其为市井无赖，由此亦可觇金川之役打到这个份上，必须有人为此负责，乾隆帝迁怒委过于下，将张广泗作为替罪羊，两人已经罔顾君君臣臣的礼数了。② 乾隆帝下令军机大臣会同刑部议罪，拟广泗照失误军机律斩立决。十四年（1749）正月，乾隆帝复以讷亲漫无成算，退缩偷安，劳师糜饷，将讷亲缚赴军营，以乃祖遏必

① 戴逸：《乾隆帝及其时代》，中国人民大学出版社 1992 年版，第 154—163 页。

② 参详《清高宗纯皇帝实录》卷三百三十，乾隆十三年十二月，台北华文书局股份有限公司 1960—1970 年版，第 4935—4936 页。

隆之刀于军前正法。① 或谓以不知兵事的讷亲视师金川，本身本是乾隆帝的错误，任用非人方导致了讷亲有负重寄，难逃森严军法的制裁。殊不知讷亲之所以被诛杀，并不单纯是表面上的执法问题或者能力问题，而最为主要的是讷亲在方针、路线上与乾隆帝发生了分歧，借用乾隆帝的话来说，就是"方寸一坏，天夺其魄"②。据侍卫富成密报，讷亲私下云"金酋原非必不可剿灭"③，"番蛮之事，如此难办，后来切不可轻举妄动"④。另外，讷亲闻云梯兵过，云："这都是我罪。若我今年办得好，何致圣心烦躁！又令这些满洲出来，受此苦累。"⑤ 从事情的前前后后来看，讷亲对于战事悲观失望是显而易见的，在攻打金川问题上本身持一定的保留意见。正如乾隆帝所说："看来讷亲办理经略事务，其初至之时，根源即已错误，大抵先存意见，是以处置每有未当，陈奏多未允协。"⑥ 皇帝对于大臣的好恶都是受到一些进到耳边的信息影响的，尽管讷亲本身对于皇帝并无丝毫腹诽，但这些话在当时战局极为糟糕的情况下，乾隆帝听起来无疑异常刺耳，简直是抱怨暗讽自己穷兵黩武。嘉庆帝诛和珅时曾枚举康熙帝诛鳌拜、雍正帝诛年羹尧、乾隆帝诛讷亲的典故，虽然案情各不相同，但君臣之间的微妙关系却发人深省。乾隆帝对其一旦心存芥蒂，势必矜全之意荡然。正如乾隆帝自己所说："朕御极之初，尝意至十三年时，国家必有拂意之事，非计料所及者，乃自去年除夕，今年三月，迭遭变故（指皇七子永琮和孝贤皇后之死）。而

---

① 可参见本书第四卷有关王命旗牌、就地正法等问题的讨论。

② 《清高宗纯皇帝实录》卷三百三十，乾隆十三年十二月，台北华文书局股份有限公司 1960—1970 年版，第 4936 页。赵尔巽等撰：《清史稿》卷三百零一，列传八十八，讷亲传，中华书局 1977 年版，第 10445 页。

③ 《清高宗纯皇帝实录》卷三百二十三，乾隆十三年八月，台北华文书局股份有限公司 1960—1970 年版，第 4775 页。

④ 《清高宗纯皇帝实录》卷三百三十，乾隆十三年十二月，台北华文书局股份有限公司 1960—1970 年版，第 4929 页。

⑤ 《清高宗纯皇帝实录》卷三百三十，乾隆十三年十二月，台北华文书局股份有限公司 1960—1970 年版，第 4930 页。

⑥ 《清高宗纯皇帝实录》卷三百二十三，乾隆十三年八月，台北华文书局股份有限公司 1960—1970 年版，第 4775 页。

金川用兵，遂有讷亲、张广泗两人之案，辗转乖谬，至不可解免，实为大不称心。"① 在皇权专制下，一方面，皇帝个人的意志和情绪会对历史产生很大影响，另一方面，我们应该看到，以皇后丧葬和金川失利为契机而爆发皇权与官僚机器的冲突，遂令这一普遍性矛盾在偶然的形式中表现出来，并带有浓重的个人情绪。乾隆十三年标志着乾隆朝的政策方针从宽趋严，向着新的统治格局和统治作风演变，表明乾隆帝开始矫正初期宽大为政所引发的官场沓泄。

二、第一次金川之役的收局

乾隆帝在位期间对外戚亲贵颇为重用。皇后富察氏在乾隆十三年（1748）三月临终前遗嘱请皇帝关照其胞弟傅恒。乾隆年间程穆衡所撰《金川纪略》一书记述孝贤之死甚详，这样写道："后以爱子去膝下，悲悼成疾，梦碧霞元君召之，上（乾隆帝）为东巡祈福于岱顶，后从还至济南不豫，上为改程，由水途还京，次德州，薨。……而后临薨，以傅恒为托，故上欲骤贵恒，且令得建大功，有以服中外，廷臣窥见其指，故甚重其行。"② 乾隆帝笃爱结发之妻，故重其临终遗言，有意使傅恒得以脱颖而出，所以在讷亲、张广泗被诛杀的同时就任命傅恒为保和殿大学士、首席军机大臣，并于九月二十八日任命傅恒为经略大学士，负责金川战事。傅恒择吉于乾隆十三年十一月初三日从京城率军出征。皇帝亲诣堂子行祭告礼，祭军纛，在东长安门外御幄前，赐傅恒酒醴，以壮行色，复遣皇子及大学士送至良乡，湛恩迥越常伦。傅恒是乾隆帝摆脱雍正旧臣圈子后第一个提拔起来的亲信大臣，皇帝苦心孤诣地把命将之典安排得如此隆重，诚如程穆衡所言，乃欲图"骤贵恒，且令得建大功，有以服中外"。当然，金川之役如是艰难竭蹶，所以乾隆帝在此戎马未息之际，对起用傅恒督师也极为重视。为了配合傅恒出征，乾隆帝决定增兵、添炮、拨铜，降谕从陕甘、云南、湖北、湖南、四川

---

① 《清高宗纯皇帝实录》卷三百三十，乾隆十三年十二月，台北华文书局股份有限公司1960—1970年版，第4941—4942页。

② 程穆衡：《金川纪略》卷二，《中国野史集成》编委会、四川大学图书馆：《中国野史集成》第40册，巴蜀书社1993年版，第66页。

及京师、东北增派满、汉官兵三万五千名，加上原有的汉、土兵丁共计六万人，又因威远炮或力甚大，康熙年间进兵西藏，曾以此炮得胜，至于制胜炮观瞻威严，获准每项各带两位。乾隆帝复命广储司备银一百万两派员运至金川军营，以备傅恒奖赏汉土兵丁之用。

傅恒被恩优渥，自然有感激图报之忱。他从北京启程，日夜趱行，征途遥远，冲寒遄发，计每日程站，远者竟至二百五六十里。傅恒无论基于日常的性格取向还是惩于此次讷亲消极无为的前车之鉴而言，都表现出一反讷亲举措的态势，努力贯彻乾隆帝的意图。傅恒的这种勤劳奋发深得皇帝的赞赏。十二月二十一日，傅恒方到卡撒军营，即将小金川良尔吉、阿

傅恒像

扣和汉奸王秋及其妻斩首示众，以良尔吉之弟小郎素统领土兵，并立即向乾隆帝报告此前办理错误，在于专攻碉卡。攻碉最为下策，枪炮不能洞坚壁，于敌无所伤。每攻一碉，需时甚久，兵力大伤，所得不过尺寸。大金川处处坚碉，无论攻其有备，克取为难，即便数日而克一碉，恐数年不能竣事。且攻碉之法，大金川久已熟悉，防备严密，官兵虽众，枪炮所及，惟抵坚壁，不能伤敌，敌兵不过数人，从暗击明，枪不虚发，因之官兵所攻惟石，而番兵所攻实人。官兵毫无障蔽，番兵多掘土坑，急则深伏其中，不见人形，而能自下击上，又于碉外为濠，人不能越，敌伏其中，自下击上。战碉耸立，高于中土之塔，建作甚捷，数日可成，旋缺旋补，顷刻立就，番兵负固死守，碉尽碎而人不去，炮方过而人即起，客主劳佚，形势迥殊，攻一碉难于克一城。单以卡撒军营而言，其左有二三道山梁，筑碉三百余座，计日以攻，必待数年始能全

克。从兵力而言，得一碉辄伤数十百人，而每一石卡其守御藏兵仅十余人，官兵至少须以七百人攻之，平均以官兵百人敌藏兵一名计算，据最低估计，是时大金川兵约为三千人，则官兵必须二十万人始能扑碉进取。兵法，攻坚则瑕者坚，攻瑕则坚者瑕。惟使敌失所恃，我兵乃可用其所长。拟俟诸军大集，分道而进。别选锐师，旁探间道，裹粮直入，踰碉勿攻，绕出其后。敌方兵力不多，外备既密，内守必虚。官兵出其不意，既自捷径深入，直捣中坚，守者各怀内顾，人无固志，可速战速胜。傅恒的这套作战方案后来未得施展，实亦纸上谈兵。

乾隆帝当时认为，与其致力卡撒，邀不可必之功，徒挫士气，究难进取，不若径由党坝一路，避奇险之坚碉，乘可用之兵力，尚可连获胜阵，歼丑执馘，以为纳降奏凯之地。这显然是受岳钟琪要求以党坝为进攻要路的作战思想的影响。岳钟琪曾在奏言中告发张广泗选定刮耳崖为进攻对象的决策错误。乾隆帝担心傅恒重蹈张广泗之覆辙。更重要的是，此时，乾隆帝正在考虑改变对金川的战略政策。他固然希望傅恒能旗开得胜，幸致成功，但也做好思想准备，如果大军被阻，粮饷难继，则在半年之内，即停战休兵。在傅恒出发二十多天之后，乾隆帝即下达密谕："此番军兴供亿，实为浩繁……经费实亦难乎为继矣。在金川小丑，朕本非利其土地人民，亦非喜开边衅。第以逆酋跳梁不逞，置之不问，无以慑服诸番，宁谧疆圉。……今满汉官兵，精锐毕集，兵力足矣……可一举而迅奏肤功，诚为国家大庆……倘万分之一，有出意料之外，或逆酋自恃天骄，如尉佗之处南粤，未遽扫穴犁庭，一过春期，经略大学士乃朕股肱左右之臣，岂可久劳于外，且入夏雨多，进取非便，而京兵不耐水土，又岂能暴露蛮荒，驻待秋晴攻剿。况以帑藏之脂膏，供不资之靡费，尤为非计。我君臣如此办理，人事已尽，亦海内所共知。朕意此时且应亟力进剿，倘至明年三四月间，尚不能刻期奏绩，不若明下诏旨，息事宁人，专意休养，亦未始非两阶干羽之遗意。"① 可见，乾隆帝此时心力交瘁，真真切切地感到，"办理至此，筹划周矣，

---

① 《清高宗纯皇帝实录》卷三百二十九，乾隆十三年十一月，台北华文书局股份有限公司 1960—1970 年版，第 4920 页。

人事殚矣，若夫成功，则有天焉"①，其对于金川战事听天由命的无奈与当时傅恒一心一意欲建功成名的壮志雄心形成鲜明的对比。傅恒表示："此番必须成功，若不能殄灭丑类，臣实无颜以见众人。"② 傅恒此时坚欲成功，将此视为自己建功立业的机会，不愿轻率撤兵藏事，要求展期回朝。乾隆帝借皇太后之名劝谕云："经略大学士此行，原为国家效力，非为一己成名。如为成名起见，岂有国家费如许帑项、如许生命，专供一己成名之理？"③ 至十二月底，乾隆帝撤兵之意更为坚决，申言撤兵绝不能过明年四月初，因为他对于清帝国财政资源的支撑极限了了甚明，指出："部库所存通计仅二千七百余万，若迟至秋冬，则士马疲惫，馈饷繁难。此二千七百余万者且悉以掷之蛮荒绝徼，设令内地偶有急需，计将安出？"④ 乾隆帝从前任四川布政使高越等处了解到由于战争的影响，四川物力虚耗严重，江南米价攀升，刁民乘机肆恶，内地民情不可不亟为筹虑。⑤ 金川军务一日不竣，则诸大臣一日无暇。当

---

① 《清高宗纯皇帝实录》卷三百三十一，乾隆十三年十二月，台北华文书局股份有限公司 1960—1970 年版，第 4974 页。

② 《清高宗纯皇帝实录》卷三百三十一，乾隆十三年十二月，台北华文书局股份有限公司 1960—1970 年版，第 4974 页。

③ 来保等撰：《平定金川方略》卷二十，乾隆十三年十二月乙巳，见于《景印文渊阁四库全书》第三百五十六册，史部，一一四，纪事本末类，台北商务印书馆 2008 年版，第 317 页。

④ 《清高宗纯皇帝实录》卷三百三十一，乾隆十三年十二月，台北华文书局股份有限公司 1960—1970 年版，第 4980 页。

⑤ 李安德本身是一位四川移民，幼年时成为巴黎外方传教会传教士白日升（Jean Basset，约 1645—1715）和梁宏仁（Jean-François Martin de La Baluère，1668—1715）的门徒，并追随他们随至澳门，三年之后进入暹罗阿瑜陀耶神学院学习，1725 年或 1728 年祝圣为司铎后，返回中国，先在福建传教，后抵川布道。他十余年如一日，以极其娴熟的拉丁文撰写日记，以准备呈交上级的工作汇报，其中详尽地报告了其布道活动的具体情况。李安德的拉丁文日记稿本被巴黎外方传教会会士陆南（Adrien Launay，1853—1927）在该会巴黎总会档案中发现，加以整理而付印，此即《中国神父李安德日记》（André Ly, *Journal d'Andre Ly, pretre Chinois, missionnaire et notaire apostolique, 1746 - 1763*；Texte Latin, introduction par Adrien Launay des Missions Etrangères, Hong Kong: Imprimerie de Nazareth, 1924）。李安德在日记中的记述可以为我们了解金川战争中当时的一些情况投射一道光 （续下注）

时，除傅恒作为经略大学士以阁臣而兼理吏户两部，既已专任军旅，而尚书之在军前者，吏部则有达勒当阿，户部则有舒赫德，兵部瑚宝亦暂留陕甘，几乎聚能办事之部院大臣悉赴行间，致旷内外诸务，即使皇帝亦不忍对在京诸臣更责以旷误部务之愆，而直隶数省、督抚州县，因供亿军行，于吏治民事迟延耽误者，又可想而知矣。由斯以观，如果乾隆帝不及时转计，所谓盛世的资源很可能在被战争消耗殆尽，部政殷繁、让傅恒返京辅弼朝政等亦属实情，并非仅仅粉饰之词。史家论曰，乾隆帝见识恢廓，及早收局，从耗费甚大的战争中脱身，得以养精蓄锐，去应付即将到来的平准、平回之役。不过，笔者认为，这仅是后人倒着放电影的看法而已，乾隆帝虽说对停战休兵思之甚熟、看之甚透，但对于后来平准、平回之役是断然不会先知先觉的。

在此之前，乾隆帝就要求在大金川藏民刈麦之时加以蹂躏，由于麦期已过，未闻奏效，在讷亲奏内看到大金川境内山坡田禾弥望之语时，责问聚集如许大兵，即不能摧坚攻险，扫穴犁庭，何并不能伤其田禾，以绝其资食。山坡既可耕种，其非绝险悬崖人迹难到可知，官兵何以不能前进。而彼可耕种之地，亦不能蹂躏？即不能蹂躏，于其将熟之时，纵火焚烧，亦不能乎？大金川不过弹丸之地，所产既薄不足自赡，尽管有小金川土司暗中为之接济，但形势也极为窘迫，番民众处于绝粮断炊的境地。据其头人称，"刮耳崖现已无粮，勒乌围稍有些微，番民亦不

（续上注）亮。例如，他写道：一些清军士兵被金川人砍成肉泥，一些士兵饥寒交迫成了残废，一些士兵为逃避敌军追击纵身跳下悬崖，许多将领在绝望中上吊自杀。冻疮严重削弱了清军的战斗力。清军阵亡士兵的遗孀在官府没有发给她们抚恤款项的情况下，到成都地方官的衙署门前示威抗议。在这种糟糕的形势下，谣言四起，甚至谣传乾隆帝已经驾崩。参见 Robert Eric Entenmann, Andreas Ly on the First Jinchuan War in Western Sichuan (1747 – 1749), *Sino-Western Cultural Relations Journal* 19 (1997), p. 8, 10, 13；Willard J. Peterson, *The Cambridge History of China: The Ch'ing Empire to 1800*, Volume 9, Cambridge：Cambridge University Press, 2002, p. 262。李安德的记述固然可能有些偏颇，与其在当时的环境中受到压抑有关，但其用拉丁文写就的事实告诉我们，其间畅所欲言的记述并无顾忌，这对我们管窥当时清朝的局势非常有利。

平定金川战图册·收复小金川（徐扬绘）

能得食，人人思溃"①，从大金川逃出投诚的百姓称："勒歪青稞一两银子止买得十五碗。"② 乾隆十四年（1749）正月初三日，乾隆帝降旨班师。正月十二、十五日，大金川土司莎罗奔在军事压力下，也难以再战，有意求和，遣人具禀至岳钟琪的党坝（bsdan pa）军营乞降。正月二十日，莎罗奔呈具甘结，顶经立誓，愿意遵依六事：（1）嗣后永不敢侵扰邻封，（2）尽行退出所夺占个土司土地，（3）捕献马邦凶犯，（4）照数呈缴枪炮军器，（5）送还内地民人马匹，（6）与众土司一体当差。岳钟琪允准代奏，随即禀商傅恒。傅恒仍坚要莎罗奔亲自来营，同时再请求乾隆帝增锐师以灭金川。乾隆帝不允其请，令其遵旨星速还朝。在这种情况下，傅恒于二十五日无可奈何地同意大金川莎罗奔的乞降，但坚持要莎罗奔、郎卡叔侄亲缚赴辕，方贷以不死。岳钟琪出面代为求情，并表示愿意亲诣入勒乌围开谕莎罗奔。兵法云，受降严于受敌。岳

①　王纲编：《大清历朝实录四川史料》上，电子科技大学出版社1991年版，第806页。

②　朱批奏折，民族事务类，927（13）降番供词。转引自李涛：《试析大小金川之役及其对嘉绒地区的影响》，《中国藏学（汉文版）》1993年第1期。

钟琪此举不无一定的风险。

据《啸亭杂录》记载："傅文忠公命岳公来会师，岳公乃袍而骑，从者十三人直入噶喇依贼巢，莎罗奔等稽颡膜拜，裹甲持弓矢迎。公目莎罗奔，故缓其辔，笑曰：'汝等犹识我否！'众惊曰：'果我岳公也。'皆伏地请降，争为前马，导入帐中，手茶汤进。公饮尽，即宣布天子威德待以不死之意，群番欢呼，顶佛经立誓，椎牛行炙，留公宿帐中，公解衣酣寝如常。"① 此段记述的措辞行文不甚准确，殆康熙时随岳钟琪从征羊峒的莎罗奔，已据报卒于乾隆七年，由其弟承袭，因系出家喇嘛，仍称莎罗奔，故是时岳钟琪至勒乌围所见大金川土司似非昔年从征西藏的莎罗奔，且是时大金川的实际掌权者为郎卡（nam mkhav）。大、小金川地方民间"钥（岳）十三打开九把锁"就是专指岳钟琪十三轻骑"平定"金川之事。次日，岳钟琪率郎卡乘皮船出诣军前降。傅尔丹和岳钟琪都是在雍正年间因为西征准噶尔贻误战机遭到处分的将领，此时两人都年事已高，均同时在此次金川之役发往军前效力，但傅尔丹终无表现，而岳钟琪则东山再起。

乾隆帝有鉴于金川地险碉坚，因思满洲旧有蚁附登城技艺甚为便捷，但承平日久，未经演习，乃急谋整军经武，派大臣挑选八旗兵丁按期操练，组建一支约两千人的专门攻坚部队，以备攻击碉楼之用。时总兵马良柱如前所述在金川之役中失律，为张广泗所劾，命逮诣京师，良柱陈粮绝状，上特原之，命其在香山教禁军云梯，并亲临观之。未几，傅恒经略金川，云梯兵两千奉命随行出征。十四年，第一次金川之役班师，乾隆帝因为旗兵习练云梯随征金川有功，凯旋后如令仍回本营，随旗行走，则伊等前功徒费，应该已习之艺不废，已奏之绩毋忘，于北京西郊香山附近别立健锐营云梯兵千名为一营，统以大臣，以时训练，建实胜寺，"于寺之左右建屋居之，间亦依山为碉，以肖刮耳、勒歪之境"②，专习云梯、鸟枪、马步射及鞭刀等艺，并随侍行围，有征伐，则皆以此劲旅制胜。十五年铸给健锐营银关防。健锐营此后成为经制之

---

① 昭梿：《啸亭杂录》卷四，"金川之战"，何英芳点校，中华书局 1980 年版，第 95 页。

② 指大小金川土司所居之噶拉依寨、勒乌围寨。

师，颇有战斗力，在平准、平回之役中战功甚著。乾隆帝诗称："八旗子弟兵，健锐此居营，聚处无他诱，勤操自致精。一时看斫阵，异日待干城，亦已收明效，西师颇著名。"①

第三节　第二次金川之役

一、战事再起

清帝国被西方学者描述为以清皇室为最高君主的"多主制"（multitude of lords），② 清朝皇帝每每标榜作为万民之主如何对于不同族群的百姓海涵地负的博大胸襟和浩荡皇恩，近世中国史家也多称誉清朝民族统治政策的宽容性。可是，我们应该看到，分而治之在任何时候都是清朝皇帝所惯用的统治权术。乾隆二十三年（1758），大金川与革布什咱因结亲而构衅，引发川西嘉绒藏族土司之间的"打冤家"（又称为"打仗"）。乾隆帝闻奏后降谕指示，向来番蛮自相攻劫，乃事所常有，属于蛮触相争，原可不必绳以内地官法。只可将就了事，设不得不办，则亦非川省绿营所能任其事者，十三年其明验也。乾隆帝对于第一次金川之役心有余悸，慎之又慎，不愿对金川轻起兵端，以致重蹈覆辙。但另一方面，乾隆帝在乾清宫正大光明匾额下却不甚正大光明地暗中唆使众土司进攻金川，指示川省疆吏云："绰斯甲布现与小金川、鄂克什诸土司联络，兵力不为单弱，或谕知该土司，果能自出其力惩创金川，则所得地方人众，不妨量赏伊等，以示鼓励。以番攻番之策，亦属可行。"③

---

① 《钦定日下旧闻考》卷七十三，官署。新兴书局编：《笔记小说大观》第四十五编，第 7 册，台北新兴书局 1987 年版，第 1226 页。关于健锐营的论述可以参见本书第三卷第二章。

② James Louis Hevia, *Cherishing Men from Afar: Qing Guest Ritual and the Macartney Embassy of 1793*, Durham, North Carolina: Duke University Press, 1995, pp. 29–56, 121.

③ 阿桂等撰：《平定两金川方略》卷一，乾隆二十三年四月乙丑，《景印文渊阁四库全书》第三百六十册，史部，一一八，纪事本末类，台北商务印书馆 2008 年版，第 200 页。

在乾隆帝看来，"以番攻番，自是乘机善策。九土司等果能齐心协剿，其势实有可图，但各土司未经明白传谕，未免尚存观望迟疑之见"①，乃命令川省疆吏将此等机宜密饬文武各员微示其意于众土司，俾所从事，开导土司等果能殄灭大金川，则分其地境，就各所近分析划界管理，既可翦灭仇雠，又得增开疆土。由于"金川番民，本为有限，兹各土司四面围攻，男丁轮防碉卡，妇女背运口粮"②，不遑宁处，所以大金川土司郎卡表示愿意顶经设誓，化干戈为玉帛，停战讲和，休养生息，但乾隆帝竟然以为金川指日可平，指示四川官吏不必二三其意，仍持前议，久而不懈，自可成功，况又无甚大费，莫为属员了事将就之议。正是这样，川西嘉绒藏族土司之间的"打冤家"作为其社会内部的矛盾解决机制按照自身逻辑一直在进行着，在来自外部的清廷操纵鼓舞下更是兵革弥炽，甚至差头人赴成都禀请官兵助力，并求火药炮位。

　　嘉绒藏族信奉苯教。小金川西南接大金川，南接明正、章谷（brag sgo），北连鄂克什③、木坪（mu phing）等土司地方。乾隆三十五年（1770）三月间，小金川土司泽旺、僧格桑（seng ge bzang）父子指责鄂克什土司色达克拉信用喇嘛，将其父子年庚姓名写在咒经上埋于鄂克什官寨内外咒诅，致使自己患病。小金川土司泽旺禀称："我小金川自古以来在万岁爷底下是很忠心本分的人，如今沃日与我两家闹出事来，并不是我大土司要糟踏小土司，皆因沃日土司起不好的心，咒我父子两个，我儿子生的一个儿子被他咒死，把我们后代的根子都断了。我想只要我在万岁爷跟前忠心，这一件事没有我的罪。我又慢慢的想，不好的土司在暗地里敢咒我，难道我在明地理打不得他吗？万岁爷是不怪我的。死到阴间里去也没有我的罪，我才还仇打了他。这不好的土司会说话，告

---

① 《清高宗纯皇帝实录》卷七百一十六，乾隆二十九年八月，台北华文书局股份有限公司 1960—1970 年版，第 10301 页。

② 吴忠匡校订：《满汉名臣传》，岳钟璜列传，黑龙江人民出版社 1991 年版，第 2209 页。

③ 据嘉庆《四川通志·土司志》载，乾隆二十九年沃日（藏语地名为 wo ri，意为"领地"）土司随征金川有功，恩赏戴花翎并二品顶戴，沃日地名更为鄂克什（系满语），司治鄂克什。

了我，万岁爷的王法到了我身上，我听见实在的焦愁。"① 泽旺之子僧格桑年轻好斗，更是义愤填膺，引众与鄂克什土司"打冤家"，并将攻打鄂克什土司官寨搜到地藏咒经等把柄送呈提督剖断。这样的行为模式在本质上是将私力救济与清朝官府审断相结合。鄂克什人少力弱，允割三寨地方作为禳解之资，由小金川耕获作抵。小金川和鄂克什土司双方均积极争取朝廷的支持，四川总督阿尔泰等于乾隆三十五年七月自汶川出口，传集各方审办该案，僧格桑允将所抢答木巴宗附近的墨穆尔吉、日古噜等处及所抢土司母舅生格等二十四人一并交出，其尚有未退官寨等处，求照蛮家罚服规矩自行清理。翌年，四川总督阿尔泰复节据打箭炉文武禀报大金川与革布什咱土司兵戎相见的缘由，略谓：大金川土司与革布什咱土司索诺木多布丹（bsod names stobs ldan，即色楞多布）夙有仇隙。革布什咱土司索诺木多布丹正妻是大金川土司郎卡的女儿，其表妹为霍尔章谷土司之女，因索诺木多布丹与表妹私通生子，又与正妻土妇不合，"本年正月，土妇突然身故，其土妇所管头人，以革酋暗害，愈加忿恨"②。此案据大金川头人阿木鲁绰沃斯甲供称，"革布什咱娶了土司的女儿，因夫妇不睦，退回到金川，郎卡心上恨他，勾引革地头人谋害他的土司索诺木多布丹"③。这是典型的由"结亲家"到"打冤家"的嘉绒藏族社会内部的现象。阿尔泰引述当时跟随革布什咱土司索诺木多布丹的头人哇耳台逃出后禀称此次事件经过，"四月初五日半夜，该处头人跟随革酋在党里山沟热水塘，共带有三十余人，我哇耳台跟随土司在帐房里，忽听乱放枪声，土司说声不好，随唤不照，知已受伤。我随拿身带蛮刀赶出帐房，不想贼来甚众，将帐房已围紧，刀枪乱下，我也就拿刀乱砍冲出逃走，土司已被杀害，黑夜间来的人听是金川连我

---

① 军机处月折包，第2765箱，第94包，第18337号，乾隆三十七年九月初七日，四川直隶杂谷理番府小金川演化土司泽旺禀。转引自庄吉发：《清高宗十全武功研究》，中华书局1987年版，第131—132页。

② 军机处月折包，第2771箱，第83包，第14308号，乾隆三十六年六月初十日，阿尔泰奏折录副。转引自庄吉发：《清高宗十全武功研究》，中华书局1987年版，第135页。

③ 金川档，乾隆四十一年夏季分，页一一五，夹讯阿木鲁绰沃斯甲供词。转引自庄吉发：《清高宗十全武功研究》，中华书局1987年版，第136页。

们本处人说话的声音"①。

　　索诺木杀革布什咱土司，又帮僧格桑与鄂克什、明正各土司打冤家，不过是要"多得些地方，就多收些粮食，又多些百姓可以使唤"②，并无反清意图。尽管乾隆帝都承认僧格桑等在大军猛攻之下尚"不知畏罪，仍以恩仇报复为言，冥顽无知，不可复以语言化诲"③，但大、小金川开亲攀戚日盛，打破了各土司间的均势，又不肯帖然听命，所以乾隆帝决心兴师问罪，慑以兵威。但惩于第一次金川战争中劳师糜饷、并未奏功的教训，乾隆帝不敢贸然大动干戈，只派出五千军队，由四川总督阿尔泰、提督董天弼指挥，只攻打较弱的小金川，而放过较强的大金川，俟一切宁帖后，再从容按法根究处治。清廷的如意算盘是：五千兵力虽不足以平定两金川，但如果只攻打小金川，兵力已绰绰有余。因此，乾隆帝责成前线将领，务必攻克小金川的据点美诺，擒获小金川土司僧格桑，切不可因其窘急求宥，辄事调停完局，致养痈遗患也。在乾隆帝看来，对小金川的进攻，即是对大金川的震慑，将小金川治以重罪，上紧攻剿，削平其地，则大金川自必闻风畏惧，不敢复行梗化，斯为一举两得，办理之法，无有逾于此者。乾隆三十六年（1771），第二次金川战争揭其序幕。乾隆帝一再为自己发动的战争寻求合法性外衣，表白并非有意穷兵黩武。"念朕平定西域，拓地二万余里，武功亦赫濯矣。岂不复知足？矧此蕞尔蛮陬，久授土职，即尽划平其地，较之开辟西陲，不及万分之一，何足言功。朕又有何贪冀，而必欲不吝帑金，不恤士卒，不惮焦劳，决计为此乎？"④ 皆因为大、小金川侵扰邻封，且两

　　① 军机处月折包，第 2771 箱，第 83 包，第 14258 号，乾隆三十六年五月二十七日，阿尔泰奏折录副。转引自庄吉发：《清高宗十全武功研究》，中华书局 1987 年版，第 135 页。

　　② 金川档，乾隆四十一年夏季分，页八五，聂垄喇嘛舍纳斯丹增供词。转引自庄吉发：《清高宗十全武功研究》，中华书局 1987 年版，第 136 页。

　　③ 《清高宗纯皇帝实录》卷八百九十七，乾隆三十六年十一月，台北华文书局股份有限公司 1960—1970 年版，第 12887 页。

　　④ 阿桂等撰：《平定两金川方略》卷六十六，乾隆三十八年七月壬寅，《景印文渊阁四库全书》第三百六十一册，史部，一一九，纪事本末类，台北商务印书馆 2008 年版，第 52 页。

逆酋狼狈为奸，鸱张无忌，实难再为迁就。若复置之不问，必至众土司尽为蚕食，流毒无穷，不可不摄以兵威。乾隆帝采取的方法就是柿子专挑软的捏，意欲达到敲山震虎的功效。

对于土司之间的这种纷争是否值得再次大兴干戈，当时朝廷上下持怀疑态度者大有人在，但乾隆帝刚愎自用地认为小金川之必当进兵不待再计而决，屡降谕旨催军星速进剿。而且，乾隆帝此时执政时间已久，养成了乾纲独断的作风，一旦做了决定，就不肯认错改辙，对于不同意见，概不采纳，甚至严刑峻法，滥施淫威，以钳制反对者之口。四川总督阿尔泰成了牺牲品，乾隆帝饬责阿尔泰因循姑息，办理软弱，酿成事端，还罗织了其他许多罪名，于乾隆三十八年（1773）将当时主张招抚的阿尔泰处死。继任的川督德福亦倾向于招抚议和，但微露己意，乾隆帝即将其骂得狗血喷头，呵斥其妄奏取巧，欲以讽谕罢小金川之事，尚未接印，即生畏事之心，希欲阻挠军务，最终将德福革职，发往伊犁，听候差委。

鉴于阿尔泰等经画未能得宜，乾隆帝于乾隆三十六年（1771）九月另派大学士温福为定边将军，驰赴川省统军作战，以尚书桂林代阿尔泰为四川总督，其后又以阿桂为参赞大臣，其他诸如都统海兰察、参赞大臣明亮、提督哈国兴等久经战阵、军功卓著之名将亦陆续被调遣而至，人才济济，极一时之盛。是时，清军分路合攻，欲使小金川方面首尾不能相顾。阿尔泰驻兵南路，督兵进攻约咱；松潘镇总兵福昌在西路，由山神沟进攻；四川提督董天弼进攻达围，是为中路。十月十六日，桂林前往打箭炉，取代阿尔泰指挥南路清军；十一月中旬，温福驰赴章谷军营，负责西路战事。二十二日，温福破巴朗拉（vbav lung ri po，在藏语中意为圣柳山，在一些文献又被称为斑斓山）①，十二月中旬攻下达木巴宗官寨，继而进逼小金川紧要门户资哩大寨，至次年正月初八日经过艰苦鏖战始克之。是日，阿喀木雅碉寨藏民乘夜出逃。桂林所率的南路军于三十六年十月二十一日攻破约咱后，连克阿仰东山梁的

---

① 巴朗拉位于四川省小金县东与汶川、金兴两县交界处，属邛崃山支脉。"斑澜"恐为误音。

小战碉五座、石卡二十余座，翌年三月，又攻下木巴拉、博祖、萨玛、多觉等地方，二十日，攻克达乌，随即全部收复革布什咱的地方三百余里、番民三千余户，进逼小金川的咽喉僧格宗（seng ge rdzong）①，直逼僧格桑所居住的美诺官寨。四月，桂林遣参将薛琼率兵三千人进入墨龙沟，全军陷没。此为后来史家所谓的"墨龙沟兵溃"（rme lung sdevi dmag pham）。乾隆帝命阿桂驰往南路代桂林接办进兵事宜。两军连夺碉卡险隘，不断向小金川核心地带推进。至三十七年十二月，温福领兵连克东玛、固卜济山梁、路顶宗、博尔根山梁、达克苏、公雅山、明郭宗；阿桂率南路军克甲尔木、僧格宗，并与温福西路军会合，最终攻克小金川的据点美诺，小金川的领袖僧格桑逃往大金川。

　　由于金川民众悉力固守，所以清廷调用的军队不为不多，但清军推进速度相当缓慢，耗时经年，且在战斗中屡遭挫失。清朝的官方文书多显胜掩败，然而当时随军的吏部主事、著名学者王昶在其笔记《蜀徼纪闻》中透露了当时清军作战失利的情况。例如，他对乾隆三十七年（1772）初清军攻打小金川情形有这样的记载："（正月）初五日……侍卫额森特率三百人袭北山贼，援崖而上，未及半路，峭立不可置足。少憩，贼觉。枪石并发，持一二时，不能驻，乃相率走下，旁有石卡，复为贼所夺。……初八日……时各路夫粮、火药需用甚亟，多不继。……十四日，时贼据北山西巅，马彪为所扼，久之，不得进。……十六日，闻参赞大臣②至别思蛮③巅与贼遇，雪深山险，未得进。……十七日，参赞大臣令侍卫乌什哈达率二百人循北山阴西行，遇贼，击败之。据山巅，见山半有余贼，率众逐之。且度贼势窘，碉亦易取，欲下与大军合攻碉。至晚，贼潜伺林莽间者突出，反据山巅以击，我军溃走……"④ 我们从王昶所见的片断简略

---

①　僧格宗在藏文中意为"狮子似的地方"，因该地后山形似狮子，故名。该地位于现小金川县城以西二十公里，为新格乡、元营村驻地。

②　指阿桂。

③　即结斯满，今小金川县结斯乡（kyo smad yul tso），在藏语中意为"沟的下半截"。

④　王昶：《蜀徼纪闻》，王德毅等编：《丛书集成续编》28，台北新文丰出版公司 1989 年版，第 859—860 页。

记载就可以看出清军作战不利的情况。又如，董天弼于十一月初七日分兵攻敌军木城惨遭失败，损兵折将，迷失者甚多，且有遗失枪炮之事，但对此一直隐讳不言。所以，当时督抚提镇在行军接仗时以挫失之事恐干处分，故每每匿不上闻，欲俟稍有得手，再行附奏，希冀功过相抵。但从法律而言，高级将领因惧罪而转涉于欺，致令死事者泯灭，无由邀恤，制度设计不可避免的负面效果于此可以烛见。

在各路官兵深入小金川境内后，僧格桑渐感不支，乃屡遣头目前往大金川的亲家请兵援助。据大金川藏民沙拉供称："小金川土司打发三个头人到大金川说如今沃日地方被官兵取了，我们小金川地方只剩登达、占固、美诺官寨三处了，要求借些兵帮我们才好，小的土司索诺木说我原不教你打沃日，如今大兵来了，抵挡不住，要我帮兵，我是不能发兵的。小金川来借过三遭，大金川总没有发兵，到第四遭又来求借，我土司索诺木才打发六寨的人来帮他，带兵头人叫三特尔三登，后来又借了三寨的人给他，带兵的头人叫达什策旺纳术拱申二个，通共九寨的人，约有七百多人。"① 僧格桑是大金川领袖索诺木的妹夫，两部互为奥援，索诺木不但没有像乾隆帝想的那样，闻风知畏，不待剿而退，反而收容庇护了僧格桑和小金川的部众。乾隆帝早就立定剿灭大金川的志向，在攻打小金川的同时就指示前线将领，如果僧格桑力不能支，逃入金川藏匿，自不得不向其勒索。若金川即将僧格桑献出，并将所占之革布什咱退还，原可置之不究。倘索诺木顽梗负固，敢与小金川党恶，抗不擒献，其势断难歇手。若不厚集兵力，扫穴犁渠，并事剪除，则根株不净，终贻后患，不可不为一劳永逸之计，用以靖边徼而辑诸蛮。况兵多而速于成功，较之兵少而老师糜饷，其相去更不可同日语也。在平定小金川后，即移师进剿，势有可乘，而役无另费，较为事半功倍。乾隆帝还向前线将领交代家底说，今节次拨帑济用，已一千四百万两。而太

① 军机处月折包，第2765箱，第91包，第17715号，大金川夷犯沙拉供词。转引自庄吉发：《清高宗十全武功研究》，中华书局1987年版，第141页。据嘉木样扎赞《嘉摩察瓦游记》载："曲钦土司索诺木派大臣噶图（dkav thub）率七百余名士兵协助赞拉土司与清兵作战。"见赞拉·阿旺措成、夏瓦·同美主编：《嘉绒藏族的历史与文化》，四川民族出版社2008年版，第385页。

439

府之储，未尝少减。即将来攻剿金川，或略延时日，再费二千万两，亦可藏事，库贮尚在五千万以上，又何虞见绌？乾隆帝降谕曰："此时部库所积，多至八千余万，朕每以存积太多为嫌，天地生财，止有此数。今较乾隆初年已多至一半有余，朕实不欲其多聚，若拨发外省公事动用，稍减盈积之数，亦属调剂之一端，将此意令温福等知之。"① 当时清帝国雄厚的经济实力使乾隆帝有足够底气继续将战争进行到底。而且随着投入金川战事的人力和物力的增加，此时的乾隆帝完全改变了最初提出的战略目标，连同大金川全境荡平的决心愈发坚定。当温福等对于平灭大金川流露出畏难情绪时，乾隆帝批谕督责他们说：察温福等之意，似以擒获僧格桑，军务即可告藏，而于进剿大金川之事，畏难犹豫，殊属非是。若僧格桑业已就获，即移胜兵，分路进剿金川。万一僧格桑兔脱遁至金川，正可统兵深入，收一举两得之利，不可游移却顾。即使索诺木擒献僧格桑执送军营，也不能对于索诺木释而不问，只宜随机设法，将索诺木一并诱擒，庶可完事。乾隆帝将此策略标榜为兵不厌诈。在这里，乾隆帝提出了另一个战略目标，致使战争继续拖延，劳师糜饷，兵连祸结，给两金川造成极大灾难，也使全国蒙受长期战争的不良影响。大金川屡次派人求和，但乾隆帝付之不闻，坚持认为既然耗费如许兵力，绝不可姑息了事，复贻后患。索诺木、僧格桑等投降无门，求生无路，逼得只能全力抵抗，以死相拼。

二、木果木之战

乾隆三十七年十二月十三日，乾隆帝下令授温福为定边将军大学士衔，阿桂与丰昇额授为副将军，各统领一路官兵进剿大金川。温福一路命舒常为参赞大臣，由空卡山（gangs dkar ri bo）② 进攻卡撒，以直捣

① 阿桂等撰：《平定两金川方略》卷十六，《景印文渊阁四库全书》第三百六十册，史部，一一八，纪事本末类，台北商务印书馆 2008 年版，第 365 页。亦载《清高宗纯皇帝实录》卷九百，乾隆三十七年正月，台北华文书局股份有限公司 1960—1970 年版，第 12958 页。

② 即巴朗山（vbav lung ri bo）。

噶拉依（kha la yug，亦作刮耳崖、噶尔崖，今金川安宁）①；阿桂一路
命海兰察为参赞大臣，从纳围、纳札木、当噶尔拉进取噶拉依；丰昇额
一路命出身绿营的汉员哈国兴为参赞大臣，由绰斯甲布、俄坡（今之马
尔康、观音桥至金川方向）进攻勒乌围（mdo bu）。由于当时地形条件
复杂，加之大金川经过第一次金川之役后在碉卡防御技术上更加改进，
所以三路军队进展相当缓慢。乾隆三十八年二月初十，温福取道固木卡
尔山，凿冰开路，绕过当噶尔拉山前往木果木驻扎，计从昔岭进逼噶拉
依。温福将大营移驻木果木（li mgo，今金川县卡撒乡境）②后，即派
提督李煦、副都统常保住带兵在木果木北面防守，侍卫德尔森保、副将
多隆武带兵在簇拉角克一带驻扎。提督董天弼奉旨革职后打仗出力，仍
令其以提督衔带兵驻扎大板昭。如前所述，金川藏族不仅善于以碉固守
的防御战，而且以夹坝式伏击战著称，经常放夹坝偷袭清军，使清军疲
于应付。木果木一带山高林密，歧路纷繁。乾隆三十八年（1773）六
月初一日夜间三更时分，金川藏兵神不知鬼不觉地从大板昭南山口摸入
底木达，偷袭董天弼大营，清军骇不及图，猝不及防，遂兵败如山倒，
董天弼中弹身亡。初二日，藏兵夺回大板昭一带碉卡，初三日，攻陷粮
台喇嘛寺，不仅切断了温福的后路，而且缴获大量军需物资。随后，藏
兵又一鼓作气，四处攻扑，连抢木波、帛噶尔角克碉、布郎郭宗、科多
等处。初八日，海兰察欲将官兵撤回温福驻防的木果木大营，但绿旗兵
丁当时闻讯大小金川藏兵来势凶猛，皆风声鹤唳，纷纷溃散。藏兵乘胜
追击，直逼木果木，温福见势不妙，下令将大营四门关闭，使得三千余
名至营门的运粮民工关在外面乱作一团，自相践踏，纷纷乘夜溃散逃
路。初九日夜，木果木大营东北山上木棚和制高点均被藏兵夺占。初十

---

① 《嘉绒藏族史志》作"ka la dbyig"，参见雀丹：《嘉绒藏族史志》，民族出
版社1995年版，第802页。

② 此处藏文地名依据丹珠昂奔、周润年、莫福山、李双剑主编：《藏族大辞
典》，甘肃人民出版社2003年版，第535页。在《四川省阿坝藏族自治州金川县地
名录》中，木果木作"mu go mo"，在嘉绒语中意为"右下边的地方"，直译是
"不可认识的地方"。参见《四川省阿坝藏族自治州金川县地名录》，四川省地名录
丛书之206，金川县地名领导小组1984年编印，第87页。

日黎明，温福大营后面山上木栅关口也被夺占。温福趁天尚未亮带兵出营向寨后山路冲杀，力图突围求生，藏兵居高临下，对温福所部予以猛烈打击，温福胸部中弹，坠马而亡。是时，木果木军营火光冲天，杀声遍野。海兰察见大势已去，不敢恋战，命领队大臣福兴等带领官兵沿达扎克角山越过山沟而撤，自己则带领满洲兵殿后，边战边退，于初十半夜才退入当噶尔拉军营。

《吕氏春秋·不二篇》云："孙膑贵势。"①　孙膑认为战争形势的有利与不利如同天下万物的生与死、能与不能一样，是客观存在的，善于指挥战争者要巧于用势、任势、因势、备势、便势，不可恃势、恒势不动。他在回答齐威王关于如何用兵制胜的一系列之问中阐释如此精辟，以致齐威王称赞道："善哉！言兵势不穷。"②　李筌论兵亦十分重势、贵势，指出："善战者以地强，以势胜。如转圆石于千仞之磎者，地势然也。千仞者，险之地；圆石者，转之势也。地无千仞而有圆石，置之窊塘之中，则不能复转。地有千仞而无圆石，投之方稜偏匾，则不能复移。地不因险不能转圆石，石不因圆不能赴深磎。故曰：兵因地而强，地因兵而固。……凡地之势，三军之权，良将给之，智将遵之，而旅将非之，欲幸全胜，飞龟舞蛇，未之有也。"③　从兵法上言，攻其坚则钝，攻其瑕则神，应该因其脆而泮之。指挥作战者要注意运用地形、地势，高丘勿向，背丘勿迎，负阴抱阳，善生处实，做到散地无战、轻地无留、争地无攻、交地无绝、衢地无合，重地则掠，圮地则行，围地则谋，死地则战。在木果木之役兵败时，明亮恰好在军中。其晚年向《啸亭杂录》作者昭梿口述这段历史说："兵家之事，宜于乘锐直进，若不审敌势，坐失机宜，使兵心至于溃败，虽欲振起，不易得也。往昔温将

---

①　陈奇猷释：《吕氏春秋新校释》下册，上海古籍出版社 2002 年版，第 1134 页。相关研究可以参考郭沫若著作编辑出版委员会编：《郭沫若全集》历史编第 1 卷，人民出版社 1982 年版，第 347 页。

②　《孙膑兵法·威王问》，荣挺进、李丹译注：《〈孙膑兵法〉白话今译》，中国书店 1994 年版，第 13 页。

③　李筌：《大白阴经·地势》，张文才、王陇译注：《大白阴经全解》，岳麓书社 2004 年版，第 103—104 页。

军木果木之败，可为殷鉴。昔宋总兵元俊乘胜直捣美诺，若当时厚集兵力，一鼓歼灭，金川可以早定。乃温公狃于易胜，不复调檄各路兵马，惟日与董提督天弼辈置酒高宴，额附色布腾巴尔珠尔屡次劝阻，温公反以其煽惑军心，致登白简，上召还额驸。护军统领伍岱者，辽东骁士也，见温公所为，浩叹曰：'吾闻速拙，未闻迟巧。焉有屯兵贼境，而日以宴会为务者？吾固辽海健儿，未审兵法有若此而能致胜者也。'温公大怒，罗织伍以他罪致戍，以至人心不服。温公性复卞急，遣绿营兵三五十人取碉卡，有致伤者，温反督责之，人心益为忿懈。海超勇公兰察至，扣刀诮温公曰：'身为大将，而惟闭门高卧，苟安旦夕，非夫也。今师虽疲老，使某督之，犹可致胜。若公终不肯出战，不若饮刃自尽，使某等各竭其力可也。'温公拂袖起，亦无有所指挥也。又迁延月余，贼人侦知我兵疲弱，乃整劲旅数千，直攻营寨，我兵不战自溃。海公初对敌，即诧曰：'云气已颓散，不可与战，余马首欲东，可与诸公期会于美诺寨也。'因驰马破围去。温公方雅服督战，为贼所擒，董公天弼、牛公天畀、张公大经等皆死之。师遂大溃，我兵自相践踏，终夜有声。渡铁锁桥，人相拥挤，锁崩桥断，落水死者以千计。吾方结营美诺，见溃兵如蚁，往来山岭间。吾遣人止之，溃兵知吾在，止者数千，吾为之收留犒赏。兵方安眠，适有持铜匜沃水者，误落于地，有声铿然，溃兵即惊曰：'追者至矣！'因群起东走，势不可遏，其丧胆也若此。"① 从此而言，兵以势胜，持大兵如擎盘水，而一致蹉跌，求止可得哉？金川兵民趁势收复美诺，并缴获大批粮食军火。清军兵力占巨大优势，却不战而溃竟至于此，温福所率两万余人，陷没约四千人。阵亡将领除温福外，还有副都统巴朗等两人，提督董天弼等三人，以及总兵、御前侍卫、副将、参领、知府、知州、知县、主事、同知、典史、都司、守备、参将等文武官员百余人，损失粮米一万七千余石、银五万余两、火药七万余斗、大炮五门、九节炮七门，其他军需物资无数。是役，清军惊于夜呼，乱于暗昧，一枝折而众叶随之，一瓦落而众椽随之，一遇创

---

① 昭梿：《啸亭杂录》卷七，"木果木之败"，何英芳点校，中华书局1980年版，第216—217页。

深，则群相詟栗，败如山崩，溃如河决，洵为乱军引胜的典型案例。费时一年多来所平的小金川之地尽数被小金川收复。这不仅是清军进剿大小金川以来伤亡最为惨重的败衄，而且在中国战争史上亦属罕见。乾隆帝引以为奇耻大辱，言"国家百余年，用兵多矣，从无此事"①。

阿桂昼夜思维，总结此次兵败教训，在奏中呈道："各路大兵进讨，彼即竭力负隅，不过自救其死，何以乘虚轶出。猖獗转至于此，实由董天弼本系衰庸，疏于防范，且不守碉卡，另立营盘。贼番窥伺已久，而各处台站，兵本无多，又皆怯懦，是以底木达等寨一经失守，各处军台望风奔溃，至该督等查拿夹坝，并不于贼番出没之处督兵擒剿，转照内地缉捕之例，分派兵丁于降番各寨逐一搜查，以致番民惊疑生怨，贼匪得易于勾引，一处煽动，各处皆因而滋扰。至于木果木一路，每次进攻，未曾得利，徒致损伤，而所拿卡栅，零星分布，其中仅有十余人及二三十人，为贼番窥破，并力于一二处，则其余各处相继溃散。至木果木失事时，登春、牛场②贼众尚属无多。惟因散出客民兵夫，从此经行，兵丁即以不战而逃，而美诺、鄂克什，相继失守，核其溃败之由，实因兵丁自行逃散。并非贼番之力能至此。"③ 关于木果木大败的原因，乾隆帝归结为用兵与用人二误。所谓用兵，即绿营兵怯懦，战斗力差。他说："去年春，朕已派定健锐等营精兵数千备调，因温福、阿桂奏，以京兵较绿旗兵费几数倍，朕为其说所游移，遂尔中止。使温福军营有满洲兵数千余在彼，绿旗兵纵极怯懦，尚有所倚恃，断不至于溃散。此皆温福、阿桂从前计算之误，朕亦深悔前此误信其言，不令京兵前往，致有此挫，今事已如此，悔亦无及。"④ "殊不思京兵虽较绿营兵费至三

① 《清高宗纯皇帝实录》卷九百三十八，乾隆三十八年七月，台北华文书局股份有限公司 1960—1970 年版，第 13621 页。

② 藏文作 nyivu khrang。

③ 阿桂等撰：《平定两金川方略》卷六十八，乾隆三十八年七月癸丑，《景印文渊阁四库全书》第三百六十一册，史部，一一九，纪事本末类，台北商务印书馆 2008 年版，第 73、74 页。

④ 中国第一历史档案馆藏《金川档》（1852 号第二册），乾隆三十八年六月二十三日上谕。亦可参考《清高宗纯皇帝实录》卷九百三十七，乾隆三十八年六月，台北华文书局股份有限公司 1960—1970 年版，第 13587 页。

倍，然满洲兵一人，岂止抵绿营十人，则所费虽多，而得力岂啻数倍，独不当如此筹计乎?"① 于是，乾隆帝亡羊补牢，当即决定选派健锐、火器营兵各一千，黑龙江、吉林兵各一千，分拨起程支援前线。所谓用人指误任温福、董天弼、刘秉恬。乾隆帝认为，董天弼懦弱无能，另立营盘，不守碉卡，美卧沟之失守皆由董天弼所误。刘秉恬更是措置乖张，不在金川兵出没处督兵，反而分派官兵到各寨搜查，使藏民惊疑生怨，失去民心。温福昧于驭下，疏于自防，性褊而愎，与参赞将领等不能虚衷商榷，平时既不得人心，临机又全无措置，遂尔偾事，以至于溃。

三、清军之重整旗鼓再战

乾隆帝在木果木之变以前，原已派定京兵数千备调，因温福等奏称京兵较绿旗兵费多至数倍，故为其所游移，遂尔中止。是时，乾隆帝痛定思痛，为重振军政，彻底惩创大小金川，乃降旨添派京中健锐、火器二营，吉林、黑龙江、索伦、伊犁、厄鲁特及成都、荆州、西安驻防满兵九千五百名，并添调贵州、云南、湖南、湖北、陕甘各省绿营兵一万一千名，合之旧调各省绿营三万八千名及四川屯土练兵共计七万四千九百余名。及至三十八年七月，清军在金川战场的兵力达到七万人，后更陆续增至十万人。乾隆帝鉴于西路官兵已溃不成军，把希望寄托在全师而出的阿桂身上，于六月二十四日任命阿桂为定边将军，另整规模，统办进剿之事，以雪愤恨而申威令。乾隆帝特别多次强调，军营一应机宜惟阿桂是倚。他嗣因检阅将军印谱时，发现定西将军印系顺治年间将军爱星阿征剿李定国时佩带，成功甚速，最为吉祥，故又改授阿桂为定西将军，佩带此印。乾隆三十九年八月，阿桂顺利撤回翁古尔垄后，便积极为下一步的征剿做准备。在用兵方略和战术上，他多次与乾隆帝商讨。乾隆帝认为：昔岭、当噶尔拉及宜喜三路皆为仰攻，必须另筹进军之路。仍然应先剿小金川，再攻大金川，分西、南两路进发。西路以阿

① 中国第一历史档案馆藏《金川档》（1852 号第二册），乾隆三十八年六月二十四日上谕。

桂统兵，色布腾巴尔珠尔为参赞，进攻路顶宗、鄂克什、明郭宗一路，此乃进兵正路；南路以定边右副将军明亮为统帅，富德为参赞大臣，一同带兵进剿。阿桂根据乾隆帝先打小金川后攻大金川的方针，将西路又兵分三路，进攻小金川。海兰察率兵驻扎色布色尔，以防番兵截断后路；富兴等为中路，进攻美卡卡；阿桂带兵进攻资哩，并为各路接应。南路亦分三路，奎林带兵向墨垄沟一路进攻；富得带兵由真登梅列旧卡前进，扼住番兵抄截之路；明亮带兵由思纽前进。乾隆三十八年（1773）十月二十七日，阿桂挥师三路并发进攻小金川，连克资哩南北山梁、阿喀木雅、美卡卡、木兰坝，克复鄂克什官寨，大、小金川番兵退守路顶宗。十一月一日、二日，又克路顶宗、明郭宗、美都喇嘛寺，克复美诺官寨、底木达官寨。与此同时，明亮所率南路军亦所向披靡，攻获河南得布甲、河北喇嘛寺、得里两面山梁等处，于十一月初六日克复僧格宗。大板昭、弥当、曾头沟各寨藏民纷纷乞降。至此，小金川全境再次收复。阿桂自出兵到小金川平定，前后仅用十天时间，兵行神速若是，势如破竹，实属罕有，令乾隆帝欢欣鼓舞。不过，这并非意味着以后进军可以诸事顺遂，接踵而来的竟是更加激烈、更加残酷的战斗。

　　各路官军略事休整后，约定于乾隆三十九年正月初十日同时进攻大金川。阿桂等将军、参赞大臣制定的作战方案是，由谷噶、凯立叶及马奈、博堵三路进击，阿桂自谷噶入，副将军丰昇额领兵攻凯立叶，副将军明亮击马奈、博堵，最后三路合攻大金川土司索诺木居住的勒乌围。大金川本来就是地险碉坚兵丁勇悍，自第一次金川之役以后，大金川增垒设险，守御严密十倍于小金川。因推进迟缓，清军遂把主要兵力集中于攻击凯立叶、逊克尔宗①一路。阿桂、海兰察、明亮、福康安所率军队悉萃于此。逊克尔宗地势险要，距大金川的根据地勒乌围仅有二十余里。自乾隆三十九年（1774）七月间逊克尔宗被合围后，金川军民矢志抵抗，战况极为激烈。时索诺木鸩杀僧格桑，献送其尸，具禀乞降，但乾隆帝下谕坚拒其请。清军百计攻之不入，乃决计扫荡外围据点，越

---

　　①　清代史料中经常提及的"逊克尔宗"在藏文中的含义其实与"僧格宗"相同，"僧格宗"的藏文含义见前揭注释，现金川县勒乌乡的新开宗即是沿用此名。由于该地名在不同史料中自始即未统一，故两者并存。

碉前进，顺河而下，进逼勒乌围。乾隆帝态度坚决，严词督促，誓必扫穴擒渠，乃许藏事。阿桂、明亮、海兰察、潜尔普、福康安等将领感受到来自乾隆帝的压力，矢志克敌，带领满汉官兵奋勇冲杀，再者，清军大炮众多，其中，大将军重达三四千斤，食弹子二十余斤，二将军、三将军重一二千斤，冲天炮、劈山炮威力皆大，在火力上占据绝对优势。因此，虽然大金川拼命挡拒，但清军步步进逼，不断深入，于四十年七月直抵勒乌围。从三十九年三月初十日起，直到翌年八月十六日，清军才将勒乌围攻下。定西将军阿桂、副将军丰昇额、参赞大臣海兰察、额森特于当日具折，向帝奏报此战情形说：

> 查勒乌围碉寨高坚，墙垣巩固，其南为转经楼，又过甲尔日磻桥而南为科布曲山腿，与官寨互为犄角，枪炮俱可以相及，其间寨落木城石卡又皆鳞次栉比，联络接应。前阻大河，后负高碉，对河扎乌古、阿尔古一带之枪炮既能隔水救援，而其后之高碉层层，每层丈余至数丈不等，碉上均有卡栅碉座，备御甚严，且自转经楼而甲尔日磻桥以达于科布曲，陆路既可通行，而用皮船过渡，来往亦为便易，是以贼人希图死守。奴才等自压至勒乌围之上，分兵攻绕，既用大炮轰摧，复将冲天炮击打，惟恐尚需时日，因从勒乌围转经楼碉卡密排之中，一面攻抢占据，一面挈栅横截而下，以断其后路，并令冷角寺一带官兵由西北合轰官寨，沿河向南挈栅，以断贼人下水之路。但荣噶尔博以及喇嘛科尔等处遁回贼人全聚于此各碉寨内，而贼酋等复悉索噶喇依一带番人均于此合力抗拒，枪炮倍为紧密，且高碉陡峭，兵力难施，因又令官兵砍伐树林作为柴捆挡牌，并将口袋装盛沙土，令官兵匍匐地上，头顶柴捆土袋，以手扳转而行，一至碉沿，层层堆起，赶运木植，连起三层高栅以击碉下之贼，并于地道中运往炮位，轰击从碉下挖沟抗拒之贼，共计高碉八层，均被官军连日逐步抢占。……维时预备攻打勒乌围官寨之兵，奴才海兰察率同纳木扎格勒尔德自官寨东南进攻，普尔普、台斐英阿自南进攻，福康安、特成额、明仁从西北进攻，而五岱攻其东北，奴才丰昇领带兵为各处策应，其额尔特、岱森保于攻得木城

之后又并力前往攻打，官兵四面围攻，呼声动地，抛掷火弹，诚如流星闪电，官兵乘势各自攀援上登。贼人始犹抗拒，及见我兵四围蜂拥而入，胆落欲逃，被我兵歼戮者更为不少，遂于十六日子刻将勒乌围官寨攻克。①

阿桂驰奏红旗报捷，于八月二十四日丑时送到木兰行在，计沿途仅行七日。乾隆帝得此捷音，嘉悦之外，几欲垂泪，立于当日下谕：将领弁兵各奋勇集事，均属可嘉，着将阿桂等交部从优议叙。

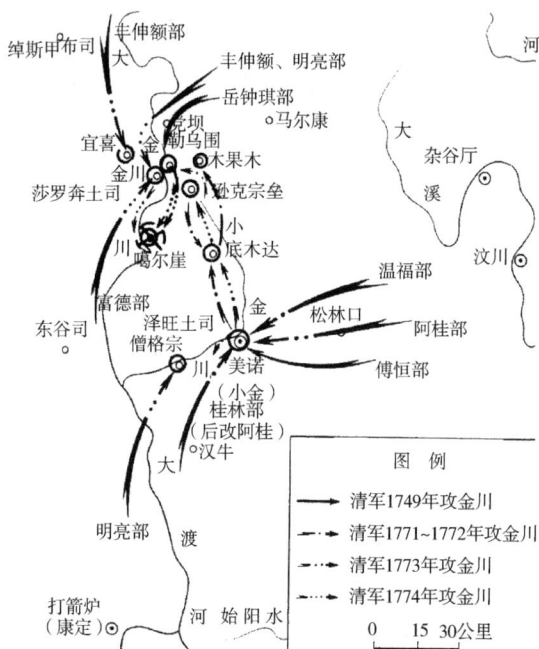

大小金川之战示意图②

---

① 军机处月折包，第 2776 箱，第 156 包，第 37513 号，乾隆四十年八月十六日，阿桂奏折录副。转引自庄吉发：《清高宗十全武功研究》，中华书局 1987 年版，第 165 页。

② 此图源于任昭坤、龚自德：《四川战争史》，四川人民出版社 2009 年版，第 195 页。

清军在勒乌围攻破后发现，索诺木等人已先期逃往噶拉依。为了不给对方以喘息机会，阿桂等在八月十七日夜就下令官军向噶拉依官寨兼程挺进。噶拉依官寨是大金川索诺木的第二大官寨，与勒乌围一样，位于大金川河之东，距勒乌围官寨百余里。十二月十八日，阿桂与明亮进抵噶拉依官寨。噶拉依官寨被清军层层严密包围。阿桂等恐索诺木等从水路逃窜，即令官兵于官寨上下游地方紧贴水面以竹索麻绳合力赶造浮桥，又在桥两头各筑卡座派兵日夜巡查，官寨水陆俱断，索诺木等实已逃死无门。二十日，索诺木之母阿仓、姑阿青及小金川僧格桑之妻得什尔章以及大头人等到阿桂军营投降。二十八日，索诺木之兄莎罗奔冈达克投出。四十一年（1776）正月初三日，阿桂用阿仓、阿青及冈达克之图记，遣人赍谕进入官寨，劝诱索诺木出降。正月十三日，索诺木彭楚克及大头人达尔什桑卡尔等出投，但索诺木仍托病疑畏不出，清军用炮四面轰摧官寨，大炮昼夜霆击所至洞墙数重，不但日间无片刻歇手，而且夜间亦乘月色奋攻环击，不稍弛懈。二月初四日，大金川土司索诺木在官兵逼围城下之时，不得不跪捧印信，带领其兄弟、妻子、大、小头人及男女老少二千余人出寨，乞免诛戮，噶拉依遂克。

第四节　对两次大小金川之役的总结

许多人对于第二次金川之役被列为乾隆帝十全武功之首感到不可思议，而将其视为乾隆帝好大喜功的虚骄表现。实际上，如前所说从外表看力量严重不对称的大小金川之役是清朝在 18 世纪历次战争中历时最长、耗费最巨、动用兵力最多、损失最为惨重的一次战争。乾隆帝先后调集兵力数十万，转饷数千里，竭尽全力地征伐地不过数百里、人口不过数万的金川藏族，最后始将两金川削平。尤其从战略战术、战争的技术含量来说，在乾隆帝心目中第二次金川之役赫然位居十全武功之首是当之无愧的。

金川之役可谓是用银子堆出的胜利。在第一次金川之役，乾隆帝即曾几何时以金川战事的劳费感到难以为继密谕傅恒：此番金川军兴，初不意靡费如许物力，视从前西北两路军营，费用较多数倍，彼时劳师远出，十有余年，所费不过六千万。今用兵仅二载耳，所用几及二千万，供亿实为浩繁。乾隆帝心力交瘁，揆诸时局，设再有迁延，断难为继，故在庞大的军费开支压力下不得不随宜草草收局。乾隆帝在第二次金川之役后所建立的《御制平定两金川告成太学之碑》中这样写道："予赖天恩，平伊犁，定回部，拓疆二万余里，岂其尚不知足，而欲灭蕞尔之金川，以为扬赫濯、纪勋烈之图哉。虽然平伊犁，定回部，其事大矣，然费帑不及三千万，成功不过五年，兹两金川小寇，地不逾五百里，人不满三万众，而费帑至七千万，成功亦迟至五年，则以跬步皆险，番奴效命死守，故得延至今日。"[1]　自乾隆三十六年（1771）七月发兵小金川至四十一年（1776）二月大金川全境彻底荡平，前后历时四年零四个月，先后调兵十二万五千五百余人。清朝官兵阵亡人数，据清朝按年统计"准入昭忠祠"的就有文武官员六百九十九人，护军、披甲、马步兵九千七百一十三人[2]，总计一万零四百一十二人。钦差大员及差派文官七百四十余员。运米二百九十六万三千五百石，火药四百二十七万一千四百余斛，铅铁炮子三百余万斛，铸炮六百五十余尊，设站马四千

①　《清高宗纯皇帝实录》卷一千零七，乾隆四十一年四月，台北华文书局股份有限公司1960—1970年版，第14845页。

②　《清高宗纯皇帝实录》卷九百二十三，乾隆三十七年十二月庚寅，台北华文书局股份有限公司1960—1970年版，第13369页；《清高宗纯皇帝实录》卷九百四十九，乾隆三十八年十二月甲寅，台北华文书局股份有限公司1960—1970年版，第13854页；《清高宗纯皇帝实录》卷九百七十三，乾隆三十九年十二月戊申，台北华文书局股份有限公司1960—1970年版，第14295—14296页；《清高宗纯皇帝实录》卷一千零二十三，乾隆四十一年十二月丁卯，台北华文书局股份有限公司1960—1970年版，第15046页；《清高宗纯皇帝实录》卷一千零四十七，乾隆四十二年十二月戊午，台北华文书局股份有限公司1960—1970年版，第15382—15383页。《平定两金川军需例案·总略》中记：平定两金川"阵亡者一万四千七百三十一员，伤者不计"。据功臣馆纂办昭忠列传处奏："平定两金川阵亡温福等文武官九百八员，兵丁一万三千八百二十三名。"西藏学汉文文献汇刻第二辑《大清会典理藩院事例平定两金川军需例案卫藏通志》三种合刊本之《平定两金川军需例案》，西藏社会科学院西藏学汉文文献编辑室编辑，1991年版，第3页。

余匹。调派民夫四十六万二千有奇。拨帑六千余万两①，加上两淮、浙江、山西、广东等处商人助饷银约一千万两，川运开捐约计银一千万两②，军需费用共计近九千万两。此外，正如魏源《圣武记》所言，"其馈运之艰，或数石而致一石，禁旅所至，以数夫而供一夫。非乘国家全盛之物力，与庙堂宵旰之忧勤，固烈不臻此"③。

在第二次金川之役中，乾隆帝力持定见，只要大功必成，多费实所不惜。乾隆帝宣谕曰：两金川久隶版籍，更非若准部回部可比，因其叛而申讨，理所当然。即速为剿定，于中国境壤，初无所增，实与唐时之平淮蔡无异。乾隆帝声称金川属于清朝版图并无错误，但并不能因为如乾隆帝所说"我土我民"就可以为所欲为，残民以逞。即便王朝国家不存在西方所谓"民约论"，但中国历史上也有以有道伐无道为革命、无道伐有道为叛乱传统政治文化理念，是要讲求师出名正的。雀丹在《西藏研究》1989年第2期上发表的《评乾隆两度平定金川的实质》从嘉绒藏族的立场对于大小金川之役的性质加以论述，认为这是清王朝为维护封建专制统治所推行的"以番治番"、使之相互掣制策略失败后，所采取的武力暴政手段，给大小金川以及川边藏汉人民带来深重灾难。历来对以反对现实政权和以推翻现实政权为目的的武装行动，被当时政权视其为"叛乱"无疑是正确的。而乾隆朝大小金川之役，仅仅是土司、家族之间的内部纠纷，因宗教迷信手法的相互伤害或威慑引起而出

---

① 第二次金川战争陆续拨军费数记载不一，但大同小异。据乾隆四十四年四月初一日富勒浑、文绶奏折，"此次军需先后拨过部库并协拨邻省及本省备贮等项共银六千二百七十万两"。《宫中档乾隆朝奏折》第四十七辑，台北"故宫博物院"1984年版，第331—332页。《清高宗纯皇帝实录》记为六千一百万两。《清高宗纯皇帝实录》卷一千零一十五，乾隆四十一年八月，台北华文书局股份有限公司1960—1970年版，第14947页。赵翼记述为："军需银六千三百七十万两。"赵翼：《簷曝杂记》，李解民点校，中华书局1982年版，第35页。综上所述，富勒浑、文绶所报数当为准确数字。

② 参详《清高宗纯皇帝实录》卷九百四十九，乾隆三十八年十二月甲辰，台北华文书局股份有限公司1960—1970年版，第13842页。

③ 魏源：《圣武记》，"乾隆再定金川土司纪"，韩锡铎、孙文良点校，中华书局1984年版，第308页。

现的武装冲突，也即常说的"打冤家"。所以并非是以推翻清政府为目的的暴动行为，怎么能列为"叛乱"之列呢？在今天来着，应列入"起义"之列才对。该文指出：

通过"乾隆金川之役"的调查和剖析，再现了封建专制政权的疯狂、野蛮、残酷和虚伪的本质。当然，旧史籍和帝王皇室中的档案文献，绝不会把人民对他们的反抗，用"起义"来记载的，也不会承认其对人民的镇压行为是"冤案"。因为这些史籍、档案毕竟是王朝的"正统"观念的史志记载，或是站在王统立场上的资产阶级史学家们的著作。可是，甚为奇怪和难以理解的是，解放几十年来，我们马克思主义的史学家们，为什么不改变这种一贯承袭传统王朝观念的错误立场呢？就连最新版的《中国军事史》也肯定大小金川之役为"平叛"性质。只有《中国大百科全书·军事卷》"乾隆大小金川之役"条目释文中，才去掉了"叛乱"和"此战后加强了祖国的统一"的一贯提法，改为"加强了清政府对大小金川的统治"。这都是因初稿送往当地征求意见时，政府和有关部门以及民众提出了很多修改意见所致，笔者为其条目提供了调查考证资料，并对传统错误的史学观点提出了批评意见，写出了条目初稿，才有了这一改变，否则只是继续沿用"历史定论"而已。①

笔者基本上同意该文的观点②，对于目前关于大小金川之役的研究不应该仅仅站在清朝统治者的立场来看问题，应该注意发掘弱势群体被湮没的声音，从边疆社会内部发现历史。大小金川之役在本质上是清帝国对于版图内部统治力量薄弱区域的国家空间治理过程中发生的军事行

---

①　雀丹：《评乾隆两度平定金川的实质》，《西藏研究》1989 年第 2 期。

②　降人萨木甲就曾经供称："我在小金川时候，那时土司泽旺还没卸事，事情都是他掌管，是极知道法度的，如四川大人们打发人来，就是外委也十分敬重，差人出去还远远迎接，并吩咐下人不可怠慢，这是我知道的。"金川档，乾隆三十七年秋季分，页四七二。转引自赖福顺：《乾隆重要战争之军需研究》，台北"故宫博物院"1984 年版，第 13 页。

动。清朝在战后在两金川地区设镇安屯，特设成都将军一员，并正式任命明亮为任成都将军，统兵镇守，节制绿营，并于两金川之地，安设营汛，移驻提镇，以资控驭，从而对于清朝驻防八旗的空间布局由此发生了显著变化。大小金川之役尽管在客观上为此后这一地区安定秩序的形成功不可没，但我们也必须看到当地嘉绒藏族为此遭受了生灵涂炭的灾难。为了赢得战争胜利，清军在战场上大肆烧杀。例如，在乾隆三十六年（1771）十二月，桂林、宋元俊督兵攻克卡了西面山沟内喇嘛寺碉寨时，寺东墨垄多山为小金川土司每年奉祀封禁之所，但桂林却竟然命令官兵将山头树木尽行砍伐，纵火焚烧，以防藏民袭扰。金川藏民平素不过于山头地角栽种莜麦青稞以为生计，但在戎马倥偬之际，终年防守，不免自弃农功，而清军每每就其地而频予蹂躏，使之应顾不暇，从经济上对金川藏民进行绞杀。尤其在木果木之变以后，清军整军再次克复美诺、底木达、美都喇嘛寺等地，饬将弁带兵拆毁碉寨，其高大碉寨若用人力削平，既需多兵，且稽时日，乃乘冬令干燥举火焚烧，其火力所不及者，则令兵丁拆除。小金川旧日庄稼尽化为荒山空壤，美诺等寨落俱成一片废墟。为了达到犁庭扫穴的效果，乾隆帝在第二次金川之役中采取拒降、杀降的残酷政策，曾公开指示将领们："僧格桑顽梗逆命，情罪实为可恶，断不可允其所请。逆酋若至军营求告，即当就势擒拿，选派侍卫及文武干员解送京师，尽法处治。所谓兵不厌诈，断不可拘拘于抚夷小信及不杀降人之常说，以至误事。"[1] 木果木之变后，乾隆帝更是出于报复心理谕令阿桂等："虽有贼番诣营求降，亦不可轻减，或系十五岁以下番童尚可同其妇女赏给各土司为奴，若十六岁以上者，即不能尽戮，亦当缚弃河中淹毙"[2]，并表示虽为数稍多，亦无足顾惜。[3] 其万民之主的仁慈气息全然不见。阿桂忠实执行乾隆帝的命令，大开杀戒，官兵所至，尽行屠洗无遗，凡形迹可疑者均于军前正法。所以番民

---

① 阿桂等撰：《平定两金川方略》卷十，乾隆三十六年十一月丁巳，《景印文渊阁四库全书》第三百六十册，史部，一一八，纪事本末类，台北商务印书馆2008年版，第296页。

② 中国第一历史档案馆藏《金川档》（1853号），乾隆四十年四月初一日上谕。

③ 刘源：《从清代档案看清政府对金川土司的政策》，《中国藏学》1993年第4期。

赓噶供词中有这样的话："阿将军心不好，在南路把我们的人杀了许多，又叫布拉克底、巴旺穿了汉人衣裳，在美诺萨木果木桥外卡子上一鸟枪一个将我们的人杀了许多。"① 清人汪承霈《蜀行纪事草》记述松潘镇总兵率兵攻下卡丫（brag gyab）后的情形云："纷然惊溃鸟兽散，一时屠贼如屠豕。碉楼千百尽灰飞，卡丫从兹净如洗。"② 在第二次金川之役中，清军前后诛杀两金川民众实际不下两万人。直到乾隆四十八年（1783），尽管两金川地区是时号称生齿日繁，但男妇却仅仅约计九千口，③ 元气大伤之情形由此昭然可见。

魏源《圣武记》分析清军在金川之役中之所以功半而事倍的原因时认为，这主要是由于天、地、人三个因素影响着金川战争。"以天时之多雨久雪，地势之万夫莫前，人心之同恶誓死，兼三难而有之"④，所以战争旷日持久。魏源的分析是正确的。据记载，两金川雾重风高，山岚瘴气，多寒少暑，春夏雨雪，苦雨淫潦，经旬累月，罕有晴时，每雨则霹雳大作，电光中皆有声。至八九月间，始得晴霁，隆冬积雪丈余，山谷弥漫，一白无际，坚冰凝结，道路不通。⑤《金川琐记》中对此地的风土人情记之颇详，云："金川气候，一日之间，寒暑倏殊。咫尺之地，阴晴各异。严冬天晴时，日中可穿春服。盛夏天阴时，朝晚亦可披裘。四时无大寒大热。"⑥ 例如，乾隆三十七年八月二十四日，阿

---

① 中国第一历史档案馆藏：军机处录副奏折·民族类，乾隆三十八年十月初四日，阿桂奏折中附呈脱出鄂克什土弃庚噶供单。

② 汪承霈：《蜀行纪事草》，"卡丫"，清刻本，页六。

③ 《清高宗纯皇帝实录》卷一千一百九十二，乾隆四十八年十一月，台北华文书局股份有限公司1960—1970年版，第17418页。

④ 魏源：《圣武记》，"乾隆再征金川土司记"，下，世界书局1936年版，第208页。相关研究可以参考张羽新：《〈平定两金川军需例案〉点校说明》，张羽新：《清代治藏要论》，中国藏学出版社2003年版，第473页。

⑤ 《嘉庆重修一统志》卷四百二十三，懋功屯务厅，页四，《四部丛刊续编》，史部，25，上海书店1984年版。

⑥ 李心衡：《金川琐记》卷二，台北新文丰出版股份有限公司编辑部编：《丛书集成新编》96，史地类，台北新文丰出版公司1985年版，第278页。亦可参见胡朴安：《中华风俗志》4，下篇，卷六，四川，《国立北京大学中国民俗学会民俗丛书》第2辑，大达图书供应社1933年版，第54页。

桂命令明亮率军进攻甲尔木山梁以北碉卡，由于山上山下寒燠悬殊，官兵上山时秋暑未退，奋力攀援，正患炎热，不料仰攻至山巅距大碉仅一枪之地，因风雪雨雹甚大，官兵衣履湿透，手足尽冻，最后不得不放弃已经占领的山梁，撤回大营。傅恒、鄂实等都曾经分别奏称，金川水土恶薄，与内地迥殊，且言人易发喘，须服人参，故乾隆帝特意赏赐傅恒库参三斤，足证清朝官方文献所谓"观此则蛮方荒徼，非人所处也明甚"① 之语殆非虚言。此外，由于金川地区跬步皆山，重冈叠嶂，蔽亏天日，往往两山之间，人声闻影接，相去数十里，夹为坑谷，山谷绵延，仰而升天，俯若瞰井，奇石蠹立，饷道弯远，羊肠盘曲，攀萝附葛，前人足蹑后人之肩，蛇行兽伏而进，所以虽将军大臣亦多徒步。② 傅恒在前往金川军营途经天赦山③时，因雪大路滑，遂率众步行，至极滑处，将马绳系拉上，一二步即倒，有十数匹坠入山涧。这给行军打仗带来了极大的困难。一遇雨雪天气，清军的行动就很艰难，行军、打仗、粮饷等军备物资的运输等几乎全部被迫停顿。乾隆帝为了阐述第一次金川之役果断撤兵的理由时曾经这样说过："从前西北两路用兵，历有数年，皇考洞悉道途辽远，难于必克，特召诸王大臣面询进止。彼时朕首先陈奏罢兵之议，蒙皇考俞允，降旨班师。盖准噶尔所恃者远，金川所恃者险。两者相较，其难略同。……或以未能如从前额尔德尼昭之克捷，遽行班师，意有未惬。此又但知其一、未知其二也。准噶尔率其丑类，轻犯近边，故我师得以断其归路，奏此大捷。今金川逆酋，藏匿巢穴，固闭不出。若远驻重兵，旷日持久。待其自出而剪除之，断无是理。彼果离其巢穴，或至小金川、打箭炉等地，何难一举扑灭乎？"④乾隆帝在这里主要强调金川之役客观存在的困难，没有涉及魏源《圣武

---

① 《清高宗纯皇帝实录》卷三百三十二，乾隆十四年春正月，台北华文书局股份有限公司1960—1970年版，第5006页。

② 参见彭元瑞：《恩余堂经进初稿》卷八，"平金川两论·论下"，清乾隆刻本，页六。

③ 亦名天成山。

④ 《清高宗纯皇帝实录》卷三百三十三，乾隆十四年正月，台北华文书局股份有限公司1960—1970年版，第5018页。

记》所提到的"人心"
问题。

　　大小金川藏兵又被
称为门户兵，凡遇打仗，
各寨头人挨着门户让每
家派一人出兵，如各家
有成丁者，纵或十三四
岁小孩子亦不得免，器
械自带，连所需口粮都
是出兵的人家自己预备
起身时候先带着十五天
的粮食前去。尽管藏军
装备条件较差，但其对
于道路之夷险远近较为

广舆览图·大金川人

熟悉，人地相宜，具备丰富的山地作战经验。据温福覆奏称："每遇碉
寨所踞地势危峻，官兵非但不能四面合围，即攀援一线亦不能排列多兵
而上，及经攻破，贼多从后一面滚山钻箐逃窜无踪，总缘此地跬步皆
山，并无平地，贼番生长习惯，其善于穴地藏躲，与兔鼠相类，其便于
履险窜走，与猪猴无异，临阵之歼戮无多，实由于此。"① 此外，藏兵
齐心以死相拼、久抗官军既是对于清朝血腥剿洗政策的反弹，也与苯教
的影响密不可分。例如，勒乌围被围困期间，索诺木等"教人起誓，取
下头发指甲，每人各封一小包，上面写了名字，交给都甲喇嘛，盛在匣

---

　　① 转引自庄吉发：《清代史料论述》二，台北文史哲出版社 1980 年版，第 71
页。金川之役（chu chen dmag vkhrug）后，两金川地区实行屯垦制度。嘉绒藏族土
司、头人的作战服装系用豹皮制成，包括豹头、豹牙、豹眼、豹尾巴，由此组合成
为一顶皮帽战盔，长长豹尾垂于脑后，甚为威武。而普通的番兵则是用猫皮来替代，
故被称为"猫猫兵"（byi la dmag），极为骁勇善战。在反击廓尔喀入侵战（gor khavi
btsan vdzul la phar rgol byed pavi g-yul vgyed）中，许多屯练土兵就血洒疆场，由于道
路遥远，遗体无法运归故里，每每将发辫割下归葬，遂形成许多所谓"毛辫子坟"
（lcung lovi bang so）。

内，有哪个逃走的，就咒哪一个"①。宗教权威等对人们头脑的控制无疑是金川藏兵长期保持凝聚力的因素之一。反观清军方面，由于绿营兵的作战派遣体制的限制，兵将隔膜的情形甚为严重。乾隆三十七年六月初四日，阿桂抵达南路军营后奏称："各队兵丁多属零星凑拨，不但有别营之将弁管带别营之兵丁，抑且有隔省弁员令其带领，而兵丁亦从各营杂凑，既至什伍不能相习，而辗转调拨本营之官甚至有不知本属兵丁之去向者。"②而且清军高级将领贪图安逸的风气在战争中表现得较为突出。阿尔泰在参奏桂林各款中就有诸如修屋居住、勒取属员供应、终日与铁保等酣饮欢聚等情事。前引《啸亭杂录》关于木果木之变中明亮所言温福与董天弼辈置酒高宴亦属佐证。这样的现象必然造成清军上下的离心离德。这正如汉代王符《潜夫论》所言："军起以来，暴师五年，典兵之吏，将以千数，大小之战，岁十百合，而希有功。历察其败，无他故焉，皆将不明于变势，而士不劝于死敌也。"③

单纯从军事学角度而论，金川之役在战术方面可谓清朝在 18 世纪最具研究价值的战争。如前所述，两次金川之役的藏军指挥在总体上乏善可陈，其远远比不上清朝军队的指挥水准，但其堡垒攻坚和山地伏击作战堪称两大亮点。这均与嘉绒藏族生境密切相关。嘉绒藏区最多的居室是碉楼寨房（mkhar dbyibs khang pa 或者 btsan rdzong mtho po）④。现今的丹巴（ro brag mgo）在历史上即有"千碉之国"的称誉。碉楼的发展史就是一部战争史，折射出边疆社会的动荡性。从庞大的碉楼数量和

---

① 金川档，乾隆四十年秋季分，页一六七至一六八，八月二十一日，达固拉僧格供词。转引自庄吉发：《清高宗十全武功研究》，中华书局 1987 年版，第 136 页。有关宗教因素在两次金川之役中的作用可以参见 Dan Martin, Bonpo Canons and Jesuit Cannons: On Sectarian Factors Involved in the Ch'ien-lung emperor's Second Goldstream Expedition of 1771 - 1776: Based Primarily on Some Tibetan Sources, *The Tibet Journal*, 15: 2 (1990), pp. 3 - 28. Roger. Greatrex, A Brief Introduction to the First Jinchuan War, in Alex McKay, ed, *The History of Tibet*, London, New York: Routledge Curzon Press, 2003, pp. 615 - 632。

② 转引自庄吉发：《清高宗十全武功研究》，中华书局 1987 年版，第 144 页。

③ 王符：《潜夫论笺校正》，中华书局 1985 年版，第 249 页。

④ 或者直接称为"夺康"（rdo khang）。

其具备的作战功能上看，这是由于历史上的藏彝走廊惨烈的战争频仍所致。史书记载："嘉良夷……无城栅，近川谷，傍山险，俗好复仇，以垒石为碉而居，以避其患。"① 金川之役固然对于嘉绒藏族的碉楼发展影响至巨，但此地现存的碉楼并非金川之役的遗物。金川地区碉房的建筑历史悠久，堪称嘉绒藏族建筑历史上的千古绝唱，从据考古发掘资料追溯至战国西汉时期。乾隆帝就说过"据称小金川地方，处处俱有碉楼，可见番境筑碉，自古为然"② 之类的话，事实上清军在攻克金川地区的许多战略据点后还大量拆毁该地的碉楼。嘉绒藏区的碉房是石块砌墙木质梁架的石木结构建筑，任乃强在《西康图经·民俗篇》中将这种高超的砌石技艺称之为"叠石奇技"③。清人对金川地区碉房的记述甚多，例如，《金川琐记》载："碉楼如小城，下大巅细。有高至三四十丈者，中有数十层。每层四面，各有方孔，可施枪炮。家各有之，特高低不一耳。"④ 嘉绒藏区的碉楼和寨房其实是有区别的。土司署所为官寨，四周建造有许多碉楼，为作战兵堡；平民均系住居碉楼，随处皆有，或少或多，各成寨落，栖身于此，拒敌于此，平时为房，战时为堡，将住房和堡垒合为一体，各自独立，又互为犄角。碉房有一个固定的模式，即最高一层的经房的上方必须与北面的墙体为垂直线，表示这种碉房是含有战碉的含意。金川所建石碉"下广上锐，状如内地之墩台，乱石为之，四面绳直如削，高数十丈。而独立者为战碉，十余丈，或三五；丛立者为平碉，架木为层，以独木刻级，旋转而上，有五层、六层、七层者，层有小窗，以透风日。大率下层为牢狱，二层为牛、羊圈，三层为灶，四层为仓，五层居人。碉虽高，造作不过数日可就。凡

① 魏徵、令狐德棻：《隋书》卷八十三，列传第四十八，附国，中华书局1973年版，第1858页。亦见马端临：《文献通考》卷三百二十九，四裔考六，中华书局1986年版，第2583页。

② 《清高宗纯皇帝实录》卷三百三十二，乾隆十四年春正月，台北华文书局股份有限公司1960—1970年版，第4991页。

③ 任乃强：《西康图经》，民俗篇，《新亚细亚学会边疆丛书》第14种，新亚细亚学会1934年版，第33—34页。

④ 李心衡：《金川琐记》卷二，台北新文丰出版股份有限公司编辑部编：《丛书集成新编》96，史地类，台北新文丰出版公司1985年版，第279页。

高山险要处，必有坚碉，以当其冲"。高碉基层墙体间或厚达两米以上，渐上渐薄，内外墙体随着高度渐渐向墙心收缩。这种下阔上窄的形状具有极强的向心聚合力。从二层以上的墙体上开很多大小不等的观察射击窗孔，多是外留一缝口，而内成扇形，这样的缝孔对内透光多明亮，对外不易发现，便于战时或遇不测时进行隐蔽观察射击。所谓卡，则是就地取材，垒石为蔽，可容二三人，以障枪矢。官寨设在碉、卡中，"丛碉相连，或为八角式，中多门户，上插玛呢旗数十杆，有宽至数亩者，盖土司、土舍、头人所居"①。另外，金川藏民在境内的关隘、渡口及其沿途的制高点上也都建有错落有致的层层战碉，并且为了加强防御能力，或于碉外增壕，或于碉内积水，或附碉加筑护墙。袁枚有诗曰："金川碉楼与天接，鸟飞不上猿猴绝。"② 按照兵法，以一击十，莫善于阨，以十击百，莫善于险，以千击万，莫善于阻。③ 这些碉卡地势本居至险，易守难攻，防御又极周密，构成纵深梯次的坚固防御体系，每每有一夫当关、万夫莫开之势。号称"征苗良将"的张广泗在实地踏勘之后亦不得不折服于金川的碉卡之坚固、防御之周密。

清军对攻击金川碉卡的战术一直苦无良策。清朝尽管在战争期间发现这一难点问题后积极筹建健锐营，并逐渐改进作战方式，但攻坚战的难题一直没有得到最终解决。在第一次金川之役初期，鉴于碉卡攻坚困难，张广泗乃采用火攻，派兵丁砍伐柴薪，运往碉下堆积，并命兵丁预砍巨木作挡牌，使负柴兵丁紧随巨木之后推进。但大金川夏秋既多阴雨，冬春则冰雪载途，火攻之法，实非善策。马良柱禀请张广泗制备火箭五千枝，以焚碉内积贮粮食，但碉房石包土里，亦非火箭所能延烧。由于土兵既习于攀登碉寨，张广泗命土兵上碉下击，可是人金川藏兵预于碉顶挖穿小孔，俟土兵跃上，即于孔内施枪，土兵鞋袜底皆穿，不能站立。所带火炮，不及挖投，上碉土兵悉被伤损，是以后兵不敢复上。

---

① 汪承需：《蜀行纪事草》，"约咱"，清刻本，页三。

② 袁枚：《小仓山房诗文集》，《小仓山房诗集》卷十八，"赠杨将军"，《四部备要》，集部，清别集，上海中华书局 1936 年版，第 124 页。

③ 中国人民解放军军事科学院军事学院古代兵法译注组编：《吴子译注》（初稿），中国人民解放军总参谋部出版局 1965 年版，第 29—30 页。

据讷亲奏称，大金川寸步皆山，下临深沟，冈阜皆设战碉，四顾瞭望，官兵攀援僻径，数日方到，番兵一望而知，至于裹毡缒险之法，亦无所施。岳钟琪也向乾隆帝反映，官兵因无挡牌，率多肉搏而前，每攻一碉，大者官兵伤亡不下数百人，小者亦不下百数人，每百名受伤官兵中，平均竟有数十人身带四、九伤者，因此官兵无不见碉而怯。乾隆帝在获悉这种情况后害怕将当时投入战场的健锐营有去无回，曾特意指示经略大学士傅恒：“我兵攻剿，原以夺碉据险为最要。今贼番用计抵御，致损官兵。虽因后无接应，而先登之众，挫折可悯。逆番凶狡殊甚，日前操演云梯兵丁，豫备攻碉之用。观此情形，则薄险前进之时，更当相机持重。倘势有可虞，或别筹良策，不可轻用其锋。”①

在第二次金川之役，金川藏兵总结过去的经验进一步改进战术，使战碉的防护能力大大提高。例如，温福自达围前进后，遭到藏军顽强抵抗。小金川鉴于乾隆十二、十三年官军攻剿大金川时每用大炮轰摧石碉，故将达围以西各碉内排扎木植，贴护石墙，使炮弹不能直透内层。乾隆三十七年正月，温福命官兵用炮昼夜轰摧日耳寨。据小金川番民色克佳供称，藏兵“怕大炮利害，都刨了地坑，把木头排在坑口，又铺上石片、泥土，大炮只能打在寨子墙上，打不着地坑里的人”②。温福见从前所铸炮位子轻力薄，不能彻底摧毁碉根，即令起铸重三千余觔大炮。温福奏称每晚令官兵于炮内装放群子，竟夜轰击，使藏兵不能乘间修补石墙。二月二十五日以后，碉墙已摧毁过半，似有可乘之机，温福即分兵进攻，但番兵在日耳寨外掘有深沟，并以荆棘乱石横竖塞断，官兵不易越濠而过，连日冲杀，三等侍卫哈尔久等阵亡。所以温福咬牙切齿地说：“贼人所掘地窖坚厚深曲，竟同鼠穴，炮子实有不能直透之处。今攻剿多时而贼寨犹未溃破，赋匪狡猾异常，深挖地窖，于地窖之上垒盖木石数层，从旁穴出入，又如炮在北边从上击下，贼即于地窖之靠北藏躲，炮子即不能全着。”③清军在攻碉时通常采用的战术是，先用火炮

---

①　《清高宗纯皇帝实录》卷三百二十八，乾隆十三年十一月，台北华文书局股份有限公司1960—1970年版，第4881页。

②　转引自庄吉发：《清高宗十全武功研究》，中华书局1987年版，第142页。

③　转引自庄吉发：《清高宗十全武功研究》，中华书局1987年版，第142页。

连续轰击，在火力的掩护下，再派兵接近石碉，与金川兵展开肉搏。而
金川兵在碉内掷石放枪，竭力抵抗。在乾隆三十八年正月，阿桂率军进
攻当噶尔拉山各碉，各碉外均筑有石墙，墙外护以木栅，木栅之外掘有
深壕，壕中松签密布，泼水凝冰，难以径越，而且愈近碉卡，山崖愈陡，
官兵自下仰攻，路滑雪深，难以施展。阿桂以新铸大炮，昼夜施放，但
因山势高耸，云雾弥漫，雨雪纷纷，距碉虽近，却常不见其碉。二月二
十六日，略见晴霁，阿桂即分兵四路潜至西山梁第五碉下，扒开木栅，
越过深壕，推倒石墙。而大金川藏兵则在碉墙上放枪下击，官兵贴近碉
跟以避枪弹，藏兵掷石下击，官兵举长矛上戳，兼用弓箭仰射，将碉跟
挖开洞穴，抛入火弹，但碉高三层，火弹所及，仅在下层，官兵从碉角
攀登而上，将火弹抛上碉顶，可是碉顶排有横木，铺设石板，涂以泥土，
火弹不能燃烧，最后官兵将碉跟刨挖拆毁，始克此碉。大金川藏兵于第
四碉外增添卡座，彼此应援，且编结柳条，中实泥土，以为卡墙，又于
碉卡内深掘地窖。地窖之旁斜上穿眼，藏身既固，放枪尤便，故官兵自
正月进攻以来至三月二十二日始克复第四碉。[①] 在这样强攻硬打下，清兵
伤亡惨重。如果遇到坚固的碉寨，清军往往动辄要围攻几个月，不得不
叹息：半月旬日攻一碉，攻一碉难于克一城！连急于求胜的乾隆帝也深
深地感到正面攻碉并非上策。他认为，攻取要策，必当避其碉卡，越道
而进，使贼人失其凭恃，官兵得以乘间捣虚。并告诫前线将领不可令官
兵轻率扑碉，致损锐气。

　　为了攻碉，清军在金川之役积极加强火炮的攻击力。从乾隆十三年
六月四川巡抚纪山汇题进剿金川筹办军务事宜中可以看出，当时为了制
造大炮及铁胎木炮，所需煤、炭、铁，省城不敷，分饬各州具购运。至
调铸炮铁匠于于滇陕调取者，分别给安家银及工食口粮。京颁大炮十
位，运送之员，分别给添备行装银。又九节炮十位，分拨各路，留一在
省，照式制造。颁发九节炮，尚不敷用，照式赶造十位。现铸大小炮
子，七万六千六百余颗。铁炭匠工并背夫照例给银。[②] 在第二次金川之

---

　　① 参见庄吉发：《清高宗十全武功研究》，中华书局 1987 年版，第 150 页。
　　② 参详《清高宗纯皇帝实录》卷三百一十七，乾隆十三年六月，台北华文书
局股份有限公司 1960—1970 年版，第 4653—4654 页。

役，除军营自铸大炮以外，又解运军营冲天炮、劈山炮等炮及大批弹药，仅平定之日军营存贮未用完的生熟铁即将近六千万斤。乾隆三十六年十一月，四川总督阿尔泰奏称，在军营铸成三千斤重大炮一位，食药十一二斤，配用生铁炮子，重二十斤，用该炮击其坚碉，目击碉尖坍卸。又奏，前在约咱，因见寻常炮位，不甚得力，是以赶铸大炮。近已铸成，日逐轰打。以大炮之力，原能打透碉墙。但藏兵匿碉内，炮势一过，旋即在内填补。今复用靖远劈山等炮，随同大炮，一齐进发，使藏兵不及补苴。且石碉受炮处既多，被击时复久，修筑虽坚，必归倾塌，并选勇壮官弁兵练，伏于我碉之下，稍有倾塌可乘，即奋勇往夺。我们的确在清代官方文献中看到在攻碉时出现这样的情况，即"飞起沙石木块蔽天，轰毙贼匪甚众，并有数贼轰至半空支解而下者"①，但是，清军大炮在杀伤力方面并不见得就优越于藏军石壁上滚石檑木。藏军采取石砲法，一俟官兵逼至墙根山脚，即力推而下，势如雨点，这样的打击威力甚至超过清军对于石碉的攻击。其次，清军攻击石碉，不能骤塌，而且仅仅用炮相持，徒为坐待之策，必至劳师糜饷。阿尔泰惟以铸炮攻碉为长策，顿兵株守，乾隆帝对此大为不满之处即在于此。再次，金川山势险峻，往往冰雪冻滑。军营所铸大炮，重达三四千斤，实难抬运。马良柱在作战失利时之所以遗失炮位遭到参劾，就是因为雪大不能搬运。可见重型火炮不利于军行。但如果将火炮改小，又会在攻击力上大打折扣。温福将三四千斤炮位改铸为七八百斤炮位后，必须击中数百炮始能摧破碉墙，即其明证。为了解决这一问题，清军采取将所需铜觔趱运前线就地铸炮的办法。但是，这种办法也存在一定缺陷。丰昇额奏称，新铸之炮，同日忽俱炸裂，皆由铜质不净之故。乾隆帝降谕："军营所需大炮，甚为紧要，铜觔一到，即行赶铸应用，自不肯多延时日。但铸炮期于经久，而购办铜觔，原难必其十分纯净。若镕炼不到，屡次炸裂，不能应手，则又莫如略宽其期，精炼妥铸，以资永远利用。俗语所谓担迟不担错也。此后铸造炮位，应令工匠等细加试验。如实系足色净铜，即行入炉成造。若其中带有铅沙及将裂炮另铸者，务宜淘炼极

①　转引自庄吉发：《清高宗十全武功研究》，中华书局 1987 年版，第 163 页。

净，再为镕铸，毋止图速成，不计工候。又致另烦炉冶，转多周折稽延。再丰昇额奏，炮位轮流轰击，各放十余炮，即俱炸裂。而阿桂亦称，大炮轰击过多，又经裂损。是炮之屡炸，未必非施放太急，不复察其冷热得宜所致。即如鸟枪、连放数次后，枪筒即热，须待稍冷续放，方为妥利。炮体较枪身数百倍之大，热更久而冷更难。若急于装药，不令消停，以火力逼热铜，难保其不爆烈旁出。此亦自然之理，各路军营用炮时，皆不可不加审慎。"① 清军铸炮炸裂的原因在本卷关于武器装备方面的论述中已经予以交代②，主要是由于金川地区海拔较高、冶铸时达不到铜的沸点所致，此不赘述。乾隆三十九年，第二次金川之役进入后期攻坚，阿桂等奏请铸造冲天炮轰击，乾隆帝命侍卫阿弥达运带炮子及炮式前往，并且认为西洋人在测量之法方面较内地人员尤为精熟，乃命舒赫德于蒋友仁（Michel Benoit, 1715—1774）、傅作霖（Felix da Rocha, 1713—1781）二人内择其一人前往。是年七月十三日，侍卫班长德保带领三品京堂傅作霖自京起程驰赴阿桂军营。③

第五节　金川战争资讯在西方国家的传递

平定两金川后，清廷于当时被称为"金川新疆"这一地区改土归流，设镇安营，所有该处道里形势及各土司疆域界址，在统治者看来均应绘图，纂入方略，以昭武功、纪鸿烈。虽番境地图，屡经阿桂等呈进，但不过约略而计，方隅偏正，未能悉准，所以乾隆帝又派傅作霖随

---

① 《清高宗纯皇帝实录》卷九百三十一，乾隆三十八年闰三月，台北华文书局股份有限公司 1960—1970 年版，第 13487 页。

② 参见本书第三卷第四章。

③ 参详《清高宗纯皇帝实录》卷九百六十二，乾隆三十九年七月，台北华文书局股份有限公司 1960—1970 年版，第 14038 页。西方学者对此的研究可以参见 Dan Martin, Bonpo Canons and Jesuit Cannons: On Sectarian Factors Involved in the Ch. ien-lung Emperor's Second Goldstream Expedition of 1771–1776, Based Primarily on Some Tibetan Sources, *The Tibet Journal*, XV, 2 (1990), 3–28。

将军明亮前往成都，并责成川督文绶派委妥员随其往各该处逐加测量，另绘新图呈览。这其实是踵继乾隆二十一年平准之后派西洋传教士傅作霖、高慎思（Joseph d'Espinha, 1722—1788）、鲍友管（Antoine Gogeisl，1701—1771）、刘松龄（Ferdinand Avguňštin Hallerstein，1703—1774）到天山南北实地测量绘制乾隆《内府舆图》（又称《乾隆十三排图》），彰显中外一统之盛，作为帝国空间建构工程的一部分。从这一角度而言，西方传教士作为清王朝的御用工具主动或被动地参与了清帝国的空间建构。但是，在西方传教士仆仆奔走于帝国各个甫经底定的新疆和令世人叹服的《乾隆十三排图》表象背后，西方传教士隐秘的内心世界却殊堪玩味。乾隆三十九年（1774），在清帝国钦天监担任了二十八年监正的刘松龄去世，傅作霖才补上西洋监正之缺，早在乾隆十四年十月十九日（1749 年 11 月 28 日）傍晚，刘松龄在北京天主教南堂（宣武门教堂）西侧居室昏暗的灯光下，写了两封信。在当时的交通条件下，一封信从北京发出辗转寄到欧洲需要很长的时间，往往长达九至十二个月。因为当时欧洲人也非常注意这些外部的消息，以满足他们了解新世界的愿望，所以刘松龄的信不仅对于今人是弥足珍贵的资料，而且对当时欧洲人而言也是中西方信息交流的重要媒介。刘松龄是日所写的第一封信是写给意大利拿波里耶稣会士、耶稣会"拿波里省"负责人喜大教（Nikolaju Giampriamu，或 Nicolas Giampriamo，1686—1759）① 的。刘松龄在这封信里向其欧洲同胞传递了有关清帝国对传教士的虐

刘松龄纪念邮票

———————————

① 此人的中文名字亦作倪天爵。可以参阅 Michel Villermaules, *Anecdotes sur l'etat de la religion dans la Chine: Suites de la légation de M. de Mezzabarba*, Paris: aux depens de la Societe, 1735, p. 193；方豪：《中国天主教史人物传》，宗教文化出版社 2007 年版，第 465 页；严嘉乐：《中国来信：1716—1735》，丛林、李梅译，大象出版社 2002 年版，第 17、153 页。

待、乾隆十三年皇后去世以及所引发的政坛风波、第一次金川之役等消息。他这样写道：

> 正在皇帝在宫中对自己人发疯的时候，在四川发生了一个起义，很长时间就存在着星星之火，现在它爆发成了一场大火。这也是上帝对皇帝的惩罚。他派了十万多满洲部队，目的是进攻这些上帝的子民，打败他们。但是这些起义者依靠很大的胆略把他们打败了，而且使他们伤亡很大。更大的羞辱则是所谓软弱的中国人，打败了最能打仗的满洲人。皇帝失望了，决定撤回部队。底下的军官通过私下活动，跟敌人秘密对话，答应给他们很多钱，还派了人质，并给他们无限通商贸易的自由，这本来就是这次冲突发生的原因。要求他们表面上服从皇帝的权威，请求给予和平。这对起义者有利，他们足以自豪了，对皇帝则不是，为此，皇帝在整个中国都被看不起。认为他是一个相当没有决心和胆怯的皇帝。虽然他自己希望老百姓会像对一个胜利者那样崇拜他。[①]

刘松龄这天所写的第二封信收件人是其弟瓦加德·哈勒施泰因（Vajkardu Hallerstein，亦作 Vaikard Hallerstein）[②]。在这封信里，他再次专门谈到了金川之役：

> （在战斗中）军队伤亡惨重，满洲人真丢了面子。他们的军事能力已经落下去了，他们的胆子也落下去了。
>
> 虽然满洲人在全国丢了面子，皇帝还把它当作一个大的胜利来庆祝，比法国打败比利时更大的庆祝。不过虽做了样子，全国还是在笑皇帝。

---

① 高王凌：《刘松龄笔下的乾隆十三年——刘松龄研究之二》，《清史研究》2008 年第 3 期。

② 据高王凌《刘松龄笔下的乾隆十三年》一文。此信件见 V. M. Hribar, Mandarin, Hallerstein, *Kranjec na kitajskem dvoru*, Radovljica：Didakta, 2003, pp. 266 - 270。

　　现在事情全部过去了。但我看不出这些满洲人还能有多长时间来控制中国？满洲人的力量已经弱了，从几个地方能够看得出来，这一次打仗就看得更清楚了。一个共同的认识是，中国人是比较容易赶走满洲人的，如果在江苏、浙江发生了什么起义的话。①

　　刘松龄，字乔年，在 1738 年 9 月到达广州，于 1739 年到北京后在钦天监任职，于 1746 年接替耶稣会会士戴进贤（Ignaz Kögler，1680—1746）担任监正职务。刘松龄与伦敦皇家学会、维也纳皇家天文台和圣彼得堡科学院具有广泛接触，其在天文、地理等领域的造诣精深。他协助监正戴进贤所修订南怀仁于康熙十三年编纂的天文学专著《灵台仪象志》，在乾隆十七年告成后被乾隆帝钦定题名为《仪象考成》。1752 年，葡萄牙派遣特使巴哲格（Francisco Xavier da Assis Pacheco de Sampaio）来华抵穗，② 刘松龄赴广东迎接护送，以沿途办理甚属黾勉，蒙赏三品职衔食俸。刘松龄等传教士是具有自己的理想和志向的，他们之所以为清朝服务，只是以此作为获得清朝统治者能够为其传教提供方便的手段，在跨文化交流中的外圆内方是其安身立命的策略和素质。但与清朝统治者的合作并不代表对清朝统治者的内心诚服。另一方面，刘松龄本人似乎一直倾向于和平，所以他在另外一封信里赞美中国这个帝国在很

　　① 高王凌：《刘松龄笔下的乾隆十三年——刘松龄研究之二》，《清史研究》2008 年第 3 期。刘松龄还在另一封信里介绍了乾隆平准之战的情况，略谓：乾隆帝增加了他的帝国在东部地区、西藏和蒙古南部、布哈拉西部和北方俄罗斯西伯利亚与中国的所有领土的统治。这个地方居住着被俄罗斯称为卡尔梅克人、我们称之为厄鲁特或准噶尔人，他们的邻居在南方是一些穆斯林，向他们纳贡。此外，准噶尔当时的内乱以及清军俘获达瓦齐等情况均被一一笔之于书。参见 Mitja Saje，Famous Scientist and Jesuit Missionary Augustin Hallerstein（Liu Songling）and his Relations with Europe：Topics and Quotations from A. Hallerstein's Letters，资料来源：http://www.sinologystudy.com/2010/0425/10.html，访问时间：2010 年 11 月 2 日。

　　② Edward A. Alpers，*Ivory and Slaves: Changing Pattern of International Trade in East Central Africa to the Later Nineteenth Century*，Berkeley：University of California Press，1975，p. 139. 亦可参见《清高宗纯皇帝实录》卷四百二十二，乾隆十七年九月，台北华文书局股份有限公司 1960—1970 年版，第 6256 页。巴哲格的生卒年月待考。

长时间里是一个有秩序的和平的帝国。他将中国与欧洲的历史和现实相对照，认为欧洲的王国都是在战争中建立的，将欧洲的征战不断与中国的太平一统视为两种不同类型的文化。正是这样，刘松龄对于当时的第一次金川之役颇为腹诽。刘松龄信中所言带有极强的旁观者色彩，将自己对第一次金川之役的所闻所感通过书信传递到了西方。正如法国地理学家雅克·昂塞尔所说，经过非我才能自然地使自我意识到他人（Le moi prend conscience du lui-même au contact du non-moi）。① 刘松龄的信件可以说是一面折射这场战争的镜子。

① Geoffrey Parker, *Western Geopolitical Thought in the Twentieth Century*, London and Philadelphia: Taylor & Francis, 1985, p. 94.

第十章　驱廓保藏战争

第一节　藏廓矛盾的由来

尼泊尔自古以来就由很多部落、土邦分裂割据着。尼瓦尔族在加德满都河谷建立的马拉王朝（880—1768）也仍未能统一全部尼泊尔。15世纪马拉王朝的亚克沙王（Yaksha）征服了加德满都（Kathmandu）、帕坦（Patan）南部的莫兰（Morang）和第华尔（Tirhur）、迦耶（Gaya），以及西部的廓尔喀（Gurkha，亦作 Gorkha 或 Ghurka，清代文献中亦作"科尔喀"）和西藏的协噶尔（shel dkar）后，便把全部土地划成几个区分给其子女，形成了加德满都、巴特冈（Bhatgaon）、帕坦（Patan）三个土邦。这三个土邦各行其是，彼此间相距不过几英里，时常发生内讧而无暇顾及外部潜在威胁。这种三国鼎立的格局使得位于加德满都西部的廓尔喀在乾隆初年具有了乘机崛起的活动空间。"廓尔喀"一词来自8世纪的印度战神廓罗叉那他（Guru Gorakhnath）之名。廓尔喀的拉姆·沙阿（Ram Shah）国王一方面在本国大胆实行改革，富国强兵；另一方面则是抓住时机出兵征伐，扩大疆土，由此为廓尔喀王国的繁荣发展及取信于天下奠定了基础。"要寻求公正，就去廓尔喀"（If you seek justice，go to Gorkha）这句著名的尼泊尔谚语[①]，就是从这一时期流传下来的。因廓尔喀扩张受到威胁的传统加德满都河谷土

[①]　由于笔者不懂尼泊尔语，其原文未录。此谚语的尼泊尔文见王国荣等主编：《世界成语典故辞典》，上海文汇出版社1989年版，第524页。亦可参见阿里亚尔、T. P. 顿格亚尔：《新编尼泊尔史》，四川外语学院《新编尼泊尔史》翻译组译，四川人民出版社1973年版，第125页。

邦要求英国帮助，导致了1767年金洛克上尉（Captain Kinloch）所率领的2500人装备和准备均不足的远征。① 这次远征是一场灾难，廓尔喀军队很容易就制服了那些不得不屈从于疟疾的远征者。这种无效的英国军队远征反而徒劳地使廓尔喀人缴获了大量先进的武器。乾隆三十四年（1769），该国第十代君主普里特维·纳拉扬·沙阿（Prithvi Narayan Shah，又译巴里斯威·那拉扬·沙阿，1723—1775）继位后深知仅凭武勇蛮力无法完成统一大业，乃派大臣噶箕卡鲁·潘德（Kaji Kalu Pandey，1713—1757）赴印度寻求军火和其他支援。潘德不负众望，不但通过英国东印度公司买到大批先进武器，还了解了英国的军事、政治体制，归国后建议纳拉扬实行改革，在军事上变征兵制为募兵制，强化军事训练。纳拉扬最终利用三土邦不和灭亡马拉王朝，迁都加德满都，建立了统一尼泊尔的沙阿王朝（廓尔喀王朝）。对于尼泊尔马拉王朝后期的纷争，清廷是有所了解。乾隆四年，驻藏侍即杭奕禄奏："西藏西南三千里外，巴勒布部有三汗：一名库库木，一名颜布，一名叶楞。雍正十二年曾遣使恭请圣安。近年三汗彼此交恶，数寻战攻。臣遣贝勒颇罗鼐宣谕皇上好生之德，中外一视，各宜息兵和好，仰报国恩。三汗欢欣听命，以三部落户口数目呈报，并各进方物。"② 但杭奕禄所述时间有误。据《清世宗宪皇帝实录》卷一百二十二载，这次朝贡时间应在雍正十年八月。当时的办理藏务侍即僧格等奏，"巴尔布国雅木布、叶楞、库库穆三汗，在西藏极边，远处万里之外"，仰慕皇仁，特遣使朝贡。清廷收纳所进方物，但考虑道路遥远，往返艰难，乃转谕来使，令其旋归，并加恩赏赉赐缎匹、瓷器等。③ 其中叶楞（又作易隆）即帕坦、库库木即巴德岗、雅木布（又作颜布、阳布）即加德满都。此三

① Julie G. Marshall, *Britain and Tibet 1765–1947: A Select Annotated Bibliography of British Relations with Tibet and the Himalayan States including Nepal, Sikkim and Bhutan*, London：Routledge, 2005, p. 39.

② 《清高宗纯皇帝实录》卷九十一，乾隆四年四月，台北华文书局股份有限公司1960—1970年版，第1440—1441页。

③ 《清世宗宪皇帝实录》卷一百二十二，雍正十年八月，台北华文书局股份有限公司1960—1970年版，第1816页。

土邦在清初文献中称为"巴勒布"（Palpa，藏文 bal po）①。乾隆五十三年七月二十七日（1788 年 8 月 28 日），正在承德避暑山庄消暑度夏的乾隆帝忽然接到来自两万里以外的喜马拉雅山区的紧急军情文报。据驻藏大臣庆林、庆麟等奏：巴勒布廓尔喀属下头目苏尔巴尔达布等入寇藏界，前后藏俱已各严备。当时清廷对于巴勒布、廓尔喀的地理空间概念是极为模糊的，也不知道因何发生战争。恰好承德有一位从大金川来的文布喇嘛②，二十年前经西藏前往佛祖的诞生地朝拜，到过巴勒布。军机大臣和珅找到了这位文布喇嘛，向他请教。然而，该文布喇嘛也只能提供一些粗浅的观感。据他说，从后藏札什伦布前往巴勒布，行走月余，回程半月。巴勒布城以红色黄色砖块砌成，城内有大庙，信奉喇嘛教，但并非黄教系统，故并不敬礼达赖班禅。人民穿白衣，用白布缠头或戴白布小帽，房屋与内地相仿，盖有楼房，穷人多住草房。出产稻米，民众虽非勇悍，却都会使用鸟枪弓箭，打仗常常得胜。该地本有许多部落，被一位国王用武力统一，自称科尔喀王，其地比大小金川还要大几倍。巴勒布人在西藏贸易者甚多，等等。③ 乾隆五十四年（1789），第一次反击廓尔喀战争结束后，驻藏办事大臣巴忠经过留心查询，始知廓尔喀与巴勒布之间的关联，唯于其历史与地理背景仍知之甚少，是年八月，巴忠奏称："投诚之科尔喀者，即系巴勒布地方，其部落在后藏西南一隅，幅员相距三千余里，南至缅甸界，西北至大西天，又通回疆界，大小部落总共三十处，户口二十二万七百有零。由宗喀至该部落，

---

① 藏文或作 nee-bal-po，唐代之泥婆罗，清代译作巴勒布、别蚌子，近代译作尼泊尔。

② 藏文中 vom bu 的姓氏名，但此处"文布"似非其名，估计应为职称。武宗胜在《察右中旗地区的召庙和敖包》中叙述那木吉拉丹巴"少年时代去过拉萨布达拉宫，得过拉仁布（医学师）称号。回来后在四子王旗大庙当了'文布'喇嘛（管外事的），后当了教活佛的老师"。见中国人民政治协商会议察右中旗委员会文史资料研究委员会编：《察右中旗文史资料》第 2 辑，1988 年内部发行，第 54 页。按，"拉仁布"估计应为拉然巴（lha rams pa），文布估计应为 bang po，然非的解也，待考。

③ 参见戴逸：《一场未经交锋的战争——乾隆朝第一次廓尔喀之役》，《清史研究》1994 年第 3 期。

皆系大山狭路，向来崇信红教。其间惟有从前巴勒布之阳布、库库木、易隆三处番民尊奉黄教。科尔喀原系一小部落，因节次侵战阳布等处地方，势力愈加，随将附近之达纳隆等小部落又共占取二十七处。"① 随着对于廓尔喀扰藏事件的处理，清廷对于廓尔喀的认知逐渐丰富起来。

廓尔喀人的骁勇善战和瑞士雇佣兵在 18 世纪的情形颇为类似。瑞士是当时世界上著名的雇佣兵基地。这是因为，瑞士属于山地国家，资源匮乏，男子为了养家糊口，迫于生计，大量流落欧洲各国当雇佣兵。15 世纪末，瑞士雇佣兵以勇猛善战闻名于欧洲大陆。瑞士雇佣兵坚韧不拔，忠诚无二，骁勇善战，使得欧洲各个君主和贵族多个世纪来不惜千金去招募他们，为己而战。② 西欧长期流行一句话，说"没有钱便没

---

①　宫中档，第 2727 箱，第 232 包，第 58034 号，乾隆五十四年八月初十日，巴忠奏折。转引自庄吉发：《清高宗十全武功研究》，中华书局 1987 年版，第 419 页。

②　瑞士雇佣兵（Schweizer Söldner）在欧洲俗称 Reislaeufer（旅行者），意思是这些雇佣兵在不断地进行他们的旅行，从一个战场到下一个战场，为整个欧洲的雇主们厮杀，而他们旅行的终点往往是死亡。旅行者的名号就是在 1474—1477 年间的勃艮第战争中打响。1505 年教皇尤里奥二世提议瑞士联邦遣派一支瑞士雇佣兵部队担当梵蒂冈守卫，此计划最终由瑞士传教士（Buonaser Peter von Hertenstein，1450—1522）通过外交渠道完成。是年 9 月，一百五十名瑞士雇佣兵来到梵蒂冈，担任教皇私人警卫队。在 1507 年德国雇佣兵（Landsknechte）和西班牙雇佣兵掠略罗马时，这些瑞士护卫（die Schweizergarde）浴血厮杀，誓死保卫教皇，在战斗中几乎全军覆没而无人胆怯逃跑，最终掩护教皇克列门斯七世安全撤出罗马。因此迄今梵蒂冈都只承认瑞士护卫为教皇安全保护者。15—16 世纪，瑞士雇佣兵充斥于整个欧洲的战场，他们相遇沙场，即使隐隐约约看见自己家乡的亲朋好友，也别无选择，必须举起自己的长枪刺去，必须用呐喊淹没自己的人性。法国大革命期间，在 1792 年民众攻击法国巴黎杜伊勒利王宫时，为保护法王路易十六及王后，七百八十六名瑞士雇佣兵全体以身殉职。以 1792 年的八百名瑞士士兵战死为标志，瑞士雇佣军的出口走向了终结。19 世纪初，为了让后代记住这一历史，丹麦雕塑家巴特尔·托尔瓦森（Bertel Thorvaldsen，1768—1844）应邀在罗伊斯河北岸的山坡上建造了著名的"卢塞恩垂危之狮"（Der sterbende Löwe von Luzern）纪念石雕，被美国作家马克·吐温（Mark Twain，1835—1910）誉为"世界上最悲壮和最感人的石雕"（das traurigsten und bewegendsten Stück Stein der Welt）。长期以来在欧洲生灵涂炭的战场上最常见的都是瑞士人，使得欧洲民众甚至贵族中产生了仇恨瑞士思想。直到 19 世纪瑞士联邦正式宣布禁止国民在国外军队服役和进行雇佣兵交易，"旅行者"一词才成为历史。按照 1929 年生效的瑞士《军事刑法典》　（续下注）

有瑞士人"（Point d'argent, point de Suisse）。这指的就是瑞士在国外的雇佣兵，意思是这些雇佣兵是花钱雇来的，有钱便有瑞士雇佣兵，没有钱便没有雇佣兵效命疆场。和瑞士雇佣兵一样，廓尔喀人因为有山地民族的尚武习惯，信奉不是战斗就是战死的理念，尤其擅长山地与游击作战，被英国军官称为"军事民族"（Martial Race）。近代以来，廓尔喀人大多为生活所迫，许多人世代以当雇佣兵为业。前印度陆军元帅萨姆·马内克肖（Sam Manekshaw, 1914—2008）参谋长曾经说过一句名言："如果一个人说他并不怕死，他不是在撒谎就是一个廓尔喀人（If a man says he is not afraid of dying, he is either lying or he is a Gurkha）。"①

（续上注）（*Militärstrafgesetzbuches*，MSTG）第九十四条，除了教皇瑞士护卫以外，私人充当雇佣兵将受到刑事起诉。现代西方谚语有谓："法律、逻辑和瑞士人，可以被雇佣来为任何人作战。"（Law, logic, and Switzes maybe hired to fight for anybody.）

　　① 和瑞士雇佣兵一样，廓尔喀雇佣兵近代以来以纪律严明和英勇善战闻名于世。英军的廓尔喀旅（Brigade of Gurkha）即是服役于英国陆军中的廓尔喀士兵的总称。廓尔喀雇佣兵在 19 世纪初被英国征召加入驻印度英军，之后逐渐演化为英军的一支常备部队。在 19 世纪以后几乎所有与英国有关的冲突中，廓尔喀雇佣兵在米字旗下转战于亚、欧、非及南美洲，参加过两次世界大战，在 1982 年的英阿冲突中曾远征福克兰群岛（马尔维纳群岛），至今仍战斗在阿富汗反恐战争、伊拉克战场上，闪耀于近现代战史，佼佼不群，声名远播。英国王储哈利王子参军期间也曾接受廓尔喀部队的训练。1997 年香港回归前，廓尔喀兵也曾长期驻扎香港，号称是驻港英军的"拳头部队"。英军中历史最悠久的一个廓尔喀营，有一根引以为豪的两米长铜制"女王杖"。这是 1863 年英国女王所授予的，以代替战斗英雄奖章。迄今，共有二十六名廓尔喀人因作战英勇顽强，荣获了英国最高奖赏——维多利亚十字勋章。1997 年 12 月 3 日，英女王亲自在伦敦主持了廓尔喀士兵铜像揭幕仪式。英国驻尼泊尔大使馆担有一项特殊的使命，即征募廓尔喀士兵，并负责相关的家属赴英、退役士兵年金发放等事宜。由若干名英军退伍军人组成的征兵代理人，分别去尼泊尔乡下寻找合适的士兵。被选中的青年要经过"山选"，堪称百里挑一。目前英军仍留有一个总数约三千七百人的廓尔喀雇佣兵旅。据悉，廓尔喀雇佣兵每年都将军饷的大部分汇回家乡。对尼泊尔来说，这是仅次于旅游业的一项重要收入来源。和瑞士军刀一样，廓尔喀人削铁如泥的弯刀也是世界十大名刀之一，像狗的后腿形状，刀背既厚且钝，但刀锋却异常锐利。其虽不能当作掷刀使用，但在肉搏战中却非常有用，是廓尔喀人最喜欢的近距离作战利器。这种军刀不仅是尼泊尔的国刀，也是廓尔喀士兵的荣誉象征。廓尔喀士兵无论走到哪里，腰间的弯刀都会自动表明他们的身份，因此英军廓尔喀士兵被誉为"弯刀勇士"。

乾隆末年，廓尔喀王朝自从并吞尼泊尔全境后，势力强盛，积极对外扩张，处于向上发展阶段。英国藏学家贝尔（Charles Alfred Bell，1870—1945）在《西藏之过去与现在》（*Tibet: Past and Present*，Oxford：The Clarendon Press，1924）一书中说：廓尔喀"国小民众，繁殖甚速，几与全藏人口相埒。其疆域既小，而人口反与相埒，自不得不发愤以冒险图存。国内之民难于自给，亦必别觅出口，以便懋迁有无，西藏为其最好之出口"①。在当时，廓尔喀疆土褊狭，人口蕃繁，加之统治者雄心勃勃，军队勇敢善战。且由于印度此时已为英国并吞，廓尔喀与印度相邻，颇多来往，有机会得到英国的精利火器与其他货物。据参与清朝驱逐廓尔喀自卫反击战的周蔼蔼所著《西藏纪游》载："藏片，即英吉利国多罗呢之粗者。盖廓尔喀与红毛国（即英国）相近，海物往往航海而至，转入

廓尔喀士兵雕像

西藏，如珍珠珊瑚之属，皆从彼中来。"② 这印证了以下的事实，即在19世纪末英国当局开通从大吉岭的噶伦堡地区通过锡金到西藏等新的贸易路线之前，尼泊尔地当印藏往来孔道，在穿越喜马拉雅的贸易中一直保持垄断地位，聂拉木（nya lam）和吉隆二地是穿越喜马拉雅贸易的主要口岸。驱逐廓尔喀自卫反击战期间，差往廓尔喀送交谕帖的兵丁

① 贝尔：《西藏之过去与现在》，宫廷璋译述，上海商务印书馆1930年版，第150页。

② 周蔼蔼：《西藏纪游》卷二，张江华点校，中国藏学出版社2006年版，第58页。

范忠回来汇报：廓尔喀兵丁有每月给银钱的兵，也有不给银钱的兵，马兵较少，在阳布只见过十匹马，亦有水牛、黄牛，其兵器多为自来火枪。① 范忠所反映的情况也可以佐证普里特维·纳拉扬·沙阿利用缴获英军的枪支弹药建立廓尔喀军队的事实。在第一次廓尔喀之役后，廓尔喀朝贡的方物中就有千里镜、洋枪、洋刀等军用设备，这显然都是来自于英国。方兴未艾的廓尔喀王朝既有一定的经济和军事实力，又不满足于经济资源匮乏的现状，孜孜于生存空间的拓展，而长期受到佛教浸润的西藏地方政府军事防御力量很差，强弱逼处，易生衅端。

《清史稿》对于廓尔喀侵藏原因的分析对后世影响颇大，其这样写道："初，第六辈班禅之殁，及京归舍利于藏也，凡朝廷所赐赉，在京各王公及内外各蒙边地诸番所供养，无虑数十万金，而宝冠、璎珞、念珠、晶玉之钵、镂金之袈裟、珍宝不可胜计。其兄仲巴呼图克图悉据为己有，既不布施各寺、番兵，喇嘛等亦一无所与。其弟沙玛尔巴垂涎不遂，愤唆廓尔喀籍商税增额、食盐糅土为词，兴兵扰边。"② 实际上，这种观点早在魏源《圣武记》中就已经表述过，而魏源《圣武记》的这一观点又来自于乾隆帝在第二次驱逐廓尔喀自卫反击战中的上谕。按照这种观点，乾隆四十五年（1780），皇帝七十寿诞，六世班禅世罗桑贝丹耶歇（blo bzang dpal ldan ye shes）请求来京祝寿，不幸染疾，于当年十一月初五日圆寂。乾隆帝对班禅赏赐极多，加之入觐沿途所经各地僧众信徒的供奉丰厚，因此，班禅圆寂后遗产相当可观，这些财物均为其兄仲巴呼图克图所占有，班禅的另一位兄弟沙玛尔巴（zhwa dmar pa，藏语"戴红帽者"之意）③ 系红教喇嘛，未能分润，愤而出走廓尔喀，极言后藏富庶，拥有大批从北京带回的财物，又称后藏兵政窳败，不堪一击，唆使廓尔喀统治者派兵入藏。廓尔喀贵族对于六世班禅的遗产垂涎三尺，又以沙玛尔巴的指引而备知西藏虚实，遂悍然发动了一

---

① 廓尔喀档，乾隆五十七年四月、闰四月，页二〇〇，闰四月二十四日，范忠覆词。转引自庄吉发：《清高宗十全武功研究》，中华书局1987年版，第422页。

② 赵尔巽等撰：《清史稿》卷五百二十五，列传三百一十二，藩部八，中华书局1977年版，第14543—14544页。

③ 噶举派噶玛巴第十世红帽法王，本名洛桑坚班（blo bzang vj am dpal）。

场对西藏的掠夺战争。这种因果分析主要是依据乾隆五十七年第二次廓尔喀侵藏战争期间抢掠札什伦布寺这一事实，所以乾隆帝的原话是："至此次廓尔喀滋扰后藏，沙玛尔巴挑唆起衅，实为罪魁。"①

但是，我们需要注意以下事实：其一，乾隆帝的原话是指第二次廓尔喀侵藏战争，在时间和地点上都是有定指的。乾隆五十八年四月的《御制喇嘛说》所云"去岁廓尔喀之听沙玛尔巴之语劫掠藏地"② 亦可相参证。其二，在第一次廓尔喀侵藏战争期间，廓尔喀军队并无意进军后藏日喀则，仅仅劫掠聂拉木、济咙、协噶尔、宗喀等藏边，这一点乾隆帝等在战争初期就明显看出来了。其三，在第一次廓尔喀侵藏战争期间，乾隆帝训示驻藏大臣庆麟等商同西藏地方政府采买军粮，但作为札寺商卓巴特（phyag mdzod pa）的仲巴呼图克图（drung pa hu thog thu）却告称，前代达赖喇嘛书内，遇有军旅之事，免派札什伦布各兵等语。③ 由此可见，仲巴呼图克图或许过于看重自身利益，缺乏全局观念，对于廓尔喀侵藏尚在心理上不讲自己作为局内人，日喀则在第一次廓尔喀侵藏战争期间尚非被攻击的目标。笔者认为，以第二次廓尔喀侵藏战争的原因解释第一次廓尔喀侵藏战争似有未谛之处。

事实上，对于战争发生的原因，藏、廓双方的陈述是基本一致的，主要归结为三点：其一是银钱贸易纠纷，其二是盐米贸易纠纷，其三是西藏地方官员征税存在瑕疵。据西藏噶布伦丹津班珠尔（bstan vdzin dpal vbyor）④ 说："向来藏里与廓尔喀相好，交通贸易，一切买卖，俱用廓尔喀银钱。后来廓尔喀因新铸银钱，比旧钱成色较好，要把新钱一个当两个使用，藏内人不肯依他。又因藏内向来将食盐易换廓尔喀粳

---

① 张其勤原稿，吴丰培增辑，《西藏研究》编辑部编：《清代藏事辑要》，西藏人民出版社 1983 年版，第 300 页。

② 弘历：《御制喇嘛说》，张其勤原稿，吴丰培增辑，《西藏研究》编辑部编：《清代藏事辑要》，西藏人民出版社 1983 年版，第 353 页。金梁编纂《雍和宫志略》，牛力耕校订，中国藏学出版社 1994 年版，第 321 页。

③ 参详《清高宗纯皇帝实录》卷一千三百一十，乾隆五十三年八月，台北华文书局股份有限公司 1960—1970 年版，第 19368 页。这也是达赖喇嘛系统和班禅系统近代以来失和以致班禅出走内地的原因。

④ 国内现代藏学家将其名多译作"丹曾班觉"。

米，廓尔喀人以藏内的盐，有掺杂土的，说藏内买卖不公道，所以两下不和的。五十三年，廓尔喀王子寄信来与噶布伦讲论银钱的事，另有禀帖与驻藏庆大人、雅大人。那时两位大人因不认得廓尔喀的字，就没有给他回字。我们写了回信说银钱的事，若一个当两个使用，我们太吃亏，不能依允的。六月间，廓尔喀就来抢占聂拉木、济咙、绒辖、宗喀等处地方。"① 据廓尔喀的大头目噶登嘛撒海②等禀称："我巴勒布之人远在边外，与唐古忒本是和好，常来西藏营生，彼此交易。近因西藏的人将我们不照先年邻封看待。凡贩来货物，任意加收税项，并以食盐内掺和砂土，与我巴勒布地方百姓多有不便。他们噶厦之人又嫌我们银钱低潮，驳回不用。我们管事头人屡次与西藏寄信讲理，他们都不以为

---

① 廓尔喀档，乾隆五十七年十月、十一月，页二〇一，丹津班珠尔供词。转引自庄吉发：《清高宗十全武功研究》，中华书局 1987 年版，第 427 页。

② 据邓锐龄在《第一次廓藏战争（1788—1789）中的议和潜流》（《中国藏学》2007 年第 1 期）一文中考证，噶登嘛撒海，"嘛撒海"人名，可能是《廓尔喀纪略》中频繁出现的、近年为《多仁班智达传》汉译文所采用的"玛木萨野"（藏文 bham sa heb）。"嘛撒海"前面的"噶登"系廓尔喀官名，即"管兵大头目""噶布党"（Captain）的异译。庄吉发《清高宗十全武功研究》第 421 页引《廓尔喀档》阿尔曾萨野供词叙述廓尔喀军队组织时云"管兵的大头目叫做噶布党"，玛木萨野据上述供词言即是廓尔喀军队四名噶布党之一。Dilli Raman Regmi, *Modern Nepal: Rise and Growth in the Eighteenth Century*, Calcutta: Firma KL Mukhopadhyaya, revised Edition, 1975, p. 432 正作 Captain Bamshah。廓尔喀始建军队即仿英式建制，见 Leo E. Rose & John T. Scholz, *Nepal: Profile of a Himalayan Kingdom*, Boulder CA: Westview Press, 1980, p. 16。故《多仁班智达传》云，玛木萨野议和时"身着披楞装"。所谓披楞（pho reng, phyi glin），藏文汉译，指西方人尤其是在印度的英国人（可参见李晨升：《"披楞"考——1840 年以前中国对英国在喜马拉雅山地区活动的反应》，罗贤佑主编：《历史与民族：中国边疆的政治、社会和文化》，社会科学文献出版社 2005 年版，第 260—276 页）。玛木萨野穿西方人服装亦可证当时廓尔喀军队受到西方影响之深。此人是第一次侵藏将领及议和代表，又是第二次廓尔喀侵藏军的重要将领。参见 Dilli Raman Regmi, *Modern Nepal: Rise and Growth in the Eighteenth Century*, Calcutta: Firma KL Mukhopadhyaya, revised Edition, 1975, pp. 433, 439, 465, 468, 483。又多见于《廓尔喀纪略》，曾被清军视为次于廓王子、王叔的第三号罪人。

事。我巴勒布边野无知，故此侵犯藏地。"① 早在 1644 年清王朝建立之前，藏尼银钱交易即已存在。16 世纪中期，当时尼泊尔的加德满都土邦就与西藏地方政府缔结了一个向西藏提供银币并从西藏换回白银的条约。其余的巴德冈和帕坦两个土邦也纷纷相继参与这种银钱交易。所谓"银钱贸易"是用同样重量的银币换同样重的银子，不另收铸造费，但银币中却掺了铜，运到西藏每枚换白银一钱五尔三土邦平均每年约赚尼币十万。"银钱交易使尼泊尔获得了 12％ 的收益，其中 4％ 来自银币中含有的金粉。8％ 得于银币中掺入合金。"② 银钱贸易已成为尼瓦尔三土邦的重要经济支柱。早在乾隆二十八年（1763）、二十九年（1764），由于廓尔喀当时问鼎加德满都河谷，力图通过"经济战"全面封锁尼瓦尔三土邦，尼泊尔各土邦与西藏商路断绝，银钱贸易也因此中断。西藏地方政府鉴于"巴勒布来钱稀少，不敷民用"③ 而曾经一度自铸银币。在沙阿王朝建立后，由于铸币是如此有利可图，国王普里特维·纳拉阳·沙阿积极着手进行币制改革。廓尔喀方面当时新铸银币的质地较好，含银量较高，但由于市场上尚有大量旧币在流通使用，新旧币同时流通使商人利益受到威胁，藏汉商人都不愿使用新币。针对这种局面，西藏方面要求尼泊尔若能将在西藏流通的旧币全部收回的话，可以使用其制造的新币，保证畅行流通。但纳拉阳居奇抬价，提出要废除以往银币和白银等量交换法，改为白银一两易新钱六枚，新旧币比价定为 1:2，即一个新币当两个旧钱使，企图从中取巧重利，这势必要使西藏地区的经济利益蒙受严重损失。"廓尔喀所铸钱文，向卫藏行使，原为贪图利息起见，后又欲将旧钱停止，专用新钱，每银一两只肯用钱六个，固属贪得无厌。而噶布伦众人等，与彼交易，亦不免图占便宜，彼

① 宫中档，第 2727 箱，第 229 包，第 57224 号，乾隆五十四年五月二十六日鄂辉、成德、巴忠奏。转引自庄吉发：《清高宗十全武功研究》，中华书局 1987 年版，第 428 页。类似内容见《清高宗纯皇帝实录》卷一千三百三十二，乾隆五十四年六月，台北华文书局股份有限公司 1960—1970 年版，第 19736 页。

② 李峰：《试析西藏自铸银币的历史背景》，《民族研究》1992 年第 2 期。

③ 中国藏学研究中心、中国第一历史档案馆等合编：《元以来西藏地方与中央政府关系档案史料汇编》第 5 册，中国藏学出版社 1994 年版，第 2271 页。相关研究或可参考曹刚：《中国西藏地方货币》，四川民族出版社 1999 年版，第 22 页。

此唯利是图，各不相下，以致复滋事端。"① 这样，由于廓尔喀方面条件苛刻，双方协商未果，西藏地方政府便于乾隆五十年复有第二次自铸银币之举。恰如西藏札苍喇嘛罗卜藏策登等所云，廓尔喀滋扰藏地的原因是由于"藏地自行铸钱，不用廓尔喀银钱"②。银钱贸易纠纷的出现导致发生藏尼交涉，西藏地方政府和民众对于新的廓尔喀王朝的铸币不买账，而且开始自铸银钱。不难想象，这不仅是新生的廓尔喀王朝统治者所无法容忍的，而且对普通的廓尔喀民众也意味着重大的利益损失。所以廓尔喀当局决心以武力打开通商道路，迫使西藏地方政府接受自己的货币铸造垄断权。此外，藏盐是从山谷沙土中刨出，随即背负营销，其盐本不洁净，更有掺假蒙混者，这本身亦属或有之事，但廓尔喀当局以西藏方面所售食盐掺土、质量低劣为由发动边境战争，实际上仅仅借此为词而已。至于廓尔喀方面指责噶布伦索诺木旺扎勒（bsod names dbang rgyal）③侵渔商人、聂拉木第巴桑干私加税银，乾隆帝最初获悉这一消息后也极为恼怒，将引发事端的责任归咎于此，索诺木旺扎勒虽然在当时早已去世，但其子因此被革去噶布伦，并停袭札萨克台吉爵位。据史载，在第一次驱逐廓尔喀自卫反击战之后，聂拉木第巴桑干以私增税课，致酿事端，"照唐古忒例，应斩之犯深透刺字，发往烟瘴桑盖囚种地方"④。然而，在第二次驱逐廓尔喀自卫反击战之后，福康安等覆奏，查明索诺木旺扎勒并无苦累巴勒布商人、私加税银之事，对此案予以平反昭雪。这说明廓尔喀方面所谓向商人增收高额货物入口税等指责也是存在一定水分的。综上所述，发动战争的借口俯拾皆是，第一

---

① 《清高宗纯皇帝实录》卷一千三百八十七，乾隆五十六年九月，台北华文书局股份有限公司1960—1970年版，第20625页。

② 廓尔喀档，乾隆五十七年四月、闰四月，页一一一七，札苍喇嘛罗卜藏策登供词。

③ 《清高宗纯皇帝实录》卷一千四百十八又作"索诺木旺扎尔"，此人是《颇罗鼐传》作者噶伦策凌旺扎尔之孙。参详《清高宗纯皇帝实录》卷一千四百一十八，乾隆五十七年十二月，台北华文书局股份有限公司1960—1970年版，第21096页。

④ 文中所言"桑盖囚种"即桑昂曲宗（gsang sngags hos dzong），在察隅河上游。

次廓尔喀侵藏战争的原因非常类似英国发动第一次鸦片战争时的情形。距今而观，历史其实早已经在预演第一次鸦片战争的某些情节。

第二节　清军第一次援藏

廓尔喀入侵西藏，令清廷感到意外和震惊。由于地缘关系，援藏作战任务首先是由负责西藏安全战略任务的四川方面军队承担。四川提督成德奉命率绿营兵一千人先行驰援。成德是随着健锐营成长起来的清军将领，初入健锐营充前锋，从征准噶尔、叶尔羌有功，曾参与过第二次金川之役。七月二十二日，成德接到驻藏大臣传来的廓尔喀侵藏消息后立即启程赴打箭炉，此时乾隆帝尚未接到前方的呈奏。八月初四日，成德行抵打箭炉，并于同月十六日带领汉屯兵丁一千二百名抵达里塘（li thang）。是时，成都将军鄂辉、松潘镇总兵张芝元至热河陛见，俱奉命兼程驰驿于八月二十四日返回成都。乾隆五十三年八月十四日夜，廓尔喀人大掠胁噶尔（shel dkar，今称协噶尔，定日县县治）后退回至相距一站路程的墨尔模地方驻扎。胁噶尔地方仅有喇嘛三四百人，因廓尔喀兵志在抢掠，故所有卡寨碉楼皆未被攻破。八月十七、十八等日，藏兵追剿廓尔喀兵。据庆麟奏报，先后毙敌二十余名，廓尔喀兵另由木鲁班折带领，先后抢掠宗喀、萨喀（sa dgav）等处。八月二十七、九月初一等日，藏兵与廓尔喀兵接战。据代本巴载（pad thsal）等称在萨喀斩敌二十余名。在援藏清军大部队从打箭炉出口启程时，廓尔喀军队即已开始逐渐回撤。成德带兵昼夜趱行，于九月二十二日终于抵达前藏。十月初一日，庆麟抵达后藏。同月初八日，从成都出发的成德亦经过七十六天兼程行军到达后藏札什伦布，带兵由胁噶尔一路进剿。第三批由建昌镇总兵穆克登阿所率绿营兵一千人则于乾隆五十三年年底到达后藏。是时，防守胁噶尔等处藏兵共有两千余名，但有战斗能力者不及半数，其余均系老幼残弱，未经训练，不知纪律，领兵之噶布伦、代本等亦未经兵戎，不谙武略。藏兵作战时一般乘骑马匹，背负弓箭枪刀，然而，由于空山瘠土，柴鲜草枯，缺乏饲料，马匹疲瘦倒毙甚多。自胁噶尔至第哩浪古一带均系荒山野径，绝少人烟。第哩浪古虽然山势高险，并有寨落，藏兵四百名驻守于斯，但兵力仍嫌单薄，成德遂添派噶布伦丹津班珠尔会同札什敦珠布①带领原驻兵丁加强防守。至于宗喀一路，驻防兵丁只有三百余名，成德又令署副将札尔杭阿、游击张维等带领绿营兵四百名，督率代本巴载带领藏兵四百名，由甲纳别菇、工达拉倚山觅路绕往宗喀，以牵制敌军。成德本人则亲率游击关联陞、屯备木塔尔、丹比西拉布带领汉屯兵丁五百名及代本江藉统领藏兵四百名由通拉前往，以进取聂拉木。成德于十一月初六日行抵第哩浪古（ding ri glang vkhor，今定日）时，因雪大封山，前进困难。

十一月初五日，继进的成都将军鄂辉驰抵前藏，同月二十二日，率同总兵张芝元、副将哈丰阿带领都的驻防满兵和金川的屯练土兵四百余名复行抵札什伦布。十二月初九日，军次第哩浪古，与成德会师，麾下有满、汉、屯练官兵共计一千三百余名，加上继来分至其他要地防守的穆克登阿的兵士四百名，则后藏共有官兵一千七百人，另有当地精壮可用藏兵一千名，但随着清军日益深入喜马拉雅山区，时届隆冬，地极凝寒，且地势愈高，雪势愈大，愈难行进，鄂辉等不能南下越山直趋聂拉木，乃决计迂道西进。据鄂辉等奏报，"胁噶尔至第哩朗古一带，皆属荒山野径，绝少人烟，而第哩朗古以外，雪山更大。先经臣成德多方踩探，觅有小径，可以绕至宗喀一路。臣鄂辉到时，复加查察，巴勒布贼匪本可立即歼除，总以天气严寒，雪山阻隔，遂致稍稽时日，实深焦急。今既觅有小道可通，应照踩定路径，即由宗喀而进，前途纵有雪山，亦当设法进取"②。成德在停留第哩浪古期间，屡次遣人探寻路径，觅得第哩浪古迤北山下有小道，虽有冰雪，尚可用牛只躐过跟步行走，绕由甲纳别菇倚山前进，至工达拉即可进取宗喀（rdzong dgav）、济咙（skyid grong），再经济咙山涧觅路前往袭取聂拉木。按照这一计划，成

---

① 即玉妥·扎西南杰（g yu thog pa bkra shis don vgrub），有些文献中译作"扎什端珠布"。

② 《钦定巴勒布纪略》卷十六，乾隆五十四年正月十二日，季垣垣点校，中国藏学出版社2006年版，第234页。

德即亲率汉屯官兵由第哩浪古迤北依山傍涧从积雪稍薄地方蜿蜒绕道越
险前进，至十二月二十六日始行抵工达拉山麓。乾隆五十四年（1789）
正月十三日，鄂辉、成德率领官兵经过一个月行军抵达宗喀，未见敌
踪。殆因廓尔喀兵占领宗喀月余后，唯恐遇雪后困于藏境，无法脱身，
遂早已撤回，故清兵未经交锋，即收复宗喀。宗喀处于两山夹峙之中，
地势低洼，仅有喇嘛寺一座、官寨一所、碉寨十余间，其余藏民均在山
坡搭架黑帐房游牧散居。洎廓尔喀入寇后，藏民多迁往拉孜（lha rt-
se）、札什伦布等处以避兵燹，故而当官兵收复此地时，宗喀已成荒山
一片，满目萧条。鄂辉鉴于宗喀原有碉寨残破不堪，乃派两金川土弁木
塔尔、丹比西拉布带同代本额珠拉旺相度地势，于险要处所修砌碉寨，
并派藏兵扼守，积极招集抚慰逃散藏民。是时，春雪霏霏，雪深梗路，
难以进取，清军不得不在宗喀停驻一个月。据史载，是年二月以后，天
气稍晴，鄂辉即率同张芝元等统兵由积雪微薄之处向济咙、聂拉木迤逦
而进，并派将弁带领善能登陟之汉土兵丁在前面开挖路径，履雪犯险，
翻山深入，首先将济咙收复。清军在济咙遇到的情况和在宗喀遇到的情
形相仿，廓尔喀兵亦已远飏。在收复济咙后，清军乘势直趋聂拉木。济
咙虽系荒山瘠土，寨落稀疏，但逼近廓尔喀边境，鄂辉等于二月二十八
日前往扎营。此前，因在宗喀西南二百余里的绒辖（rong-shar，在今定
日县境）亦遭廓尔喀军队劫掠，鄂辉另派穆克登阿率军前去规复。穆克
登阿所部抵达绒辖后亦不见廓尔喀兵的踪迹，在安抚藏人后便赶赴济咙
会合。至此，按照清军前线呈送的作战报告，西藏全境宣告收复。清军
劳师远征，万里迢迢赴戎机，以期绥靖边隅，但因雪大难行，跋涉于高
原雪域，迨至进抵前线，而廓尔喀早已撤兵，故几近未经交锋便收复了
边境村镇，清军第一次驱逐廓尔喀自卫反击战遂无战而终、乏战可陈，
面对的敌人只是皑皑白雪而不是廓尔喀军队，所从事的只是在冰天雪地
艰难的长途行军，而廓尔喀军队则似乎一直都是望影远溃或者稽颡请
降。这里需要说明的是，清军前线报告讳败夸功乃事所常有。《钦定巴
勒布纪略》等清朝官方文书均如此记述，当代学者亦如是照本宣科。但
藏文《多仁班智达传》（rdo rings pandita rnam thar）却披露说在谈判时
济咙尚有五百名廓兵的事实，指出："强大军队未能收复陷入敌人手中

的聂拉木、济咙等边界重镇，却必须签订和约。"① 从后来欺蒙乾隆帝的议和真相渐白的资料来看，廓方在谈判中提出"聂拉木、宗喀、济咙三处地方，系他自己抢得，不肯退回"②，必须每年各付赎金汉银三百秤，廓军才可撤走。揆诸常理，如果清军果真收复西藏全境，藏方又何必议约以赎回此数地？这岂非不可思议？由于第一次驱逐廓尔喀自卫反击战的前线报告基本上均空洞无物，令人难得究竟，这段历史空白仍有待深入挖掘，必须将官方冠冕堂皇的华丽辞藻包装下的战绩与当时议和的历史事实结合起来考量。

清代后藏地区边境示意图③

西藏道途险远，山高水复，天寒雪深，挽运维艰，粮食供应是一个极大的难题。川省距藏遥远，气候严寒，雪岭冰山，内地之粮，断难运送。即自打箭炉运至察木多，路隔三千余里，乌拉驮载，需费既繁，若令便人携带，所运无几，对于军糈积贮之道仍属无益。据四川总督李世杰说，每粮一石，内地购买粮价只需银一二两，但从打箭炉

---

　　① 丹津班珠尔：《多仁班智达传——噶锡世家纪实》，中国藏学出版社 1995年版，第 280 页。

　　② 西藏社会科学院等编：《西藏地方是中国不可分割的一部分（史料选辑）》，西藏人民出版社 1986 年版，第 237 页。

　　③ 该图来源于邓锐龄：《第一次廓藏战争（1788—1789）中的议和潜流》，《中国藏学》2007 年第 1 期。

运粮入藏，每石运价高达二十六点八两，不特缓不济急，抑且费用不赀，靡费太大。西藏的军情固然紧急，但成都距藏较远，于筹办军需等事宜鞭长莫及。鉴于从内地购粮运藏超出了政府的能力，唯一的办法是在西藏就地筹粮。李世杰因此奏请自察木多以东计程五十五站，筹运米面，沿途应付。察木多以西至藏地计程三十八站，即当随地采买供支，迨行抵西藏以后，自应就近买食。但自察木多以西硕板多、拉里、江达（vjo mdav）等处，地小人稀，夫役既少，官兵就地买食，仍虞缺乏。拨米一万二千三百石赶运打箭炉，并挨站运抵西藏。转运米石军火在在需银，先于备贮军需项下动用，俟事竣另筹归款。李世杰的方案是比较可行的，得到乾隆帝的认可。清廷此次战役对于军粮的后勤保障基本上采取"买运兼行"的政策。但在战争初期，西藏地方上层僧俗贵族对于就地购粮俱怀疑虑。西藏噶布伦表示："本处俱系山地，可种之田甚少"，"外来米粮又少，实不能办理。"[1] 西藏地方政府的这种意见固然在一定程度上反映了客观存在的困难。西藏经济落后，地方硗确，民鲜盖藏，与尼泊尔的贸易在战争期间本身受到影响，要进行大规模经济资源的军事动员绝非易事。驻藏大臣庆林、雅满泰畏难推诿，不但以内地派往之兵艰于支应，即该处现有之兵亦无口粮可买具奏，从自身的角度出发主张从内地运粮接济，云："查西藏系极远边疆，所有驻防绿营官兵口粮，向例按价折给盐菜银两，办理在案，该处军民俱向唐古忒等买糌粑、面食度日。今唐古忒闻科尔喀抢掠之信，商贩日渐稀少，而现调成都兵三千名不日陆续可到，若不于内地备用口粮预筹接济，则兵丁至藏之后，仍行给放钱粮买办，必致掣肘。"[2] 但清政府官员办事特别强调循例原则，一般的司法行政均有例则置其律，例有新者，则置其故者。四川当局接到庆麟等咨会后，当即查明乾隆六年颇罗鼐之执政期间清军入藏时曾经就近买米例案，咨覆藏内就近采买从前既有成案可遵。

---

① 《钦定巴勒布纪略》卷六，乾隆五十三年九月十一日，季垣垣点校，中国藏学出版社 2006 年版，第 90 页。

② 《钦定巴勒布纪略》卷二，乾隆五十三年八月初三日，季垣垣点校，中国藏学出版社 2006 年版，第 28 页。

　　已届耄耋之年的乾隆帝头脑仍极为敏捷，他为筹备粮草，于八月初一、初三、初四三日连下六道上谕，批评庆麟等缺乏历练，一经烦难，便手忙脚乱，严饬庆麟等速查旧案，商同与噶伦班第达及仲巴呼图克图商议，将达赖、班禅仓库存粮拨充军用，先行估价给银，事竣以后再行买补，若无米面，即用青稞糌粑，兼购牛羊充食。他要求驻藏大臣遵照谕旨剀切晓示开导各屯庄第巴僧俗人等，俾知出粮售卖可期获利，倘各惜不行出卖，难保无虞。且内地派往之兵，实因保护达赖喇嘛、班禅额尔德尼及安抚众唐古忒人等，而抵藏以后，所需口粮，就地采办糌粑等物，原系用价采买，并非令其供应，想该处亦所乐从，专为保护合藏人众，特以路隔五千余里，粮运维艰，是以转向尔等商办，且照时价发给，并非无故索取。稍有人心者即当踊跃输供，将存贮米粮尽数出粜，以备官买，用济兵饷。在乾隆帝的严厉催促下，前藏动用达赖喇嘛仓库中青稞麦四千六百石，制成糌粑，可敷三千名士兵四个月口粮。后藏动用班禅仓库中青稞麦二千四百石，已敷军队半年之需，此外，还购得牛一千六百头、羊一万一千五百只。驻藏大臣庆林、雅满泰本来不主张在藏购粮，遭到皇帝严切训示，继复望风承旨劝谕达赖、班禅捐助，从一个极端转到了另一个极端，声称前项麦面牛羊俱系达赖喇嘛、班禅额尔德尼预备拨给，并非官买。乾隆帝极为演怒，斥责他们不识大体，办事乖谬，"不将给价采买之处，善为晓谕，惟知催令速办，等于纷纷搜刮"①，"从前屡降谕旨，交伊等动项采买，断不可稍有抑勒，明白开示，至再至三。今即由达赖喇嘛、班禅额尔德尼商内办出，自应一面动支，一面按数给价。乃雅满泰尚称非由官买，是直欲勒取耶？朕特派官兵前往，原系拯救生灵，奠安卫藏，岂可因接济军粮，转使惠爱之心，反成扰累之事"②。清朝中央和西藏地方协力共济时艰，地方出粮出夫，而清廷对采办稞麦牛羊宽予价值，使入藏部队军糈终得无误。

---

　　① 《钦定巴勒布纪略》卷六，乾隆五十三年十月初四日，上谕，季垣垣点校，中国藏学出版社 2006 年版，第 138 页。
　　② 《钦定巴勒布纪略》卷十二，乾隆五十三年十一月初五日，季垣垣点校，中国藏学出版社 2006 年版，第 179 页。

第三节　藏廓议和活动

　　乾隆五十三年至五十四年（1788—1789）的廓尔喀第一次侵入西藏实际上以廓藏秘密缔约，许以付银赎地而暂告终结。对于此次议和，各种记载歧异纷繁，众论参差。例如，《清史稿》卷三百二十八载："巴忠先尝为驻藏大臣，习藏事，示意噶布伦，令贿廓尔喀返侵地。"①《清史稿》卷三百三十三亦言："巴忠授意噶布伦丹津旺珠尔与廓尔喀议岁费、还侵地，成德争不获，即以此议入奏。"② 但是，《清史稿》卷五百二十五又云："唐古特私和廓尔喀，朝廷所遣之侍卫巴忠、成都将军鄂辉、总兵成德等实阴主其议，令堪布等许岁币万五千金，于是廓尔喀饱飏而去。巴忠等以贼降饰奏，讽廓尔喀噶箕入贡，受封国王。五十四年七月，廓尔喀遣人至藏表贡，并致驻藏大臣书，请如前约。鄂辉恐发觉私许之款，屏不奏。"③ 这两处记载显然由于该书成于众手，所以前后矛盾之处未能消泯无迹。参稽众证，成德的确曾经反对过议和之事。成德在尚未抵达拉萨之前就听闻仲巴呼图克图与萨嘉呼图克图私自差人议和等事并呈禀朝廷，于九月二十二日抵藏后将喇嘛私自与巴勒布讲和一事，细询庆麟等，并与达赖喇嘛详加讲论，随会同商酌，将差去之堪布喇嘛等追回，不必前往。④ 成德的处理得到乾隆帝的嘉许，在乾隆帝后来惩处第一次廓尔喀之役有关责任人时也专门提及成德当时曾经持异议的问题。乾隆五十七年，军机大臣遵旨询问吉林新满洲人额尔登

---

　　① 赵尔巽等撰：《清史稿》卷三百二十八，列传一百一十五，中华书局1977年版，第10902页。

　　② 赵尔巽等撰：《清史稿》卷三百三十三，列传一百二十，中华书局1977年版，第10986页。

　　③ 赵尔巽等撰：《清史稿》卷五百二十五，列传三百一十二，藩部五，中华书局1977年版，第14544页。

　　④ 参详《清高宗纯皇帝实录》卷一千三百一十五，乾隆五十三年十月，台北华文书局股份有限公司1960—1970年版，第19465页。

保，调查的结果尚比较客观，揭露出官场上瞻循情面与匿情不报的痼习。据额尔登保称，"五十三年，与廓尔喀说和一节，我在前藏时，留心访问，实系巴忠主意，因巴忠通晓唐古忒话，所有与廓尔喀关说之处，俱系巴忠当面向丹津班珠尔告知，令其前往说合，巴忠还带信催过丹津班珠尔，彼时成德原说带兵前来，自然该与廓尔喀打仗，使他害怕，方敢不至边界滋事，如何即与说合，后来成德因见事已说定，不能与巴忠执拗，只得随同办理的，至鄂辉从前自然与巴忠商量办理，是以五十五年将表贡压搁，其回护原办，在所不免"[①]。

巴忠本是在松筠之前乾隆帝寄予厚望的处理清帝国边疆民族事务的政坛新秀。巴忠由于在热河避暑山庄得悉廓人再度侵藏消息而于当夜潜出投河淹毙，所以其生平资料在清朝的官方文献中寥寥无几。据笔者搜检，巴忠在任乾清门蓝翎侍卫时实际上就是乾隆帝的贴身译员，承办一切蒙古翻译、唐古忒翻译事件，且所译甚好，被加恩补授三等侍卫。后来巴忠任正蓝旗蒙古副都统时，松筠尚为户部银库员外郎，俱为内阁学士。乾隆帝让巴忠在军机章京上行走，又擢其为理藩院侍郎，无不显示出对他的赏识。在廓尔喀第一次侵藏战争爆发后，张芝元等通晓藏语、熟悉藏情的清朝高级官员屈指可数，可谓人才难得，而巴忠作为清廷西藏问题专家以钦差大臣身份赴藏会办军务，乾隆帝欲历练和重用他的良苦用心昭然可见。巴忠在热河避暑山庄得悉廓人再度侵藏消息而投水自尽后，从逻辑上推理，有两种可能：一种可能是，皇帝此前已知道藏廓私下缔约，默认既成事实，但廓尔喀军队的第二次入侵时要求追讨赎地银，使巴忠有口难辩，在巨大的精神压力下不得不以死了结其间纠葛，成为乾隆帝的替罪羊；一种可能是，巴忠为求从速完局，置丧失主权于不顾，其咎实不可逭，即便不畏罪自杀，在东窗事发后亦难逃显戮。

对于前一种可能性，邓锐龄在《清乾隆朝第二次廓尔喀侵藏战争（1791—1792）史上的几个问题》中已经有非常详尽的考证。从目前史料记载巴忠一死就引起乾隆帝怀疑而执著要究明廓藏第二次战争的起因

① 廓尔喀档，乾隆五十七年十一月，页一六七，十一月十三日，询问额尔登保答词。转引自庄吉发：《清高宗十全武功研究》，中华书局 1987 年版，第 440—441 页。

来看，乾隆帝确实受了蒙蔽。乾隆帝甫闻第二次廓尔喀侵藏战争爆发的消息，按照西藏地方政府的报告还以为是商欠未清，并不知道廓方追讨欠款乃为赎地之用，乾隆五十六年十一月十九日，军机大臣奉旨向羁禁在京的达赖喇嘛之弟罗布藏根敦扎克巴（blo bzang dge vdun grags pa）调查过去藏廓私和的真相，乾隆帝才得知西藏地方政府私下许银赎地一节，指出：廓尔喀既经投顺天朝，自应将强占地方退还，何得许给银两，而噶布伦等竟私与商议付银，"岂非竟成前代岁币故事！"① 这后一句话后来乾隆帝在命军机大臣传谕福康安时又重复了一次："夫西藏之地即天朝之地，岂有以堂堂天朝向贼匪许银和息，竟成前代岁币故事，岂不贻笑万世乎？"② 这里所谓"前代岁币故事"是指北宋之赂辽、南宋之赂金，此语带着愤懑的情绪，必出自皇帝之口，是任何臣下所不敢代拟的，而勘比在此之前乾隆帝还说可以动用"官项"来偿清西藏债务的上谕，使我们益发明白乾隆帝对于藏廓私和的内情确是长期受蒙蔽而一无所知的。③ 清朝当时号称盛世，乾隆帝又是极为自信的天之骄子，但莅藏大员巴忠等全力促成议和并巧饰上报，使乾隆帝虽极英察而卒以一时虚荣心炽受到蒙蔽，而纸里包不住火，谎言一旦戳穿，乾隆帝的尴尬、愤懑便可想而知，巴忠当然也清楚欺君之罪的后果和等待自己的在劫难逃的命运，所以与其引颈就戮，莫如纵身投河。

前揭额尔登保的证词还牵涉到另一个议和主要任务，即首席噶伦丹津班珠尔（如前所言，现代国内藏学家多译名为丹曾班觉，bstan vdzin dpal vbyor）。但是，李秉铨、吴应泉两位前辈学者依据藏文《多仁班智达传》对于丹津班珠尔进行辩诬，认为丹津班珠尔两次带团与廓尔喀军谈判，在谈判桌上智勇双全，不愧为西藏历史上维护祖国版图的一代杰

① 吴燕绍、吴丰培：《廓尔喀纪略辑补》卷九，乾隆五十六年十一月二十三日上谕，中国社会科学院民族研究所1977年版。亦见台北"故宫博物院"2006年影印《廓尔喀档》第1册第346页。

② 《钦定廓尔喀纪略》卷十六，乾隆五十七年正月初五日至初六日，季垣垣点校，中国藏学出版社2006年版，第294页。

③ 邓锐龄：《清乾隆朝第二次廓尔喀侵藏战争（1791—1792）史上的几个问题》，《中国藏学》2009年第1期。

出外交家，虽然未能有效地遏制和击退廓尔喀军队的入侵，但他是坚决抗击廓尔喀入侵、维护祖国版图的藏族人民的代表人物，作出了永垂青史的光辉贡献。①《多仁班智达传》是出自丹津班珠尔之手笔，自然对于自己在其中的作用有一定的修饰。丹津班珠尔在该书中详述了和谈过程：

> 乾隆五十三年藏内遣喇嘛于典噶布珠赴阳布城外朝礼神塔，廓尔喀顺便寄字讲论银钱，藏内未经应允。贼匪即来侵犯边界。我于十月内由胁噶尔赴定日堵御，十二月回胁噶尔催办各兵乌拉。五十四年正月，班禅额尔德尼之父巴勒丹敦珠布②因沙玛尔巴到济咙来讲和，就往宗喀一路迎去，又要我同往。二月内，巴大人派我到宗喀约会巴勒丹敦珠布，就在宗喀住了几日。三月内巴勒丹郭珠布先到济咙，四月初沙玛尔巴来了，我也到济咙去，住在帮杏地方，没有亲见沙玛尔巴。巴勒丹敦珠布说他们定要一千个元宝，我说断断不能。过了几日，去见沙玛尔巴，因廓尔喀贼兵护卫甚多，没有提这些话。后来，沙玛尔巴差他的卓尼尔并伊亲信跟役格里来说，你们不肯应许一千元宝，廓尔喀头人要把你们拿到阳布，面见王子。经沙玛尔巴再三挽回，才写字与王子去了。至五月初十、十一等日，才许定了三百个元宝。十三日，沙玛尔巴写立合同，给与众人看过，钤用图记。合同底稿条款全系沙玛尔巴一人定立，逼勒挟制，不能不应。我究以藏内力量，不能永远按年付给，复向沙玛尔巴讲论。他说先把当年交清，再分作三年送交元宝三百个，或可免永远给银的事。沙玛尔巴又与玛木萨野、哈哩哈尔乌巴迭阿③三人另写合同一张，作为凭据。我只得应允。我因是藏里公事，急思目前完结，不顾后患。达赖喇嘛之叔阿古拉曾带信叫我速和完事。巴大人两次发谕催和甚急，我实在怕得不是，所以才这样办的。现有

---

① 李秉铨、吴应泉：《廓尔喀战争中维护祖国版图的西藏首席噶伦丹曾班觉》，《中央民族大学学报》1998 年第 2 期。

② 藏文名字为 dpal ldan don grub。

③ 即 Harihar upadhayaya，在藏文文献中作 ha ri har urba de wa。

巴大人谕帖，阿古拉信字为据。①

　　丹津班珠尔在被廓尔喀抢掠滞留阳布被送回后，福康安根据乾隆帝的指示反复进行研鞫，因为八世达赖降贝嘉措（vjam dpal rgya mtsho）叔父洛桑彭措下达的付赎买金亲笔手谕俱在，认定其只是该命令的执行者。这个结论得到乾隆帝的认可。这也和仲巴呼图克图呈供几无不同，其原文略谓："上次廓尔喀抢夺聂拉木、济咙、宗喀以后，系达赖喇嘛噶厦处起意向彼说和，也与大人们说过，俱说是说和的好，又遣穆克登阿、张芝元先往边界去讲的。廓尔喀就每年要三百个元宝，方肯退地。丹津班珠尔等等起初原因藏内无此多银，不肯应允，后来班禅之父巴喇丹敦珠卜及萨甲卓尼尔他们出来说和，我也差了阿克巴②卓尼尔一同去的，止图一时了事，就许给他每年三百个元宝，回了大人们一同立给合同图记，这是我知道的。阿克巴卓尔回来告诉我说，他虽然同去，这件事还有班禅的印字，并班禅之父及萨甲卓尔尼，并大人们一同办的，其主意是众人商量的。"③ 事实上，仲巴呼图克图、萨迦呼图克图等在巴忠入藏之前就积极推进和谈，这是众证可据的不争事实，因为后藏面临廓尔喀入侵的威胁较前藏更为严峻，但真正一言九鼎的人物除了巴忠之外，八世达赖叔父洛桑彭措等仲巴呼图克图所说左右政局的"大人们"才是真正的幕后决策核心人物。福康安与达赖喇嘛相见之际，宣示乾隆帝御敕，详细问明议和之事原委，在向乾隆帝的奏折中报告达赖喇嘛当场声称：上次廓尔喀扰边，他即认为应行进剿，而噶伦丹津班珠尔等却私与廓尔喀人讲和，且擅自借银付给，回到拉萨才行禀告。但是，据《八世达赖喇嘛传》（rgyal bavi dbang po thams cad mkhyen gyzigs chen po rje btsun blo bzang bstan pavi dbang phyug vjam dpal rgya mtsho dpal bzang povi zhal snga nas kyi rnam par thar pa mdo tsam brjod pa vdzam gling tha gru yangs pavi vgyan）记载，喇嘛接见缔约的当事人以及来贺和约完成的廓

① 阿古拉（a khu lags），藏语伯叔之谓，本名洛桑彭措（blo bzang phun tshogs）。
② 藏文名字为 lhag pa。
③ 廓尔喀档，乾隆五十七年四月、闰四月，页二一四，仲巴呼固克图供词。转引自庄吉发：《清高宗十全武功研究》，中华书局1987年版，第442页。

尔喀使人，还应请求审阅了合同，由此可见乾隆五十七年八月驻藏大臣和琳查抄红帽喇嘛寺产时奏言对于许银求和之事"达赖喇嘛并非全然不知"① 绝非无稽之谈。

　　以事理论之，一个人所言所行并不一定前后连贯，可能因时因地而改变想法，然而，一旦出现问题，每个人均凸显某个场合的片言只语，尽可能证明自己的正确，这些证词往往真而不真，具有片面性，但可以肯定的是，立意讲和者实非巴忠一人，包括达赖喇嘛在内均无所辞其责。从根本上说，这种不战而和的结局是各种合力作用的产物。首先，西藏的特殊空间环境使西藏地方僧俗上层贵族自然而然力求凭借自己的力量寻求廓藏矛盾的解决，他们深知自己虽有清朝中央做靠山，但远水难解近渴，清兵势不能在藏久驻，即使清兵大获全胜，廓尔喀退回本土，但清兵一旦撤回，对方必定卷土重来，变本加厉进行报复，以致兵连祸结，又复何所底止？所以，西藏地方僧俗贵族情有所怯，为了保住自己的土地、财产、禄位，希望息事宁人，不惜卑词厚币，购买和平。鄂辉、成德等率部经过长途跋涉接踵入藏，时届隆冬，摆在眼前的是一片冰雪世界，不要说将来犯之敌痛加聚歼而扬威绝域，本身就已经匍匐于大自然的严酷环境了，天寒地冻，寸步难行，不战而困，原先雄心万丈的成德等前线将领的思想情绪无疑会发生转变。其次，银钱贸易和流通问题是此次战争爆发的原因所在，也是导致此次议和的重要因素。清军分批陆续西来，虽然清廷屡屡通知不受达赖班禅捐助并向藏民布告凡自民间取用粮秣必用现银支付，但西藏当时只通用巴勒布银币，而旧币流通量有限，新币又由于战争供应断绝，大量银块银锭自内地流入反使物价一路飙升，连乾隆帝都可以想象得到西藏屡经采买后价值倍昂的情形。而在价格供求异常波动的时期，西藏僧俗上层自然卖跌不卖涨，亦每每吝惜所囤积的粮食，未肯全售。物价上扬势必对于社会经济秩序产生冲击，有损各阶层的利益，造成人心浮动。例如，穆克登阿带绿营、满兵、屯练共四百名甫抵拉萨，就导致市面上物价一度急剧上涨。所

---

　　① 《西藏研究》编辑部编辑：《卫藏通志》（与《西藏志》合刊）卷十三下，乾隆五十七年八月十四日和琳折，西藏人民出版社1982年版，第417页。

以，乾隆帝所批评的那些"合藏无知之辈"闻有议和一节，共深欢庆，遣人唯恐不速，将和谈作为成本最小化和收益最大化的捷径。丹津班珠尔把谈判的情况向在胁噶尔的清朝官员巴忠等人和在拉萨的八世达赖喇嘛汇报后，主持拉萨的政事八世达赖喇嘛叔父洛桑彭措给丹曾班觉回信就明言："现朝廷所派大军尚未进藏，目前的几百名军队，藏地给养已感困难，不如给尼泊尔赎买金。"①

再次，我们应该看到，议和作为西藏僧俗上层一种符合其理性思维的选择不仅出于经济资源方面的考量，而且与西藏僧俗上层的思维模式与乾隆帝处理问题的思维模式存在差异有关。吾师费肯杰教授在《在法律和正义中的思想模式：关于法律人类学研究的初步报告》（*Modes of Thought in Law and Justice: A Preliminary Report on a Study in Legal Anthroplogy*）中就强调对于不同思维模式首先要从其自身的逻辑前提和后效一致性加以分析。藏族在历史上对于战争问题的解决思维模式应该说和受到儒家思想影响的汉族思维模式存在一定差异。著名的阿里古格王意希沃（ye shes vod）为延请印度高僧阿底峡（982—1052）入藏筹措资金发动对以伊斯兰教为国教的黑汗王朝的战争，但战而不捷，反被该国所俘获，当时对方提出释放条件就是用与意希沃身体等重的黄金赎身或者全国改宗伊斯兰教。虽然意希沃选择了舍身弘法的道路，但我们可以从这一典故觇知藏族在处理战争问题上的独特思维模式（modes of thought）。西藏地方僧俗上层贵族和乾隆帝一样但求止戈靖边而已，不过，汉族的思维模式如前所说信奉能战方能言和的理念，与藏传佛教的思维模式相去甚远。乾隆帝受到汉族传统兵法武略所谓"示之必克其和乃固"② 原则的影响，主张进兵严办，即和息一事，亦必须倚仗兵威，

---

① 丹津班珠尔（bstan vdzin dpal vbyor）：《多仁班智达传》（rdo rings pandita rnam thar），四川民族出版社 1986 年藏文版，第 815 页。

② 《钦定廓尔喀纪略》卷首二，天章二，御制诗，季垣垣点校，中国藏学出版社 2006 年版，第 37 页。《钦定廓尔喀纪略》卷首四，天章四，御制文，"御制十全记"，季垣垣点校，中国藏学出版社 2006 年版，第 60 页。冯檝《论讲和仍宜修备疏》（绍兴八年十月）即云："自古和不能独成，有威然后能成其和，和而有威，其和乃固。"见曾枣庄、刘琳主编：《全宋文》，第 181 册，上海辞书出版社、安徽教育出版社 2006 年，第 139—140 页。

俾其畏威乞降，输诚归服，若以心存妥协懦怯，辄往议和，而不示以兵威，转为敌军所轻，将来大兵一撤，又恐复来掠扰，内地又势必烦于纷纷征调。西藏僧俗上层贵族和乾隆帝所认为的成本最小化的内容同中见异。但是，乾隆帝也不得不考虑西藏经济资源与作战条件的限制，指出：“此事以疾速成功为要。若官兵在彼久驻，一切粮饷等项。藏内究恐不敷采买。”① 乾隆帝反复要求雅满泰等先期酌核藏内办出粮秣可以维持多长时间，在向鄂辉等领兵将领透露筹措的粮秣情况时，指示“鄂辉、成德到彼后，务将剿杀贼匪各事宜妥协速办。虽不可将就了事，致撤兵后复生事端，然亦须通盘筹划，总期于四五月之内，回至打箭炉。不可因藏内现备粮石宽裕，多耽时日，以致唐古忒人等供应日久，粮食告乏，渐至市价增昂，或生怨望，所关甚要”②。又谕军机大臣曰：“鄂辉等寻觅小路，恢复宗喀，复因该处积雪甚深，阻滞不能前往。万一军粮不济，兵丁等不耐寒冷，不服水土，致多伤损，转属于事无益。聂拉木、济咙二处，究系偏僻小地，无甚紧要，理宜将兵撤回。朕此旨到时，若雪已融化，鄂辉业经前进，传唤巴勒布头目来营，诸事办妥，固属甚善。倘积雪未消，我兵既不能前往，巴勒布头目亦不能前来，鄂辉等不必固执前旨，不敢撤兵。朕反覆思之，此时竟以暂行撤回为是。”③ 此时，乾隆帝由于形禁势格，已经表现出某些动摇，明显改变了此前制定的战略目标：不可止将贼众剿散，俾胁噶尔之围一解，即云藏事，必须将前此被贼抢占之济咙、聂拉木、宗喀等处，全行收复，并勒令该头人出具甘结，明定地界，严立章程，不敢复行越界滋事。正是乾隆帝的战略目标有所松动，前线的媾和遂从地下转为公开，官兵一闻撤军有望不啻庆若更生矣。

---

① 《清高宗纯皇帝实录》卷一千三百一十九，乾隆五十三年十二月，台北华文书局股份有限公司 1960—1970 年版，第 19541—19542 页。

② 《清高宗纯皇帝实录》卷一千三百一十四，乾隆五十三年十月，台北华文书局股份有限公司 1960—1970 年版，第 19441—19442 页。

③ 《清高宗纯皇帝实录》卷一千三百二十五，乾隆五十四年三月，台北华文书局股份有限公司 1960—1970 年版，第 19646 页。

第四节　乾隆朝第二次廓尔喀之役

一、1791 年 7 月扎木事件

第一次廓尔喀入侵战争就这样糊涂了结，前线将领和西藏当局私自议和，瞒天过海，将乾隆帝蒙在鼓里。议和后的第一笔赎金系由达赖喇嘛商上支给。乾隆五十五年，廓尔喀大头目一人、小头目二人来拉萨，一则欲索取依照廓藏密约藏方应付的年度赎银，一则向清廷上表纳贡。时成都将军鄂辉尚滞留在藏，对廓尔喀的索款要求未予置理，亦未上报朝廷；又认为廓尔喀的贡品太薄，退回贡表。据堪布卓尼尔供称："藏内人等希图完事，定议许元宝三百个。五十四年所给银两，不知细数，闻得尚未交清。五十五年秋间，廓尔喀差两个头目前来，即系五十四年进京纳贡之巴拉叭都尔喀哇斯、哈哩萨野二人。伊等以查看银钱为名，来到前藏，其实索取未清银两，住至十一月尚未付清。闻得阿旺簇尔提穆奉旨来藏办事，廓尔喀两个头目不敢停留，即行起身回去。十二月内，阿旺簇尔提穆到藏，得知许银说和之事，即言此事不成体制，未清银两毋庸找给。"[1] 前揭史料中所谓"阿旺簇尔提穆奉旨来藏办事"是指，乾隆五十五年十月初，由于第八辈达赖喇嘛之兄罗布藏多尔吉（blo bzang rdo rje）、弟罗布藏根敦扎克巴（blo bzang dge vdun grags pa）等人被控告专权用事，清廷命去职的驻藏大臣舒濂押送达赖喇嘛的兄弟及达赖的商卓特巴等来京，遣噶勒丹锡呼图[2]禅师阿旺楚尔提木（mtsho smon gling ngag dbang tshul khrims，即第一世策墨林·阿旺催臣活佛，在一些文献中又作"阿旺楚臣"）再度入藏辅佐达赖喇嘛，整顿政务。噶勒丹锡呼图到拉萨后，认为此事"不成体制"，不许噶伦等付

---

① 《钦定廓尔喀纪略》卷十八，乾隆五十七年正月二十日录福康安奏折，季垣垣点校，中国藏学出版社 2006 年版，第 313 页。

② 蒙语，即甘丹池巴（dgav ldan khri pa）。

给，表示"廓尔喀军并非铁铸，我藏军也非酥油所做"①。达赖喇嘛此时也有意拒付，派人与廓方进行交涉。乾隆五十六年（1791），廓尔喀指名要噶伦丹津班珠尔和达赖喇嘛的叔父前来边界面议，而当时促使私和的达赖喇嘛的叔父阿古拉已经逝世，丹津班珠尔按照廓尔喀方面的条件以"巡边"为由报告清廷后前往藏边聂拉木进行谈判，希望只付给第二次赎金以后不再付钱，争取撤销合同，斩断葛藤，永远了结纠纷。

噶勒桑丹津亦会作详尽的供述，据供称："仔瑽第卜先带了元宝一百五十个前往边界，我随与小噶布伦丹津班珠尔、玉托噶布伦扎什敦珠卜巴②、戴瑽江罗解、第巴博尔东③、医生擦咙带了元宝二百个一同起身，还约会了札什伦布喇嘛第巴扎结巴、卓尼尔色尔圭巴二名，第巴汤玛一名，萨甲喇嘛策楞辙穆丕勒一名，各带跟役，均于六月初五日到了聂拉木，在那里住了二十多天，并没有见廓尔喀的人来，亦无信息，因将元宝一百七十个寄存在胁噶尔庙宇内，只带元宝一百八十个随身，至六月二十八日，我们接着沙玛尔巴的信字，说他在错克沙木地方，叫我们去说话。我就带了博尔东起身到了那里见沙玛尔巴，他向我说你来了要把这些银两的事讲明白了才好，我说这件事要同去与噶布伦们商量的。那一日晚间，我就回来，走到半路上，忽有二十多个人赶来把我拿住去见玛木萨野。见了他也并没说什么话，就把我关在房子里，住了好几天，又将我搬在札木地方上去，忽看见丹津班珠尔、扎什敦珠卜、江罗解、博尔东、擦咙、第巴扎结巴、卓尼尔色尔圭巴、汤玛、策楞辙穆丕勒并教习兵丁王刚、冯大成，一共十一个人连各家的小孩子都被廓尔喀的人孥住了。据小噶布伦告诉，三十日这一天，廓尔喀的人说我们带的人在山放哨，又拆他们的桥索。其实我们并无此事，不由分说，就同我们打仗，大家伤了些人，我们兵少都被他们拿住，随带的元宝一百八十个也被他们抢去了。"④

---

　　①　札巴、吴应泉：《论策墨林一世活佛阿旺楚臣》，《中国西藏》增刊《雍和宫改庙250周年文集》。

　　②　指 gyu thog bkris don grub。

　　③　Sporg dong pa。

　　④　廓尔喀档，乾隆五十七年七月、八月，页四四，噶勒桑丹津供词。转引自庄吉发：《清高宗十全武功研究》，中华书局1987年版，第447—448页。

按：在前揭证词中，仔琫第卜即孜本第卜巴（bde spug pa），系财务官员，此前即受命与廓方赴边界谈判。第巴博尔东（spor gdong pa，又作博董）亦是此前达赖喇嘛曾派往边界与廓方磋商的俗官，此次均与其役。噶布伦丹津班珠尔、玉托噶布伦扎什敦珠卜巴是第一次廓尔喀侵藏战争期间参加和谈的当事人。前揭证词口述人噶勒桑丹津（skal bzang bstan vdzin）即札萨克喇嘛噶勒桑丹结（一译格桑定结），似是达赖喇嘛的代表。江罗解（lcang can，又作将结、江结、扎罗结）是驻聂拉木当地的代本。札什伦布喇嘛第巴扎结巴、卓尼尔色尔圭巴和萨甲喇嘛策楞辙穆丕勒的身份均是非常清楚的，兹不赘言。不过，丹津班珠尔在所著《多仁班智达传》所记扎寺代表是卓尼·巴库济仲（mgron gner pa khud rje drung），汤玛（塘迈，thang smad）系其助手，医生擦咙（tshong rong）是从日喀则请来给孜本第卜巴治病的。且萨迦寺代表的名字不载于《多仁班智达传》。此次参加谈判丹津、玉托二噶伦和将结代本被廓尔喀军突袭俘虏作为人质的事件因为发生在扎木（vgram，樟木、查木），遂被后世史家称为"扎木事件"。西方自格劳秀斯以来的国际法正如费肯杰教授所说，是建立在诚信原则基础之上的，而且中国儒家传统文化中形成的两国交兵时期来使的人身安全也是得到保障的，但在"扎木事件"中廓尔喀方面相关人员显然是按照其自身特殊的思维模式采取行动的。

二、廓尔喀军队对札什伦布寺的抢掠

如果说扎木事件的廓尔喀方面策划袭击者是乾隆五十四年济咙和谈的当事人之一噶布党·玛木萨野（巴穆萨野，bam-shah）和噶箕·旦姆达尔邦里（vdam dhar pa rngas），那么沙玛尔巴是廓尔喀军队抢掠札什伦布寺的主要策划者。沙玛尔巴实际上是两面人，其长期滞留廓尔喀自然具有失意流亡的意味，这种特殊角色被廓尔喀方面所发掘，沙玛尔巴在藏廓和谈时俨然以第三方调停人身份自居，但明显表现出为廓尔喀方面利益积极奔走的取向。西藏地方政府在战后企图拒绝支付赎金，沙玛尔巴作为廓方豢养的鹰犬自然也面临临渊履冰的政治风险，出于私愤和自己在廓尔喀寄人篱下的现实需求，必须孤注一掷继续变本加厉地朝着既定的轨迹往前走，将掠夺札什伦布寺财富作为西藏地方政府失信未清债务的补偿。由于沙玛尔巴从中簸弄，力言后藏财富丰厚而兵力单薄，而廓尔喀垂涎札什伦布的厚藏，再度大举入侵。乾隆五十七年六月，喇特纳巴都尔（Rana Bahadur）具禀称："上年抢札什伦布的事情，是沙玛尔巴叫我们去的。他又说，已经向札什伦布商卓特巴说过了，你们一到，札什伦布的人必定逃走，你们只管去抢，况且管事的噶布伦已经裹进来了，藏内的兵，断断不能挡住的。我们说唐古忒的人就算不能挡住，但恐抢了札什伦布，天朝降罪下来，如何当得起呢？沙玛尔巴说，诸事有我一力担当，断断不怕的，我们说，唐古忒的光景，我们还知道，天朝的规矩，我们实在不晓得。沙玛尔巴说，我是转过十辈的人，有一辈在天朝住过七年，很知道天朝的规矩，你们去抢后藏，是无妨的。我们听他这些话，信以为实，才往札什伦布去的。"① 此段文字中所谓"向札什伦布商卓特巴说过"的含义颇为含糊，即便无法以此遽得出札什伦布寺存在内应的结论，但双方想必一直保持着某些联系管道。此外，《廓尔喀纪略》卷二十八乾隆五十七年闰四月初七日条引福康安奏云：喇特纳巴都尔与鄂辉禀文中说：从前札什伦布办事的人说过，如不依合同，你们尽管到札什伦布来，当时写有字据。

在扎木事件中被劫持的人员中就有汉教习兵丁王刚、冯大成，我们由此就可以看到，经过第一次廓尔喀侵藏战争之后，鄂辉等的确按照乾隆帝的指示加强藏南边界的防务，川军驻藏兵丁明显增加。这些加强边防的措施在第二次廓尔喀侵藏战争初期对于阻滞廓军进攻应该说产生了一定积极效应。乾隆五十六年八月初二日，廓尔喀分路进犯藏界，一路由济咙进口，约六百人，围攻宗喀，教习漠兵陈谟与潘占魁率领唐古忒兵四百余名坚守碉寨，廓尔喀兵久攻不克，即行退回济咙屯聚；一路由乌咙地方前进，滋扰定结。八月初四日，据都司徐南鹏禀报，胁噶尔地方的第巴头人济仲喇嘛噶冲等带兵防守定日，因廓尔喀陆续添兵达一千多人，烧毁各处寨落后，将定日抢占，唐古忒兵被迫退守胁噶尔营官

---

① 《卫藏通志》卷十三，中，乾隆五十七年六月初九日，喇特纳巴都尔禀文，西藏人民出版社1982年版，第402—403页。

寨。八月十三日寅刻，廓尔喀兵数百人猛攻宗喀，不避枪炮，其中有十余人各用木梯爬上外城，欲攻内城。陈谟与第巴萨木珠（bsam vgrub，又译作桑珠）、小第巴朗结登珠（rnam rgyal don grub）防守东南一带，潘占魁与小弟巴策结防守西北一带，廓尔喀兵再度败退，于十四日向济咙原路退回。有学者厄于见闻，谓宗喀保卫战在清朝众多有关"平定廓尔喀"的汉文记载中未曾提及，然而，松筠《西征纪行诗》实际上就颇为生动地叙述说："辛亥年驻藏大臣派绿营军功陈谟、潘占魁二人同营官宫萨木珠等率番兵二百名守驻寨堡，贼众屡攻未下。伊争等竭力固守，每夜多张灯火，昼则歌唱自若，故贼疑而遁回察木卡，此兵少守御有方之善。"① 此外，廓尔喀军屡次进攻胁噶尔，但均被喇嘛与部分藏兵所击退。松筠《西征纪行诗》云："辛亥年廓尔喀人寇至胁噶尔时，寺僧颇有主宰，协同营官等力战坚守，贼屡失利。"② 唯玛木萨野率领两千人从聂拉木绕道萨迦突袭札什伦布，在萨迦沟击败藏军，长驱而入。

时札什伦布有汉兵一百二十人、达木蒙古兵一百人、藏民一千人、喇嘛四千人，地势险要，易守难攻，"班禅所居之庙，依山叠砌成楼，如长蛇之势，颇为坚固"③。玛木萨野所部尽管乘胜而入，但胁噶尔、宗喀尚在坚守，悬军深入，"皆跣足步行，深入无援，而其火药，仅各有三出，众心已形疑惧"④。加之喜马拉雅山区在阴历九月即降大雪，山路不能通行，归路断绝，后果尤不堪设想。因此，设若藏军能在札什伦布坚守一个月，廓尔喀军必须撤回边界无疑。后来的事实也证明了这一点：廓尔喀军进占札寺后虽然停留十七天即匆忙撤出，绕道由喀达回国，但仍然途中遭遇大风雪。据廓王子说，这一支军队回国过雪山时冻死二千三百余人。其时，札什伦布之兵民喇嘛人数多于廓尔喀兵远甚，稍加组织，凭借险隘，进行抵抗、阻滞敌人的前进是完全可能的。但驻藏大臣保泰望风丧胆，懦弱畏怯，以卫护七世班禅丹必尼玛（bstan

---

① 吴丰培辑：《川藏游踪汇编》，四川民族出版社1985年版，第118页。
② 吴丰培辑：《川藏游踪汇编》，四川民族出版社1985年版，第117页。
③ 吴丰培辑：《川藏游踪汇编》，四川民族出版社1985年版，第116页。
④ 吴丰培辑：《川藏游踪汇编》，四川民族出版社1985年版，第115页。

pavi nyi ma）为名，率部分护兵于八月十六日将班禅额尔德尼移送前藏，遂致无人主持防御，恰如乾隆帝所言无异开门揖盗。乾隆五十六年（1791）八月二十日廓尔喀军窜近后藏，札寺上层喇嘛以济仲喇嘛·罗布藏丹巴（rtse drung bla ma blo bzang bstan pa）领头在吉祥天母像前占卦以定行止，写"战""不战"纸条两张，将糌粑和为丸，放入瓷碗求卜，结果占得的是"不战"一丸，即告知仲巴活佛及众僧，众皆听信。四大扎仓（gra tshang）的堪布喇嘛罗布藏策登（blo bzang tshe brdan）等四人复占卜得神示云："讲和为好"，即遣人前往求和，不料该使者却半路遁归。六世班禅之兄仲巴呼图克图闻敌将至，将金银绸缎、珍宝细软捆载二百三十三捆，用牛驮载，先期逃至东北山后藏匿。是故，寺内外喇嘛群龙无首，众心惑乱，不复守御，相率皆行散去，尽撤堵御。八月二十一日，廓尔喀军队进占札什伦布，玛木萨野即住进班禅习静房内，大小头目则分据各处，将庙中的金银佛像、供器幔帏肆行劫掠。历代班禅灵塔上镶嵌的珠宝、松石、珊瑚均被挖，甚至连清廷赐给六世班禅的金册亦下落不明，损失极为严重。都司徐南鹏所率一百二十名汉兵坚守官寨，与敌对峙，巍然屹立，未被攻破。乾隆五十六年十二月，乾隆帝谕曰，济仲喇嘛等妖言惑众，瓦解人心，札什伦布并非贼匪所能攻陷，竟系该喇嘛等委之于贼，此等喇嘛自叛其教，为王法所难宥，即为佛法所不容，令鄂辉等查明讯取确供，明指其罪，遵旨传集众噶布伦及各寺大喇嘛眼同将其剥黄正法[1]。正是此次札寺占卜打卦造成的严重后

---

① 所谓剥黄即剥去喇嘛之黄衣，以示逐出教门。此专指黄教而言。据笔者所见资料，"剥黄正法"一词在清代官方文献中始见于此。乾隆五十六年十二月上谕对于济仲喇嘛的剥黄正法标志着清廷对于黄教政策趋于收缩的转变。乾隆帝的表述非常清楚："朕于黄教素虽爱护，但必于奉教守法之喇嘛等，方加以恩遇。若为教中败类，罪在不赦者，即当明正典刑，断不稍为袒护……此次办理占卜惑众之罗卜藏丹巴一事，即于卫护黄教之中，示以彰明宪典之意。"（《清高宗纯皇帝实录》卷一千三百九十三，乾隆五十六年十二月，台北华文书局股份有限公司 1960—1970年版，第 20719—20720 页。）乾隆五十七年十一月，乾隆帝以在保护黄教、清理喇嘛一切弊端之际，噶勒丹锡呤图呼图克图竟然遣伊徒弟额尔德尼达赉等赴科布多各部落旗下化缘，俱系其商卓特巴罗卜藏丹津挑唆，下令将罗卜藏丹津剥黄，发往江宁。罗卜藏丹津成为此次整饬风潮中受到惩处的第二人。（《清高宗纯皇 （续下注）

果刺激了乾隆帝亟加整顿黄教，战后便推出了"金瓶掣签"制度，其故可想见矣。盖万事皆有相因而至之端，我们对于乾隆帝行事的心境只有细察历史的脉络方觉前后首尾贯通而豁然若有所悟。

（续上注）帝实录》卷一千四百一十七，乾隆五十七年十一月，台北华文书局股份有限公司 1960—1970 年版，第 21087 页。）此后，"剥黄"一词见诸清朝制定的各种依法治边则例。例如，嘉庆十二年议定，如故违例渔利，将公中牧厂及撂荒地亩私行租佃者，台吉革职。十年无过，准其开复。如隐报民人已开荒地亩，将例禁之荒厂私自租给民人开垦者，系台吉、革职。五年无过，准其开复。系骁骑校、披甲，褫革。喇嘛，剥黄。及平人，俱枷号二月鞭一百，遇赦不准减免。（光绪朝《钦定大清会典事例》卷九百七十九，理藩院，耕牧，耕种地亩，台北新文丰出版公司 1976 年依据光绪二十五年原刻本影印版，第 16886 页。）道光十九年定例，喇嘛班第等，但宿于无夫之妇人家。无论是否犯奸，均剥黄鞭一百。勒令还俗。（光绪朝《钦定大清会典事例》卷九百九十三，理藩院，禁令，台北新文丰出版公司 1976 年依据光绪二十五年原刻本影印版，第 17008 页。）策墨林诺门汗（tshe smon gling sa ma ti pakshi，又译策满林诺们罕）二世，法名"阿旺札木巴勒楚勒齐木"（ngag dbang vjam dpal tshul khrims，又译"阿旺绛贝楚臣嘉措""阿旺扎巴粗陈"等），是西藏拉萨四大林（策墨林、策觉林、功德林、丹吉林）之一策墨林寺的著名藏族活佛，在嘉庆二十四年（1819）至道光二十四年（1844）期间一直担任前藏摄政，代理达赖喇嘛掌办商上事务长达 26 年之久，曾与玉麟、文干、孟保等二十几名驻藏大臣共事。道光二十四年，噶勒丹锡呼图萨玛第巴克什被控需索财物、侵占田庐、擅用轿伞、强霸商产、隐匿逃人各款，经驻藏大臣琦善参奏、军机大臣穆彰阿等会同理藩院议奏，查理藩院则例，既无拟罪专条，又未便科以内地刑律，乃将该诺们汗历得职衔名号全行褫革，仍追叙剥黄，发往黑龙江，给披甲为奴，并将来无论在配、在籍身故，永远不准其再转世，以为有玷黄教者戒。名下徒众全行撤出。此即西藏近代史上轰动一时的策墨林诺门汗事件，亦是剥黄典型案例。至光绪初年，土尔扈特王复请捐输巨款，为其代求转世，始曲允其已转世之呼毕勒罕得令为僧。（参详《清宣宗成皇帝实录》卷四百一十，道光二十四年十月，台北华文书局股份有限公司 1960—1970 年版，第 7291—7292 页。）同治四年二月，土默特贝勒旗疏脱老头会案内要犯恩合巴土等名头目于在枒脱逃后，经该旗贝勒及乡社等往捕，纠众抵拒，枪毙人命，屡次随同滋事喇嘛青青巴土、吹拉克二犯，着先行剥黄，均由理藩院定地改发湖广福建，交驿充当苦差。（参详《清穆宗毅皇帝实录》卷一百三十一，同治四年二月，台北华文书局股份有限公司 1960—1970 年版，第 3260 页。）同年十月，在另一起案件中，喇嘛达尔玛扎布因违法着杖一百，流三千里，照例剥黄，不准折枷，由热河都统解送理藩院定地实发。（参详《清穆宗毅皇帝实录》卷一百五十八，同治四年十月，台北华文书局股份有限公司 1960—1970 年版，第 3864 页。）另外，关于剥黄正法的记述可以参阅俞正燮：《癸巳存稿》卷十三，"喇嘛"，道光二十八年灵石杨氏刻连筠簃丛书本，页七至八；俞正燮：《癸巳类稿》卷八，"驻扎大臣原始"，道光十三年求日益斋刻本，页四十六。

三、福康安自青海入藏

乾隆帝鉴于鄂辉、成德皆参与上次战争，办理不善，资望职分轻浅，不胜统帅之任，再三考虑后急调两广总督福康安进京觐见，面授机宜，令福康安挂帅，统兵入藏。福康安是傅恒的第三子、乾隆帝孝贤皇后的内侄，久经行阵，参与金川之役、镇压陕甘回民起义，均与海兰察跟随阿桂冲锋陷阵，在才略上虽逊于明亮，但胜于海兰察，而明亮本身既有知兵而罔实效、办理事件或未能尽善等缺陷，且年龄因素在其军旅生涯中其实具有很大的负面效应，师屡有功，辄有龃之者，未能竟其绩，所以福康安在自己的努力下，加之善于结交和珅等人，在乾隆后期已经显示出接替阿桂独当一面的苗头，是继傅恒、兆惠、阿桂之后深得皇帝依畀信重的军事统帅人才，并非单纯的无能而任职、无功而赐禄的贵族子弟。海兰察是清代名将，"勇而有智略，每战，微服策马观敌，察其瑕，集兵攻之，辄胜。其平生惟服阿桂知兵，福康安礼先焉，乃为尽力，师所向有功"①。这表明福康安善于折节礼贤，连海兰察这样赳赳之士都能感戴效命，的确具有将将之才。自从指挥镇压台湾林爽文起义，其功绩和威望均远远凌驾于海兰察、鄂辉等人之上，时年三十七岁，年富力强，自然成为此次战役统帅的首选之人。十月二十六日，乾隆帝命军机大臣传谕黑龙江将军都尔嘉，于索伦、达呼尔兵丁内挑选呼伦贝尔兵六百名，打牲兵四百名，照例发给马匹路费，其中呼伦贝尔兵从多伦诺尔行走，打牲兵从巴沟行走，齐赴京师。同时又派巴图鲁侍卫章京等一百名，由海兰察、乌什哈达、岱森保等分起带领。乾隆五十六年九月二十九日，福康安自京起程，由山西、青海一路驰驿赴藏。海兰察率领巴图鲁侍卫及索伦、达呼尔兵丁，因人数众多，由河南、陕甘分起行走。十一月初二日，清廷正式授福康安为大将军②，海兰察、奎

---

① 赵尔巽等撰：《清史稿》卷三百三十一，列传一百一十八，中华书局1977年版，第10953页。

② 次年三月十五日，乾隆帝特授福康安为"大将军"。清代大将军除乾隆朝的福康安外，皆冠有"抚远""宁远"等称号。

林①授为参赞。又因山东巡抚
惠龄向在军机处司员行走，办
事稳妥，又系那延泰之子，熟
悉藏情，于十一月初六日命其
随同前往办事。十一月初十
日，将鄂辉革去总督之职，赏
给副都统衔驻藏办事，成德革
去将军，改由奎林补授，仍在
参赞大臣上行走，四川总督员
缺由惠龄补授。②

　　此时，乾隆帝为办理廓尔
喀之事宵旰焦劳，令福康安昼
夜遄行，计限四十日即抵藏
中。是时正值隆冬，大雪封
山，在当时的交通条件下，如

福康安像（清人绘）

此短时间内就位实在是困难重重。但君命难违，福康安无可推诿，只得
硬着头皮兼程前进。入藏的传统路线是从四川成都经打箭炉西行，路程
六千里，每日夜必须走一百五十里，持续不停，才能在四十天内到达西
藏，这是不可能达到的速度。于是福康安选择了从西宁入藏，此路长四
千一百里，较川藏线为近。但青藏线久不使用，中途皆草地，多高山，
少人烟，无台站，冬季更难行走。福康安为了早日进藏，选择了这条捷
径，后来的事实证明：青藏线崎岖难行，故后来此线仍未设立台站，大
军仍以川藏线为通道。乾隆五十六年（1791）十月二十九日，福康安
从北京启程，经太原、西安、兰州到西宁，随后，海兰察、台斐英阿、
岱森保、乌什哈达、阿满泰五大臣及长龄、巴哈布、方维甸、杨揆四章
京及御前侍卫、执事章京等百余人，率领从东北调来的索伦、达斡尔兵

---

① 奎林系福康安的堂兄弟，于翌年三月九日在赴藏途中病死于江卡。
② 庄吉发：《清高宗十全武功研究》，中华书局1987年版，第453页。

一千人，冲寒就道，分批沿循福康安所走路线趱行。①

　　陕甘总督勒保、西宁办事大臣奎舒预为筹办乘骑、运畜、粮秣、柴薪、台站、向导等事宜，为福康安入藏做准备。乾隆五十六年十一月二十六日福康安行抵西宁时，勒保从属下甘肃绿营调出一千五百匹马供官员使用，奎舒通过青海蒙古王公从各旗采购三千多匹马供索伦达斡尔兵骑用。勒保、奎舒从牧民商贩处打听到的消息是，青海口外俱系草地，并无树株。时值隆冬，冰雪甚厚，马草牛粪，均被雪压，不唯马匹牧饲维艰，而且炊爨亦难。又称："青海虽系通藏大路，并无人烟，山路极多，又无林木，现在冰雪甚大，柴火难寻。兼之蒙古住牧遥远，缺乏马草，难以趱行。"② 乾隆帝披览这些奏报，非常担心，命令福康安若实有难行之处，当即遽行直陈，改道由四川赴藏，不可勉强，以致欲速转迟。可是，福康安此时已到达西宁，如果再折赴成都入藏，无疑会更加旷日持久。福康安表现出很大的勇气和决心，坚持定见，仍由西宁进藏。他奏报皇帝："即使冰雪较大，尚有一径相通，可以勉力行走。臣断不敢稍惮跋涉，仍当轻骑裹粮，觅路前进。"③

　　十二月初一日，福康安等从西宁起程，开始了隆冬季节奔赴西藏的壮举。一行人等，乘马前进，口粮锅帐、秣草料豆以至烧饭用的柴薪，俱用骆驼运载，各项准备，极为宽裕。行走数日，自当噶尔、东廓尔一带经过阿什罕、喀尔噶图、贺尔差、吉口各台，地势渐高，山上旧存积雪，路径崎岖，并有山岚瘴气。早晚行走，每致头晕气喘。他们努力赶路，但求早日进藏，一路披星戴月，每天寅初（约凌晨三四点钟）起程，至戌刻（夜九点钟）始行驻歇，每天休息牧马仅六七个小时，其一日所行路程，较之当地藏民行走两日程途尚属有余。十二月十六日行至玛楚喀（rma chu kha，黄河源），雪山层叠，因携带物品太多，驼马

---

　　①　参见戴逸：《一场未经交锋的战争——乾隆朝第一次廓尔喀之役》，《清史研究》1994 年第 3 期。

　　②　《钦定廓尔喀纪略》卷八，乾隆五十六年十一月十七日，季垣垣点校，中国藏学出版社 2006 年版，第 193 页。

　　③　《钦定廓尔喀纪略》卷八，乾隆五十六年十一月二十三日，季垣垣点校，中国藏学出版社 2006 年版，第 207 页。

俱形疲乏，尤其驼只一至夜间，即不能放牧，行走迟缓，遂索性精简物品，将所带柴薪减去，骆驼全部留作后队，缓程随后续行，而福康安等则轻骑加速前进。十二月二十四日，经过鄂林诺尔（mtsho sngo ring，今鄂陵湖）、察林诺尔（mtsho skya ring 今扎陵湖）、星宿海、白尔齐尔、喇嘛陀罗海等处黄河发源地方，行走更加艰难。据福康安称，数百里内，溪涧交错，泉水甚多，冬令处处凝冰，远近高下，竟无路途。且该处多系沟塝沙滩，乱石纵横，与冰块相间层积，马足倾滑，行走维艰。二十八日，过巴颜哈拉（ba yan khra la，巴颜喀拉山），"地势极高，瘴气最大……人行寸步即喘，头目眩晕，肌肤浮肿。冬间冷瘴，较之夏间尤甚"①。福康安先因受寒患病，后又感染瘴疠，因顿倦乏，而随从人等亦俱头晕气喘，因在木鲁乌苏河停歇两天。五十七年（1792）正月初二日到达多伦巴图尔，该地已为西藏北三十九族地界，达赖已派员携带牛羊食物在此迎候。但进入藏界，路上仍很困难，连遇风雪，天气更觉严寒，程站亦愈加窎远，兼之粪草缺乏，必须沿途捡拾，始足稍供炊爨。且马力疲乏，多有倒毙者，幸鄂辉从西藏遣盐茶道林儁自前藏带领乌拉马匹前来迎接，方得换马前进。一过喀拉乌苏，地势稍平，气候转暖，兼程疾走，于正月二十日驰抵拉萨。西宁至前藏，共计四千六百里，西藏喇嘛平日行走，至少亦需一百二三十日，但福康安除途中先后耽延十一日外，实际行走仅为三十九日。福康安当时仅带领官弁跟役约三十人轻骑赶路，从当年气候、地理环境和交通条件看，洵为一次冒险的试探。② 其后，海兰察于乾隆五十六年十二月十五日行抵西宁，十六、十八两日，巴图鲁、侍卫等亦抵西宁。十二月十一日，海兰察带领巴图鲁、侍卫官兵由西宁出口。乾隆五十七年正月二十四日，乌什哈达带领一千名索伦官兵陆续抵达西宁，分作五起，自正月二十七日起每隔

① 《钦定廓尔喀纪略》卷十八，乾隆五十七年正月二十日，季垣垣点校，中国藏学出版社2006年版，第310页。

② 对于福康安此次所行经地名，可以参阅佐藤长（さとうひさし，1913—2008）《关于乾隆末期福康安入藏路线》（「乾隆末期の福康安の入藏路について」）一文的考证，见于氏著《中世纪西藏历史研究》（『中世チベット史研究』同朋舍〈東洋史研究叢刊38〉、1986年）下附录三。

三日起程行走，官兵每名以两匹马轮流乘骑，因时值隆冬，牧草缺乏，中途倒毙甚多，乾隆帝又命勒保等将青海札萨克马匹按每兵一名给马三匹之数备齐分发骑用。其后续部队亦沿福康安行进路线，约在闰四月中陆续踵迹入藏，因遇上大风雪，路上耗时则近三个月。

　　福康安在此次行军中如此刻苦耐劳、动心忍性，以贝子之贵、统帅之尊，冒雪冲寒，严冬中长途跋涉于寒冷荒凉崎岖的高原，在清代行军史上堪称罕见，颇有孟子所谓天降大任于斯人而苦心志、劳筋骨的意味。这似乎与其习侈善享的性格并不吻合。在当时整个社会追求超高消费的年代，暴殄天物的侈靡之风甚至日渐浸淫于士农工商，流风所及，即娼优皂隶亦所不免，而福康安出身豪门贵族，自然在物质享受上具有不一般的品位，饮醇啖肥，习以为常。清代戏曲理论家、诗人李调元，时归居故里四川绵州，其所著《童山诗集》有《清江行》一诗为福康安出征后藏过绵而作，述当时供张之盛，声势之赫，亦复穷极奢丽，尊若帝天，以致有人认为福以椒房贵戚专阃，因人成事，初无战功之可言，"而威福自恣如此，宜仁宗皇帝谕旨，每诫臣工，多以福康安与和珅并举欤！"[1] 清代乾隆年间以佐杂洊跻开府的才臣李世杰在私下对洪亮吉开诚布公地说："四川自两金川用兵以来，又承制府福康安后，征调赋敛无艺，仓与库皆若洗，譬若中落之家，非有一人率先蚤夜操作、减省衣食、蓑聚丝粟，则元气不复。"[2] 这的确是肺腑之言。李世杰历任封圻，治政有方。四川各地州县自军兴后，由于征调赋敛无艺，府藏如洗，正是以其洁己率属，休养生息，方渐复旧观，治迹斓然。后来，洪亮吉就上书成亲王永瑆及当事大僚直言福康安用兵所过繁费，州县官以供亿，致虚帑藏。《清史稿》卷三百三十也有同样的记载：福康安"在军中习奢侈，犒军金币辄巨万，治饷吏承意指，糜滥滋甚。仁宗既

---

　　① 陈康祺：《郎潜纪闻三笔》卷五，见陈康祺：《郎潜纪闻初笔二笔三笔》下，晋石点校，中华书局 1984 年版，第 739—740 页。

　　② 洪亮吉：《更生斋文甲集》卷四，《书李恭勤（世杰）遗事》，收入洪亮吉：《洪北江诗文集》，上海商务印书馆 1935 年版，第 1037 页。亦可参见葛虚存编、琴石山人校订：《清代名人轶事》，马蓉点校，书李恭勤遗事，书目文献出版社 1994 年版，第 83 页。

亲政，屡下诏戒诸将帅毋滥赏，必斥福康安。"① 嘉庆九年，谕曰："从前节次用兵时，领兵官员原无格外赏犒之需。自福康安屡次出师，始开滥赏之端，任性花费，毫无节制。于是地方承办之员，迎合备送，累万盈千，以及银牌、绸缎，络绎供支。……不过以赏兵为名，亦未必实惠尽逮戎行也。"② 十年二月，谕曰："带兵大员本不当以一时犒劳私恩，辄立赏号名目。其始如傅恒等，尚系将自有之物分给士众。迨后群相效尤，又不能出资购办，遂不得不向地方官调取预备；而福康安为尤甚。因而承办军需者，居然视为正项支销。自有赏号名目以后，带兵大员借词取索，漫无限制；而地方局员亦不免以购备为名，浮滥多糜，甚至舞弊营私，取肥己橐，交结见好。及至报销帑项时，又复多方设法，希图掩饰。……所有军营赏号一项，必当严行禁止。"③ 四月，又谕曰："赏罚为军纪之要，随征官兵等果有奋勉出力者，一经奏闻，无不立沛恩施。带兵大员等何得擅立赏号，用示施恩！是以从前屡次用兵，本无此项；我皇考高宗纯皇帝曾经屡颁圣训，著之令典。自福康安出师台湾等处，始有自行赏给官兵银两、绸缎之事。尔时借其声势，向各省任意需索，供其支用；假公济私，养家肥己。其后各军营习以为常，带兵大员等不得不踵行犒赏；而力有不能，辄于军需项下动用支销，以公项作为私用。嗣后设遇办理军需时，不得再立赏需名目。"④ 嘉庆帝虽然将洪亮吉发配新疆，但其实是认同洪亮吉观点的。嘉庆帝后来屡屡批评福康安犒赏糜滥，自然有其用意，乃旨在扭转奢汰，矫正官场风气。我们从嘉庆帝的上谕可以看出这种领兵大员犒赏自福康安首开其例后如何形成

---

① 赵尔巽等撰：《清史稿》卷三百三十，列传一百一十七，中华书局 1977 年版，第 10924 页。

② 《清仁宗睿皇帝实录》卷一百三十三，嘉庆九年八月，台北华文书局股份有限公司 1960—1970 年版，第 1878 页。

③ 《清仁宗睿皇帝实录》卷一百四十，嘉庆十年二月，台北华文书局股份有限公司 1960—1970 年版，第 1992 页。

④ 清国史馆编：《满汉名臣传》，吴忠匡等校订，黑龙江人民出版社 1991 年版，第 2932 页。相关研究或可参见高阳：《清朝的皇帝》第 2 卷，海南出版社 1997 年版，第 652 页。

规则的过程，似乎寺田浩明的唱和理论①于此可以得到佐证。

"世之论人者，莫不以奢为骄汰，以俭为美德者。然大臣臧否，自当论其大节，初不在奢与俭也。"②昭梿在下面讲了"近日某阁臣"与和珅两公贪婪如出一辙，初不以奢俭易其行，而且云该阁臣尝操演士卒，适有司某馈银五万，其挥散军士，略无吝色。尽管昭梿没有直言该阁臣之名，令人势等射覆隐谜，不可捉摸，但能与和珅相提并论且执掌兵符者，估计就是福康安其人。这种臆测虽不中亦不远矣。昭梿的观点其实也代表了当时满族人的一种共识。一般而言，世界上崛起于文化边缘地带的民族往往较文化核心区域文质彬彬的民族更为务实。边鄙之地的秦人秉持其务实作风而兼并六国，崛起于白山黑水的满人亦一向注重实用，不饰虚文。有清一代，由于文化差异等原因，汉族官僚一般以名节操守相标榜，满族官僚则崇实少文，多以能事见长。汉人务科第以求晋身之阶，满人则每每树军功而通显。尤其一些在兼具学识的满族能员每每得以殷殷大用，这是满族本位所决定的必然产物。满族最高统治者对于满族这种务实作风引以为豪。作为少数民族的满族就人才资源而论，与汉族相比在数量上不若远甚，其欲求通过科举考试入仕则更非汉族士人的对手，无论从满族世家以至一般人士争取权力资源的最大占有来看，还是最高统治者从控制权力中枢及要害部门的狭隘政治考虑着眼，他们都需要在用人之道上别有一番兴革，别有一番说法，以扬长避短，证明其具有"治人"的合法性。此外，在18世纪，中国人口急剧膨胀，版图式廓，为史家艳称的"康乾盛世"其实也是一个亘古未遇、让人不胜忧虑的多事之秋。包括第一次、第二次驱逐廓尔喀自卫反击战在内的乾隆"十全武功"既可谓威武纷纭，勋业彪炳，但也说明战争此起彼伏。传统政治体制和经济、财政、金融制度面临着历史上空前严峻的挑战，清朝皇帝当时所遇到的改革压力可以说是历史上任何一个朝代都不可同日而语的。相继在位长达一百三十几年的康雍乾三位皇帝堪

①　张世明、步德茂、娜鹤雅主编：《世界学者论中国传统法律文化（1644—1911）》，法律出版社2009年版，第29页。

②　昭梿：《啸亭杂录》卷十，"权臣奢俭"，何英芳点校，中华书局1980年版，第314页。

称历史上鲜见的颇有作为的君主，顺应时代潮流，权宜办理，在当时的历史环境下所取得的成就是有目共睹的。汉代司马相如曾经说过："盖世必有非常之人，然后有非常之事；有非常之事，然后有非常之功。非常者，固常［人］之所异也。故曰非常之原，黎民惧焉；及臻厥成，天下晏如也。"① 无独有偶，乾隆帝在《御制平定回部告成太学碑文》中也写下了思接千载的悠然心会之语："建非常之功者，以举非常之事。举非常之事者，以借非常之人。"② 由于上述两方面的原因，康雍乾三帝深感除旧布新的艰难和人才的重要，在政治实践中倡行了一条重才轻德、重能轻贤占主导地位的用人路线，宁用操守平常的能吏，不用因循误事的清官，认为洁己而不奉公之清官巧宦，其害事较操守平常之人为更甚。如果说清官在康熙朝尚可与能吏在官场上各擅千秋，那么雍正朝直省督抚中每多以武健严酷之政为能者，但贪墨者尚多畏惮忌讳，而至乾隆朝则狃于承平日久，侈靡之端渐开，清官不称于世，被笑以为迂拙，能吏趋事赴功，纵横捭阖，大行其道，操守不可深信的墨吏出于能员者亦指不胜屈。贪墨大吏胸臆习为宽侈，视万金呈纳，不过同于壶箪馈问。印官上任，书役馈送辄数万金，督抚过境，州县迎送必数千金。彼此贿求赂谢，唯日图攘夺刻剥，贪利是趋。和珅即为其中的典型。而福康安虽然被时人认为"不若傅恒远也"，但在明亮、海兰察、鄂辉等人当中的确堪称翘楚，主要在于其比较能够适应于当时的政坛生态环境。福康安和和珅一样，都服膺这样一个理念，即只有把场面做大，才能翻云覆雨。所以福康安不仅实心任事，而且在人际关系上投入极大成本，既向和珅进贡示好，对于下属也重赏市恩，以收其效死之心。福康安能够最终取得第二次廓尔喀之役胜利、异姓封王成功，揆阙所以，即

① 司马迁：《史记》卷一百一十七，列传第五十七，司马相如列传，中华书局 1959 年版，第 3050 页。

② 《清朝文献通考》卷六十七，学校考五，太学三，《万有文库》第二集，十通第十种，商务印书馆 1936 年版，第考 5467 页。亦载《清高宗纯皇帝实录》卷六百，乾隆二十四年十一月，台北华文书局股份有限公司 1960—1970 年版，第 8866 页；阮元修、陈昌济等纂：《广东通志》卷一百九十九，金石略一，商务印书馆 1934 年版，第 3622 页。

职此之由。

四、聂拉木之役

成德于乾隆五十六年（1791）八月二十二日从成都启程，正是札什伦布寺陷落的同一天。十月二十六日行抵拉萨，至札什伦布已时在十二月初。至于鄂辉行期更晚，其自九月十五日从打箭炉出口后，至十月十八日始抵察木多，十一月十四日抵拉萨。此时，廓尔喀大掠后藏后已撤兵回国，唯藏边城镇聂拉木、济咙、绒辖尚被占领。乾隆帝急切希望成德、鄂辉迅速到达藏边，趁廓尔喀军尚未撤尽，邀其一战，痛加歼击，叱责成德和鄂辉行走濡滞，日行一站，稽迟时日，观望不前，坐失事机。按，自打箭炉到拉萨五千三百华里，共九十二站，可见成德等入藏行军尚非一日一站，但已值寒气日深之时，有些路段乌拉支应竭蹶，所以未能遵行称旨，但谓其有心延搁则不免喜怒任情。成德、鄂辉都是自请出征以求戴罪立功之人，断不至于自蹈愆尤，自速罪戾。

是年十二月二十七日，成德等行抵距聂拉木三十余里的拍甲岭，成德即拣派兵丁一百名，令协领九鼎管带，于扼要地方驻防，游击张占魁、屯备木塔尔、色木哩雍忠、巴塘副土司成勒春丕勒带领汉屯弁兵两百余名，及代办代本事务的乌珠那旺所率唐古忒兵六十名由西北迤山而进，都司张志林、屯备阿忠思丹巴带领汉屯弁兵两百余名与第巴密鲁甲坝所领唐古忒兵六十名由西南迤山而进。十二月二十八日，清军乘夜急进，抵达相距拍甲岭前里许的河岸。河上桥板已被廓尔喀兵抽去，官兵抬负木条搭桥乃得济渡。成德命总兵穆克登阿指挥西南路清军，自己率军由西北进攻。黎明时分，两路会合，齐抵拍甲岭寨前，游击张占魁率领各屯弁兵出敌不意首先冲入寨内，抛掷火弹，廓尔喀猝不及防，被杀两百名，生擒七名。

清军既克拍甲岭官寨，乃乘势直扑聂拉木官寨。因官寨宽大，墙围高厚，廓尔喀兵恃寨固守不出，暗放枪炮，清军伤亡甚重。成德命满汉屯土将弁以西北官兵牵缀诱敌，西南官兵多备柴薪火弹，于乾隆五十七年正月初一日，潜行运至寨门堆积，用火引燃，各兵复抛掷火弹，将外墙寨房烧毁，廓尔喀兵退守内墙。初二日，成德即与侍卫阿呢雅布、张占魁、屯备色木哩雍忠、即尔结色木即、巴塘副土司成勒春丕勒等带兵在西北截杀，总兵穆克登阿与侍卫永德、都司张志林、屯备阿忠思丹巴等带兵在西南截杀。是日申刻，风势大作，各兵纷抛掷柴木火弹，将东首寨房所存火药引燃轰发，寨房坍塌，廓尔喀兵冒火冲出者俱被擒杀，其中廓尔喀大头人呢吗叭噶嘶。但西北寨房距东寨稍远，墙围更高，火势不能透过，寨内房屋二十余间，由廓尔喀咱玛达阿尔曾萨野等带兵百余名在内恃险死守。在西南墙角另有平房五间，堆放粮食。成德密遣张占魁、色木哩雍忠选派勇健屯兵在西南墙脚乘夜掘挖，于初八日挖开一洞，抛入火弹，墙内屯粮仓房虽被烧毁，但外围墙垣仍巍然不倒。正月初九日，张芝元、鄂辉先后赶到。清军屡次掘挖地道，俱被墙根大石所阻，成德等遂改变战法，商议先烧开东边门洞。十一日，清军乃开始努力掘挖用于搬运积薪通向东门的壕沟。因十二日午后大雪纷纷，连降数日，积雪三尺有余，不但挖掘工程难以措手，且攻卡屯练夜间手足冻裂成残疾乃至冻死者甚多。十六日，天色稍晴，成德即令汉屯兵续运干柴潜至洞口，刨去积雪，引燃柴薪，烧开洞门，廓尔喀仍退守内层碉寨，于墙眼内施放自来火枪，清军伤亡甚众，被迫暂时撤回。因西面墙角沟道直通寨内，鄂辉于正月二十日派都司什格蒲益章率领巴塘士兵昼夜刨挖，另命张占魁领兵于东、南两面施放枪炮佯攻，故呈挖墙放火之势。二十三日，西面地道挖进三丈余，将火药密运四十包，装入地道，在洞口安接火绳，二十四日午刻，地道内火燃药发，遂将西面墙垣寨房轰倒，清军乘势抛入火弹，扑上碉寨。至此，经过清军一个月的不懈围攻，聂拉木始被克复。该处官寨内负隅固守的廓尔喀兵共一百余名，或被杀，或被擒，在被擒廓尔喀领兵头目咱玛达阿尔曾萨野是玛木萨野之侄。而汉土官兵阵亡者亦达二十九名，受伤者共五十名。可见碉寨之坚固难攻、廓尔喀士兵抵抗之顽强。鄂辉等在战报中夸大其词，胪列有功将士二十三人。乾隆帝对鄂辉、成德行动迟缓、作战不力很不满意，申斥其似此无能，方当引咎之不暇，乃大言不惭，其意竟自欲居功，恳恩请加重赏，将鄂辉、成德痛骂了一顿。

五、济咙之役

乾隆五十七年二月十七日，福康安、惠龄、海兰察带官兵一千零五十名（藏兵五百名、从西宁来的原安设台站的兵士一百名、川省换防兵士四百名、巴图鲁侍卫五十名）离开拉萨，经过朗噶（snang dkar rtse，今浪卡子县）、江孜（rgyal rtse），二十七日（1792 年 3 月 19 日）抵日喀则。福康安在后藏（日喀则）住了两个多月，等待各路兵种到齐。在当时，习惯高山作战的四川藏族屯练和藏族土司兵因徒步走到拉萨，相当疲惫，大概闰四月上旬才缓缓到来。从西藏购办的军粮（青稞磨成的糌粑）虽已多达十四万石，足够一万数千人一年之用，但从前藏运至者亦仅及三分之一。然而，时不待人，福康安进兵的时间不能再事延宕。闰四月十八日，他与海兰察、惠龄离开日喀则，驰赴拉孜督促军粮运往宗喀。二十五日自拉孜动身，于二十七日抵达第哩朗古。时成德带兵驻在此地。他们三人复分头前往绒辖、聂拉木做了几天的地形察看，决定以主攻济咙（skyid grong）、南入巴勒布为进军正路。二十七日，福康安等自第哩浪古带兵起程，径趋宗喀。自宗喀至济咙有五百里路程，济咙以北一百里，有擦木，为往来门户。五月初六日，福康安等行至辖布基地方，距擦木只有数十里。擦木地势险峻，两山夹峙，中亘山梁，路径逼仄，树木茂密。廓尔喀军数百人驻守山梁上，前后建有石碉两座，大河环绕山梁，三面临河砌筑石墙，高约二丈，寨门北向，只有一路可通。廓尔喀兵居高临下，可以远眺。为出敌不意，必须乘夜进攻。是日适值阴雨绵密，福康安即于雨夜发兵，分为五队，哲森保、翁果尔海等带领两队分由东、西两山进至擦木碉寨左、右山梁，展开侧面攻击，墨尔根保、阿哈保等带领两队，亦由东西两山梁绕至敌后，截断其归路，海察兰、额尔登保、珠尔杭阿等带领一队由正面攻击，福康安督率台斐英阿、德楞泰等往来截杀，惠龄则带同张芝元等在后路接应。部署既定，各路部队涉水济渡，于五月初七日黎明行抵擦木寨前。福康安督合各队疾速登山，潜至寨墙外，奋力仰攻，屯兵踏肩登墙，先开寨门，后续部队蜂拥冲入，枪箭齐发，攻占前座碉寨。其后座石碉位于高磡之上，里外墙垣两层，俱用石块堆砌，上留枪眼，密排木桩鹿砦，形势更为险要。福康安命西面官兵先攻碉座，廓尔喀守兵调往西面抵抗，东面官兵乘虚撬开墙石块，从缺口涌入，经过激战，全歼廓尔喀军，进攻擦木要隘首战告捷。

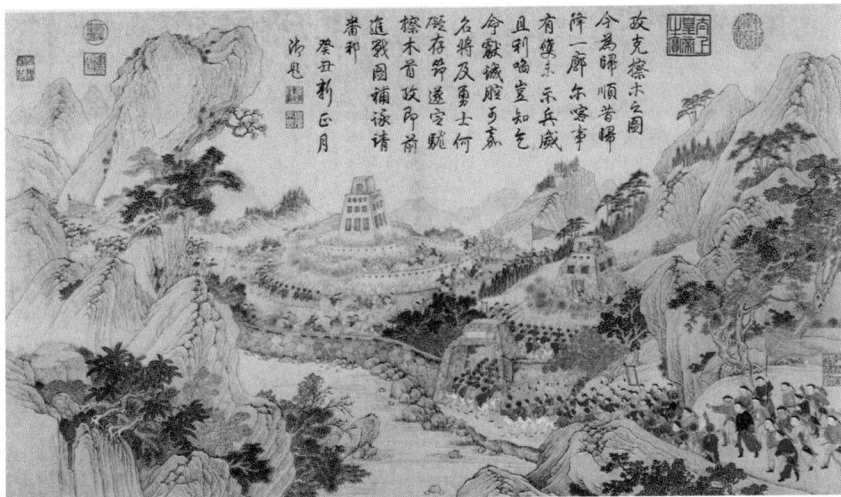

平定廓尔喀战图册·攻克擦木（清宫廷画家绘）

　　福康安即命成德、岱森保等率兵三千名作为偏师，仍从聂拉木一路牵缀敌人。初八日，主力军乘胜直前，进次玛噶尔、辖尔甲地方，该处形势陡峻，后倚峭壁，山前深林密菅，路径丛杂。廓尔喀兵三百余名从济咙方向沿密林内潜至山麓迎战，巴图鲁侍卫章京分路下压、廓尔喀兵亦由山麓发起冲锋，虽阵亡数十名，仍前仆后继，持刀扑上。福康安急命官兵绕至半山石磡后伏诱敌，廓尔喀兵执红色大旗蜂拥上前，福康安带兵由横腰冲击，巴图鲁侍卫章京同时压下，枪箭并施，廓尔喀兵不支，官兵追赶十余里后始停止，廓尔喀兵仅剩二十余名，遁往济咙，官兵进驻帮杏。是役，廓尔喀方面，其被杀领兵头目苗共计苏必达两名，咱玛达一名，哈瓦达与别哩哈哇各两名，土兵二百三十余名，生擒三十余名。官兵方面，巴图鲁皆侍卫定西鼐于冲锋时胸前中枪受伤，因系穿过护身佛龛，枪子未能打入，海兰察所乘马匹左腿亦中枪。

　　五月初九日，福康安率部进抵济咙。廓尔喀在此设防甚固。据福康安奏报："济咙官寨高大宽广，原在山冈上砌筑石墙甚坚，贼匪复周围叠石为垒，高及二丈，密排鹿角、横木，为守御之计。又在官寨西北临河砌大磡一座，直通官寨，为取水之地。官寨东北，在石上砌大磡一座，倚石为固。官寨东南山梁甚陡，另砌石磡一座，贼匪分据险要，负隅固守。山下喇嘛寺与石碉斜对，亦有贼匪占据。"① 清军于五月初十黎明，发起多路攻击。哲森保等抢上东南山梁争先上碉，廓尔喀兵冒死冲出，海兰察、台斐英阿往来突击，遂占据山梁，蒙兴保亦同时攻取山下喇嘛寺，巴彦泰进至临河碉卡，廓尔喀兵恐官兵断其水道，誓死抗拒，在山梁上的官兵亦撤下助战，用大炮轰击碉座，廓尔喀兵纷纷跳下大河淹毙，其登岸逃生者，俱被索伦骑兵截杀殆尽。其石磡碉座距官寨较近，桑吉斯塔尔带兵攻扑，抛入火弹，熊熊大火吞没了碉楼上层，但下层周围均用整块巨石砌筑，未被火毁，廓尔喀军躲在下层向外放枪。官兵攀援登碉，但石块陡滑，屡登屡却。直到日暮时分，火势延烧，烧塌下层碉座，廓尔喀军葬身火海，仅二人逃出被俘。阿满泰、珠尔杭阿一路进攻官寨，一连数次猛扑，均未得手，官兵纵火焚烧寨下房屋，乘势进攻，廓尔喀兵退守内寨，放枪投石，负隅坚守。福康安急调各路官兵合攻官寨，并于临河碉座及砌碉巨石上架炮，对准官寨炮眼及瞭望牌口猛轰，并缚大木为梯，命屯兵等蚁附攀登，将官寨外石垒拆毁，攻战一日，始将官寨东北隅攻破，廓尔喀兵向西南石崖滚山跳崖逃生。清军最终攻克济咙，给廓尔喀造成先声夺人之势。据奏报，济咙之役，廓尔喀兵阵亡六百四十七名，被擒一百九十八名，但清军乾清门侍卫桑吉斯塔尔、游击刘怀仁等俱受重伤，参将长春阵亡。

乾隆帝接到福康安等上书报捷，在嘉奖战功的同时，仍要求大军攻入阳布，并要求福康安宜在此时檄令布鲁克巴、作木朗、披楞、哲孟雄等合力进兵，又催促孙士毅从昌都直去拉萨帮助和琳自前藏将一切军需迅运到济咙，又再次命令惠龄离开前线，负责督催自济咙至边外的粮运。清军按照乾隆帝制定的战略方针，开始跨越国境，进入了第二阶段的战斗。

六、热索桥、协布鲁、东觉之役

清军既克济咙，略加整顿，于五月十三日继续起程向南推进。福康

---

① 《钦定廓尔喀纪略》卷三十三，乾隆五十七年六月初九日至十二日，季垣垣点校，中国藏学出版社2006年版，第525页。

安等在后来的奏折里说：

> 　　查济咙西南山势愈窄，道路愈险，两山之间有藏地流出大河一道，各处溪河皆汇归下注，水势汹涌。通往贼境之路，唯热索桥为扼要之地。臣等于克复济咙后整顿兵力，五月十三日起程前进。两面高山夹峙，石崖壁立，俯临大河，缘山一线窄径，乱石崎岖，步步陡折，并有大石直磡高至丈余者。其两崖高峻不相连属处所，横架独木偏桥，攀藤而过，几无置足之地。是日正值大雨，泥泞滑溜，尤属难行，人马均有倾跌落崖者。道里甚长，名为七八十里，即有一百三四十里之遥，步行一昼夜，于十四日黎明始至摆吗奈撒地方，距热索桥尚有十余里。探得该处有大河一道，自东来会注正河，过河即系贼境。[①]

　　福康安前揭史料中所提及的大河即是今吉隆河，汇集众水，奔腾流注，流入尼泊尔境内称特耳苏里河（Trisuli），清军循此大河东岸南下。自济咙西南行八十里有热索桥一座，是一座浮搭木板的渡桥，藏名 ri sog zam pa，尼泊尔名 Rasua[②]，跨越在《清史稿》等史籍中称之为玛尔藏河的自东注入吉隆河的一条支流之上，一过此桥即入廓尔喀国界。自济咙至热索桥，名为八十里，实有一百三十里之遥，清军在山间步行一昼夜，于乾隆五十七年五月十四日迫近热索桥。廓尔喀军临河拒守，筑有石卡两处，河上浮桥已被拆掉。福康安带领巴图鲁侍卫及索伦屯士兵丁攻扑索喇拉山，廓尔喀兵弃卡奔逃，甫上热索桥，其南岸守桥兵丁见官兵来势勇猛，仓促撤去桥板，桥上廓尔喀兵俱落河淹毙。屯弁伐木搭桥，但河面宽阔，水深流急，廓尔喀兵在对岸阻河放枪，官兵难以济渡。五月十五日寅刻，福康安派兵于正面佯攻，而密遣阿满泰、哲森保、墨

---

　　① 《钦定廓尔喀纪略》卷三十三，乾隆五十七年六月十二日己卯，季垣垣点校，中国藏学出版社 2006 年版，第 540 页。

　　② 威廉·柯克帕特里克在其著作中写作 Russooa。参见 William Kirkpatrick, *An Account of the Kingdom of Nepaul: Being the Substance of Observations Made during a Mission to That Country, in the Year 1793*, London: William Miller, 1811, p. 304。

尔根保、翁果尔海等带领屯土兵丁东出峨绿大山，纡道绕至上游，距桥六七里，伐木编筏以济，然后沿河疾行而下，出敌不意，攻扑廓尔喀军石卡，而正面清军乘势搭桥抢渡，夺据石卡。时廓尔喀守卡兵丁正与清军隔河相持，不虞间道军骤至，不能敌，仓皇骇奔，以致自相践踏，坠河者甚众。这一出奇制胜的战略颇为皇帝欣赏，此后屡加运用。①

清军夺下热索桥后继续南进。从热索桥向南，山势更形险峻。玛尔藏河傍山曲折南注，清军在河东行走，沿山循河，所经山径逼仄，乱石丛集，几无路径可觅，亦无可以扎营歇息之旷地。统帅与士兵俱在石岩下露宿，深入一百六七十里，至协布鲁（Syapruk）。五月二十日，福康安带领兵丁至横河北岸的旺堆地方，砍伐巨木前往搭桥，廓尔喀兵居高临下，在木城内施放排枪，枪弹如雨。清军被火力所阻，不能架桥，福康安随派官兵在山上用炮轰击，木城石墙随破随修。五月二十一日，官兵架桥再度受阻。次日，惠龄带同额尔登保由正面牵缀，福康安、海兰察则往取克堆寨，二十三日黎明，越过伯尔噶藏兴三重大山，绕至横河上游北岸。因河道宽深，连日大雨，山洪暴涨，水势甚大，廓军阻河以拒。据福康安奏云："适见南岸有极大枯树一株倒入河中，尚不能接至北岸，相离几近三丈，因督令各兵另伐大木，接于枯树之杪，借搭为桥，我兵奋勇直前，无如贼匪枪声不断，无暇扎缚坚固，而河内多系巨石，横亘中流，漩涡急溜，激石奔腾，水力甚大，甫将大木接上，即被漂去，旋入石罅中折断，如此十余次，未能即渡。"② 入夜，大雨如注，廓尔喀军以为清军在这样恶劣的气候条件下不可能渡河。福康安佯命各兵撤退，潜伏于石磡树林内，候至半夜，出敌不意，架缚巨树缘木过河，派遣桑吉斯塔尔守桥，另分兵三路，其中鄂尼保、克升额等绕至寨后山梁，哲森保、翁果尔海等前往接应，阿满泰、珠尔杭阿、定西萧顺

---

① 《钦定廓尔喀纪略》卷三十四，乾隆五十七六月二十三日，季垣垣点校，中国藏学出版社2006年版，第545页。上谕问此策系福康安抑或海兰察主见，据《碑传集》卷一百一十六所记，当系海兰察。参见钱仪吉纂：《碑传集》九，"书武壮公海兰察轶事"，靳斯标点，中华书局1993年版，第3366—3367页。

② 《钦定廓尔喀纪略》卷三十四，乾隆五十七年六月十三日至三十日，季垣垣点校，中国藏学出版社2006年版，第547页。

山进攻，海兰察带领巴图鲁侍卫潜越山沟，绕至对面山梁。五月二十四日黎明，各路官兵同民时进攻，廓尔喀兵猝不及应，溃败四散。清军遂破克堆寨，复循河而下，与大军会合，攻击协布鲁。台斐英阿一路亦由萨木那翻山而来，从西面夹攻，官兵乘胜直取布噜克玛及协布噜，廓尔喀兵放弃木城石卡而遁，复被官兵邀截斩杀两百余名，由旺堆正路进攻的官兵亦乘势搭桥过河，占据卡座。此战役艰苦而激烈，乾隆帝闻知捷报，十分高兴，称赞部队官兵"争先用命于人迹不到之处，攀援登陟，衣履皆穿，手足胼胝，并未稍形退却。用兵以来，从无如此之难者"[1]。

　　越境以后的第三处要隘为东觉（Dhunchay）[2]，该地在协布鲁以南一百数十里，山势更险。廓人据险固守，于山巅立营，半山以下筑有木城、石碉、石卡，直到一条东来西注的"横河"的河边，部署周密，声势联络。两山夹河对峙，壁立数千仞，下视"横河"，仅如一线。此前，清军自济咙南来，沿途山势逼仄，但所遇廓人的卡寨及渡河处所，尚略有偏坡，至此，地势险峭无比。六月初三日，清军分道而前。一由噶多普趋东觉为正道，一由噶多普东越山趋雅尔赛拉、博尔东拉为间道。海兰察督桑吉斯塔尔、阿满泰、珠尔杭阿等出间道。福康安出正道，命台斐英阿等据守作木古拉巴载山梁，以大炮昼夜轰摧，作正面牵制，而自己则带领额尔登保等由山巅潜往大河上游噶多普山，由山岩重叠之处且伏且下，绕行两日，于六月初六日下至山麓，浮水渡河夺据碉卡，直趋头座木城，屯兵奋勇攀登，各兵继进，连克二三座木城。廓尔喀兵从树林内吹号呐喊，乘高下扑，木城两侧石卡内各守兵亦倾巢出击，官兵分头迎战，短兵相接，不及放枪，惟用弓箭刀矛。台斐英阿探

　　① 《钦定廓尔喀纪略》卷三十四，乾隆五十七年六月十三日至三十日，季垣垣点校，中国藏学出版社 2006 年版，第 551 页。
　　② 在松筠的地图上标注为"东觉马黄山"，见附图 3.10 - 2。威廉·柯克帕特里克（William Kirkpatrick, 1754—1812）在《尼泊尔王国纪事》（*An Account of the Kingdom of Nepaul*）中写作 Dhooncho。参见 William Kirkpatrick, *An Account of the Kingdom of Nepaul: Being the Substance of Observations Made during a Mission to That Country, in the Year 1793*, London：William Miller, 1811, pp. 303 - 313。邓锐龄据 Dilli Raman Regmi, *Modern Nepal: Rise and Growth in the Eighteenth Century*, Calcutta：Firma KL Mukhopadhyaya, revised Edition, 1975, p. 465 以及前揭佐藤氏书第 681 页确定为 Tundi。

知福康安一路已由噶多普渡河得胜后亦由正路下山搭桥过河，连下木城石卡，追逐二十余里。在海兰察一路，桑吉斯塔舜萧、翁果尔海为头队，阿满泰、哲森保为第二队，珠尔杭阿、墨尔根保及屯备木塔尔为第三队，"各山极为高峻，林深箐密，毫无路径，连日潜伏步行，冒雨登陟，昼夜遄行"①。经过激战，渡河破卡，再绕至东觉后方，东觉正面之清军亦并力进攻，各路配合，于六月六日夺取东觉要隘。这一场战斗，战场广阔，作战激烈，官兵方面中枪受伤和阵亡百余名，表明廓尔喀军队在火力上占有一定优势。是时，清军官兵"登山陡险，打仗追贼，昼夜辛勤，已经八日，履袜擦损，跣足徒行，为石凌擦伤，蚂蟥噆啮，两足多已肿痛。且贼境天气，阴雨最多，每日惟辰巳二时稍霁，交午即云雾四合，大雨如注，山巅气寒，入夜雨皆成雪。兵丁昏夜登山，遇有数丈石磡，攀援树枝始能跳越上下，一经雨雪，尤属溜滑难行。随带弓箭，多致跌折，锣锅帐房，更不能携往，裹带糌粑，又已食完"②，不得不在战后顿兵稍事休整。③

七、甲尔古拉山之战

清军到达喜马拉雅山之兵力共一万人，其中一千人留守在绒辖，三百人由成德率往聂拉木，向廓尔喀发动牵制性攻势。福康安正面部队仅有六千人。其中真正的精锐劲旅是屯练土兵、索伦、达呼尔与巴图鲁侍卫章京。屯练土兵生长山陬，陟雪登高，向称矫健，步行越岭，毫无劳状，屡经行阵，素为廓尔喀人所畏惧。参赞大臣海兰察及诸多巴图鲁侍卫、索伦、达呼尔兵等系生长于东北边寒之地，素耐寒冷，勇猛善战，冲锋陷阵，有进无退，所以清军征讨廓尔喀时，其武器虽称逊于廓尔喀，但部队官兵战斗力较强，而且清朝经过大小金川之役已经摸索出了

① 《钦定廓尔喀纪略》卷三十五，乾隆五十七年七月初二日至十四日，季垣垣点校，中国藏学出版社 2006 年版，第 556 页。

② 《钦定廓尔喀纪略》卷三十五，乾隆五十七年七月初二日至十四日，季垣垣点校，中国藏学出版社 2006 年版。

③ 可以参见 Dilli Raman Regmi, *Modern Nepal: Rise and Growth in the Eighteenth Century*, Calcutta: Firma KL Mukhopadhyaya, revised Edition, 1975, pp. 167 –231。

一系列适合山地攻坚作战的战术战法，并且在此次自卫反击战中得心应手地加以灵活运用，所以一路长驱直入，攻城夺寨，所向克捷。但是，清军官兵因昼夜行军，中经数次激烈战斗，劳师久役，此时已经饥疲不堪，加之疾疫流行，非战斗减员日多，部队战斗力其实开始呈现出强弩之末的态势。兵法云："千里馈粮，士有饥色；樵苏后爨，师不宿饱。"① 清军此时深入敌境数百里，在当时的情况下通过翻越喜马拉雅山区进行补给的困难可想而知。据福康安说，一路"山高路险，道里遥远，番夫背运粮石，负重行走，于中途稍为憩息，即有耽延。况大兵已经乘胜深入，愈行愈远，节节险阻，长夫更易疲乏"②。粮运不继，军营缺粮情形与日俱增，最严重时仅余两天粮食，士卒有枵腹之虞。

杨揆，字同叔，号荔裳，江苏金匮（今江苏无锡）人，清代著名诗人杨芳灿之弟。生于乾隆二十五年，卒于嘉庆九年，终年四十五岁。生而聪颖，好涉猎史事。彭元瑞视学江左，闻其才，妻以兄子。乾隆四十五年，乾隆帝南巡召试，特赐举人，授为内阁中书，学习行走。乾隆五十五年八月入直军机处任章京。③ 乾隆五十六年，福康安率军进藏驱逐廓尔喀入侵，杨揆橐笔从征，作为其高级幕僚参与军机事宜的赞画，办理军务勤能得力，甚见推重，乾隆五十七年八月，揆以从征功，赏戴花翎，擢内阁侍读。乾隆五十八年，军务告竣撤归，杨揆被授为四川川北兵备道。④ 杨揆少与乃兄芳灿齐名，有"二难"之目。所作骈体文沈博

① 司马迁：《史记》卷九十二，列传第三十二，淮阴侯列传，中华书局1959年版，第2614页。
② 《钦定廓尔喀纪略》卷三十五，乾隆五十七年七月初二日至十四日，季垣垣点校，中国藏学出版社2006年版，第560页。
③ 参见梁章钜、朱智：《枢垣纪略》卷十八，题名四，何英芳点校，中华书局1984年版。
④ 杨揆在《清史稿》中无传，仅《四川通志》有其简略介绍，见该书第六册，卷一百一十五，职官政绩，常明、杨芳灿等纂修，巴蜀书社1984年版，第3574页。清后期曾国藩等领兵之人幕府宾僚极一时之盛，投趋辕门以勋绩卓著被荐任督抚、提镇、按察、布政的出缺上而骤致大用者比比皆是，对于晚清政局和军制的变化产生了极为深远的影响。从参与此次驱廓保藏之役的军机章京长龄、方维甸、杨揆等人的经历，我们可以发现：其实这种变化的端倪在乾隆末年 （续下注）

绝丽，下笔千言，诗初学长庆，出塞后，异境天开，格律亦因之一变。
著有《桐华吟馆诗稿》十二卷（见《皇朝续文献通考》卷二百七十九，
经籍考二十三）、《桐华吟馆词稿》二卷（见《皇朝续文献通考》卷二
百八十一，经籍考二十五）及《卫藏纪闻》二卷并传于世。20 世纪 80
年代前期，藏学文献专家吴丰培专门辑出《桐华吟馆诗词》中的咏藏
诗作拟名《桐华吟馆卫藏诗稿》予以正式出版，见吴丰培辑《川藏游
踪汇编》（四川民族出版社 1985 年版），堪称驱廓保藏历史诗化的实
录，具有不可忽视的史料价值和文学价值。众所周知，福康安在此次驱
廓保藏作战中的奏折均出自杨揆之手，而对于当时清军深入廓尔喀境内
后军粮不继，杨揆在其《桐华吟馆诗钞》里则无需拟撰奏章公牍时欲
言又止的含蓄与顾忌，而是用韵语俪句进行了形象的刻画，足以佐证福
康安奏折中反映后勤保障方面的问题。如《堆补木军营帐房苦雨述事》

（续上注）就已经隐约可见。如果我们联系福康安对于部属的滥赏，督抚专权的苗
头实已胚胎于斯时殆非孤证之论。杨揆的确是非同寻常之人，其学渊博，其才宏
肆，故为福康安、和琳、松筠等诸多大员所赏识，争相延揽。乾隆五十九年十月，
廓尔喀之役结束不久，福康安便陈奏称，川北道杨揆随同办事有年，现在前赴云贵
新任，查办钱法等事，须得隔省实心任事之员随往查察，庶免回护，请将杨揆带赴
滇省，一两月后即令回川供职。乾隆帝对此就持以审慎的态度，云："向来督抚于
调任后请将此省官员带往彼省，久经饬禁。盖各省俱有属员，足资交办事件。何必
将旧任官员带赴新任，使阖属转疑督抚另有信用私人，遇事不肯出力。而所带之员
又或因督抚相待稍优，未免倚藉声势，渐次专擅，甚至通省官员，不畏督抚，而转
畏带往之人。此等流弊，皆所不免。虽福康安受恩深重，且在封疆历练有年，自能
留心查察，秉公持正，不至有此等弊端，但亦不可不防其渐。此事若他省督抚违例
具奏，朕必加之申饬。今因福康安新调云贵，为整饬钱法等务起见，姑从所请准其
暂行带。"（《清高宗纯皇帝实录》卷一千四百六十三，乾隆五十九年十月，台北华
文书局股份有限公司 1960—1970 年版，第 21706—21707 页。）乾隆六十年，在随
从福康安镇压贵州松桃厅苗族石柳邓起义过程中，杨揆很快因为永绥围解之功被保
举于十一月加按察使衔，不久补为四川按察使。嘉庆二年正月，杨揆又被任命为甘
肃布政使，但因白莲教起事，以杨揆熟悉四川地方情形，复被奏请留在川省办理军
务，未即赴甘，而由刑部侍郎英善兼摄甘省藩篆，并代理总督事务。后来，嘉庆帝
认为杨揆已是甘肃地方大员不得擅自留川，饬令其回到甘肃赴任。嘉庆五年，杨揆
调任四川布政使。嘉庆九年，以积劳卒于官任，赠太常寺卿。

有句云："千山转馈劳，师行不宿饱。曳踵行蹒跚，垂首色枯槁。朝闻童仆语：'我粮亦已休！'囊橐羞罄如，升斗将谁求？黄独未可铲，白石不可煮，始信索蜜人，'呵呵'口良苦。蒙被暂坚卧，历辘鸣饥肠，将非渡漂诸，得勿来翳桑。筹策幸不迟，画饼君莫笑，夜唱且量沙，晨餐当减灶。有客馈花猪，脏神梦先觉，诘朝发空函，偏成覆蕉鹿（自注：林西崖廉访遣人馈花猪，猪堕崖谷，仅达空函）。同人笑相顾，食籍良不诬。料量盐菹肠，空憎羊触蔬。盘餐虽未供，且作屠门嚼。会待战胜归，椎牛共行酌。"① 又如《军行粮运不继，士卒苦饥，日采包谷南瓜，杂野草充食，感赋四律》中之一："军声三绝更三通，阻峭凭深路渐穷。带甲已看精力惫，呼庚那便糗粮空。肠肥莫笑餐糠粃，腹疾真愁问去麹蓩（自注：时军中疟痢大作）。柳往雪来时序晚，九重宵旰盼成功。"②

从清军前线报告可以看出，廓尔喀兵多系"壮大凶横之人"，"颇谙攻战"，"未形畏惧"。清军此前尽管每战必克，但一个国家边缘地带的防御总是弱于其核心地带，其防御力量总是具有纵深层次的，这一点从热索桥之役和东觉之役的廓尔喀军队布防设施差异即可一目了然。在清军逐渐逼近廓尔喀之首都阳布时，廓尔喀方面因接连战败，人心惶惶，但在面临国家生死存亡的关键时刻，其发动全国之力拼死防守也是求生本能的自然反应。此时，廓尔喀在本土核心地带的各处碉卡、营寨、木城，据险密布，甚得地势，防御甚固。在清军休整期间，此前被廓尔喀从聂拉木掳走的兵丁王刚、第巴塘迈及两名跟役放回，带来廓尔喀王子给福康安的书信，要求停战议和。福康安回复一檄，指出廓方从去年诱执的人内先遣数人前来，意在试探，心存藐忽，全非出于至诚，要求王子、王叔、玛木萨野及沙玛尔巴等亲身前来请罪，并将噶伦丹津、扎什及兵丁放回，若再游移，大将军定即统兵进剿。未几，廓尔喀方面复派遣大头人噶布党·普都尔帮里（Captain Bhotu Pande）、噶箕·朗穆几尔帮里（Kazi Ranjit Pande）、达萨尔·乃尔兴（Taksari Naras-

---

① 吴丰培辑：《川藏游踪汇编》，四川民族出版社1985年版，第167页。
② 吴丰培辑：《川藏游踪汇编》，四川民族出版社1985年版，第168页。

inha）等人于六月二十五日到清军达雍鸦大营，并将此前掳去的噶伦丹津班珠尔、扎什敦珠布、聂拉木营官聂堆、汉兵卢献麟、冯大成及西藏官员随从等人送回清营，乞请议和。福康安担心这可能是缓兵之计，未允议和，但此时深入敌境，兵力困疲，粮运艰难，不能连续作战，只得就地休整。福康安面谕头人们并发檄令其大头人带回阳布，要求廓方须将噶勒拉、堆补木（Dhaibung）①、甲尔古拉（Gerkhutar）、集木集各处山上据守人众全行撤回，王子拉特纳巴都尔、王叔巴都尔萨野（Bahadur Shah）率领大头人等亲自前来清营，始准议和。廓方大头人回去以后，数天内未见动静。清军已休整二十天，粮秣稍得补充，考虑秋天即到，须在大雪封山之前藏事，遂于七月二日向堆补木发动新的攻势。

自后藏边界进入廓尔喀境内，其大山皆系东西对峙，中夹大河，官兵屡次攻夺，皆先绕道登上东面山巅，从上压下，势若建瓴，敌兵无不纷溃退。惟自过雍鸦以南，其山势都是南北相向，层叠横亘，更加陡峭，官兵由山北登陟，步步均须仰攻，例如噶勒拉、堆补木、甲尔古拉、集木集大山层叠，而堆补木与甲尔古拉两山之间，又有横河一道，廓尔喀兵在木城内据险抵御。清军主力于七月初二日分左右两路同时前进，仰攻噶勒拉山巅上对方的据点。因噶勒拉山巅有木城两座，廓尔喀兵在木城放枪投石，奋力迎拒，福康安即督率官兵分为数队，佯作觅路登山状，廓尔喀兵从高处压下，来势泼猛。是时，左右两路官兵已于树林内分趋东西各卡，官兵骤至，廓尔喀兵阵势大乱，福康安由中路前进，左右夹击，乾清门侍卫墨尔根保、侍卫图尔岱、参将张占魁于攀援木城时中枪阵亡，官兵前仆后继，各兵分投火弹，焚烧木城，先后攻克木城二十一座，廓尔喀兵阵亡三百余名，清军乘胜追至堆补木山口，复登山击败廓军，福康安命桑吉斯塔尔、英贵等由正面冲锋，阿木尔塔、成勒春丕勒等分攻各卡，廓尔喀兵阵亡百余名，巴图鲁三等侍卫索多尔海、都司魏玉龙于夺卡时，因枪伤落崖丧命。此时已届半夜，清军连夜

---

① 迪利·拉曼·雷格米（Dilli Raman Regmi，1914—2001）《现代尼泊尔：在 18 世纪的崛起与成长》中作 Dhaibung，威廉·柯克帕特里克《尼泊尔王国纪事》中作 Dhyboon。

作战，越山至堆补木山下的帕朗古地方（帕朗古似即 Betravati），① 这又是从东北向西南流入特尔苏里大河（济咙河下游）的一条急流的名称，它流经堆补木山与甲尔古拉——集木集山之间，清人也习称之为"横河"。河上有桥，廓军据守桥座，并于北南两岸砌筑石卡，河南岸即甲尔古拉大山与集木集大山，两山相连，山梁自东（集木集山）至西（甲尔古拉山）横长七八十华里，其上廓军排列木城碉卡数十座。清军连夜分兵两路，一路由珠尔杭阿、安禄等率领由帕朗古横河上游进攻集木集山；另一路由阿满泰、棍德依等由帕朗古夺取桥座，渡河进扑甲尔古拉大山。主路由福康安督率由帕朗古夺取桥座后渡河进扑甲尔古拉大山。七月初三日晨至横河北岸。据福康安报告："臣等带领官兵进攻桥座，北岸卡内贼匪拼命抵御，我兵奋勇攻扑，于高碉上用枪炮向下轰击，自辰刻攻至午刻，卡内贼匪，大半枪毙，站立不住，逃遁过桥。南岸贼匪，排枪数层，连环不断，一面抵住我兵，一面即欲拆桥，已将桥板撤去数块，唯恐桥座拆断，过河愈难。阿满泰等直前争夺，兵丁乘势竞进，一拥过桥。阿满泰及屯备色克巴在前行走，适中枪伤，落水身故。其时兵已抢至南岸，将贼卡攻得，杀死贼目三名、贼匪一百余名，沿河贼匪，败窜上山，我兵即追蹑贼踪，往攻甲尔古拉。其横河上游一路，珠尔杭阿、安禄等见正路官兵已过，亦乘势搭桥，渡河进攻集木集。臣等即带兵过桥，督率两路官兵奋勇前进。适值大雨倾注，山崖险滑，直上二十余里，将近木城，形势更陡，贼匪居高临下，枪炮甚多。我兵仰攻，又无大石、密树可以藏身，不能立时攻克，当将官兵撤至山下……复有贼匪在大河隔岸放枪助势。三路之贼，不下七八千人。……我兵追至山麓，始行撤回。此次进攻接战两日一夜，连克两重大山……夺据帕朗古大桥一座，官兵并未稍为休息……今官兵追逼更近，已过帕

---

① 邓锐龄认为，Ludwig F. Stiller, *The Rise of the House of Gorkha: A Study in the Unification of Nepal, 1768 – 1816*, Kathmandu: Patna Jesuit Society, 1975, p. 205 所载清军入巴勒布路线简图有 Phalangukhola 一名，标在协布鲁之南，若以此当帕朗古，与清方记述相校勘，则太偏北，不知孰是。参见邓锐龄：《清乾隆朝第二次廓尔喀侵藏战争（1791—1792）史上的几个问题》，《中国藏学》2009年第1期。

朗古大桥，与贼营对山驻扎，较雍雅地方复深入七十余里。"①

福康安关于此战的奏折不可得见，《廓尔喀纪略》八月二十一日条的节引文则于要害处含糊其词，我们仅能从战报的字里行间揣测当时的大体情形。从该奏折称这三支廓军不下"七八千人"看来，福康安等显然陷入了重围。福康安虽然在该奏折承认是他总领两路军进攻，但细绎其文，"我兵追至山麓，始行撤回"一语似乎就暗示了未能取胜之意。从该奏折之节引文看来，清军只攻下噶勒拉、堆补木两山上的碉堡，而于攻夺甲尔古拉山一战失利。虽这里不明言兵士死伤数字，但高级将领如护军统领台斐英阿、二等侍卫英贵、索伦佐领棍德依等等十人尽皆死于是役，乾清门头等侍卫哲森保受重伤送回国内，至边境亡故，足见清军伤亡损失之巨大。而当年廓尔喀王子致其将领信则云清军损失不下一千至一千二百人，适可以与此相参证。乾隆帝在接到战报时都"几于不忍披阅"②，指示"嗣后与贼接仗，所有得力之巴图鲁侍卫等，不可复使冒险轻进，致有伤损"③，要求福康安将伤亡情况汇报尚未明晰之处查核据实覆奏。当双方激战时，丹津班珠尔等被廓尔喀释放归来的人员正留在清营，丹津班珠尔在嘉庆十一年写成的回忆录《多仁班智达传》里追述当时他登高观战，曾经目睹清军败退拥挤过桥落水或被俘的情形，并声称此役之败是福康安不听海兰察劝阻的结果，但未言劝阻的内容。昭梿如是言："七月庚子，裹粮再进，历噶勒拉、堆补木、特帕朗古桥、甲尔古拉、集木集等处七百余里，凡六战皆捷，所杀四千余人，至热锁桥。福以为势如破竹，且夕可奏功，甚骄满，拥肩舆、挥羽扇以战，自比武侯也。我兵皆解囊鞬、负火枪以休息。贼乘间入，我兵狼狈而退，台斐英阿死之，武弁亦多阵亡者。"④ 魏源在道光二十二年

①　《钦定廓尔喀纪略》卷三十九，乾隆五十七年八月二十一日至二十二日，季垣垣点校，中国藏学出版社 2006 年版，第 608—610 页。

②　张其勤原稿，吴丰培增辑，《西藏研究》编辑部编：《清代藏事辑要》，西藏人民出版社 1983 年版，第 295 页。

③　《清高宗纯皇帝实录》卷一千四百一十一，乾隆五十七年八月，台北华文书局股份有限公司 1960—1970 年版，第 20988 页。

④　昭梿：《啸亭杂录》卷六，"廓尔喀之降"，何英芳点校，中华书局 1980 年版，第 175 页。

（1842）所著《圣武记》卷五《乾隆征廓尔喀记》则先依《廓尔喀纪略》简叙战况，复言福康安不听海兰察扼河立营之策，及败，官兵"且战且却，死伤甚众，赖海兰察隔河接应，而额勒登保扼桥力战，乃退贼"①。《清史稿》福康安列传在称颂其"攻噶勒拉、堆补木诸山，破甲尔古拉、集木集两要寨。转战深入七百余里，六战皆捷"② 的战绩时，在末尾亦笔锋一转，言"福康安恃胜，军稍息，督兵冒雨进；贼为伏以待，台斐英阿战死"③。以上记载虽互有出入，但众证咸同，金称福康安志得意骄，轻敌浪战致败。清军此役损兵折将，一方面的原因在于廓尔喀方面因屡次败北，清军迫近都城，国势阽危，故倾巢而出，背水一战，在兵力上超过了清军，主客势易；另一方面的原因就在于福康安作为清军前线最高统帅在思想上麻痹大意，未能知己知彼而百战不殆。实际上，如果清军越过此山进据纳亚科特（Nayakot）④ 地方，前去廓京仅一日的路程（约 20 英里＝32.18 公里），则能迅速攻入加德满都，可谓功亏一篑。

七月十九日，福康安、海兰察等不得已密奏前线困窘情况，请求准许及早受降。此密奏仅见于《元以来西藏地方与中央政府关系档案史料汇编》（3）第 754—757 页，系第一历史档案馆藏军机处录副奏折。其文云：

> 查此路进剿官兵，节次打仗攻扑，间有阵亡带伤又多堕岩落河者。现存兵丁，除分防后路，不及五千名之数。复因贼境水土恶

---

① 魏源：《圣武记》卷五，"乾隆征廓尔喀记"，韩锡铎、孙文良点校，中华书局 1984 年版，第 236 页。

② 赵尔巽等撰：《清史稿》卷三百三十，列传一百一十七，福康安传，中华书局 1977 年版，第 10921 页。

③ 赵尔巽等撰：《清史稿》卷三百三十，列传一百一十七，福康安传，中华书局 1977 年版，第 10921 页。

④ 有关该地的资料可以参见 Francis Hamilton, *An Account of the Kingdom of Nepal: and of the Territories Annexed to this Dominion by the House of Gorkha*, Edinburgh: Archibald Constable, 1819, p. 241；亦可参见博纳尔吉：《廓尔喀人》，田伟摘译，《南亚译丛》1981 年第 3 期。

劣，霖雨不止，触染岚瘴，患病者至六百八十余名之多。呈报病故，日有数名。前调川兵，原拟五月中赶到，今总兵彭承尧带领头起瓦寺等处土兵五百名，于本日始行到营。即使早调多兵，粮石愈益增多，更难运送。至于后路粮饷，前藏经和琳竭力筹办，已有成效，业经疏通。而后藏至宗喀、济咙一带，总缘道路险远，不能源源接济。近日兼办长运，报出济咙粮石稍多，尚未到来。计自五月初六日进兵，截至本日，已有七十余日，核计官员支食份例、兵丁口粮，应用糌粑六十三万余斤，而由济咙运到大营之粮，官办糌粑只有六万四千八百余斤，连臣福康安自办糌粑五万五千八百余斤，共有十二万六百余斤，仅给应支数目十分之三。又，运送食牛八百余只、羊一万二千七百余只，中途多已坠岩，到营者仅存牛二百余只，羊一千六百余只。两月以来，兵丁口食不敷，只将搜取之仓谷、青稞及臣福康安差人零买番寨之粮，添补糊口。饷银一项，除恩赏臣福康安银两及臣福康安因兵饷不敷在后藏借银一万三千余两外，川省陆续所运之饷，截至本日止，只到银二万，现俱支发用去。种种掣肘情形，实属万分焦急。①

据《钦定廓尔喀方略》卷四十一乾隆五十七年九月初十日条引福康安、海兰察、惠龄奏，七月二十一日到二十七日，军营糌粑已运到五万二千五百斤，铜银续到一万两。由是观之，则该密奏发出数日后，清军后勤供给就已经畅通了。引文详述军队减员、存粮饷银极端匮乏的实况。此下文约三大段极为婉转缕晰地说明：藏地早寒，转瞬已届深秋，一旦冰雪封山塞途，势难久驻。宗喀、通拉山等处八九月间大雪封山。今年节气较早，须赶封山前藏事撤兵。由此前至阳布，山河阻隔，廓军据险防御，势难立时攻克。即使能到，廓王亦必预先逃逸，其境土尚宽，跟踪追逐，难以克期俘获，辗转耽延，终非了局。在此种情况下，若非及早藏事撤兵回藏，则进无可取，退无可守，实难计出万全，故拟

---

① 中国藏学研究中心等编：《元以来西藏地方与中央政府关系档案史料汇编》第3册，中国藏学出版社1994年版，第754—757页。

遵前奉谕旨，纳款受降，等等。最后又非常巧妙地声明：若有一隙可乘，尚思于万难之中设法攻克敌都等地，事半中止，实非本心所愿，唯不得不审时度势，允降班师；此密折所言并未于侍卫将领前稍有宣露。乾隆帝在万里之外较早就担心福康安冒险深入，屡降旨令福康安等妥速藏功，如实在万难进取，不妨据实奏明。这实际上将进退大权已经嘱托给福康安了。五十七年八月，乾隆帝接到福康安等的密奏，并不特别了解福康安在前线轻敌致败，由于一向将福康安视为心膂中人，所以览奏如觅获凤心，嘉许其

清军入廓作战地形图

如今已筹及趁机纳降撤军之事，诚为进退知节。福康安一军此时已深入敌境七八百里，而成德、岱森保部作为辅攻，于七月中攻克至廓尔喀境内的利底山（Listi），如此两支队伍并入，形势颇令廓人畏惧震恐，故遣人求和的交涉一直赓续不断。七月八日，福康安接到廓王子来信，语气谦卑，答应交出从前私立的合同文件、抢走的札什伦布寺财物、沙玛尔巴的骨殖及其徒弟、随从、财产。此时，官兵攻势已受阻而按兵不动。福康安体察天时地利，自量兵力粮运，势难立时直捣巢穴，与其悬军深入，难以计出万全，莫若宣示恩威，尚可永绥边境，乃于廓方来言和之时将计就计，俯允所请，准其乞降纳款，宣布威棱，令其坚明约束，于八月二十一日从帕朗古撤军。是月二十六日，成德由利底撤军。九月初四日，福康安率全军撤回济咙。五十七年十月，廓尔喀投诚，进表纳贡。乾隆帝以军事藏功完善，于是月初三日撰《御制十全记》一篇，并命译为满、汉、蒙、藏四体文字，勒石于布达拉圣祖御碑之侧，"奎文睿藻，照耀边隅"，以志武成十告，昭垂久远。第二次驱逐廓尔喀自卫反击战卒成为皇帝"十全武功"的压卷之作。

第十一章　军事与法律：社会控制技术变革的资源

第一节　空间展示：人犯勾决的法场象征意义

清人陈恒庆记载了京师秋审勾决人犯的情景：

> 历年秋审案件，先由刑部各司将各省命案，按律核定，或缓决，或情实，一一注明，送六部、都察院、大理院阅看。如见有所拟不合者，即奏请交刑部再议。各衙门阅毕，其所刷印原册，人各留之，亦不缴还。予在谏垣六七年，此项案册，架上积有盈尺矣。刑部择定各省勾到日期，或数省一期，或一省一期，分程途之远近，先期奏明，即定期朝审。六部堂官、都察院、大理院，凌晨集于西长安门内朝房，人各一案。刑部吏先宣读各省情实案由，至午各散。第二日，再过刑部狱中各犯，被以赭衣；犯人之亲友，以山里红（即大红山查，潍曰石榴）一串挂其项上。此物色红而形圆，盖取其团圆之义。刑部皂役数人押一犯，八旗兵沿街站立，以备不虞。先点官犯。官犯衣墨青外褂，官帽无顶。吏呼其名则应，令其跪则跪。此犯退，则再呼一犯。凡拟缓决者，吏则高呼曰"缓决"。凡入情实者，吏则低声，若不欲使之闻。至女犯，则两役以筐舁之。……至勾到之日，都察院奏呈一省全案。上命大学士素服秉朱笔，照刑部黄签，应勾者勾之，其余则朱谕曰"某某牢固监禁"，"某某流徙"。给事中捧之，至刑部大堂，陈于黄案。刑部堂官对之行三跪九叩礼。给事中既退，刑部即日登递钉封文书于该

省。至京师勾到之期，监斩绞者，为刑部司员。事毕，同僚在菜馆相候饮酌。有李司员应此差，其夫人忌讳极多，嫌其不吉，不令归家，畀以赏，任其冶游一夜，明日再归。①

　　文中所叙秋审招册在有清一代需要动用大量的人力物力。最初，"刑部吏承办刊印秋审册，有每年赔累五千金之言，且板在民间，事易泄漏。雍正十三年，始奏设总办秋审处于大库西，建屋四十八间，以居匠役，厅事五间，为治事所，以满、汉司员二人领之。而核定缓、实，仍归本司。迨堂议既定，发秋审处缮清付梓而已。乾隆七年，始令秋审处核定各司所议情实各案，其后则无论应缓、应实，皆由秋审处驳定矣"②。乾隆二十八年九月，御史戈涛奏：每年刑部会审各省重犯招册，临期散给，时迫册多，披览不能详细，请嗣后秋审届期，将各省招册于十五日前分给各衙门，俾得从容翻阅。乾隆帝认为所奏甚是，依议而行，故而出现陈恒庆所述秋审案册留在参与会审官员手中越积越多的情绪。据吴振棫记载，"曩时勾到之地，宫内在懋勤殿，圆明园在洞明堂，香山在勤政殿后、致远斋之东、正直和平楼下，避暑山庄在依清旷"③。吴振棫所言较诸陈恒庆此处的记述更为准确，这可以以《清实录》和其他大量的一手材料加以印证，目前也有学者发表过专门研究在避暑山庄举行秋谳大典的论文④。

　　按照通说，秋审、朝审拟情实处决死刑人犯须冬至前由刑部开单奏请皇帝御笔勾决，谓之御笔勾除。勾决具体做法有两种：一为皇帝亲自执朱笔勾划处决情实罪犯，二是皇帝降旨，处决情实罪犯，由大学士遵旨按单照勾，然后票签进呈，批出后执行。⑤ "勾决"在档案中有不少

　　① 陈恒庆：《谏书稀庵笔记》，"朝审"，沈云龙主编：《近代中国史料丛刊》第四十一辑，406，台北文海出版社1969年版，第59—60页。

　　② 吴振棫：《养吉斋丛录》卷六，北京古籍出版社1983年版，第60页。

　　③ 吴振棫：《养吉斋丛录》卷六，北京古籍出版社1983年版，第59页。

　　④ 周晓梅：《避暑山庄与清代秋审勾决制》，《承德民族师专学报》2003年第3期。

　　⑤ 李鹏年、刘子扬、陈锵仪编著：《清代六部成语词典》，天津人民出版社1990年版，第329页。

题本对其程序有详细的叙述，但对于"勾"这一动作语焉不详，所以在这一委曲难明之处形成许多似是而非的演义说法，以讹传讹。其实，勾决本成折状，死囚姓名直行书写，一名一行，自右至左排列。所谓"勾"者，并非皇帝以朱笔在死刑人犯名单上画一个大圈，也不是画勾，而是在每个被勾者姓名右上角之上，先自左至右横行，再于姓名之右转下，划一成"┐"状的标记。① 现代人以当今法院在死刑布告中划勾的作法附会清朝皇帝勾决的标记，可谓悬揣臆说，与原始档案所反映出来的情况出入很大，与清朝中枢机构的工作作风不符，不足为信。死囚姓名如果被红笔划勾，就表示该犯死期已到，等于宣判死刑，称"情实勾到""予勾"或"勾决"；在罪人名册上未用朱笔打勾的，此次免于处死，称为"情实免勾""勾免"，继续监禁，留待来年再审。

有小说这样描述："朝审结束后，将已判斩决的囚犯打入囚车，押回监狱，等奏请皇帝判决后执行。沿途戒严，不许百姓观看。等囚车过底再将判处缓期执行的罪犯，排立在三座门右侧门洞内，每一囚犯乘轿车一辆，但没有布围，左右各有刑部役隶二人押解，顺序从西三座门走出，沿西长安街向西，到司法部街向南，回刑部监狱看押。这天，凡是囚犯的家属或亲友都要到三座门外，看看自己的亲人是否判处缓刑。他们都预先买些用麻绳贯穿的山里红一挂，站在西三座门外等候。等囚犯轿车走出，他们便举着山里红，挨车寻找自己的亲人，一经发现，便抢到车前，向车内囚犯请安，大声呼喊：'您大喜啦！'车内的囚犯，便探身频频点头，表示还礼。趁囚犯探头的机会，他们便把山里红挂在犯人的脖子上，犯人连声呼喊'谢谢谢谢！'这种场面不过四五分钟。挂山里红的举动，叫'朝审挂红'，表示祝贺自己的亲人，又可延长一年生命。假如某囚犯的亲友来'打朝审'的很多，他的脖子上挂的山里红，几乎可以

---

① 刑科题本：题报咸丰十年并十一年份秋审热河情实重囚花名请旨勾除欷下事，档号：02－01－07－12413－004。刑科题本：题为开列福建省服制攸关由立决改监候重囚花名请勾除事，档号：02－01－07－09448－024。刑科题本：题为开列处决盛京省情实重囚乔泳生等花名请旨勾除事，档号：02－01－07－10572－001。

把脸部遮盖。"① 凡"缓决"一次，第二年再议，仍入"缓决"，历年相沿办理，一如常例，这样的囚犯便被称为"老缓"。《养吉斋丛录》载："迨勾讫，刑部司员骑马赍旨至，乃唱名，牵犯入跪。兵马司吏目以墨笔书'斩''交'字于其面，斩书斩，绞书交。正指挥以朱笔点之，然后行刑。刑部司员监视。其免勾者，仍还狱。"②

在每年冬至前执行，不准死囚活过冬至，因而叫"秋决"，北京人俗称"出大差"。执行之日称为"郊天"。至于判处死刑应该执行的囚犯，在执行的前一天，监狱的看守人员，便对罪犯说："你大喜啦，官司今天完啦！"囚犯一听，便知道将要执行死刑了。是夜，由佩带武器的看守人员加紧看守，由专人给囚犯洗脸梳头，将家属送来的新衣穿上，由监狱发给囚犯清油大饼一斤、酱肘子一大包，俗称为"烙饼卷盒子菜"。这顿饭又被称为"辞阳饭""断头饭"。董康在清末刑部任职，后来将自己的亲身经历记录下来，这样写道："自会勘之后，一应例实或改实人犯，由各监提入现监，（两监均有之）看守加严，待遇亦优。朝审勾到之前一日清晨，令各囚梳沐清洁。偏悬大赦来临之红字纱灯，即在所卧之砖炕上，设列酒筵，以六人为一席，每人以二役监视，炕前余地，招著名之杂耍大鼓演唱，并纵外人入视，不啻如易水之击筑奏技也。已牌张筵进馔，故缓其时晷，至决日之子牌，始进火锅，杂耍等潜出，是时内阁依法勾讫，刑部值班之侍郎一人，入署御大堂（常时办公

---

① 张宝瑞《八卦英侠图》，资料来源：http://www.oldrain.com/wuxia/zhang-br，访问时间：2009 年 5 月 3 日。实际上，此段文字应该是抄录于朱友实：《菜市口刑场》，见中国人民政治协商会议北京市委员会文史资料研究委员会编：《北京往事谈》，北京出版社 1988 年版，第 423—426 页。董康在《壬寅年秋录大典记事》以自己的亲身经历这样写道："至朝审日，余督率各司狱及兵弁管解诸囚至金水桥朝房候审，朝房在西长安门内、路南，与社稷坛南门相对。时钦派之覆核秋朝审大臣及三法司九卿翰詹科道等咸集，各官自备座褥叙位东西向敷设坐地。刑部书吏点囚入，一跪即起去。吏喝唱某人情实或缓决，事毕解囚出西长安门，囚之亲友在此迎候，握手致庆，各赠红山楂一大串，套于项颈，兆已流血沐更生也。回监后，缓决者仍入原监房；情实者概入现监，加役逻守。"见何勤华、魏琼编：《董康法学文集》，中国政法大学出版社 2005 年版，第 450 页。

② 吴振棫：《养吉斋丛录》卷六，北京古籍出版社 1983 年版，第 60 页。

在白云亭）。饬各司之监决者，诣提牢厅提犯。鱼更甫尽，遥闻虎头门内，逻守兵役，高呼著手之声，递传入内，斯须之间，诸囚锒铛至厅，插标受缚，诣大堂唱点，乘去帷之骡车赴菜市。"①

部狱提犯自东门出则宥，出西门则死。黎明，犯人便被提出监狱，用法绳绑好，点名登上囚车，从刑部大门的右门洞（俗称白虎门）走出，到菜市口受刑。《燕京访古录》载："宣武门外箭楼下，吊桥之西，立石碣一，刊'后悔迟'三大字。按此碣为清朝所立。清制：每遇犯人赴菜市口就刑，必经宣武门。使犯人见此石碣，而知后悔已迟。"②宣武门在城西，西方属金，金主死，故宣武门在方术学中属于"死门"。囚犯沿途可以指名要某某点心铺或饭馆的菜饭，或某某绸缎店的布匹绸缎。死囚临刑前，照例准许家属送酒菜，称之"活祭"。有钱的人家，还为自己的亲人准备一桌丰盛的酒席，又称为"归阴酒""长休饭""永别酒"，等等。家属用提盒装着死囚平时最喜欢吃的饭菜，跪在死囚面前喂饭，还携带纸钱、纸锞，候斩决后焚化。囚车走到宣武门路东有一家叫"破碗居"的酒铺，囚车走到这家酒铺门前，暂停片刻，囚犯照例在这里要酒喝。这家酒铺专为死囚准备一种黄酒和白酒掺兑在一起的混合酒，称之为"迷魂汤"，又名"金银汁"。破碗居每到此时，在门前放长板凳一条，凳上放着大木盆，里面盛着混合酒，盆上横放一个长条木板，板上放破碗数个，囚车一到，押解人员用碗盛满"迷魂汤"给死囚灌下，让死囚喝醉。喝完，押解人员将碗向盆内一掷，碗顿时破碎，据说这样才算吉利，否则杀人就不顺。正是这样，北京城内不论酒铺、酒缸，出售零酒，不敢给顾客使用有裂痕或破口的酒碗，倘有

---

① 何勤华、魏琼编：《董康法学文集》，中国政法大学出版社2005年版，第354页。这段记载可以与该书所收录《壬寅年秋录大典记事》的以下记载相印证："余因司中有应决人犯，例须前往祗候，夜深入署，见甬道两旁张芦席防人窥伺，大堂设公案备堂官点名。至提牢厅，各司主稿已有至者。月色惨白无光，有顷，大门喝报某大人来，即闻虎头号门役人高喝'著手'，声长而厉，由外更道传达入中门，约十分钟。闻铁索锒铛集厅前，遂点名，绑缚插标，并于腰带悬红绳，穿当十钱五枚，为临时小解，给帮助缚束裤带者。绑毕，至大堂点名，鱼贯出白虎方门，乘无围车赴市。"见该书第451页。

② 张江裁：《燕京访古录》，中华印书局1934年版，第5页。

失误，顾客不但一文不给，甚至打骂店主，店方均不敢还口。

在我国古代，刑场多设于人多繁华的地带，如元代北京刑场设在柴市（今交道口一带），明代设在西市（今西四东一带），即所谓"刑人于市，与众弃之"①。《京师坊巷志稿》记载，清代"宣武门街，有市曰菜市口，刑人之所"②。迨犯人被杀后，尸体被人运走，血迹即被黄土垫盖上，尔后有人在此卖菜，菜市生意兴隆，菜市口故而得名。清朝时菜市口砍头，刑场就设在老药铺西鹤年堂门前东侧。西鹤年堂创立于明嘉靖年间，距今已有四百多年的历史，其旧址原系明代宰相严嵩的花园。花园匾额"鹤年堂"三字是严嵩亲笔所书。鹤年堂药铺创立时，利用花园遗存的匾额，并借用为铺号。行刑前一天晚上，刑部官员会通知西鹤年堂掌柜。第二天就无法做生意了，西鹤年堂要在门前的骑楼搭好席棚，摆好案几做监斩台，案头设朱笔、锡笔架。北京有句骂人的俗语"西鹤年堂去讨刀伤药"、让人去死的玩笑话"送你去鹤年堂"，就是源于此故。再者，鹤年堂也的确曾自制"鹤顶血"，这实际上是一种麻醉药，服下此药，周身麻木，疼痛不觉。行刑前，犯人家属给狱卒使钱，由狱卒将"鹤顶血"交犯人服下。据四川近代名人周孝怀回忆"戊戌六君子"就义时的情景说，菜市口东虎坊桥大街上开有一个鹤年堂药店。该堂备有鹤顶血，被处斩者买来服下，立刻昏迷，可以减轻痛苦。周孝怀买了一包，好不容易才靠近囚车，拉了刘光第的衣襟，将药递进去。刘问："什么？"周说："好东西，请先生用。"刘光第看了后，推开说："读书数十年，惟今日用之耳，拿去！"骡车到了菜市口刑场，杨锐先受刑，因那把刀久未用，砍了几刀，才将头割下，其状惨极。轮到光第时，他向紫禁城"拜北阙"，谢皇恩后，然后从容就刑。③

---

①　语出《礼记·王制》，引自孔令河：《五经注译》上，山东友谊出版社2001年版，第1385页。或可参见《康有为全集》第6集，姜义华、张荣华编校，中国人民大学出版社2007年版，第100页。

②　《京师坊巷志稿》卷下，台北新兴书局编：《笔记小说大观》三十六编，第7册，台北新兴书局1985年版，第229页。

③　乔诚：《周孝怀谈"戊戌维新"中的刘光第》，四川《文史杂志》1987年第6期。

　　监斩官一般是戎服佩刀、骑着大马、气势汹汹地带着决囚队，鸣锣开道，直奔刑场。衣服上绣着"勇"字的士兵，追随而来。监斩官升座之前，照例要踱进药铺喝壶茶。监刑时，监斩官坐于席棚内，身着官服，在官帽上罩大红缎质风帽，戴茶色墨镜，表示不忍视刑。但是，也有监斩官对于斩犯幸灾乐祸者。例如，戊午顺天乡试科场案简称"戊午科场案"，是咸丰朝第一大案，大学士柏葰被处斩，成为有清一代因科举舞弊被处死的唯一大学士。这次大案与当时太平军兴之后朝廷政治路线和权力斗争有关，科场案正为肃顺决意打击柏葰势力提供了难得的良机，坚持"取士大典，关系至重，亟宜执法，以惩积习"，"非正法不足以儆在位"。据《暝庵杂识》记载，"故事：大臣当死，临刑，众官为乞恩，往往得宥。及是，众邀肃顺俱前。肃顺怨葰，已取旨监斩，因佯诺，升车而去，至菜市，见葰车，迎笑曰：'七哥来早。'即升座促刑。葰官京朝久，门生故吏甚多，畏肃顺，无敢送者，独阜宁裴荫森白衣冠往送，顺亦不问也"①。因为肃顺手段过刻，形同酷吏，为士人和朝中同列所切齿，加之自律不严，在六年后的辛酉政变中，煊赫一时的肃顺也伏法于菜市口，往往被人认为因果报应，正道是"剃人头者，人亦剃其头"。

　　史载，菜市口刑场，"东自铁门南口外起，西至丞相胡同北口外止，每逢秋后朝审，在京处犯人众多时，由东向西排列，刽子手亦执刀由东

――――――
①　朱克敬：《暝庵杂识》卷一，《笔记小说大观》第33册，江苏广陵古籍刻印社1984年版，第31页。亦载朱克敬：《雨窗消意录》（与《儒林琐记》合刊），甲部卷二，岳麓书社1983年版，第114页。此外，《奴才小史》中的记载可以参证："刑部定案后，行刑之日，各犯官皆赴菜市口，候驾帖一到，即行刑。是日，柏葰照例冠摘缨冠，衣元色外褂，同赴市口，先向阙谢恩，静候驾帖。时谓其子曰：'皇上必有恩典，我一下来，即赴夕照寺。候部文起解，尔回家，速将长途应用之物，赶紧送来。'盖向来一二品大员临刑时，或有格外恩典。柏意谓非新疆，即军台，故云至夕照寺。候起解也。乃言甫毕，见刑部尚书赵光，一路痛哭而至。尚书盖在内廷候驾帖者。柏一见云：'完了！完了！皇上断不肯如此。此必肃六从中作祟。我死不足惜，肃六他日亦必同我一样。'云云。刽子即屈左右半跪，送中堂升天矣。闻是日赵光候驾帖时，文宗持朱笔颇迟疑，并云：'罪无可逭，情有可原。'肃顺在旁对曰：'虽属情有可原，究竟罪无可逭。'上意犹未决，肃顺即夺朱笔代书之。赵光一见，即痛哭出宣武门矣。……越六年，肃顺亦斩于市中，监刑者仍赵光也。定制：宗室行刑，即在宗人府自尽，不赴市曹斩决。肃顺乃照叛逆例，绑赴市曹，与大盗等，更难堪矣。而柏葰临终之言果验。肃顺既斩，柏葰冤亦昭雪。"参详老吏：《奴才小史》，巴蜀书社编：《清代野史》第2辑，巴蜀书社1987年版，第340页。

向西顺序斩决"①。死囚须面向东跪受刑，因东面有虎坊桥，意思是把死囚送入虎口。不过判处"凌迟"的死囚，则面向西跪，据说这种死囚罪大恶极，虎也不吃他的魂魄。刽子手都忌讳"刽子手"三个字，通常都呼他们刑部执事。台湾民俗学家唐鲁孙早年在北京遇到一个这样的执事，据说明朝燕王棣，为了排除异己，有姜姓亲兄弟五人，给他做贴身卫士，后来迁都北京，姜氏弟兄仍旧给成祖执行刑罚，就是后世传说的姜家五虎，故而事此业者都姓姜。② 这种人有很好的收入，一般说来，杀一个死刑犯，可得白银三两六，其中高手一天可杀好几个人。另外还有死刑犯家属给的"孝敬"，一给就是三五十两。这种"孝敬"，是拜托请以"快刀"减少死刑犯的痛苦。按照刽子手的规矩，他们用的是"鬼头刀"。"鬼头刀"在刀柄上，雕一鬼头，刀的前端又宽又重，后面又窄又轻，砍头时，反握刀柄，刀背跟小臂平行，把刀口对准死刑犯颈脊骨软门地方，以腕肘力量把刀向前一推，就把头砍下。③ 这种功夫不是无师自通的，也靠祖传或师傅传授，做徒弟的，总是先从天一亮就"推豆腐"——反握"鬼头刀"的刀柄，以腕肘力量，把豆腐推成一块块薄片，越薄越好，等推熟了，在豆腐上再画墨记，照墨记往外推，等准头练熟，再在豆腐上加十个青铜钱，一直练到指哪儿就推哪儿，毫厘不差，青铜钱在豆腐上丝毫不动，才算成功。学徒在下半天还要练习摸猴脖子，专找猴儿的第一和第二的颈椎，也就是俗话所说脖子后头算盘珠儿，大概人猴骨骼相同，久而久之，对于人体颈部结构了如指掌。午时三刻一到，朱笔一挥，刽子手持鬼头刀手起刀落，囚犯顷刻身首异处，一命呜呼。犯人的头砍下后，有的还须在桂兴斋点心铺（今

---

① 马芷庠：《北平旅行指南》，经济新闻社1937年版，第100页。
② 据说清朝北京城里的刽子手之所以都姓姜，而且名字也都叫"姜安"，乃是为了借姜太公的姓氏防止鬼魂纠缠。
③ 据《燕京访古录》记述："刑部堂上设刀架，排列五刀，第一刀前明杨忠愍临难所用，第二刀前明熊襄愍临难所用。第三刀乃大员伏法所用，第四刀、五刀乃寻常刑人所用。锋刃铦利无比，岁久通灵。开印日，司务厅掌印致祭焉。道光年间，第二刀上忽血沁流出，知必有大员就刑者，未几，提督余步云以失律诛。"张江裁：《燕京访古录》，"刑部刀"，中华印书局1934年版，第71—72页。亦载王用臣辑：《斯陶说林》卷三，海王村古籍丛刊，中国书店1991年版，页五十二。

南来顺饭馆址）门口悬挂示众三天。因刑场所致，菜市口东部的骡马市是旧京城棺材铺最多的地方。

　　如果处决十恶不赦的江洋大盗，犯人跪下，刽子手在犯人左右肩膀一蹬，再一揪辫子，脖子立刻拉长，有经验的刽子手一刀下去，正好是颈椎骨的骨缝，真是轻而易举，毫不费力，完成一件红差。在砍头时，为了减少死刑犯的痛苦，死刑犯家属每每给执事"孝敬"，其理也就在此。否则由生手或熟手故意装生手乱砍一气，死刑犯苦矣。另一方面，由于中国人忌讳身首异处而死，尸亲如果打点到了刀刃上，刽子手砍头砍得恰到好处，一推刀推到喉管已断时就快速收刀，使喉管前面尚能皮肉相连，头不落地，照中国人解释，这就仍算全尸而归。刽子手收放之间，能做到这种功夫，是要得到大"孝敬"的。一般行刑，都做不到这一点，但是身首异处以后，当地专门有人为死尸缝首级入殓者，用木盘盛起，马上三下五除二地一缝，把身首又合而为一，是谓"缀元"，由死因家属付给报酬，算是聊慰生者与死者。总之，家属对刽子手的"孝敬"是少不了的，主要有"开刀钱""香火钱"等名目的陋规常例。没有这类打点，花样就会层出不穷。即使死刑犯死后，花样也不会中止。例如刽子手怕颈血乱溅，每在刀一落下就用脚朝死刑犯身上一踢，使血向前溅，然后让人用剥了皮的馒头就颈腔沾血，沾成所谓"人血馒头"。据说，这种馒头可以治肺痨，可以大补。鲁迅小说《药》描述的就是这种现象。西鹤年堂因为停业伺候监斩官，所有在犯人处决后，他们可得头茬人血馒头，作为酬庸，另外勾决犯人的朱笔、笔架也归药铺。朱笔、笔架据说可用来驱魔镇邪。屡试不第的学子也可以买一套放在案头，夜晚攀登青云路时不至于有青蛇白狐来分散精力。除此以外，死者身上的其他器官也会被零星割下，传说都能入药，甚至五花大绑的绳子都有避邪之功，也值得几文。此略言其概尔，而清代文豪方苞在《狱中杂记》一文中所言京师监狱的刽子手勒索死刑犯的钱财，称之为"斯罗"①，乃恶之尤者也。与本章开篇所引陈恒庆《谏书稀庵笔记》

---

　　① 方苞：《狱中杂记》，刘世南、刘松来选注：《清文选》，人民文学出版社2005 年版，第 174 页。

中李司员应差后因其夫人嫌其不吉而"不令归家，畀以赀，任其冶游一夜，明日再归"的情形相仿，刽子们也不是完全没有忌讳，在行刑时往往高喊"恶煞都来"，意在让死者记住是恶煞神取了他的性命，不要来缠自己。行刑结束后，必定要有一批帮闲朋友上来给刽子披红挂彩，弄点鼓乐吹吹打打，到城中热闹的酒店喝酒，以赶走可能跟随的鬼魂。①

菜市口法场见证清代末年许多历史风云变幻。按照惯例，如果是三品以上大员，犯了不赦之罪，必须问斩，也不能将死刑犯放在篮子里抬到法场，而要正式用骡车护送。到了法场，甚至有刽子手向"犯官"下跪请安的例子，口呼"请大人归天"以后，方才行刑的。前述柏葰案中的记述就证明了这一点。此外，刽子手也就不能揪辫子咔嚓一刀交差，刑部需要选派有经验的刽子手，在犯官后脑子，顺刀一推，飘然而过。既不敢对着腔子沾血馒头，也不敢一脚踢倒尸首血溅刑场。据姜姓执事言，到后来大臣犯罪，多半是赐帛自尽，赏一条白绸子自己上吊，绑到菜市口砍头的，少而又少了。② 不过，庚子年间，继吏部左侍郎许景澄、太常寺卿袁昶被处斩后，兵部尚书徐用仪、内阁学士联元、户部尚书立山三人也因言获罪论斩，出现半月之内连杀五大臣这种在中国近代史上罕见之事。据朱彭寿《安乐康平室随笔》记载，"时我家寓上斜街，即在宣武门侧，至七月十七日午后，城门忽启，路人传言今日又出大差（都人以刑人为差使）。是日微雨初霁，天色阴惨，申酉之交，有拳匪及步军蜂拥囚车数辆而出。余立道旁观看，亦不知车中为何许人，因亟命仆人至菜市探访之。迨日晡归报，则公与立尚书山、联阁学元，同时授首矣（时邸抄已停发，此日上谕中列何罪状，竟无知者）。向来受刑者，必有家属随往，即时棺殓，闻立、联二家均已有人收尸而去。公（指徐用仪。——引者注）被逮之顷，其邸第即为拳匪抢掠一空，家人星散，无一从者。而大僚收殓时，先须将首级缝上，刽手例乞赏资，辄视

① 郭建：《帝国缩影：中国历史上的衙门》，学林出版社1999年版，第116页。

② 唐鲁孙：《南北看》，广西师范大学出版社2004年版，第20页。

其人之身家以定数目，是日问价，竟索四百金"①。估计姜姓刑部执事所述刽子手索价情形存在一定的文饰，或者因人而异，不可一概而论。在嘉庆年间癸酉林清之变，骈戮百余人，皇帝尚且在朱珪建议下命有司于菜市口筑坛超度，晚清覆亡前夕已经章法规矩荡然，乱象丛生。戊戌变法六君子遇难的罪名就是变乱祖制，但对于"祖制"在人治主义下仅仅是一种合法性资源的利用。刘光第因为长期任职刑部，对于法律的程序正义或许具有非常坚韧的职业性执著，所以当其从刑部狱西门提出，就惊愕地质疑："未提审，未定罪，即杀头耶？何昏聩乃尔！"在刘光第一行六人被坡押解到菜市口刑场时，光第见到监斩官刚毅，便大声责问："未讯而诛，何哉？"刚毅令其跪下听旨，光第不跪，仍大声理直气壮抗议："祖制，虽盗贼，临刑呼冤，当复讯，吾辈纵不足惜，如国体何？"刚毅被责问得"默不应"。② 刑部左侍郎徐承煜在监斩许景澄、袁昶时盛气凌人，最后在八国联军进京后，又被朝廷应各国公使照会下令处斩，"是日各国派队伍两旁守护。……西人之来观者，咸登于屋，并照相三次"③。这种情景是菜市口辟为刑场五百多年来的第一次。夷考今天传世的一些菜市口刑人照片资料，或许就与此时清朝在菜市口大量屠戮所谓"拳匪"不无关系。

《云南掌故》中记述了清代州县衙门处决人犯的情景：

> 案件得到部复核准，督抚即行知臬司，转饬该州县官，将此凶犯即日就地正法。臬司乃用钉封文行知该州县，于奉文日立将该犯就地正法。所谓钉封文，是将一件公文封在一大黑脸封套内（黑脸封套，俗名也，实则各监司大员行下之公文封套，一面系印年月日，一面印官衔。臬司所用者，是将臬司的一条官衔，盖满于封套

---

① 朱彭寿：《安乐康平室随笔》卷四，何双生点校，中华书局1982年版，第223页。

② 黄浚：《花随人圣庵摭忆》，上海古籍出版社1983年版，第141页。类似记载亦见许姬传：《许姬传七十年见闻录》，中华书局1985年版，第30页。

③ 北京大学历史系中国近现代史教研室编：《义和团运动史料丛编》第1辑，中华书局1964年版，第41页。

在菜市口处斩义和团首领

面上，俗故称为黑脸封套）。此封套上则钉有一眼而穿以一纸条，条之两端却粘于封套面上，复贴上一纸，又在粘贴纸处盖上一印，两面俱如是，此则任何人都无法拆开而视。斯无非表示重要，示此为一件秘密公文也。此种办法，在今人视之，靡不嗤其简陋，然在往昔之一切环境下，除此亦无他法以保密也。

州县官奉到此种公文，立将此应办之斩、绞重犯一名或二、三名，由监狱内提出，讯明姓名，验明身首，当堂赏以酒、肉、饭食各一碗，乃书一招子，用朱笔递标其名，插于此应斩或应绞之重犯肩背上，复加紧镣铐，背绑其手，以两差役扶之，而走往刑场上就刑，监斩者，自是该州县官。斯时，该州县官即戴翎顶大帽，穿上一件元青色大褂，亦不挂珠，仅套上一顶大红风帽，披上一件大红莲蓬衣而名为雪子者，乃乘轿押犯而往法场。届时，一声炮响，刽子手举刀一挥，人头落地，监斩官即登轿而离开法场。然此是办斩立决之人犯，若办绞立决之人犯，又须小有耽延，无如斯快脆。

办讫人犯，监斩官立即乘舆至本境之城隍庙内拈香，时则卸下头上罩帽、身上披衣，且褪去元青大褂，现出身上公服，向神前行三叩首礼。一似告知城隍：此一恶人，今已明正典刑，其行入地府，应请神明管制之也。州县办斩绞人犯讫，而往城隍庙拈香之义或在于是，不然，直无以说其理由。①

监斩官在城隍庙拈香讫，即乘轿回衙，随升公堂而排衙。排衙是州县衙门中之一种特殊举动。州县衙门之大堂前月台上，其左右两边各置有一木架，架上各插有六根木棍，长近五尺，棍之上段涂以红色，下节涂以黑色，此即《水浒传》上所写之水火棍。本官升堂，堂后云板则响三声，官升座，堂鼓即鸣，下堂官参堂，向上一辑，六房书与兵差皂隶等侍立两旁。另有差役十二，戴红帽，穿民壮号衣者，各就木架上取木棍一根，此则左有六人，右有六人，分由月台之东西两阶下。由东阶下者则绕而向西阶上，由西阶下者则绕而向东阶上，在两相遇时，则各以所持之棍交叉而各大唱一声，始分头而行，如是行绕台阶三匝。斯时，堂鼓声响，却咚咚不息。匝绕毕，各持棍列跪于堂檐前，高唱一声："大老爷禄位高升。"头门外，随鸣炮三响，鼓声住而云板响，官始退堂，群下解散，此之谓排衙。

此种举动，即在当时，已有人认为是一种嬉戏，而在官方者，又振振有词曰："排衙，是以地方上有此一件不幸之事，乃排衙役，击鼓鸣金，弄水火棍于堂前，向民众示威，且宣布恶人已除，地方人民勿得蹈其覆辙也。至云身披红雪子而到法场监斩，是避凶气恶煞也。往城隍庙拈香者，是告知为恶之凶人已昭显戮，受害之冤魂已经阳间官府为之雪其冤抑也。"其说如是，固亦近情近道。又曰：

---

① 笔者就发现了这样一篇在光绪十五年处决人犯时到城隍庙拈香的祷文，题为《告城隍疏》，其中写道："玉籍居巴蜀，筮仕洪都，题补虔南，拜恩阙北，夏间捧檄，秋孟下车，自愧菲材，抚兹僻壤，誓贪泉而不饮，处瘠地以自甘。况有利于吾民者，兴之唯恐稍迟，设有害于吾民者，去之唯虞不速。乃肱篋之匪徒肆起，跳梁之小丑纵横，恨切骨疽，罪难发数。虽凶逆成擒一二，而余孽尚多远扬，五夜筹思，寸衷焦灼。若欲除其丑类，必先歼厥渠魁，或能警彼蛮风，或可开其生路，辟以致辟，刑期无刑，是好生者固上帝之心，而执法者则有司之责。惟才疏德薄，任重官卑，既不能化莠为良，又不敢舍宽用猛，只以学道爱人之训，得情无喜之言，佩习难忘，服膺弗失。伏念阴阳一理，明晦同途，玉之心思所未及，全需神力以策夫精神，玉之耳目不能周，端赖神威以宏夫视听。"何品玉：《两龙琐志》卷六，光绪二十六年刊本，页三。

"官府出而监斩，不穿公服而着元青素褂，是悲之也。"凡此种种情事，在往昔之帝制国家，固称之为得当，此则是就时论事。此亦如一班乡医生，动以苏叶、薄荷、山楂、麦芽、生姜，葱头治村人之病，又居然适当。此何以故？因村中人大都病于伤食伤寒也。若挟此技而往医城中之嬴弱者，则愈矣。故先哲有言，"国之政治，须因时制宜"，良然。①

这段记载中所述订封文书，是指信封封口不用糨糊粘贴，而是在封口处用锥子扎一个孔，用软纸捻成纸捻，穿过锥孔，草草一折，犹如现代的用钉书器封口。封好之后，便以四百里急递发出，表明十万火急，来不及封口便发出去了。黄六鸿《福惠全书》言："遇有钉封，即系机密。"② 凡钉封文书，不可当堂轻拆，须携入内衙密看。光绪朝《钦定大清会典事例》卷六百零八的规定可以说是对于订封文书的权威解释。同治元年，"议准：部院衙门咨行外省紧要事件，及直省文武各官，凡有事关军机紧要钉封公文，悉用高丽纸捻，连钉两处，于纸捻两头，黏贴印花。下站接到上站钉封，详细查看。如无私行拆动情形，即由该站出具印收、填明并无私拆字样，交上站递送弁兵马夫带回，呈明该管官查核。如接到时，查有私拆形迹，即由下站将上站递送弁兵马夫扣留。回明本站该管官秉公阅看，取具上站弁兵马夫亲供，一面将公文加封，叙明上站拆动缘由，粘贴印花，赶紧前递，毋得留难迟误。如实因路途辽远，其内裹包封印花完好，止于外面封皮擦损，查无拆动形迹，准下站接到后，将封皮擦损处加添封纸，粘贴印花。或黄绳磨损、别无他故，应即更换黄绳，均于印收内填明，交上站递送弁兵马夫带回，以凭查核"③。由此可知，订封文书并非如有些学者所说是一般用于寄递处

---

① 罗养儒：《云南掌故》，王樵等点校，云南民族出版社1996年版，第186—187页。

② 黄六鸿：《福惠全书》卷四，"承事上司"，《官箴书集成》编纂委员会编：《官箴书集成》第3册，黄山书社1997年版，第262页。

③ 《清会典事例》卷七百零二，兵部，邮政，邮递，中华书局1991年版，第8册，第750页。

决囚犯的公文。《清史稿·刑法志》云："立决，命下，钉封飞递各州县正印官或佐贰，会同武职行刑。监候则入秋审。"① 事实上，刑部咨行各省决囚钉封公文在乾隆四十九年前均交各省提塘官加封转递，但由于提塘系本省人，恐滋沉搁漏泄之弊，遂此后一应立决人犯咨文，俱于封面注明件数及马上飞递字样，派笔帖式送交兵部加封，由驿驰递。钉封送兵部发驿的公文包括"勾单"和榜示。在历史上，由于处决死犯被视为执行"天罚"，除秦朝一年四季都可以执行死刑外，其他各代处决死刑犯都在入秋以后，此即为人们常说的"秋后处决"行刑制度。乾隆十年定例：向来冬至既届，一应秋决人犯，例不行刑，若远省地方，有奉到文书在冬至以后者，则留至次年冬至前正法，后因此等人犯，尽属凶恶，罪无可缓，若迟至一年之久，未免别生事端，仍于奉到部文时处决，但思应决诸犯既无可缓，适值冬至，亦须稍迟，嗣后如有过期接到部文者，着于冬至七日以后，照例处决。② 乾隆二十八年，"刑部议覆：江西按察使颜希深奏称，每年正、六、八月，立决重犯，定例俱不行刑。州县于停刑期内，虽奉部文，亦必匝月后始行处决。衙署距监狱不远，钉封公文，尤为吏胥所属目。意料无难，漏泄最易。应如所奏，嗣后臬司奉准部文，按计程途日期，如由府转行州县，在停刑期内，即将部文密存司署，俟计算行至州县，已非停刑日期，即钉封专差驰递办理"③。此条在嘉庆六年改正、六、八月为正、六、十月。道光四年复于十月上增入八月。咸丰二年有所节删，并于府下增"厅州"二字。但是，各处驿站设法私拆钉封、潜行阅看者仍无法杜绝，所以《二十年目睹之怪现状》第四十八回所述知县师爷、刑部书吏在钉封公

① 赵尔巽等撰：《清史稿》卷一百四十四，志一百一十九，刑法三，中华书局1977年版，第4207页。

② 参详《清高宗纯皇帝实录》卷二百五十，乾隆十年十月，台北华文书局股份有限公司1960—1970年版，第3615—3616页。此例见于光绪朝《钦定大清会典事例》卷八百四十六，刑部，刑律断狱，有司决囚等第三，台北新文丰出版公司1976年版，第15621—15622页。

③ 《清高宗纯皇帝实录》卷六百九十，乾隆二十八年七月，台北华文书局股份有限公司1960—1970年版，第10003页。

清末行刑

文上的奸弊情事是有可能的。①

在《云南掌故》中记述的"招子"起源较早。为了使刑罚达到威慑作用，中国古代早在商、周时期就已规定了公开执行死刑的制度。公开的方式，一是陈尸于市，一是公开姓名和罪状，即"示戮"和"明梏"。据沈家本考证，"加明梏者，谓书其姓名及其罪于梏而著之也。囚时虽有无梏者，至于刑杀，皆设之，以适市就众也"②。"明梏"在宋朝以前一般是将所犯之罪书于木或刑具以及尸上。到宋代则发展成为"犯由牌'"犯由榜"，或简称为"犯由"，一般是用纸贴在芦席片上制成，在上面填写犯人姓名、所犯罪状、应处刑罚以及监斩官的职务、姓名。元代关汉卿在《蝴蝶梦》第一折有"不能勾金榜上分明题姓字，

---

① 参见吴趼人：《二十年目睹之怪现状》第四十八回，"内外吏胥神奸狙猾，风尘妓女豪侠多情"，天津古籍出版社 2004 年版，第 261—263 页。

② 沈家本：《历代刑法考》（附寄簃文存），邓经元、骈宇骞点校，中华书局 1985 年版，第 1224 页。亦可参见陈广珍、张国梁编：《蒋楷文集》，香港银河出版社 2002 年版，第 80 页。

则落得犯由牌书写名儿"① 云云。《水浒传》第二十七回则如是写道："大牢里取出王婆，当厅听命，读了朝廷明降，写了犯由牌，画了伏状，便把这婆子推上木驴，四道长钉，三条绑绳……"② 这种方式为后世所沿用。明清时，"以纸书姓名及其罪，绾于小竿，插犯人之背，曰斩条，以示众是也"③。这种插在犯人背后写有犯人姓名及罪行的木牌又称为"法标""招子"，俗称"亡命牌"（也称姓名标子），延用至新中国成立后很长一段时间，直至目前司法改革方予以废除。天亮衙门传点发梆，等发三梆，知县坐大堂，仪门关闭，只留东西两角门不关。三班衙役齐集大堂伺候，刑房写出犯人姓名标子、监犯牌，呈交知县准备提解犯人。捕快准备绳索，领取监牌并交捕厅，由禁卒开监门，捕快进监提出犯人，从东角门进至大堂跪下。刑书叫名验箕斗，然后赏给犯人酒肉包子，食毕，将衣服脱下，马快动手上绑，捆上"法绳"，刑书将犯人犯法标子倒放分案。综合清代长随的教科书《公门要略》的记述及其他资料可知，中国古代在诸如监狱里登记犯人的名册等定罪过程中使用的文书上多用红笔标示。当时的法官在死刑执行令上签字时，是由刑房书吏将死囚的犯由牌倒呈长官，长官提笔悬在上面，自己不动，刑房书吏就势往上一拖，使死囚姓名上勾到红笔痕，这支"丹笔"便被顺手丢去不要，以此象征是那支笔签发的死刑执行令，长官并不直接对此负责。据记载，南、番两县处决死囚时有一惯例，即令死囚最后饱餐一顿后要捆绑辫发，因每次同时处决的不止一人，杀头必须将辫发拿开，故此，刽子手将死囚的辫子束在头顶，挂一块小竹排，写上该囚的姓名，以免头落地面难以辨认。这种小竹排并不见得就是标子，但从一个侧面说明标子除了公开展示性，还有便于行刑识别的功能。《刑案汇览》收录了道光六年发生在安徽阜阳县的一起秋决重囚出现失误的著名案件：

① 关汉卿：《汇校详注关汉卿集》上，蓝立蓂校注，中华书局2006年版，第206页。

② 施耐庵：《水浒传》上，第二十七回，"母夜叉孟州道卖人肉，武都头十字坡遇张青"，宇文校点，春风文艺出版社1994年版，第374页。

③ 沈家本：《历代刑法考》（附寄簃文存），邓经元、骈宇骞点校，中华书局1985年版，第1224页。

当时，该县县役潘立押斩犯李添罡走在前，裴先管押绞犯徐四本在后行走，因观看人多，将二犯拥前挤后，以致行刑兵丁余得志将绞犯徐四本误行处斩，捕役张平将斩犯李添罡误行处绞。[①] 这起案件说明秋审勾决各犯的验明正身极为重要。死刑犯插上标子，由捕快从西角门带出去交武官兵役押至法场，面向西跪下。而法标和鬼头刀要保存到西城门楼上，并用黄绫包扎，到旧年除夕统一焚化，以示向神报告人数。

中国古代一直认为杀人是"阴事"，无论被杀的人是否罪有应得，其鬼魂总是会来纠缠作出判决和监斩的官员、行刑的剑子手等和他被处死有关联的人员，所以旧时县官奉命处决死犯后，要进行一系列驱除邪魔鬼怪的活动，其中最重要的一项就是到城隍庙去拈香，回到县衙要举行排衙仪式，然后退入后堂。罗振玉之父罗树勋在清末为贫而宦，阅历颇丰，有善折狱之誉，纯乎州县佐贰官之标本，其《寄萍盦见闻录》卷一记戮尸时就提及城隍庙拈香之事，可为佐证："凡元恶巨憝，生前或逃法网，死后仍有戮尸之律。同治初，予需次淮安，癸酉秋，赴涟东折狱。时抚军钉封文至，饬戮逆党某。邑令大兴李君绍伯检卷，先期焚牒城隍庙，请将逆魂于某日解赴市曹，以彰显戮。诘朝，支木为架，悬巨秤一，斫棺露尸，仅留片底置架上，权之重若干斤，群役执旌招魂，绕尸匝，再权之，加重若干斤，知其魂已附尸，戮之，鲜血溢注，时肢体久腐，项间肉独自不化也。李君旋署述知，闻者莫不悚然。天道昭彰，彼冒法触禁者，可弗鉴哉！"[②] 旧时县官平日升堂，无排衙喊班，出入无鸣驺辟道。在奉命处决死犯后，回到县衙门要举行排衙仪式，这是因为处决死犯是不吉利的事。冯友兰的父亲在晚清崇阳县任知县，在《冯友兰自述》中记述"排衙"这种仪式言："县官回来在大堂下轿，不进宅门，先坐公座，跟随的人两边排开，有一个人跪在中间，高喊：'大老爷天喜！'喊了以后，县官离开公座，走向宅门，宅门预先挂了一大串鞭炮，县官一脚跨进宅门，鞭炮就响了，大概是相信，经过这一

---

①　祝庆祺等编：《刑案汇览三编》，断罪不当，"秋审处决重囚行刑斩绞错误"，北京古籍出版社 2004 年版，第 2248—2250 页。

②　罗树勋：《寄萍盦见闻录》卷一。资料来源：http://www.dl-library.net.cn/publication，访问时间：2010 年 8 月 2 日。

阵鞭炮，一切污秽不吉利的东西都可以驱除了。"① 由于这种习俗在《云南掌故》中记载颇为详尽，兹不赘言。

第二节　福柯规训理论的启发：军事与法律的关联

本卷的核心问题在于18世纪中西方军事的比较研究，但笔者在此最后一章喋喋不休地对清代法场刑人情形予以"深度描写"（而且使用了19世纪晚清的材料，当然，18世纪的清代法场刑人情形在19世纪变化不大，这并不足以构成主要的质疑依据），似乎匪夷所思，甚至在传统学者看来近乎怪诞。在2007年底，笔者前往法国巴黎第十一大学法律系作为论文答辩会委员参加博士学位论文答辩时，和笔者的学生梅凌寒（Frédéric Constant）路过当年福柯任教的法兰西学院时特意瞻仰了前哲遗迹。尽管福柯的著作已经读过不少，但在很长一段时间里，军事卷的问题和司法卷的问题在笔者的思想中仍是风马牛不相及的，属于"两张皮"。然而，在重读福柯《规训与惩罚》（Michel Foucault, *Surveiller et punir, naissance de la prison*, Paris：Gallimard，1975）② 过程中，

---

① 冯友兰：《冯友兰自述》，中国人民大学出版社2004年版，第19页。光绪年间曾任广东阳山、电白两县知县的褚瑛在《州县初任小补》中也提醒：命案验毕并完结相关手续后，"当时不可回头，即到城隍庙浣沐、更衣、行礼，解秽回署。坐大堂，击鼓排衙，多放鞭炮"，以驱逐晦气。参见褚瑛：《州县初任小补》，"回署排衙"，官箴书集成编纂委员会编：《官箴书集成》第8册，黄山书社1997年版，第746页。沈樾笃《清末民初广西县政概况》则记述云："行刑完毕，绕道往城隍庙进香。在城隍庙设临时公案，县官坐上，喝令将刽子手打二十板屁股，并赏银一两，谓之驱凶。此乃照例文章，礼行完毕，即摆驾回衙，马上升坐大堂，随大考爷回来戴红黑帽的差役，手执红黑棍，在大老爷公案前跑三个圈，另有差役击动大堂之鼓与跑圈成节奏，跑完三圈鼓停；差役们向大老爷对面站成一列请安，口唱大老爷禄位高升，谓之驱邪。亦是照例文章。"见中国人民政治协商会议广西壮族自治区委员会文史资料委员会编：《老桂系纪实》，广西人民出版社2003年版，第175页。

② 本书这一部分的写作主要借助于该书英文版和中文版，在校改时核查了其法文原版个别之处。

这两个问题之间变得豁然贯通起来。

1972 年，福柯正式就任法兰西学院思想体系史教授，走上了法兰西学院高高的讲坛。这是法国大学机构的"圣殿中的圣殿"，进入法兰西学院意味着达到学术地位的巅峰。在法兰西学院授业期间，福柯积极参与社会活动，利用自己的声望支持旨在改善犯人人权状况的运动，并亲自发起"监狱情报组"以收集整理监狱制度日常运作的详细过程。于 1975 年问世的《规训与惩罚》即与福柯参与这些活动的实践经验和所引发的思索具有密切关系。该书被福柯称为"我的第一部著作"①，乃其成熟之作的婉转表述，由此足见福柯本人对该书的重视。该书在目前中国的哲学界、法学界、史学界和社会学界均引起了广泛关注。

该书一开始以 1757 年达米安（Damiens）谋刺国王案为例，叙述达米安在巴黎教堂大门前公开受刑的场景，栩栩如生地描述了刑具如何在肉体上体现权力的具体细节："用烧红的铁钳撕开他的胸膛和四肢上的肉，用硫黄烧焦他持着弑君凶器的右手，再将熔化的铅汁、沸滚的松香、蜡和硫黄浇入撕裂的伤口，然后四马分尸，最终焚尸扬灰。"② 福柯还引用《阿姆斯特丹报》（Gazette d'Amsterdam）③ 对此酷刑的描述："最后，他被肢解为四部分。这道刑罚费了很长时间，因为役马不习惯硬拽，于是改用 6 匹马来代替 4 匹马。但仍然不成功，于是鞭打役马，以便拉断其大腿、撕裂筋肉、扯断关节……"④ 在细致描述刺客达米安被公开处决的过程之后，福柯又不动声色地向读者展示了 18 世纪 80 年代后期巴黎少年犯监管所的一份规章，这份规章非常细致精确地规定了少年犯们在每一个具体的时间点应当从事的义务的时间表（起床、劳动、进餐、学习、工作、祷告，等等），这份时间表精确到分钟，少年

---

① 参见米歇尔·福柯：《规训与惩罚：监狱的诞生》，刘北成、杨远婴译，译者后记，生活·读书·新知三联书店 2003 年版，第 375 页。

② Foucault, Michel, *Discipline and Punish, The Birth of the Prison*, translated from French by Alan Sheridan, New York：Vintage, 1977, p. 3.

③ 亦作 *Gazette d'Holland* 或者 *Nouvelles d'Amsterdam*。

④ Foucault, Michel, *Discipline and Punish, The Birth of the Prison*, translated from French by Alan Sheridan, New York：Vintage, 1977, p. 3.

犯们在监管所中的每一天就像一个精心设计、毫无瑕疵的惩罚流水线，在这个流水线中再也看不到血腥、刑具和热闹的观众。在福柯看来，前述公开处决和作息时间表各自代表了一种惩罚方式，其间虽然相隔不到一个世纪，但却是两个时代。正是在这段时间里，无论在欧洲还是在美国，整个惩罚体制在重新配置，表现为从身体的破坏到身体的改造、从赤裸的暴力痛苦到隐蔽的驾驭驯服、从正常行为与越轨行为的并处到两者之间的区隔等方面。

　　按照福柯的分析，在法国18世纪旧制度时期，犯罪意味着一种对于君主绝对权力和尊严的侵犯与挑战，它使君主做出回应，这种回应远比犯罪更加残暴，以便制服它，通过矫枉过正来消灭它、克服它。将酷刑作为公共景观是古代的惩罚权力所采用的技术。唯酷刑才值得公开展示，也唯酷刑才必须公开展示。附着于公开处决的残暴具有双重作用：它既是沟通犯罪与惩罚的原则，也加重了对犯罪的惩罚。它提供了展示真相和权力的场面。公开处决的仪式中，身体即犯人的肉体是个令人瞩目的场域，而民众也是主要角色，既是见证者也是参与者，其直接的存在是举行这种仪式的必需品。如果处决秘密进行，即使广为人知，那也几乎毫无意义。公开处决的目的就是以儆效尤，不仅要使民众意识到最轻微的犯罪都可能受到惩罚，而且要用权力向罪人发泄怒火的场面唤起恐怖感。① 公开刑罚的表演体现了一种审判程序和执行程序的综合，在酷刑的执行过程中通过罪犯的忏悔向观众展示审判过程，使犯罪的真相得以揭示，被拷打的肉体既是施加惩罚的对象，又是强行获取事实真相的地方，隐含着一种用肉体考验来确定事实真相的神裁法机制，使肉体酷刑成为一个审判的场所、一个惩罚的场所、一种专制权力的凯旋仪式、一个展示真相的仪式。"公开刑罚的过程既使证据得以确认，又使判决得以通过"②，犯罪者在痛苦号叫过程中的任务就是公开承认罪行并忏悔，成为自己罪行的宣告者，从而进一步论证了司法的正义。福柯指出，至少从中世纪以

---

　　① 米歇尔·福柯：《规训与惩罚：监狱的诞生》，刘北成、杨远婴译，生活·读书·新知三联书店2003年版，第63页。

　　② Foucault, Michel, *Discipline and Punish*, *The Birth of the Prison*, translated from French by Alan Sheridan, New York：Vintage, 1977, p. 43.

来，西方社会就已将忏悔确定为我们赖以产生真理和真相的主要仪式。公开刑罚的目的在于产生公开的忏悔。从司法拷问到执行，肉体可谓一再产生或复制犯罪的真相；更确切地说，通过公开行刑这一权力技术可以达到如下结果：（1）使犯罪者成为自己罪行的宣告者。（2）犯罪者公开的悔罪，将公开处决变为昭示真理的时刻。（3）将公开受刑与罪行本身联系起来，处决往往是在犯罪发生的地点进行，乃至于"在处决犯人时，有时甚至完全戏剧性地重现犯罪——使用同样的器具和同样的动作。这样，司法正义便可以在公众面前重现犯罪，揭示真相，使这种犯罪与犯人同归于尽"①。在这种场景中，它所使用的过分的暴力是造成它的荣耀的一个因素。罪人在受刑时呻吟哀号，这种情况在当时并不是令人难堪的副作用，而恰恰是伸张正义的仪式。因此，甚至在人死后仍施加酷刑，如焚尸扬灰、暴尸囚笼和悬尸路旁，也是十分正常的了。即使已没有任何痛苦了，司法正义仍礼赞其对尸体的暴力，对犯人的身体紧逼不舍。可以说，福柯使用极为细腻的深度描写方法揭示了死刑公开展示性在西方文化权利网络中的意义。这种意义的深度描写对于我们反思前述清代法场刑人的空间展示性是具有借鉴和启发作用的。

福柯揭示的西方行刑方式的变化，使我们对于中西方司法变革具有一个时间坐标上的参照系，可以了解西方近代所谓引以为豪的刑法文明究竟何时领先于中国。按照福柯的研究，在18世纪末和19世纪初，在西方，作为公共景观的惩罚消失。惩罚的仪式因素逐渐式微，只作为新的法律实践或行政实践而残存下来。公开认罪在法国于1791年首次废除，后来虽曾有过短暂的恢复，但在1830年被再次废除。示众柱刑在法国于1789年废除，在英国1837年废除。② 在法国，公开展示犯人的做法延续到1831年，并受到激烈的批评，被指责为一种"令人作呕的场面"③。这种做法最终在1848年4月被废除。惩罚逐渐不再是一种公

① 米歇尔·福柯：《规训与惩罚：监狱的诞生》，刘北成、杨远婴译，生活·读书·新知三联书店2003年版，第49页。

② 米歇尔·福柯：《规训与惩罚：监狱的诞生》，刘北成、杨远婴译，生活·读书·新知三联书店2003年版，第8页。

③ Foucault, Michel, *Discipline and Punish, The Birth of the Prison*, translated from French by Alan Sheridan, New York: Vintage, 1977, p. 8.

开表演，肉体惩罚的大场面消失了。死刑在瞬间完成，预先不再附加任何酷刑，事后也不再对尸体采取更多的处置；处决只伤害生命而非肉体。现代处决仪式证实了这一双重进程：示众场面的消失和痛的消除。这是因为，公开惩罚在展示专制权力的强大和神圣之余有着削弱权力之虞，也具有自我悖逆的解构后果，因为在许多公开刑罚的观众眼中，这种惩罚方式，其野蛮程度不亚于、甚至超过犯罪本身，它使观众习惯于本来想让他们厌恶的暴行。它经常地向他们展示犯罪，使刽子手变得像罪犯，使法官变得像谋杀犯，从而在最后一刻调换了各种角色，使受刑的罪犯变成怜悯或赞颂的对象。①公开处决此时已被视为一个再次煽起暴力火焰的壁炉，因此死因处决从公开展示化趋于隐秘化，被限制在比较晦暗的社会角落一隅。中国有学者将福柯描述的这种变化概括为刑事司法从"广场化"向"剧场化"的转变，这种概括对于福柯的文本解读还是比较准确的。而笔者所关注的焦点是，在鸦片战争前夕和此后迄至清朝覆亡，西方人大量来到中国后对中国的司法、特别是死刑执行问题尤为关注，所发回西方的报道、所撰写的游记、所拍摄的照片等从文字到图像构建出中国法律野蛮落后的话语空间，而西方司法本身在鸦片战争时期也不过刚刚从猿猴变人而已，距英国法律被罗西（Rossi）描绘成"狰狞的屠宰"②的时间并不遥远。正因为当时西方司法变化正值高峰，所以中国司法问题自然而言备受关注亦反差鲜明。受到西方法律制度的影响，沈家本在清末就对当时的"弃市"进行了严厉的抨击。他表达了和福柯相同的观点，指出：对死刑犯人的"弃市"并不能达到对其他人"弼教"的目的，因为"稔恶之徒，憝不畏死，刀锯斧钺，视为故常；甚至临市之时，谩骂高歌，意态自若。转使莠民感于气类，愈长其凶暴之风；常人习于见闻，亦渐流为惨刻之行"③。按照沈家本

---

① 米歇尔·福柯：《规训与惩罚：监狱的诞生》，刘北成、杨远婴译，生活·读书·新知三联书店2003年版，第9页。

② 米歇尔·福柯：《规训与惩罚：监狱的诞生》，刘北成、杨远婴译，生活·读书·新知三联书店2003年版，第15页。

③ 沈家本：《历代刑法考》，邓经元、骈宇骞点校，《寄簃文存》卷一，"变通行刑旧制议"，中华书局1985年版，第2061页。

的考证，古人"弃市"的本旨原为刑人之举"必与天下共之，而不出于一己之私意"①，而后世的理解发生偏离，以致使死刑的公开执行成为示显戮、昭炯戒的重要方式，乃至流为"以刑为泄忿而逞威者"②；其次，作为我国古代死刑执行场所的"市"是"有垣有门，周防甚密"③，但"今京师处决重囚在菜市，地方为四达通衢，略无周防，与古制本不甚合；至各直省、府、厅、州、县，大都在城外空旷之地，与'弃市'之义更不相符"④，并且"近年以来，都下每值决囚之际，不独民人任意喧呼拥挤，即外人亦诧为奇事，升屋聚观，偶语私讥，摄影而去"⑤，这既"有乖政体"，又"恐别酿事端"。⑥ 基于此，"死刑的秘密执行"在 1911 年沈家本修律时被正式写入《大清刑事诉讼律草案》，死刑的"密行主义"在我国得以正式确立。

从本质上而言，福柯涉及了本书的法律规则与社会资源关系的研究，只不过福柯经常使用的是"权利经济学"一词而已。福柯提出这样一个基本的预设：在我们今天的社会里，惩罚制度应该置于某种有关肉体的"政治经济"中来考察。⑦ 在旧制度时代，酷刑以一整套制造痛苦的量化艺术为基础，将肉体效果的类型、痛苦的性质、强度和时间与罪行的严重程度、罪犯的特点以及犯罪受的地位都联系起来。而极刑则是一种延续生命痛苦的艺术，把人的生命分割成"上千次的死亡"，在

---

①　沈家本：《历代刑法考》，邓经元、骈宇骞点校，《寄簃文存》卷一，"行刑之制考"，中华书局 1985 年版，第 1227 页。

②　沈家本：《历代刑法考》，"行刑之制考"，中国书店 1990 年版，第 5 页。

③　沈家本：《历代刑法考》，邓经元、骈宇骞点校，《寄簃文存》卷一，"变通行刑旧制议"，中华书局 1985 年版，第 2061 页。

④　沈家本：《历代刑法考》，邓经元、骈宇骞点校，《寄簃文存》卷一，"变通行刑旧制议"，中华书局 1985 年版，第 2061 页。

⑤　沈家本：《历代刑法考》，邓经元、骈宇骞点校，《寄簃文存》卷一，"变通行刑旧制议"，中华书局 1985 年版，第 2061 页。

⑥　沈家本：《寄簃文存》卷一，"变通行刑旧制议"，中国书店 1990 年版，第 38 页。

⑦　米歇尔·福柯：《规训与惩罚：监狱的诞生》，刘北成、杨远婴译，生活·读书·新知三联书店 2003 年版，第 27 页。

生命停止之前，制造"最精细剧烈的痛苦"（the most exquisite ago-nies）①。不过，这并不表明法律体系怒不可遏、忘乎所以、失去控制。在"过分的"酷刑中，包含着一整套的权力经济学（In the "excesses" of torture, a whole economy of power is invested）。时间因素固然也介入了旧的刑罚体系：按日计算的带枷示众柱刑，按年计算的流放，按死亡小时计算的轮刑。但这是一种折磨的时间，而不是协力改造的时间。时间乃是惩罚的操作者。当时的人们认为，严刑峻法之所以必要，是为了杀一儆百，使人铭记在心。于是便产生了一套颇有讲究的宣传经济学。在肉体酷刑中，儆戒作用的基础是恐怖：有形的恐惧，集体恐慌，观众刻骨铭心的形象，如犯人脸上或胳膊上的烙印。所以福柯指出，或许"残暴"观念是最能表示旧刑罚实践中公开处决的经济学观念之一。实际上，维持着这种酷刑实践的并不是示范经济学而是一种恐怖政策，即用罪犯的肉体来使所有的人意识到君主的无限存在，前者是在启蒙思想家的时代所理解的那种经济学，即刑罚表象应该大于犯罪兴趣。公开处决并不是重建正义，而是重振权力。②"广场化"的刑事司法往往需要耗费大量的人力、物力和财力，同时存在诸多风险，如容易造成民众的骚乱，且并不利于实现惩罚的目的。公开惩罚的本来目的是要向公众展示罪犯的恶，但这种惩罚方式使观众习惯于本来想让他们厌恶的暴行，有时还会使受刑的罪犯变成怜悯甚至赞颂的对象，因此这种旧司法制度集软弱和暴虐于一身，既耀武扬威又漏洞百出。18 世纪后期西方司法改革运动的真正目标，与其说是确立一种以更公正的原则为基础的新惩罚权利，不如说是建立一种新的惩罚权力"结构"，使权力分布得更加合理。"启蒙思想家"的思想不仅仅是关于个人与社会的理论，而且形成了一种关于精密、有效和经济的权力技术学，与暴力的奢侈使用形成对照。③ 新的刑法理论与一种关于惩罚权力的新的"政治经济学"相呼，

---

① Foucault, Michel, *Discipline and Punish, The Birth of the Prison*, translated from French by Alan Sheridan, New York：Vintage, 1977, p. 34.

② 米歇尔·福柯：《规训与惩罚：监狱的诞生》，刘北成、杨远婴译，生活·读书·新知三联书店 2003 年版，第 53 页。

③ 米歇尔·福柯：《规训与惩罚：监狱的诞生》，刘北成、杨远婴译，生活·读书·新知三联书店 2003 年版，第 113 页。

刑法改革应该被读解为一种重新安排惩罚权力的策略，其原则是使之产生更稳定、更有效、更持久、更具体的效果，不是要惩罚得更少些，而是要惩罚得更有效些；或许应减轻惩罚的严酷性，但目的在于使惩罚更具有普遍性和必要性；使惩罚权力更深地嵌入社会本身。惩前毖后之说过去一直是广泛流行的对惩罚权力的辩护。权力应该分布在能够在任何地方运作的性质相同的电路中，以连贯的方式，直至作用于社会体的最小粒子。惩罚的目标在于指向未来，其具有防止犯罪的功能，这是古今中外概莫能外的共识。福柯认为，过去人们期望惩罚及其展示（再加上由此产生的无节制）产生预防的效果，而现在预防则趋于成为惩罚经济学的原则及惩罚恰当比例的尺度。在进行惩罚时应该使其正好足以防止罪行重演。因此，示惩的机制发生了变化。在使用公开酷刑和处决的刑罚中，示惩是对犯罪的回应，其孪生相伴的特征是，既展示罪行，又展示制服罪行的君主权力。在依自身的效果量刑的刑罚中，示惩必须以犯罪为依据，但却应以最谨慎的态度和最大限度节制的方式来表示权力的干预。① 惩罚不再是一种展示权力的仪式，而是一种表示障碍的符号。权力以符号学为工具，把"精神"（头脑）当作可供铭写的物体表面；通过控制思想来征服肉体；把表象分析确定为肉体政治学的一个原则，这种政治学比酷刑和处决的仪式解剖学要有效得多。福柯引用塞尔旺（Joseph Servan de Gerbey，1741—1808）的话表述了这种刑罚经济学理念："愚蠢的暴君用铁链束缚其奴隶，而真正的政治家则用奴隶自己的思想锁链更有力地约束之。正是在这种稳健的理智基点上，他紧紧地把握着锁链的终端。这种联系更为牢固，因为我们不知道它是用什么做成的，而且我们相信它是我们自愿的结果。绝望和时间能够销蚀钢铁的镣铐，但却无力破坏思想的习惯性结合，而只能使之变得紧密。最坚固的帝国不可动摇之基即建立在大脑的软纤维组织之上。"② 福柯在书中所考察的惩罚权力的历史包括三个阶段：中世纪末和"旧制度"时期作

① Foucault, Michel, *Discipline and Punish, The Birth of the Prison*, translated from French by Alan Sheridan, New York: Vintage, 1977, p. 93.

② Foucault, Michel, *Discipline and Punish, The Birth of the Prison*, translated from French by Alan Sheridan, New York: Vintage, 1977, p. 103.

为王权武器的酷刑、古典时期人道主义改革者的梦想、体现了现代规训权力技术的监狱和规范化监督。他认为：标志、符号、痕迹；仪式、表象、操作；被消灭的敌人、处于恢复资格过程中的权利主体、受到直接强制的个人；受折磨的肉体、具有被操纵的表象的灵魂、被训练的肉体，这三个系列的因素塑造了 18 世纪后半期鼎足而立的三种机制的形象。它们不能归结为不同的法律理论（尽管它们与这些理论重合），它们也不能等同于不同的机构或制度（尽管它们以后果为基础），它们也不能归因于不道德为自身的理由。它们是因惩罚权力运作而异的三种方式，是三种权力技术学。①

福柯对于以边沁式圆形监狱为原型的"全景敞视主义"机制的分析在本书第四卷狱政部分已有论述。但对于笔者在此特别感到饶有趣味的是福柯所论述的法律问题与本卷的军事史研究具有非常密切的关系。

首先，福柯指出，古典时期的公开处绝不应该仅仅被理解为一种司法仪式，它也是重建一时受到伤害的君权的政治仪式，就具有司法—政治功能。凡不服从君主权力的行为就是敌对行为，就是造反的最初迹象，在原则上，无异于进入内战状态。惩罚权是君主对其敌人宣战权利的一个层面，属于罗马法称之为绝对权力（merum imperium）的生杀夺大权。至高无上的君主权力无须说明它为什么要推行律法，但是应该展示谁是它的敌人并向他们显示自己释放出来的力量。公开处决是展现武装的法律的一种仪式。在这种仪式中，君主显示出自己既是司法首领又是军事首领的一身二职的形象。因此公开处决既表现胜利，又表现斗争，它庄严地结束罪犯与君主之间胜负早已决定的战争。它必须显示君主对被他打得一败涂地的人所行使的优势权力。双方力量的悬殊和不可逆转的倾斜，是公开处决的一个基本要素。② 国王的司法正义被表现为一种武装的正义。惩罚罪犯之剑也是摧毁敌人之剑。在刑台周围部署着一架完整的军事机器：骑兵巡逻队、弓箭手、禁卫军、步兵。当然，这

---

① Foucault, Michel, *Discipline and Punish, The Birth of the Prison*, translated from French by Alan Sheridan, New York：Vintage, 1977, p. 131.

② Foucault, Michel, *Discipline and Punish, The Birth of the Prison*, translated from French by Alan Sheridan, New York：Vintage, 1977, p. 55.

样做是为了防止犯人逃跑或出现暴力场面，也是为了防范人民可能激发同情或愤怒、防范任何劫走犯人的图谋，对图谋不轨者格杀勿论。但是，这也是为了提醒人们，任何类似的犯罪都是君主的敌人。公开处决虽然是一种匆促而普通的形式，但属于表现权力失而复得的重大仪式之列（其他仪式有加冕仪式、攻克城池后的国王入城仪式、叛民投降仪式）。它在众目睽睽之下对使君权受辱的犯罪施展无坚不摧的力量。其宗旨与其说是重建某种平衡，不如说是将胆敢蹂躏法律的臣民与展示其威力的全权君主之间的悬殊对比发展到极致。

　　揆诸18世纪的清帝国，刑部在菜市口刑人也是由兵部配合调派军队戒严的，清代的午门献俘和在天安门前的会审大典之间的关联其实已经被福柯在这里揭示无遗。以地方行刑情况为例，乾隆四十九年（1784），福建省首次遵循新例，实行秋审情实重犯留禁省监、奉到部文处决。是年处斩绞人犯除已经病故者外共计六十一名，福建省当局为此制定严密的行刑预案。在福州府大堂由该府同福协副将设公座点验各犯后，每犯派城守营兵丁二名，身带军械，同县役二名，管押行走。每十名为一起，派千把一员、佐杂一员护送，解赴校场。自府前街至北门外一带经过巷口，派督标兵丁八十名及各该地住卡兵丁分段逐处执械站

平定回疆战图册·午门受俘仪

队，巷口拦截闲人，仍派参游一员往来巡逻。校场派游击一员、守备一员、千把四员，带马兵二十名，乘骑梭巡，步兵一百名扎墙站队。"绞犯处绞，向系两县仵作动手。查该县仵作额设仅各二名，平时犯少，尚可办理，此次绞犯既多，非数名仵作所能猝办。应责令城守捆绑营兵，协同仵作处绞。其斩犯行刑，仍照常令城守营兵丁办理。"① 绞犯绞毕后，应由本臬司会同督中军逐一亲点，封住绞桩。向责地保守尸一宿，因此次绞犯众多，非一二地保足以管守，遂令城守营派千把一员带兵二十名，佐杂一员带县役二十名，协同地保小心管守，俟次日仍由监刑官验明松绞。从这次行刑实施过程和地点现在校场来看，军队在此中间具有重要作用。这种关联在清朝镇压太平天国起义期间一系列举措中表现得彰彰甚明。胜保由于仕途腾达颇为骄横，在与太平军交手过程中固有所斩获，然不乏败绩，其抓获太平军名将陈玉成之后铺张入奏，冀行献俘大典以矜其功，但清朝最高统治者尚比较有自知之明，深知不得谓武，批答反斥其妄，下令就地正法。在石达开兵败之后，骆秉章经过审讯断定无疑，提出："本应槛送京师以彰国宪，惟因道途遥远，著名巨憝，未便久稽显戮，谨援陈玉成之例当即恭请王命，将石达开极刑处死。"② 清廷以石达开"与洪秀全等首倡逆谋，自粤西扰犯湖南、湖北、江西、安徽，窜踞金陵，其间攻下名城、戕害大吏不可胜计"③，嗣后又进军浙江、福建、广东、四川诸省，乃在石达开遇害后"传首被害较重各省以彰天讨而快人心"④。较诸一般的斩首示众，这种行刑的空间展示堪称举世罕见。按照《洪福异闻》的说法，幼主洪天贵福被俘后，

---

① 《福建省例》，刑政例（下），《台湾文献丛刊》，第 199 种，第 937—939 页。

② 《钦定剿平粤匪方略》卷三百四十七，《续修四库全书》编纂委员会编：《续修四库全书》411，史部·纪事本末类，上海古籍出版社 2002 年版，第 194 页。亦见向达、王重民等编，中国史学会主编：《中国近代史资料丛刊：太平天国》，上海人民出版社 1957 年版，第 785 页。

③ 向达、王重民等编，中国史学会主编：《中国近代史资料丛刊：太平天国》，上海人民出版社 1957 年版，第 785 页。

④ 向达、王重民等编，中国史学会主编：《中国近代史资料丛刊：太平天国》，上海人民出版社 1957 年版，第 786 页。

"正可以恭代天王而大行铺张之典礼，而诸将意气，当益发舒，廷谕乃反谓么幺小丑，不值槛送京师，就磔于市"①，其中存在蹊跷，是因为所获幼主并非真身，上下心知肚明，势不得不圆囵完局而已。此说未必尽可为据，但献俘和秋谳大典均如福柯所说象征着王权对于反叛者的短兵相接的胜利戏剧，均是昭示王朝"圣武"的礼仪。

其次，福柯在《规训与惩罚》中比较细致地叙述了18世纪西方的军事发展史。福柯首先比较了17世纪初士兵理想类型的形象先天性与18世纪后期士兵形象的养成性。他这样描述说：士兵在17世纪初时是一种带有某些特征符号的主体性存在物，但到18世纪后期，士兵变成了可以创造出来的事物。用一堆不成形的泥、一个不合格的人体，就可以造出这种所需的机器。体态可以逐渐矫正，一种精心计算的强制力慢慢通过人体的各个部位，控制着人体，使之变得柔韧敏捷。这种强制不知不觉变成习惯性动作。训练"改造了农民"，使之具有"军人气派"。法国哲学家拉美特利（Julien Jean Offray de La Mettrie，1709—1751）《人是机器》（L'homme-machine，Paris：Frédéric Henry，1748）将可解剖的肉体与可操纵的肉体结合起来，既是对灵魂的唯物主义还原，又是一般的训练（dressage）理论。其间的中心观念则是"驯顺性"。腓特烈二世（Frederik II，1712—1786）热衷于小机械、训练有素的军团和长期的操练，可谓"人是机器"的绝妙佐证。在17和18世纪，纪律变成了一般的支配方式，制造出驯服的、训练有素的肉体。

纪律首先要从对人的空间分配入手。在本卷中，笔者已经分析了18世纪由于西方兵役制度造成对于雇佣军必须严格控制的问题。福柯则在《规训与惩罚》这样写道：在18世纪，军队——这支流浪大军——必须束缚在固定的场所；必须严防他们的劫掠和暴力行为；必须使当地居民（他们并不担心路过当地的军队）不必担惊受怕；必须避免驻军与地方当局的冲突；必须防止开小差并控制驻军开支。1719年法令要求以南方已有的兵营为模式建立数百个兵营，实行严格的禁闭措施。整个兵营应用十英尺高的围墙围住，围墙应从各个角度与兵营内房

① 辜鸿铭、孟森等：《清代野史》第3卷，巴蜀书社1998年版，第1346页。

屋相距三十英尺之远。这种封闭空间的布局将能使驻军保持秩序和纪律，使军官能够控制他们。

在本卷中，笔者也分析了 18 世纪西方军队纵队行进、通过严格训练提高射击速度的问题。但福柯在《规训与惩罚》中的解读更为深邃，更富有启发性。福柯指出，人们开始按四分之一小时、分、秒来计算时间，这首先发生在军队里：吉伯特（Jacques-Antoine-Hippolyte de Guibert，1743—1790）系统地应用了沃邦（Sébastien Le Prestre de Vauban，1633—1707）提出的对射击的精密计时测定。17 世纪初，训练有素的士兵排成纵队或方队按照鼓点行进，必须首先迈出右脚，才能使整个队伍步调一致。按照 1766 年 1 月 1 日关于整顿步兵操练的训令，18 世纪中期，有四种步伐：短步伐的长度是一英尺，一般步伐、加倍步伐和正步伐的长度是两英尺，其距离是从一个脚跟到另一个脚跟。就时间而言，小步和一般步伐用一秒钟，两个加倍步伐用一秒钟，其长度从一个脚跟到另一个脚跟最多是十八英寸。一般步伐应用于向前走，应昂首挺胸，交替用一条腿保持平衡，向前迈另一条腿，大腿绷紧，脚尖稍稍向外和向下，由此可以轻轻掠过地面，而不敲击地面。福柯通过比较得出结论，即后者增加了一系列新的约束因素，出现了另一种分解姿势和动作的精确程度、另一种使肉体适应时间要求的方式。福柯以"1766 年 1 月 1 日训令"（Ordonnance du 1er janvier 1766）第 XI 章第二条关于举枪三个步骤的规定为例，将其视为对肉体进行工具符码化的典型。在该训令中，整个姿势被分解成两个平行的系列：被使用的身体部位系列（右手、左手、手指、膝部、眼睛、肘部等）和被操纵对象的各部位系列（枪管、柄槽、击火铜帽、螺纹等）；两个系列根据某一姿势（托、弯）而联系起来；该训令规定了连续动作的规范，各组联系在其中占有特定的位置。由此可见，纪律规定了肉体与其操纵的对象之间的每一种关系，它勾画了二者之间一种细致的啮合。由于时间单位分得越细，人们就越容易通过监视和部署其内在因素来划分时间，越能加快一项动作，至少可以根据一种最佳速度来调节运作，由此产生了这种对每个行动的时间控制。这在军队中至关重要。1743 年的普鲁士军事条例规定，武器贴脚持立有六个步骤，握枪有四个步骤，举枪到肩部有十三个步骤，等等。腓特烈二世军威大振之后，全欧洲都竞相效仿这种分解动作步骤以强化时间利用的训练方式。在 16 世纪，军事操练主要是模仿整个或部分动作，一般地提高士兵的技能和力量；到了 18 世纪，对"体力"的训练遵循着"要素"原则，而非"示范"原则：简单的姿势——手指的位置、腿的弯度、手臂的动作——是有用动作的基本因素，也是对力量、技能和灵活性的一般训练。把时间分解成连续的或平行的片段，每个片段应该在规定的时间结束。这样，把时间分成各自独立的、准确的细微过程，循序教练一般姿势、列队行进、持枪动作和射击，前一个动作完全掌握后再进行下一个动作。

福柯《规训与惩罚》中也谈及了笔者在本卷中所论列的火器技术对于线式战术的影响问题。他指出，在 17 世纪末，由于长矛和滑膛枪使用起来又慢又不准确，实际上不能有效地打击目标，因此用这些武器装备的军队本身被当作进攻炮弹和防御壁垒，如"西班牙军队中的威武陆军"①。这种密集士兵的配置主要是根据他们的资历和勇敢程度。在方阵中间，用以增加厚度和密度的，是那些经验不足的士兵。在前排、四角和两侧的，是那些最勇敢的或被认为最老练的士兵。来复枪的发明这种技术变革带来了战术的变化。与滑膛枪相比，来复枪更准确，更快捷，从而更能体现士兵的技能。它能更准确地击中特定目标，因此能够使火力对准个人。反之，它把每个士兵都变成了可能的靶子，因此要求士兵有更大的灵活性和流动性。这便导致了密集技术让位给一种新技术，即沿着比较灵活的散兵线部署队伍和人员。

福柯之所以在《规训与惩罚》中将医院、监狱军营和工厂放在一起考察，将司法和军事问题联系起来，是因为其试图从某种有关肉体的权力技术学中读解出权力关系和对象关系的一部共同历史。福柯在书中引用了萨克森元帅（Marshal Maurice de Saxe，Moritz Graf von Sachsen，1696—1750）的这样一段话："虽然那些关注细节的人被视为凡夫俗子，但在我看来，这种成分是必不可少的，因为这是基础。不懂得其原

---

① Foucault, Michel, *Discipline and Punish*, *The Birth of the Prison*, translated from French by Alan Sheridan, New York：Vintage，1977，p. 162.

理，就不可能建起一座大厦或创立一种方法。人们仅仅喜爱建筑学是不够的，还应该懂得石工技术。"① 福柯认为，这种"石工技术"，即对道德义务和政治控制方面细节的功利化，有一部值得一写的历史。他指出："我们应当关注权力的极端状况，权力的最终归属，权力的微细管道，也就是说权力的区域和局部的形式和机构。事实上，我们最应当关心权力在什么地方超越了对它进行组织和限制的权力规则，把自己扩展到这些规则之外，把自己付诸制度，具体化为技术，用工具甚至暴力的手段来装备自己。"② 在福柯看来，应当是微观层面，应当在权力运作的末梢，在一种权力与另一种权力交界的地方，我们才能了解权力是如何实现的。西方谚语云：魔鬼存在于细节之中。福柯从细枝末节中发掘出现代社会组织的机制的同时，也为我们昭示了清代中国在 18 世纪难以解决的瓶颈问题，即黄仁宇所谓的"数目字管理"问题。在笔者看来，虽然福柯和黄仁宇有着不完全相同的理论动机和趣味，其所关注的问题更是相去甚远，但福柯在《规训与惩罚》中所揭示的西方在 18 世纪特殊权力的技艺发展和黄仁宇所谓的"数目字管理"问题联系起来，就会明了其间转捩的关键所在。

　　黄仁宇与福柯的治学路径可谓完全相反，其"大历史"观其实源于年鉴学派（l'École des Annales）布罗代尔的"长时段"理论。黄仁宇实际上对于布罗代尔亦步亦趋，这只要将黄仁宇的《资本主义与二十一世纪》和布罗代尔的《15 至 18 世纪的物质文明、经济和资本主义》(*Civilisation matérielle，économie et capitalisme，XVe-XV Ⅲ e siè cle*) 的中译本加以对读，即可知个中究竟。而且这在黄仁宇《我对"资本主义"的认识》等文章中也可以窥其一斑，他明确表示对布罗代尔"有相当的景仰"，布罗代尔的"总体史"和其"写作的大历史相似"③。

---

① Foucault, Michel, *Discipline and Punish, The Birth of the Prison*, translated from French by Alan Sheridan, New York：Vintage, 1977, p. 139.

② 米歇尔·福柯：《权利的眼睛：福柯访谈录》，严锋译，上海人民出版社1997 年版，第 231 页。

③ 黄仁宇：《放宽历史的视界》，生活·读书·新知三联书店 2001 年版，第90 页。

黄仁宇自成都中央军官校毕业后任陆军第十四师排长及代理连长，后加入驻印军，任新一军上尉参谋。他在多处说自己在抗战期间及战后曾担任国民党军队下级军官十年，对中国各地农村市镇有过真切的观察，堪称人世间有钱难买到的实用教育。黄仁宇在《中国历史与西洋文化的汇合》一文提及抗战期间亲历的"拉壮丁"情形，目睹强行捉来的士兵送到前线后逃往被拘获而就地枪决的事情，反思中国近代历史的出发点问题。国共内战期间，黄仁宇获保送入美国陆军参谋大学学习。据其自述，这一阶层的军事学术，尤其是动员及后勤的各部分，对于其后来学习历史而言，是一种训练思想的好机会，养成了考量一件群众运动或公众事业能否有适当的人员物资和组织在后面支撑的习惯。黄仁宇认为，"一个国家的军事组织，应当和它的社会结合为一，血脉、筋肉和神经系统相牵连。这就是说要使海陆军发生效率，不仅人员装备的供应须经常不断，即军事技术及军事思想也要和支持它们之社会的水准不相上下，这样才算是成为一个有机体"①。黄仁宇将中国历史上缺乏数目字管理作为一个关键问题。他认为清朝的改革与整顿，纪律与技术上的成分多，组织和制度上的成分少，既无管理对象的细分，也无管理手段的细化。黄仁宇尤其举了鸦片战争起间扬威将军奕经的事例作为缺乏数目字管理的证据。彼时，奕经奉命出师，没有集中的军需处，他在苏州、杭州、绍兴之间设立四个银柜，接收中央政府的拨汇。来款均分，或一处汇交，事后发觉，总数无法核对。在黄仁宇的著作中，所谓数目字管理实际上还包括一套界定、交换和保护产权的完备法律制度。

第三节　进一步的申论：社会控制技术变革的资源

笔者认为，福柯在《规训与惩罚》中鲜活地揭露出一部西方治理

---

① 黄仁宇：《放宽历史的视界》，生活·读书·新知三联书店2001年版，第202—203页。

术（gouvernementalité，governmentality）的权力系谱史，缕析了西方改进权力技术的变革，这和黄仁宇所说的"数目字管理"存在某种相似性。但是，福柯的《规训与惩罚》本来就是旨在以空间克服近代以来时间造成的障蔽，这本书并不是历史著作，所以史料的利用没有时间性。而中国的大国空间、文化早熟和王朝鼎革的时间因素等使许多问题不能拿福柯的论述去加以比附。由于多民族国家的异质性存在，清帝国坚持分而治之和因地制宜等政策，不无福柯所说的诸多高妙的规训权力运作技术，但大国的空间结构使清帝国首先必须全力以赴解决大数目字问题，难以达到深度治理，所以窳陋甚多，实如黄仁宇所言无法实现数目字管理。此外，清朝依靠纪律，但这种纪律并没有多少技术改进的成分，这是一个悖论。从福柯的《规训与惩罚》中，我们可以察觉清朝在 18 世纪付出了极大的机会成本，到鸦片战争时期睁开眼已经呈现出一定程度的主客易势。可以说，18 世纪中西方军事史中的权力技术改进之消息甚微，但出入甚大。

　　法律和军事的确存在密切关系。中国古人有"刑起于兵"和"兵刑不分"之说。随着时间推移，刑逐渐由"兵刑合一"的状态分离出来，但兵与刑"其为暴力则一"的特征不曾有任何改变。正是这样，中国最早的司法官叫士。中国关于"刑起于兵"的话语不绝如缕，源远流长。《国语·鲁语上》记：臧文仲言于僖公，"大刑用甲兵，其次用斧钺；中刑用刀锯，其次用钻笮；薄刑用鞭扑，以威民也。故大者陈之原野，小者致之市朝"①。《国语·晋语六》记范文子语曰："君人者刑其民，成，而后振武于外，是以内和而外威。……夫战，刑也，刑之过也。"② 在这段文字中，刑之为用在于于内致和、于外振威，战争被视为刑之一部分。此后持兵与刑乃一事之内外异用之说者在所多有。汉代思想家王充指出："罪人用法，诛人用武。武、法不殊，兵、刀不异。"③ 杜牧在《注孙子序》一文开宗明义就指出："兵者，刑也；刑

----

① 董立章：《国语译注辨析》，暨南大学出版社 1993 年版，第 167 页。
② 董立章：《国语译注辨析》，暨南大学出版社 1993 年版，第 487 页。
③ 王充原著，袁华忠、方家常译注：《论衡全译》，贵州人民出版社 1993 年版，第 489—490 页。

者，政事也。为夫子之徒，实仲由、冉有之事也。今者据案听讼，械系罪人，笞死于市者，吏之所为也。驱兵数万，橛其城郭，系累其妻子，斩其罪人，亦吏之所为也：木索兵刃，无异意也；笞之与斩，无异刑也。……俱期于除去恶民，安活善人。"[1] 兵为刑事，亦为政事，都是政事之一端。兵之于刑，二而一也，兵道亦通于治道。《辽史·刑法志》亦云："刑也者，始于兵而终于礼者也。鸿荒之时，生民有兵，如蜂有螫，自卫而已。"[2] 陆世仪在《论兵制》中如是言："古者兵刑皆出于学校。'明于五刑，以弼五教'。'伯夷降典，折民惟刑'。此刑出于学校也。'在泮献馘'，'在泮献囚'。此兵出学校也。惟知学然后可以刑人。惟知学然后可以杀人。此皆王道一贯之事。自后世分兵刑于学校。而兵阵遂属之于悍将武夫。法律遂属之于法家酷吏。可慨也。"[3] 章太炎曾考证说："法吏未置以前，已先有战争矣。军容、国容既不理析，则以将校分部其民，其遗迹存于周世者，《传》曰'官之师旅'。……及军事既解，将校各归其部，法吏独不废，名曰士师，征之《春秋》，凡言尉者，皆军官也。及秦而国家司法之吏，亦曰'廷尉'，此（比）因军尉而移之国中者也。"[4] 陶希圣《中国政治思想史》等著作也和章太炎的著作一样从职官的辞源入手加以解析，认为司寇本意应为"负责抵御外来侵略"，所以这种司法官员之称与军旅有关，司寇具有军官、法官兼警察的多重身份，从另一个侧面印证了古人"刑起于兵""兵刑同源""兵狱同制"的判断。按照马克思历史唯物主义的观点，军队、法庭都属于统治阶级实行专政的暴力工具，前述考证的结论也是符合这种理论的。

---

① 杜牧：《注孙子序》，孙武撰、曹操等注、杨丙安校理：《十一家注孙子校理》，中华书局 1999 年版，第 311 页。

② 脱脱等撰：《辽史》卷六十一，志第三十，刑法志上，中华书局 1974 年版，第 935 页。

③ 陆世仪：《论兵制》，《思辨录辑要》卷十七，治平类，纪昀、永瑢等编纂：《景印文渊阁四库全书》第七百四十二册，子部，30，儒家类，台北商务印书馆 1983 年版，第 149 页。

④ 章太炎：《官制索隐》，陈平原编校：《中国现代学术经典·章太炎卷》，河北教育出版社 1996 年版，第 529—530 页。

　　近人陆绍明在 1906 年《国粹学报》上发表的《兵戎为法之源论》一文是对此问题阐述最为详尽者。其文云："绳墨断吏由来久矣，溯其发端，道术为之远因，兵戎为之基源也。今试言其基源，铜头铁额，跳梁神州，黄帝作兵，荡海夷岳，其兵也，其法也，而又何可以歧视之哉？兵为法之大者也，法为兵之小者也。凶暴而不可以法制，举兵以致之；凶暴而可以法制，举法以裁之，兵也乎哉？谓之法可也；法也乎哉？谓之曰兵可也。且古人无意于民之善恶，锱铢必较，而创一禁暴之政也；若夫兵也者，则古圣不获已创作，所以不较锱铢而禁巨恶者焉；而所谓锱铢必较之为法者，盖由兵而演成也。""今详究刑法，更觉原于兵戎。请申言之。夷吾谓兵为尊主之经，则可知兵富于法。《抱朴》谓法为捍刃之器，则可知法本于兵。兵戎有书，《六韬》《三略》为之宗；刑法有律，《六典》《三章》为之要。兵法之书，其旨相同，不外繁简相副，宽猛相济，兵有甲兵斧钺之威，即法有甲兵斧钺之刑。兵法似殊，其义则一，无非劝善禁暴，兵以伐谋为上兵，法以合心为至法。用兵宜审乎时，用刑当察其国。兵法权变，皆有因于时势，兵则见可知难，量敌论将；法则稽貌察情，辩处察辞。兵则审赏审罚，为法律之嚆矢；法则求生求杀，为兵戎之滥觞。兵则始柔而后刚，如用法之先和后励；法则训人而齐众，如治兵之练士训戎。兵则明法审令，如持法之尚严；法则烈火秋霜，如发兵以赴义；法原于兵，岂虚言哉？"[①] 杨鸿烈认为陆绍明之论存在穿凿附会之处，但并不否认其论证主旨的成立。因为此观点也是杨氏之师梁启超等人所反复申论的，况且陆氏为了证明己说而方援引也是无可厚非的。在杨鸿烈看来，上述"兵刑一体"的论述既是学者理论的建构，但也不能说完全没有历史事实依据，不过"兵刑一体"的思想却对于中国法律的内容影响不太大。从汉《九章律》起有《兴律》，《魏律》有《擅兴》，《晋律》有《宫卫》《兴律》，隋唐律有《卫禁》《擅兴》，直到明清律有《宫卫》《军政》，夷考其实，"军法""刑民法"的界限是很显明的，并没有以"军法"兼代"刑民法"的规定，可见"兵刑一体"的思想在两千年以来就看作是很古老

---

　　① 陆绍明：《兵戎为法之源论》，《国粹学报》第二年第四号，1906 年。

陈旧的了。①

　　几千年来中国社会的分化、演变是不可忽视的，杨鸿烈所言自然有其道理。《司马法·天子之义》即云："古者，国容不入军，军容不入国，故德义不相逾。"② 按照这种理论，国与军是"里"与"表"两个不同的领域，军容入国则民德废，国容入军则民德弱，不能以治军之法治国，也不能以治国之法治军。但中国传统社会"诸法合体，民刑有分"本身就是在分与不分之间界限比较模糊的，兵、刑之有分与无分也是无法犁然而划的。如果说中国传统的"刑起于兵"的话语是从起源论上针对年代久远的古代而言，杨鸿烈在此已经涉及中古或者近古的问题。笔者与杨鸿烈的视角不太相同，认为人类社会其实一直面临着兵刑一体的问题。清代东北地区实行的军府制相当于我们今天所说的军管自不待言，这种制度直到清末东三省建立才退出历史舞台。在清代的许多战争中，战争引发法律的变革的情况在史料中经常可以看到。例如，正是因为了联合蒙古军队与明朝作战，清朝在入关前颁布的一系列军律可以说为满蒙宗藩关系的确立悉此焉基之。在康熙年间与准噶尔交战过程中，随着清军大举进入内蒙古腹地，清朝的法律制度遂得以深入于蒙古社会基层。这可以参见本书第二卷关于宗藩关系的历史法学分析。在本书第四卷关于就地正法与镇压太平天国起义的关系的揭示可谓更有征矣。拉丁法谚云："战争一开始，法律就沉默。"（Inter Arma Enim Silent Leges.）③ 但德国历史学家和政治家特赖奇克（Heinrich Gotthardt von Treitschke，1834—1896）却对此大唱反调，其名言为"战争乃文化之父、创造之母"（War is the father of culture and the mother of creation）④。笔者在《经济法学理论演变研究》（第二次全面修订版）指出："经济

---

　　① 杨鸿烈：《中国法律思想史》，范忠信、何鹏勘校，中国政法大学出版社2004年版，第148—149页。

　　② 徐寒主编：《精注精译中华传世兵书全集》第1卷，线装书局2006年版，第47页。

　　③ 这类似于现代英语中的谚语"when drums speak，law is silent"（当战鼓擂响的时候，法律就沉默了）。

　　④ Perry Anderson，*Lineages of the Absolutist State*，London：Verso，1979，p. 212.

法学界把资本主义经济法的发展分为三个阶段，即：一、战时经济法（Kriegswirtschaftsrecht），二、经济危机对策法，三、复兴经济法，认为第一次世界大战的刺激产生了第一批经济法。其实，经济法不仅其产生与战争有不解之缘，而且其发展亦与战争有密切关联。在第二次世界大战期间，美、英、德、日等国因为有第一次世界大战的前车之鉴，经济立法的规模、程度、技术等可谓蓝出青胜、变本加厉。至于朝鲜战争（即西方所谓'韩战'）对日本、德国经济法的影响亦至为攸关，惟经济法学界乏人深究而已。"[①] 即便在现代社会，战争与法律规则演变的关系问题仍然是一个值得认真思考的问题。正如笔者在第五卷分析水案引发的法律规则的变迁时所强调的，法律规则其实是一种战利品。美国法学家唐纳德·布莱克在《法律的运作行为》（Donald J. Black, *The Behavior of Law*, New York：Academic Press, Inc., 1976）中从社会控制的角度所得出的结论也可以支持笔者的观点。他认为：在战争期间法律会增加。战争按照马克斯·韦伯的观点可以带来立法和法典化。正是这样，随着罗马帝国的征服而产生了蛮族法典（Leges barbarorum）。在建立蒙古帝国时，成吉思汗编纂了法典，而六个世纪以后拿破仑法典的制定也表现出历史惊人的相似。战争还产生了新的法律机构，赋予旧的机构紧急权力，带来了更多的监督、诉讼和严酷。战争还给无国家的社会带来组织，甚至是某种临时的国家。[②] 一般来说，在非战争时期，由于法律制度内在运行机制所导致的其变迁动力的相对单向性和政治领导层的认识局限性，法律制度变迁相对缓慢，而在战争期间，由于"兵者，国之大事也"，关乎国家生死存亡，战争的现实压力往往推开法律制度变迁的机会窗口。

如果我们仍旧拘泥于中国传统的"刑起于兵"，那么对于学术的发展可能并不会产生实质性贡献。笔者在此关注的主要问题是军事与近代社会转型期间的规则重构。这一问题除了前述福柯等人的研究成果值得

---

　　① 张世明：《经济法学理论演变研究》（第二次全面修订），中国民主法制出版社 2009 年版，第 36 页。

　　② Donald J. Black, *The Behavior of Law*, New York：Academic Press, Inc., 1976, p. 87.

关注之外，吉登斯对此的分析在某些细节上更为绵密。如同本卷在 18 世纪中西方武器装备的比较中所言，由于当时枪械的技术水平有限，在射击精度、速度以及射程等方面均不尽如人意，为了使它们能够最大限度发挥作用，西方各国当时纷纷致力于强化士兵枪械使用的训练，以弥补这方面的缺陷。所以，按照吉登斯的分析，这种枪支的使用强化了严格的纪律，因为为了实现任何一种迅速射击，都必须进行大约一百项单独的运动。为了集中各分队的火力，就要求人们之间更为严格且更为程式性地协调起来。[1] 这种实践的先驱、拿骚的奥兰治王子莫里斯（Maurits van Nassau，1567—1625）的创新被范·杜恩（Jacques van Doorn）等现代许多学者认为是与泰勒生产方式如出一辙的。[2] 正如泰勒曾试图做的，莫里斯将部队运作的技术方面分割成具体而又有规可循的单一活动序列，为操纵滑膛枪和长矛制定出一套详尽、准确的作业流程，并训练士兵们掌握这些流程，直至自如。新兵们不被看成是能熟练使用武器的"手艺人"，而被看做是一些为了熟练地操纵军事装备而需要接受训练的人。为了使每一个人的行动同作为整体的集团调动协调一致，分队的成员被教育成能同时对统帅的命令做出反应的人。[3] 众所周知，在 18 世纪，攻势成功的主要基础即为士兵在操场上的技巧（即运动的技巧）。[4] 腓特烈一世以他的小战术（Minor Tactics）为基础进一步发展其特有的大战术（Major Tactics 或 Grand Tactics），这种迅速的侧翼攻击对于军队机动性的要求很高。为了获得最高度的机动性和迅速的火力起见，腓特烈一世主要的就是依靠操练。他曾经在其军事训令中这样说道："一个军队中，大部分都是由游手好闲的人所组成的，除非将领对于他们不断地加以监视，否则这个人工造成的机器就会自动崩溃了，于

---

[1] Anthony Giddens, *The Nation-State and Violence: Volume Two of a Contemporary Critique of Historical Materialism*, Berkeley: University of California Press, 1987, p. 107.

[2] Jacques van Doorn, *The Soldier and Social Change: Comparative Studies in the History and Sociology of the Military*, Beverly Hills: Sage Publications, 1975, p. 11.

[3] Anthony Giddens, *The Nation-State and Violence: Volume Two of a Contemporary Critique of Historical Materialism*, Berkeley: University of California Press, 1987, p. 114.

[4] 富勒：《西洋世界军事史》第 2 卷，钮先钟译，中国人民解放军军事科学院 1981 年内部发行，第 181 页。

是所谓纪律之师者，就只剩下了一句空话了。"① 腓特烈一世的这种训练是如此野蛮，以致他的儿子都认为，实际作战也许要比在军营中的生活还要舒服一点。基于此，吉登斯和福柯在《规训与惩罚》中的观点一样，认为现代所运用的"discipline"这一术语导源于军事情境，军事组织在近代以来的行政力量的跃进过程中扮演了一个首要的角色，既影响到国家机构又影响到其他组织，包括更为晚近的商业企业。美国历史学家、技术与科学哲学家刘易斯·芒福德（Lewis Mumford，1895—1990）也特别强调，现代幌子下的行政力量很大程度上起源于军事领域。②

综上所论，目前学术界其实已经在发展出了一套笔者称之为"新兵刑一体论"的话语。这套理论将刚性社会控制手段和弹性社会控制手段结合起来考察，揭示其间的横向关联，尤其集中对于监狱、军营、医院、学校、老人院和修道院等高度集中化机构的考察。每种总体机构（total institution）在某些程度上都具有监狱的性质，都具有通常仅仅适用于儿童和动物的严格纪律。③ 诸如精神病院、大学等组织的内部决策权集中性的增强都会使之更像监狱。这就是某些时候连我们今天的大学都会出现各种"捂盖子"现象的原因所在。正由于军队内的官僚制多于大多数其他组织，所以军队内的官僚制也更具有刑事性，比其他组织更可能惩罚它的不轨者，尤其是在战争期间。这种源于军队的规训技术对于近代许多民族国家的形成都具有重要影响。德国即是其中的典型。本书第五卷就讨论了军队的这种规训特性与中国近代化过程中民族国家建构产生的复杂关系。中国人富国强兵的现代化追梦恰恰是近代军阀混战的噩梦的肇因。时至今日，无论是大学、中学、小学还是行政机关、公司，我们都可以看到军训活动是如此普遍。

---

① 富勒：《西洋世界军事史》第 2 卷，钮先钟译，中国人民解放军军事科学院 1981 年内部发行，第 183 页。

② 参见 Lewis Mumford, *The Myth of the Machine*, vol. 1：Technics and Human Development, London：Martin Secker and Warburg, 1967；vol. 2：The Pentagon of Power, London：Martin Secker and Warburg, 1970。

③ Donald J. Black, *The Behavior of Law*, New York：Academic Press, Inc., 1976, p. 102.

养兵、训兵与近代民族国家的形成息息相关。当年普鲁士将整个国家变为一座大兵营，精严的军事训练形成目前德国整个民族迄今严谨、守纪的国民性格。是时，热兵器技术的进步开始影响了军勋阶级的传统优越，这在炮兵界为尤甚。即便普鲁士也未能全然免除此项隐而未显的阶级斗争，中层阶级出身的军官，逐渐渗入于炮兵与工兵部队，成为军队中的骨干力量。法国思想家孔多塞（Marquis de Condorcet，即 Nicolas de Condorcet，1743—1794）《人类精神进步史》（*Esquisse d'un tableau historique des progrès de l'esprit humain*）中就曾经认为步兵的兴起与民主制度的兴起是有关系的。富勒在《战争指导》中则认为，若是孔多塞能把说话的次序反转过来，就更正确了。因为火枪制造步兵，而步兵制造民主。一人一枪也就变成了一人一票，终至于选票和步枪都要用百万来当作计算的单位。这样也就引起了世界上最伟大的政治性和军事性的转变。民主使所有人在理论上居于平等的地位，而征兵制却使所有人在事实上居于平等的地位。克劳塞维茨对此已经具有这样的认识：凭着其原则所具有的力量和能力，凭着其对于人民所鼓起的热忱，法国大革命已经把那个民族的全部资源和其一切的力量，都投掷在天平之上。在过去，所有的资源不过仅为有限军队和国家的有限（正常）税收而已。①

笔者在德国翻译费肯杰的两卷本《经济法》的过程中遇见一个特别不容易理解的问题，就是德国所存在的火柴垄断问题。费肯杰在书中多次提及并指出，国家的某些产业部门在市场经济中也被国家所垄断。在联邦德国，主要是三种国营垄断：白兰地酒垄断（das Branntweinmonopol）、火柴垄断（das Zündwarenmon-opol，这两者被称为金融垄断，Finanzmonopole）以及联邦农业市场秩序局（Bundesanstalt für landwirtschaftliche Marktordnungen，BALM）的贸易垄断。产生于1930年的火柴垄断随着德意志帝国向瑞士克罗伊格康采恩（Kreuger-Konzern）最后一批贷款的清偿于1983年1月15日取消。联邦政府的相应决定是在市面流通程序中运行（SZ Nc. 36 v. 13./14. 2. 1982，1）。此外，垄断的

---

① 富勒：《战争指导》，李磊、尚玉卿译，广西人民出版社2008年版，第12页。

主体是一个私法的法人，但垄断的建立是服务于公共目的（帝国贷款）。在笔者这样的中国人看来，火柴这样的小东西何必采取专卖制度？在我们中国，"文化大革命"期间还经常使用火柴，虽说当时也曾凭票供应，但也未曾像烟草、食盐等实行专卖。在笔者的印象中，改革开放以后城市居民做饭使用电子打火的煤气灶，照明使用的是电灯，抽烟的瘾君子使用的是打火机，生产厂家和商店都因为火柴利薄早已经不愿制造销售了，而火柴垄断竟然在联邦德国持续到 1983 年，实在是匪夷所思！为了翻译准确，笔者查阅了相关资料，终于明白了各种原委：在第一次世界大战期间，各国为了交战使出了吃奶的力气，可谓罗掘殆尽，帑藏空竭，情见势绌，底里毕露，借债无门。瑞典商人伊瓦尔·克罗伊格（Ivar Kreuger，1880—1932）在 20 世纪初通过制造和销售火柴名噪一时，有"火柴王"（Match King）之誉，囊橐富可敌国。此人在第一次世界大战结束后成为被战争拖累得筋疲力尽的欧洲各国政府的救命稻草，其采取"垄断换贷款"的方式向为战后亟须资金的德国、法国等贷款，从而取得火柴垄断权，建立了欧洲庞大的火柴国王，并由此点燃了世界范围的过度投机。虽然此人在 1932 年在历史上著名的"克罗伊格危机"中早已自杀身亡，但这种火柴垄断权和德国政府的借款直到 1983 年才最终宣告历史的终结。火柴垄断是战争导致法律规则演变的一个例证，同时也说明战争是一件烧钱的事业。俗语云：打仗打钱。西谚则曰："Pecunia Nervus Belli"（钱财能搞活战争，Money is the sinew of war），其说洵不诬也。

日本学者香坂昌纪（こうさかまさのり）认为，战争不容否认要牺牲大量的性命，损耗劳力、物质、资金等，从这一点来说，战争本身有很大的负面因素。[1] 但是，如果改换一下视点，正面的评价也不是没有。在清代前期，以与准噶尔部的交锋为契机，清朝投入了大量的包括物质、人力在内的巨额军费。大约持续八十年的准噶尔之战，根据时间和地域的不同，有采用投入大量兵力的积极之策，或为确保地区而造城

---

① 参见香坂昌纪：《清朝前期对准噶尔作战的经济效果》，李小林译，《史学集刊》2000 年第 4 期。该文以日文公开发表的原作不曾得见，估计系译自未刊稿。

栅以守城为主的消极之策，还有以作战为中心的地域。从蒙古东部经过阿尔泰、准噶尔盆地，至西藏的广大地区，可以看到中国农耕范围的外缘部，大体以全域以及广大地域为舞台而展开的。当然，支撑展开外缘部的战争是直接与外缘部相邻的甘肃、陕西、山西、河北、四川、青海诸地区，与这些地区相邻的省份也间接地支持了这场战争。中国北半部地域不同程度的荒废，可以看到与这场战争的展开有很大的关系。因此，准噶尔之战的展开，直接地对中国的北半部以至于全中国的经济发展和经济构造产生了很大的影响。从这一点说来，战争、战役具有负面作用。但是，大规模长期的战役，无疑引发了大量的物资、人员、劳动力的需要。为了进行战役而支出大量的通货从中央财政中拿出，造成国库窘迫也是确实存在的。与此同时，从国库中拿出的资金对货币市场投入也有一定的意义，应当引起注意。这些支出的银两通过支付给士兵的兵饷、确保役畜和军需物资的筹措、运输费用等途径放了出来，从中国的周边地区又回流到了内地，对银币在内地流通量的增多起了很大的作用。这种作为国家资金银币的投入，构成了寺田隆信（てらだたかのぶ）所说的"山陕"商人巨大的前期资本而活跃于全中国。清朝前半期对准噶尔作战的展开，可以说不仅扩大了清朝的版图、西域内地化，而且银币流通，为已有的好景气的持续做出了贡献，间接地对整个中国的经济发展也起到了促进作用。为了对准噶尔作战，需要以粮食为首的各种军需物资的调配。为节省这些物资的运费，主要在甘肃、陕西、山西等地生产，如为了补充用于军粮的陕西仓库的谷物，便将河南、湖北等地仓库的谷物调运到西安。在准噶尔贸易中也有江南的绢等物品。由此可见，准噶尔之战把以全中国的物资为基础的商品流通体系建立了起来。从更大的视域来看，准噶尔之战不仅成为全中国商品物资活动活跃的一个契机，而且其活动在与全中国的商品流通密切关联上有实现的可能。换言之，清朝前半期，在考察广阔的中国范围内南北之间的商品物资活动的时候，其间伴随西部战争的展开而以粮食为首的各种需要也是应该考虑的。此外，随着作战的需要，大大刺激了必要的种种物资生产。如在凉州、肃州等地被筹措达数千台用于运送军需物质车辆，这些车辆的制造，以及各种运输工具和御寒衣服等其他抗寒物品的制作，当然促进了被筹措地区及其周边地区的手工业的发展。

香坂昌纪的这篇论文非常有新意，对于 18 世纪中国战争史的研究具有启发作用。国与国之间的战争如同一场考试，成败、生死往往仅仅一步之遥，成王败寇，立见分晓。鸦片战争、甲午战争等都是中国近代史的标志性事件，其对于中国近代史的重要性不言而喻。从这一点意义上，我们不难理解像乾隆帝这样的具有雄才大略的旷世之君在西师期间所付出的超人艰辛，其为克成斯业而敬事勤慎的故事在前述赵翼等人的记载中已经言之历历，无须再赘。按照《啸亭杂录》的记述，甚至连傅恒这样辅佐乾隆帝决策的股肱之臣当时也是在拿自己的头颅孤注一掷的。但是，当我们看到，平准之后，"武功成，王道昌"[1]，一时间喜声瑞气遍皇州，歌颂竞作，举国上下的感觉完全是不一样的。乾隆二十四年（1759）岁末，当平定准噶尔取得最后胜利的报捷红旗驰递到京师时，乾隆帝感慨地说："乃者关门以西，迄乎大漠，虽通亘古不通之境，究以国家全盛余力而定之。"[2] 乾隆帝说这番话时一定是百感交集的，显然明白将来史家会如何对其作出评价。在多年前，笔者为了一个国家项目一页一页地翻检康熙和乾隆两朝实录，那种历史的现场感是只可意会而不可言传的。笔者在阅读过程中发现，在平准前后，乾隆帝在心理上的自我评价、说话语气都是迥然不同的。香坂昌纪的这篇论文虽然引述了许多资料，不过在关键点上资料几乎付诸阙如，所以不得不依靠大量的常理推论，够得上一家之言，但此种解释未必其然也。这个问题的坐实尚需时日，在难度上比美国学者利用计量经济学对美国铁路早期对国民经济贡献的研究不啻高出倍蓰矣，或者由于资料的限制而根本是不可能的。诚然，人们可以说，清廷在 18 世纪遣将出师，或敉平内乱，或用兵边陲，其所需军费浩繁，但户部帑银并未因此支绌，岂非此明证耶？我们认为这仍旧不能直接地凿有确据证明战争是推动清朝鼎盛的原因，甚至不无倒果为因之虞。世界著名经济史学家齐拉波（Carlo Maria

---

[1] 《平西凯旋郊劳铙歌大乐章》（乾隆二十五年定），高健、李芳主编：《清三通与续通考新疆资料辑录》上，新疆大学出版社 2007 年版，第 286 页。

[2] 《清高宗纯皇帝实录》卷五百九十九，乾隆二十四年十月，台北华文书局股份有限公司 1960—1970 年版，第 8855 页。

Cipolla，1922—2000）认为，历史学家十分容易陷入事后推理的陷阱，以两个或多个变量的相关关系作为因果关系，将一两个因素强调到不适当的程度。在大多数情况下，历史学家无法对一件事发生的原因从经验上加以检验，每件事都被每件事引起的，"一切都是这件事物的原因，不可能从中抽出一个变量作为原因，因为其他一切都在变动之中"①。《清史论》一书在解释这一现象时就认为实因乾隆帝"卑躬行俭约而善营于搏节"② 有以致之。

与香坂昌纪论文凸现 18 世纪中国平准战争推动经济发展的情况非常相似的是，西方学术界的主流观点认为，在 18 世纪的欧洲，由于国家总是在进行战争，战争其实成为国家的一大产业。伴随着武器技术的改进以及征集新兵和军事训练方面的变化，进行战争不但花费更多而且也更为复杂，对与此相关的财政资源的管理也就采取了新颖的形式。资助军事机构所需的大量货币极大地刺激了早期资本主义的扩张。道格拉斯·诺思、吉登斯对此就是持这样的观点。这可以从以下三方面进行分析：首先，就"工业革命"此术语中的"工业"一词所具有的意义来说，枪炮就是"工业"装备。③ 因为陆军的成本日增，为使军械和装备标准化，对于工业的要求也日益增加。④ 其次，战争和备战为绝对主义兴起时所特有的行政资源的集中以及财政的重组，提供了最强有力的刺激。影响战争的技术进步比生产技术的改进更为重要。发动战争的手段方面的相当迅捷的技术改进，首先实质上同主要的生产中心分离开来，前者对后者的影响要远超过后者对前者的影响。⑤ 再次，欧洲国家武装

① 转引自刘佛丁遗作《齐波拉经济史学思想述评》，《中国经济史研究》2000 年第 3 期。

② 佚名编：《清史论》，乾隆朝，台北文海出版社 1972 年版，页二。

③ Anthony Giddens，*The Nation-State and Violence: Volume Two of a Contemporary Critique of Historical Materialism*，Berkeley：University of California Press，1987，p. 107.

④ 富勒：《西洋世界军事史》第 2 卷，钮先钟译，中国人民解放军军事科学院 1981 年内部发行，第 325 页。

⑤ Anthony Giddens，*The Nation-State and Violence: Volume Two of a Contemporary Critique of Historical Materialism*，Berkeley：University of California Press，1987，p. 112.

力量的早期发展是依托于"资本主义"的模式组织起来的，这一事实可能有助于解释后来成为西方社会制度中至关重要成分的企业家创办的企业机构的传播。后封建时代，欧洲王侯都开始纷纷依赖于银行家的贷款，从而使银行家以及企业化的雇佣军的领导者成为君主的树立者和废黜者。雇佣兵首领家族和银行家族对于绝对主义国家在早期形成过程中"脱离"传统的军事组织模式所发挥的作用至关重要。后来，由于战争的花费贵得更加惊人，于是那些业已通过谈判而完成从封建制过渡而来的国家获得了对信贷的控制。人们往往习惯于把商业资本主义及后来的工业资本主义的兴起归因于私人激励，以至于看来好像资本主义发展的初始阶段是伴随着绝对主义国家的巩固过程慢慢地停滞下来的。然而，事实上正是絮利（Maximilien de Béthune, duc de Sully）①、科尔贝（Jean-Baptiste Colbert）② 以及其他一些人建立了一些一直延续至今的模式。国家获得了对货币的控制权，不但让其制裁机构具有保证货币价值的职责，而且建立了全国性的信贷和债务体系。尽管单个的银行家和其他企业主可能会被驱逐出商业领域，但从长期看来，资本主义企业的进一步发展显然是加强了而不是削弱了。③

在18世纪，欧洲各国的君主为在军事领域占据上风做出了诸多在今天看来让人发笑的窘事。腓特烈·威廉一世为了扩军而厉行节约，简直吝啬异常。在弥留之际，当许多人在他的周围唱着诗歌说"我赤裸裸地来到这个世界上，我也赤裸裸地走开"时，他还勉强挣扎着说："不，不能完全赤裸着，我要穿上我的军服"④，可谓嗜兵如命矣。而其宿敌、奥地利女王玛丽亚·特蕾西亚（Maria Theresia, 1717—1780）虽然屡经挫折，却即便脱掉内衣和衬裙也不轻言媾和⑤，坚持将战争进行

---

① 絮利的事迹参见本书第二卷第六章自然疆界部分的论述。

② 关于科尔贝可以参见本书第三卷第三章军事与财政关系部分的论述。

③ Anthony Giddens, *The Nation-State and Violence: Volume Two of a Contemporary Critique of Historical Materialism*, Berkeley: University of California Press, 1987, pp. 115–116.

④ 富勒:《西洋世界军事史》第2卷，钮先钟译，广西师范大学出版社2004年版，第152页。

⑤ Henry Vallotton, *Maria Theresia, die Frau, die ein Weltreich regierte*, München: Nymphenburger-Verlag, 1978, S. 86.

到底，远甚于我们中国人俗语所谓勒紧裤腰带打仗。资源的争夺是一切军事行动的核心。解决资源短缺的途径在于优化资源的配置。有活力的组织端赖有效的制度形成良好的综合机制脱颖而出。笔者在本书第三卷关于军事经济部分提出了一种"风箱说"，所要阐明的意思就是：英国在 18 世纪之所以风生水起，左右逢源，就在于形成了良好的资源配置机制，武力、财力、智力三位一体，将吉登斯所谓的配置性资源与权威性资源之间精妙地连贯起来，所以无往不利，综合国力扶摇直上。其中最为关键的玄机就在于因为有英格兰银行的机构和国债，才能使英格兰用黄金和钢铁来赢得战争。据英国富勒（John Frederick Charles Fuller，1878—1966）将军在《西洋世界军事史》第二卷（*A Military History of the Western World, Vol.2：From the Defeat of the Spanish Armada to the Battle of Waterloo*）的介绍，威廉国王战争（King William's War，1689—1697）前后达九年，共值三亿镑以上，而西班牙承继战争则拖了十年，共值五亿镑左右。在这个总数八亿镑中之一半，是用租税来支付的，其余的则完全是借债。这个办法的发明，就是预支未来的繁荣，以救济现在的贫困，所以战争从此以后即用负债的方式当作基础。伦敦银行家在政治权力上，所获得的地位日益提高，远过于地主，这个国家和帝国，其疆界已经变成了海洋，其命运也就逐渐把握在他们的手中。此外，在1760 年之后，以金质货币为基础，又产生了复杂的信用制度。在 1750年，英国不过只有十二家银行，可是到 1796 年的时候，几乎每个镇市上都有银行了。在 1756 年，英国的国债仅有七千四百五十七万五千镑，而到了 1815 年，却增至八亿六千一百万镑。所以财富是累积起来的，利上又生利。此外，英国在海外殖民地的诸多斩获更是拓展了生存空间，成为其经济起飞、迈向日不落帝国的传奇的动力助燃剂。借助于战争要素的燃烧，胜利的丰富果实竟然不只能用小镰刀而需要用大镰刀来收割了。特别需要指出的是，亚历山大曾经掘发波斯的藏金，罗马人占有了希腊和潘达斯的财富，而如今英国人也使印度的财富解冻了，令其如水赴壑地流入英格兰。① 在 18 世纪，由于通信手段落后，从印度到

---

① 富勒：《西洋世界军事史》第 2 卷，钮先钟译，中国人民解放军军事科学院 1981 年内部发行，第 226 页。

欧洲往返要两年，伦敦和巴黎都无法有效控制它们各自的东印度公司，事实上在印度决策的都是公司在当地的最高长官。依靠克莱武（Robert Clive，1725—1774）这样的骁勇悍将出奇制胜，从普拉南之战（the battle of Plassey）的战场上，产生了 19 世纪的权力基础。财神现在定于一尊了，而变成了西方世界独一无二的上帝。过去十字架所做不到的，现在由于活塞、刀剑、和金钱结成了三位一体，只要短时间就做到了。东方被征服了，在此后二百年中，都变成了西方世界的经济性农奴。①在第二次世界大战前，大英帝国统治下的领土的总面积和人口总数均达到了全世界的四分之一。这在世界文明史上亦复罕有其伦者。据统计，1860 年前后，英国生产了全世界百分之五十三的铁、百分之五十的煤，消耗的现代能源是美国的五倍、法国的六倍、沙俄的一百五十五倍。英国占有全世界商业的五分之一，全世界三分之一的商船飘扬着大英帝国的旗帜。

王夫之曾言，一代之制，各因其时，建一代之规模，陶镕范畴，构成"以一成纯而互相裁制"的完整系统，最终臻于"相扶而成治"的妥适境界与维新气象。② 近代立宪主义的起源与其驻足于韦伯命题（Weber thesis）的话语构架难以自拔，不如以利益为推动制度变迁动力的假定为出发点加以寻绎。在西方，国王贪得无厌而求税，议会则以税权为讨价还价的筹码以餍己求，从而衍生出近代法治、近代宪法与近代税法等一系列现代性产物。近代立宪主义与中世纪立宪主义（Medieval Consitutionalism）之间脉络隐然可以覆按，租税的立宪协赞，其精神乃在于封建制租税承诺的化身。我国法学界多依金子宏（かねこひろし）之说认为租税法定主义原则中课税要素（Stauertatbestand）原则乃模拟刑法中罪刑法定主义而形成，其实台湾学者郑玉波在《民商法问题研究》中就精辟地指出："夫法治主义国家（Rechtsstaat），不仅依法审判，尤须依法行政。依法审判，则'罪刑法定主义'乃其第一要义；依法行政，则'租税法律主义'乃其第一要义。盖一则尊重人民之人格权，一则尊重人民

---

① 富勒：《西洋世界军事史》第 2 卷，钮先钟译，中国人民解放军军事科学院 1981 年内部发行，第 227 页。

② 王夫之：《读通鉴论》卷二十一，中华书局 1975 年版，第 727 页。

之财产权，两者比翼双飞，无所轩轾，易言之，'无法律无罪。无法律无罚'（Nullum crimen sine lege, nulla poena sine lege）与'非依法律无赋税'两者，实为今日法治主义之两大枢纽。"① 立法上的"无代表即无税"、司法上的"罪刑法定主义"、行政上的"非依法律无赋税"三位一体共同构造出近代法治国秩序。希克斯则指出，近代民族国家的兴起就是由于财政原因，西欧国家因战争所导致的财政压力催生了现代税制和金融体系的建立。②

17—18 世纪的清王朝是采取一种紧缩的、刚性的预算制度。论者往往谓儒家财政思想以量入为出的原则为指针对清廷影响极大，此固乃不易之论，但系一面之见。清朝是一个少数民族入主中原建立的王朝，满汉关系乃有清一代至为攸关的要穴，③ 清廷出于自身长治久安的考虑，颇为忌讳引起广大汉族官民的怨尤，故在税收政策总体上以宽大为怀。雍正帝在陆生楠案中大兴文字狱，宣称："本朝设立八旗，京师重地，禁旅云屯，又有巡抚三营，以诘奸禁暴。外省分设驻防将军以及提镇。内外相维，训练甚备。无事则分处什伍，兵不扰民。有事则整旅出疆，兵以卫民。此万古之良法。今八十年来，太平无事。老者以寿终，幼孤得遂长，孰非兵防卫守之力哉？民间虽有正供以佐军糈，然所出仅百分中之一耳，其得养兵之利也多矣。"④ 清朝统治者虽然有时谈及民以养兵，兵以卫民，彼此相资乃合情合理之事，但这样的表述很少，并且说话时的语气明

雍正"兢兢业业"玺文

---

① 郑玉波：《民商法问题研究》（一），台北三民书局 1980 年版，第 547 页。

② 转引自张守文：《"第一税案"与财税法之补缺》，《中国法学》1999 年第 4 期。

③ 笔者虽然最早提出要关注清代历史"满族性"问题，但这种问题并非清代所独有。我们目前所说的清代满族性问题其实应该和陈寅恪阐述的唐代历史具有"胡气"以及元代的"蒙化遗绪"等问题贯通起来考察。

④ 王先谦：《东华录》，《续修四库全书》编纂委员会：《续修四库全书》371，史部·编年类，上海古籍出版社 2002 年版，第 348 页。

显不太理直气壮。因为尽管清朝统治者极力淡化、弥合自己作为少数民族入主中原的正统性问题，八旗兵也固然可能觉得兵、农只是分工不同，自己执戈从军是一种职业，理所应当获得社会价值的再分配，但是一般农民不见得对此心悦诚服，相反可能认为八旗兵根本不是卫民，而是"异族"入侵者、压迫汉人的工具。加之旗兵中害群之马持威放肆，或占夺民业，或重息放债，倚禁门为攫货之薮，借盘诘为逞暴之图，族群之间的矛盾所在时有。事不孤起，必有其邻。连陆生楠这样的在雍正帝看来初入仕"即膺兹职，尚何负于伊"的人都竟然"怼及君父"，在田地苦扒苦挣的光膀子农民又焉得不将八旗兵视为噬啮庄稼的蝗虫而啧有烦言？唯其如是，清朝统治者一般依据代代相承的种田纳皇粮的传统作为诉求的理据，实际上仍然具有谁坐天下谁有权征税的以力量决定合法性的潜在意味。有清一代，满汉关系的协调一直是未能和谐解决的问题。清朝在平准诸役每多以八旗为柱国栋梁，凡此洪业大勋事实上亦功多成于满人。八旗军营里虽然每多战死疆场者，留下许多丧夫的寡妇与丧子的父母，做出的牺牲不可谓不大，鸦片战争期间乍浦、镇江等地的八旗兵可以说浴血奋战，视死如归。恩格斯在《英人对华的新侵略》一文中，就曾经热烈赞扬镇江守军的英勇斗争精神说："清朝军队虽然没有军事技术，可是绝不是没有勇气和奋发精神的。那里的清朝军队，总共只有一千五百人，但他们却勇敢拼死地应战，直至全军覆没为止。"[1] 然而，即便这样，汉人对于八旗兵一贯都是吝于赞词。清末民初，反满、排满的言论自不待言，时至今日的学术界号称客观研究的著作也不例外，对于八旗衰落时间的过早唱衰、对于八旗子弟提笼架鸟腐朽性的批评、对于所谓不农不工不商的寄生性的奚落，不一而足，基本上俨然人人皆可喊打落水狗似的。英国波兰裔社会学家斯坦尼斯拉夫·安德雷斯基（Stanisław Andrzejewski，亦作 Stanislaw Andreski，1919—2007）提出"军事参与比"（Military Participation Ratio，MPRT）的普遍存在，

---

① 《马克思、恩格斯论中国》，人民出版社1953年版，第76页。亦见民族问题译丛编译室编译：《马克思恩格斯关于殖民地及民族问题的论著》，中央民族学院研究部1956年版，第39页。

据此可以在考虑到其他因素的情况下度量一个社会的军事化程度。① 清帝
国的满族性一直是制约其统治的合法性的关键因素。八旗军队的职业化
其实是一副不得不自己肩荷的沉重枷锁。柯娇燕《孤军：晚清最后三代
满洲人与清帝国之灭亡》（Pamela Kyle Crossley, *Orphan Warriors: Three
Manchu Generations and the End of the Qing World*, Princeton, New Jersey:
Princeton University Press, 1990）一书的标题非常生动传神。八旗兵就
是孤独的武士！清帝国就在明君基于孤独的武士和刚性的财政体制而建
立起来的洪业。说到底，孤独的勇士和刚性的财政体制都是由清朝的满
族性有以致之。这是强大的清帝国的阿喀琉斯之踵（Achilles' Heel），
也是强大的清帝国的可怜之处。清朝奈何若是倾尽全力维系漕运？原因
无他，盖以京师几十万的旗族胥仰食焉之故也。

　　清朝利用明朝弊政得获大统，很有些捡便宜的意味。前朝的覆车之
鉴，对于后朝而言自是记忆犹新，所以极力欲矫枉过正。加之自己的族
群身份问题，清朝颇为注重对于赋税的取之有节，强调敬天法祖，国家
出入有经，用度有制，以此作为秉国之大经大法。顺治年间，清廷定鼎
北京不久即谕令废除明末三饷加派，树立政权新形象，大力宣扬"轻徭
薄赋"，确定了万历原额的定赋原则并以法律形式具体化于《赋役全
书》颁行天下。据陈锋考订，史学界普遍所谓康熙五十一年（1712）
发布"滋生人丁永不加赋"的诏令的说法不确，应为康熙五十二年
（1713）。② 康熙帝的"不加赋祖谕"的适用范围，"不但适用于丁赋，
而且可适用于地赋及他税，这是清代税制上的一大特点"③。对清代的
不加赋政策，学者们认为堪与汉代不增加田赋的良好政治传统相媲美，
但另一方面，所谓"不加赋祖谕"只收田赋，不再征收增加人口部分
的人丁税，仅是免除人口税的重复课税而已，故而史家评以并不算为仁

---

　　① Stanislav Andreski, The Military Participation Ratio, *Past and Present*（1963）
26（1）：113 – 114；Stanislav Andreski, *Military Organization and Society*, Berkeley:
University of California Press, 1968, p. 33. John Keegan, *A History of Warfare*, Lon-
don: Pimlico, 2004, p. 223.

　　② 陈锋：《陈锋自选集》，华中理工大学出版社1999年版，第174页。

　　③ 陈秀夔：《中国财政制度史》，台北正中书局1973年版，第320页。

政。"不加赋祖谕"以法令的形式确定了清前期丁银征收为三百三十五万余两的定额祖制，而推丁入地改革又由于地亩稳定性的特点，使清政府的赋税收入长期处于相对稳定的水平，呈现出鲜明的定额化特征。"盛世滋生人丁永不加赋"上谕一经颁布，即以一种异化的力量对康熙帝本人亦在思想上形成束缚。纵观中国古代农业税制发展大体经历"因地而税"—"因人而税"—"因地而税"的否定之否定过程，到清代实行摊丁入地最终废除人丁税，结束了自汉代以来赋、役、丁口银以及其他分征的历史，这显然与人口增长而土地日益开辟殆尽成为短缺资源的社会生产力发展现状分不开。而清代农业生产力水平的有限性，亦决定了清代只能采取财政紧运行的状态。因此，所有税法改革其实都是在突破传统的基础上实现的。雍正帝在耗羡归公改革中敢于冲破"祖制"、担当"加赋"的骂名，解放思想，积极稳健地在体制内进行变革尝试，与不敢越"不加赋"雷池一步的恂恂如也的守旧者见识高下立判，表现出超群的胆识与魄力。但是，在雍正帝之后，"永不加赋"祖谕便真正成为统治者不敢逾越半步的雷池。刚性的税收定制与恪守祖制的僵化思维相互耦合、磨荡，终成坚固难破的思想障碍。[①] 清代权威性资源的紧缺胥由于此。历史要从远处看，这样自上游往下游俯瞰，一切就会如水赴峡般自然顺畅。清朝的病根其实肇端于明朝，可以说都是明朝惹的祸。片帆不许下海乃与明朝遗民有关，税收上自我约束乃与三饷加派有关。清朝统治者为祖制这种软宪法所禁锢而不敢越雷池，许多官员都因为亏空而掉脑袋，依靠不断的笔者所谓"拧螺丝"的整肃取得了前所未有的恢宏大烈。不过，是药三分毒。矫治前朝弊政之失的药石既是清朝国祚久远的根源，也是清朝军队乃至国家最后沦胥以亡的祸端。其成败利钝具有很大理性反思的空间。制度是在资源配置的日常惯例的循环时间中形成的，同时又对资源配置具有经常性的制约。

对于军事史而言，资源的配置、整合与制度的设计、审取才是浮出海面的冰山在海水下面的关键部位。大清之兴也，兵维八旗。但从雍正

---

① 这关系到中西方税法的研究，参见张世明：《中国经济法历史渊源原论》，中国民主法制出版社 2002 年版，第 180—250 页。

中叶开始，"八旗生计"问题愈演愈烈，令所有的清代统治者伤透了脑筋，无可为计，严重到不可收拾的地步。旗人生齿日繁，物价不断上涨，但是，兵有定额，饷有定数，补不上兵缺的旗籍子弟越来越多，只好眼睁睁地失业赋闲，成为"闲散旗人"、白丁，这不可避免地导致许多下层旗人日益走向贫困化。到了清末，由京师八旗贵族、军官、士兵、苏拉、家眷等所组成的人们共同体，总人数已多达六十万左右，社会上习惯以"旗族"来称呼他们。到清末，兵额与旗人（男性）的比例为3：100，旗人挑甲的机会微乎其微。当时的精锐部队健锐营八旗还是护军八旗都感到日趋艰难。流传的一曲旗兵歌谣为证："今晚月儿怎么那么高，骑白马，跨腰刀。腰刀快，剁白菜，白菜老，剁皮袄，皮袄厚，剁羊肉，羊肉肥，剁毛贼。光着脚丫儿上八旗，没马褂干着急，当了裤子买炕席，豆汁饭就萝卜皮儿，看你着急不着急。"[1] 据清人周洵记载，成都驻防旗人"多有数支子孙共食其祖遗之一分马甲者，至……前清中叶以后，穷窭不堪者居多，因房屋为官给，甚有摘拆瓦柱，售钱度日，仅留住一间以蔽风雨者。"[2] 这是北京话中典型的所谓"吃瓦片儿"。单个的士兵因生计颓败卖自己住房的建材，许多地方驻防整个部队则通过出租军用公共建筑和土地的办法来直接获得利益。早在1682年，广州将军便开始出租远离驻地的分散房屋。1764年，出租范围更是扩大到驻地内的房屋、土地、鱼池、荒地乃至厕所。为了扩展生存空间，大量军用设施被挤占。许多八旗驻防部队将战马数量大大削减，每年领取大量马粮草料，却腾出牧场来出租赚钱，是为"人吃马"。有的将炮兵射击场也租出去。由于缺少场地和马匹，八旗官兵的训练次数大为减少。例如，浙江旗、绿之营大量出租操场、牧场，以致各处校场皆不足一里，大炮姑且勿论，连抬炮射击也无法进行。此外，清军将弁往往利用平时巡防或军队调动的机会动用战船、车辆载货牟利，或从商人处获取运价脚费，或自己直接经营。乾隆五年，乾隆帝谕曰："东南沿海一带。如山东、江南、浙江、福建、广东等省，俱设有

---

① 舒成勋、胡德平：《曹雪芹在西山》，文化艺术出版社1982年版，第65页。亦可参见余钊：《北京旧事》，学苑出版社2000年版，第561页。

② 周洵：《蜀海丛谈》卷一，"满营"，巴蜀书社1986年版，第32页。

战船，以为海防之备。……朕闻船只数目，竟有报部之虚名，而十分之中不无缺少二三者。至于大修小修之时，每因船数太多，难以查核。该管营弁及州县官员通同作弊，将所领帑项侵蚀入已。报修十只，其实不过七八只。而又涂饰颜色以为美观，仍不坚固。且更有不肖官弁，令子弟亲属载贩外省，或赁与商人前往安南、日本贸易取利者。以朕所闻如此，虽未必各省皆然，然亦难保必无其事。"① 这样的训诫根本不起任何作用。据鸦片战争时期任福建汀漳龙道的张集馨记载："漳郡城外有军功厂，每月派道督造战船一只，以为驾驶巡缉之用。其实水师将船领去，或赁与商贾贩货运米，或赁与过台往来差使；偶然出洋，亦不过寄碇海滨而已，从无缉获洋盗多起之事。"② 在鸦片战争期间，林则徐在广东前线组织搜捕鸦片贩子的船只，不遗余力打击走私，却实效卒鲜。后来，他曾对友人透露其中的缘由说："粤营以水师为最优，其岁入得自粮饷者百分之一，得自土规者百分之九十九，禁绝烟土，则去其得项百分之九十九，仍欲其出力拒英夷，此事理之所必不得。"③ 世界上可以有一万种罪恶而安然无事，唯有一种足以致命：执法犯法。④ 经济利益的驱动使得某些利欲熏心的官兵丧尽天良。国家依为干城的军队视功令为具文，将财神像奉为战旗，腐败之烈竟至斯极。欲其御敌于国门之外，戛乎其难矣！在这个意义上，鸦片战争之前国门就已经被打开了。稽诸文献记载，福建绿营每月每兵仅得饷三钱有零，不敷一人食用，别寻小本经济，或另有他项技艺，藉资事蓄。克劳塞维茨在《战争论》中有句名言："物质的原因和结果不过是刀柄，精神的原因和结果才是贵重

---

① 光绪朝《钦定大清会典事例》卷九百三十六，工部，船政，战船一，台北新文丰出版公司1976年版，第16497页。

② 张集馨：《道咸宦海见闻录》，杜春和、张秀清整理，中华书局1981年版，第63页。

③ 包世臣：《安吴四种》卷三十五，"答果勇侯书"，沈云龙主编：《近代中国史料丛刊》第三十辑，294，台北文海出版社1968年版，第2461—2462页。中国史学会主编，齐思和、林树惠等编：《中国近代史资料丛刊：鸦片战争》4，神州国光社1954年版，第466—467页。

④ 参见茅海建：《天朝的崩溃：鸦片战争再研究》，生活·读书·新知三联书店1995年版，第71页。

的金属，才是真正的锋利的刀刃。"（Die physischen erscheinen fast nur wie das hölzerne Heft, während die moralischen das edle Metall, die eigentliche, blank geschliffene Waffe sind.）① 但是，这位西方兵圣在该书中又这样写道："能忍饥挨饿的确是士兵的最重要的美德之一，如果没有这种美德，军队就谈不上有什么真正的武德。但是，忍饥挨饿必须是暂时的，只能是迫于环境，不能成为一种可怜的制度，不能是对部队的需要进行抽象地苛刻地计算的结果。否则，每个士兵的体力和精神一定会不断地受到削弱。"② 士兵具有良好的待遇，则可以如马饱于枥，嘶鸣腾踏而欲奋，乐佚轻战；假而饥寒羸怯，势必心怨气馁，不可能培养出强健的武德，八旗军队的衰落就说明了这个道理。

目前一些学者认为，在国际经济生活中，战争对于经济的破坏作用似乎是不言自明的公理，殊不知，这种常识本身就存在于某种悖论当中，历史上进行战争的国家，其经济未必就会受到破坏，只要不在本土作战，战争可以促进经济发展。笔者认为这是一种足以将整个民族推向毁灭深渊的非常危险的言论。用费肯杰的推参阐述方法，一个论点可能在推参阐述 I 的层面是可以成立的，但在推参阐述 II、推参阐述 III、推参阐述 IV 的层面却是存在问题的。任何决策都是存在惯性的，形成路径依赖，所以必须考虑其后效。兵以义动，这是基本常识。旁门左道可能一时行险徼功，但最终履险易失，深陷不能自拔的泥潭而祸国殃民。日本在近代的穷兵黩武，即便疯狂掠夺别国资源，让本国年轻军人组织神风敢死队进行自杀式袭击，也不能挽回失败的命运。德国也是在这种危险的思想趋势下给本国人民造成极为惨重的损失。笔者在德国弗赖堡大学学习期间，弗赖堡大学的标志性建筑，即目前文科校区的主教学楼是一座三百年的建筑，位于弗赖堡市中心，可以说弗赖堡就是以这座大学主楼等为核心发展起来的。在第二次世界大战期间，这座建筑也是顶层全部被毁，在 20 世纪 50 年代才修复的。笔者每次去主楼上课时，将自

---

① 卡尔·冯·克劳塞维茨：《战争论》第 1 卷，中国人民解放军军事科学院译，商务印书馆 1995 年版，第 439 页。

② 卡尔·冯·克劳塞维茨：《战争论》第 2 卷，中国人民解放军军事科学院译，商务印书馆 1995 年版，第 438 页。

行车往亚里士多德和柏拉图铜像附近的停车架上一锁，抬头一望就是十几处很深的弹痕。笔者在马克斯－普朗克知识产权、竞争法和税法研究所学习期间，马普所旁边仅一百米之外的教堂在二战中遭到轰炸，几乎一半被毁，在近十几年才修复但尚未完全开放的教堂墙壁上，你能看到到处是被机关枪扫射的弹孔，与马普所毗邻的巴伐利亚州政府办公大楼也是如此，目前只是中间部分是劫后遗存，其余均是玻璃外墙的现代建筑，幸亏德国设计师高明，在修复时将两种建筑完美地结合在了一起。时留学德国的季羡林在第二次世界大战结束后归心似箭，到汉诺威办签证，看到此地满目废墟，大街两旁全是被轰炸过的高楼大厦，但只剩下几堵墙。沿墙的地下室窗口旁，摆满上坟用的花圈。据说当时轰炸后，还能听到里面的求救声，但没法挖开地下室救被埋者，后来声音日渐微弱，眼睁睁看着他们死在里面，现在停战了，还是无法挖开地下室，抬出尸体。家人上坟就只好把花圈摆在窗外。地窖里的老鼠竟然由于饱餐人肉，营养过分丰富，长到一尺多。德国这样一个优秀伟大的民族，竟落到如此下场，让作为外国人的季羡林也不免百感交集，欲哭无泪。①我想，经过第二次世界大战的剧痛深创之后，现在很少有德国人会认为战争可为谋利之具。"兵甲者，国之凶器也"，好战人彫，亟战人殆。兵法所谓"故知弧矢之威，以利天下，此用兵之机也"② 一语不能被断章取义地加以理解。那些念错了经的歪嘴和尚，笔舌争雄，刚看到中国人走出了积贫积弱，便不知天高地厚鼓吹火中取栗的奇谈怪论。这是穿蓑衣打火，只会引火烧身的，害深祸烈，实不可胜言。

　　或谓战争拉动经济可以"破窗理论"（the broken windows theory）为理论依据。法国经济学家巴斯夏（Frédéric Bastiat，1801—1850）在其著名文章《看得见的与看不见的》（Frédéric Bastiat, *Ce qu'on voit et ce qu'on ne voit pas*，1850）中分析了一个小孩将理发店玻璃打碎后引发的各种议论，这一案例被美国经济学者亨利·黑兹利特（Henry Stuart Hazlitt，1894—1993）在 1946 年出版的《一课经济学》（*Economics in*

---

① 参见季羡林：《留德十年》，北京大学出版社 1986 年版，第 134 页。
② 吴兢：《贞观政要》，上海古籍出版社 1978 年版，第 256 页。

One Lesson）中所沿用，作为阐述自己思想的切入点，从而形成了经济学上著名的"破窗谬论"（the broken window fallacy）。在巴斯夏所引入的这一案例中，按照围观者的逻辑，假如小孩打破了窗户，必将导致破窗人更换玻璃，这样就会使安装玻璃的人和生产玻璃的人开工，从而推动社会就业。因此，扔砖块的小孩不但没有对社会产生危害，反而还会造福于公众。"破窗理论"就是典型的"破坏创造财富"，颇有不破不立的味道。许多经济学家以此为话柄声称，战争等巨大的破坏活动能够让人们受益无穷。他们吹嘘战争对经济发展的推进作用远非和平时期能比拟，经济增长诞生于破坏之中。战争破坏得越多，人民被剥夺得越多，战后的需要也就越多。不过，巴斯夏和黑兹利特的"破窗理论"本身是对战争拉动经济这观点彻底持否定态度的。黑兹利特认为，破坏并不是利润。战争时期庞大的需求"累积""堵塞"会给战后的世界带来繁荣这种说法，是把需要和需求混为一谈，是一种明显的谬误。人们投入在战时经济中的精力，如果用于非战争时态的经济，也能取得非常大的发展，因而，靠战争拉动经济是种谬论。在这种得失相互抵消的过程中，实际上整个社会的资源并没有增加，增加的只是没有效益的经济活动总量，并且以消耗社会资源为代价。孩童砸烂玻璃实为破坏而非建设。在笔者看来，解决"破窗谬论"需要从不同层面加以推参阐述，也就是黑兹利特在《一课经济学》中所说的那样："从这个角度来看，整个经济学可以浓缩到一个教训里，这教训又可以浓缩为一句话：经济学的艺术在于既审视一种政策或行为的直接效果，又审视其长期效果；既讨究其对某一利益集团的影响，亦讨究其对所有利益集团的影响。经济学家的谬误十之有九源自对这一道理的忽视，他们犯了下面两个原则性错误中的一个或全部：仅注意一种措施或建议的眼前效果；仅强调某一特定的而不是社会全部利益集团的利益。"① 一些看上去十分动听的抽象理论其实会使我们犯下美丽的严重错误。夫使此单纯强调拉动经济需求的"破窗理论"验之于实际，即是当今中国公安机关屡打不止的

———————————

① Henry Stuart Hazlitt, *Economics in One Lesson*, New York: Crown, 1979, p. 17.

马路边修车铺老板故意在路上撒钉子扎破骑车人的车胎之事，这在法律上属于故意损坏他人财物的违法行为，也是每个人都情所不愿、情所难堪的，其间的隐性成本不能因为一叶障目而被熟视无睹。即便像有些学者所言通过战争等可以拉动消费，亦系攫取不义之财的鸡鸣狗盗伎俩而已，至多是行险取巧的旁门左道。经济发展归根结底有赖于制度建设，而不能将宝押在"窗子"被打破这种预期行为上。在制度建设层面上，笔者同意由美国政治学家威尔逊（James Q. Wilson）和犯罪学家凯琳（George L. Kelling）所观察总结的"破窗理论"①，认为制度的良窳作为一种环境可以对一个人产生强烈的暗示性和诱导性。事实上，近代中国恰如一栋千疮百孔、即将倾圮的"千岁老屋"，糊顶棚高手李鸿章等经营的洋务运动其实不过是东补西贴的活计，在甲午海战之后便被日本侵略者所爽手扯破，底里毕露。② 清朝的统治大厦最终在风雨飘摇中抽心一烂，以至于榱栋崩折，轰然坍塌，岂不与威尔逊、何凯琳所说的"破窗效应"有关？在这个意义上，无论是对于经济的拉动还是政治法律制度、伦理道德的影响，笔者将两种不同的"破窗理论"的关键都归结为一种扳机效应。这也是第四卷所要探讨的主要问题。

① James Q. Wilson and George L. Kelling, Broken Windows: The Police and Neighborhood Safety, *Atlantic Monthly* 127（March 1982）: 29 - 38.
② 参见李文海：《"老屋子"的比喻》，《光明日报》2005 年 5 月 24 日。